六朝文明

﹝美﹞丁爱博 —— 著　　李梅田 —— 译

社会科学文献出版社

中译本序

《六朝文明》的写作几乎完全依赖于中国考古学者发掘和发表的巨量考古资料，令人欣慰的是，今天中国学者终于可以更方便地了解我对他们所作贡献的诠释，并指正我对他们工作的曲解。

诚然，中国学者的新作以及新一代学者的新发现必将修正和扩展本书的内容，我热切期待对本书内容的更多讨论，那将使我们这些研究六朝，但远离中国的所谓"椅子考古学家"们受益匪浅。

我要特别感谢李梅田先生为方便中国读者所做的翻译工作，他为此付出了大量的时间和精力；我也很庆幸李先生在六朝研究方面的专长，他不但使本书更便于中国读者理解，而且指出了我在英文版里的很多错误。当然，错讹之处一定还会有很多，责任全在于我。

我还要感谢许许多多的老朋友，如宿白教授、田余庆教授、金维诺教授等，他们多年来热情地指引我、帮助我理解复杂无比的六朝；本书参考文献里还列有很多其他学者的名字，我因与他们的私交，或因他们的作品而受教良多，在此一并致谢！

丁爱博
2011 年 10 月于旧金山

六朝简表

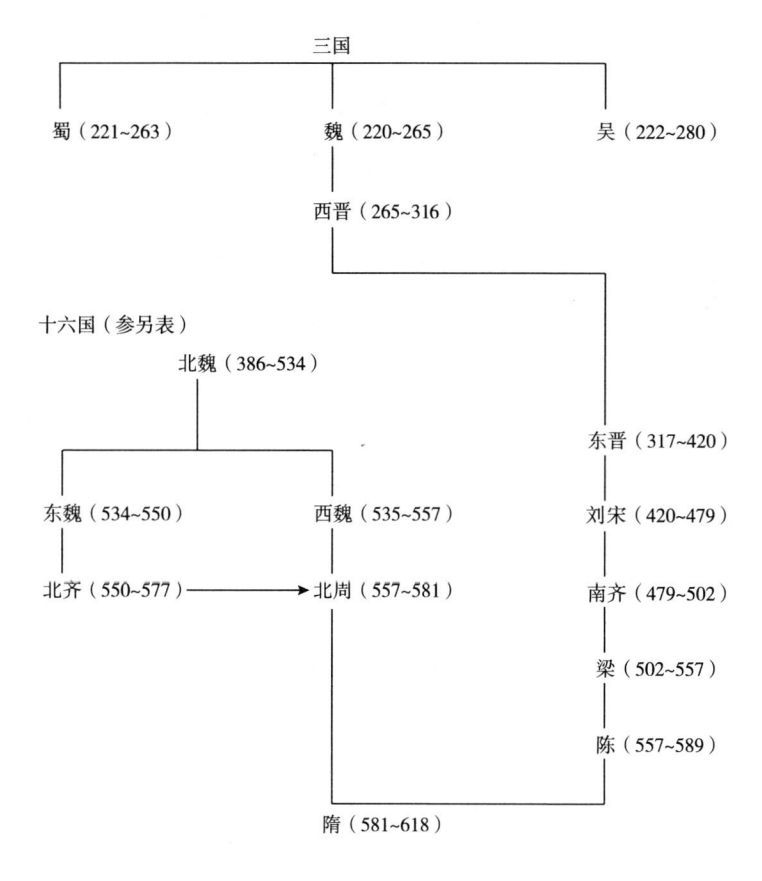

```
                         三国
         ┌────────────────┼────────────────┐
    蜀(221~263)      魏(220~265)       吴(222~280)
                         │
                    西晋(265~316)
                         │
十六国(参另表)            │
         北魏(386~534)   │
         ┌───────┴───────┐
    东魏(534~550)   西魏(535~557)   东晋(317~420)
         │                │              │
    北齐(550~577)──→北周(557~581)   刘宋(420~479)
                         │              │
                         │         南齐(479~502)
                         │              │
                         │         梁(502~557)
                         │              │
                         │         陈(557~589)
                         └──────┬───────┘
                           隋(581~618)
```

十六国简表

国名	统治时期	建立者	民族	都城	灭于何国
前赵	304~329	刘渊	匈奴	平阳	后赵
后赵	319~351	石勒	羯	临漳	前燕
前秦	350~394	苻洪	氐	长安	西秦
后秦	384~417	姚苌	羌	长安	东晋
西秦	385~431	乞伏国仁	鲜卑	苑川	大夏
大夏	407~431	赫连勃勃	匈奴	统万	北魏
成汉	304~347	李雄	氐	成都	东晋
前燕	337~370	慕容皝	鲜卑	邺都	前秦
后燕	384~407	慕容垂	鲜卑	中山	北燕
南燕	398~410	慕容德	鲜卑	广固	东晋
北燕	407~436	冯跋	汉	昌黎	北魏
前凉	317~376	张寔	汉	姑臧	前秦
后凉	386~403	吕光	氐	姑臧	后秦
南凉	397~414	秃发乌孤	鲜卑	乐都	西秦
北凉	401~439	沮渠蒙逊	匈奴	张掖	北魏
西凉	400~421	李暠	汉	酒泉	北凉

前　言

本书是耶鲁大学出版社"早期中国文明系列"（Early Chinese Civilization Series）丛书之一，该丛书由张光直教授主编，他还亲自担任编者和译者。1980 年，我对张光直教授说，中国的考古似乎不如以前那样令人激动了，现在多是些重复的发现。他说，那是因为现在处于研究的中间期，我们还没有足够充分的材料去做一些有意义的分析。张先生所言极是。不过，现在我们已经达到了一个新的阶段，已有可能做一些这样的分析了。

这里针对六朝物质文化的研究，主要基于中国大陆正式发表的考古报告。当我 20 多年前着手本书的写作时，几乎还没有一部类似的综合性研究论著可供参考，因此，为了掌握已有的资料，我感觉有必要建立一个考古报告的资料库，现在这个资料库已经收录了 1800 多座墓葬资料。尽管到目前为止，越来越多的综合性研究著作已经陆续出版，但这个资料库在本书的写作中仍然非常重要。例如，在对镜子的研究上，全洪对 140 面铁镜实物做了极有价值的考察（详见本书第七章相关注释），但要确定铜镜与铁镜因时代和地区不同而发生的比例变化，并考察铁镜的实际使用情况，就必须用到资料库里的一些信息。本资料库收录的六朝墓葬数量可能还不及1949年以来实际发掘数量的二成，而且在这部分墓葬的发掘报告中，有些还可能为了使考古发现更加引人注目而被刻意歪曲了，这就意味着我们并没有可供抽样研究的实例。此外，绝大多数墓葬都被扰乱过，这也可能导致考古资料的不真实；考古新发现层出不穷，新的资料也可能会改变已有的一些认识。尽管如此，有了这个资料库之后，我们还是有可能对这些材料进行综合研究，而不至于无从下手。

文献的引用，在某种程度上可为文物的来龙去脉提供线索。由于现在很多文献都能以电子方式进行检索，所以我们对文献的引用要更加审慎。我不奢望本书能达到谢弗（Edward Schafer）的唐研究那样的水平，其大作如 *Golden Peaches of Samarkand: A Study of Tang Exotics*（译者按：1995年吴玉贵译为《唐代的外来文明》）、*Vermilion Bird: Tang Images of the South*（《朱雀：唐代的南方形象》），但也希望本书能让读者对六朝的物质文化有个初步了解，并加深对汉唐两大王朝之间所谓"黑暗时期"的中国社会的认识。

本书的写作，吸收了此前完成的 *Chinese Archaeological Abstracts*（《中国考古文摘》, The Institute of Archaeology, University of California, Los Angeles, 1985）的成果，该项目由 Sokam Ng, Wendy Wong 和 Rachel Sing 等多人参与，本书的完成直接或间接地得益于他们在该项目中的贡献。斯坦福大学艺术与建筑图书馆的工作人员及馆长 Alex Ross 为本书的写作提供了周到的服务和帮助；Muriel Bell, Bruce Dien, Mark Hall, Harold Kahn, John Kieschnick, John LaPlante, Roger Olesen, Jeffrey Riegel, Audrey Spiro, Donald Wagner 和 Steve West 等诸

多学者的意见，也使我受益良多。罗文格林（Bo Lawergren）阅读了本书的第十一章"音乐和乐器"，并提出了大量宝贵的意见。Barbara Mnookin 作为本书的初稿编辑，就材料的组织问题提供了细致入微的建议，Michael Ashby 则进行了非常专业的终校。书中仍然会存在一些错讹之处，责任全在本人。斯坦福大学东亚研究中心慷慨资助了本书的出版。

本书采用的插图资料，承蒙诸多机构的版权许可，在此我希望向相关的机构和个人谨致谢意：*Artibus Asiae*（《亚洲艺术》）、*Bulletin of the Asia Institute*（《亚洲研究所集刊》）和《华夏考古》的编辑们，东京美术出版社、波士顿美术博物馆（Boston Museum of Fine Arts）、陶步思（Bruce Gordon Doar）、美国中国研究所（China Institute in America）、《考古》杂志社、京都大学人文科学研究所、刘淑芬博士、洛杉矶县立艺术博物馆（Los Angeles County Museum of Art），以及麻省理工学院出版社。我还要向耶鲁大学出版社的多位极具耐心的编辑多年来给我的鼓励表示感谢，他们允许我以蜗牛般的速度开展这项工作。我还要特别感谢玛丽·帕斯提的鼓励。每当电脑问题影响到写作时，我的儿子约瑟夫总是不厌其烦地花上数小时给予指导。最后要感谢的是我妻子丁淑芳（Dora），她多年来承担了大部分的家务杂事，使我有更多的时间花在本书的写作上，而她同时还得兼顾自己的教学和写作事业，在此我要向她致以深深的谢意。

目 录

第一章 六朝 …………………………………………… 001

第二章 城市与边镇 …………………………………… 019
    一 北部边疆 ………………………………………… 019
    二 北方早期城市 …………………………………… 024
    三 北魏都城 ………………………………………… 030
    四 南方城市 ………………………………………… 043

第三章 建筑 …………………………………………… 060

第四章 墓葬建筑 ……………………………………… 103
    一 建筑术语与技术 ………………………………… 103
    二 北方墓葬 ………………………………………… 108
    三 南方墓葬 ………………………………………… 157
    四 小结 ……………………………………………… 216

第五章 皇室墓葬 ……………………………………… 218
    一 汉代渊源 ………………………………………… 218

二　三国 ⋯⋯⋯⋯⋯⋯⋯⋯⋯⋯⋯⋯⋯⋯⋯⋯⋯⋯⋯⋯ 219
　三　西晋 ⋯⋯⋯⋯⋯⋯⋯⋯⋯⋯⋯⋯⋯⋯⋯⋯⋯⋯⋯⋯ 223
　四　南朝 ⋯⋯⋯⋯⋯⋯⋯⋯⋯⋯⋯⋯⋯⋯⋯⋯⋯⋯⋯⋯ 227
　五　北方皇陵 ⋯⋯⋯⋯⋯⋯⋯⋯⋯⋯⋯⋯⋯⋯⋯⋯⋯⋯ 242
　六　隋代帝陵 ⋯⋯⋯⋯⋯⋯⋯⋯⋯⋯⋯⋯⋯⋯⋯⋯⋯⋯ 252
　七　神道 ⋯⋯⋯⋯⋯⋯⋯⋯⋯⋯⋯⋯⋯⋯⋯⋯⋯⋯⋯⋯ 253

第六章　墓内陈设 ⋯⋯⋯⋯⋯⋯⋯⋯⋯⋯⋯⋯⋯⋯⋯⋯ 260
　一　墓内设施 ⋯⋯⋯⋯⋯⋯⋯⋯⋯⋯⋯⋯⋯⋯⋯⋯⋯⋯ 261
　二　辟邪与象征物品 ⋯⋯⋯⋯⋯⋯⋯⋯⋯⋯⋯⋯⋯⋯⋯ 280
　三　日用器物 ⋯⋯⋯⋯⋯⋯⋯⋯⋯⋯⋯⋯⋯⋯⋯⋯⋯⋯ 295

第七章　物质文化与艺术 ⋯⋯⋯⋯⋯⋯⋯⋯⋯⋯⋯⋯⋯ 319
　一　陶瓷 ⋯⋯⋯⋯⋯⋯⋯⋯⋯⋯⋯⋯⋯⋯⋯⋯⋯⋯⋯⋯ 319
　二　青铜器 ⋯⋯⋯⋯⋯⋯⋯⋯⋯⋯⋯⋯⋯⋯⋯⋯⋯⋯⋯ 345
　三　铁器 ⋯⋯⋯⋯⋯⋯⋯⋯⋯⋯⋯⋯⋯⋯⋯⋯⋯⋯⋯⋯ 354
　四　镜子 ⋯⋯⋯⋯⋯⋯⋯⋯⋯⋯⋯⋯⋯⋯⋯⋯⋯⋯⋯⋯ 361
　五　金器 ⋯⋯⋯⋯⋯⋯⋯⋯⋯⋯⋯⋯⋯⋯⋯⋯⋯⋯⋯⋯ 370
　六　银器 ⋯⋯⋯⋯⋯⋯⋯⋯⋯⋯⋯⋯⋯⋯⋯⋯⋯⋯⋯⋯ 374
　七　鎏金铜器 ⋯⋯⋯⋯⋯⋯⋯⋯⋯⋯⋯⋯⋯⋯⋯⋯⋯⋯ 378
　八　玉器 ⋯⋯⋯⋯⋯⋯⋯⋯⋯⋯⋯⋯⋯⋯⋯⋯⋯⋯⋯⋯ 381
　九　宝石与半宝石 ⋯⋯⋯⋯⋯⋯⋯⋯⋯⋯⋯⋯⋯⋯⋯⋯ 383
　十　舶来品 ⋯⋯⋯⋯⋯⋯⋯⋯⋯⋯⋯⋯⋯⋯⋯⋯⋯⋯⋯ 385
　十一　玻璃器 ⋯⋯⋯⋯⋯⋯⋯⋯⋯⋯⋯⋯⋯⋯⋯⋯⋯⋯ 402
　十二　漆器 ⋯⋯⋯⋯⋯⋯⋯⋯⋯⋯⋯⋯⋯⋯⋯⋯⋯⋯⋯ 415

第八章　家具 …… 424

第九章　服饰 …… 438

第十章　铠甲和武器 …… 462

第十一章　音乐和乐器 …… 475

第十二章　日常生活 …… 496
　一　城市生活 …… 496
　二　乡村生活 …… 500
　三　食物与农产品 …… 504
　四　蜡烛与灯 …… 511
　五　交通方式 …… 523
　六　娱乐 …… 541

第十三章　佛教与道教 …… 551
　一　佛像 …… 552
　二　道教图像 …… 603

结　语 …… 608

参考文献 …… 618
　一　中文与日文期刊、集刊 …… 618
　二　历史文献 …… 619
　三　研究论著 …… 621

附　录 ··· 678
　一　图表来源 ······································ 678
　二　人名对照表 ···································· 691

译者后记 ··· 693

图表目录

图 2.1　　统万城平面图 ················· 022
图 2.2　　辽东城平面图 ················· 023
图 2.3　　邺城地区平面图 ················ 026
图 2.4　　邺南城朱明门平面图 ············· 028
图 2.5　　古晋阳城平面图 ················ 029
图 2.6　　汉魏洛阳城平面图 ·············· 035
图 2.7　　敦煌 257 窟壁画 ················ 036
图 2.8　　敦煌 249 窟壁画 ················ 036
图 2.9　　北魏洛阳建春门平面图 ··········· 038
图 2.10　 六朝武昌城平面图 ·············· 045
图 2.11　 扬州平面图 ··················· 047
图 2.12　 晋陵城墙地形图 ················ 050
图 2.13　 吴建邺城平面图 ················ 052
图 2.14　 东晋建康城平面图 ·············· 053
图 2.15　 宋、齐建康城平面图 ············· 056
图 2.16　 梁、陈建康城平面图 ············· 057
图 3.1　　屋顶类型 ···················· 062
图 3.2　　院落模型的平面和立面 ··········· 063
图 3.3　　宁夏彭阳某北魏墓剖面及墓葬内的房屋模型 ······ 065

图 3.4	仓库模型	066
图 3.5	"穿斗"结构示意图	068
图 3.6	"抬梁"结构示意图	068
图 3.7	四川发现的房屋模型	070
图 3.8	麦积山石窟140窟壁画	071
图 3.9	麦积山石窟140窟壁画中的屋顶	072
图 3.10	麦积山石窟15窟	073
图 3.11	麦积山石窟28窟	074
图 3.12	麦积山石窟30窟	074
图 3.13	麦积山石窟4窟局部	076
图 3.14	天龙山石窟16窟立面图	078
图 3.15	龙门石窟古阳洞局部	079
图 3.16	麦积山石窟127窟	080
图 3.17	麦积山石窟141窟	081
图 3.18	麦积山石窟27窟细部	082
图 3.19	敦煌296窟壁画局部示意图	084
图 3.20	龙门石窟路洞局部示意图	085
图 3.21	敦煌285窟局部示意图	085
图 3.22	敦煌296窟局部示意图之一	086
图 3.23	敦煌296窟局部示意图之二	087
图 3.24	麦积山石窟127窟局部示意图	087
图 3.25	麦积山石窟27窟局部	089
图 3.26	敦煌275窟局部示意图之一	091
图 3.27	成都汉画像砖局部示意图	092
图 3.28	敦煌275窟局部示意图之二	093
图 3.29	敦煌301窟局部示意图	096
图 3.30	敦煌254窟局部示意图	096

图 3.31	永宁寺塔立面与剖面复原图	097
图 3.32	河南登封嵩岳寺塔平面与立面图	100
图 4.1	洛阳晋墓 52 号墓平、剖面图	105
图 4.2	洛阳象山 5 号墓"玉带"式砖	106
图 4.3	洛阳 16 工区墓葬平、剖面图	112
图 4.4	洛阳西晋元康三年墓平、剖面图	113
图 4.5	河南偃师 M6 号墓平、剖面图	115
图 4.6	山东诸城西晋墓 M1 平、剖面图	117
图 4.7	山东诸城墓砖样式	118
图 4.8	北京地区某晋墓平面图	118
图 4.9	北京地区某西晋墓平、剖面图	119
图 4.10	长安地区某北朝墓墓道横剖面图	121
图 4.11	长安地区某北朝墓平、剖面图	121
图 4.12	河南安阳某鲜卑墓平面图	123
图 4.13	内蒙古美岱村鲜卑墓平、剖面图	124
图 4.14	山西大同地区司马金龙墓平面图	125
图 4.15	洛阳元晖墓平、剖面图	128
图 4.16	河南孟县北魏司马悦墓平、剖面图	129
图 4.17	陕西西安李贤夫妇墓平、剖面图	130
图 4.18	山东临淄北朝崔氏孝昌元年墓平、剖面图	132
图 4.19	安阳地区茹茹公主墓平、剖面图	133
图 4.20	山西太原娄叡墓平、剖面图	133
图 4.21	山西太原娄叡墓墓道壁画（部分）	134
图 4.22	辽宁辽阳南雪梅 2 号墓平面图	135
图 4.23	辽宁棒台子 2 号墓壁画局部摹绘	136
图 4.24	冬寿墓立面图	137
图 4.25	辽宁朝阳袁台子石板墓剖面图	142

图 4.26	辽宁朝阳袁台子墓马具示意图	142
图 4.27	辽宁朝阳某北魏墓平面图	144
图 4.28	辽宁朝阳某北魏墓平、剖面图	145
图 4.29	甘肃嘉峪关某墓剖面图	149
图 4.30	甘肃嘉峪关某墓平、剖面图	149
图 4.31	甘肃嘉峪关某魏晋墓剖面图	150
图 4.32	甘肃敦煌某家族茔园平面图	152
图 4.33	甘肃敦煌某大墓平、剖面图	153
图 4.34	新疆吐鲁番地区某墓平、剖面图	154
图 4.35	新疆吐鲁番地区某竖式墓平、剖面图	155
图 4.36	新疆吐鲁番地区某墓平面图	156
图 4.37	南京地区某双室墓平、剖面图	159
图 4.38	南京地区某双室墓平、剖面图	159
图 4.39	南京地区某单室墓平、剖面图	160
图 4.40	南京地区某单室墓平、剖面图	161
图 4.41	南京地区某穹隆顶墓平、剖面图	162
图 4.42	南京童家山南朝墓平、剖面图	164
图 4.43	三吴地区多墓平、剖面图	165
图 4.44	江苏宜兴周氏家族墓园墓平、剖面图	166
图 4.45	江苏镇江某刀形墓平、剖面图	167
图 4.46	南京地区某南朝大墓葬平、剖面图	168
图 4.47	浙江嵊县某墓平、剖面图	169
图 4.48	湖北鄂城一组多室墓的平面图	173
图 4.49	湖南常德元康四年墓平面图	176
图 4.50	湖南长沙永宁二年墓平面图	176
图 4.51	湖南长沙某多室墓平面图	177
图 4.52	湖南益阳东晋墓平面图	177

图 4.53　湖南株洲某晋墓平、剖面图 …………… 178
图 4.54　湖南资兴某南朝墓平、剖面图 ………… 179
图 4.55　湖南资兴普通元年墓平、剖面图 ……… 179
图 4.56　江西南昌永安六年墓平面图 …………… 181
图 4.57　江西南昌徐家坊六朝墓平面图 ………… 182
图 4.58　江西新干县西晋墓平面图 ……………… 183
图 4.59　江西靖安某西晋墓（M1）平、剖面图 … 183
图 4.60　江西清江宁康二年墓平面图 …………… 183
图 4.61　江西清江升平元年墓平、剖面图 ……… 184
图 4.62　南昌吴应夫妇墓平面图 ………………… 184
图 4.63　江西清江建武三年墓平面图 …………… 184
图 4.64　江西清江大业十一年墓平面图 ………… 185
图 4.65　江西南昌南朝墓（京墓1）平面图 ……… 186
图 4.66　江西赣县建武四年墓平、剖面图 ……… 186
图 4.67　福建闽侯南屿南朝墓平、剖面图 ……… 188
图 4.68　福建政和天监六年墓平面图 …………… 188
图 4.69　福建政和松源新口南朝墓平、剖面图 … 189
图 4.70　广东广州桂花冈3号墓平面图 ………… 190
图 4.71　广东广州沙河顶西晋墓平、剖面图 …… 191
图 4.72　广东揭阳某墓平、剖面图 ……………… 191
图 4.73　广东梅县某墓平、剖面图 ……………… 192
图 4.74　广东韶关某墓平面图 …………………… 193
图 4.75　广东韶关某墓平、剖面图 ……………… 193
图 4.76　广东梅县某墓平面图 …………………… 194
图 4.77　广东始兴某墓平面图 …………………… 195
图 4.78　广东始兴某墓平、剖面图 ……………… 195
图 4.79　广东韶关某墓平、剖面图 ……………… 196

图 4.80　广东广州沙河镇某墓平、剖面图 ………… 197
图 4.81　广东揭阳某墓平、剖面图 ………… 198
图 4.82　广西梧州某墓平、剖面图 ………… 198
图 4.83　广西梧州某墓平面图 ………… 199
图 4.84　广西融安安宁南朝墓（M2）平、剖面图 …… 200
图 4.85　广西融安安宁南朝墓（M4）平、剖面图 …… 200
图 4.86　贵州清镇某墓平面图 ………… 201
图 4.87　贵州平坝马场墓 35 平、剖面图 ………… 202
图 4.88　贵州平坝马场墓 55 平面和南壁立面图 ……… 202
图 4.89　云南姚安阳派水库晋墓平、剖面图 ………… 203
图 4.90　云南昭通后海子东晋墓平、剖面图 ………… 204
图 4.91　云南昭通后海子东晋墓北壁壁画（摹本）…… 205
图 4.92　云南昭通后海子东晋墓东壁壁画（摹本）…… 205
图 4.93　云南昭通后海子东晋墓西壁壁画（摹本）…… 206
图 4.94　云南昭通后海子东晋墓南壁壁画
　　　　（摹本局部）………… 207
图 4.95　四川涂井某单室墓平、剖面图 ………… 209
图 4.96　四川涂井某双室墓平、剖面图 ………… 209
图 4.97　四川涂井某多室墓平、剖面图 ………… 210
图 4.98　四川涂井墓葬陶俑 ………… 210
图 4.99　四川昭化 M7 墓平、剖面图 ………… 211
图 4.100　四川昭化 M 23 墓平、剖面图 ………… 212
图 4.101　四川昭化 M 19、M 20 墓平面图 ………… 213
图 4.102　四川成都地区五道渠蜀汉墓平、剖面图 …… 214
图 4.103　四川成都扬子山某墓墓门 ………… 215
图 4.104　四川新繁某墓纵、横剖面图 ………… 216
图 5.1　曹植墓平、剖面图 ………… 221

图 5.2	邙山枕头山墓地地形图	225
图 5.3	邙山峻阳陵墓地地形图	225
图 5.4	邙山 M4 墓平、剖面图	226
图 5.5	南朝皇室墓葬分布	228
图 5.6	南京大学北园东晋墓平、剖面图	230
图 5.7	司马聃墓（推测）平面图	231
图 5.8	司马德文墓（推测）平、剖面图	232
图 5.9	南齐某帝陵（吴家村墓）平面图	236
图 5.10	南齐某帝陵（仙圹湾墓）平面图	237
图 5.11	南朝梁某帝陵（尧化门墓）平、剖面图	239
图 5.12	南朝梁某帝陵（尧化门墓）石门	240
图 5.13	萧梁墓葬选址地形图	240
图 5.14	南朝陈宣帝陵平、剖面图	241
图 5.15	方山冯太后陵平、剖面图	244
图 5.16	方山冯太后陵内部示意	245
图 5.17	北魏宣武帝景陵与封土平、剖面图	247
图 5.18	北魏宣武帝景陵平、剖面图	248
图 5.19	河北磁县湾漳大墓平、剖面图	250
图 5.20	南朝梁萧秀墓神道复原图	256
图 5.21	北魏武士石俑	258
图 6.1	江西南昌高荣墓平面图	262
图 6.2	安徽马鞍山木棺	263
图 6.3	内蒙古札奈诺尔出土木棺	264
图 6.4	辽宁出土木棺	265
图 6.5	甘肃出土木棺底板星相图	265
图 6.6	宁夏固原出土漆棺盖局部	266
图 6.7	洛阳出土石棺	268

图 6.8　石棺画像 ················· 269
图 6.9　山西太原娄叡墓木椁 ········· 273
图 6.10　帷帐座 ·················· 276
图 6.11　北魏帷帐座 ··············· 277
图 6.12　帷帐复原图 ··············· 278
图 6.13　鱼鳞甲镇墓武士 ··········· 281
图 6.14　持盾镇墓武士 ············· 282
图 6.15　山西大同出土镇墓兽 ······· 284
图 6.16　河北曲阳出土镇墓兽 ······· 285
图 6.17　洛阳出土镇墓兽 ··········· 285
图 6.18　河北磁县出土镇墓兽之一 ··· 286
图 6.19　河北磁县出土镇墓兽之二 ··· 287
图 6.20　河北磁县出土镇墓兽之三 ··· 287
图 6.21　山西太原出土镇墓兽 ······· 288
图 6.22　陕西汉中出土镇墓兽 ······· 288
图 6.23　石猪 ···················· 290
图 6.24　"魂瓶" ·················· 292
图 6.25　四川忠县出土陶俑之一 ····· 300
图 6.26　四川忠县出土陶俑之二 ····· 301
图 6.27　四川忠县出土陶俑之三 ····· 301
图 6.28　洛阳地区出土陶俑 ········· 302
图 6.29　山西长治出土陶俑 ········· 303
图 6.30　湖南长沙出土陶俑之一 ····· 303
图 6.31　湖南长沙出土陶俑之二 ····· 303
图 6.32　湖南长沙出土陶俑之三 ····· 304
图 6.33　湖南长沙出土陶俑之四 ····· 304
图 6.34　南京出土陶俑之一 ········· 304

图 6.35	南京出土陶俑之二	305
图 6.36	内蒙古呼和浩特出土陶俑	305
图 6.37	山西省博物馆藏大同出土北魏女伎乐俑	306
图 6.38	东魏、北齐陶俑	308
图 6.39	东魏女侍俑	309
图 6.40	宁夏固原出土北魏具装俑	309
图 6.41	宁夏固原出土北周陶俑	310
图 6.42	东魏萨满俑	313
图 7.1	浙江上虞鞍山龙窑平面图	324
图 7.2	南朝窑址分布	326
图 7.3	器表纹饰类型	331
图 7.4	早期北方陶瓷器	338
图 7.5	莲花尊	339
图 7.6	安阳出土扁壶	341
图 7.7	瓷缸	342
图 7.8	铜镰斗之一	348
图 7.9	铜镰斗之二	348
图 7.10	铜镰斗之三	348
图 7.11	四川出土铜釜	349
图 7.12	四川出土铜洗	350
图 7.13	四川出土铜洗器底	350
图 7.14	安徽出土熨斗	351
图 7.15	四川出土灯	352
图 7.16	发笄	353
图 7.17	发笄的用法	354
图 7.18	铁钉	359
图 7.19	铁剪（24cm）	359

图 7.20	铁农具	360
图 7.21	铁容器	360
图 7.22	铁马衔	361
图 7.23	镜子的凸面	362
图 7.24	TLV 镜	364
图 7.25	连弧纹镜	365
图 7.26	四叶纹镜	365
图 7.27	"位至三公"镜	365
图 7.28	夔凤纹镜	365
图 7.29	画像镜	366
图 7.30	神兽镜之一	366
图 7.31	神兽镜之二	367
图 7.32	佛像镜	367
图 7.33	孔子形象镜	367
图 7.34	金饰之一	373
图 7.35	金饰之二	373
图 7.36	银镯、发钗	376
图 7.37	银发钗之一	377
图 7.38	银发钗之二	377
图 7.39	银顶针	377
图 7.40	银唾盂	377
图 7.41	小银壶、温酒器、剪、挖耳勺、碗、勺	378
图 7.42	鎏金铜带扣	379
图 7.43	鎏金铜饰牌	379
图 7.44	鎏金铜鞍与带饰	380
图 7.45	鎏金铜鞍饰	380
图 7.46	鎏金铜饰	380

图 7.47	玉带钩	382
图 7.48	玉佩饰的组合方式	382
图 7.49	玉璲	383
图 7.50	玉珮	383
图 7.51	琥珀动物俑	385
图 7.52	琥珀项	385
图 7.53	银壶	386
图 7.54	银壶局部	388
图 7.55	银器内壁拓片	389
图 7.56	花瓣形银碗	390
图 7.57	鎏金铜高脚杯之一	391
图 7.58	鎏金铜高脚杯之二	391
图 7.59	鎏金铜高脚杯之三	391
图 7.60	鎏金银杯	393
图 7.61	银碗	393
图 7.62	鎏金银杯纹饰	394
图 7.63	印章式金戒指	394
图 7.64	金项链	396
图 7.65	金手镯	397
图 7.66	北齐石刻画像拓片	399
图 7.67	坐像	401
图 7.68	罗马玻璃杯	407
图 7.69	罗马玻璃容器	408
图 7.70	罗马玻璃器	409
图 7.71	罗马玻璃碗	409
图 7.72	萨珊玻璃碗之一	411
图 7.73	萨珊玻璃碗之二	411

图 7.74　萨珊玻璃碗之三 ……………………………… 412
图 7.75　漆棺盖 ………………………………………… 421
图 7.76　漆棺局部 ……………………………………… 422
图 8.1　壁画中的帷帐与坐像 …………………………… 427
图 8.2　某墓室壁画屏风人物图 ………………………… 428
图 8.3　某墓室壁画中的帐下榻后屏风局部 …………… 429
图 8.4　某墓室壁画中帐下人物各坐一榻局部 ………… 430
图 8.5　持折叠椅的陶俑 ………………………………… 432
图 8.6　厨房场景 ………………………………………… 434
图 8.7　灶之一 …………………………………………… 435
图 8.8　灶之二 …………………………………………… 435
图 8.9　灶之三 …………………………………………… 435
图 8.10　灶之四 ………………………………………… 436
图 8.11　固原出土青铜灶模型 ………………………… 436
图 8.12　波士顿美术馆藏公元 6 世纪石刻拓片中的
　　　　 家居场景 ……………………………………… 437
图 9.1　甘肃嘉峪关农作场面画像砖 …………………… 439
图 9.2　魏晋侍俑 ………………………………………… 439
图 9.3　嘉峪关魏晋女仆画像砖 ………………………… 440
图 9.4　山东出土东魏女侍俑 …………………………… 440
图 9.5　南京出土南朝男侍俑 …………………………… 440
图 9.6　宾夕法尼亚大学考古与人类学博物馆藏佛座拓片
　　　　中的北魏出行行列 …………………………… 441
图 9.7　南京西善桥砖画中的"竹林七贤" …………… 441
图 9.8　"竹林七贤"砖画局部——荣启期 …………… 442
图 9.9　"竹林七贤"砖画局部——阮籍 ……………… 443
图 9.10　"竹林七贤"砖画局部——向秀 ……………… 444

图 9.11	陶履模型	445
图 9.12	持盾鲜卑武士俑	445
图 9.13	鲜卑装供养人	446
图 9.14	鲜卑式披风俑	447
图 9.15	侍从砖画	448
图 9.16	"裲裆"式侍从俑	449
图 9.17	永宁二年晋墓陶俑头饰	450
图 9.18	东魏女子装束	451
图 9.19	北齐女子装束	451
图 9.20	北魏女子装束之一	451
图 9.21	北魏女子装束之二	451
图 9.22	北朝女子装束	451
图 9.23	鎏金铜带钩	458
图 9.24	华丽的鎏金铜带钩	458
图 9.25	带扣在裲裆甲上的使用	459
图 9.26	北周金玉带	460
图 9.27	北齐高润墓陶俑	461
图 10.1	冯素弗墓出土甲片	463
图 10.2	辽宁朝阳前燕铁盔和护颈	464
图 10.3	西安草厂坡出土马首甲	464
图 10.4	河北满城中山靖王刘胜墓铁甲	466
图 10.5	片状甲	467
图 10.6	裲裆甲	467
图 10.7	戴圆形盔的弓箭手	468
图 10.8	邺城出土圆形盔	469
图 10.9	邺城出土的盔	469
图 10.10	隋代的缀连片状甲	470

图 10.11	公元6世纪后期的骑兵俑	470
图 10.12	敦煌壁画中的战斗场景	471
图 10.13	剑鞘	472
图 10.14	单刃刀	473
图 11.1	山东沂南画像石中的乐队	476
图 11.2	嵇康抚琴	478
图 11.3	唐初乐队图像	483
图 11.4	北周佛座上的奏乐场景	486
图 11.5	酒泉墓葬壁画中的乐队	488
图 11.6	邓县画像砖上的乐舞形象	489
图 11.7	邓县画像砖上的道教神仙吹笙图	490
图 11.8	邓县画像砖上的"南山四皓"	490
图 11.9	含有骑马伎乐的冬寿墓出行图（东晋升平元年，公元357年）	492
图 11.10	邓县画像砖上的鼓角伎乐	494
图 11.11	邓县画像砖上的角笛伎乐	494
图 12.1	甘肃嘉峪关晋墓画像砖上的犁、播种场景	503
图 12.2	甘肃嘉峪关晋墓画像砖上的耙地场景	503
图 12.3	山西太原娄叡墓出土瓷灯	519
图 12.4	江苏吴县西晋带柄铜灯盏	519
图 12.5	山东沂南画像石上的灯（公元2~3世纪）	520
图 12.6	敦煌220窟药师净土世界中的灯	521
图 12.7	宁夏固原北魏墓葬出土轺车模型	527
图 12.8	洛阳北魏棺床拓片上的牛车	529
图 12.9	邓县画像砖拓片中的肩舆	533
图 12.10	广东德庆出土汉代船模型	537
图 12.11	四川成都造像碑上的船（公元5~6世纪）	537

图 12.12	据传为顾恺之画作局部	538
图 12.13	河南安阳出土隋代围棋模型	545
图 12.14	河南灵宝出土汉代"六博戏"模型	546
图 13.1	"覆盖式"袈裟	554
图 13.2	"袒露式"袈裟	555
图 13.3	"曲形变形"袈裟	555
图 13.4	"引号式"袈裟	555
图 13.5	"连接号式"袈裟	555
图 13.6	四川绵阳摇钱树佛像	558
图 13.7	四川彭山出土陶树座	559
图 13.8	四川忠县摇钱树佛像	559
图 13.9	四川乐山佛像拓片	560
图 13.10	四川忠县陶俑之一	562
图 13.11	四川忠县陶俑之二	562
图 13.12	四川忠县陶俑之三	562
图 13.13	山东沂南出土疑似佛像	565
图 13.14	镂雕佛像铜牌	567
图 13.15	鄂城出土白毫相跪姿俑	567
图 13.16	佛像熏炉	567
图 13.17	贴塑佛像瓷器	567
图 13.18	旧金山亚洲艺术博物馆 Avery Brundage 藏鎏金铜佛像（公元 338 年，摹本）	579
图 13.19	甘肃泾川县铜佛像	579
图 13.20	内蒙古出土鎏金铜佛像（公元 484 年）	580
图 13.21	山东博兴出土铜佛像（太和八年，公元 484 年）	581
图 13.22	背光形态的变化	582

图 13.23　河南郑州造像碑（公元 564 年） ················ 589
图 13.24　安徽亳县造像碑（公元 567 年） ················ 590
图 13.25　河北蔚县石佛像（公元 444 年） ················ 595
图 13.26　北凉小型石塔（公元 428～429 年） ············ 602

表 5.1　丹阳南齐五陵墓主身份推测 ························· 238
表 7.1　南朝陶瓷类型 ··· 332
表 7.2　北方陶瓷类型 ··· 340
表 7.3　六朝、隋、唐初陶瓷器类型 ························· 345
表 9.1　长沙东晋升平五年（公元 361 年）墓衣物疏中的
　　　　女子服饰 ·· 454
表 9.2　南昌晋墓衣物疏中的男子服饰 ······················· 454

第一章 六朝

据说,当亚当和夏娃逃离伊甸园的时候,亚当安慰哭泣中的伴侣。"别哭,亲爱的",他鼓励说,"一切都是暂时的。"

六朝(公元 3 世纪至 6 世纪后期)是一个分裂和无序的时代,它处于汉、唐两个大一统王朝之间,以其在文化艺术上的伟大成就而著称。有人将中国与欧洲的历史进行对比,把六朝称为中国的"黑暗时期",然而这个词所包含的负面意义很容易让人引起误解。实际上,六朝是在诸多方面(如文化、政治、社会、艺术与技术方面)都取得了巨大创新与成就的时代①。

由于六朝并不是一个很受关注的时代,所以有必要勾勒一下这段历史的梗概。"六朝"之名来源于当时建都于今南京的

---

① 六朝时期指的是以建康(今南京)为都城的几个朝代(即吴、东晋、刘宋、南齐、梁、陈),但吴有段时期在别处建都,统一的西晋王朝也建都他处。中国学者将汉唐之间的这段时期称为"魏晋南北朝",但这个词用英语表达太过繁琐,因此,我用"六朝"泛指这个时期,大多数中国以外的学者都是如此。
关于这个时期的概述性著作,参见 Wolfram Eberhard, *A History of China*. Berkeley: University of California Press, revised fourth edition, 1977, pp. 109 - 168 及 Charles Hucker, *China's Imperial Past: An Introduction to China's History and Culture*. Stanford: Stanford University Press, 1979, pp. 133 - 139。还有更多的中文论著,如韩国磐《魏晋南北朝史纲》,北京,人民出版社,1983(译者按:a. 完整的著作信息仅在首次出现时注明,以后仅标注作者、书名、页码、图表编号,其他信息见"参考文献"部分;b. 注释格式分别按中文和西文的一般规范标注)。

六个政权。此前的都城都位于北方，主要在今天的西安和洛阳，但随着北方非汉民族迁入中国北方并建立自己的政权，原来的中原政权被迫偏安于南方，于是这个时代被称为"南北朝"。外来的非汉人统治的北方政权，与移民占主体的南方王朝之间的政治分裂是这个时期的最显著特征，不过我们也不能因此认为当时的社会已经支离破碎了。相反，当时的地方割据政权都在力图自保与扩张，正是由此导致的冲突形成了当时的混乱无序。在欧洲，政权的地方割据被认为是理所当然的事，而在中国，没有中央集权的政权会被视为反常的、暂时的。汉朝的成功大一统成为中国人心目中统一的典范，它通过近四百年的努力，在中国人心目中建立了一套完整的政治规范。

汉代末期，朝廷外戚与宦官集团之间的纷争，使得一些军事领袖成为独立的军阀，而皇帝成为这场新的政权争夺战中的傀儡。在北方，曹操于建安五年（公元200年）（译者注：中国历史纪年为译者所加，以下同）的官渡之战中击败袁绍，以胜利者的姿态脱颖而出，但他继续扩大胜利果实的企图受到了来自东南、西南地方军事首领的阻挠，紧接着是连年的军事行动与统一政权的行动。建安二十五年（公元220年）曹操去世后，汉朝终于从名到实都灭亡了，曹操之子曹丕即位，建立了新的王朝"魏"，统治着中国北方地区。此后，四川的刘备因其姓氏（与汉代皇室相同）而自称汉朝的合法继承者，后世为区分称其为"蜀汉"。不久，东南的孙权也自称吴帝。至此，魏、蜀、吴三足鼎立局面正式形成。

曹操及其后继者统治下的北方政权巩固内部的进程并没有走得很远。汉末，中央政权由于衰微，不得不依靠地方势力来维护自身的稳定与安全，结果大型坞壁蜂拥而现。大型坞壁都拥有自己的武装（部曲）和家丁，他们是失去土地后依附于豪强的一群人，身份类似于佃农。数百年之后，中央政权的安全力量才得以重新建立，以家庭为单位、拥有小块土地的自由民形式也得以重新恢复。汉末，曹操还试图通过建立一套新的职官制度取代旧式的汉代官僚体系，以确保官员对社会制度的拥护，加强中央集权。他建立了一套乡里荐举体系，被荐举者分为一至九品，依品第高下委以不同的职务。为了确保优秀的候选人能够入仕，各州郡负责品第的中正皆由中央政府任命。但是，由于是家族而不是个人把持着品第大权，入仕的门路逐渐被地方门阀世族垄断，这个制度也逐渐失去了原有的活力，于是知识精英受到打压，而维护世族特权的制度则根深蒂固[1]。

司马氏是北方曹魏政权里的显赫家族之一，泰始元年（公元265年），司马炎逼魏帝退位，自称皇帝（晋武帝），晋王朝成功地实现了中国的短暂统一。西晋政权建立之前，蜀国已被魏吞并，西晋建立之后，又于太康元年（公元280年）征服了吴国。新的晋王朝下达了"罢兵令"，曹魏的中央集权措施被搁置下来。尽管如此，西晋诸王还是保留了自己的私人武装，不久，严重的内战"永嘉之乱"（公元311年）爆发，并直接导致了晋王朝的瓦解。

当掌权者内讧之时，权力势必旁落他人之手。西晋诸王之间的内讧导致中央军力的削弱，中央再也无力控制由半独立的军事首领控制的地方州郡，并最终导致饥荒、大规模的动乱和

---

[1] 关于"九品中正制"，参见 Albert E. Dien ed., *State and Society in Early Medieval China*. Hong Kong and Stanford: Hong Kong University Press and Stanford University Press, 1990, pp. 10 - 12 及引文。

革命性的农民运动,这种现象正是汤因比(Arnold Toynbee)所称"动乱时代"的极好例证。在西晋政权里,外部的威胁来自疆域内外的诸多非汉民族,他们颠覆了西晋王朝,控制了中国北方地区。随之,驻守南京的司马睿于建武元年(公元317年)以晋室的继承者身份称帝,因此建武元年之前的晋朝被称为西晋,继之者被称为东晋。正是由于晋室的南迁,这个分裂的时期才成了"南北朝"。

南方与北方大不相同,南方空气潮湿、土地湿软、湖泊众多、气候温暖,主要作物是大米而不是北方常见的麦类和粟类谷物。当时的南方人口由三部分组成。

(1)世居民:傣族、瑶族、越族等。

(2)中原移民:很早就迁入了南方,其中可能也包括部分被同化的世居民。

(3)大批南迁的避难者:这批人的数量难以估计,还存在较多的争议①。

在建武元年(公元317年)至永初元年(公元420年)间,南方的最高统治者势力衰微,朝廷内部尔虞我诈,南迁流亡士族间的关系也极不稳定。大多数南迁的北方士族没有土地,没有根基,他们的影响力仅限于朝廷和军队。不过,他们由于有能力抵御北方游牧民族的进攻,所以还能被南方人接受,但前提是南方人自身的利益必须得到维护。比如,朝廷曾试图征募南方地主家的佃农入伍,结果导致站在地主立场上以

---

① 有趣的是,1949年以后的台湾也出现了类似的情形,即三个方面的人口来源导致了语言的差异、族群间的冲突,以及侨居者在入仕方面的优势地位。

道教名义发动的反叛①。因此，南迁的北方士族不到万不得已，是不会铤而走险的。

当时要想掌控政权，对北府兵的控制是非常关键的因素。这是一支建立于山东、随朝廷南迁的军队，军人在都城以北被授予土地，成为兵户，也就是说他们平时耕种、战时出征，主要职责是抵御北方军队的入侵。这支军队是国家的重要壁垒，主要为南迁的北方世家大族服务。不过在公元4世纪早期，当南迁的北方世家大族陷入权力争战的时候，一些低级军官发动了叛乱，刘裕就是其中之一，他在永初元年（公元420年）掌控了新的王朝——宋，自称为帝。他的兴起标志着北方世族掌控军权历史的结束，从此他们不再拥有军权，而是完全依附于朝廷。刘裕希望自己家族的统治长治久安，在遗诏中明确规定府兵不得独立。出征的将领回朝时，统军之权会被剥夺，一些重要的州刺史也改由皇室宗亲担任。如果没有朝廷的文书，州刺史也无权调动军队②。不过这样的规定也无法确保统治的稳定，在公元420~589年，南方四朝26位统治者中，有13位暴死、4位被废黜，只有9位是自然死亡。不过，正如刘裕所希望的那样，这些政策确实大大地维护了当时的权力结构③。

在东晋向刘宋的过渡时期，当南迁的北方士族真正失势之

---

① W. Eichorn, "Description of the Rebellion of Sun En and Earlier Taoist Rebellions," *Mitteilungen des Instituts für Orientforschung der deutschen Akademie der Wissenschaften zu Berlin* 2 (1954): 325 – 352.

② 川勝義雄:「劉宋政權の成立と寒門武人 - 貴族制との關連において」,『東方學報』（東京）36（1964）、215 – 233 頁。

③ 具体数字参见 Otto Franke, *Geschichte des chinesischen Reiches*. Berlin: Walter de Gruyter and Co., 1930 – 1948, 2, p. 146. 4 vols。

后，他们除了忠于皇帝，已经别无选择。在这个意义上来说，他们是最有利于朝廷的群体，他们必须认同皇室的利益，没有了利益的冲突才会得到朝廷的信赖。也可能正因为如此，阉人在朝廷中从来没有得势，因为皇帝已经有了自己的傀儡。当权势不再之后，身份地位就显得尤其重要，对家族、血统、门第的重视程度与日俱增。但是，由于并没有得到真正的权力和职务，他们在生活上日趋颓废。一位公元 6 世纪的评论家这样写道："治官则不了，营家则不办，皆优闲之过也。"（《颜氏家训·涉务》）"明经求第，则雇人答策；三九公燕，则假手赋诗。"（《颜氏家训·勉学》）[1]

这段文字的本意是批评士族的颓废生活，但也反映出文才在当时精英阶层里的重要性，其中最著名的例子可能还是梁代的几位皇室成员：父亲（梁武帝）主持着规模宏大的文学沙龙，一子编写了《文选》，至今仍是有关当时文学作品选集的典范；另一子（梁元帝）也对道教、文学和诗歌抱有浓厚的兴趣。由于统治者的推动，当时的文学艺术取得辉煌成就也就不足为奇了，而且影响到以后几代，甚至远及日本。

在北方地区，汉族与北方游牧民族的冲突一直是一个主要的问题。汉代末年，虽然与匈奴的争战有所缓和，但另一个游牧民族——鲜卑，开始自东北内迁，从公元 2 世纪开始成为匈奴的腹背之患。匈奴被迫南迁，被中原王朝安置在边境以内，成为抵御北方新敌的缓冲，同时也成为中原王朝的重要兵源，

---

[1] Teng Ssu-yü, trans., *Family Instructions for the Yen Clan: Yen-shih chia-hsün by Yen Chih-t'ui.* Leiden: E. J. Brill, 1969, pp. 116 – 117, 53 – 54.《颜氏家训》（译者按：作者在书中所引历史文献部分出自该文献的英文译本，译为中文时将尽可能复原为中文原文）。

用来戍守北方边疆，或服役于内地，这有些类似于在罗马帝国服役的德国人。由于北方民族的纷纷内迁，到元康九年（299年）时，已有人抱怨"关中（今陕西和甘肃）之人，百余万口，率其少多，戎狄居半"①。边界逐渐形同虚设，游牧民不断南下。

只要政权稳定，这些游牧民都会非常忠实于朝廷，会一致抵御外部的蛮族，但是一旦政局动荡，他们本身就成为朝廷的大患。永嘉五年（公元311年），匈奴洗劫洛阳，这是一件与公元410年哥特人洗劫罗马同等重要的大事，标志着整个北方地区开始陷入长期的外族统治之下，即中文所谓的"五胡乱华"。"五胡"包括匈奴和藏语系、突厥语系的多个民族，他们在北方地区先后建立了16个短命的政权，中国历史因此步入所谓的"黑暗时期"。

公元4世纪初期西晋瓦解之时，北方地区到底是什么样的情形呢？永嘉元年（公元307年），新任并州刺史刘琨在赴任途中上了一表，这样描述沿途所见："道崄山峻，胡寇塞路，辄以少击众，冒险而进，顿伏艰危，辛苦备尝……臣自涉州疆，目睹困乏，流移四散，十不存二，携老扶弱，不绝于路。及其在者，鬻卖妻子，生相捐弃，死亡委危，白骨横野……群胡数万，周匝四山，动足遇掠，开目睹寇。……九州之险，数人当路，则百夫不敢进，公私往反，没丧者多。婴守穷城，不得薪采，耕牛既尽，又乏田器。"② 汉人和非汉人都无法幸免

---

① 《晋书》卷56；《资治通鉴》卷83（译者按：常见史籍的版本等信息参见"参考文献"部分，文中不一一注明；卷数一律以阿拉伯数字标注）。

② 《晋书》卷62；又参见金发根《永嘉乱后北方的豪族》，台北，"中国学术著作奖助委员会"，1964，第61~62页。

于这样的惨况，年复一年的干旱与饥馑更使得民不聊生。

在这样的情况下，逃避不失为一种途径，毫无疑问当时出现了大规模的人口迁徙。众所周知的是很多大户逃到了南方，但对当时农民的情况我们知之甚少，他们可能也跟随大户逃到了南方。也有很多难民涌入东北和遥远的西北地区，那里的社会相对安定。而留在中原的人赖以自保的方式就是联合起来，共同防御。关中和关东（今山西、河北和山东）地区在战争中所受的冲击尤其严重，大量土地荒芜，处处是流民与强寇。留下来的精英阶层则建立坞壁以自卫，这样的坞壁最先出现在汉末，是堡垒式的庄园，但现在坞壁的数量和规模都大为强化了。坞壁的人员构成主要包括侍从、宾客、奴隶、宗族和一些本土人群。靠个人之力是无法生存的，他们必须依附于附近的坞壁。据说仅在关中地区，这样的坞壁就有三千多座[①]。

坞壁通常建造于易于防御骑兵和步兵攻击的地点，如河湾处或山顶上；有些人甚至逃往山里寻找更为牢固的要塞。有座坞壁方圆数英里，河流环绕四周，能容纳十万之众，据说一夫当关，万夫莫开，内有耕地和水源。坞壁的首领不仅是军事首长，而且是政治和经济管理者，他们充当着以往刺史的角色，执行着来自不同朝廷的使命，有些可能还是自封的刺史[②]。

这些坞壁主要是防御性的建筑，无法抵挡过长时间的进攻，因此他们还得寻求其他的生存之道。一个重要的途径就是向当地的权势人物效忠，可能多至两三个（即向胡人小国的首领们效忠，他们兴起于晋室南迁后的北方），向他们提供人

[①]　《晋书》卷114。
[②]　关于坞壁的讨论，参见金发根《永嘉乱后北方的豪族》，第83~87页。

质，并向他们进贡。

这些游牧民族在管理靠武力所得的地区时，往往缺乏建立行政制度的技巧，不过，当时建立的政权数量之多，至少在某种程度上表明他们有意去尝试统治这些归顺的农业居民。为了有效地管理，游牧民族首领往往需要中原地方豪族的支持，因此，当他们获得这样的人才时，一般会保留原有的地方行政体系。地方首领与胡族首领之间的关系是相互依存的，而不像是外族对本土的占领[①]。据说南方军人桓温北伐之时，那些被俘至南方的中原士兵潸然泪下，频频回首北望。

北魏登国元年（公元386年），北方地区终于统一于鲜卑部落联盟的一支——拓跋部。他们建立的北魏王朝在北方地区建起了长城和边塞，以阻挡其他游牧民进入中原，给北方地区带来了一个半世纪的安定。拓跋氏与中原世家大族有着密切的合作，大量资料证实，拓跋氏大力支持世家大族的世袭特权，他们建立官学以培养士族子弟，反对士族与寒族通婚。在北魏都城甚至禁止贵族与平民居住于同一区域。尽管如此，中原世家大族还是必须十分谨慎，因为如果哪个家族过于显赫，都会被拓跋氏当成对自己统治的威胁，会被迅速而残酷地剿灭。不过，拓跋政权比起其他非汉民族建立的政权，还是做到了政局的相对稳定和持久。

一般来说，当中央政府势力衰微，无力保障社会的稳定时，地方势力就会寻求自保之道，坞壁的规模越大越好。在这种情况下，就会出现排他性宗族（exclusive lineage）（这

[①] 关于民族性的讨论，参见 Wolfram Eberhard, *Conquerers and Rulers: Social Forces in Medieval China*. Leiden: E. J. Brill, 1965, pp. 135 – 136。

种群体越少越好，因为瓜分财富的人较少）向包容性大族（inclusive clan）的转变，因为后者能够提供更多的安全保障①。但是当社会重归和平时，又会出现相反的趋势。在土地的占有上，无论是农民还是政府都不占优势，大量的土地都被地方豪强占有。于是，政府会施行一些旨在削减坞壁规模的政策，既是为了缓解它们带来的潜在威胁，也是为了提高税收。对于佃农而言，比起以往向地主缴纳高额租金，现在向政府交税显得更划算一些。由于北魏给北方社会带来了稳定，那些大型的地方坞壁体系开始变得不那么稳定了，逐渐分裂为小型的坞壁。这点在北魏政权里主要表现为均田制的出现。均田制最早出现于太和元年（公元477年），从太和九年（公元485年）开始规范化。这是一项将土地分配给个体家庭的政策，是土地的田产化，分配土地的数量依家庭的规模大小而定。有人认为这是一种开垦荒地的措施，但更确切地说应该是一种削弱地方豪强势力的方式，即通过向需要土地的人提供土地，以限制地方豪族的土地占有量。这样的措施会给社会带来和平与稳定，但也正因为这种秩序的重整，使得传统的鲜卑社会结构发生了严重的扭曲，最终导致拓跋政权的衰败。

到公元5世纪末期，拓跋政权顺利完成了向中原式政权的转型。越来越多的汉人在朝廷里担任要职。太和十七年（公元493年），都城也由北部边境的平城迁往洛阳。洛阳在永嘉

---

① G. W. Skinner, "Chinese Peasants and the Closed Community: An Open and Shut Case," *Comparative Studies in Society and History* 13 (1971): 270–281; Morton H. Fried, "Clans and Lineages: How to Tell Them Apart and Why—With Special Reference to Chinese Society," *Bulletin of the Institute of Ethnology*, Academia Sinica 29 (1970): 11–36.

五年（公元311年）被毁后，此时得以重建。当时迁都的理由是更好地备战南朝，不过从其他因素考虑，更可能是追求一种更为理想的改革环境，是让朝廷摆脱鲜卑贵族集团的束缚，这些鲜卑贵族在传统的部落联盟体制下掌握着重要的话语权；当然，迁都也是为了使北魏政权更接近于中原式王朝，如让皇帝少受约束，朝臣们虽然可以进谏，但无法否决皇帝的旨意。孝文帝可能也感到，在一个中原地区的政权里拥有一个真正中原式的朝廷，将会获得更多的生存机会，所以，他的改革并非完全出于一己之私利。他在迁都的同时还颁布了一系列摒弃鲜卑传统服饰、风俗甚至语言的规定，拓跋氏的姓氏也改为汉姓。到孝文帝的继任者统治时期，汉化进程仍在继续，不过北魏的汉化越来越疏远那些部落贵族，因为他们并没有从中获得多少利益。随着汉人的经济和社会地位的提高，部落贵族的不满情绪越来越浓，最终导致了反叛。

留在北方边境的鲜卑部落贵族们深切感受到自己被利用了，他们的地位一度变得与奴隶相差无几，他们不能改变职业，不能与外族通婚，而且还得不断接收来自内地的罪犯（这是中原王朝开发边疆的惯用方式），不得不与罪犯为伍。他们的将领也无法获得与南方朝廷官员同等的升迁机会。不满情绪越来越强烈，终于在公元6世纪20年代爆发了叛乱。据说上百万被剥夺了特权的鲜卑人席卷南下，一举推翻了北魏政权。公元534～535年，当硝烟终于散尽之后，由于战乱中朝廷内部的权力争斗，出现了东魏和西魏两个政权，它们后来又分别被北齐（公元550～577年）和北周（公元557～581年）取代。

大量证据表明，这段时间里中原汉人与鲜卑部落民之间存在着频繁的摩擦,东魏统治者高欢曾试图调和双方的矛盾。据文献记载,他曾用鲜卑语对士兵说:"汉民是汝奴,夫为汝耕,妇为汝织,输汝粟帛,令汝温饱,汝何为陵之?"对汉人则说:"鲜卑是汝作客,得汝一斛粟、一匹绢,为汝击贼,令汝安宁,汝何为疾之?"① 另有一次高欢还说:"今督将家属多在关西,宇文黑獭常相招诱,人情去留未定;江东复有吴翁萧衍,专事衣冠礼乐,中原士大夫望之以为正朔所在。"② 所以,高欢的统治无疑需要十分谨慎。

北方两个政权之间的战争旷日持久,双方都宣称自己是前朝的合法继承者。西魏、北周政权对鲜卑部落民的驾驭变得越来越困难,他们不得不另辟蹊径寻求兵源,解决办法就是将汉人部落化,也就是说吸纳一部分汉人,让他们自备武器入伍,以免除赋税作为回报,并授予拓跋族的姓氏,将他们编入中央军队系统,让他们都充当鲜卑人。这种后来被称为府兵的中央军队体系很快就派上了用场,在西北政权的统治上发挥了巨大的作用。

南朝政权的统治无疑也是困难重重,一般只有在紧急情况下才能大规模地调遣军队,但作为南迁北方大族根基的世袭中央军队体系,在历经两百年之后已经变得老迈不堪。至于其老迈程度,在太清元年(公元 547 年)的事件中有着明显的体现。当时来自北方的冒险家侯景带着区区千人渡江,伺机占领了南朝宫廷,俘获了年迈的梁武帝,并迅速收编了一支 10 万人的大军。而驻扎在上游各地担任刺史的亲王们,行动却非常

---

① 《资治通鉴》卷 157。
② 《资治通鉴》卷 157。

迟缓，他们只能依靠南方士族的私人武装，这些私人武装是随着中央政府的势衰而应运而生的。结果，辉煌地统治了梁朝50年的梁武帝在救兵到来之前就饿死于台城。大同十年（公元544年），西魏派兵攻克了南朝的大部分疆土，梁朝的残余政权归于梁朝将军（陈霸先）统治之下，他在永定元年（公元557年）建立陈朝，此后又延续了数十年。在分裂的状态下，军队下属只有在符合自己利益的情况下才会顺从，士兵也只能从无地的佃农中征召。

面对西魏、北周异常精良的军事实力，北齐政权也未能苟活得太久，承光元年（公元577年）终被北周所灭。隋朝继承了西魏、北周的这支军队，于开皇九年（公元589年）终结了南朝的统治，于是中国重获统一。尽管拓跋统治者创建了这支军队，但他们根本无法有效地控制它，因为大部分士兵都已是汉人，军队的部落组织形式只是促成了由鲜卑体制向汉制的平稳过渡。尽管如此，拓跋氏的军事体系还是继续存在了下来，并为隋唐的扩张与荣耀提供了军事基础。

像南北朝时期的这种分裂局面，在中国历史上似乎比较特殊，它只是重归统一之前的短暂过渡。不过，这么说也可能是一种误导。根据对公元220~1912年中国历史的统计，只有950年属于统一时期，而有742年处于分裂状态。即便如此，还是有误导之嫌，因为在大部分历史时期，中国名义上虽然是一个王朝，但实际上并不处在中央政府的控制之下。对中国来说，至少自秦汉开始，自然平衡（natural equilibrium）似乎是国家统一的动因，与印度等地相比，统一似乎是中国历史发展的基本趋势。印度同样是一个幅员辽阔而封闭的地区，但那里的自然平衡是地域性的，全国范围内的统一似乎要求过高了，事实上它在历史上也只有几次短期的全国统一。印度的统一主要在孔雀王朝（公元前321～前187年）和笈多王朝（公元320～540年）时期，但这些王朝给人以不安定之感，因而并不持久。而中国的情况恰好相反，只有分裂时期才会给人以不安和过渡之感。那么，在六朝社会里，什么样的自然平衡成了统一的动因呢？

首先，没有血缘贵族。地方政权的世袭统治早在先秦时期就已存在，但历经战国时期的消耗，已经被完全消灭了，秦的中央集权将地方贵族体系送到了尽头。汉代曾实行过短时期的封建，但由于朝廷的中央集权措施，以及汉文帝时对叛乱的镇压，封建化进程并没有持续下去。封号与封地名义上仍然存在，但如果没有特殊原因受到朝廷的特赐，封号是不能世袭的，世袭是特例，而不是常态。

与此类似，也没有了血缘意义上的高等级宗族（clan），没有了超常规的土地授予。宗族的先祖都是人或被赋予了人格，人们热衷于追溯自己的先祖到传说中的某位皇帝，也就是说他们的祖先是人而不是神。即便是皇帝，虽然被称为"天子"，但他们并不真的源自神，这点与日本的情况不同，理论上只要有"天意"，人人皆可获得王位。不过，朝代的延祚是有限的，除了秦希望自己的统治千秋万代，一般朝代都只能延续约三百年之久。

因此，在地方上无人能够自然地纠集反抗者创建一个独立的政体，同样从全国来说，也无人能以自己的血缘来称帝。

地方上的首领都是乡绅和土地所有者。在这一时期，没有证据显示当时出现了像后来那样强大的宗族或世家大族组织，不过已经出现了同一宗族内的个体家庭集中居住的趋势，这样有利于个体家庭的生存和稳定。即使在新的政权之下，也没有发生暴力性的剧变，或大规模的财产没收，它们保持着强大的稳定性和持久性。地方统治者是不允许个体家庭拥有土地的，他们将土地以奖赏的方式授予自己的亲信和随从。对于本地土地和水源的暴力争夺无疑是存在的，但由于对手也是当地的，所以不会发生地区与地区之间的冲突。在中央政府衰微时期，会出现一些独立军阀统领的地方性军队（与本地地主统领的防御性兵丁性质不同），即使这些军队在某些地区攫取了粮草供应，那些当地居民也不一定认为与自己的利益和命运有关。

政府行政管理体系中，郡县一级的地方政府往往由当地的精英人士控制。虽然国家的上层人事可能会发生变动，但一般不会影响到基层，这些地方精英也有可能被选拔进入朝廷。这样的职官体系虽然比较复杂，但非常稳定。单个的家族往往表现出惊人的延续性，不过很明显，家族的长期延续可能只是在家族的长期兴衰循环中，保留下来的一个姓氏而已。

实际上对地方首领来说，他们要为地方政权付出巨大的代价，而这样的政权并不能给他们带来什么好处。政府介入地方事务越多，世家大族就越可能输给地方上的对手，因为后者往往与地方官员相互勾结，剥夺世家大族的财产。

这样的行政体系体现出一种中央集权下的平衡，它是一种保障地方大族既得利益的措施。这些地方大族在动荡时期无利可图，而在地方政权强大时也会失去很多。所有的这些措施很可能是以官僚体系为基础的，它起到联系中央与地方的作用，从而减弱了权力掮客的重要性。所以，没有血缘贵族之后，由地方首领来维护稳定，在中央和地方之间没有了权力的自然集中，结果每一次的分裂都是暂时的，军阀之间谋求政权的争端迟早会得到解决，总有一个会剿灭其他所有的军事力量，人口数量会有所下降，但最终会实现国家的统一。

在中国这样的政权特性下，统一终于得以完成。正如芮沃寿（Robert Somers）所阐明的那样[1]，统治者的权力不是绝对的和无限的，而是至高无上的，也就是说任何一个统治者都以剪灭异己为目标，以确保无人挑战自己的威权。因此，改朝换代的战争就是以摧毁对手为目的，而最后幸存的一方就会成为新的统治者。这就意味着国家没有必要仿效秦朝体制掌控所有的权力，但所有人又都会将统治者当成实际的皇帝。于是，就有可能在边境地区出现一些强势人物，他们不会真正地听命于朝廷，而是地方上的实际统治者，他们以向朝廷效忠作为交换，来获得朝廷的正式任命。大家都心知肚明，只要他们不越轨，就能继续统治这个地区。尽管要确立对一个地区的完全控制可能要花很多年，但中央政府不会迫不及待。

由于这样的政权在地方上没有根基，所以它的生存有赖于对军队的控制以及民众的普遍认可，后者指的是在地方上担任官职和具有社会威望的人，他们对政权的认可并不会很坚定，往往会因私利而动摇。由于民众的支持有着潜在的不确定性，所以尤其重要的是要确保没有能左右民意的对手。获得皇位者采取的可行手段之一就是按惯例宣称自己威权的合法性，比如"天授"，这是基于利己目的的对政权合法性的声明，即如果不合天意，他就不会获取王权。

另一项惯常采取的手段是儒家的"忠君"原则，与此相

---

[1] Robert Somers, "Time, Space and Structure in the Consolidation of the T'ang Dynasty (A. D. 617–700)," in Albert E. Dien ed., *State and Society in Early Medieval China*, pp. 371–372.

随的是要求人们永远忠诚，不得改变。这点在和平统一时期可能较容易做到，但如颜之推所说，对生活在六朝那样纷乱时期的人们来说，只是一种奢望。

在这个时期，当国家一分为二甚至分裂为更多的政权时，这些政体潜在的不安全性会加剧。它不仅意味着要为效忠的人付出更高的代价（比如为他们提供更多利益），而且意味着现有政权所受的威胁切切实实地存在着。维持军队意味着要严重消耗国家的经济资源，用于防卫的战争花费巨大，但百姓并不能从中获益，这是对政权生命力的进一步损耗。

以上的所有因素（分裂、潜在的对手、缺乏根基、统治合法性的丧失）在这几个世纪里加剧了社会的紧张局势。这种紧张局势促使和加剧了南北方的争战，也意味着尽管已经分裂数百年，但最终还是会有一个解决的途径，那就是重新统一。所以，我们要研究的问题不是为什么达成了统一，而是为什么统一要花这么长时间。

尽管这个时期无疑属于动荡与战争的年代，但认为它在文化上也无所建树那就大错特错了。在物质文化方面，它在汉代基础上持续发展，并开启了隋唐文化成就之先河。文化的延续性表现在建筑、城市规划、金属工艺、家具和服饰等诸多方面，此外，这个时期也出现了创新，出现了一些新的文化动向。

在这一时期，中国北方政权统治下的非汉民族的出现具有重大的历史意义。今天的学者过于强调这些非汉民族与中原文化的融合进程①，如历史学家范文澜在其《中国通史简编》

---

① 很多中国历史学者强调非汉民族的同化问题，如武玉环《拓跋、契丹、女真等民族共同体的形成与发展》，《黑龙江文物丛刊》1984年第1期，第66~70页。

里，把六朝部分冠以"长江流域经济文化发展时期"（第五章）和"黄河流域各族大融合时期"（第六章）的标题①。洪廷彦深刻地指出，这些章节标题尽管被广为引用，但并非对这段历史的深刻描述。按照洪廷彦的观点，无论南方还是北方都经历了经济的发展和民族的同化，而且这些发展作为汉唐历史进程的一部分，可以追溯到汉，而极盛于唐②。另一个对这段历史的概括是：这是强大的世家大族的时代。笔者曾在另一书中主张，这些被标记为世家大族的集团既不强大，也不是贵族或宗族③。六朝是一个非常复杂的时期，尝试对这段历史进行任何的概括［即所谓"标签式概括"（labeling generalization）］④，都不会很贴切。通过对物质文化的研究来补充文献材料的不足，或许会让我们对这段时期的中国历史有一个中肯的认识，从而带来更加深刻的概括。

---

① 范文澜：《中国通史简编》第二编，北京，人民出版社，1965，修订版。
② 洪廷彦：《"南方经济大发展，北方民族大融合"质疑》，《中国历史博物馆馆刊》1979 年第 11 期，第 43~47 页。
③ Albert E. Dien ed., *State and Society in Early Medieval China*, pp. 21 - 29。这一特质与"神圣的罗马帝国"相似，但如伏尔泰所说，"神圣的罗马帝国"既不神圣，也不是真正的罗马或帝国。
④ Arthur F. Wright, "On the Uses of Generalization in the Study of Chinese History," in *Generalizations in the Writing of History*, edited by Louis Gottschalk, Chicago: University of Chicago Press, 1963, p. 36.

第二章 城市与边镇

中国的城市考古工作相对较少，因为大量的古代遗址被掩埋在现代城市之下。对这些遗址的揭露可能会牵涉各种各样的问题，比如要大量移民等。此外，如此大规模工程所耗费的时间和精力也是本已不堪重负的考古机构难以承受的。因此，我们对六朝城市的了解大多来自地表调查和探索性的试掘。

一　北部边疆

内蒙古呼和浩特北部和西北部大青山以北的半干旱环境有利于古代遗址的保存。今天所见的大量城垣早就引起了考古学家的注意，它们曾是北部边镇体系的一部分。1958年，考古学家在这一广大范围内勘察了三个遗址：位于武川东北部70公里处的卜子古城遗址、乌兰花附近的土城子遗址、乌兰不浪附近的土城梁遗址。这些边镇地处战略要地，是为有效防御蠕蠕（蠕蠕是拓跋氏多年的潜在威胁）而设，大致呈方形，边长130米~800米不等，有夯筑的城墙，南面的城门约有3米宽。四面城墙都发现了门楼遗迹，其中一座城墙上可能还曾设有角楼。在城垣内一般有一两座建筑基址，考古报告提到的地表遗物主要是大量的砖瓦和陶瓷碎片，考古学家可能并没有发掘的计划。这些遗址被初步断定为北魏的几个北方边镇：武川、抚冥、柔玄①。

由此往南，到内蒙古、山西交界处北侧，纳林河畔沙圪堵附近的石子湾也发现了一个类似的城垣遗址。城垣东西长230米，南北长180米，在南墙发现有一座带围廊的完整城门。城内有一座约45米×85米的台地，上有三排石柱础，每排五个。中间一排柱础石的顶部都呈圆形，其他的则为方形，所有柱础石的中央都有柱洞。此外，遗址内发现了瓦片和陶瓷碎片，但都只是地表遗存，该遗址被断为北魏早期。由此往东，在北魏的北部边界上，也有一个与此类似的遗址——长川（俗称土城子）遗址，在今内蒙古兴和县北15公里。平面呈方形，有夯筑的城垣，似乎没有城楼，不过在东南角和东北角都发现了明显的角楼遗迹②。

包头北部的城圐圙是一处更大、更复杂的遗址，城垣内面积约1300米×1100米，出于防御的目的，城墙都建在临近的制高点上。遗址平面呈五边形，北面、南面和东面都有门。曾建有门楼和角楼，那里发现了很多瓦片，是北魏特有的黑釉瓦，上面的莲花纹饰与北魏云冈石窟所见相似。该遗址进行了小规模的考古发掘，在城内西北角发现了大量泥塑小佛像残件，与云冈佛像风格非常相似，其早期样式的鹰形鸱吻也与云冈的相似。该遗址所处的位置表明，它可能是北魏时期的重要北方边镇——怀朔镇，地处南北交通要

---

① 张郁：《内蒙古大青山后东汉北魏古城遗址调查记》，《考古通讯》1958年第3期，第18~22页；内蒙古文物工作队：《内蒙古文物资料选辑》，呼和浩特，内蒙古人民出版社，1969，第115~118页；宿白：《盛乐、平城一带的拓跋鲜卑——北魏遗迹辑录之二》，《文物》1977年第11期，第45页。

② 崔璿：《石子湾北魏古城的方位、文化遗存及其它》，《文物》1980年第8期，第55~61、96页。

道上①。呼和浩特西北 5 公里坝口子村发现的另一处遗址详情尚未发表，但在宿白的文章中有简要描述②，该遗址被推测为北魏的白道城，可能是北方边堡后方的重要军事据点。在地表发现了库思老一世（Chosroes Ⅰ，531－579）时期的萨珊钱币。以上这些城址的共同特征是：有夯筑城墙，有宏伟建筑物的台阶，也有一些地表遗物；没有经过考古发掘，遗址的具体情况不清。

统万城遗址曾是短命的胡夏王朝都城，夏是匈奴赫连勃勃在公元 407 年（东晋义熙三年）建立的政权，始光四年（公元 427 年）北魏攻克统万城。这是一处规模相当大的遗址，位于无定河从内蒙古入陕西之处，横山之西。该城址由东、西两部分组成，各有一道城墙，共用中间城墙。两城周长分别是 2470 米和 2566 米（图 2.1）。城墙有的部位残高 10 多米，西城墙基宽 16 米，东城墙基略窄。城墙转角处都有高大的角楼，其中西南角楼高 31.62 米。从木柱的柱洞来看，可知角楼周围原来有多层的便道，可能是设置瞭望哨和射击孔的地方。西城四面均有城门，而东城北面没有城门。城墙上有间隔不一的城垛（"马面"），其中西城墙南侧的马面为 18.8 米 × 16.4 米，高出城墙，但比角楼低。其中一座马面内还发现了仓库，是一个底面积 7 平方米、深 6 米的坑，原来曾有两层地面。城墙用石灰、沙子和黏土掺合在一起夯筑而成，墙体非常坚实，所以至今保存得很好。由于城墙的颜色是白色的，所以该城址今天被称为"白城子"。据说负责建造该城的官员检验城墙建造质

---

① 内蒙古文物工作队、包头市文物管理所：《内蒙古白灵淖城圐圙北魏古城遗址调查与试掘》，《考古》1984 年第 2 期，第 145~152 页。
② 宿白：《盛乐、平城一带的拓跋鲜卑——北魏遗迹辑录之二》，《文物》1977 年第 11 期，第 45 页。

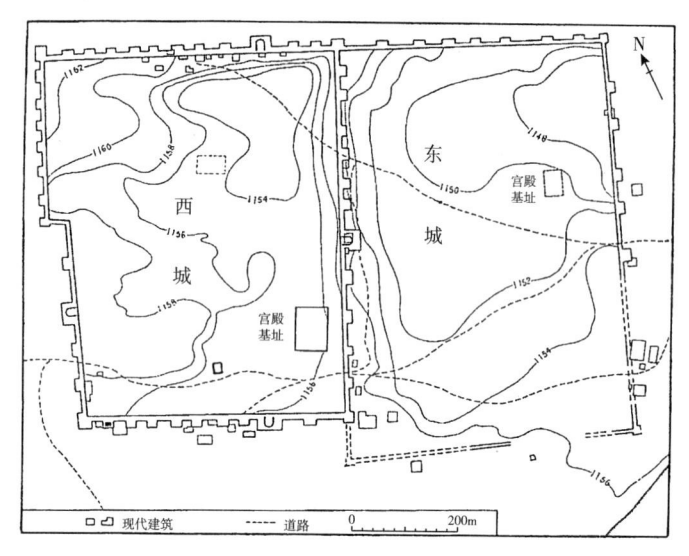

图 2.1 统万城平面图

注：本书采用的插图按英文原著的做法，统一为阿拉伯数字，如以"图2"代表原报告中的"图贰"或"图二"；以"图 2.5"代表原报告中的"图二、5"或"图贰、5"；图版的编号亦依此处理。

量时，若能用锥子刺入一寸，那么负责这段城墙的工匠就会被处死①。由于该城直到北宋淳化五年（公元 994 年）才被废弃，所以地表残留有多个时期的遗物，其中带有魏晋风格的"永隆"字样黑釉瓦可能是赫连勃勃时期的遗物②。赫连勃勃对这座城市非常自豪，在一篇诏告中有这样的描述：

> 高隅隐日，崇墉际云，石郭天池，周绵千里。③

---

① 《晋书》卷130："蒸土筑城，锥入一寸，即杀作者而并筑之。"
② 陕西省文管会：《统万城城址勘测记》，《考古》1981 年第 3 期，第 225~232 页。该遗址的早期调查资料发表在《文物参考资料》1957 年第 10 期，第 52~55 页及《文物》1973 年第 1 期，第 35~41 页。
③ 《晋书》卷130。

北魏拓跋氏攻克统万城后，掠走了大量的战利品。据说太武帝拓跋焘曾评说此城："蕞尔之国而用民如此，欲不亡得乎！"①

在中国的东边韩国的顺川发现了一座可能是公元5世纪早期的墓葬，里面绘有一幅城市的壁画，平面与统万城非常相似。这座城市也是双城制，主城或内城在东部，外城在西部。同时，外城向南扩展至南城墙，这样它就与内城共用了两道城墙。该城东部背倚高山，西部面向河流，因此，位于外城的居民区和商业区就有了临河之便。东西门楼是双层屋顶，南门楼与角楼是单层屋顶；没有统万城那样的楼阁式城垛，但在城墙上采用了齿状的女墙，这是此类结构的最早形象资料（图2.2）②。

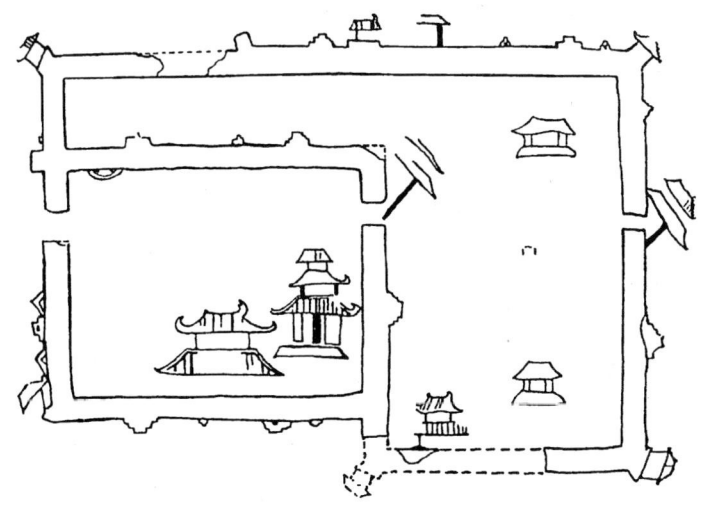

图 2.2　辽东城平面图

---

① 《资治通鉴》卷120。
② 道生译《朝鲜平安南道顺川郡龙凤里辽东城冢调查报告》，《考古》1960年第1期，第54~58页；俞伟超：《跋朝鲜平安南道顺川郡龙凤里辽东城冢调查报告》，《考古》1960年第1期，第59~60页。

二 北方早期城市

六朝时期最早的都城是邺城，是公元3世纪早期曹操政权的根据地。邺城坐落在漳河北岸的今河北临漳西南、河南安阳东北，也曾是后赵和前燕的都城，东魏、北齐的邺都位于旧城之南。从战略上看，邺城地处华北平原的边缘，正扼西来之敌的必经之道——黄河故道与太行山井陉驿道①。

邺始建于公元前7世纪，是齐桓公为保护自己的封地而建的众多城市之一。到汉代末年，邺城成为袁氏家族的根基所在，袁绍被曹操击败后，又成为曹操的根据地。黄初元年（公元220年）曹操去世后，其子曹丕即位，成为曹魏的第一代皇帝，他弃汉都洛阳而将邺城作为新政权的都城，不过以邺城为都仅有十年之久②。

研究者迄今只对邺城做了一些地表调查和试掘，但根据文献记载和两座夯土堆遗存大致确定了邺城的西北区域。其中一座夯土堆规模相当大，南北120多米，东西70多米，高约10米，顶部残留有薄薄的一层瓦（70厘米～80厘米厚）；另一座夯土堆在以北85米，规模较小，保存也较差，两座土堆之

---

① 关于这条道路，参见 Frank A. Kierman, Jr., *Chinese Ways in Warfare*. Cambridge: Harvard University Press, 1974, pp. 56 - 57。关于这一时代都城和城市规划的讨论，参见 Fu Xinian, "The Three Kingdoms, Western and Eastern Jin, and Northern and Southern Dynasties," in *Chinese Architecture*, edited by Nancy S. Steinhardt. New Haven: Yale University. Press, and Beijing: New World Press, 2002, pp. 64 - 73.

② 秦佩珩：《邺城考》，《河南文博通讯》1979年第1期，第37页；David R. Knechtges trans, *Wen Xuan*, or, *Selections of Refined Literature*. Princeton: Princeton University Press, 1, p. 429. 3 vols。

间发现了城墙遗迹,这也是经漳河数百年冲刷之后残存下来的唯一遗存。根据文献资料,较大的夯土堆被认定为金虎台,另一座为铜雀台。邺城的另一座建筑基址冰井台位于此二台的北部,位于邺城的西北角,不过未能保存下来。根据三台的位置以及文献记载的规模,有可能大致推测出邺城原有的范围(图2.3)。地表遗物很少,只有一些瓦片、6件石构件(3件L形,3件长方形)和1件夯土台附近发现的魑首形石雕建筑构件①。

北魏郦道元《水经注》对邺城有着这样的描述:

> 其城东西七里,南北五里,饰表以砖,百步一楼。凡诸宫殿门台隅雉,皆加观榭,层甍反宇,飞檐拂云,图以丹青,色以轻素。当其全盛之时,去邺六七十里,远望苕亭,巍若仙居。②

邺城的重要性在于其平面布局标志着城市规划史上的重大发展。根据文献记载可知,一条东西向的大街将全城一分为二,北部为宫殿区,南部为居民区。又有一条南北大街纵贯北部宫殿区,直达南城墙正门。这种T形布局,加上连接各个城门的纵横街道,开启了后代都城布局之先河,如太和十八年

---

① 俞伟超:《邺城调查记》,《考古》1963年第1期,第15~24页。据说现在正对该遗址进行大规模的发掘,但至今未见详细的报道。关于邺城史的方方面面可参考刘心长、马忠理主编《邺城暨北朝史研究》,尤其是徐光冀撰写的《邺城遗址的勘探发掘及其意义》,第43~45页,石家庄,河北人民出版社,1991。亦可参见中国社会科学院考古研究所、河北省文物研究所邺城考古工作队《河北临漳邺北城遗址勘探发掘简报》,《考古》1990年第7期,第601~617、600页;江达煌:《邺城六代建都述略——附论曹操都邺原因》,《文物春秋》1992年增刊,第87~97页。

② 郦道元撰《水经注》卷10,上海,商务印书馆,1929。

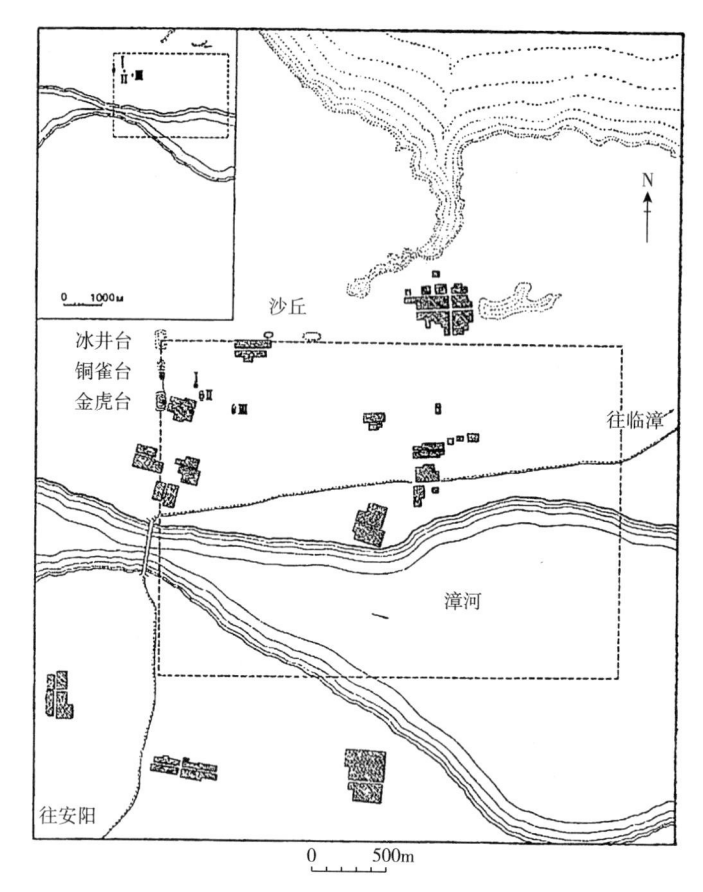

图 2.3　邺城地区平面图

（公元494年）洛阳重建成为北魏新都时，就采用了这样的城市布局①。

在公元335～349年，邺城又成为后赵石虎的都城。关于

---

① 俞伟超:《中国古代都城规划的发展阶段性——为中国考古学会第五次年会而作》,《文物》1985 年第 2 期, 第 57～58 页, 图 3B; Nancy Shatzman Steinhardt, "Why were Chang'an and Beijing So Different?" *Journal of the Society of Architectural Historians* 45 (1986): 347。

当时的邺城面貌，可以从陆翙《邺中记》残本中找到一些细节①。此后，从东晋升平元年（公元357年）开始，邺城又成为慕容儁统治下的前燕都城，直到东晋太和五年（公元370年）被苻坚攻克。在该遗址的残存遗存中，并没有发现后几个时代的遗存②。

两百年后，高欢立北魏傀儡皇帝于邺，开始了史上的东魏。高欢死后，继承者于天保元年（公元550年）称帝，成为北齐的第一代皇帝，至承光元年（公元577年）被北周所灭。东魏兴和元年（公元539年），高欢紧临邺城另建新都，即考古资料中的"邺南城"，位于漳河以南。至今对邺南城所做的考古工作一直很少③，但根据1986年的考古发掘，也可以大致确定邺南城的范围，东西宽2800米，南北长3460米。此外，多座城门的位置也得以确认，还发掘了其中的一座城门遗址——朱明门遗址。朱明门是南城墙的中间城门，也是全城的正门（图2.4）。根据城门基址遗存，考古学家确认城墙的厚度为9.5米，在城门两侧又另加厚了10.8米，所以城门的进深达20.3米。城门本身有三个门道，以6米厚的墙相隔。

---

① Edward Schafer, "The Yeh chung chi," *T'oung Pao* 76 (1990): 147 – 207; Shing Müller, "Yezhongji: Eine quelle zur materiellen kultur in der stadt Ye im 4. jahrhundert," *Münchener Ostasiatische Studien*, vol. 65. Stuttgart: Franz Steiner Verlag, 1993. 另参见周一良《读〈邺中记〉》，载刘心长、马忠理主编《邺城暨北朝史研究》，石家庄，河北人民出版社，1991，第1~17页。

② Gerhard Schreiber, "The History of the Former Yen Dynasty: Part II," *Monumenta Serica* 15 (1956): 49.

③ 俞伟超：《中国古代都城规划的发展阶段性——为中国考古学会第五次年会而作》，《文物》1985年第2期，第58页；亦参见 Nancy Shatzman Steinhardt, *Chinese Imperial City Planning*. Honolulu: University of Hawai'i Press, 1989, pp. 88 – 89。

中央门道宽 5.4 米，两侧门道各宽 4.8 米。城门两侧城墙向外凸出 49 米，顶头是一个 14.6 米 × 14.6 米的方形台基，推测可能是门楼的基址[①]。于是城门处形成了一个 U 形的防御体系，与北京紫禁城的午门类似，此类结构很可能就是从邺城开始的[②]。邺南城在承光元年（公元 577 年）北齐灭亡时得以幸存，但到西魏大象二年（公元 580 年），邺城的统治者尉迟迥反隋失败之后，邺城终被夷为平地。

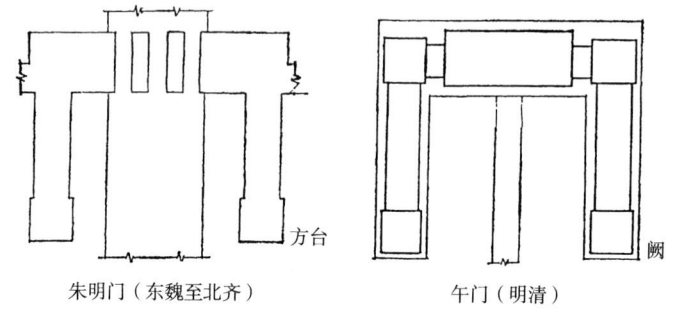

朱明门（东魏至北齐）　　午门（明清）

图 2.4　邺南城朱明门平面图

这一时期的城市遗存还有山西太原附近的晋阳城，是东魏、北齐时期（公元 534～577 年）的陪都。这是一个疑点尤多的遗址，因为它是建立于约公元前 490 年的晋国古都，此后几乎历代连续沿用，直到北宋太平兴国四年（公元 979 年）被宋所毁。在 1961 年的调查中，在今晋源地区发现了一些城墙遗存，初步认定为刘琨所建并州城的一段城墙（图 2.5，A）。刘琨是西晋王朝的拥护者，曾抗击匈奴。此外，这次调查还确认了推测为北齐大明宫的所在（图 2.5，B）。但是正如考古报

[①] 中国社会科学院考古研究所、河北省文物研究所邺城考古工作队：《河北临漳县邺南城朱明门遗址的发掘》，《考古》1996 年第 1 期，第 1～9 页。

[②] 郭义孚：《邺南城朱明门复原研究》，《考古》1996 年第 1 期，第 10～21 页。

告所称，由于遗址的堆积历史非常复杂，早期城墙往往与晚期城墙混杂在一起，新的城墙又建于旧墙基础之上，因此地表调查困难重重。如果不经过系统的考古发掘，对这些零零星星的城墙遗存很难做出任何明确的判断①。

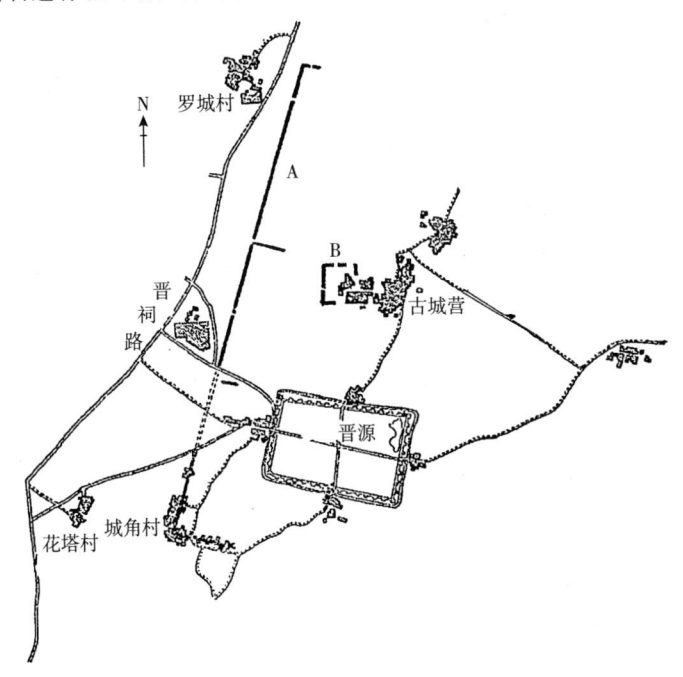

图 2.5 古晋阳城平面图

与邺城和晋阳城不同，寻阳城从未做过都城。寻阳城坐落在今江西九江西南部，晋太安三年（公元304年）时西晋所建。其战略位置非常重要，具有牵制长江中游和下游的作用。寻阳城在隋代因洪水而废，现在遗址的大部分位于湖底。由于湖水

---

① 谢元璐、张颔：《晋阳古城勘查记》，《文物》1962年第4、5期，第55～58页。需要注意的是，《文物》1983年第10期，第1页中的地图已将北齐晋阳宫的大致区域标出。

的冲刷清除了表层的淤泥，湖滩上暴露出一个瓷器作坊和青瓷窑炉、砖瓦、水井、黏土陈腐池，以及一个20米×20米的建筑基址，还发现了水塘遗存和用于建造花园的大型太湖石。地表遗物包括陶纺轮、网坠、石臼、石磨以及各种青瓷器皿。有意思的是，这些器物与当时的大多数器物不同，并不是随葬品。可惜考古报告对这些器物的详情极少披露。在寻阳城遗址附近的丘陵地带还发现了一些墓葬，大多是晋代墓葬[①]。

三　北魏都城

北魏时期共建有三个都城，从盛乐迁都平城，随后又迁到了南边的洛阳。在某种意义上来说，这些迁都反映了拓跋统治者逐渐适应中原社会的过程。盛乐城在今和林格尔以北约10公里处，曹魏甘露三年（公元258年）首次成为都城，当时的拓跋氏还只不过是鲜卑部落联盟中的一支。西晋永嘉七年（公元313年）和东晋永和二年（公元346年），盛乐城又两度成为部落联盟的都城[②]。由于盛乐城在后代被陆续使用，所以在探讨盛乐早期状况时需要十分谨慎。宝贝河畔有城墙的区域大致呈长方形，南北略长，东西略窄，分别是2250米和1550米。内城城垣内的部分也叫南城，大小为670米×655米，始建年代可以追溯到北魏甚至更早。在厚厚的文化堆积层里，有些遗物可以早到汉代，如瓦、生活用具、农具和牛、马、羊、猪的骨骼，也有独具北魏特色的黑釉瓦。这些发现说

---

① 李科友、刘晓祥：《江西九江县发现六朝寻阳城址》，《考古》1987年第7期，第619~621、618页。

② 《魏书》卷1。

明拓跋氏在定都于此之前，就已经占据此地相当长的时间，但是他们并没有改变自己的游牧生活方式，所以这个遗址在很大程度上还是被统治的汉人遗存。本书第四章将要详述的呼和浩特附近美岱村墓葬很可能就是这个时期的典型拓跋氏遗存。大量黑釉瓦的发现表明盛乐作为公元五六世纪的重要边镇，曾有过大规模的城市建设①。不过，直到南迁平城，尤其是迁都洛阳之后，拓跋氏才在都城建设上产生深远的影响。

随着拓跋政权的巩固和向中原腹地的深入，他们不得不在南边另建新都。冬夏时期逐水草而居的迁徙模式可能也促使北方政权建造多个都城②。无论如何，北魏天兴二年（公元399年），拓跋氏在御河（当时称为如浑水）西岸建立新城——平城（今山西大同）。尽管在平城做过几次考古发掘，但我们今天对平城的了解几乎还都来自文献资料③。

---

① 内蒙古自治区文物工作队：《和林格尔县土城子试掘记要》，《文物》1961 年第 9 期，第 26~29 页；宿白：《盛乐、平城一带的拓跋鲜卑——北魏遗迹辑录之二》，《文物》1977 年第 11 期，第 38~39 页。
② 不过，宫川尚志在其编写的《六朝史研究：政治-社会篇》（东京，日本学术振兴会，1956，第 597 页）中，也举出了这种双都制在非游牧政权里存在的例子，他解释一个是行政中心，另一个是军事中心。
③ 数年来在大同南郊出土了一批遗物，如石柱础、石雕砚台和多种形制的鎏金铜器等，鎏金铜器包括鎏金高脚杯和来自希腊罗马的银碗，参见大同市博物馆《山西大同南郊出土北魏鎏金铜器》，《考古》1983 年第 11 期，第 997~999 页，以及《文物》1972 年第 1 期，第 83~84 页。发现这些器物的地点应为当时城内的居民区，关于此点已有详细讨论。在今大同北部还有一些发现，包括具有典型北魏装饰图案的深灰色陶罐碎片，如水波纹、联珠纹、忍冬纹图案和包含有祥瑞图案的瓦当，参见宿白《盛乐、平城一带的拓跋鲜卑——北魏遗迹辑录之二》，《文物》1977 年第 11 期，第 40 页，图 7。在火车站北侧的夯土残墙可能是宫殿基址的北墙，火车站附近发现的一组石柱础可能表明这里是一处宫殿基址，参见宿白《盛乐、平城一带的拓跋鲜卑——北魏遗迹辑录之二》，《文物》1977 年第 11 期，第 41 页。

《魏书》记载了许多新都建设方面的情况。平城周长 10 公里，后来扩展到 16 公里；将宫殿区置于全城北部、居民区设于南部的做法很可能模仿了邺城的城市规划。北魏战场上的节节胜利使拓跋氏得以向平城输入大量的人口，其中既有农民，也有工匠，这样就保障了建设和充实京师所需的劳动力，保障了大型苑囿、宗庙和社稷的建设。据说建造一座宫殿需要使用两万人丁、耗时六个多月①。城区和郊区的居民都居住于坊内，坊的规模从 60~70 户至 400~500 户不等，至少从理论上看，当时是根据社会地位和职业的不同来安置居民的。

《南齐书》对平城的记载中生动地再现了平城每年一度的祭天场景，包括赛马和奏乐，也有陪伴皇后出宫的甲胄妇女。除了这些反映游牧内容的盛大场面等民族因素，当时的南朝人还注意到平城宫殿里的织锦和酿酒作坊，产品可以买卖，还有商业性的动物饲养和种植庄稼的田地、粮仓、肉类加工所和其他设施。正如詹纳尔（W. J. F. Jenner）所说，平城给人一种自给自足的庄园经济印象②。政府对城市居民的严格控制似乎逐渐失去了效力，门阀等级制度开始崩溃，大量人口从农村涌入城市。公元 5 世纪后半期出现了一种自觉的汉化政策，反映在建筑上就是出现了大型的明堂、灵台和辟雍。此外，当时对佛教的扶持也大大加强，其中包括对平城以西不远处云冈石窟的继续开凿③。

---

① 《魏书》卷 48。
② W. F. J. Jenner trans., *Memories of Loyang: Yang Hsüan-chih and the Lost Capital* (493 – 534). Oxford: Clarendon Press, 1981, p. 25. 詹纳尔在该书中对平城的资料进行了全面而出色的整理（第 16~37 页）。
③ 最近已找到了明堂遗址的所在，并进行了部分发掘，参见王银田《北魏平城明堂遗址研究》，《中国史研究》2000 年第 1 期，第 37~44 页；（转下页注）

建安元年（公元196年）之前，洛阳一直是东汉的都城。建安元年，汉天子受曹操所逼离开洛阳，汉廷随之迁往邺城。曹操死后，其子曹丕（文帝）建魏，邺城仍保有都城的地位，但朝廷迅即迁回了洛阳，而将邺城作为陪都。汉洛阳城位于洛河北岸，北面为今洛阳市东约15公里的邙山之麓。洛阳战略位置非常重要，地控华北地区的东西交通要道，这可能也正是从周到唐的多个朝代建都于此的原因①。北魏新都洛阳与汉洛

(接上页注③) 王银田、曹臣明、韩生存《山西大同市北魏平城明堂遗址1995年的发掘》，《考古》2001年第3期，第26~34页；王银田《北魏平城明堂遗址再研究》，《北朝研究》第2期，第153~166页，北京，燕山出版社，2000。关于明堂的用途，参见 Victor Cunrui Xiong（熊存瑞），"Sui-Tang Chang'an: A Case Study in the Urban History of Medieval China," *Michigan monographs in Chinese Studies*, vol. 68. Ann Arbor: Center for Chinese Studies, University of Michigan Press, 2000, pp. 12 – 13, 146 – 148。明堂中的"明"字并非"明亮"之意，而具"神圣"之义。另参见 Henri Maspéro, "Le mot ming," *Journal Asiatique* 223 (1933): 296，该文认为"明堂"在北魏时期具有同样的含义；参见 Albert E. Dien, "A Possible Occurrence of Altaic IDUGAN," *Central Asian Journal* 2.1 (1956): 18, n. 22。关于云冈石窟，参见 James O. Caswell, *Written and Unwritten: A New History of the Buddhist Caves at Yungang*. Vancouver: University of British Columbia Press, 1988; 书评参见 Victor Mair, *Harvard Journal of Asiatic Studies* 52.1 (1992): 345 – 361, Caswell的回应文章参见 *Early Medieval China Group Newsletter* 6 (1994): 1, 3 – 9。亦可参见 Jenner 在所译《洛阳伽蓝记》中所引文献材料，W. F. J. Jenner, trans., *Memories of Loyang: Yang Hsüan-chih and the Lost Capital*, p. 26, n. 25。宿白对云冈石窟的分期中，第一、二期都属于这一时期，参见宿白《云冈石窟分期试论》，《考古学报》1978年第1期，第25~38页。

① 关于洛阳资料最详细而准确的整理，参见 Ping-ti Ho, "Lo-yang, A. D. 495 – 534: A Study of Physical and Socio-Economic Planning of a Metropolitan Area," *Harvard Journal of Asiatic Studies* 26 (1966): 52 – 101。对洛阳历代城墙遗存的研究，参见中国社会科学院考古研究所洛阳汉魏城队《汉魏洛阳故城城垣试掘》，《考古学报》1998年第3期，第361~388页。只有当某个政权掌控着洛阳两侧之时，洛阳才成为一个自然之都，参见郭黎安《魏晋北朝邺都兴废的地理原因》，载刘心长、马忠理主编《邺城暨北朝史研究》，石家庄，河北人民出版社，1991，第79页。

阳城在同一地点，根据城墙遗存可以测出城市的规模，东墙3895米、西墙4290米、北墙3700米、南墙位于今洛河河底，大致长度为2460米，全城形状大致呈长方形（图2.6）。魏洛阳城沿用和修复了汉洛阳城的城墙，但有两个创新。第一，出现了如统万城所见的"马面"，其中之一进行了考古发掘，可知它是对城墙重新修整之后再加筑的。由于马面不见于现在的地表，所以无法推测其数量和间距。太和十七年（公元493年），当洛阳再次成为北魏都城时，又对城墙进行了一次修葺，采取了同样的修筑程序。其中一座马面经过修缮之后，宽度达12.9米，距城墙的长度为11.7米[1]。在城墙上加筑马面防御设施的做法始于何时尚不清楚，有人认为可以早到战国甚至更早。不过，洛阳城的马面可能是现存最早的马面实例[2]。这种马面也见于敦煌257窟、249窟（公元6世纪）的壁画中（图2.7、图2.8）[3]，其中马面上部设有城垛和射孔，并且高出城墙，洛阳的马面实物似乎没有城墙高。

北魏洛阳城的第二个创新是在西北角建造了三座彼此相连的封闭小城，其中两座突出于主城墙。这几座小城被称为金墉城，似乎有意模仿邺城西北角的三台。建造金墉城的初衷可能

---

[1] 中国社会科学院考古研究所汉魏故城工作队：《洛阳汉魏故城北垣一号马面的发掘》，《考古》1986年第8期，第726～730、760页。

[2] 中国社会科学院考古研究所汉魏故城工作队：《洛阳汉魏故城北垣一号马面的发掘》，《考古》1986年第8期，第730页。

[3] 敦煌文物研究所考古组：《敦煌莫高窟北朝壁画中的建筑》，《考古》1976年第2期，第110页，图1，图2。关于当时马面及其他城墙防御设施的讨论，参见 Nancy Shatzman Steinhardt, "Representations of Chinese Walled Cities in the Pictorial and Graphic Arts," in James D. Tracy, ed., *City Walls: The Urban Enceinte in Global Perspective*. Cambridge: Cambridge University Press, 2000, pp. 432-439。

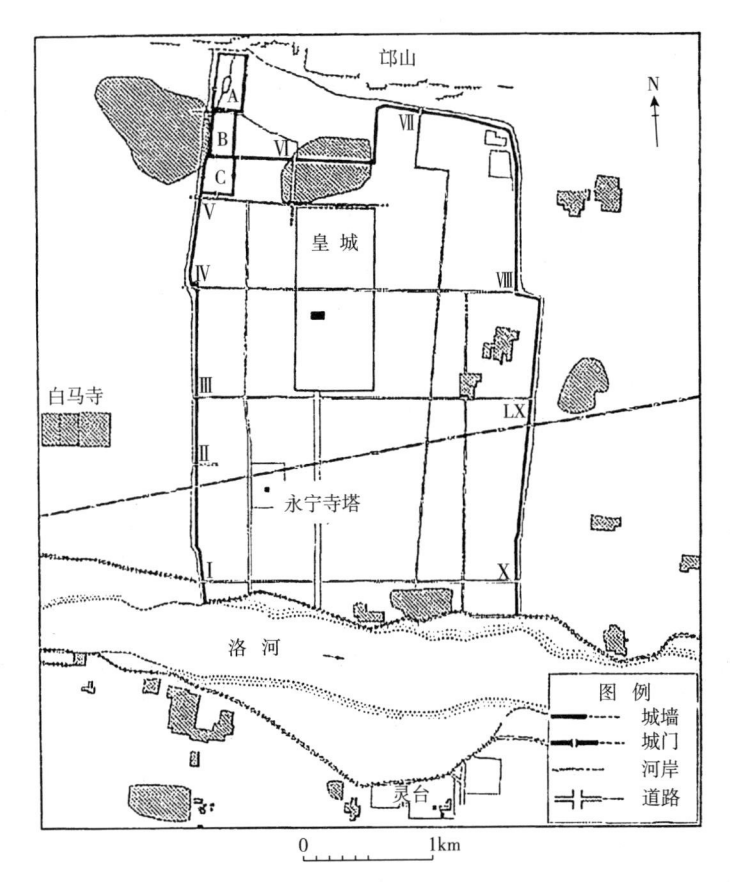

图 2.6　汉魏洛阳城平面图

是为了加强城市的防御,但早在曹魏时期,这里成了安置废帝、废后的地方,成为一处独立的离宫和帝后退养之所。北魏孝文帝迁居洛阳之初,对金墉城进行了一次空前规模的修缮和重建,在城内宫苑建好之前就暂住在金墉城。金墉城的城垣南北总长 1048 米,东西宽 255 米(即总共 26 万多平方米),背倚邙山,居高临下可以俯瞰全城。城墙现存宽度还有 12 米~13 米,高 6 米。墙外建有朝向外侧的马面,马面的大小约为

图 2.7 敦煌 257 窟壁画

图 2.8 敦煌 249 窟壁画

15米×8米,间距60米~70米。城墙外原来还有一道壕沟①。多位后妃曾居住于金墉城,所以城内建有大量的殿阁,这使得金墉城更具离宫的色彩。

汉代的12座城门在魏晋时期大部分仍在沿用,不过名称多已改变②。考古报告对城门的名称及其变迁有着大量的论述,因为很多现存的历史文献里都保留了大量有关城门的资料。到北魏时期,西城墙上增加了第十三座城门,位于金墉城

---

① 中国科学院考古研究所洛阳工作队:《汉魏洛阳城初步勘查》,《考古》1973年第4期,第207~208页。
② 中国科学院考古研究所洛阳工作队:《汉魏洛阳城初步勘查》,《考古》1973年第4期,第198~201页。

南墙之南，这样洛阳城的西面就有了四座城门。南面也有四座城门，北面两座，东面三座。

城门的间距从 500 米到 880 米不等，有几座城门的门洞两侧发现了门楼遗迹。城门的宽度小者 7 米，宽者差不多 50 米，后者是双门道。已经发掘内城东墙最北边的城门，获得了一些北魏时期城门建筑的资料。该城门约 30 米宽，东西进深 12.5 米，门两侧是夯土城墙，门内又有两条隔断，形成一门三道的结构。两侧门洞保存较好，中间门洞仅有一部分得以保存。每个门洞宽约 6 米，门道宽 4 米，上面覆盖着一层深 0.2 米～0.3 米的深褐色土，内有车辙痕迹，车辙宽 1.25 米～1.4 米，肉眼能见。门道两侧发现埋在地下的石柱础，可能是用来支撑大梁的。石门槛已经不存，但从原来安放门槛的洞来看，门槛约 3 米长。门轴石的大小是（0.5～0.6）米 ×（0.9～1.0）米（图 2.9）。门道内发现白色石灰残片，表明门洞曾有过一些装饰，但没有发现以砖饰表的现象。据《洛阳伽蓝记》记载，城门上曾建有两层门楼，有百尺（27.5 米）之高，不过现在已经踪迹全无。中间门洞损毁非常严重，难以辨识，不过可能与两边门洞等宽，或者略宽。根据北魏地层以下的堆积，可知此城门在汉和魏晋时期也曾使用①。

洛阳城最大的变革还是在城墙以内。东汉时期的洛阳城内有两个宫殿区，一南一北遥遥相对。曹魏建都于此之后，似乎又因循邺城之制，将主要宫殿置于全城北部居中，南部的宫殿

---

① 中国社会科学院考古研究所洛阳汉魏古城工作队：《汉魏洛阳城北魏建春门遗址的发掘》，《考古》1988 年第 9 期，第 814～818 页。中国"尺"的长度历代皆有不同，参见吴承洛《中国度量衡史》，上海，商务印书馆，1957。

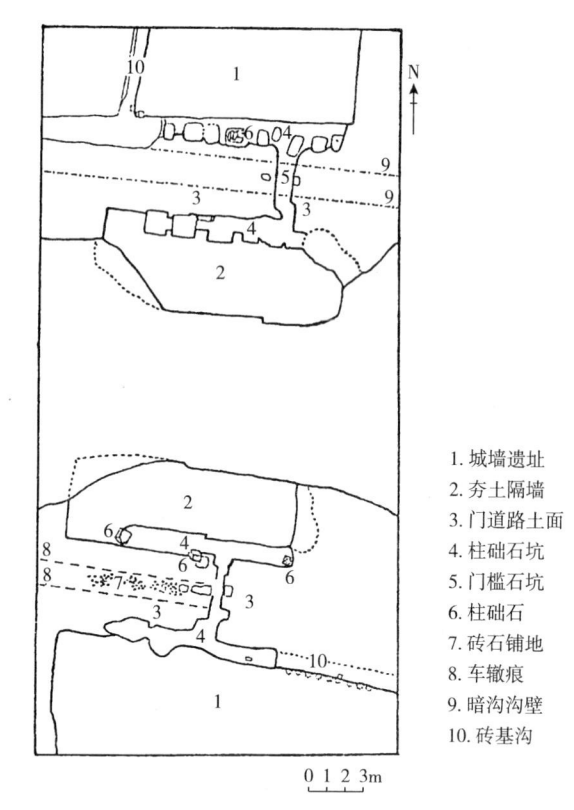

1. 城墙遗址
2. 夯土隔墙
3. 门道路土面
4. 柱础石坑
5. 门槛石坑
6. 柱础石
7. 砖石铺地
8. 车辙痕
9. 暗沟沟壁
10. 砖基沟

图 2.9　北魏洛阳建春门平面图

区逐渐消失①。北部区域原来是汉代的皇家建筑区，曹魏时期得以改造和扩大，宫城达东西宽 660 米、南北长约 1400 米的规模，约占全城面积的 1/10。

黄初元年（公元 220 年），当洛阳始成曹魏都城之时，可能立即做过一些修缮和改建，但直到青龙三年（公元 235 年）魏明帝曹叡才开始在宫城大兴土木，建造了两座大殿（昭阳殿和

---

① 段鹏琦：《汉魏洛阳城的几个问题》，载《中国考古学研究——夏鼐先生考古五十年纪念论文集》，北京，文物出版社，1986，第 244~248 页。

太极殿),在芳林园用奇石建造了人工小山,以及其他的一些建筑项目。这些宫殿修建工作役使了大量的民丁①。宫城的正门是阊阖门,这是一座巨大的三重式城门,宽 46 米,往南是一条宽阔的大街,一直通向全城的正南门,这也是连接各城门、彼此交叉的多条街道之一。北魏时期的洛阳城内有四条东西向和四条南北向的主要大街,非常宽阔,长度从 12 米至 50 多米不等②。

汉晋时期的洛阳城区范围已经扩展到了城墙之外,但所谓"洛阳城"并不包括城墙之外的郊区。晋代的洛阳城一般被描述为"南北九里、东西六里",指的是市区范围。然而城墙之外的郊区对都城来说也是非常重要的,只是晋代没有将其包围在保护性城垣之内。北魏洛阳城是在魏晋洛阳城基础上建成的,但其概念比以往洛阳城的规模要大得多,还包括了外城郭。北魏洛阳城的内城在宫殿之外,还增设了政府衙署、重要寺庙和皇室成员府第。随着南城衙署数量的增加,后来的皇城(与宫城有别)建置开始粗具雏形,这样的布局模式对后代的都城影响深远。维持城市正常运转的大多数居民区和经济活动场所都位于外郭城,如市和坊。外城的西、北城墙遗迹已经找到,但东墙还未确定。有人认为洛阳城的外郭城南面仅以洛河为屏障,当时的洛河比今天险要得多。尽管北魏洛阳城外郭城

---

① 《三国志》卷 3、卷 2。
② 中国科学院考古研究所洛阳工作队:《汉魏洛阳城初步勘查》,《考古》1973 年第 4 期,第 202~203 页。洛阳城内的建筑遗迹很少报道,但有一处直径为 4.9 米的圆形砖式建筑,尚存木梁痕迹,推测为一处冰窖,参见冯承泽、杨鸿勋《洛阳汉魏故城圆形建筑遗址初探》,《考古》1990 年第 3 期,第 268~272 页。钱国祥对历代瓦当的风格演变做了研究,参见钱国祥《汉魏洛阳城出土瓦当的分期与研究》,《考古》1996 年第 10 期,第 73~74 页及图 2、图 3。

的边界还有待确定,但根据文献所记的洛阳城大小(10公里×7.5公里),并参考其他线索,已有可能大致确定北魏洛阳城的四至,内城明显不在全城的中央,大致临近这个长方形城市的东北角①。

宫城外的区域被划分成220个坊,各有坊名和坊墙,四面各开一门,晚上关闭,白天开放。坊内有纵横交错的街道②。大多数坊位于东部和西部,因为内城的北、南城墙之外区域受到邙山和洛河的局限,无法安置太多的坊。内城主要被宫殿、寺庙和衙署所占据。文献较少提到外郭城东北和西北区域的坊,这些区域可能是驻扎军队的。有学者提出,北魏洛阳城的坊可能与隋唐长安城一样采用了棋盘式的布局方式,每边长300步,不过由于北魏洛阳城是在旧有城市基础上建成的,采用那样的布局方式似乎不合情理。基本可以肯定的是,由于洛阳城的坊墙走向受到自然地形(如洛河河道)、人口多寡、旧有建筑或府宅的影响,所以很多坊的形状应该是不规则的,比如位于外城西边、皇宗所居的寿丘坊,东西长1公里,南北长7.5公里。

一般来说,北魏洛阳城的居民是按照身份的不同而聚居于各坊的,有的主要居住的是皇室外戚,有的是鲜卑或汉族高官,也有的是按不同的行业或职业来聚居的。各坊基本上自给自足,各

---

① 关于这些问题的讨论,详见孟凡人《北魏洛阳外郭城形制初探》,《中国历史博物馆馆刊》1982年第4期,第41~48页;骆子昕《汉魏洛阳城址考辨》,《中原文物》1988年第2期,第63~68页。段鹏琦也提到外城的西、北城墙遗迹,参见段鹏琦《汉魏洛阳城的几个问题》,第251页。关于城市水源的一般探索性研究,参见孔祥勇、骆子昕《北魏洛阳的城市水利》,《中原文物》1988年第4期,第81~84页。

② 孟凡人对洛阳城里坊数量的不同意见进行了讨论,主张里坊应为220个,参见《北魏洛阳外郭城形制初探》,《中国历史博物馆馆刊》1982年第4期,第43~45页。

有自己的小型市场和庙宇，但全城还有两个大市，其中西市较大。这些大市周围的坊是按职业来聚居的。外郭城的南半部（内城与洛河之间）设有太学和灵台等机构，是重要的国家礼仪和教育活动场所。由此往南，到外城之外的伊、洛河之间，是南朝移民和胡人聚居的地区①。《洛阳伽蓝记》基本上是当时人对北魏洛阳城的记录，尽管记载的重点是众多庙宇，但也保留了大量其他方面的史料②。

长安位于富饶的渭水流域，地处防守严密的"关中"（即关隘之内）之地，战略位置十分重要，曾是西汉的都城。东汉迁都洛阳后，长安依然是一个重要的地区性中心，在六朝时期先后作为七个政权的都城。长安城的历史是毁灭与繁华交错的历史，往往在战火中毁于一旦，而后又有新的短命王朝为了树立自身政权的合法性而大兴土木，城市又盛极一时。开皇二年（公元582年），隋朝的建立者杨坚在汉至六朝长安原址的东南部另建新城，由于洪水泛滥，旧城遗迹已经荡然无存。目前的考古研究主要集中于隋唐时期的都城，学术界对汉长安城较少关注，而对六朝长安城的了解，也仅限于文献记载的几座

---

① 有学者认为这一区域是城市本身的外延部分，不过骆子昕认为这一区域并非城市的一部分，它只是后来用来安置胡人和南方移民的区域，参见骆子昕《汉魏洛阳城址考辨》，《中原文物》1988年第2期，第63~68页。
② 本书有两个英文全译本，一是前揭詹纳尔（Jenner）的译本，另一是王伊同的译本，Yi-t'ung Wang, trans., *A Record of Buddhist Monasteries in Lo-yang*. Princeton: Princeton University Press, 1984。关于该书中大量轶事的有趣分析，以及洛阳在当时佛教发展史上意义的讨论，参见 Whalen Lai, "Society and the Sacred in the Secular City: Temple Legends in the Lo-yang Ch'ieh-lan-chi," in Dien, ed., *State and Society in Early Medieval China*, pp. 229 – 268。关于《洛阳伽蓝记》的简述，参见 W. F. J. Jenner, "Northern Wei Loyang: An Unnecessary Capital?" *Papers on Far Eastern History* 23 (1981): 147 – 163。

建筑物的名称而已①。

朱大渭注意到，这个时期的很多城市都以双重城墙将城市分为内城（被称为"小城"、"子城"或"中城"）和外城（"大城"或"罗城"）两部分。他根据文献罗列了33座城市实例，主要是北方的城市。他认为建造双重城墙目的是在战争频仍时提供更好的防御②。宫崎市定也注意到北方城市的这个特点，但认为其根源在于当时政权内部不稳。在宫崎市定看来，汉以后的中国城市与汉以前相比，逐渐变成行政和军事的中心，军事防御功能受到更多的重视。同时，随着大量被征服人口迁入城市，加上原来臣服的居民，城市暴动的威胁也大大增加了，所以，除了外城城墙，还需要建立城市的大本营，这些大本营可能就是都城里的宫城。如果宫城周围全是一些不安定的人口，那就显得过于脆弱。所以，这些大本营往往背靠城墙或毗邻外城。这种双重城墙的模式为后代的一些城市所继承，如平城、洛阳以及后来的隋唐长安城③。在当时的南方地

---

① 关于隋以前的长安城历史，熊存瑞有着出色的叙述，参见 Victor Cunrui Xiong, "Sui-Tang Chang'an: A Case Study in the Urban History of Medieval China," *Michigan monographs in Chinese Studies*, vol. 68. Ann Arbor: Center for Chinese Studies, University of Michigan Press, 2000, pp. 7 - 30。
② 朱大渭：《魏晋南北朝时期的套城》，《齐鲁学刊》1987年第4期，第54~61页。
③ 宫崎市定：「六朝時代華北の都市」，『東洋史研究』20.2 (1961)、53 - 74頁。不过宫崎市定并未解释这些堡垒式的宫城为何始终位于城市的北部。
关于这一时期的长安城，尤其是隋唐长安，参见 Victor Cunrui Xiong, "Sui-Tang Chang'an: A Case Study in the Urban History of Medieval China," *Michigan monographs in Chinese Studies*, vol. 68. Ann Arbor: Center for Chinese Studies, University of Michigan Press, 2000。关于隋唐时期城市平面规划的综合性比较研究，参见宿白《隋唐城址类型初探（提纲）》，载《纪念北京大学考古专业三十周年论文集（1952 - 1982）》（北京大学考古系主编），北京，文物出版社，1990，第279~285页。

区也出现了双重城墙的城市。

四　南方城市

　　从考古学的角度来看，南方城址的保存状况不如北方，因为北方半干旱的环境有利于城市遗存的保存，此外，与六朝邺城和洛阳城被弃之后复为农田的情形有所不同，南方城市的选址相对比较稳定，较少迁址而建，这就增加了遗址的考古发掘难度。迄今发表的大部分南方城址都位于长江流域。

　　六朝时期的武昌城在今湖北鄂城附近，位于今武昌以东68公里的下游地区。它是长江中游的军事重镇，而更重要的是，它是东吴的第一座都城（公元221～229年），因此也俗称"吴王城"。六朝早期（或东吴早期）武昌城的重要性在于其特殊的军事和政治地位：城西有优良的港口，周围又有高山、沼泽和湖泊作为屏障，既可控制长江中游地区，也可阻挡自汉江而下的军事行动。除了这些战略上的优势，获取附近地区重要的铜铁矿资源也十分便捷[①]。然而，这座城市也存在先天的缺陷：本地的农产品无法满足巨大的军需，要想维持一支庞大的军队，还得从外地输入大量的粮草，也正因为如此，沉重的负担最终导致了这座城市的没落[②]。

　　六朝时期的武昌城址位于汉代地层之上，表明该城是由东

---

① 在城址的东南角和西南角发现了铜器铸造作坊遗迹。蒋赞初、熊海棠、贺中香：《湖北鄂城六朝考古的主要收获》，《中国考古学会第四次年会论文集》（1983），北京，文物出版社，1985，第286页。

② 蒋赞初、李晓晖、贺中香：《六朝武昌城初探》，《中国考古学会第五次年会论文集》（1985），北京，文物出版社，1988，第104～105页。

吴建立者孙权对早期汉城加固和扩建而成。遗址平面略作矩形，东西宽1100米，南北长500多米，周长3300米（图2.10）。城市北临长江，以高于水面10米的垄脊和堤岸为界。在现存的堤岸上可以看见许多被流水冲蚀的痕迹，由此可以推测北垣原本应该较高，是一道以长江为护城河的防御性城墙。武昌城西北角位于今寿山的高地上，有一座城门（即文献提到的临津门）可以通往码头，码头即今轮渡码头所在地。在城墙的内侧可能原本有一排竖井，其中一部分可能是水井，另外一些则是用来储存粮食的。通过对其中一口井的发掘，出土了青铜和陶瓷器皿[①]。在这面墙的两个拐角处还发现了疑为城楼的遗迹。武昌城西墙毗邻樊山（今西山），南墙临南湖，东墙则延伸至一个天然潟湖。这三面墙原本都有夯土城墙，但只有南墙的一段得以保存下来，这是保存状态最好的一段六朝城墙，墙基宽约20米，高出地表4米~6米。墙的中部有一个缺口，原是一道约20米宽的城门，尚存部分路面和石块遗迹。南墙外还有一座夯土台基，约17米见方，可能是马面遗迹。

东墙外的潟湖很可能曾是一道天然的城壕，在不临江的另外两墙外侧发现了人工城壕的遗存。其中一道城壕在南墙之外，现在是一处长270米、宽180米的池塘，仍被称为"壕塘"，而西墙外通向长江的城壕仍被称为"壕口"。经过发掘，可知城壕的原有规模为宽50米~70米，深约5米。

武昌的水军营位于樊川之口，是樊川在樊山西侧汇入长江之处。江陵（今荆州）被攻克之前，这里一直是东吴政权的

[①] 鄂城县博物馆：《湖北鄂城发现古井》，《考古》1978年第5期，第358~360页。

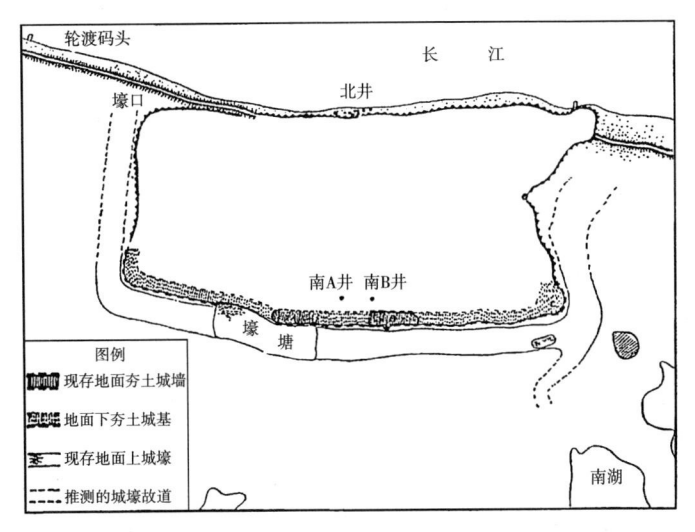

图 2.10　六朝武昌城平面图

西方防线，此后首都迁回建康（今南京）。文献中提到孙权曾在这里修建了宫殿和其他设施，但是这些遗迹也像其他地方一样，被深埋在现代建筑之下，无法对遗址内部进行考古发掘。在东吴以后的南朝时期，随着地方行政机构和防御体系转移至夏口（今武昌），古武昌城逐渐湮没于历史的长河之中，只留下文人墨客对这座荒城的诸多咏叹[1]。

江苏的扬州城位于长江以北、南京下游，始建年代可以追溯到战国时期。扬州原名邗城，由古吴国始建于公元前486年（周敬王三十四年）。由于正处于长江与淮河的水上交通要道，

---

[1] 数年之后，颜之推在《观我生赋》中追述梁朝荆王讨伐侯景之事时曾提及武昌，"舟师次于武昌"，参见《北齐书》卷45。关于古武昌城历史的最佳概述参见蒋赞初、李晓晖、贺中香《六朝武昌城初探》，《中国考古学会第五次年会论文集》（1985），第98~100页；另参见蒋赞初《鄂城六朝考古散记》，《江汉考古》1983年第1期，第34~36页。

所以成了一个重要的商贸中心。在大一统时期，这座城市往往非常繁荣，然而一旦商业萧条，城市也会随之而衰。六朝时期的扬州城（时称广陵城）地处蜀岗，叠压在汉代广陵城之上，遗址位于延续数百年的建筑群遗址的北部。一部分古城墙保存得相当完好，根据城墙遗存可知这是一座形状极不规则的城市（图2.11，①）①。北城墙长920米，东墙长1400米，东墙中部有近200米的曲折，上有一座城门，外侧有一大型土丘，可能是瓮城遗迹。北墙与南墙上也有一些豁口，可能分别是北墙和南墙的城门。城外有护城河，局部利用了汉代连通长江与淮河的运河。根据文献记载，这座城市在六朝时期先后经历了三次大规模的建设：首先是东晋永和十年（公元354年）由谢安主持修建，接着是太和四年（公元369年）桓温主持修建，最后是刘宋大明二年（公元458年）由孝武帝之弟、竟陵王刘诞（译者按：原著误为"萧诞"）所建。判断六朝时期的地层主要依据砖上的铭刻，铭文的书体都是晋至南朝早期的风格，以"壁"（或"甓"）来指称砖，而到了唐代才以"砖"称之②。

大明二年（公元458年）刘诞就任广陵时，曾以北方军队来犯为名修治城防、聚粮整军。尽管他的意图早已被识破，但仍执意造反，结果招致其兄孝武帝的军事讨伐。两军对峙之时，刘诞仍心存侥幸，将城外之人悉数召入城中，而后将城外

---

① 该平面图含有后期遗迹，但在六朝遗迹的西、南部，唐及以后遗存之下可能叠压着六朝城墙。
② 南京博物院：《扬州古城1978年调查发掘简报》，《文物》1979年第9期，第40页。关于"砖"的更多讨论，参见罗宗真《江苏六朝城市的考古探索》，《中国考古学会第五次年会论文集》（1985），第109页。

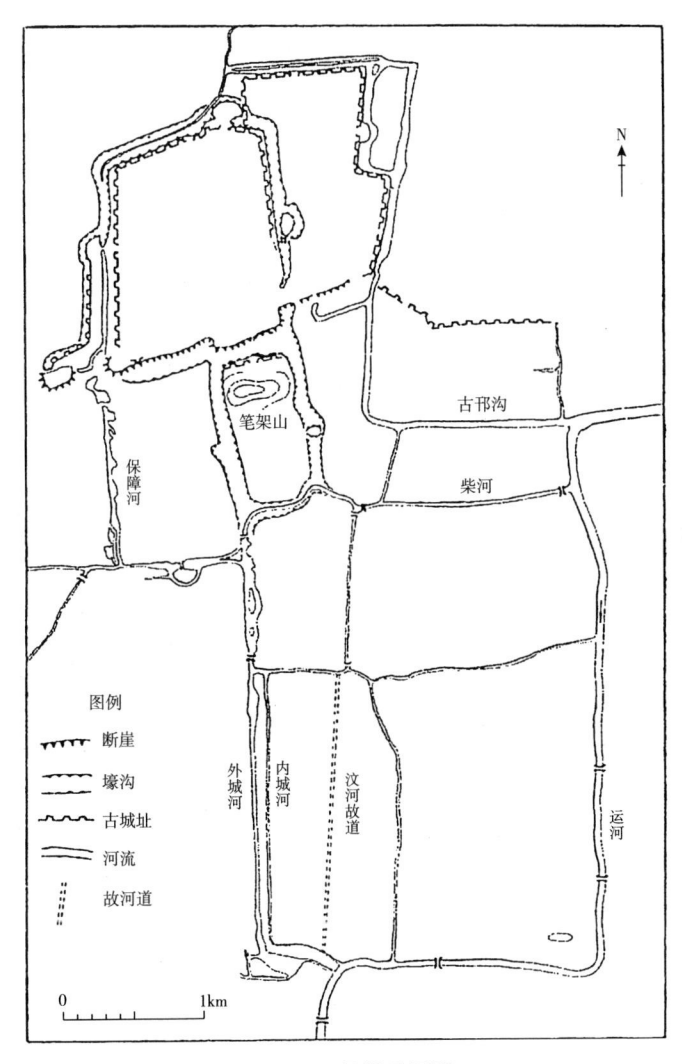

图 2.11 扬州平面图

建筑放火烧尽。在有关这次攻城战的文献中,我们可以获得很多关于这座城市的信息。如文献中提到了城楼,在其中一座城楼上,儿子投降了皇帝,母亲却在儿子眼前被活活饿死。文献中还提到了向都城传递战况的烽火台：点燃一个烽火台表明外城被攻下，点燃两个烽火台表明内城被攻占，点燃三个则表明刘诞本人被俘了①。不过目前还没有发现关于内城的任何实物资料（图 2.11 中画出的城墙是刘宋时期的内城）。扬州城被攻陷后，城内居民皆被残杀，从此该城一废就是数百年。著名诗人鲍照（公元 405～466 年）在《芜城赋》里描绘了这座城市曾经的辉煌：

> 若夫藻扃黼帐，歌堂舞阁之基；璇渊碧树，弋林钓渚之馆；吴蔡齐秦之声，鱼龙爵马之玩；皆薰歇烬灭，光沉响绝。②

东晋朝廷于建武元年（公元 317 年）正式定都建康（今南京）时③，迫切需要建立一套新都的防御体系，以抵御来自昔日的游牧部落、今日的北方占领者的军事进攻。这套防御体系中最重要的军事重镇——晋陵就坐落在建康下游不远处的镇江，在今镇江以东建立了一个规模宏大的要塞。它北距长江仅有 0.7 公里，坐落在一处天然山丘上，可以俯瞰长江。夯土城墙依地势而建，与自然地貌浑然一体。东城墙原有约 700 米，南墙 1200 米，西墙和北墙各约 1400 米，构成一个周长约 5000 米的大致梯形（图 2.12）。现存城墙的规模不一，墙顶宽度 5 米～15 米不等，墙基 30 米～70 米不等，高 10 米～25 米

---

① 《宋书》卷 79。
② 《六臣注文选》卷 11，《四部丛刊》，上海，商务印书馆，1929。另参见纪仲庆《扬州古城址变迁初探》，《文物》1979 年第 9 期，第 43～56 页。罗宗真对建康历史的这种重构持不同意见，参见罗宗真《江苏六朝城市的考古探索》，《中国考古学会第五次年会论文集》（1985），第 109 页。
③ 《资治通鉴》卷 90。

不等。城墙可能是有包砖的,这种方式在当时还比较罕见。城墙上的很多包砖早已不存,都被当地人拆下来盖房了。从现存墙砖上的铭文可知,这个军事要塞当时被称为"晋陵罗城"。"罗城"即上文提到过的外城。还有一些城墙砖上刻有烧砖的窑名,大部分砖窑都位于附近。砖铭上也出现了如"江阴""无锡"等地名,城墙砖到底是从这些远离晋陵的下游地区运来的,还是由来自这些地区的窑工制作的,尚不得而知。不过已经很清楚,晋陵是一处坚固的军事据点,城墙砖的使用对都城防卫是至关重要的。该城址的文化层表明其历经了东晋和南朝各代,一直到唐代才被废弃,宋代又被重新使用①。

与汉代长安与洛阳一样,洛阳与南京代表了六朝城市建设的最高水平。南京一跃而为全国性的大都市,也是这个时期取得的一项伟大成就。这座城市的兴衰在当时的政治、经济,尤其文化成就上均占有重要的一席之地,很好地反映了这段动乱不堪却充满了活力的时代的历史进程。

南京城的历史至少可以追溯到战国时期,汉代已成为多位臣子的封地,但它在国家的行政体系中一直处于相对次要的位置。南京城的勃兴始于汉末。建安十七年(公元212年),东南军阀孙权以此处的汉代旧城为根基,并更名为建业。当刘备于曹魏黄初二年(公元221年)在四川称蜀帝后,孙权溯江而上至武昌部署设防,以抵御可能来犯的上游之敌。黄武八年

---

① 镇江博物馆:《镇江市东晋晋陵罗城的调查和试掘》,《考古》1986年第5期,第410~428页。该文图版3.1有一个很好的鸟瞰视角,以坐落于遗址之上的众多现代楼房为参照可知城址的规模。对该遗址的初步探讨,参见罗宗真《江苏六朝城市的考古探索》,《中国考古学会第五次年会论文集》(1985),第109~110页。

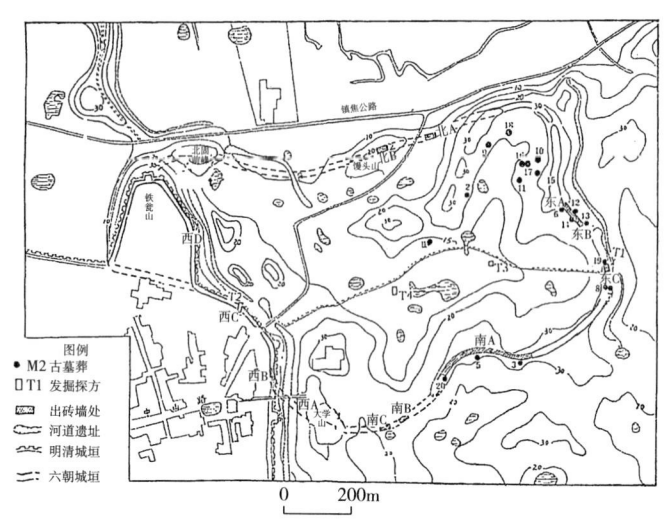

图 2.12　晋陵城墙地形图

（公元 229 年）孙权称帝后，返回下游的新都建业，并正式定都于此，此时他已经离开建业达八年之久。

孙权重返长江下游的原因无疑是多方面的。我们不妨设想，他一旦决意称帝，无疑会与曹魏公然为敌，在影响他做出这种决定的诸多因素中，他最需要考虑的就是保存自己在东吴地区的权力根基。他之所以沿长江而下并不南迁，就是为了利用长江防线来抵御可能的来犯之敌。规划中的都城所在地有着很好的地形优势，在长江南岸沿线以及城东、城南都有众多高山环绕，形成了一个盆地，充分利用这样的地形就可以有效抵御来犯之敌①。不过周围的其他水系和山脉实际上起不了多少防御作用，如东边的钟山、南边的秦淮河、东北角的玄武湖与

---

① 黄淑梅：《六朝太湖流域的发展》，台北，《国立台湾师范大学历史研究所专刊》第 4 期，1979，第 82~83 页。

覆舟山、北边的鸡笼山。这些山脉都较低,很容易穿越;长江尽管可以作为防守的天堑,但也是顺江而下的水军船只进犯都城的通道。因此,建邺城的防御实际上还得依赖沿江驻扎的军队,既可抵御北来之敌,也可抵御沿江的攻击。这里对军队的补给也很方便,此处河湖密布,只要丰富的物产得到开发,皆可借河湖运输之便,将所需的粮食与货物运抵新都[①]。

孙权的第一座宫殿(即太初宫)实际上是他从前的军事指挥中心,后来为了建造宏大的宫殿,遂将鄂城宫殿拆解之后顺江而下,在建邺另建新宫,仍保留了"太初"之名(图2.13)。太初宫的规模适中,周长仅300步,内设各种附属建筑和宫门。此外还建造了一些其他的设施,包括南宫(太子居所)和西苑。所有这些建筑都位于城市的西南部。城中心区较大的一片区域被一个大花园(即苑城)所占据,其中设有苑仓。宝鼎二年(公元267年),即东吴灭亡前不久,又在太初宫以东建造昭明宫,规模更大,耗费也更甚[②]。宫城往南有一条道路通向秦淮河,于是秦淮河成了皇城的南界,道路两旁分布着衙署和附属建筑,秦淮河两岸则是平民所居。

当西晋太康元年(公元280年)东吴被西晋所灭时,建邺城未受任何破坏。但在西晋末年的动荡中,这些宫殿未能幸免于战火和洗劫。永兴二年(公元305年),一位本地军阀占领建邺,并重建太初宫,但是仅仅两年之后,就被西晋宗亲司马睿驱逐,司马睿随即将其治所由扬州迁到了建邺。因此,当

[①] 刘淑芬:《六朝时代的建康》,台湾大学1982年博士学位论文,第60页。以下大部分关于建康历史的描述都基于该著作中的材料以及她的后续之作《六朝的城市与社会》,台北,学生书局,1992。

[②] 关于宫殿的夸张描写,参见左思《吴都赋》,《六臣注文选》卷5。

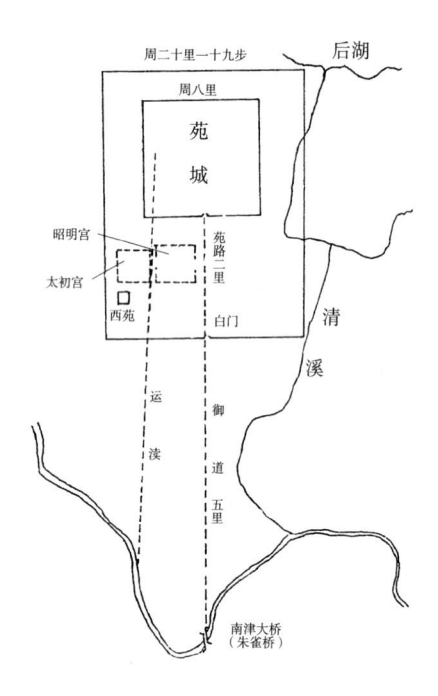

图 2.13　吴建邺城平面图

西晋都城被刘曜（前赵统治者）率领的匈奴军队占领时，司马睿得以偏安于南方，并于建武元年（公元317年）以西晋继承者的身份称帝，定都建邺，为避晋愍帝讳而改称建康。东晋统治之初，受经济条件的局限，无力兴建都城，不过还是建造了太庙和社稷坛，这些都是都城不可或缺的礼制性建筑，显然这两处建筑都位于建康城的南部、秦淮河的北岸。

东晋咸和二年（公元327年）的苏峻之乱中，建康宫阙被毁，皇帝只能暂居于十分简陋的住所。直到公元330～332年的晋成帝统治时期才开始对宫城和外城进行大规模的重建。重建后的建康城远远超过了东吴旧城的规模，并且为以后的东晋各代和继之的南朝奠定了建康城的基本格局（图2.14）。东

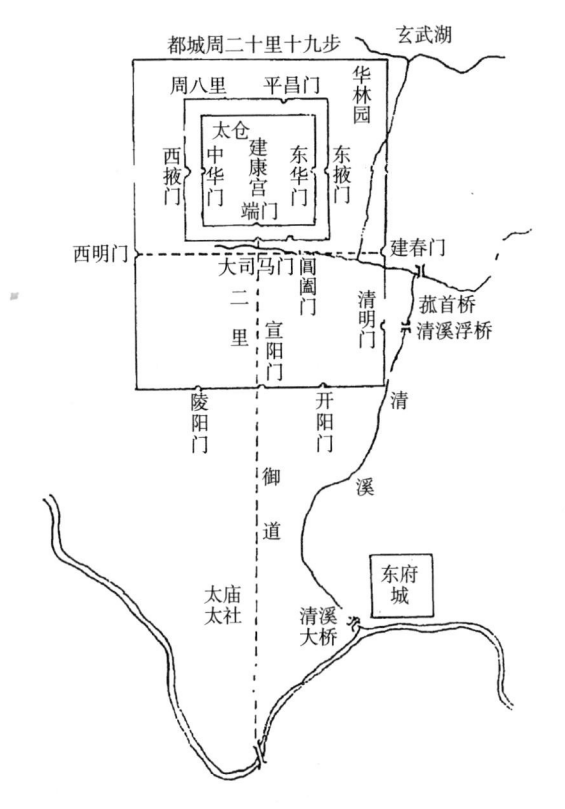

图 2.14 东晋建康城平面图

晋早期的皇城只在南城墙的正中设有一座城门，重建后增设了五座城门：南墙两门，西墙一门，东墙两门。这六座城门极其重要，以至于很多文献中都以"六门"来指代整座建康城。中央城门宣阳门最为宏伟，有双阙和三个门道，上有精美的装饰。御道宽阔笔直，道旁绿树成荫，一直从宣阳门通往朱雀航，长2.5公里。朱雀航这座秦淮河上的桥梁本身也非常值得关注。太宁二年（公元324年），秦淮河上原来的木桥在战乱中被焚毁之后，以浮桥代之，这种浮桥不仅能很好地适应周期性的洪水，而且也便于官府定时为水路交通清道。更为重要的是，这座浮桥对城市的防卫起到了不可估量的作用，只要移开浮桥，就能阻挡一次进攻。东墙上新辟一门意味着东郊可能得到了扩展。此前的居民区多分布在城南，而今许多高官也开始在城东建造府邸。城中心的苑城成了皇家宫室所在地，这些宫室建筑群被称为建康宫或显阳宫，或更简称为"台城"，台即宫城。尽管建康城变化如此之大，但外部城垣仍只是用粗糙的竹篱围成，一共有 56 个城门或豁口，城内的街道也不像北方城市那么整齐划一，显得狭窄而曲折，这种状况可能是受到了地理空间的局限①。

晋成帝时期的建造活动在建康城的历史上至为重要，但这并不意味着此后建康城的兴建活动停止了。太元三年（公元 378 年），在豪门谢安的力主下，又对宫室进行了一次更大规模的改建，重在精致的装饰与华美的外观。建康城的主要宫殿——太极殿高八丈（一丈约合今天的 2.45 米），宽 27 丈，进深 10 丈。役丁约 6000 人，历时达五个月。此后对建康城的其他修建工作还有对宫门和太庙的扩建（太元十六年，公元 391 年）、对东宫的扩建（太元十七年，公元 392 年）。太元二十一年（公元 396 年）又在华林园内修建永安宫与清暑堂。后来在桓玄摄政时期（公元 402 年）又对城门有所改造。义熙十年（公元 414 年），皇族司马道子擅权时期又对自己的豪宅进行了大规模的修建，因位于御道东侧，故称东府。御道的另一侧是扬州府治所，也因所处位置而被称为西州城。东晋末

---

① 《世说新语》卷 1 记载了一则关于建康街道的轶事：王导做丞相时，为了掩饰城市的狭小，故意将街道修成迂回曲折的样子。其实，建康街道的这种特点更可能是受到当地地形影响的结果。

年，为了加强东府的防御，在其四周建造了三里九十步的城墙和壕沟。自刘宋开始，扬州府尹和府臣皆居于东府，而诸王子王孙则居于西州城里①。

刘宋时期堪称盛世，此时的建康城也达到了发展史上的一个高峰。东晋建康城的布局仿效汉魏洛阳城之旧制，在永安宫北面修建了华林园，但由于经济条件的限制，此园规模不是很大。直到元嘉二十三年（公元446年），宋文帝才将华林园变成真正的皇家苑囿，园林面积得以扩大，并增筑了人工湖泊和假山，修建了大量的亭台楼阁。虽然后代帝王也有所增建，但华林园的总体格局就此确立（图2.15）。皇城城墙内也增设了新的城门。元嘉二十七年（公元450年），由于与北魏交恶，刘宋国力衰微，但宫室的建造与粉饰却一刻也没停止。大明五年（公元461年），又新修了一些街道，其中一条从宫城的阊阖门直穿外城津阳门，然后南下直达朱雀航，这条街道大大地改善了建康城的交通②。

南齐的建立者一改前朝的奢华作风而处处节俭，但也注重城墙的兴建。此前建康城的基本格局已经定型，尽管宫城城墙已经用砖，但外城城墙仍以竹篱为之。目前尚不清楚南齐新建的城墙到底全部夯筑，还是以砖饰表，不过根据文献记载，假如皇帝确想修建一道经久耐用的城墙，那么当时完全可能用砖来包砌表面，以增强都城的安全性。后来（公元500或501年）的一场大火烧毁了大量宫室，据说损毁房屋达3000间（一间即四柱之间的空间）。大火之后又开始大兴土木兴建宫室，重建的宫室比大火之前更加奢华。这一切都发生在南齐末

---

① 刘淑芬：《六朝时代的建康》，第28~41页。
② 刘淑芬：《六朝时代的建康》，第41~44页。

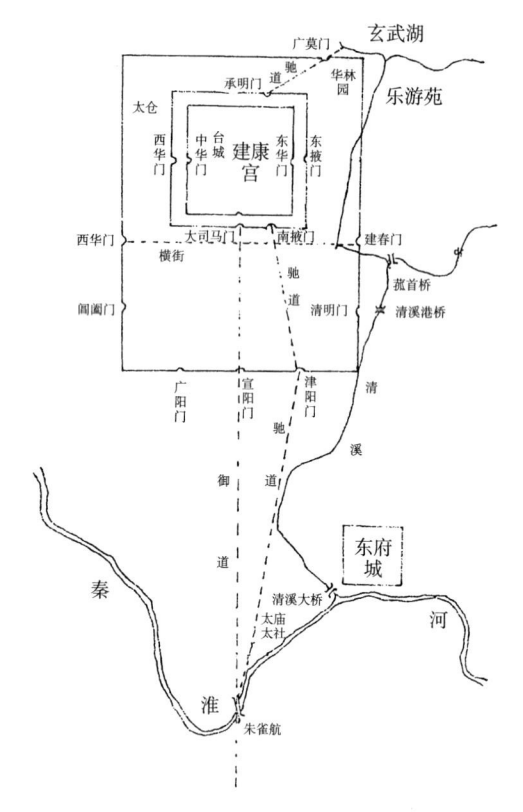

图 2.15　宋、齐建康城平面图

帝统治时期，也许这正是导致王朝灭亡的部分原因①。

随后南朝梁武帝统治的前三四十年是南朝最繁荣安定的一段时间，永熙三年（公元 534 年）北魏灭亡之后，北朝政权暂时无力攻打南方。梁武帝在建康城主要进行了四项兴建工程（图 2.16）：

（1）加固城墙与城门，并在宫城的正门修建双阙和门道。

---

① 刘淑芬：《六朝时代的建康》，第 46 页。《南史》卷 5 对这场火灾及随后的重建有一段非常精彩的描述，详参见下文。

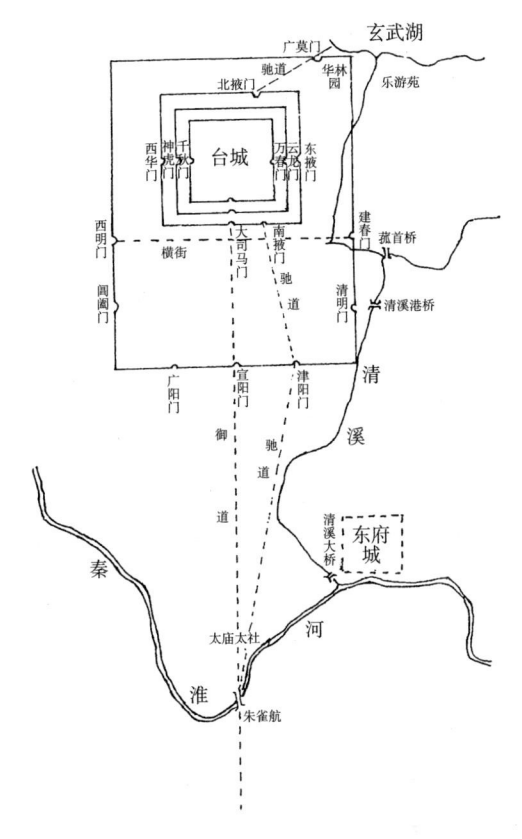

图 2.16 梁、陈建康城平面图

（2）天监九年（公元 510 年），在秦淮河两岸修筑堤岸，以减少洪涝灾害，洪水对秦淮河南岸平民住宅的损毁是非常严重的。

（3）给宫城又加建了一道城墙，宫城变为三重城墙围绕，这可能意味着当时不安全因素的增加。增设城墙、城门改为双门道，使得宫城的最后防线大大加强，因此，在梁末的侯景之乱中，侯景足足花了半年才攻破此城。

（4）宫殿与苑囿也有所增建。天监十二年（公元 513

年），重建太极殿，增加了13间。为防附近秦淮河的水患，又建造了一座高9尺（约2米）的太庙台基。梁武帝又分别在天监十三年（公元514年）和大同九年（公元543年）下令修建了两个新的苑囿。后一座苑囿位于唐县西南10公里处，这处苑囿的规模可能相当大，以致五年之后尚未完工。普通二年（公元521年）的一场大火又焚毁宫室3000多间，但当时国力强盛，很快得以重建[1]。

太清二、三年（公元548~549年）间的侯景之乱给建康城带来了毁灭性的灾难，这座城市本身成了叛军与政府军之间的战场。有一次，叛军从东宫墙上火攻宫殿，宫殿卫队于是纵火烧毁了东宫，此东宫是中大通三年（公元531年）才刚刚建成的。由于宫殿里平时没有储备柴火，所以被围困之后只好拆除宫殿的木构作为薪材；马料消耗殆尽之后，只好以草席和垫子喂马；树木往往是最先被毁的，到城破之日唯一还能幸免于难的就只剩下附近的太庙建筑了。

有一段令人心酸的记录讲述了都城被攻陷后的惨状。有百济使臣于太清三年（公元549年）来到建康，他们当时并不知道侯景叛乱了，当看到城市的惨状时禁不住潸然泪下。侯景大怒，将他们囚禁起来，他们一直待到侯景被剿灭后才得以返乡。城中大多数幸免于难的建筑，结果却被围剿侯景的王僧辩军队焚毁，他们在城中大肆劫掠，对都城的破坏比侯景时期更甚。由于建康被毁严重，所以萧绎（梁元帝）复辟后，梁朝只得迁都于江陵，不过随后江陵也被西魏军队攻克，南梁从此

---

[1] 刘淑芬：《六朝时代的建康》，第47~50页。

画上了句号①。

陈朝是梁朝将军陈霸先于太平二年（公元557年）建立的，他将都城迁回了建康，但当时各地军阀均拥兵自重，国家又遭遇到严峻的财政压力，根本无力重建这座城市。当时能做的顶多就是先行修复太极宫，而将其他工程长期搁置下来，如太子宫直到太建九年（公元577年）才得以重建。陈朝的最后一个统治者重蹈南齐末主的覆辙，在王朝末年进行了大规模的修建。开皇九年（公元589年）隋军占领建康，陈朝灭亡。为了防止南方分裂势力以建康为据点东山再起，隋将这座城市夷为平地，片瓦不留。现在只有鸡鸣寺附近明城墙下压着的一段约200米长的城墙墙基可以断定为这个时期的皇城城墙②。

王仲殊在1982年曾撰文提出六朝都城规划上的一些总体发展趋势。他认为有六个特点：城市的平面形状越来越向长方形发展，南北向的长度要大于东西向的长度；分散的宫城逐渐集中于一处，并且在城内所占面积缩小了；宫城的位置也从偏南变为偏北，南门也因此成为宫城的正门；连接宫城南门与外城南门的大道加长，成为全城的中轴线；商业区由宫城北边迁到了南边；居民里坊所占的总面积也增加了，坊的形状也更加规则③。这些主要是王先生根据洛阳城得出的结论，正如我们以上所见，这些结论也同样适用于南方城市。六朝都城的这些发展趋势影响了以后几个世纪中国城市的发展。

---

① 刘淑芬：《六朝时代的建康》，第50~52页。
② 罗宗真：《江苏六朝城市的考古探索》，《中国考古学会第五次年会论文集》（1985），第106~107页。
③ 王仲殊：《中国古代都城概说》，《考古》1982年第5期，第511~512页。关于这六个特点的论述，参见 Nancy Shatzman Steinhardt, *Chinese Imperial City Planning*, p. 191, n. 38。

第三章 建筑

中国建筑风格是相当保守的，始终是根据一定的梁柱结构原则而建造的木构建筑，而且一直以木材为主要建筑材料，这就意味着建筑上的变化相对有限。尽管如此，六朝仍然是中国建筑史上的一个重要时期，因为佛教对中国的建筑传统产生了巨大的影响。也正是在这个时期，典型的中国建筑特质开始显现，如愈加固守木构传统、愈加强调屋顶、开始加大屋檐的进深、斗拱更加复杂、简朴的汉式风格向华丽的装饰风格过渡等[1]。这些新的变化为以后唐代建筑的发展奠定了基础。

关于六朝建筑的非文献资料既有壁画和画像砖中的建筑图像，也有墓葬中的建筑模型，但这些资料不如汉代那么丰富，

---

[1] 关于中国建筑的总体论述，尤其关于六朝建筑的专著，最出色的有：Alexander Coburn Soper, *The Evolution of Buddhist Architecture in Japan.* Princeton: Princeton University Press, 1942, pp. 94 – 102; William Willets, *Chinese Art.* 2 vols. London: Penguin Books, 1958, pp. 689 – 723; Andrew Boyd, *Chinese Architecture and Town Planning* 1500 B. C. – A. D. 1911. Chicago: University of Chicago Press, 1962, pp. 23 – 48; 刘敦桢：《中国古代建筑史》，北京，中国建筑工业出版社，1984，第83~115页；Nancy Shatzman Steinhardt. et al., *Chinese Traditional Architecture.* New York: China Institute in America, 1984; 张驭寰主编《中国古代建筑技术史》，北京，科学出版社，1986; Fu Xinian, "The Three Kingdoms, Western and Eastern Jin, and Northern and Southern Dynasties," pp. 64 – 73。更综合性的讨论，参见 Joseph Needham, with Wang Ling, and Lu Gueidjen, *Science and Civilisation in China*, vol. 4: Physics and Physical Technology, Part III. Civil Engineering and Nautics. Cambridge: Cambridge University Press, 1971, pp. 58 – 144。

也没那么详细①。此外，在一些石壁上开凿的佛教窟龛中（如甘肃天水麦积山、山西太原天龙山等处）也凿出了仿木构的结构，所以，这些资料对了解当时的建筑也是非常重要的②。尽管窟龛中的建筑与它所模拟的实际建筑之间有所差异，也可能违背了普通木构建筑的一些原则，但我们还是有理由相信，石刻的细部结构还是忠实于原型的。所以，窟龛中的建筑应该是当时实际建筑情况的真实反映。不过，壁画中的建筑图像与此不同，因为在壁画中为了表现建筑物的生动，可以不必考虑建筑物的材质，不受限制地进行自由的艺术发挥，少有建筑物的细部特征，即使有，往往也只是简单地勾勒。尽管如此，我们还是可以从这些建筑图像中获得很多信息，尤其在考察某个大环境里的建筑物时，这些图像就非常重要，在某些方面它们可能是我们能得到的唯一信息。存留至今的这个时期的重要建筑实物，仅见一座砖塔和日本寺庙里所见的一些木构建筑③。但是，根据考古遗存，并结合文献资料，我们还是有可能对六朝建筑的发展进程做一探讨。

这个时期的建筑大致上可以分为三类：有承重墙的建筑；

---

① 墓葬中的建筑模型所提供的信息量是有限的。迄今所发表的21件建筑模型中，8件仅保存少部分，15件没有插图，殊为可惜，这种模型对于我们了解汉代人居建筑的情况非常有意义。现在仅存的3件六朝建筑模型均属六朝早期，非常有价值，详见下文。
② 杨焕成：《河南古建筑概述》，《中原文物》1989年第3期，第60~61页。文中仅河南省就列出了13处这样的遗址。
③ 在一座北齐墓葬中发现了木构建筑的残骸，属一具木椁，原是一座面阔三间、进深三间、带有斗拱结构的建筑模型，不过残损过于严重，无法复原。参见王克林《北齐库狄迴洛墓》，《考古学报》1979年第3期，第382~384页。甘肃炳灵寺石窟中也发现了一座可能属于北周的木构建筑残片，笔者曾就此问题与中央美院金维诺教授进行了私人交流。

至少部分采用了木构架的建筑；塔（六朝时期新出现的建筑形式）。将建筑分为宗教建筑和世俗建筑是没有什么意义的，因为寺庙建筑实际上与宫殿里的大殿相同，而这些大殿在未经特殊改造的情况下，可能也用作宗教用途①。

另一种分类法是根据屋顶的样式。这个时期的屋顶采用了三种基本类型，即硬山顶和悬山顶、庑殿顶、歇山顶。这几种形制在汉代都有原型，只有歇山顶在六朝后期才开始广为使用（图3.1）②。用以支撑屋檐的梁架在这个时期还不甚发达，屋檐可能主要还是依靠略微外伸的椽子来支撑的，尤其在中等材质的建筑里更是如此。

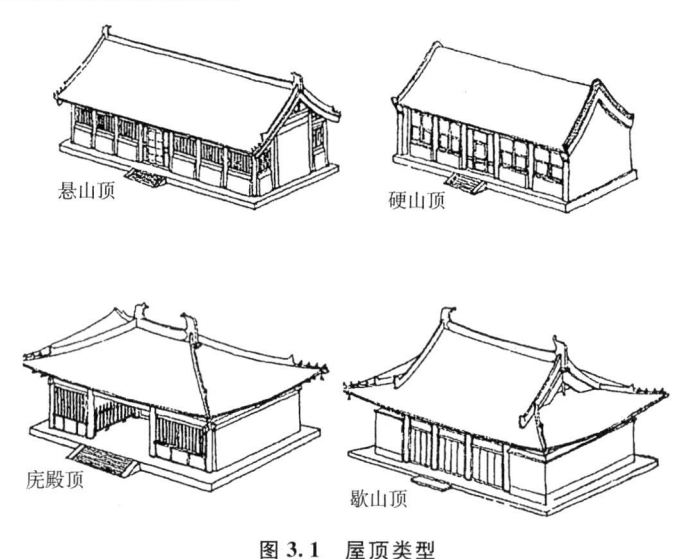

悬山顶　　　　　　　硬山顶

庑殿顶　　　　　　　歇山顶

图 3.1　屋顶类型

---

① 《洛阳伽蓝记》里多有谈及。
② 敦煌文物研究所考古组：《敦煌莫高窟北朝壁画中的建筑》，《考古》1976 年第 2 期，第 118～119 页；宫大中：《龙门石窟中的北魏建筑》，中国古都学会主编《中国古都研究》，杭州，浙江人民出版社，1985，第 196 页。宫大中的文章中没有列出庑殿顶，但列出了塔式屋顶。

承重墙主要用于普通居室,这类结构常见于汉墓中的建筑模型,但在六朝墓葬中非常罕见。这些建筑模型所反映的有关动物圈栏和户外厕所的信息,可能远比人居建筑的信息要多。但是所幸也有例外,鄂城东吴孙将军墓中发现的院落模型(也许叫作坞堡更合适)即是一例(图3.2)①。该院落外形呈方形,四周由围墙环绕,墙上有两面坡式的瓦檐。共开有两门:正门上筑有门楼,门楼屋顶为饰瓦纹的庑殿顶,每面均有窗;后门不设门楼。围墙四角各设一座角楼,呈一定角度坐于

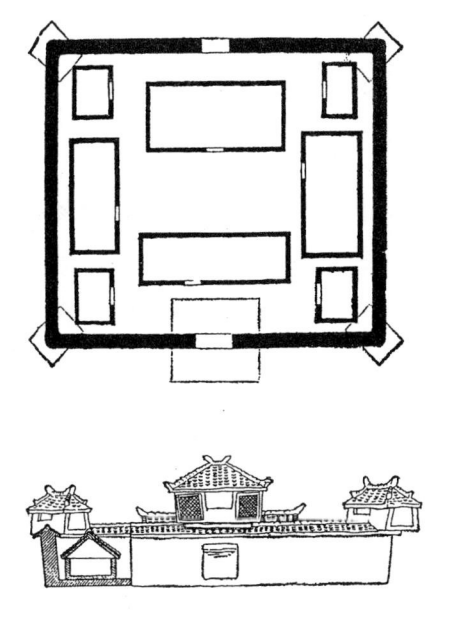

图 3.2 院落模型的平面和立面

① 鄂城县博物馆:《鄂城东吴孙将军墓》,《考古》1978 年第 3 期,第 164~167、163 页,图版 6、图版 7。同样在鄂城,又发现了一座与孙将军墓所出类似的三国时期模型,两侧没有建筑物,而在四角各有一座大型的圆形建筑,可能是粮仓模型,参见《中国文物精华》编辑委员会编《中国文物精华》,北京,文物出版社,1992,第 305~306 页,图版 8。

墙上，屋顶同样是庑殿顶。围墙内的中轴线上有前后两座大殿，两侧又各有三座房子，中间的一座较大，两边的较小。大殿和两侧的大房子都采用了悬山顶，屋脊两端各有一个圆形的突起，从侧墙往外上翘并包住脊梁；两旁的小房子采用的是庑殿顶，庑殿顶的屋脊非常突出，似乎上面盖有多层瓦，屋脊末端出现了较早的脊饰——独具特色的鸱尾。显然，这些建筑物都有实心的承重墙，还没有出现木构建筑特有的斗拱。

在宁夏彭阳县的一座北魏早期墓葬中，发现了一件相当特殊的房屋模型，其大小可能是实物的 1/2（图 3.3）[1]。这座建筑由两座房屋组成，一座在天井之前，一座在后缘，正好位于墓室正上方的封土之下。前面的房子受封土影响而略有破坏，尺寸为 4.82 米 × 1.28 米，房屋建在一个斜面上，前部高 0.28 米，后部高 0.4 米，在深褐色土里刻成，未经完全夯实，上面覆盖有一层黄土加石灰的夯土，形成坚实的表面，最后在房顶和前部还盖上一层白石灰。后面的房子保存状态稍好一些，长 4.84 米，宽 2.9 米，最高处距地表 1.88 米；屋顶为硬山式顶，上面刻有模拟的瓦垄和屋脊，屋脊中部略微下凹，两端各有一个圆形突起，有点类似鸱尾；在中部设有一道双扉门，两侧各有一个直棂窗；门和房屋框架均涂成红色，窗子四角有很奇特的外延线；檐梁上又架有一个替木，用以支撑屋顶[2]。很明显，这里的天井被当成了建筑物的庭院，明确反映了这类墓葬中天井的含义。

---

[1] 宁夏固原博物馆：《彭阳新集北魏墓》，《文物》1988 年第 9 期，第 26～42 页。

[2] 这里的术语采自报告中的说法，宁夏固原博物馆：《彭阳新集北魏墓》，《文物》1988 年第 9 期，第 26～27 页。

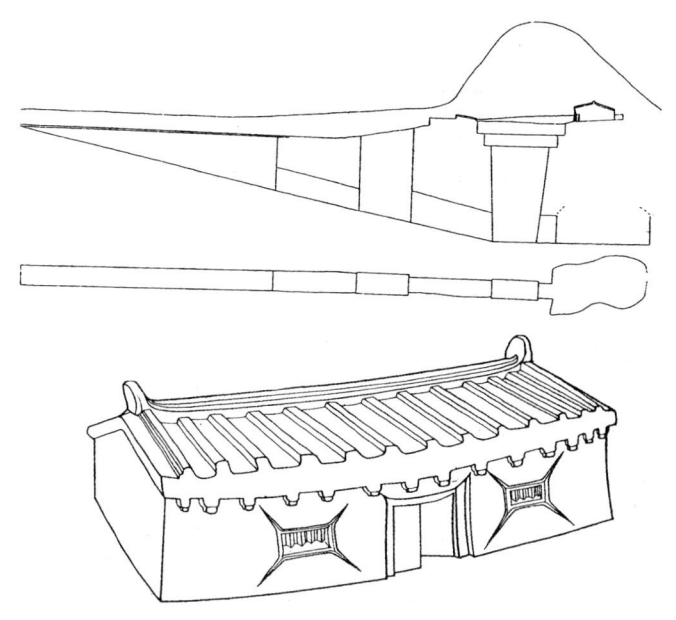

图 3.3　宁夏彭阳某北魏墓剖面及墓葬内的房屋模型

另一类房屋有较高的庑殿顶，门窗也设得较高，只能用梯子出入，可能是仓库（图 3.4）①。在曲阜孔庙里能见到这样的房子，据说曾是动乱时期孔家的退隐之处。此外，日本也有着类似形制的耐火仓库。

屋顶上的瓦早在西周时期（公元前 9～前 8 世纪）就已出现，脊饰（或鸱尾）似乎也早在战国时期（公元前 5～前 3 世纪）就已出现。最早只是屋脊末端的一个弧形上翘的简单造型，随着时间的推移，脊饰变得越来越复杂，到六朝时期，这种屋脊的端饰变成弧形，开始被称为"鸱尾"。有时鸱尾的外

---

① 中国科学院考古研究所安阳发掘队：《安阳隋张盛墓发掘记》，《考古》1959 年第 10 期，第 543 页。

图 3.4　仓库模型

缘刻成条状的"翅",到唐代则成为鸱尾的标准形制。鸱尾装饰逐渐被更加复杂的"鸱吻"所代替,即鸱鸟的嘴巴,因这种鸟张口吞脊而得名,鸱尾向鸱吻的转变发生在唐代。鸱尾装饰似乎最先仅限于用在宫殿和高等级官员的府邸上,但今天所见的大多数墓葬建筑图像中都有这种形制①。

---

① 祁英涛:《中国古代建筑的脊饰》,《文物》1978 年第 3 期,第 62~65 页。亦参见《陈书》卷 31。该书明确指出,根据传统,鸱尾仅限于最高等级的建筑使用。关于鸱鸟的含义,参见 Alexander Coburn Soper, *The Evolution of Buddhist Architecture in Japan*. Princeton: Princeton University Press, 1942, pp. 114 - 115。洛阳发现的一块大型兽面纹瓦可能曾用于北魏宫殿建筑屋脊的端饰,参见中国科学院考古研究所洛阳工作队《汉魏洛阳城一号房址和出土的瓦文》,《考古》1973 年第 4 期,第 210 页,图版 1.3。方山永固陵也出土了一件类似的器物,现存大同博物馆。颜之推在《颜氏家训》中提到,吴人将"鸱尾"误读为"祠尾",参《颜氏家训·书证》。

木构建筑在很长时间里都是中国建筑的主要形式，尤其是大型建筑。中国建筑用于支撑坡顶的构件与西方不同，西方采用的是规整的三角形托架和倾斜的支杆（即三角形的两边），用于支撑檩子和纵梁，上面再铺椽子。这种三角形托座以及梁的作用仅是用于支撑固定角度的支杆，所以，最终支撑梁架和屋顶的还是墙壁。而中国的情况与此相反，支撑檩子以及屋顶的是柱子，而不是墙。这样的结构使得屋顶的形状可以有很多变化，可直可曲，只需调整支撑物的高度即可①。在汉和六朝时期有两种基本的柱网结构：穿斗和抬梁（图 3.5、图 3.6）②。前者是南方建筑的特色，从横断面来看，一排排的柱子按高度不同前后排列，先是依次升高，然后渐次降低，每根柱子上承一根檩子，纵向排列，这样就形成了一个坡形的屋顶。横梁从前到后贯穿这些柱子，梁的数量依房子的进深和柱子的数量而变化。梁有时不一定要前后贯通整个房子，此外，在两柱之间的梁上也可能会再立辅柱，与上一层的横梁相交，梁上也可以架檩子。

第二种基本结构（即抬梁）的横断面与此不同，一根横梁从前到后架设在两根外柱之上，在辅柱之间也有横梁，各个横梁逐级升高，但其长度则逐级缩短，整个构架的顶部是一根中柱。檩子架在横梁两端以及中柱顶部。在这两种类型的柱网

---

① Michèle Pirazzoli-t'Serstevens, *Living Architecture: Chinese*. New York: Grosset and Dunlap, 1971, p. 90.

② 这些术语在英文中的表述方法不尽一致，此处的"穿斗"和"抬梁"采自张驭寰的著作，参见张驭寰《中国古代建筑技术史》，第 58 页。Steinhardt 则分别以"column-and-tie"和"column-beam-and-strut"代表穿斗和抬梁，参见 Nancy Shatzman Steinhardt, et al., *Chinese Traditional Architecture*. New York: China Institute in America, 1984, pp. 11 - 12。

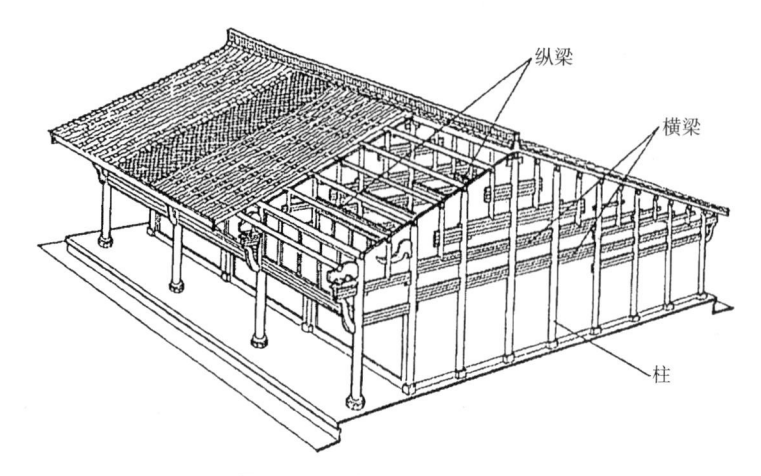

图 3.5 "穿斗"结构示意图

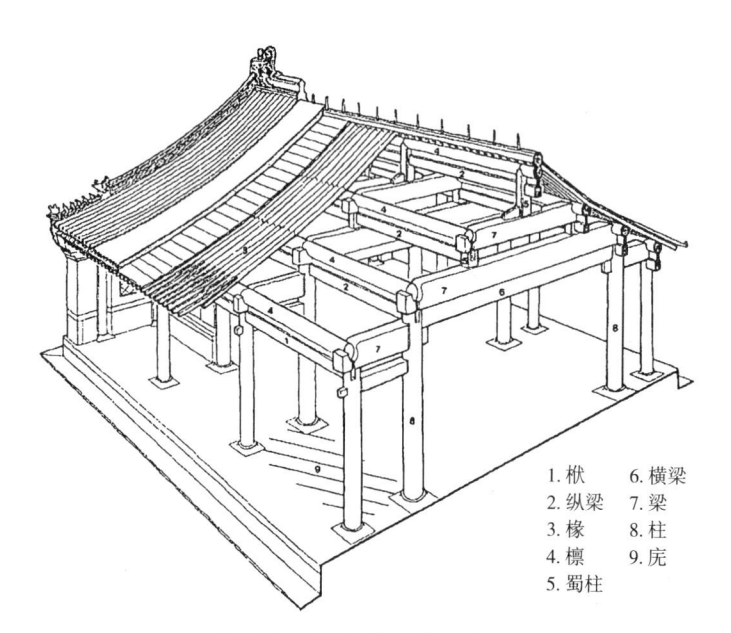

1. 枕 6. 横梁
2. 纵梁 7. 梁
3. 椽 8. 柱
4. 檩 9. 庑
5. 蜀柱

图 3.6 "抬梁"结构示意图

结构里，都有纵梁与柱子相连，以便固定整个构架。抬梁式结构是北方建筑的特色，后来成为中国建筑的主要类型①。

在四川崖墓里发现的一组建筑模型值得注意，它很好地反映了汉式建筑向六朝早期建筑的转变②。尽管这些模型看起来有些奇怪，但确实很好地反映了中国式建筑的某些元素（图3.7）③。多数建筑模型的屋顶都是庑殿式的瓦顶，屋脊则突出表现多层瓦。但在有些模型里，屋脊两端上翘，而脊线两侧则明显下沉。瓦当放在檐瓦的末端，呈间隔式排列；檐梁相当厚，其厚度远超过其他部位的梁；整个屋顶的重量都落在柱子上，每个柱头都有一个一斗三升的斗拱，这是典型的汉代建筑风格，并延续于整个六朝时期；檐梁以榫卯插入斗拱的升槽里，升槽有的呈方形，也有的四边逐渐内收呈凹弧状④。不同斗拱之间有一些微小的变化，包括出现了一些很夸张的弧形（尤其是崖墓报告中的图56、图60、图61），不过总的来说，多数斗拱都曾见于汉代。在屋顶上开天窗，或将一个用途不明的平台嵌入屋顶的做法显然是四川的地方风格。这些建筑模型里也有各种栏杆和台榭，并做出了一些手持乐器的人物，其中一件模型里还做出了一个躺着的人，似为死者，可

---

① 张驭寰：《中国古代建筑技术史》，第58~59页。
② 四川省文物管理委员会：《四川忠县涂井蜀汉崖墓》，《文物》1985年第7期，第72~73页。
③ 朱小南：《三国蜀汉民居的时代特征——忠县涂井蜀汉崖墓出土陶房模型试析》，《四川文物》1990年第3期，第34~38页。朱小南将八件陶屋模型中的两件解释为说唱场景，即考古报告中的图57和图56，此二模型皆有观众簇拥的场面；第三件模型（即图60）在报告中和朱小南的文章中都被认定为私人监狱，他们认为这是墓主人社会地位和权势的象征，墓主可能是在四川地区从事盐业贸易的商人。
④ William Willetts, *Chinese Art*. 2 vols. London: Penguin Books, 1958, p. 705.

能表现的是葬礼场景。不过该考古报告给出了另一种解释，认为躺着的人代表了在世时的墓主形象，反映了官员或富商的腐朽堕落生活。

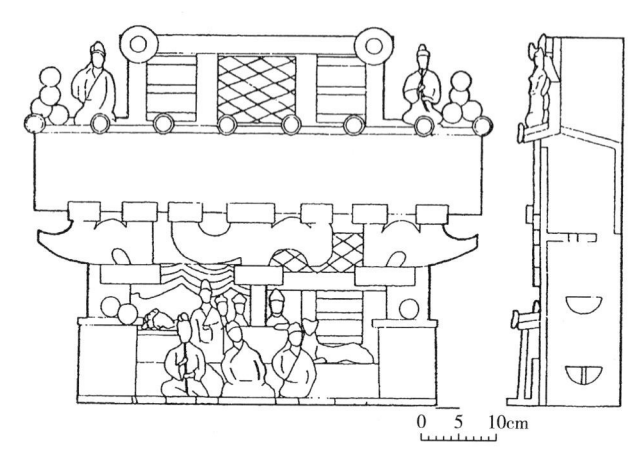

图 3.7　四川发现的房屋模型

墓葬中的建筑模型不会为我们提供当时更大型的、更正式的建筑物（如寺庙和殿堂建筑）信息，为了获得这些信息，我们需要将目光转向敦煌、云冈、龙门和其他地方的石窟壁画和石刻资料，它们反映了一些有关当时实际建筑物的构建方式的信息。在麦积山北魏时期的 140 窟里，一幅局部被毁的壁画中描绘了一所院落（图 3.8），与鄂城孙将军墓出土的院落模型相似，不过时代较晚。在此院落里，纵向的围墙顶上做出了两面坡的瓦顶，以延长这座夯土建筑的围墙的使用寿命，围墙四角还清晰可见脊饰。院落的前门情况不是很清晰，可能在门前有一座短桥，桥后面有树木和花草。

院子里的两座大殿描绘得非常详细，都是歇山式屋顶，屋顶上的瓦与孙将军院落模型里围墙上的瓦一样，由较窄的半圆

图 3.8 麦积山石窟 140 窟壁画

形或圆形筒瓦与较宽的板瓦相间排列，屋檐下是瓦当，滴水与筒瓦相间，屋檐平坦，没有上翘。这些瓦很可能是施釉的，因为施釉技术已经传入了当时的北魏①。屋脊由层数不等的筒瓦码放而成，主脊由 8 层、斜脊由 4 层、垂脊和山墙屋脊由 3 层筒瓦组成。主脊两端上翘形成鸱尾，其中之一还清晰可见鳍状装饰，而这正是唐代建筑的特征之一。从山墙下的博风板细部来看，有一个悬鱼（鱼尾形的挂件）从山面顶端垂下来，在后殿的博风板下还有一个倒 V 字形的叉手，这可能意味着它是一座桁架——横梁式的建筑（图 3.9）。这里的细部特征做得非常精细，甚至斜脊与檐边之间向两侧外翻的瓦也清晰可见，这种做法有利于屋顶排水②。

北魏时期的麦积山石窟 15 窟内部似乎是当时山墙式木构

---

① 祁英涛：《中国早期木结构建筑的时代特征》，《文物》1983 年第 4 期，第 73 页。关于瓦的研究可参见谷烽信「西晋以前中国の造瓦技法について」,『考古學雜志』69.3（1984）、334－361 頁。

② 傅熹年：《麦积山石窟中所反映出的北朝建筑》，《文物资料丛刊》第 4 辑，北京，文物出版社，1981，第 166 页。

悬鱼

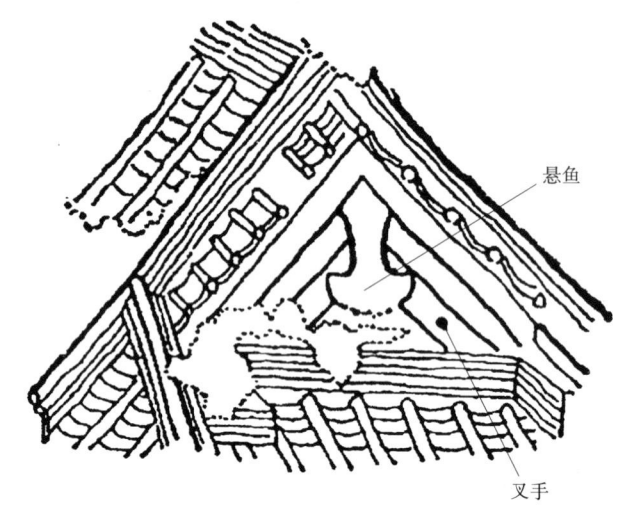

叉手

图 3.9　麦积山石窟 140 窟壁画中的屋顶

建筑的翻版（图 3.10）。该窟呈矩形，一个叉手架在横梁两端，叉手上又依次架设中央替木和脊檩，横梁两端架设檐檩，在脊檩和檐檩之间横向铺有 15 根椽子。横梁和叉手的使用可能很好地反映了当时的小木作建造方法，像这种规模的木构建筑往往还需要某种中央支撑物，但由于是石刻的洞窟，所以省去了中央支撑物①。在这个时期，叉手或支架已经广泛使用，但其源头至少可以追溯到西汉时期。在两端各置一梁，梁上置叉手以承主脊的桁架——横梁技术是坡顶式建筑最基本的建造方法。此外，为了获得更大的高度或进深，还可以增加一些

---

① 不过在《法苑珠林》卷 52 中，描述了一座坐落于荆州城内的公元 4 世纪大殿，面阔 13 间，横梁长 55 尺（16.28 米），中间无支撑柱。在敦煌石窟内也有一种类似的悬山顶结构，建筑细部只是粗略地以线条表示椽子，并在末端雕出斗拱以模仿脊柱和檐梁的支撑物，具体实例参见敦煌文物研究所编《敦煌莫高窟》，《中国石窟》卷 5，图版 24（254 窟）、图版 48（251 窟），北京，文物出版社，1981。

梁，不过，用于架设叉手的顶梁到唐代之后，随着叉手被蜀柱取代而消失。在过梁上架设叉手的做法同样见于汉代，做法是将叉手的双臂架在过梁与邻柱相交处，这样就加固了檩子的中部，又起到保持两柱间稳定的斜撑作用，这种结构在六朝时期得到广泛应用①。

图 3.10　麦积山石窟 15 窟

庑殿式的建筑发现于麦积山最早的两个洞窟里，即北魏时期的 28 窟和 30 窟。这两窟都有单檐庑殿式的瓦顶，正脊上有对称内弧的鸱尾。窟庙前有前柱和门廊（图 3.11、图 3.12）。每个窟都有四根前柱，呈八角形，下粗上短，柱身各面或有刻槽，或有突棱。由于兼具光面和刻槽的八角形柱子曾见于汉代

---

① 傅熹年：《麦积山石窟中所反映出的北朝建筑》，《文物资料丛刊》第 4 辑，第 174 页，图 33.1 – 33.5。傅熹年引用了大量云冈、龙门和敦煌石窟中的例子。

立面图　剖面图

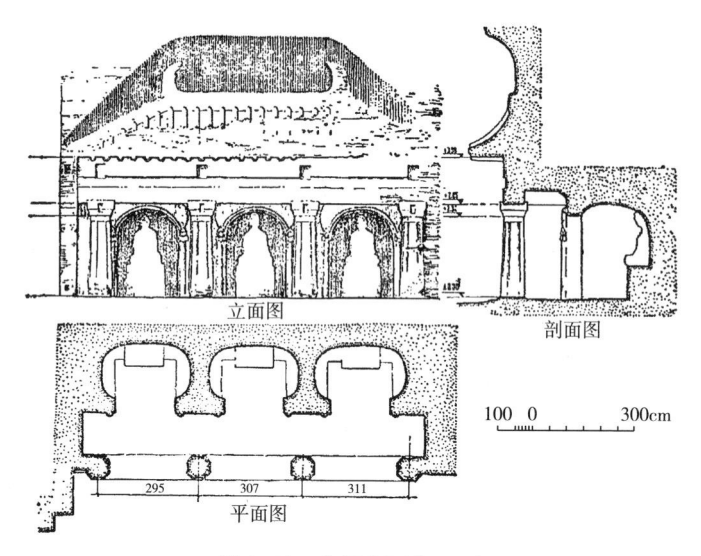

平面图

图 3.11　麦积山石窟 28 窟

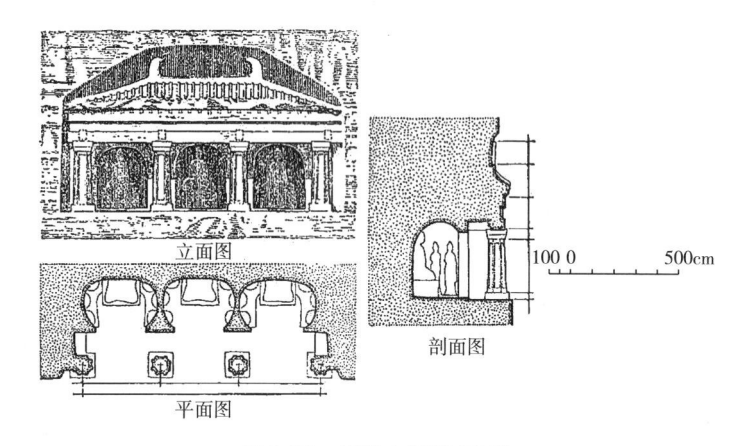

立面图

剖面图

平面图

图 3.12　麦积山石窟 30 窟

建筑，所以这里的做法当为汉代传统的延续。仅有 30 窟的柱子下有柱础。两窟的柱子上端都有一个柱头（栌斗），柱头上有六边形的箍、圆饰和方形的顶板。有一道过梁或枋架在柱子之间，每根柱子上都有一根横梁延伸至窟的后壁。过梁上都有一个凹陷区，可能代表了不同的梁。阑额的上面架设檩子，再往上是做成圆形的椽子，椽子上刻有常见的瓦。门廊后部有三个圆形的门，上面有火焰状装饰，每道门后各有一个穹隆顶的窟室，室内设一尊坐佛。窟里的圆形部分可能是用石头雕刻仿木构建筑时对真实木构建筑的一种改变。

在麦积山和六朝时期的其他遗址里，能看到檐柱、过梁与檩子之间有三种组合方式，而在这两个窟里，支撑屋顶的是第一种方式。这三种组合方式的差别在于过梁——檐檩（或叉手）装置与柱子的关系，即要么是将这组装置架在柱顶上，要么是过梁尽可能在低处与柱子相接，以便檩子架在柱头上，要么是过梁用榫卯方式插入柱顶，而檩子由柱头和过梁上的斗拱或托架支撑[1]。

在第一种方式下，柱上部分是一个由过梁、檐檩和其间的斗拱组成的一个独立的柱上装置或构架，它可以跨越多个开间，所以是一个主要的结构元素，而连接它们的横梁则是次要的。尽管这组构架本身相当牢固，而且与梁、椽相结合也可以为屋顶提供牢固的基础，但它毕竟只是简单地架在柱子上部，柱子本身并没有得到很好的支撑。正因如此，一般来说，要维持这组结构的寿命，还必须依赖某种非框架性的支撑，如两侧或后部的承重墙。

---

[1] 傅熹年：《麦积山石窟中所反映出的北朝建筑》，《文物资料丛刊》第4辑，第173～174页。此处关于屋顶结构的分析与张驭寰的解释有所不同，参见张驭寰《中国古代建筑技术史》，第63～64页。亦参见董广强对麦积山15、28、30号洞窟的描述，董广强《麦积山石窟崖阁建筑初探》，《敦煌研究》1998年第3期，第23～27页。他认为这些北魏洞窟的建筑风格与汉式建筑相比并没有太大的变化，表明非汉民族统治时期的北方建筑处于相对停滞的状态，直到北魏末期和隋代，建筑样式才得到较大发展。

从麦积山石窟 4 窟的遗存里可以看到第一种建筑类型的细部特征。过梁架在柱头之上，一些承重的栌斗简单地直接放在过梁上，上面嵌入一根替木，其上再承檐梁，最后在檐梁之上铺设椽子。横梁的一端以榫卯方式插入柱头，并突出于柱子的前部（图 3.13）①。

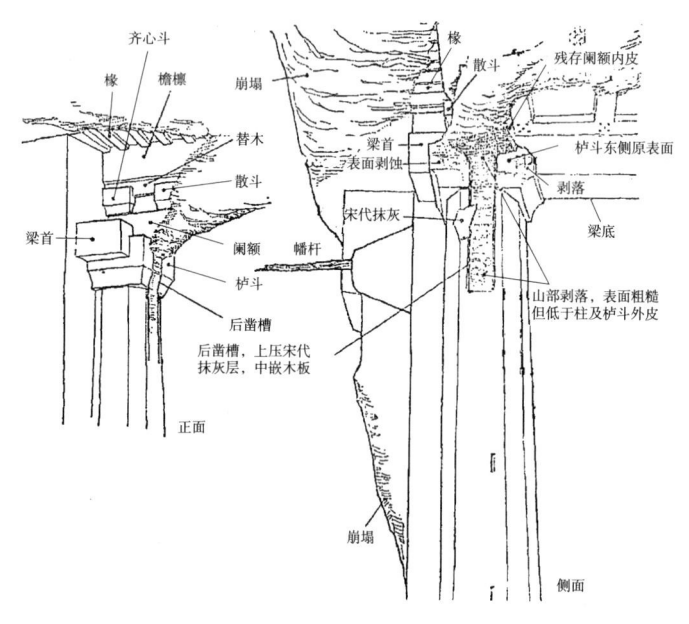

图 3.13　麦积山石窟 4 窟局部

在第二种类型里，这套构架下移，而将檩子直接架在柱子上，过梁则往下一点嵌入柱子里，用叉手连接檩子与过梁。这种类型的托架可能应用于小型建筑，过梁与檩子之间的叉手可以增加柱子的稳定性。随着工匠对梁、柱连接技巧的熟练掌

---

① 傅熹年：《麦积山石窟中所反映出的北朝建筑》，《文物资料丛刊》第 4 辑，第 160~163 页，图 8、图 24。

握，建筑对叉手或支架的需求就降低了，并逐渐演变为后来不需要托架的小规模木构建筑。

第三种类型的构架是前两种方式的折中，过梁嵌入柱子的上部，起到了加固梁和柱的作用，同时将斗拱架在柱子顶部以支撑檐檩。于是，支架和承重的斗要么变成柱顶的斗拱，要么变成柱间的斗拱以支撑梁架。随着这种结构的进一步发展，横梁逐渐取代纵梁而成为主要的建筑构件。这样的斗拱系统至少可以追溯到隋代，而从唐代开始，则开始应用于大型殿堂和寺庙建筑中[1]。

龙门石窟古阳洞的一例石雕庑殿式建筑里，出现了更加复杂的斗拱结构，其承顶结构采用的是第一种方式，将梁架在柱头上。斗拱依旧放在柱子的上部，但这里的斗拱出现了一个横臂，这样就让屋檐比以前伸得更远。此外，还出现了柱间叉手。在云冈石窟10窟里也有一个与此略似的结构，装饰繁缛，斗拱和构架的安排似乎相当随意[2]。最后，在天龙山的一个北齐洞窟里发现了一套典型的梁架结构，其中一组斗拱架在两柱之间（图3.14）[3]。这里的叉手是弧形的，可能是东魏开始出现的新样式[4]。有一种说法认为，这些用于加固柱顶

---

[1] 祁英涛：《中国古代建筑的脊饰》，《文物》1978年第3期，第72页。
[2] 宫大中：《龙门石窟中的北魏建筑》，第196~197页，图1；龙门文物保管所编《龙门石窟》，北京，文物出版社，1980，图版28；山西省文物工作委员会、山西云冈石窟文物保管所编《云冈石窟》，北京，文物出版社，1977，图版53。
[3] 刘敦桢：《中国古代建筑史》，第97~99页，图65.1。
[4] 宫大中：《龙门石窟中的北魏建筑》，第199页。另一个类似的斗拱实例见于北齐时期的山西天龙山16窟中，参见Liang Ssu-ch'eng（梁思成），*A Pictorial History of Chinese Architecture: A Study of the Development of Its Structural System and the Evolution of Its Types*, Wilma Fairbank, ed.. Cambridge: The MIT Press, 1984, pl. 19。

梁栿结构的支架之所以用木制，是为了它们在屋顶的重压之下可以自由弯曲，而弯曲度就反映了它们的变形程度。在北周和隋代，叉手逐渐变成一种装饰，其双臂上弧或变成"驼峰"式承重斗，最后到唐代时，则从外檐处完全消失了①。

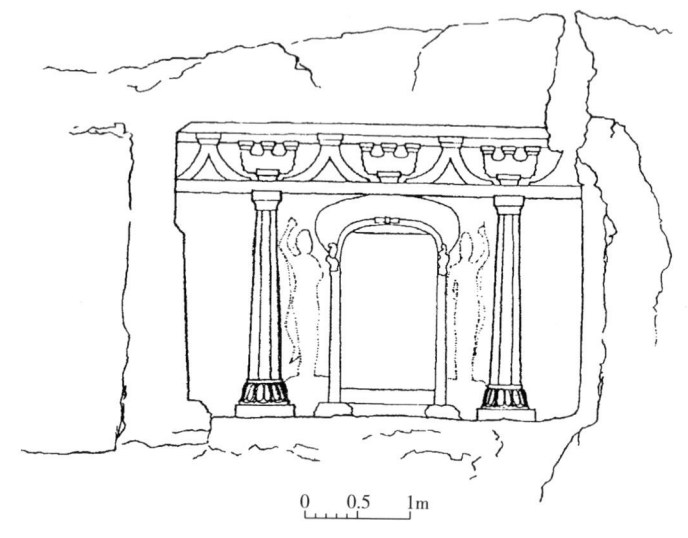

图 3.14 天龙山石窟 16 窟立面图

在龙门石窟古阳洞里也发现了第三种类型的屋顶——歇山顶（图 3.15）。其上部结构属于第三种方式，将过梁榫入常见的八边形柱子内，但斗拱结构比以前所见要复杂一些。每个叉手下都用一根中央柱加固，斗拱分为两层。很明显这些斗拱是带有横臂的，不过由于受浮雕方式所限，无法如实地刻画斗拱的情况。在这个建筑里，鸱吻非常受到重视，展翅欲飞的金翅

---

① 傅熹年：《麦积山石窟中所反映出的北朝建筑》，《文物资料丛刊》第 4 辑，第 174 页、图 33.6－33.10。

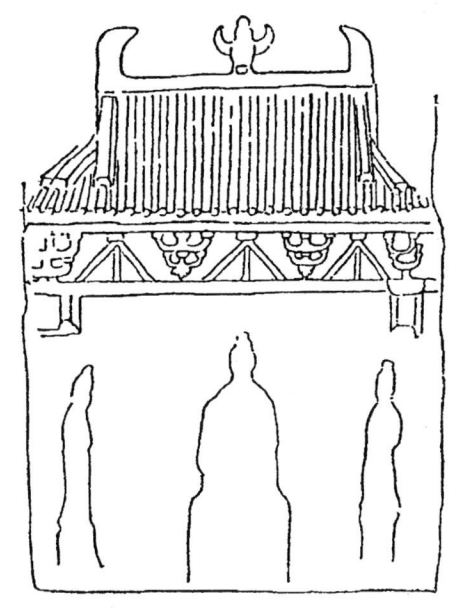

图 3.15 龙门石窟古阳洞局部

鸟作为当时主脊上相当常见的主要饰物，刻画得特别清晰①。歇山式的风格在六朝时期偶有所见，但从屡见于敦煌壁画的情况来看，它在六朝后期已经相当广泛地使用了②。

此外，我们或许还可以从麦积山的某些洞窟对这些建筑的内部情况略知一二。这些洞窟里的覆斗形窟顶可能代表了庑殿

---

① 宫大中：《龙门石窟中的北魏建筑》，第198页及图3；龙门文物保管所编《龙门石窟》，北京，文物出版社，1980，图版33。宫大中在第196页和注3中说，这种鸟可能是印度的迦楼罗（garuda），但他又注引祁英涛《中国早期木结构建筑的时代特征》，《文物》1983年第4期，第65页，认为这种鸟可能源于凤凰图案，早在东汉时即已存在。

② 敦煌文物研究所考古组：《敦煌莫高窟北朝壁画中的建筑》，《考古》1976年第2期，第118~119页。执笔者肖默不同意一般所认为的歇山式屋顶是庑殿顶和悬山顶的结合，由于这种屋顶的前后坡都有折线，肖默认为它是悬山顶与四面坡的结合。

式或歇山式建筑的内部情形；在这样的一座建筑物里，如果从平顶的视角来看的话，那么其构架的上半部就会完全被削掉。麦积山西魏时期的127窟是一个平面长方形的窟，在其前壁（长壁）上开有一个门，在两道侧壁和后壁上凿有浅龛，每龛内置有一佛二菩萨雕塑（图3.16），窟顶似一个平顶的帷帐，四根撑竿从四角向内倾斜，与平顶上的四根撑竿相接，这样就形成了一个覆斗顶（或截尖方锥形顶）。撑竿上以束莲花为装饰，而撑竿相交处则饰以圆形的镜形装饰。窟壁和窟顶曾绘有壁画。

图3.16　麦积山石窟127窟

北周时期的建筑结构变得愈加复杂了，这点在 141 窟内部有所体现（图 3.17）。该窟的窟前建筑已经不存，窟室呈方形，每个侧壁设有三龛，后壁设有一个大龛，龛内各置一坐佛，上有火焰状的龛楣。与较早的 127 窟一样，该窟也采用了覆斗形顶，斜杆和顶杆上都有繁缛的装饰，二者相交处有镜形装饰。在窟顶中央，有一大朵装饰繁缛的莲花。

图 3.17　麦积山石窟 141 窟

27 窟同属北周时期，其装饰更加精细。在窟室四角立有帷帐式的立柱而不只是撑杆，下有莲花形的柱础，斜柱上还有色彩鲜艳的莲瓣和花草装饰（图 3.18）。柱子相交处的镜子上有悬挂的流苏，壁龛两侧也有精致的立柱，上承多重龛楣。窟内大量使用不同色度的红、绿、蓝、黄等多种颜色，当时的窟内情形一定让人眼花缭乱。这种原本色彩艳丽的窟内情景，在敦煌莫高窟里也能看到。

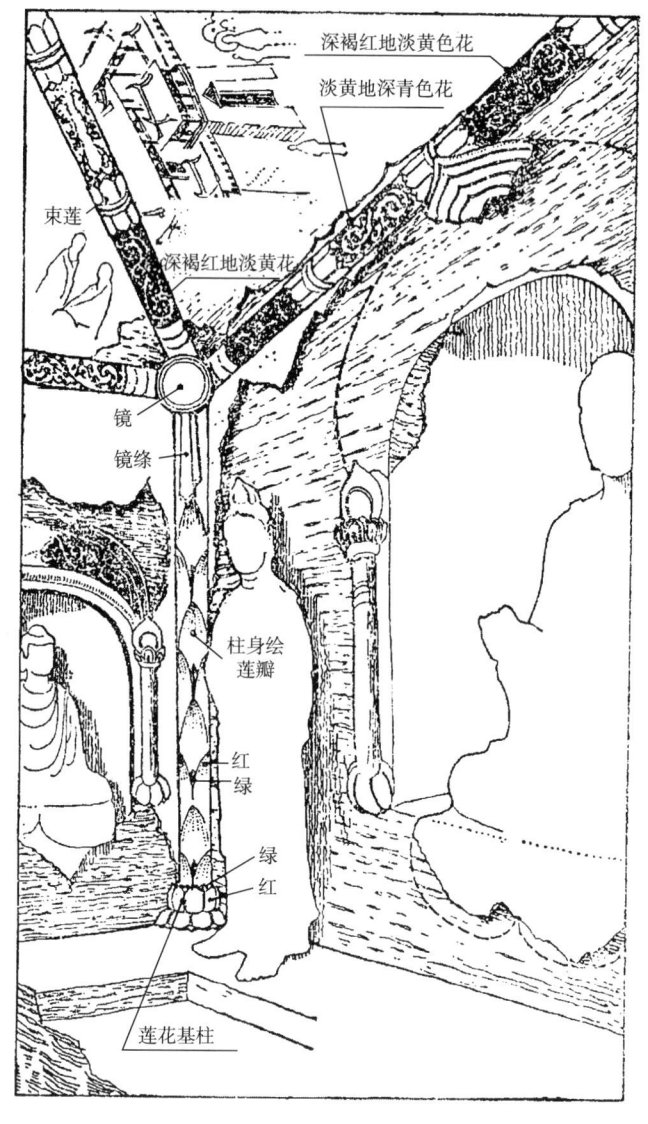

图 3.18　麦积山石窟 27 窟细部

现在还不能确定这些窟庙内的情况是否表现的是没有承重墙的独立木构结构，当时的大型建筑可能是木构架与承重墙的结合，如北魏首都洛阳发现的一处类似建筑可能正是这样的结构。这座建筑位于洛阳城址的南部，只经过了局部发掘，建于一座早期的夯土台上。其侧墙和后墙用夯土筑成，厚1.8米～3.5米不等，现存高度0.8米。开间11米，仅发掘了13.7米的进深，房子的内墙上覆盖着一层白石灰，外表涂成红色。这只是尚未发掘的一套房子的一小部分。遗址内发现了大量的瓦和瓦当，有筒瓦，也有板瓦，瓦当上有莲花和兽面纹饰，伴出的还有两块兽首形的大砖，很可能是嵌在房子两端屋檐下的。从所处部位来看，这座建筑可能是一座皇室宗庙。北魏灭亡前的几年里，洛阳曾遭受大火的肆虐，但这座建筑遗址里没有发现任何烧过的木料痕迹，说明这座建筑的木构件（如屋顶）可能都被拆解运往了新都邺城[1]。

这个时期独立木构架建筑的发展取得了标志性的成就，为它以后成为大型官式和宗教建筑的主要样式打下了坚实的基础[2]。在敦煌壁画和龙门石窟石雕中都出现了这种独立的木构建筑形象。它们都有歇山顶，并且都建于高高的台基上，可能要靠带有扶手的台阶才能登临。在一幅敦煌壁画里（图

---

[1] 中国科学院考古研究所洛阳工作队：《汉魏洛阳城一号房址和出土的瓦文》，《考古》1973年第4期，第209~217页；傅熹年：《麦积山石窟中所反映出的北朝建筑》，《文物资料丛刊》第4辑，第171页。

[2] 傅熹年：《麦积山石窟中所反映出的北朝建筑》，《文物资料丛刊》第4辑，第171页，认为麦积山4号窟的形制代表了公元6世纪晚期木构建筑的发展阶段，但是有理由相信该洞窟属于唐初，所以此处不作讨论。董广强认为该窟是公元574年北周灭佛之后修建的，参见董广强《麦积山石窟崖阁建筑初探》，《敦煌研究》1998年第3期，第26页。

图 3.19　敦煌 296 窟壁画局部示意图

3.19），台基上画有条纹，可能表明这是一座以砖饰表的台基，而在龙门的台基旁发现了浮雕的莲花，可能代表这座建筑位于花园内（图 3.20）。在龙门石窟里似乎还有第三种柱构方式，即过梁嵌在柱子里，柱头上的斗拱支撑檐檩，柱间还另有构架提供支撑[①]。敦煌壁画一般是将这些建筑绘在庄园或宫殿建筑群的围墙之内。在 285 窟的壁画里，围墙的墙基是砖表的，墙顶有叉手，上承屋顶（图 3.21）。根据《洛阳伽蓝记》的记载，永宁寺的围墙就是这种形式[②]。门楼采用了庑殿顶，门内的大殿一般应在中轴线上，但这里为了艺术表现的需要而

[①] 龙门文物保管所编《龙门石窟》，北京，文物出版社，1980，图版 115；宫大中：《龙门石窟中的北魏建筑》，第 198 页及图 4。

[②] W. F. J. Jenner trans., *Memories of Loyang: Yang Hsüan-chih and the Lost Capital*, p. 149; Yi-t'ung Wang, trans., *A Record of Buddhist Monasteries in Lo-yang*. Princeton: Princeton University Press, 1984, p. 17.

图 3.20　龙门石窟路洞局部示意图

图 3.21　敦煌 285 窟局部示意图

朝向另一个方向①。296窟里还描绘了更多非常精致的宫殿建筑，有前后门、角楼、中轴线上有一座带门的大殿（图3.22、图3.23）②。此处所见的是看到一个基本的前堂后室格局，即大门之内是前堂，为接待宾客和议事的场所，后面是寝室（后来还增加了后花园）③。

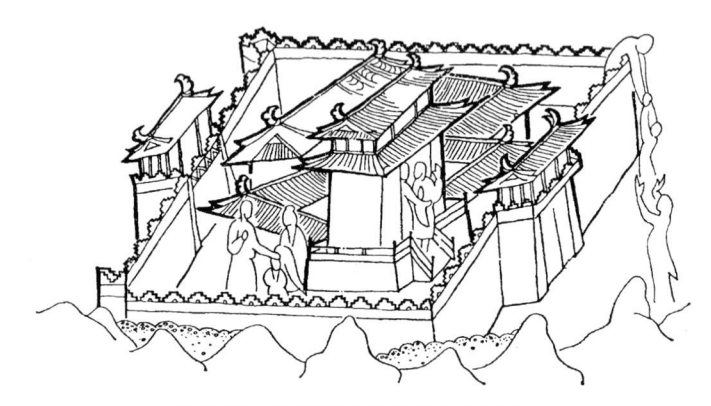

图3.22　敦煌296窟局部示意图之一

在这些壁画里还绘有很多宏伟的建筑物，很可能表现的是佛经故事中的皇宫。在麦积山西魏时期的127窟里，部分保留了一幅这样的建筑图像（图3.24），围墙似乎以砖饰表，在可见的三面围墙中部各有一座大门，凸出于围墙之外，每门两侧

---

① 敦煌文物研究所考古组：《敦煌莫高窟北朝壁画中的建筑》，《考古》1976年第2期，第112页，图4。
② 敦煌文物研究所考古组：《敦煌莫高窟北朝壁画中的建筑》，《考古》1976年第2期，第110页，图3；第112页，图5。
③ 敦煌文物研究所考古组：《敦煌莫高窟北朝壁画中的建筑》，《考古》1976年第2期，第113页。在陕西麟游县发掘了一座始建于隋、沿用至唐的宫殿建筑遗址，当然仅存基址。中国社会科学院考古研究所西安唐城工作队：《隋仁寿宫唐九成宫37号殿址的发掘》，《考古》1995年第12期，第1083~1099页。

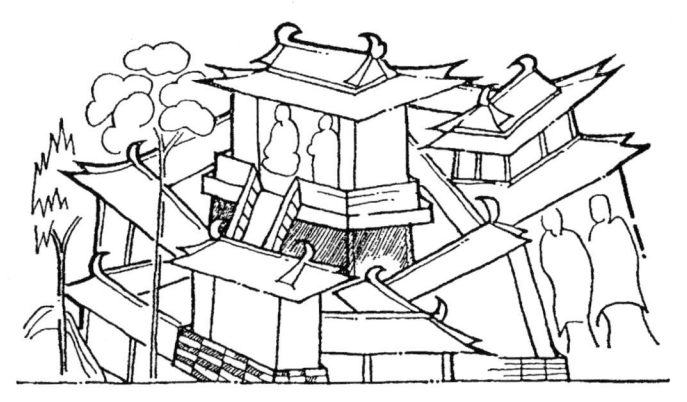

图3.23　敦煌296窟局部示意图之二

图3.24　麦积山石窟127窟局部示意图

各有一个较小的磴台和一个较大的楼阁，都与围墙相接。门洞上似有一道三角形的过梁，门的上部建有一座三重檐的门楼，每一层都有一个庑殿顶，最上层的屋脊两端各有一个常见的弧形鸱尾装饰。从围墙的顶部到第一层的各面有步道相连。门楼两侧的附柱也有着同样的三重檐结构。在后围墙门边的两座楼阁也有楼梯可以登临。在门楼与角楼之间还有一座三层的楼阁，也是凸出于围墙，比门楼还要高。这种楼阁下大上小的优雅外观，似乎使人置身于虚幻的场景之中。此外，在围墙的四角各有一座角楼，呈一定角度地竖立在墙角，上部也是一个三层的楼阁。围墙之外有一条壕沟环绕。

围墙之内有一组三面柱廊组成的廊庑式建筑，有一座前门和两座侧门。前门是一座两层的高耸建筑，侧门上面各有一个庑殿式屋顶。廊庑和三门围绕着院子，院子里有一座建于高台之上的大殿。大殿由两个相连的房子组成，各有单独的屋脊和鸱尾，形成一个 M 形的屋顶。在日本奈良的八幡神社（Hachiman Shrine in Nara）也有一座类似的 M 形屋顶建筑[①]。柱子之间以枋相连，不过檐下的斗拱不是很清楚。

这座建有众多楼阁的宏伟建筑，体现了艺术思维的自由发挥，这点在麦积山北周时期的 27 窟壁画残片里有更充分的体现。在该壁画中，围墙以砖贴面，上部筑有城垛和一座门楼、两座角楼，门楼和角楼上方各有一座单层建筑。在围墙之内，由一所前殿和两所侧殿围成一个院子，院子里有一所歇山顶式的主殿（图 3.25）。在这些建筑物里，能清楚地看到带有双梁的立柱组成的托架，其间设有叉手，有的还间设有蜀柱。

以上这些壁画还不能反映当时皇家建筑的奢华程度，但有一首赋对皇家建筑有着更为明确的描述。下面的记载是对一所南齐宫殿的描绘，其奢华程度可见一斑。

> （景明）三年（公元 502 年），殿内火。合夕便发，其时帝犹未还，宫内诸房阁已闭，内人不得出，外人又不

[①] 苏波对此有生动的描述，Alexander Coburn Soper, *The Evolution of Buddhist Architecture in Japan*, p. 79 and pl. 38。

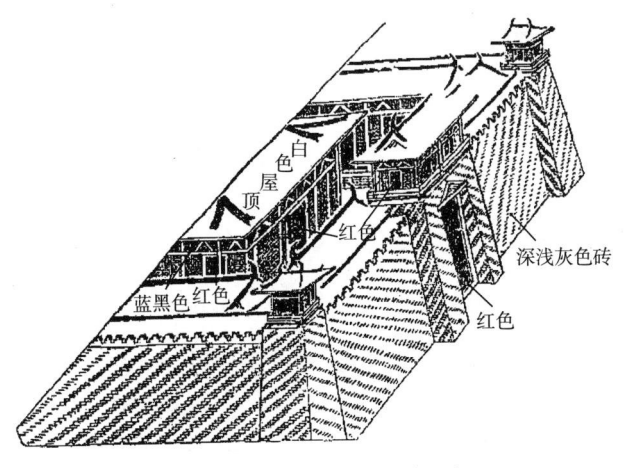

图 3.25 麦积山石窟 27 窟局部

（图中标注：白色屋顶、红色、蓝黑色红色、深浅灰色砖、红色）

敢辄开，比及开，死者相枕。领军将军王莹率众救火，太极殿得全。内外叫唤，声动天地。帝三更中方还，先至东宫，虑有乱，不敢便入，参觇审无异，乃归。其后出游，火又烧璇仪、曜灵等十余殿及柏寝，北至华林，西至秘阁，三千余间皆尽。左右赵鬼能读《西京赋》，云"柏梁既灾，建章是营"①。于是大起诸殿，芳乐、芳德、仙华、大兴、含德、清曜、安寿等殿，又别为潘妃起神仙、永寿、玉寿三殿，皆匝饰以金璧。其玉寿中作飞仙帐，四面绣绮，窗间尽画神仙。又作七贤，皆以美女侍侧。凿金银为书字，灵兽、神禽、风云、华炬，为之玩饰。椽桷之端，悉垂铃佩。江左旧物，有古玉律数枚，悉裁以钿笛。庄严寺有玉九子铃，外国寺佛面有光相，禅灵寺塔诸宝珥，皆剥取以施潘妃殿饰。性急暴，所作便欲速成，造殿

---

① 萧统：《六臣注文选》卷 2。

未施梁桷，便于地画之，唯须宏丽，不知精密。酷不别画，但取绚曜而已，故诸匠赖此得不用情。又凿金为莲华以帖地，令潘妃行其上，曰："此步步生莲华也。"涂壁皆以麝香，锦幔珠帘，穷极绮丽。①

到隋代，屋顶脊线开始变成弧线，屋檐也外挑得更深了。斗拱自汉代以来一直保持相对简单的形式，主要由一跳、一或二铺组成，仅限于沿着墙壁的纵面放置。但到公元7世纪时，为了支撑更深的屋檐，斗拱变得更加复杂了②，可能还要以挑檐作为斗拱的补充。尽管在中唐以前的形象化建筑材料中不见挑檐装置，但在敦煌的隋代壁画中还是可以看到屋檐的支撑方式出现了一些新的发展，如在屋顶边缘与檐梁之间画的一些条纹。这种变化以及相关的其他建筑元素为唐代木构建筑的进一步发展打下了基础③。

阙、楼阁和塔等多层建筑都采用了一些类似的建筑原则。竖在城门两侧的阙或门楼，可以追溯到周代，不过那个时期的实物无一保存下来。从考古发掘出土物如模印砖图像，以及30座左右仿木构楼阁的石祠堂上，可以获得一些关于汉阙建

---

① 《南史》卷5。此处皇帝将潘妃比作佛陀，颇有戏谑的意味。当时的一些较为奢华的建筑，参见 Laurence Sickman, and Alexander Soper, *The Pelican History of Art*: *The Art and Architecture of China*. Baltimore: Penguin Books paperback edition based on third hardback ed., 1971, pp. 387–388。

② William Willets, *Chinese Art*. 2 vols. London: Penguin Books, 1958: 708. 关于斗拱层级的解释，参 Alexander Coburn Soper, *The Evolution of Buddhist Architecture in Japan*. Princeton: Princeton University Press, pp. 96–100。

③ 如莫高窟420窟和423窟壁画所见建筑，参见敦煌文物研究所编《敦煌莫高窟》，《中国石窟》卷5，图版34、图版69。另见张驭寰《中国古代建筑技术史》，第67~68页。

筑的信息。六朝的阙似乎也遵循了同样的建筑原则，但有了进一步的发展①。我们对六朝阙的了解主要来自石窟壁画或泥塑建筑模型，后者是佛龛的一部分。如前所述，这些阙楼的基座往往凸出于墙面，上承木构建筑。这种上层建筑由两层交叉的梁组成，梁的上面是常见的柱子和斗拱，上承单面屋顶；然后将这种结构重复一至多层，最上面通常是一座庑殿式的瓦顶，但也有悬山顶。每一层都伸出基座之外，以某种斗拱支撑，不过这个结构不清楚。阙一般是成对的，在阙门的两侧还各有一座附属的、稍矮一些的单层楼阁（图3.26）。

图3.26 敦煌275窟局部示意图之一

有时阙门本身上面横跨着一个廊道，将两座主阙楼相连。这种配置见于成都的一块汉代画像砖上（图3.27）。这种廊道

---

① 张驭寰：《中国古代建筑技术史》，第64~65页。

有一层的，也有多层的，其屋顶一般比阙顶要低，不过也有一些是高于阙顶的。将廊道做得比阙还高可能是为了形成佛龛的需要（图3.28），它反映的并非实际的阙门情况。此外还有一些门旁并没有发现阙的痕迹，只在门的上方保留了屋顶结构，这可能采用的是单层建筑形式（图3.22）或仅有一个屋顶（图2.8）。在当时的这些阙式建筑里出现了一些新的过渡类型。

图 3.27　成都汉画像砖局部示意图

　　阁与阙的不同之处在于它是独立的结构。尽管发现了很多汉代的陶楼阁模型，但它们还不足以反映相关的建筑原则。在阙式建筑里以交叉的梁构成每层基座的做法似乎也应用到了阁里，支撑屋檐的斗拱和廊道也是如此。阁层往上，一层比一层小[①]。甘

---

①　张驭寰：《中国古代建筑技术史》，第65~66页。

图 3.28　敦煌 275 窟局部示意图之二

肃的一座魏晋墓里发现的楼阁模型提供的信息不多①，但敦煌 257 窟壁画（图 2.7）中的建筑图像表明，这些建筑结构到了六朝时期仍然在使用。我们注意到，与汉代建筑不同的是，这里的屋檐和鸱尾都向上翻，但是屋顶似乎是悬山式的，而不是单面坡顶，也许这个图像有些失真。如果对六朝时期的塔（阁式建筑的一种）做一番审视，我们当可以窥见更多的信息。

佛教的传入在多方面影响到了中国的传统文化，建筑也不例外。汉代都城洛阳以西的白马寺建于东汉永平十年（公元

---

① 武威地区博物馆：《甘肃武威南滩魏晋墓》，《文物》1987 年第 9 期，第 90 页，图 5。

67年），被认为是中国最早的佛寺①。随着佛教的广泛传播，寺庙的数量也大大增加。南朝梁时，首都建康拥有500多处佛教建筑，据说全国有佛寺2846所②。北方佛寺的数量甚至更多，据称北魏时期有寺庙3万多所，仅在洛阳就有1000多所③。如此大规模的寺庙建筑自然是国家财力的沉重负担，很多官员抱怨百姓已不堪重负④。不过，这些数量正是当时佛教

---

① Whalen Lai 比较了以僧侣为中心的佛教和以虔诚的俗家信众为主的佛教崇拜，在两种崇拜中，佛塔均为十分重要的构成。参见 "Society and the Sacred in the Secular City: Temple Legends in the Lo-yang Ch'ieh-lan-chi," in Dien, ed., *State and Society in Early Medieval China*, 229-268, pp. 231-239。这两种形式的修行之所和庙宇在汉语里都被称作"寺"。
② 《南史》卷70；刘淑芬：《六朝时代的建康》，第145页。
③ 《魏书》卷114；Leon Hurvitz, trans., "Wei Shou: Treatise on Buddhism and Taoism: An English Translation of the Original Chinese Text of Wei-shu cxiv and the Japanese Annotation of Tsukamoto Zenryū," in Yun-kang (Unkō Sekkutsu): *The Buddhist Cave-Temples of the Fifth Century A.D. in North China. Detailed Report of the Archaeological Survey Carried out by the Mission of the Tōhō Bunka Kenkyūsho, 1938-1945. Supplement and Index.* Kyoto: Kyoto University, Jimbun Kagaku Kenkyūsho, 1952-1956, p. 103; W. F. J. Jenner, trans., *Memories of Loyang: Yang Hsüan-chih and the Lost Capital*, p. 142. Fu Xinian, "The Three Kingdoms, Western and Eastern Jin, and Northern and Southern Dynasties," p. 85, 傅熹年认为北魏时期的北方地区有佛寺13727座，这是较为可靠的数字。另参见 Jacques Gernet, *Buddhism in Chinese Society: An Economic History from the Fifth to the Tenth Centuries*. New York: Columbia University Press, 1995, pp. 15-16, 作者认为洛阳地区的佛寺数量在不断增加。
④ 《魏书》卷114；Leon Hurvitz, trans., "Wei Shou: Treatise on Buddhism and Taoism: An English Translation of the Original Chinese Text of Wei-shu cxiv and the Japanese Annotation of Tsukamoto Zenryū," p. 94；《南史》卷70。这些奢华的寺庙建筑引发了很多方面的不正之风，如梁武帝决定在其父陵寝旁修建寺庙，遂颁敕征收建材。一位野心勃勃的官员将商人的大批上好木材没收，并以莫须有的罪名将其处死，木材被运往都城用来修建寺庙。正如人们所期待的那样，超自然的报应接踵而至：那位官员不久就死了，寺庙也被雷电击中而焚烧殆尽，参见《太平广记》卷120。

盛行的见证。

佛塔随着佛教而传入中国，正如佛教教义需要适应中国文化一样，这类佛教建筑也发生了许多改变。英文词"Pagoda"来自葡萄牙语，是来自波斯语或梵文的词，而汉字"塔"则来自梵文"Stupa"。塔的印度原型由砖砌的穹隆顶、方形的围栏和塔刹组成，塔刹上有伞盖，是高贵的标志。佛塔的主要功能是掩埋佛陀的遗骸，以纪念他的涅槃，在佛教发展之初，对佛陀的礼拜是最重要的[①]。谁也不敢肯定早期中国人知道印度的佛塔样式，但在敦煌壁画中还是有所体现，其中佛塔的形制多种多样，但主要的特征是有一个狭长的底座（有时是步道或楼阁的形式），佛像坐其上，上有穹隆顶、方形围栏和尖顶，这些正是佛塔的标志物（图3.29）[②]。

佛塔在中国的最初情形与佛经译为汉文的情形一样，都是用本土的观念去接纳这种新的信仰。就佛塔来说，这就意味着要建造汉代建筑模型中的那种四边形的类似于汉代建筑模型中的那种多层楼阁。楼阁的每一层都是一座单体木构建筑，有柱、梁和斗拱，屋顶是单面坡而不是庑殿式，每层逐级缩小，然后再在楼阁之上建佛塔的标志物，但穹隆顶和方形围座大大缩小了，只有塔顶带有伞盖的塔刹仍然非常突出（图3.30）。

[①] William Willets, *Chinese Art*. 2 vols. London: Penguin Books, 1958, pp. 723–735; Laurence Sickman and Alexander Soper, *The Pelican History of Art: The Art and Architecture of China*. Baltimore: Penguin Books paperback edition based on third hardback ed., 1971, pp. 387–396; John Kieschnick, *The Impact of Buddhism on Chinese Material Culture*. Princeton: Princeton University Press, 2003, pp. 38–44.

[②] 敦煌文物研究所考古组：《敦煌莫高窟北朝壁画中的建筑》，《考古》1976年第2期，第113~115页，图7。

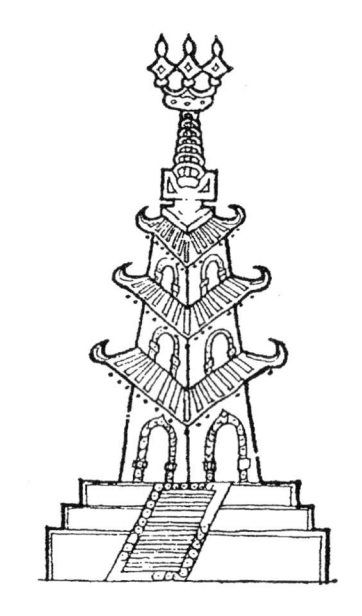

图 3.29　敦煌 301 窟局部示意图　　图 3.30　敦煌 254 窟局部示意图

见诸记载的中国最早佛塔是汉末笮融在扬州建造的，笮融是一个小军阀，可能曾利用佛教来募集军队。根据记载，笮融建造的佛塔有多层，上承金盘，堂和四面的阁楼上能容三千多人。佛寺内立有一尊黄金涂身、身披锦彩的佛像[①]。

楼阁式的佛塔在六朝时期广为流行，其发展中的变体可见于云冈和龙门石窟中的浅浮雕和石凿的中心塔柱[②]。梁武帝建造了许多佛塔，其中之一是皇宫附近同泰寺的一座九层塔。这座塔在大同元年（公元 535 年）的大火中被焚毁之

[①] 《后汉书》卷 73。

[②] 宫大中：《龙门石窟中的北魏建筑》，第 199 页；刘敦桢：《中国古代建筑史》，第 90 页及图 59；Alexander Coburn Soper, *The Evolution of Buddhist Architecture in Japan*, pp. 90 – 91.

后，欲再建一座十二层的佛塔，但因侯景之乱而被迫中断①。北魏统治者也毫不逊色，建造了很多佛塔。皇兴元年（公元467年）在大同竖起了一座七层佛塔，据说高达300（魏）尺（约82.5米）②，这就是最早的永宁寺塔。第二座同名的永宁寺塔是新都洛阳最著名的佛塔之一。

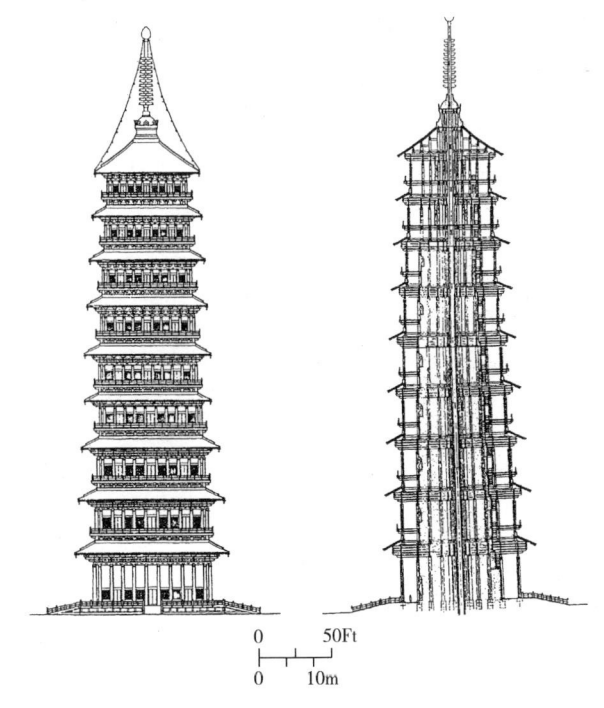

图 3.31　永宁寺塔立面与剖面复原图

洛阳永宁寺是灵太后（娘家姓胡）发起建造的，奠基于

---

① 刘淑芬：《六朝的城市与社会》，第168、185~186页。
② Laurence Sickman and Alexander Coburn Soper, *The Pelican History of Art: The Art and Architecture of China*. Baltimore: Penguin Books paperback edition based on third hardback ed., 1971, p.389.

熙平元年（公元516年）①。坐落于洛阳西南角，位于从宫城南门闾阖门往南的主街西侧。永宁寺四周有一道夯土围墙，上承短梁和两面坡式的瓦顶。围墙内的区域呈矩形，周长1040米，四面都有门，其中南门有三层的门楼和三个门道，东门和西门都有两层的门楼，北门只有一个门道，有梁架结构，但没有门楼②。

位于寺庙中心的佛塔是当时的一大奇观（图3.31），是一座九层木构建筑，据《洛阳伽蓝记》记载，塔高90丈（248米左右），上面还有29米高的塔刹。另一种较为保守的估计是27.1丈（74.5米）高，这也是一个相当令人震撼的高度③。台基四面各有一条墁道通向台顶。底层是唯一结构明确的部分，每面有10根外柱，以三个开间作为门道，后面另有一排平行的立柱，两排立柱之间形成一道围绕整座建筑的内廊。以

---

① 《魏书》卷114；Leon Hurvitz, trans., "Wei Shou: Treatise on Buddhism and Taoism: An English Translation of the Original Chinese Text of Wei-shu cxiv and the Japanese Annotation of Tsukamoto Zenryū," p. 92.
② 关于西门的发掘，参见中国社会科学院考古研究所洛阳汉魏城队《北魏洛阳永宁寺西门遗址发掘纪要》，《考古》1995年第8期，第698~701页。
③ 中国社会科学院考古研究所洛阳工作队：《北魏永宁寺塔基发掘简报》，《考古》1981年第3期，第223~224、212页；张驭寰：《中国古代建筑技术史》，第66~67页；钟晓青：《北魏洛阳永宁寺塔复原探讨》，《文物》1998年第5期，第51~64页。完整的发掘报告也已出版，参见中国社会科学院考古研究所《北魏洛阳永宁寺：1979~1994年考古发掘报告》，北京，中国大百科全书出版社，1996。关于永宁寺塔的高度有多种不同说法，参见 W. F. J. Jenner, trans., *Memories of Loyang: Yang Hsüan-chih and the Lost Capital* (493–534), p. 148, n. 10。詹纳尔认为北魏一尺相当于29.6厘米，但根据吴承洛《中国度量衡史》（上海，商务印书馆，1957），我认为北魏一尺应为27.5厘米，因此詹纳尔估算的永宁寺塔要比我所说得更高。另参见 Fu Xinian, "The Three Kingdoms, Western and Eastern Jin, and Northern and Southern Dynasties," pp. 83–84, fig. 3.21。

上各层可能都是这种结构的重复，但每面立柱和开间的数目只能是推测。中央有一个土坯垒成的塔心直达塔顶，上承塔刹。塔刹部分有1个金宝瓶和11个承露金盘，从塔尖到塔的顶层四角拉有四条铁链，上面挂满了金铎，其他各层四角也挂有金铎，全塔共120~130个金铎。塔的北边有一座佛殿，内有八丈（21.8米）金像一躯，以及饰以金、玉、珠的其他佛像。僧房楼观共有一千余间，都是雕梁画壁，房间周围有各种树木、丛竹、香草。永宁寺在永熙元年（公元532年）毁于大火，标志着北魏政权的灭亡和洛阳的急剧衰落①。

永宁寺采用了典型的早期佛寺布局方式。塔是掩埋佛陀遗骸之所，既然佛陀遗骸是礼拜的中心，那么佛塔自然要占据寺内的中心位置。后来由于礼拜的中心转移到佛像上，立有佛像的主殿就获得了与佛塔同样的尊崇地位，最后甚至超越了佛塔，所以，在唐代的一些佛寺里，塔最终退居于寺内一隅②。一些小的佛寺（尤其是那些由住宅改成的佛寺）并没有佛塔，而是将前堂作为佛殿，后室则作为经堂或其他用途。于是，这种将住宅改成佛寺的做法影响到了佛寺建筑，出现了中国式的建筑风格，印度佛寺与中国传统建筑得到了融合③。同样的情

---

① 《洛阳伽蓝记》卷1"城内"。在正式发掘之前，仅残留有一个三层土台，总高8米左右，东西约101米，南北约98米，参见中国科学院考古研究所洛阳工作队《汉魏洛阳城一号房址和出土的瓦文》，《考古》1973年第4期，第204~206页，图3、图版3。这样的土台建筑也见于敦煌壁画中，参见本章图3.33。本遗址共出土1560余件彩雕残件。
② 刘敦桢：《中国古代建筑史》，第87页。
③ 刘敦桢：《中国古代建筑史》，第91页。关于建筑中的外来因素，参见宫大中《龙门石窟中的北魏建筑》，第201页。关于塔的演变情况，更多的讨论和实例参见唐云俊《东南地区的早期佛教建筑》，《东南文化》1994年第1期，第135~143页。

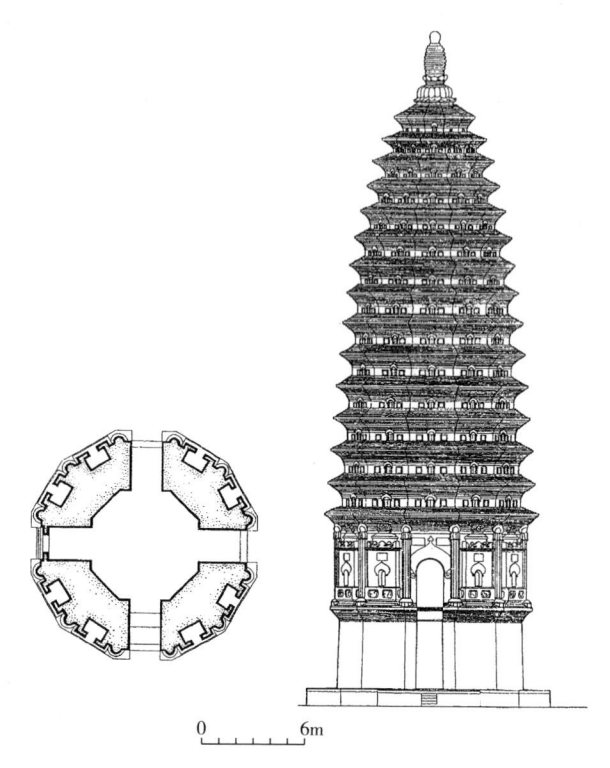

图 3.32　河南登封嵩岳寺塔平面与立面图

形也见于几百年后的开封穆斯林清真寺和犹太教会堂①。

六朝末期开始出现一些向印度原始风格回归的建筑，最早的一例是离洛阳不远的河南登封嵩山嵩岳塔，建于正光四年（公元523年）（图3.32）。这是一座十二边形、高16层的砖塔，用浅黄色的砖砌成。高39.5米，塔基宽10.6米。塔内原

---

① JillS Cowan, "Dongdasi of Xian: A Mosque in the Guise of a Buddhist Temple," *Oriental Art* 19.2 (1983): 134-147; Nancy Shatzman Steinhardt, "The Synagogue at Kaifeng: Sino-Judaic Architecture of the Diaspora," in Jonathan Goldstein, ed., *The Jews of China. Volume One: Historical and Comparative Perspectives.* Armonk, N.Y.: M. E. Sharpe, 1999, pp. 3-21.

来当有木构的楼层和楼梯，但如今已完全空心了。塔建造于高高的平台之上，四面塔门朝向正方向的四方。第二层每个转角都有一根立柱，上承覆莲形的柱头，四个正面各设一道拱门，其他八面各有一座简化的佛塔，塔下各有两个小龛，龛内是狮子雕像。这些仿木构塔门上的拱形门楣实际上就是印度风格。塔的其余14层皆以挑檐相隔，每层十二面，每面各有一道仿木构的假门和两个假窗。最上面是带有承露盘的塔刹。正如苏波（Alexander Soper）所说，嵩岳塔是当时某些笈多式（Guptan style）印度佛塔的忠实再现①。从远处遥望青山映衬之下的嵩岳塔，一定是一道令人难忘的中国式风景②。

这两种形式的佛塔最终融为一体，形成了后来的典型中国式佛塔，虽然基本上是石塔或砖塔，但建筑上的坡顶和主顶明显来自中国本土的木构楼阁③。

六朝尽管是一个政治分裂的时期，但分裂并没有对文化和

---

① Laurence Sickman and Alexander Soper, *The Pelican History of Art: The Art and Architecture of China*. Baltimore: Penguin Books paperback edition based on third hardback ed., 1971, p.391；刘敦桢：《中国古代建筑史》，第90、94页，图60；杨焕成：《河南古建筑概述》，《中原文物》1989年第3期，第61页，文中以安阳灵泉寺的一对北齐僧人纪念小佛塔为例，不过没有插图。现存其他类型的佛塔参见 Laurence Sickman and Alexander Soper, *The Pelican History of Art: The Art and Architecture of China*. Baltimore: Penguin Books paperback edition based on third hardback ed., 1971, pp.391-392；孙机《关于中国早期高层佛塔造型的渊源问题》，《中国历史博物馆馆刊》1984年第6期，第41~47页，该文详细讨论了佛塔的渊源，他把佛塔改为砖塔的原因归因于防火（第45页）。傅熹年对中国佛塔也有精彩论述，参见 Fu Xinian, "The Three Kingdoms, Western and Eastern Jin, and Northern and Southern Dynasties," pp.83-86。
② 杨焕成称砖为青灰色，参见《河南古建筑概述》，《中原文物》1989年第3期，第61页，但我记得是暗黄色。
③ William Willets, *Chinese Art*. London: Penguin Books, 1958, p.731. 2 vols.

技术方面产生特别的影响，因为从前后历史发展的大势来看，分裂只不过是历史进程中的一个小小的片段。正如苏波所称，在此汉以后的"沉闷时期（dismal period）"，人们缺乏仿效汉代的实力，只有当公元5世纪政局稳定之时，才会达到一个新的文化发展高度①。这些可能受佛教刺激而出现的文化进步，造就了令人震撼的唐代文化②。

---

① Alexander Coburn Soper, *The Evolution of Buddhist Architecture in Japan*, pp. 13 – 14.
② Ursula Lienart and Pavel Mestek, "Zur architektur der Sui-zeit（589 – 618 n. Chr.）," *Asiatische Studien* 41.1（1987）：7 – 39，该文考察了一些特定地区的建筑，认为隋代建筑上的变化体现出唐代建筑风格的雏形，如梁、斗拱和脊饰的变化，梁变长后，房内的纵向空间更高，既便于安置佛像，也便于在寺外更好地观瞻佛像，斗拱扩大了檐的进深，脊饰也变得更加美观。

第四章 墓葬建筑

中国考古学往往被称为墓葬的考古学,因为以砖、石材料建于地下的墓葬比起地面居室来,保存的时间要长得多。墓葬是一个复杂而独特的建筑体系,但大部分与木构建筑无关。尽管如此,二者之间还是存在许多有趣的相互影响。将墓葬建筑技术应用于砖塔的情况已于前文做过讨论,城门的券拱之取代梁楣,无疑也是对墓葬建筑方式的借鉴。另一方面,墓葬被当成容纳死者遗物(肉体的和精神的)的场所,因此生者的建筑势必会影响到死者的墓葬,不过在建造地下墓室时,所用材料和建筑方法可能大不相同,这种影响并非直接的,而更多地以象征的形式表现出来。

一 建筑术语与技术

为了便于讨论,不妨先回顾一下有关墓葬类型、墓葬各部位的名词。这个时期的墓葬一般砖砌,有一个或多个墓室。大部分多室墓只有两个墓室,即前室和后室[1],有的墓葬在前室两侧还有侧室或"耳室",可能还会有一个进入墓室的斜坡式墓道,封门后部一般设有较短的甬道,甬道有低于墓室的券顶,大型墓葬的甬道内可能另有一或二重双扉石门。如果甬道

---

[1] 有时也用"椁"或"棺室"指称"室"。

位于墓室前部的中间，墓葬的形状就如"凸"字，这种形制的墓葬就被称为"凸字形墓"；如果甬道位于一侧，其一个壁面与墓室的一个壁面处在一条直线上，一般被称作"刀字形墓"，因其形似中国式的砍刀。前室有的呈矩形，长边与墓葬的中轴线垂直；前室也有的呈方形，葬室呈矩形。矩形墓室有券顶，而方形墓室的墓顶通常为穹隆顶。在两个墓室之间可能会有内部的过道（也叫"甬道"）相连，这样墓葬的平面就成了双凸字形，本书将其称为"束腰"；墓室之间也可能只是简单地被一道券门或砖砌的隔墙分开，可以称为"腰门"。

铺地砖有时比其他部位的墓砖要略大，一般铺成各种各样的图案，也有的直线排列或铺成曲折的 Z 形图案，类似于纺织的席子图案。根据墓葬的规模，铺地砖可能不止一层。墓壁有时由几层砖砌成，通常为顺砌，也就是说砌成类似于今天大多数砖墙的错缝图案（图 4.1）。在英语建筑术语里，平铺的砖头若长边露在外边，叫 stretchers（露侧砖），若短边朝外，叫 headers（露头砖）。这个时期的中国墓葬里很少见到露头砖，最普遍的做法是将露侧砖竖砌，即将砖头竖立、长边朝外的"丁砖"（soldiered bricks）顺砌（中文里称作"丁"或"竖"），各砖层相间排列。一般所见的是按"三顺一丁"顺序砌筑多层，直到所需高度的排列方式，也有的墓壁不是"三顺"，而是在两层竖砖之间顺砌二层或四层，甚至五层的露侧砖①。在考古报告里，这种"顺砖"与"丁砖"的排列被称为"玉带"（图 4.2）。在有些情况下，不是采用砖头竖立、长边

---

① 张驭寰：《中国古代建筑技术史》，第 168～171 页。关于砖墙等建筑技术有精彩的讨论。

朝外的丁砖方式，而是长边竖立、短边外露，这种方式在英语里称为竖砌（rowlock）。随着时间的推移，出现了墓壁外凸的情形，可能是为了缓解来自墓外土壤的压力①，无论如何，这种形制有利于穹隆顶的建造。为了砌成圆形，一般还要采用楔形砖（或斧形砖）或券石，如长沙发现的一座永元元年（公元499年）墓葬用露侧砖砌券，但每三块丁砖就有一块楔形砖，这样墓顶就适当外凸②。

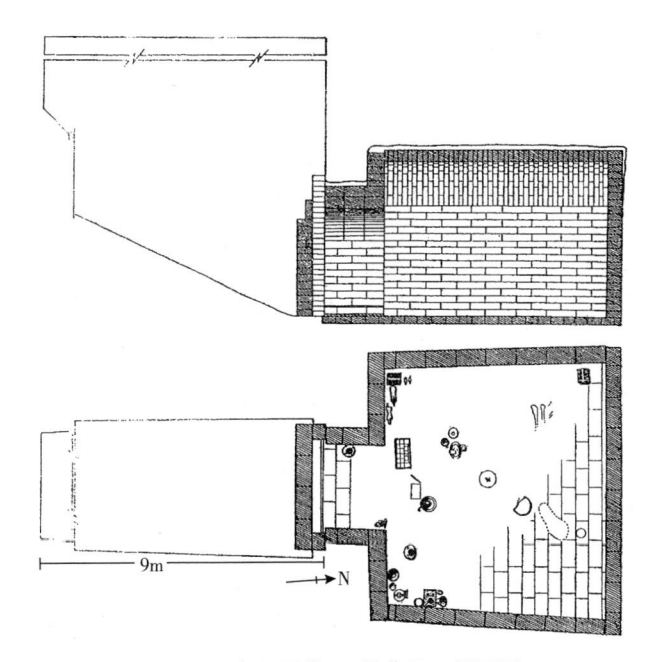

图 4.1　洛阳晋墓 52 号墓平、剖面图

---

① 南京市博物馆：《南京油坊桥发现一座南朝画像砖墓》，《考古》1990年第10期，第902页。
② 湖南省文物管理委员会：《长沙烂泥冲齐代砖室墓清理简报》，《文物参考资料》1957年第12期，第45页。

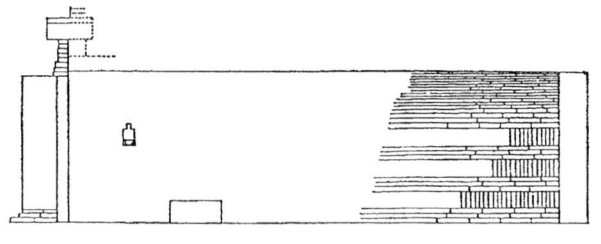

图 4.2　洛阳象山 5 号墓 "玉带"式砖

墓壁有壁座或壁台，墓顶建于其上，小墓的墓顶可能用砖砌出台阶或枕梁，使得每一层砖都是悬梁式，砖层之间的间距逐渐缩小，直至形成最上部的顶盖。大墓的甬道、过洞和主室上部可能是券顶或扇面券顶，这种券顶的砖面朝下，一般与墓葬的纵轴线平行，砖头总是顺砌或错缝，砌法与竖砌的墓壁一样。楔形砖的使用使得砖头倾斜，渐次形成拱形，但为墓葬所留的净空间已经很小，这就表明券顶是从内部起建的。近东地区的这类建筑，推测是先用土填满内部，以实心土作为支撑物，待盖石到位之后再将土移除。至于这个时期的中国墓葬，很难说当时是否使用过类似脚手架之类的东西[①]。

圆顶或穹顶都统称为"穹隆顶"。最早的穹顶产生于汉代的券拱技术，在方形墓室里，起自相对墓壁的两个券拱在顶部交叉就形成了这种穹顶，被称为"四面结顶"，这是一种所谓的斜节理结构（diagonal-joint structure），顶部交叉线形成一个 X 形。最重要的是，这种拱顶以四个墓壁为支撑，与券顶相比，它极大地增加了墓葬结构的整体性。至于穹顶坍塌的原因，可能主要归因于盗墓者的盗洞，而不应该归结于内部的缺

---

① 可以 van Beek 对近东建筑的研究作为比较，参见 Gus W. van Beek, "Arches and Vaults in the Ancient Near East," *Scientific American* July (1987): 96 – 103。

陷。尽管如此，穹顶的角度相对较低，所以并不是墓顶的理想形式。

三国时期出现了一种新的十字接缝穹顶（cross-joint dome）。这种穹隆顶是从四角起券，逐层加长，然后相邻的两个券在每面墙的中间相交，当券拱向穹顶中心倾斜时，券拱就从相交处开始逐渐变短，每条券边与相邻的券边连续相互交错，最后在中心部位放置几块砖，以封闭余下的方形空间。这种类型的穹隆顶在英语里因其接缝的形状而被称为"十字接缝穹顶"（cross-joint dome），而在中文里被称为"四隅券进式"，强调券拱起自墓室的四角[1]。在有些情况下，当四个拱券的相交线低于墓壁上部的基线时，跨度可以变得更大。相比其他类型的穹顶，十字接缝穹顶标志着一种进步，因为穹顶的跨度更大，能够覆盖更大的区域，而且更为坚实。吴末至西晋初期，长江以南出现的穹顶大部分是这种类型，随着时间的推移，其高度和跨度也有所增加[2]。

穹顶的最后一种形式被称为"叠涩"，砖头并不倾斜，而是按同心层的方式铺设，在横断面上形成一个台阶式的剖面。由于砖头常受到剪切和压缩，因此这种结构的墓葬并没有上述几种类型保存得完整[3]。

---

[1] 张驭寰：《中国古代建筑技术史》，第178~179页。张志新对这种穹隆顶的建筑技术也有详细的描述，参见张志新《江苏吴县狮子山西晋墓清理简报》，《文物资料丛刊》第3辑，北京，文物出版社，1980，第131~132页。那种所谓"螺旋"式的穹隆顶当与四面结顶完全不同，参见江西省文物管理委员会《江西的汉墓与六朝墓葬》，《考古通讯》1957年第1期，第174页，图版1.5，不过这种墓顶极少见到。

[2] 南京市博物馆：《南京郊县四座吴墓发掘简报》，《文物资料丛刊》第8辑，北京，文物出版社，1983，第12~13页。

[3] 张驭寰：《中国古代建筑技术史》，第178~180页。

这个时期的中国穹顶结构与西方穹顶多有不同，西方都是先做拱和肋，以形成框架，然后填充。中国穹顶更类似于回廊穹隆顶或圆拱形穹隆顶，但其接缝与西方的回廊穹隆顶不同，西方穹隆顶从顶部到底部的界线非常明确，呈金字塔的形状，而中国穹隆顶的接缝在较低的地方只有模糊的界线，向上逐渐弧出，直到形成圆拱形①。

六朝时期的墓葬正如文化的其他方面一样，都基于汉代模式。小砖墓在西汉中后期的河南地区已经出现，到东汉后期扩展到全国。同时它们的规模逐渐增大，多室墓也已出现。最早的六朝多室墓被认为是汉代传统的延续②。大量典型的东汉墓葬要么是葬单棺的方形单室墓，要么是带方形后室的双室墓，后室置棺。墓壁逐渐外凸的趋势可能是圆形墓葬比较发达的原因。在南方的长江中下游地区一直有弧形的墓壁，但到东晋南朝时期，墓葬变得更近矩形而不是方形③。

二 北方墓葬

由于土壤与气候方面的差异，形成了墓葬建筑上各不相同的地方风格。在北方平原地区，一般在长斜坡墓道的后端凿出

---

① 杜朴（Robert Thorpe）将这种源自汉的六朝穹隆顶称作"四面假顶"，可能是由于它与西方穹隆顶的差异。参见 Robert L. Thorpe, "The Qin and Han Imperial Tombs and the Development of Mortuary Architecture," in Caroseli, ed. *The Quest for Eternity*, pp. 17–37。
② 南波：《南京西岗西晋墓》，《文物》1976年第3期，第57页。
③ 大同市博物馆、山西省文物工作委员会：《大同方山北魏永固陵》，《文物》1978年第7期，第33页；魏存成：《高句丽四耳展沿壶的演变及有关的几个问题》，《文物》1985年第5期，第81页。

地下的墓室，然后在地下空间用砖砌墓葬；在放置好尸体、封好墓门之后，再将墓道回填。后来"天井"或排风竖井出现，这样能在减少挖掘土量的同时，还可以将墓道修得更长、更深。如一座魏晋墓葬，其墓道的土方量预计十倍于墓葬本身①。尽管天井在葬礼之后会被填实，但在模拟地面居所时，仍充当着象征庭院的角色，此类天井最早发现于西北地区的晋墓，隋唐时期非常流行②。

北方有三个地区的墓葬需要考察：中原、东北、西北。中原地区指黄河中游及临近地区，包括今天的河南、宁夏、陕西、山西、河北和山东，大部分时期以洛阳为中心城市。西北地区主要指甘肃河西走廊和新疆，该地区的大部分墓葬发现于嘉峪关、酒泉、敦煌和吐鲁番。东北地区相当于今天的辽宁省，墓葬多位于辽河两岸③。

1. 中原地区

当汉朝走向衰落、厄运降临首都洛阳的时候，那里的埋葬

---

① 河南省文化局文物工作队第二队：《洛阳晋墓的发掘》，《考古学报》1957年第1期，第169页。
② 中国科学院考古研究所：《考古学基础：中国科学院考古研究所工作人员业务学习教材》，北京，科学出版社，1958，第140页；甘肃省博物馆：《酒泉、嘉峪关晋墓的发掘》，《文物》1979年第6期，第10页；新疆维吾尔自治区博物馆、西北大学历史系考古专业：《1973年吐鲁番阿斯塔那古墓群发掘简报》，《文物》1975年第7期，第10页。最后一篇简报认为，天井在边疆地区的使用是随着边疆纳入中原版图而由中原地区传入的，笔者认为可能反之亦然。
③ 张小舟对这三个地区有明确的界定，张小舟：《北方地区魏晋十六国墓葬的分区与分期》，《考古学报》1987年第1期，第19~43页；刘彦军：《简论五胡十六国和北朝时期的北方墓葬》，《中原文物》1986年第3期，第100~106页，该文并未对墓葬进行分区研究。

自然也备受影响,大型多室墓不再出现。实际上由于日益恶化的经济状况,政府趋于禁止厚葬[1],因此墓葬数量变得相对较少,也较为简陋[2]。尽管如此,汉末和六朝初年的政治和社会危机并没有立刻明显地反映在墓葬上,这时还能见到一些大墓,尽管规模上不及汉墓,但也令人印象深刻,这是由于埋葬习俗以及经济实力的延后性所致。在随后的几个世纪里,在一定程度上,洛阳仅在曹魏西晋(公元220~315年)、北魏后期(公元494~534年)属于常态的社会,在其他大部分时期都已沦为废墟。正因为这段多变的历史,洛阳的考古材料不如南京那样丰富也就不足为奇了,南京作为南方各朝的都城,差不多延续了两个半世纪。

从东汉后期到西晋(公元265~317年),中原地区的墓葬在很多重要方面都发生了变化。早期多室墓的前室通常是矩形、长边横跨中轴线、券顶,但后来大多数墓葬都变为方形前室、穹隆顶。原来的两个墓室只是简单相连,后来墓室之间出现了短甬道,墓葬外形呈束腰状。墓葬内部的砌砖方式也发生了变化,东汉时期,起初墓壁与墓顶之间的分界非常清晰,后来这种分界线被一种缓弧形取代,后来墓葬的四角还出现了砖

---

[1] 《三国志》卷2;《资治通鉴》卷69。通过对西晋惠帝皇后乳母徐美人墓葬(元康九年,公元299年)的考察,当时葬礼的花费略见一斑。据其墓志记载,皇帝赐钱五百万、绢布五百匹,以供丧事。参见河南省文化局文物工作队第二队《洛阳晋墓的发掘》,《考古学报》1957年第1期,第183页。

[2] 张小舟的墓葬分类标准可能主要基于墓的大小,她将某些类型特别界定在公元190~317年的三四十年间。不过依据少量的纪年墓葬以及短暂的时代划分来建立发展模式,说服力似乎有所欠缺,参见《北方地区魏晋十六国墓葬的分区与分期》,《考古学报》1987年第1期,第36~37页。将曹魏和西晋视为一个时代单元也许更合理一些。

柱，以增加墓葬的承重，砖柱的顶部有时还会有模拟非墓葬建筑的斗拱，这有助于从方角墓室到圆角墓的过渡。此外，典型的东汉墓葬墓道一般不超过10米，而汉代以后的斜坡墓道增加到20米以上，墓道上部比下部略宽①。有些墓道甚至长达38米、深达12米或以上，而在晋代，则以墓道两侧的台阶式土台为特征②。通向墓室的是一条相对较长的甬道，在某些大墓里，甬道长达2米以上，内建两道石门。有些单室墓平面呈矩形、券顶，但大多数情况下墓室略呈方形，采用四面结顶式墓顶。

洛阳地区发现了一座非常有意思的墓葬，它与东汉墓葬一样四角没有复杂的砖柱，但其他方面又与西晋形制一致。由于这样的墓葬形制，加上一件有正始八年（公元247年）纪年的帷帐杆，该墓被定为曹魏时期，无疑它应是东汉至西晋之间的过渡时期的墓葬（图4.3）③。

西晋时期一座有元康三年（公元293年）纪年的结构复杂的四墓室墓葬，与一般的二室墓相仿，但为了满足额外的需要，空间被扩大了。前室为穹隆顶，后室（或棺室）为券顶，在主室的右侧另开了一个棺室，该棺室又有一个附加的棺室。该墓埋葬着裴氏家族的四位成员，母亲葬于后室，夫妻二人葬

---

① 洛阳市文物工作队：《洛阳曹魏正始八年墓发掘报告》，《考古》1989年第4期，第318页。
② 河南省文化局文物工作队第二队：《洛阳晋墓的发掘》，《考古学报》1957年第1期，第169页及图1-2、图版1.1-2。
③ 洛阳市文物工作队：《洛阳曹魏正始八年墓发掘报告》，《考古》1989年第4期，第314~318、313页。此墓的最早报告参见李宗道、赵国璧《洛阳16工区曹魏墓清理》，《考古通讯》1958年第7期，第51~53页。该墓被移入洛阳古墓博物馆，并进行了完整的复原。

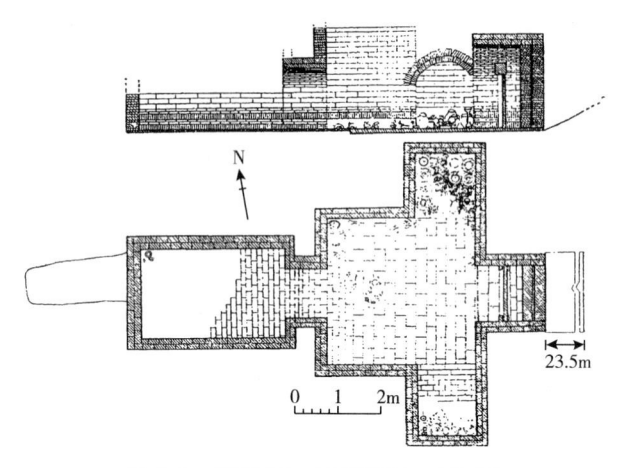

图 4.3　洛阳 16 工区墓葬平、剖面图

于耳室,女儿葬于最小的墓室,墓葬的总面积约 26.98 平方米(图 4.4)①。

齐东方曾专文讨论过这种多人合葬方式("祔葬"),认为此类埋葬不应看成另一种墓葬形制,因为它们并非墓葬中的特例,只不过是对当时当地的标准墓葬略做改动而已②。他认为,附加墓室并不是社会地位的象征,因为这种多人合葬的方式在社会各阶层都在使用,至于此类埋葬方式出现的原因可能是多方面的。齐东方推测,就裴氏家族墓葬而言,可能只是尸体正式葬入家族墓地之前的一种权宜之计,因为在当时的政治形势下,死者不太可能得到妥善安葬。在湖北以及其他地区所见的双墓或三墓(即几座墓葬共用墓壁、每座墓葬一具遗体)

---

① 黄明兰:《西晋裴祇和北魏元昞两墓拾零》,《文物》1982 年第 1 期,第 70~73 页。该墓出土墓志记录了每具遗体的身份及在墓里的位置,该墓也被移入洛阳古墓博物馆,前室的穹隆顶得以复原。
② 齐东方:《三国两晋南北朝时期的祔葬墓》,《考古》1991 年第 10 期,第 943~949、938 页。

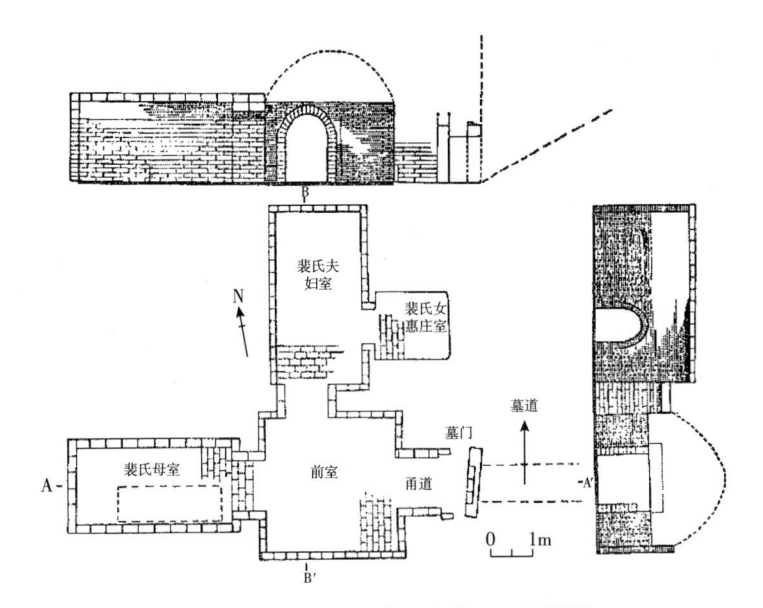

图 4.4　洛阳西晋元康三年墓平、剖面图

表明，这些墓葬是为了临时安放遗体之用，待最后一个配偶（妻或妾）去世后再进行合葬①。此外，这种多人合葬还以一种富有人情味的方式解决了儿童遗体的安葬问题。齐东方认为，有些其他类型的墓葬不应被包含在祔葬之内，如陪葬（通常是帝陵附近的高级官吏墓葬）、族葬（家族或宗族墓地）、合葬（通常是夫妻合葬）等，这些墓葬都应当与祔葬明确区分开来。齐东方认为在祔葬情况下，为了将死者与先死的配偶合葬，需要将墓葬重新开启。但我认为这些应当属于合葬，汉墓墓室变化的原因之一就是为了顺应这种埋葬方式。

---

① 武汉大学历史系考古专业和鄂州市博物馆：《鄂州市泽林南朝墓》，《江汉考古》1991 年第 3 期，第 46 页。

这个时期的墓壁，尽管由"三顺一丁"构成的所谓玉带图案已经出现，但砖结构一般还是错缝顺砌。从现存实例来看，大型墓葬的墙壁上往往涂有一层白灰，大多已经脱落，不过砖头之间似乎还没有使用灰泥抹缝。为了适应穹隆顶的弧度，墓壁也出现了外弧或外凸的迹象。除了上面提到的棱角分明的砖砌角柱，甬道和墓门上的双券也变得非常普遍。这种砖结构普遍出现在大型墓葬里，很少见于中型墓葬，绝不见于小型墓。地面砖为直线或斜线平铺。

在这个时期的中型墓里，只有墓葬的一部分用砖，如甬道、前后墓壁、地面或棺床；墓道没有大型墓那样的台阶，一般10米多长、10米多深，封门采用砖砌而非石门。在带有墓道和土洞墓室的墓葬里，一般以棺为葬具，少数有棺床，有些此类规模的墓葬里葬有多人，但大部分只葬一人[①]。

下层百姓的墓葬是竖穴式，即在地上挖出1.2米左右浅坑的简单墓葬。这类墓葬有的也以砖铺地，墓壁砌3~9层砖，砖的上部用较大的斜砖搭成尖顶，这类墓葬被称为"砖棺"墓，有一座此类墓葬里用的是陶棺。总之，墓主地位越低，用砖越少[②]。在另外两处遗址里发现了大量排列整齐的墓葬，都采用最简单的木棺，在清理的28具骨架中，有些曾被斩首，随葬品都不是很多，但还是超过罪犯可能拥有的数量，其中原因尚不得而知[③]。

---

① 河南省文化局文物工作队第二队：《洛阳晋墓的发掘》，《考古学报》1957年第1期，第174页。
② 河南省文化局文物工作队第二队：《洛阳晋墓的发掘》，《考古学报》1957年第1期，第176页。
③ 中国社会科学院考古研究所洛阳汉魏城队：《洛阳汉魏故城北魏外廓城内丛葬墓发掘》，《考古》1992年第1期，第22~31页。

洛阳附近（如偃师、巩义、郑州）发现的大型双室墓中，似乎出现了中轴线两侧不对称的趋势，墓室往往偏于一侧。偃师发现了一座规模特大的墓葬，前后墓室和耳室的总面积达41.89平方米（图4.5）①，还有一座墓葬略小，只有29.5平方米，但值得注意的是该墓有三具遗体，而且前后室都是穹隆顶②。

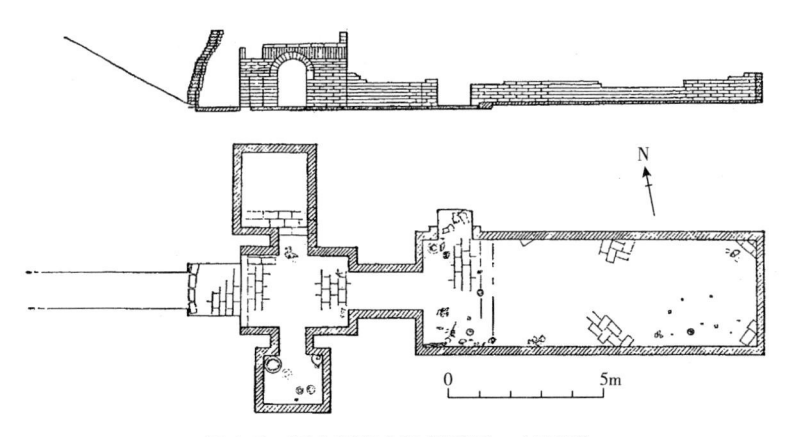

图 4.5　河南偃师 M6 号墓平、剖面图

在墓葬的建造上，关于厚葬的禁令由来已久，最早可以追溯到《左传》成公二年（公元前588年），当时宋文公的厚葬受到严厉抨击。施行薄葬的法令在一些临终遗言中有所反映，大多保存在汉代以后的一些贤能之士的著作中，如梁元帝《金楼子》卷四"终制篇"。这些薄葬的法令似乎得到过严格

---

① 中国社会科学院考古研究所河南第二工作队：《河南偃师杏园村的两座魏晋墓》，《考古》1985年第8期，第721~726页。
② 中国社会科学院考古研究所河南第二工作队：《河南偃师杏园村的两座魏晋墓》，《考古》1985年第8期，第726~734页。

的施行，至少在孙世阑之女的墓葬（永宁二年，公元302年）里有所体现。孙氏墓志铭中提到她的"素志"是"敛以时服"（即穿着平常的服装入殓）、以瓦器随葬，这些词语常见于有关"薄葬"的文献里。其墓志铭里还有不葬金玉（但墓里还是发现了一件黄金饰品）、只用土椁的记载。我们不知道这篇墓志铭到底为谁而作，如果是特意为盗墓贼而作，显然并不成功，因为仅有的几件器物似乎也被盗扰过[①]。

我们也注意到，在通过葬礼的奢华与公开展示来获得地位和威望的同时，由于传统观念上对节葬的吁求，节俭的葬礼在社会上也是可以接受的。尽管在社会动荡时期，家庭势力与经济条件可能是促成这种节俭的原因，但社会理想仍需遵守[②]。

魏晋时期洛阳以外的中原地区又是什么样的情形呢？在山东，见诸报道的唯一一座西晋墓位于临近南部海岸的诸城，是双室的束腰型墓，墓壁略外凸，两个墓室均为穹隆顶。墓壁砖结构最突出的特点是顺砖的层数不一样，后室比前室高出一级，顺着前室的一条侧壁砌有低矮的砖台，很有可能是用于放置随葬品的（图4.6）。除了建筑细部与洛阳墓葬有所差别，这里的墓砖内侧面还印有各种各样的图案（图4.7），而洛阳的墓砖一般是素面的[③]。前者可能受到了南方的影响，南方的

---

① 河南省文化局文物工作队第二队：《洛阳晋墓的发掘》，《考古学报》1957年第1期，第175页。
② 关于这个问题，参见未刊论文 Keith Knapp（南恺时），"Clay Roosters Cannot Lord over Mornings: The Meanings of Austere Burials in Medieval Death Testaments."以及沙忠平《魏晋薄葬论》，《文博》2001年第3期，第30~34页。
③ 诸城县博物馆：《山东诸城县西晋墓清理简报》，《考古》1985年第12期，第114~118、129页。

此类墓砖非常普遍。

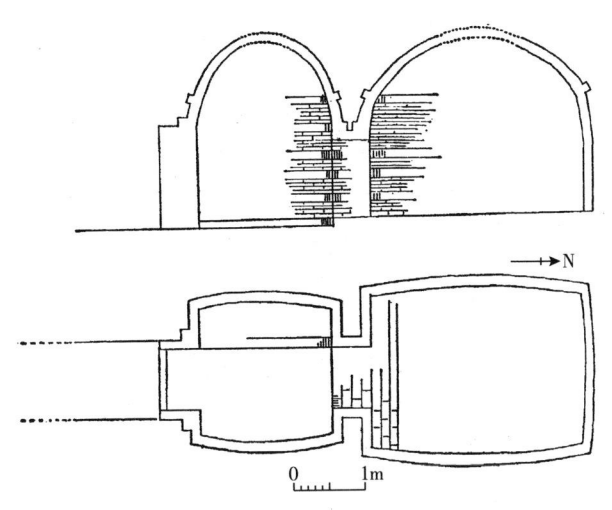

图 4.6 山东诸城西晋墓 M1 平、剖面图

在北京地区有一座纪年为永嘉元年（公元 307 年）的墓葬，墓道略偏移于中轴线的右侧，长达 5.7 米，内置两道石门和四道砖砌封门，似乎表明了一种特别的担忧，担心像其他大多数墓一样被发现、下葬不久就被盗掘（图 4.8）。墓顶也较为特殊，有点像覆斗形，上部是平顶，但顶边不是直线，而是从四壁向内起弧。此墓的墓主为该地区刺史之妻，墓中出土了一具漆棺残骸①。

另一座大致属于魏晋时期的墓葬有两个墓室，据说曾有券顶，墓室之间有短甬道相连，墓道偏于中轴线一侧。该墓规模

---

① 北京市文物工作队：《北京西郊西晋王浚妻华芳墓清理简报》，《文物》1965 年第 12 期，第 21 ~ 24 页。死者之夫王浚的传记见于《晋书》卷 39。在当时的动乱中，他曾试图建立自己的王国，但最终成了石勒的牺牲品。

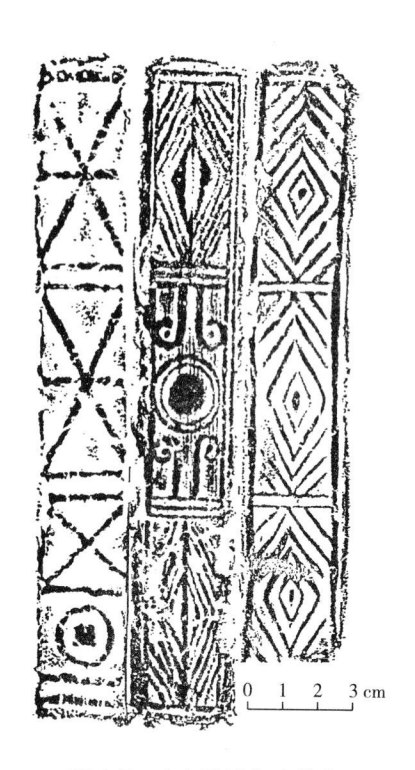

图 4.7　山东诸城墓砖样式

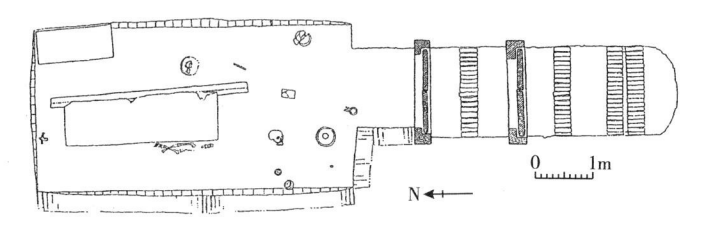

图 4.8　北京地区某晋墓平面图

适中，面积 12.6 平方米，特殊之处是，沿着前室的一壁有一个由 5 块石头搭成的壁龛，约 1.15 米高、1.35 米宽、0.7 米深，上有仿木构的脊顶，壁龛前部有 5 个兽头雕刻，屋脊线上另有 4 个兽头。在壁龛的内壁和顶上绘有壁画，内容是墓主人及侍者,以及其他场景。这类壁龛可能是后期石椁的前身,如下面将要谈到的大同地区墓室石椁①。

北京地区发现的其他墓葬多是所谓"刀形墓",即单墓室、双墓室,甚至三个墓室都有一道墓壁与甬道的一壁位于同一直线上。这类墓葬的规模都不算大,面积从 6.2 平方米的单室墓,到 10 平方米以上的三室墓不等。多室墓的前室可能是穹隆顶,但棺室(包括单室墓的墓室)的墓顶则是前述弧边平顶。这些墓葬的墓壁都较垂直,或许其屋顶并未采用弧形技术(图 4.9)。另一个不同寻常的特点是,有些墓内的遗体头向后壁,而不是通常的朝向墓门②。

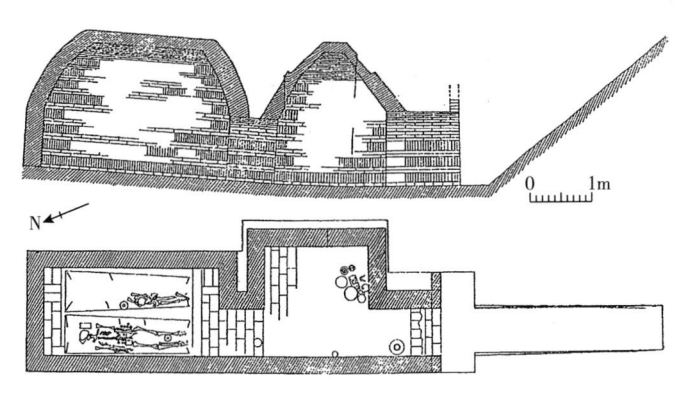

图 4.9 北京地区某西晋墓平、剖面图

如第一章所述,西晋灭亡后中国北方地区陷入了"五胡

---

① 石景山区文物管理所:《北京市石景山区八角村魏晋墓》,《文物》2001 年第 4 期,第 54~59 页。
② 北京市文物工作队:《北京市顺义县大营村西晋墓葬发掘简报》,《文物》1983 年第 10 期,第 61~69 页。山西和陕西不见魏晋墓的报道,陕西不见魏晋墓的原因在一定程度上可能是由于考古工作主要集中于秦始皇陵遗址。

乱华"的混乱局面，在这样的情况下，是不可能发现大量建造精美的墓葬的。西安郊区报道过几座大型墓葬，其中一座有两个墓室，内部以甬道相连，长长的甬道两侧分布着一些小室，墓道长达 13.4 米，墓葬在黄土里掘成，墓壁涂以灰泥，不见烧过的墓砖，封门以砖坯垒成。该墓的总面积（不含墓道）超过 25 平方米，可惜该墓的详细情况没有进一步的报道①。

西安郊区发现的另两座北朝墓葬特点是有一条很长的斜坡墓道（M1 的墓道长达 31.2 米），墓道内部两侧各筑 2~3 层的土阶，从地面沿着斜坡平行向下延伸（M1 深达 12 米）②。墓的底部各有一个门道，朝向甬道，两个墓室之间以过道相连。这两座墓都没有使用墓砖，在甬道处均设一个天井，值得注意的是其中一座还发现了一座建筑模型，有仿真的瓦顶、椽头、微启的双扉门、带有简单斗拱的柱子、窗户，整个模型平面有 2.8 米 ×2.3 米大小，细部涂成红色。其下另有三座建筑，以灰泥涂抹和点缀表面，并呈台阶状向前延伸，直到甬道的顶部（图 4.10）。另一座墓葬（M2）不见这种模拟的建筑（图 4.11）。墓内的类似建筑模型在西北地区也有发现，其中一例发现于宁夏（该墓曾在第三章提及）。此外，在其他地方也有一些类似的例子（如敦煌的发现），但它们更多采用了立面墙的方式，以砖砌墙，位于墓道底部的墓门上方。西安 M1 的报

---

① 陕西省文物管理委员会：《西安南郊草厂坡村北朝墓的发掘》，《考古》1959 年第 6 期，第 285~287 页。在张小舟《北方地区魏晋十六国墓葬的分区与分期》第 22 页，该墓属于 Ⅱ 型 3 式，在第 23 页有具体的描述，但并没有提供更多的信息，该墓的断年主要依据大量的陶器和陶俑。

② 陕西省考古研究所：《长安县北朝墓葬清理简报》，《考古与文物》1990 年第 5 期，第 57~62 页。

告认为这个特点反映了一种"迷信"思想,即人死之后灵魂不灭、"事死如事生"(如孔子所说)的思想。无论墓葬中是否有这些建筑模型,这类墓葬都是西北地区的典型形制,特点是有长长的斜坡墓道,有一或多个天井,墓道的底端是通向一或两个墓室的甬道,各处皆不用砖。

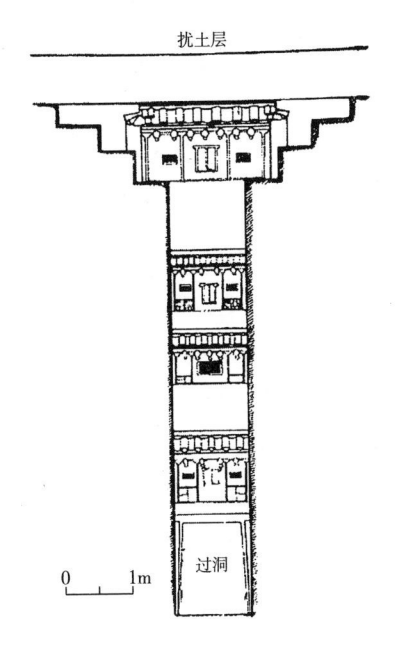

图 4.10 长安地区某北朝墓墓道横剖面图

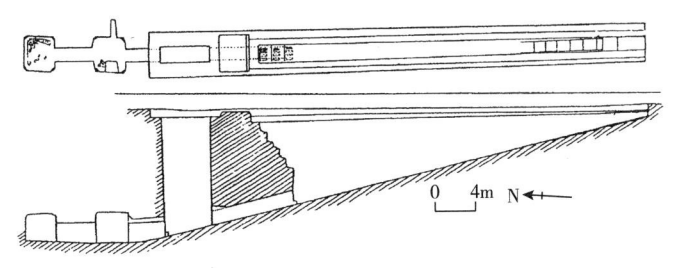

图 4.11 长安地区某北朝墓平、剖面图

西晋瓦解后北方地区日益恶化的政治形势在洛阳地区也有所反映，那就是大墓的一度消失，这种现象并不奇怪。1959年报道的40座洛阳墓葬反映了从西晋后期至唐代的平民墓葬的形制，包括四个类型：5座为竖穴式的简陋墓葬，长宽尺寸约2米×1/2米，深约2米，大小仅能容尸，不过其中两座发现了钉子，可能曾使用棺木；另外13座是由砖围成的墓葬，大小仅能容尸，随葬一两个陶罐（很少超过两个），陶罐一般置于头部附近，墓葬上部以两排或多排砖覆盖，形成尖顶状，即如前所述的"砖棺墓"；规模稍大的墓葬包括两种形制的土洞墓，第一种是墓室与墓道位于同一轴线上，另一种则是墓室与墓道轴线垂直。前者有四座，其中一座的壁龛里发现了一些陶器，后者的墓室与墓道相交，有的在后部筑有放置遗体的土台。这些土洞墓的墓道都是敞口挖成，与墓室同一深度。墓道与墓室有的在墓道中心相交（10座），有的在其一端相交（8座），只有一座墓的墓道与墓室成一定角度相交。有些墓里有棺，40座墓中有4座墓发现了棺钉。这批墓的随葬品很少，在39座墓中仅发现了65件陶器、6件铜发钗、15枚铜钱、4件铁器（镰、小刀、镞、发钗各1件)[1]。

迄今见诸报道的其他中原十六国墓葬主要是发现于安阳孝民屯的一批，都是简陋的土坑墓，一般在头部筑有一个台子，上面放几件随葬品和动物的肢骨。其中一座相对复杂：有棺钉

---

[1] 河南省文化局文物工作队：《1955年洛阳涧西区北朝及隋唐墓发掘报告》，《考古学报》1959年第2期，第95~105页。由于一般只发表较具吸引力的墓葬，而常忽略内容不太丰富的墓葬，所以这个报告就显得尤其重要。能确定年代的墓葬一为北齐、三为隋、一为唐，另一座断为北周的墓葬见于洛阳市文物工作队的报告《洛阳涧水东岸发现一座北周墓葬》，《中原文物》1984年第3期，第54~55页。

（表明曾使用棺）；头搁在马鞍上，尸体上覆盖着一套马具（包括一个马镫），马头置于遗体一边。这批墓葬可能属于公元 4 世纪中期死于战争的鲜卑人（图 4.12）[①]。

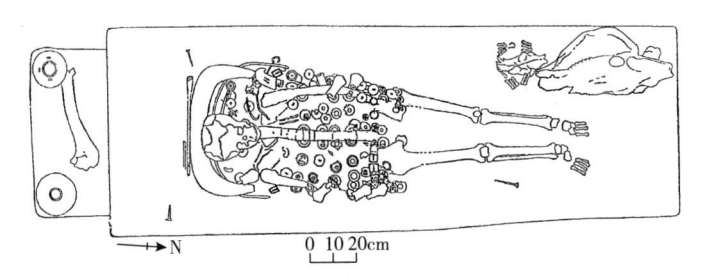

图 4.12　河南安阳某鲜卑墓平面图

由鲜卑拓跋部建立的北魏政权重新统一了中国北方的大部分地区，通过探索他们南进过程中墓葬的阶段性变化有助于理解拓跋氏对中国文化和政治体制的适应过程[②]。到登国元年（公元 386 年）拓跋建都盛乐城之时，拓跋鲜卑使用的是砖室墓。在呼和浩特东南 40 公里的美岱村附近发现有一座墓葬，形制呈梯形（有人认为这是一种由鲜卑传入中原的形制），有砖砌的棺床（图 4.13）[③]。北魏的第二阶段以天兴元年（公元

[①] 中国社会科学院考古研究所安阳工作队：《安阳孝民屯晋墓发掘报告》，《考古》1983 年第 6 期，第 501~511 页。关于马镫的讨论，参见丁爱博，Albert E. Dien, "The Stirrup and its Effect on Chinese Military History," *Arts Orientalis* 16 (1986): 33-34。

[②] Albert E. Dien, "A New Look at the Xianbei and their Impact on Chinese Culture," in George Kuwayama, ed. *Ancient Mortuary Traditions of China: Papers on Chinese Ceramic Funerary Sculptures*. Los Angeles: Los Angeles County Museum of Art, 1991, pp. 40-59. 以及引文。

[③] 内蒙古文物工作队：《内蒙古呼和浩特美岱村北魏墓》，《考古》1962 年第 2 期，第 86~87、91 页。这个时期的另一座墓葬，参见郭素馨《内蒙古呼和浩特北魏墓》，《文物》1977 年第 5 期，第 38~41、77 页。

398年）迁都平城（今山西大同）为标志①。随着这个时期国家实力的日益增强，当时很多墓葬的规模都相当大，其中首推方山永固陵，位于大同北部，在太和五年至八年（公元481~484年）间为文成帝（公元452~465年在位）的皇后而建，本书将在第五章对该墓与其他皇室陵墓一起进行详细的讨论。

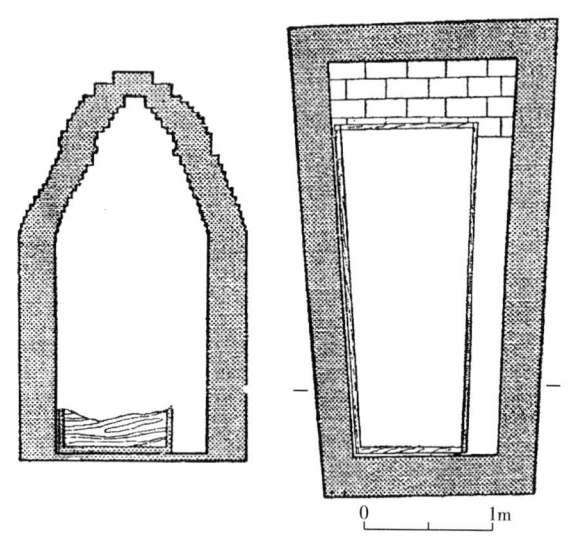

图4.13 内蒙古美岱村鲜卑墓平、剖面图

第二座规模巨大的墓葬是卒于太和八年（公元484年）的司马金龙之墓，发现于大同东南部不远处②。该墓前后室之

---

① 《魏书》卷2；《资治通鉴》卷110。关于这个时代，参见 W. F. J. Jenner, trans., *Memories of Loyang: Yang Hsüan-chih and the Lost Capital (493 – 534)*, pp. 24 – 25。
② 山西省大同市博物馆、山西省文物工作委员会：《山西大同石家寨北魏司马金龙墓》，《文物》1972年第3期，第20~33页。发现该墓的简讯见于《文物》1972年第1期，第83~84页。该墓面积75.92平方米，是见诸报道的六朝墓葬中内部地面空间第二大的墓葬，六朝墓葬的平均（转下页注）

间以甬道相连，前室又分出一个耳室，三个墓室均为弧形墓壁、穹隆顶（图4.14）。砖结构是二层顺砖错缝平砌，然后一层丁砖，如此反复直到穹隆顶的起建线。该墓出土的棺床和砚台上有一些精美的雕刻，但最引人注目的是一具漆屏风，上以列女故事场景为饰①。

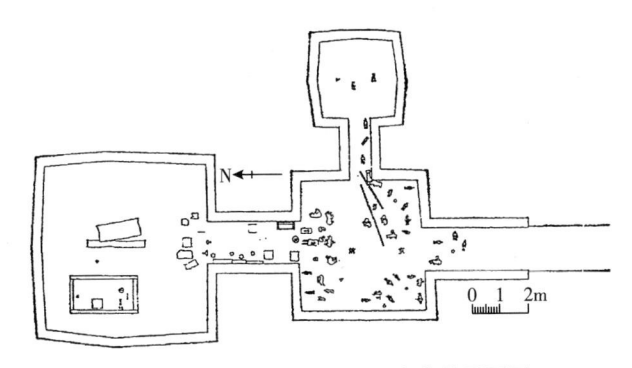

图 4.14 山西大同地区司马金龙墓平面图

21世纪初大同地区又发现了两座重要的墓葬，形制相当标准：一条带天井的长斜坡墓道通向墓内，墓葬由砖砌的甬道和穹隆顶墓室组成，按惯例墓道都被填实。值得特别注意的是，这两座墓葬都有模拟建筑物的石椁，用来陈放遗体。宋绍祖墓的石室（死于太和元年，公元477年）装饰特别繁缛，另一座墓葬的石室装饰较为简略，以壁画为特色，描绘死者夫妻、侍者及各种生活场景。两墓都发现了许多陶俑和模型。这

(接上页注②)面积是9.05平方米，标准差为9.16平方米，由此可见此墓的规模。此墓坐落在御河（始称"如浑水"）以东的一处北魏统治阶层墓地，参见大同市博物馆《大同东郊北魏元淑墓》，《文物》1989年第8期，第65页。

① 屏风在多部出版物里都有插图，最全面的是张安治主编《中国美术全集·绘画编1：原始社会至南北朝绘画》，北京，人民美术出版社，1986，第153~163页。

些发现需要我们对现藏于波士顿美术馆、可能具有类似功能的石室做一番重新审视,同样的图像还见于山东青州的一座墓中,描绘的是四匹马驮着一个轿形建筑物①。

在大同南部曾调查过一处北魏墓地,这是一次少有的以六朝为专题的考古项目,发掘了 167 座墓葬,出土 1088 件器物。该墓地尤其重要之处在于它是一处平民墓地,而一般有关平民的遗存在考古学中是很少体现的。墓葬可以分为四种类型:

(1)竖穴墓(17座):与上述安阳孝民屯墓葬非常相似,棺木头部宽而高,献祭的动物肉块和陶器置于头部。

(2)洞室墓(54座):有竖井式的墓道和偏于一侧的墓室,墓室一般呈梯形。大多数为单人葬,但也发现了双人葬,随葬品包括动物遗骸和陶器,置于棺木周围,也有的置于棺上。

(3)带斜坡墓道和地下墓室的墓葬(95座):墓室形制各异,带一两个壁龛。这些墓葬的棺木制作较为精致,带有铺首和彩绘装饰。有些墓里还有一些外国输入的奢侈随葬品,如玻璃碗、鎏金银碗;甚至还发现了一座石棺床,上刻忍冬和波浪纹。

---

① 山西省考古研究所、大同市考古研究所:《大同市北魏宋绍祖墓发掘简报》,《文物》2001 年第 7 期,第 19~39 页;王银田、刘俊喜:《大同智家堡北魏墓石椁壁画》,《文物》2001 年第 7 期,第 40~51 页。后者显然是一座石椁,这样的石椁共发现四件,可能属于同一家族。波士顿所藏的石椁,参见 Kojiro Tomita, "A Chinese Sacrificial Stone House of the Sixth Century A. D.," *Bulletin of the Museum of Fine Arts*, Boston, 40 (1942): 98-110;郑岩《青州北齐画像石与入华粟特人美术——虞弘墓等考古新发现的启示》,第 80 页,载巫鸿编《汉唐之间文化艺术的互动与交融》,北京,文物出版社,2001,第 73~109 页;夏名采《青州傅家北齐线刻画像拾遗》,《文物》2001 年第 5 期,第 92~93 页及图 2。

(4)砖室墓(1座)。

以动物肉献祭是一种鲜卑习俗,在小型墓里也有发现,可能是较为贫穷的部落成员献祭习俗的遗留[①]。

太和十八年(公元494年)北魏孝文帝重建洛阳之后,洛阳再次成为王都,不过到永熙三年(公元534年)又被废弃。在此短短几十年里,大型墓葬的形制相当一致,都是方形或近方形、直壁、穹隆顶,前有带一两个天井的墓道。在低级皇室成员元晖的墓里,只在地面和封门处用砖(图4.15),墓壁似曾涂过一层灰泥,上有红色绘画,但图案已经无法分辨;墓道长27米,沿着墓道的走势凿两个天井。由于有天井,墓道深达11米。该墓除了一方墓志和一具石棺别无他物[②]。同族的元邵死于武泰元年(公元528年)尔朱荣对元氏的诛杀中,该墓除了墓道较短、仅有一个天井,形制几乎与元晖墓完全相同。该墓不用石棺,但有一座大型的棺台,上面可能曾经放着一具棺木[③]。其他墓葬基本与此相似,只不过穹隆顶相当高,从地面到顶部高达7米以上。这些墓葬中年代最早的是发现于孟县(现孟州市)的司马金龙之子司马悦墓(死于永平元年,公元

[①] 山西省考古研究所、大同市博物馆:《大同南郊北魏墓群发掘简报》,《文物》1992年第2期,第1~11页。石棺床现藏大同市博物馆。另一件同时期的棺床装饰更为精美,邓宏里和蔡全法曾作过报道和讨论,《沁阳县西向发现北朝墓及画像石棺床》,《中原文物》1983年第1期,第4~12页。他们认为东汉出现的棺床一般是砖砌的,有的用石板平铺成一个矩形的平台,但从魏晋开始,形似床的石刻棺床开始出现。

[②] 黄明兰:《西晋裴祇和北魏元晖两墓拾零》,《文物》1982年第1期,第71~73页。棺的平面图参见黄明兰《洛阳北魏世俗石刻线画集》,北京,人民美术出版社,1987,第3页及图版13等线刻画拓片。

[③] 洛阳博物馆:《洛阳北魏元邵墓》,《考古》1973年第4期,第218~224、243页。

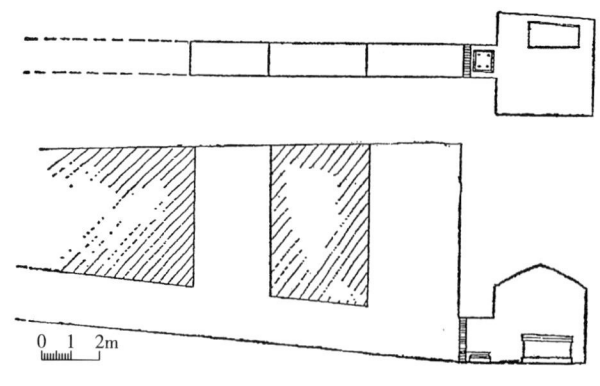

图 4.15　洛阳元晖墓平、剖面图

508年），该墓最特殊之处是墓道有分叉（图4.16）①。在北魏境内的其他地区，较大的墓葬似乎都与洛阳相似，主要发现于宁夏固原②、晋南太原③、晋中曲沃④、河南偃师⑤以及西安⑥。

---

① 该墓是唯一被报道过三次的墓葬，参见尚振明《孟县出土北魏司马悦墓志》，《河南文博通讯》1980年第3期，第40~41页；同上，第44~46页；孟县人民文化馆《河南省孟县出土北魏司马悦墓志》，《考古》1983年第3期，第279~281页。该墓的建造共用砖1.4万块。另一座相似的墓是元乂墓，高9.5米，可惜报告中没有平面图，墓顶尚保留了一幅星座图。参见洛阳博物馆《河南洛阳北魏元乂墓调查》，《文物》1974年第12期，第53~55页；王车、陈徐《洛阳北魏元乂墓的星象图》，《文物》1974年第12期，第56~60页。

② 固原县文物工作站：《宁夏固原北魏墓清理简报》，《文物》1984年第6期，第46~56页。该墓发现一具非常特殊的漆棺，本书将在后文详述。

③ 代尊德：《太原北魏辛祥墓》，《考古学集刊》第1辑，北京，中国社会科学出版社，1981，第197~202页。

④ 杨富斗：《山西曲沃县秦村发现的北魏墓》，《考古》1959年第1期，第43~44页；该墓有"太和二十三年（公元499年）"纪年，结构似与前述墓葬相似，另有两个侧室，各葬一人。

⑤ 偃师商城博物馆：《河南偃师南蔡庄北魏墓》，《考古》1991年第9期，第832~834页。该墓有两个砖砌的半圆形内椁，共用一道墙，墙上开有两个孔。同样形制的墓葬未见其他报道。

⑥ 陕西省文物管理委员会：《西安任家口M229号北魏墓清理简报》，《文物参考资料》1955年第12期，第59~64页。

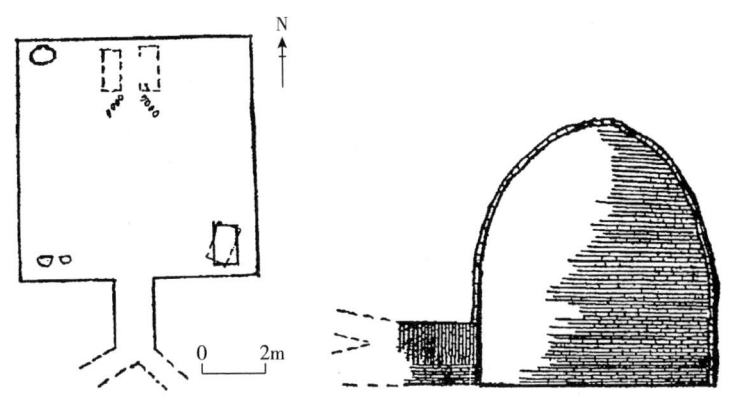

图 4.16 河南孟县北魏司马悦墓平、剖面图

奇怪的是，在永熙三年（公元534年）北魏分裂后取而代之的两个政权（西魏和东魏）疆域内，墓葬形制朝不同方向转变。西魏建都于长安（今西安），恭帝时（公元557年）为北周取代；东魏建都于安阳附近的邺城，以太原为陪都，武定八年（公元550年）为北齐取代。西魏墓似乎延续了如前所述的洛阳墓葬模式，而东魏墓葬趋于向圆形结构发展，有较高的蜂窝状穹隆顶。

见诸报道的北周墓葬主要发现于都城附近，由单个墓室组成，有的后部附加一个小的棺室，有一条斜坡墓道通向墓内。大多数墓道内凿有1~6个不等的天井，最大的墓葬天井数量多达6个。进入墓室的方向一般是朝北，而且一般是朝东北而不是正北或西北。墓砖一般只用于墓室地面。这些墓葬，尤其像叱罗协（公元499~574年）墓（最大的一座墓葬），与以后的唐墓非常相似，如章怀太子李贤（卒于嗣圣元年，即公元684年；葬于神龙二年，即公元706年）墓，墓道下部的壁龛内都放满了陶器和俑（图4.17）①。唯一一座见诸报道的、具有相当规模的西安以外北周墓葬是固原发现的李贤墓（卒于天和四年，即公元569年），由单室、穹隆顶和带三个天井的斜坡墓道组成，因墓内发现了东罗马遗物而引人注目②。

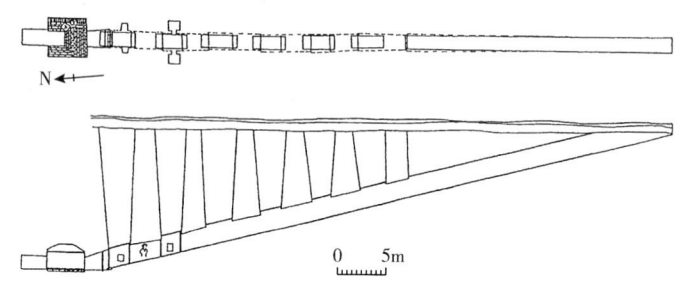

图 4.17　陕西西安李贤夫妇墓平、剖面图

从北魏到以邺城（今河北临漳）为都的东魏和北齐时期，东部的墓葬越来越趋于采用圆形的形制，有的将四角做成圆形，有的将墓葬完全做成球形。有些墓葬的穹隆顶非常高，像蜂窝一样，也有一座墓的顶部较为平坦；也发现了几座双室墓，双室都是圆形；还有一些墓葬在球形墓室旁还有附加的耳室。这些墓葬零星发现于华北平原的河北和山东，如临淄发现的崔氏家族墓，墓葬整体上呈球形，在仅有的几篇带有插图的墓葬报告中，有一座纪年为孝昌元年（公元525年）的墓葬，有很高的穹隆顶，甚至比洛阳司马悦墓的穹隆顶还高

---

① 负安志：《中国北周珍贵文物：北周墓葬发掘报告》，西安，陕西人民美术出版社，1992，详细报告了西安地区发现的14座北周墓葬。
② 宁夏回族自治区博物馆、宁夏固原博物馆：《宁夏固原北周李贤夫妇墓发掘简报》，《文物》1985年第11期，第1~20页。汉中地区发现了一座形制奇特的西魏墓葬，墓壁内弧而非外弧，一般认为是南朝墓。

（图 4.18）①。东魏、北齐最大规模的墓葬位于磁县，这是邺都地区统治阶层的一处墓地，其中高润墓（卒于武平七年，即公元 576 年）面积达 51.7 平方米，"茹茹公主"墓（卒于武定八年，即公元 550 年）面积为 45.3 平方米②。这两座墓葬都有长长的斜坡墓道，甬道内设有数重石门，墓室内有棺床。所有壁面（甚至墓道）都用石灰涂抹，绘满了壁画。茹茹公主墓的壁画保存得相对完好，墓道地面绘有两栏花卉图案，像铺着的地毯；墓道两壁以方位兽、避邪和武士图案作为装饰；甬道绘侍者；墓室内绘的是被随从簇拥着的公主；墓顶原来绘的是天象图案，但已经所存无几（图 4.19）③。

并非所有的东部地区墓葬都是以上形制：济南发现的两座墓为梯形，还有的墓葬后壁弧形、前壁平直。不过在大多数情况下，墓葬确实表现出明确的朝平面圆形发展的趋势。墓葬面积 9 平方米~45 平方米不等，皇室成员的墓葬大到 45 平方米以上。

山西太行山脉以西的北齐墓葬包括太原的库狄迴洛（卒于太宁二年，即公元 562 年）墓④、太原以东寿阳县的娄叡（卒于武平元年，即公元 570 年）墓（图 4.20）⑤。这两座墓都是方形墓室，但墓顶隆起，呈圆形，墓室面积分别为 35.06

---

① 山东省文物考古研究所：《临淄北朝崔氏墓》，《考古学报》1984 年第 2 期，第 221~244 页。
② 磁县文化馆：《河北磁县北齐高润墓》，《考古》1979 年第 3 期，第 235~243、234 页；磁县文化馆：《河北磁县东魏茹茹公主墓发掘简报》，《文物》1984 年第 4 期，第 1~9 页。
③ 汤池：《东魏茹茹公主墓壁画试探》，《文物》1984 年第 4 期，第 10~15 页。
④ 王克林：《北齐库狄迴洛墓》，《考古学报》1979 年第 3 期，第 377~402 页。
⑤ 山西省考古研究所、太原市文物管理委员会：《太原市北齐娄叡墓发掘简报》，《文物》1983 年第 10 期，第 1~23 页。

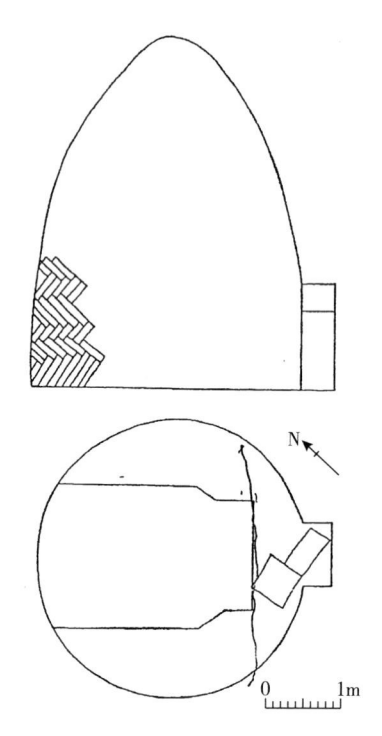

图 4.18 山东临淄北朝崔氏孝昌元年墓平、剖面图

和 32.49 平方米①。库狄迴洛墓因出土一座房形椁而值得注意，娄叡墓的棺木也保存得较为完好，但其引起轰动的发现则是墓内壮观的壁画，墓道两壁各被分为三栏，上面的两栏描绘行进中的骆驼与马队（图 4.21），下栏绘步行伎乐与武士；墓室内壁绘牛车、鞍马及侍者，穹隆顶上绘星辰、辟邪神，以及代表十二生肖的 12 种动物，这是十二生肖形象第一次在艺术

---

① 另一座为韩裔墓（卒于天统三年，公元 567 年），形制似与此相似，但没有发表平面图，面积 20.25 平方米，发现于山西省西南部的祁县，参见陶正刚《山西祁县白圭北齐韩裔墓》，《文物》1975 年第 4 期，第 64～73 页。

品中出现①。

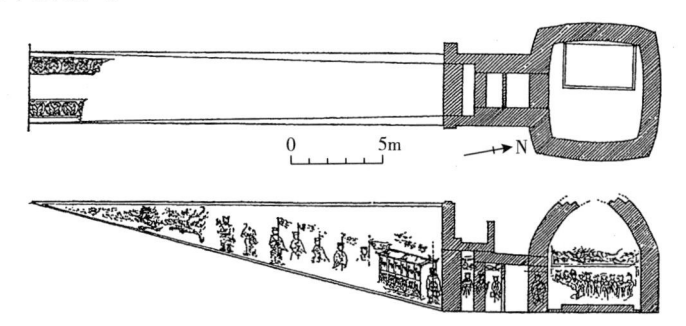

图 4.19 安阳地区茹茹公主墓平、剖面图

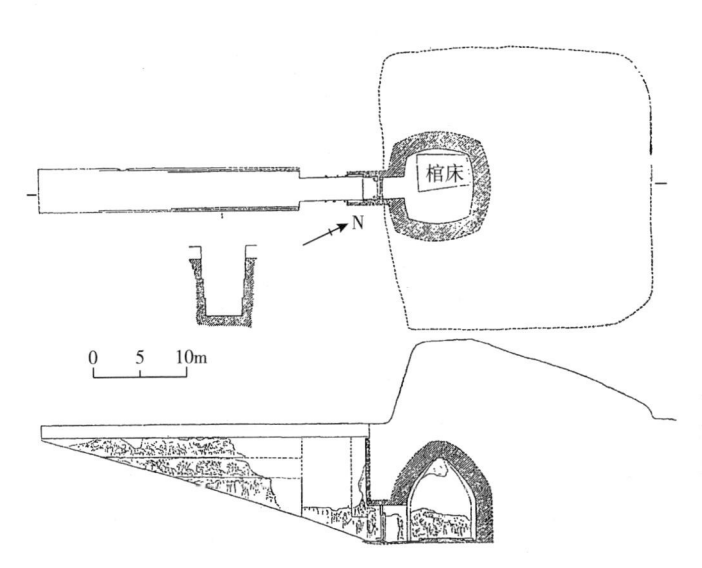

图 4.20 山西太原娄叡墓平、剖面图

---

① 关于壁画,参见吴作人等十位学者的讨论《笔谈太原北齐娄叡墓》,《文物》1983年第10期,第24~39页。壁画绘画水平很高,尤其墓道东壁的壁画被认为可能出自以绘鞍马闻名的宫廷画家杨子华之手,参见该报告第27页。

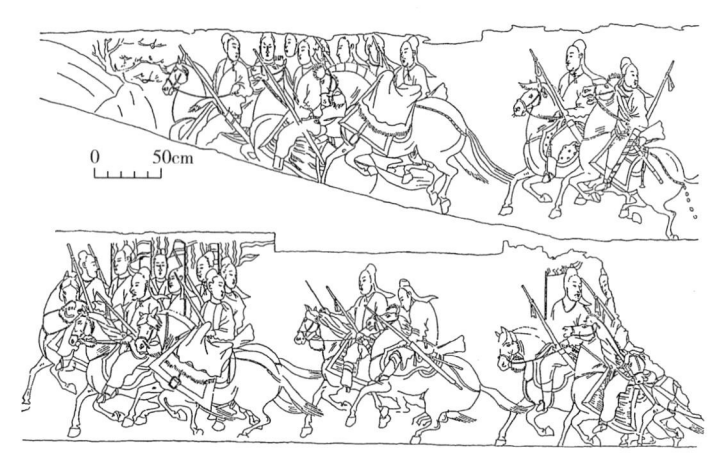

图 4.21　山西太原娄叡墓墓道壁画（部分）

2. 东北地区

当鲜卑的一支迁入华北建立北魏政权时，另一支（慕容鲜卑）则自黑龙江地区迁入辽宁省，建立了一系列短命的王朝，当中原地区陷入战乱的时候，大量中原人士逃亡避难于东北，这里成了他们的避难所。慕容政权的都城位于今朝阳市，当时称为龙城，在这个地区发现了大量的墓葬。慕容鲜卑最终融入拓跋氏建立的北魏政权里。

六朝早期的辽宁地区墓葬建筑以东部辽阳地区的大型多室、多人合葬墓为代表，时代可能早到鲜卑迁入此地之前。墓葬由石板构筑而成，面积20平方米～30平方米不等，埋葬2～9具尸体不等。所有墓葬都是大型的方形结构，葬室一般设于中部，有时也将尸体置于耳室（图4.22）。残存的壁画主题包括宴饮场景、马车、骑马人物、建筑以及官员等候拜谒的场面（图4.23）。随葬品主要是灰陶器、青铜镜、几枚铜钱，也发现了几件铁刀、一把铁剪。这些墓葬被断为东汉后期至曹魏时期①。

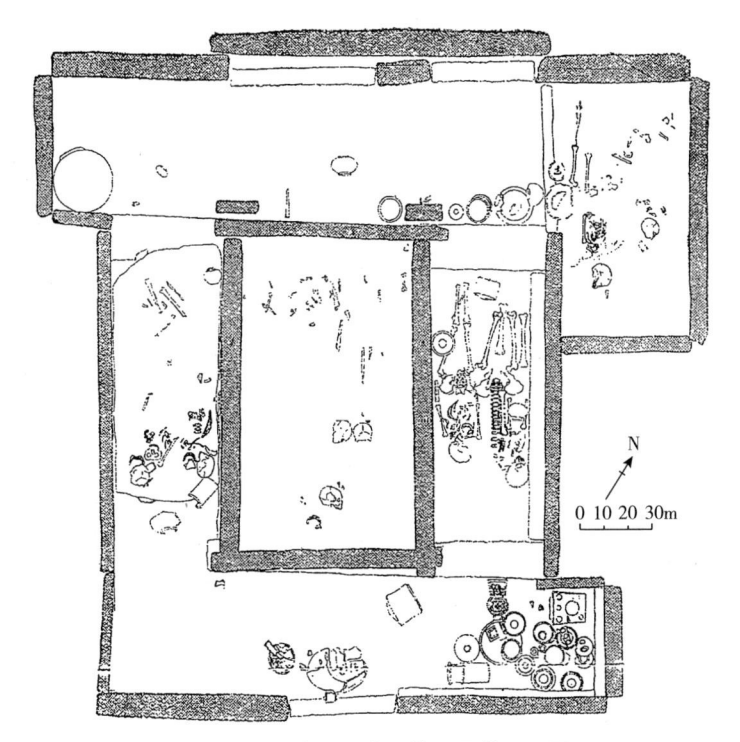

图 4.22　辽宁辽阳南雪梅 2 号墓平面图

---

① 王增新:《辽宁辽阳县南雪梅村壁画墓及石墓》,《考古》1960 年第 1 期,第 16~19 页;王增新:《辽阳市棒台子二号壁画墓》,《考古》1960 年第 1 期,第 20~23 页。壁画复原参见《考古》1960 年第 1 期第 22 页的线描及辽阳市文物管理所《辽阳发现三座壁画墓》,《考古》1980 年第 1 期图版 7 (黑白照片)。六朝时期的辽宁考古综合研究,参见田立坤《三燕文化墓葬的类型与分期》,载巫鸿主编《汉唐之间文化艺术的互动与交融》,第 205~230 页;Albert E. Dien, "Liaoning in the Six Dynasties Period: Aspects of its Cultural Heritage," Submitted for inclusion in Proceedings of the UNESCO International Workshop on the Cultural Heritage of the Northern Kingdoms in Northeast China. Unpublished ms。

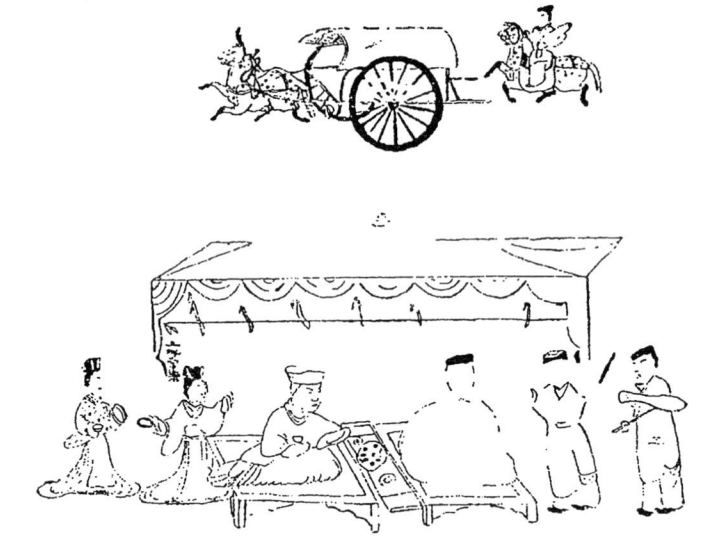

图 4.23 辽宁棒台子 2 号墓壁画局部摹绘

　　这些墓葬的墓顶均为平顶，用大块石板搭在墓壁和柱子上，柱顶的石构件都做成简单的方形，未作装饰。朝鲜安岳地区的冬寿墓类似于这种结构，但工艺更为精细。冬寿是一位中国军人，东晋咸康二年（公元 336 年）从前燕统治者慕容皝（公元 298～349 年）麾下逃往高句丽任职，在那里生活直到东晋升平元年（公元 357 年）去世[①]。冬寿的石板墓总体上采用了以上建筑形式，但墓顶由叠涩石板搭成，逐渐向顶部合拢，到倒数第二层时，石板成一定角度放置，在方形空间里形成一个方盒子形状，再以一块盖石封口。柱子为六边形，有的柱头形如倒置的覆斗，有的则以一个双臂支架来支撑柱上楣构

---

① 洪晴玉：《关于冬寿墓的发现和研究》，《考古》1959 年第 1 期，第 27～35 页；更多文献参见 Albert E. Dien, "A Study of Early Chinese Armor," *Artibus Asiae* 43: 1–2 (1981–1982): 20, n. 89。

的重量（图 4.24）。至少从以上方面看来，冬寿墓表现得比辽宁地区墓葬更为先进一些，也据此可以确认它的年代①。

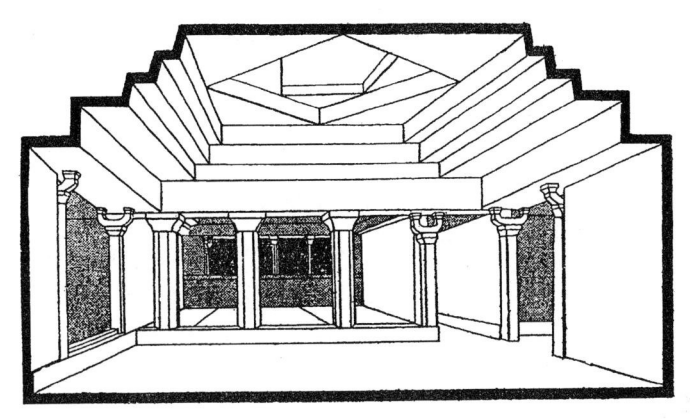

图 4.24　冬寿墓立面图

另一座发现于辽宁附近的石板墓与冬寿墓相似，但规模稍小，有着同样的倒覆斗形柱头、叠涩状的墓顶、前室和耳室，后部也有两个相邻的葬室。壁画片段有坐于卷帘帐下的墓主、马匹、牛车等，与冬寿墓的壁画场景相似。根据出土的一件淡青色"虎子"（尿壶）断其年代为晋代，这件虎子很可能是由长江下游地区输入的②。

这个时期的沈阳地区墓葬是砖筑的，但规模要小得多，其中一座有一排三个墓室，每个墓室都有单独的墓门，每个墓室内各葬两具尸体，随葬品中有一种带柄杯，与辽阳所见相似。这些墓葬大体上属于魏晋时期，由于该地区在当时并非重要的

---

① 实际上这座墓可以看成一种旧式的遗留，因为这种类型的墓葬在其他地区早已消失。
② 李庆发：《辽阳上王家村晋代壁画墓清理简报》，《文物》1959 年第 7 期，第 60~62 页。

行政治所，所以墓葬体现的当属平民的埋葬情况①。

当晋王朝摇摇欲坠的时候，它对东北这样偏远地区的控制力已经大大削弱了，为了控制辽河以东地区，曾发生过争战，但最终该地区还是成了高句丽的一部分，直到唐代才重归于中国的统治之下②。如第二章所述，在朝鲜顺川附近的一座壁画墓中发现了一幅彩绘的辽阳市图，当时称辽东，该名称始见于刚刚纳入高句丽版图的公元5世纪早期。

辽宁东部本溪发现的一座墓葬可以作为高句丽占领辽东时期的一个实例。墓葬由石块砌成，有石板墓顶、石板搭建的棺台，以及两个类似于壁龛的耳室。随葬品有原始灰陶、银饰，更重要的是鎏金铜、铁马具，如马衔、马饰、鞍件等。该墓分为主室、甬道和耳室，这种设计与上述辽阳魏晋墓类似，但建筑方式和随葬品则与吉林集安发现的高句丽墓葬相似③。

当辽河以东地区归入高句丽版图时，辽河以西地区则归入慕容鲜卑统治之下。在此政权的转移时期，根据所报道的少量墓葬遗存很难对该地区人口与文化的复杂混合体进行区分；这些墓葬仍然由石头建造，较小的墓葬用石块而不是石板，通常在抹有灰泥的墓壁上绘有壁画。至于其中的鲜卑文化因素，主要是头部较宽阔的梯形木棺、以弦纹和凹槽为装饰的灰陶罐，以及逐渐增多的金属器，尤其是与骑马有关的金属器皿和武器。

---

① 沈阳市文物工作组：《沈阳伯官屯汉魏墓葬》，《考古》1964年第11期，第553~557页。关于带柄杯，参见第556页，图5.11。
② 《读史方舆纪要》卷37。
③ 辽宁省博物馆：《辽宁本溪晋墓》，《考古》1984年第8期，第715~720页。该文提到集安的两座墓葬，参见吉林省博物馆文物工作队《吉林集安的两座高句丽墓》，《考古》1977年第2期，第123~131页。

中原文化的影响则体现在漆杯等器皿，偶见的家居或农具模型、砚台上。墓葬资料表明这里已经出现一种混合式文化，至少在那些有实力建造此类墓葬的人群中如此。

慕容时期的墓葬比发现于其东部的墓葬要小得多，除夫妻合葬，不见多人葬。迄今为止，这些墓葬仅发现于当时辽宁西部的主要城市和慕容政权的都城——朝阳地区，以及东北部不远处的北票。有三座石板墓（公元3~4世纪）可以作为慕容氏统治初期墓葬的代表，其中两座较小的墓里均发现有典型的鲜卑式手制灰陶罐，两墓均不用棺；最大的一座（3米×1.8米×1.8米）是双人葬，墓室以木炭填满，该墓没有发现作为汉文化标志的铜钱和铜镜，但在另外两座小墓里有发现。有意思的是，该墓出土了一件金冠饰，上面悬挂着许多金叶，只要轻轻一动，金叶就会摆动。根据当时的中国文献，这种金冠为慕容氏的上层阶级所有，类似的物品也发现于公元5世纪的新罗墓葬里，二者可能都来源于萨满教传统。该大墓的随葬品还包括中原和匈奴器物[①]。

除石板墓，还在朝阳王子坟山发掘了一批21座同时期（公元3~4世纪）的竖穴土坑墓，也是慕容鲜卑墓葬，陶器和肉类祭品放置在尸体头部的壁龛内，而大量的金、银、铜马饰则放在棺内，其中也发现了一件金叶冠饰。发掘报告认为它们与安阳孝民屯鲜卑墓以及内蒙古其他遗址都具

---

① 陈大为：《辽宁北票房身村晋墓发掘简报》，《考古》1960年第1期，第24~26页；宿白：《东北内蒙古地区的鲜卑遗迹——鲜卑遗迹辑录之一》，《文物》1977年第5期，第43~44页；孙机认为这种冠饰来自西方，参见《中国圣火：中国古文物与东西文化交流中的若干问题》，沈阳，辽宁教育出版社，1996，第87~106页。

有一定的相似性,与大同的某些墓葬相比也存在一定的相似性①。

另外一批墓葬发现于朝阳及附近地区,这批墓葬保存状况相对较好,有些内容值得关注。其中一座由石块砌成,以石板为墓顶,小耳室内放置灶、熨斗、井、磨、碓等陶质模型器随葬品;残存的壁画中有人物、牛耕地的场景,此墓极有可能属于移居至此的中原人士。另一座墓里发现了极具特色的梯形木棺痕迹、灰陶罐、牛腿骨,这些都体现了鲜卑的埋葬方式;此外在祭台顶部和耳室还发现了一些漆器和杯子、一套铜带钩与带扣。第三座墓平面呈梯形,但不见木棺痕迹,墓葬更为简陋,但还是在墓主夫妇的头部放置着一些普通的灰陶罐、壶,壁画描绘的是生前的墓主夫妇、侍仆和狗,发掘报告称壁画人物的服饰为鲜卑风格,画面中的狗让人联想到与鲜卑关系密切的乌桓部落(曾大量融入鲜卑)的信仰:狗能陪伴死者的灵魂进入赤山上的住所,正如中原人士相信死者的灵魂能归于泰山一样②。

有一座石室墓可以作为前燕以及政权建立之前的部落联盟时期(公元285~370年)的代表性墓葬,墓主可能是慕容贵族。墓内发现了三百多件金、银、铜、铁、陶、石、骨、漆器、丝绸、皮革制品,木棺为典型的梯形,最为特别的是一件铁头盔、一千多件甲片、一件马胄、鎏金

---

① 辽宁省文物考古研究所、朝阳市博物馆:《朝阳王子坟山墓群1987、1990年度考古发掘的主要收获》,《文物》1997年第11期,第4~18页。
② 朝阳地区博物馆、朝阳县文管会:《辽宁朝阳发现北燕北魏墓》,《考古》1985年第10期,第15~29页。关于狗在葬礼中的角色,参见《后汉书》卷90。关于乌桓及与鲜卑的关系,参见马长寿《乌桓与鲜卑》,上海,上海人民出版社,1962,第159~170页。

前鞍桥、鞍后桥和一件马镫①。还有一座同时期的墓葬可能原为土坑木棺墓,出土了99件随葬品,包括马具和铜鞍桥②。

还有两座发现于朝阳地区的墓葬更好地诠释了当时的文化融合情况,第一座是崔遹墓(卒于后燕建兴十年,即公元395年),他曾任慕容氏后燕(公元384~409年)政权的太守,是一位高级官员。该墓也由石板建成,但没有壁画,墓葬内涵代表了当时多种文化的融合。木棺为梯形,在其头部放置有灰陶罐和青铜带扣、青铜刀,也发现了砚台、钱币、弩机、铜镜等反映中原文化背景的物品③。

第二座反映文化融合的墓葬发现于朝阳袁台子,由石板砌成,有四个壁龛,在墓门右侧有一耳室,是一座建造得相当精细的墓葬,推测其年代可能在公元4世纪早、中期(图4.25)。该墓的鲜卑文化因素表现在灰陶罐和羊骨上,羊骨置于墓室后部的漆盘内,此外还发现一件带柄和镂空器座的青铜鍑,这是继斯基泰时代以后亚洲内陆游牧民族的典型器物。在墓室前部有一个低矮的大漆案,上面堆满了黑釉瓷器、漆碗和其他器物,残存的石座和铜接头表明这些器物原来都放置在帷帐之下。耳室内发现一套马具,有马鞍、马镫、马衔、马镳及鞘带铃饰,全身挂有118个铃铛(图4.26)。残存的壁画片段生动地反映了当时的生活场景,有狩猎、牛车、犁地、备食,以及侍奉的奴

---

① 辽宁省文物考古研究所、朝阳市博物馆:《朝阳十二台乡砖厂88M1发掘简报》,《文物》1997年第11期,第19~32页。
② 于俊玉:《朝阳三合成出土的前燕文物》,《文物》1997年第11期,第42~48页。
③ 陈大为、李宇峰:《辽宁朝阳后燕崔遹墓的发现》,《考古》1982年第3期,第270~274页。

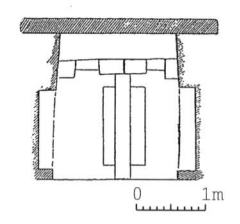

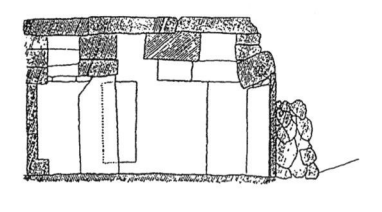

图 4.25　辽宁朝阳袁台子石板墓剖面图

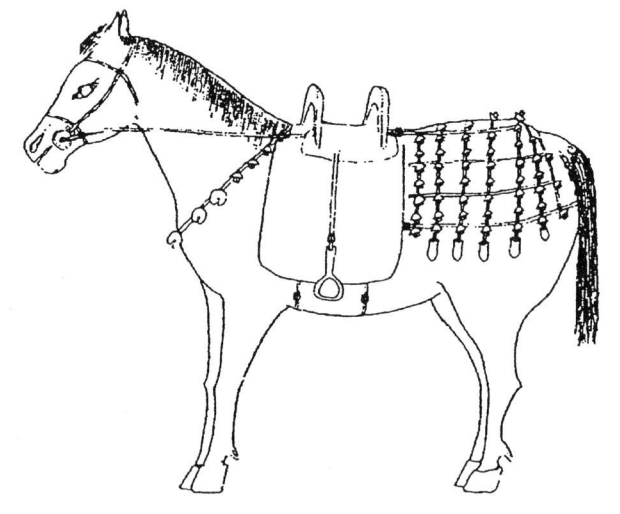

图 4.26　辽宁朝阳袁台子墓马具示意图

仆等,也有不可或缺的镇墓兽、四神、日月等图像①。

北燕统治者为冯姓汉人,采用鲜卑习俗。北燕统治者的弟弟冯素弗(卒于北燕太平七年,即公元 415 年)及其妻子的墓葬发现于北票附近。这两座石板墓相距仅 20 厘米,无疑是共用封土的。以冯素弗的地位而言,他的墓葬似乎理应更为奢华一些,但事实上他的墓葬并不比官员崔遹的大,这可能表明

---

① 辽宁省博物馆文物队、朝阳地区博物馆文物队、朝阳县文物馆:《朝阳袁台子东晋壁画墓》,《文物》1984 年第 6 期,第 29~45 页。

北燕政权的财力正在减弱。用灰泥涂抹的墓室内壁和墓顶布满了壁画，墓顶描绘日月星辰，墓壁描绘死者居家和出行的场景，这些壁画以及描绘先贤与云气的漆棺都是来源于中原地区的做法，但头部较高而宽的木棺则意味着鲜卑传统。墓葬都从墓坑的底部起建，但冯素弗墓却在墓坑壁上挖出了一个壁龛，它并不属于石板墓的一部分，壁龛内置两件灰陶罐以及牛、鱼等献祭物。随葬品大致可以分为两类，第一类是当时中原地区统治精英可能拥有的一些物品，如官印、青铜和漆器用具，鎏金或金银、玉饰品、武器和书写工具；另一类物品反映了燕的鲜卑族源，包括青铜锞等器皿、灰陶罐、壶、铁质武器、马具（包括迄今资料所见最早的一副马镫）[①]。

综上所述，辽宁地区公元3~5世纪的慕容鲜卑文化以石板墓为特征，较小的墓葬由石块垒成，墓壁涂抹灰泥，上绘壁画[②]，梯形木棺的头部较为宽阔，灰陶罐仅限于以弦纹或凹槽纹为装饰，也有多种反映游牧生活的器物，如带扣和马具。中原文化的影响主要体现于漆杯等器皿上，偶尔见到家居、农业用具模型、砚台等。此外，也发现了一些匈奴主题的纹饰，甚至也有来自西亚的玻璃器。

此后，随着慕容文化被拓跋鲜卑的政治支配地位和中原文化所替代，其文化混合体的特征也逐渐消失。至今仅有三座见诸报道的晚期墓葬发现于朝阳地区，明显反映了一种与以往墓葬面貌截然不同的突变，都是砖室结构。第一座初步断定为公

---

① 黎瑶渤：《辽宁北票县西官营子北燕冯素弗墓》，《文物》1973年第3期，第2~28页；亦参见宿白《东北内蒙古地区的鲜卑遗迹——鲜卑遗迹辑录之一》，《文物》1977年第5期，第44~46页。
② 这个阶段见诸报道的1/3以上壁画墓都位于辽宁省境内。

元 452~463 年的墓葬，形制较为特殊，前部较宽阔，后部较狭小（图 4.27），可惜报告对墓葬结构描述不够，而是将注意力放在墓室内发现的一方墓志上，根据墓志，死者是在北魏的一次人口迁徙中与家人一道从西北迁来的鲜卑人①。另外两座墓葬是更为普通的中原风格：墓壁略外凸的方形墓室、"玉带"式铺砖方式、券顶短甬道（图 4.28）②，以上种种表明遥远的东北地区已被纳入北魏政权的统治之下。

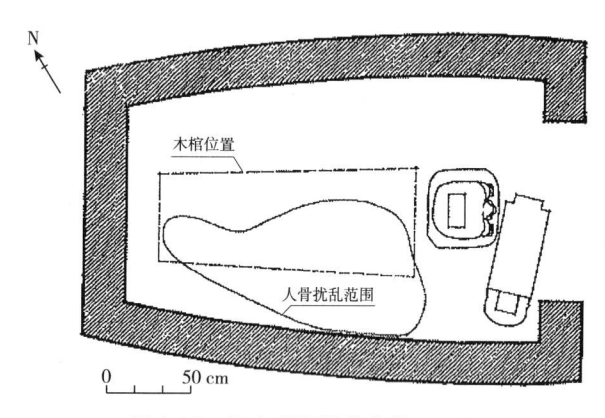

图 4.27　辽宁朝阳某北魏墓平面图

3. 西北地区

西北地区有时也被称为河西走廊，位于南部祁连山与北部戈壁沙漠、草原之间，主要包括几座绿洲城市，这些城市充当

---

① 曹汛：《北魏刘贤墓志》，《考古》1984 年第 7 期，第 615~621 页；刘彦军：《简论五胡十六国和北朝时期的北方墓葬》，《中原文物》1986 年第 3 期，第 105 页，该文证实这是见诸报道的唯一一座这种形制的墓葬。
② 朝阳地区博物馆、朝阳县文化管理委员会：《辽宁朝阳发现北燕北魏墓》，《考古》1985 年第 10 期，第 926~928 页。

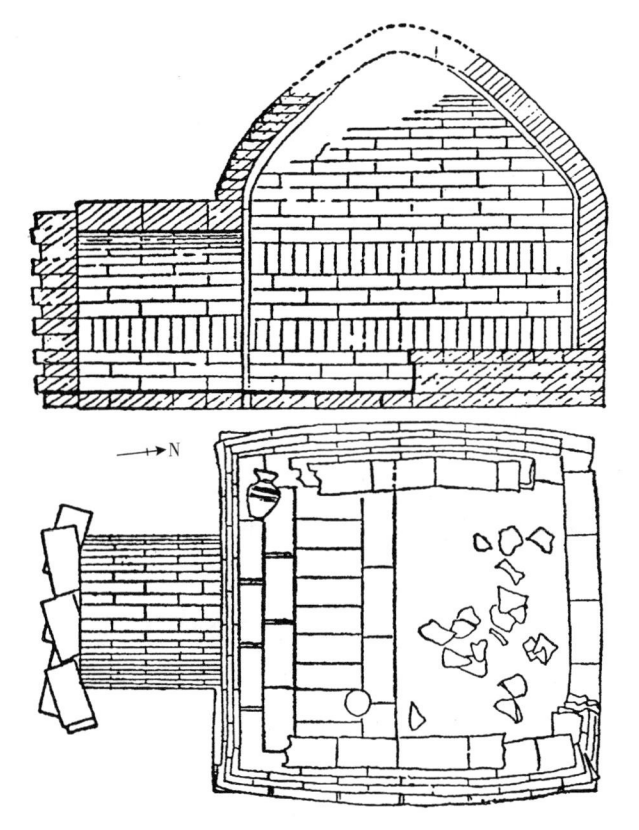

图 4.28　辽宁朝阳某北魏墓平、剖面图

着中原与西部地区（即今新疆及以西地区）沟通的桥梁。河西走廊在商业和战略上都极为重要，只有强大的中央集权政府才能对其施行有效的控制，六朝时期的河西走廊时而保持独立，时而归入中央政权的统辖之下。

当西晋王朝在北方地区的统治被游牧民族所取代的时候，以姑臧为统治中心的凉州刺史张轨（公元 255～314 年）父子［其子张寔（公元 314～320 年在位）、张茂（公元 320～324 年在位）］已经有效地据有了凉州，开启了河西历史上非常著名的张氏父子统治时期,即史称的前凉时期(终于东晋太元元年,即公元376年)。与东北一样,西北地区也成了中原人士的避难之所,张氏家族统治下的前凉保持了社会的相对稳定,它与建都于南京的东晋王朝也保持着一定的联系。

苻坚前秦(公元357~384年)对北方地区的重新统一结束了前凉的统治,河西地区重归中央政权。东晋太元八年(公元383年),苻坚在著名的淝水之战中惨败,前秦政权瓦解①。吕光是一位具有雄才大略的前秦将军,曾经成功地率军西进至库车(汉文文献称龟兹),前秦灭亡后,他又建立了一个新的凉政权,史称后凉(公元386~403年),仍旧建都姑臧②。但是吕光并非能干的统治者,他的政权迅速分裂为北凉(公元401~439年)、西凉(公元400~421年,建都于酒泉)和南凉(公元397~414年)。其中北凉在具有雄才大略的沮渠蒙逊父子统治下占了上风,消灭了另外的二凉。北凉统治时期的河西地区,佛教活动与儒学文化、艺术总体上都非常繁荣,在这样一个僻远贫瘠之地,这是很难想象的③。这一切在拓跋氏北魏政权重新统一北方之后结束了,北魏于太延五年(公元439年)重新统治河西地区,但北凉的残余势力在吐鲁番地区一直延续

---

① 即使确如 Michael Rogers 所说的这次战役并不曾发生,也无法避免前秦政权衰败的结果,参见 Michael Rogers, "The Chronicle of Fu Chien: A Case of Exemplar History," *Chinese Dynastic Histories Translations*, No. 10. Berkeley: University of California Press, 1968, pp. 64 – 69。

② Richard B. Mather, *Biography of Lü Kuang. Chinese Dynastic Histories Translations*. No. 7. Berkeley: University of California Press, 1959, pp. 16 – 25.

③ Alexander Coburn Soper, "Northern Liang and the Northern Wei in Kansu," *Artibus Asiae* 21 (1958): 131 – 164. 关于这一时期该地区的历史和文化,参洪涛《五凉史略》,北京,中国社会科学出版社,1992;赵以武:《五凉文化述论》,兰州,甘肃人民出版社,1989。

到北魏和平元年（公元460年），最终被来自大草原的蠕蠕部落所灭①。据记载，大部分北凉人口在太延五年被迁徙到拓跋氏的都城——平城地区，那些拥有知识和技巧的人士肯定也被带到了东部，后来宏伟的云冈石窟的成功开凿在很大程度上要归功于那些被虏来的人士。

当河西走廊被纳入北魏及其后继者的版图时，吐鲁番地区仍保持着独立，公元460~498年出现了一系列自封的高昌王，公元498~640年，为麹氏家族统治的高昌时期。吐鲁番地区的政权中心位于今天所称的交河故城，也包括阿斯塔那、哈拉和卓遗址。高昌实际上是一个中原政权，其政治组织形式、语言与服饰都是中原式的，当然也存在一些地方特色。贞观十四年（公元640年），唐王朝结束了高昌的独立局面，将其重新纳入中央政权的版图。

在西北这样的干旱地区，埋葬习俗必定与东北地区有很大的不同。这里没有很大的石头可供开采，戈壁滩上的沙子与砾石也不可能挖掘得很深。对墓葬的建造者而言，在这样的环境里进行埋葬一定更有意思，因为到一定的深度后，不但更加凉爽，而且很干燥，根本不用考虑地下水位的影响。一般的做法是用石块垒砌一道不到一米高的墙，围成一个封闭的家族茔域，每面各开一门。茔域里也发现了祭坛、甬道的痕迹。较大型的墓葬往往有直接从墓室上部地表起建的封土，墓葬本身通过一个斜坡墓道出入，其深度视死者的财富与地位而定。与洛阳地区一样，早期墓葬的墓道填土全部被取走，但晚期墓

---

① Alexander Coburn Soper, "Northern Liang and the Northern Wei in Kansu," *Artibus Asiae* 21 (1958): 143.

葬的墓道里出现了天井，愈往下，天井挖得愈深，但天井的底部彼此相连，形成墓道底部的斜面，以这种方式建筑的墓道，出土量减少了很多。当然，一旦葬礼结束，墓道都会被回填。见诸报道的该地区墓葬大多数分布在嘉峪关、敦煌和吐鲁番附近。

大量的嘉峪关墓葬（据说有成百上千座）都分布于一个三角形区域，三角形的底边就是从酒泉通往嘉峪关的道路①。这些墓葬的墓道以石块填实，上面覆盖一层沙子，形成一道脊，被称作"鱼脊"。有的墓葬里有一道砖砌的高大门墙，立于墓门上方，门墙的高度甚至可达地表。做得最精细的门墙往往以不同形状的造型砖镶嵌在墙里，组成规则的图案②。门墙之下是券形的墓门，拱券由几层砖砌成。墓门之后为通往墓室的短甬道，墓室方形，但有的墓壁略外凸。穹隆顶由规则的平砖砌成，顶部留一个方形开口，上面覆盖一块大方砖或直接做成藻井形状。有的墓葬还有一个短甬道通往后室。若后室也是方形，顶部就是穹隆顶，若后室是矩形，顶部则是券顶（图4.29）。也出现了三个墓室成一排分布的墓葬。在有些墓葬里，前室的前部较低，形成凹陷，可能代表着庭院。有些墓葬里建有精致的壁龛，往往前室两侧还有一些耳室，其中一座墓葬的耳室里发现了榜题，从前往后左侧分别写着"车马厩"和"车庑"，右侧写着"炊内"和"藏内"（图4.30）。

在大多数情况下，早期的魏晋墓往往在前室（或三室墓

---

① 甘肃省博物馆、嘉峪关市文物保管所：《嘉峪关魏晋墓室壁画的题材和艺术价值》，《文物》1974年第9期，第66页。

② 其中一张照片参见嘉峪关市文物清理小组《嘉峪关汉画像砖墓》，《文物》1972年第12期，图版8.5。

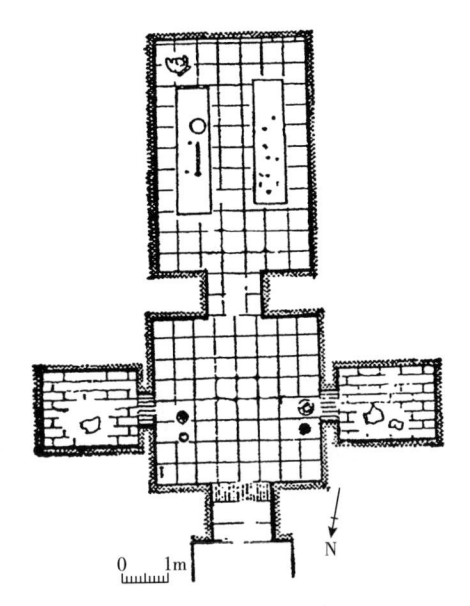

图 4.29　甘肃嘉峪关某墓剖面图

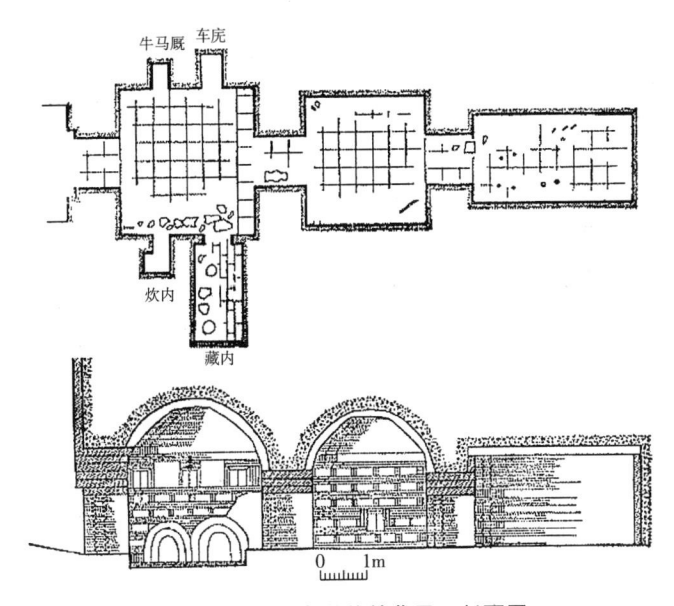

图 4.30　甘肃嘉峪关某墓平、剖面图

的中室）四壁和后室后壁镶嵌画像砖①。以数以百计的画像砖描绘当地生活的方方面面：农耕、放牧、备食、娱乐、军事等。后室画像砖则绘出一些物品，如布匹、家居器具、储藏箧等②。生动逼真的图像使得这些砖画成为中国艺术史的重要组成部分③。有一座被推断为魏晋时期的墓葬不用镶嵌画像砖，而是采用了复杂的明、暗砖设计（图4.31）。

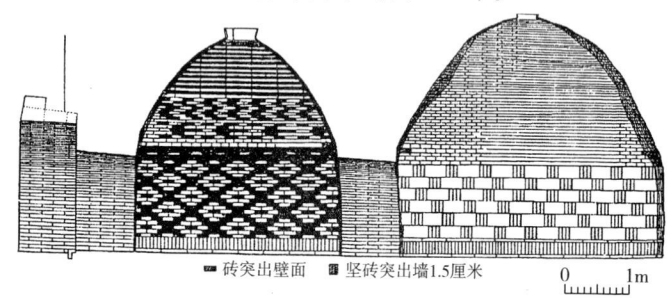

图4.31 甘肃嘉峪关某魏晋墓剖面图

① 嘉峪关市文物清理小组：《嘉峪关汉画像砖墓》，《文物》1972年第12期，第24~41页；嘉峪关市文物管理所：《嘉峪关新城十二、十三号画像砖墓发掘简报》，《文物》1982年第8期，第7~15页。
② 甘肃省博物馆：《从嘉峪关魏晋墓壁画看河西地区实行的法治措施》，《文物》1976年第2期，第83~86页，认为壁画场景与曹操的屯田有关。
③ 甘肃省博物馆、嘉峪关市文物保管所：《嘉峪关魏晋墓室壁画的题材和艺术价值》，《文物》1974年第9期，第69页及注1。执笔者张朋川认为这批墓葬应属魏晋时期，而不是原始报告所称的汉代。这些画像砖的彩色图版见于诸多出版物，如甘肃省博物馆《从嘉峪关魏晋墓壁画看河西地区实行的法治措施》，《文物》1976年第2期，图版1；甘肃省博物馆、嘉峪关市文物保管所《嘉峪关魏晋墓室壁画的题材和艺术价值》，《文物》1974年第9期，图版1；Jan Fontein and Tung Wu, *Han and T'ang Murals Discovered in Tombs in the People's Republic of China and Copied by Contemporary Chinese Painters.* Boston and San Francisco：Museum of Fine Arts and Chinese Culture Foundation，1976；张安治主编《中国美术全集·绘画编1·原始社会至南北朝绘画》，第113~115页；邵文良编《中国古代体育文物图集》，北京，人民体育出版社，1986，第44~47页；酒泉市博物馆编著《酒泉文物精萃》，北京，中国青年出版社，1998，第56~108页。

晚期墓葬（魏晋至十六国时期）似乎主要采用素面砖，但被推断为公元4世纪晚期至5世纪早期（后凉或北凉时期）的墓葬"丁M5"，则在墓壁涂满了灰泥，上面绘制壁画。由于壁面的扩大，就有可能绘制出比砖画更为复杂的场面。壁画主要表现宴饮、娱乐、仪仗、农耕等活动场景，但画中出现的大多数劳动者并非中原人士[①]。

嘉峪关地区的大多数墓葬是合葬，尸体一般安放在后室（如果有后室的话），死者的头部照常朝向墓门。棺木为漆棺，一般置于一层泥沙之上，上面覆盖着一层石灰。在两具保存得相对较好的魏晋木棺上，其中之一能辨认出东王公和西王母的形象（关M13），另一具绘的是星辰图案[②]。

墓葬都曾被盗，随葬品所剩无几，但还是出土了一些罐、壶等陶质器皿，井、灶等模型，铜钱、铜镜和铁镜，铜刀和铁刀，骨尺和青铜尺，以及一些布片、木俑、珠宝。晚期墓葬还另外出现了一些新的器类，如陶侍仆俑、牛俑和一些红釉陶器。

敦煌墓葬发现于敦煌与莫高窟之间20公里×5公里的范围内，有成千上万的墓葬。这里也是由砾石和沙漠构成的戈壁滩，很多墓葬是单独起建，但同样也发现了由石墙围起来的家

---

① 甘肃省博物馆：《酒泉、嘉峪关晋墓的发掘》，《文物》1979年第6期，第1～17页；张朋川：《酒泉丁家闸古墓壁画艺术》，《文物》1979年第6期，第18～21页。壁画图片被印成精美的画册，参见甘肃省文物考古研究所编《酒泉十六国墓壁画》，北京，文物出版社，1989。

② Paul R. Goldin, "On the Meaning of the Name Xi wangmu, Spirit-Mother of the West," *Journal of the American Oriental Society* 122.1 (2002): 83–85, 该文将西王母译为"Spirit Mother of the West"，相应的东王公可以译为"Spirit Sire of the East"。

族茔域（图4.32）。填满沙子的墓道和石块堆成的封土使整座墓葬形成一个所谓的蝌蚪形，墓葬的规模视蝌蚪尾巴的长度而定。最简陋的墓葬只有2米~5米长、1米宽、1米深的墓道，平顶的墓葬大小仅能容纳尸体，在有些墓葬里，尸体仅以草席包裹，没有棺木。这类墓葬的随葬品也是最少的，仅有几件陶器、一座灯盏和代表钱币的泥球，总之非常贫乏与简陋①。

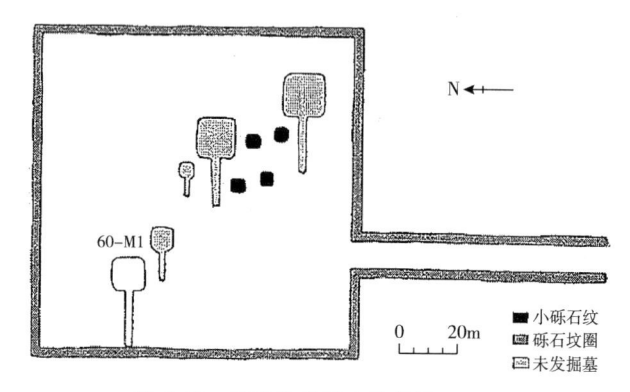

图4.32　甘肃敦煌某家族茔园平面图

大墓为方形墓室、覆斗形顶，有的还有耳室和壁龛（图4.33）。较为特殊的是，小墓基本上不采用砖结构②。随葬品包括灰陶罐、碗、钵、储藏罐、圈足豆、甑、釜、灯，以及本地生产的其他器皿，还有铁剪、镜和基本上属于东汉后期和蜀国的钱币，也发现了漆器、布片、云母片的痕迹。还发现了一件带盖的青铜灯，倒置就是一个带流的盏托，从流管可以注油，安徽也曾发现过类似的灯。陶灶模型不是中原式的方形或船形，而是圆形。墓葬出土陶罐上的铭文出现了诸凉政权的年

---

① 夏鼐：《敦煌考古漫记》，《考古通讯》1955年第1期，第6页。
② 夏鼐：《敦煌考古漫记》，《考古通讯》1955年第1期，第6页。

号，纪年范围在公元 369~421 年。这些陶罐都放在棺内，上面的铭文内容多是希冀死者不要打扰生者，这为研究当时的宗教信仰提供了重要证据。在较为简陋的墓葬里，这些铭文发现在死者两腿之间的陶片上①。这个地区不见酒泉那样场面宏大的墓葬，但大致形制相似②。

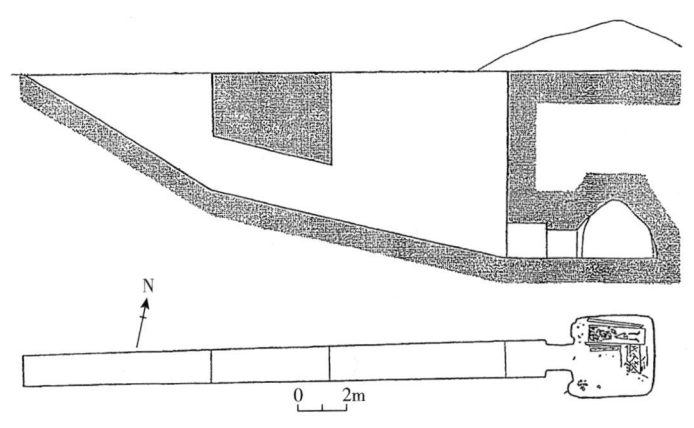

图 4.33 甘肃敦煌某大墓平、剖面图

吐鲁番地区的墓葬位于阿斯塔那北部、东北部和哈拉和卓遗址西北部的戈壁滩上③。已发掘的墓葬属于两个阶段：公元 3~5 世纪末的晋至北凉及其残余势力时期；公元 6 世纪早期

---

① 夏鼐:《敦煌考古漫记》,《考古通讯》1955 年第 1 期，第 6 页。关于更早时期的信仰情况，参见 Anna Seidel, "Traces of Han Religion in Funeral Texts found in Tombs." 载秋月観映（Akitsuki Kan'ei）编『道教と宗教文化』, 東京, 平河出版社, 1987, 23~28 页。
② 敦煌文物研究所考古组:《敦煌晋墓》,《考古》1974 年第 3 期，第 191~199 页；甘肃省敦煌县博物馆:《敦煌佛爷庙湾五凉时期墓葬发掘简报》,《文物》1983 年第 10 期，第 51~60 页。
③ 地图参见新疆维吾尔自治区《新疆吐鲁番阿斯塔那北区墓葬发掘简报》,《文物》1960 年第 6 期，第 13 页，遗憾的是地图印刷质量较差。

至 7 世纪中期的麴氏高昌时期[1]。

第一个阶段的墓葬根据有无墓道分为两类，有墓道的墓葬一般有相对较小的单墓室，墓壁较直，覆斗顶，个别在顶部刻出藻井（图 4.34）。随着时代的变化，小耳室逐渐缩小，最后变成壁龛。墓里除了用于封闭墓室的砖坯，并不采用砖结构。较大的墓葬有棺木，但小墓只是偶尔在尸体上见到一副木质框架，下铺苇席。另一类墓葬为竖穴土坑，在东或西壁凿出一个洞室，以砖坯封门，都是单人葬，墓穴相对较浅，只有几件随葬品，但出现了梯形的木棺（图 4.35）。

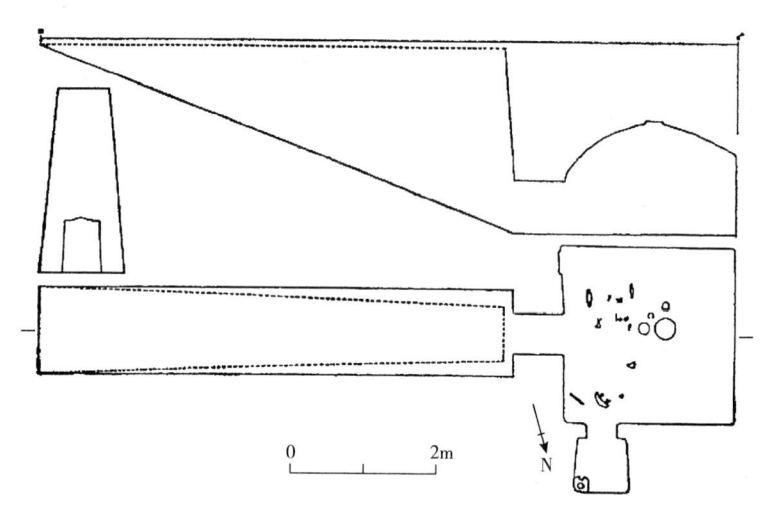

图 4.34　新疆吐鲁番地区某墓平、剖面图

---

[1] 此处基于新疆维吾尔自治区博物馆《吐鲁番县阿斯塔那—哈拉和卓古墓群清理简报》，《文物》1972 年第 1 期，第 8~29 页；新疆维吾尔自治区博物馆：《吐鲁番县阿斯塔那—哈拉和卓古墓群发掘简报（1963–1965）》，《文物》1973 年第 10 期，第 7~27 页。

这个时期的墓葬随葬品包括灰陶器、木器，以及粗糙的木质牛车马俑、骆驼俑。还发现有一具木棺，据报道在其头板上绘有北斗七星图案。也有出土文书，包括随葬的衣物疏，上面通常注明了死者的姓名、籍贯、死亡日期，以及被称为"遣册"的文书①。

到麴氏高昌时期，竖穴土坑墓消失，只发现了带斜坡墓道的墓葬，也有像酒泉、敦煌那样以石墙围成的家族茔域。墓室比以往稍大了一些，平面圆角但基本上还是方形，墓顶稍平而圆，没有耳室（图4.36）。这个时期出现

图4.35 新疆吐鲁番地区某竖式墓平、剖面图

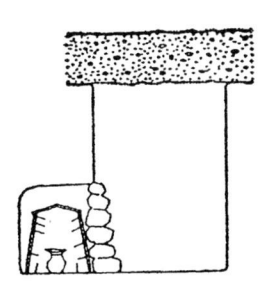

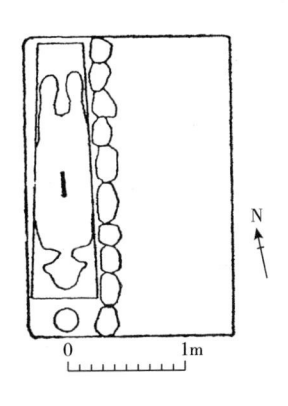

了木棺，但尸体一般还是陈放于铺在低矮土台上的席垫上。砖墓志简单注明墓主的身份，大部分都嵌入临近地表处的墓道壁内，一旦斜坡墓道封闭，墓志就不可见了。前一时期的灰陶器被一种随葬专用的陶器取代，这种陶器器体很软，器表绘有一排排的黑、红、白点。出土的木俑比前一时期更加粗糙。

---

① 文书标本参见新疆维吾尔自治区博物馆《新疆吐鲁番阿斯塔纳北区墓葬发掘简报》，《文物》1960年第6期，第17～20页；以及黄文弼《吐鲁番考古记》，北京，科学出版社，1956。经过整理的文书抄本参见国家文物局古文献研究室等编《吐鲁番出土文书》全10册，北京，文物出版社，1981～1991。

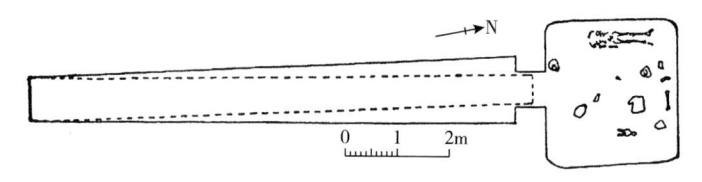

图 4.36　新疆吐鲁番地区某墓平面图

由于这个地区气候干旱，很多在别处无法保存的有机物得以保存下来，比如发现了穿在遗体脚上的鞋子，用一些废弃的文书做成，有些文书原是买卖骆驼的契约等，但敦煌墓葬里不见这类反映日常生活内容的物品①。此外，在有些墓葬里还发现了布匹，其中包括绘有伏羲、女娲（人首蛇身、尾部交缠在一起）形象的墙饰②。

总之，西北地区的墓葬表现出一些总体上的相似性，但同时又各有地区特色。墓葬一般埋藏得很深，有斜坡墓道，墓室由横向凿出，而不是竖穴，在未曾扰动的地表起建封土，以标示地下墓室所在。在墓葬区都有由石墙围绕的家族茔域，其中嘉峪关的魏晋多室墓采用了彩绘砖和精美的砖砌高大门墙。据说在更偏西的地区也曾发现过此类砖墙，但一般来说，那些地区只是用砖封门，没有彩绘。敦煌墓葬总体上形状较圆，四角不再有棱角。吐鲁番地区较简单的带耳室的竖穴土坑墓仅出现于早期。

对西北地区墓葬情况的概括总会受到资料缺乏的局限，见诸报道的早期墓葬也仅仅局限于这三个地区，而对于姑臧——多个短命王朝的都城，考古文献里却不见任何报道。此外，嘉峪关和敦煌的墓葬年代多较早，六朝后期的墓葬资料仍很匮乏。

---

① 国家文物局古文献研究室等编《吐鲁番出土文书》。
② 黄文弼：《吐鲁番考古记》，图版 61。

三　南方墓葬

南方乃卑湿之地，潮湿而易渗漏的土壤决定了与北方不同的建墓方式。墓葬一般建在地势较高的半山腰或者丘陵上[①]，并用棺床和排水系统来减缓自然条件的不利。潮湿的气候也使得南方不可能像北方一样将壁画绘在涂有灰泥的墓壁上，而是以装饰砖来美化墓壁[②]。这一时期的南方墓葬与北方一样，形制大体上是向单室砖墓方向发展，但在其他大多数方面，南、北方的墓葬都有明显的差别。南方穹隆顶消失了，开始广泛使用内柱和分层的地面，还出现了较长的甬道，以及略微凸出的墓壁。东晋以降开始出现砖砌的假棂窗以模仿现实生活中的居所[③]。南方地区还广泛使用玉带式的砌砖方式[④]。这些反映了南方文化的总体面貌是南、北文化的融合，其中北方文化因素是随着公元4世纪早期的北人南迁而出现的[⑤]。尽管如此，我们还得考虑到南方内部的地区性差异和一些特例。

大致可以将南方分为几个不同的区域：长江下游地区、长

---

① 张爱冰：《南朝葬制考》，《东南文化》1989年第2期，第36页。张收集了一些有关当时占墓术的有趣材料。另参见李蔚然《论南京地区六朝墓的葬地选择和排葬方法》，《考古》1983年第4期，第343~346页。
② 罗宗真：《南京西善桥油坊村南朝大墓的发掘》，《考古》1963年第6期，第295页；杨泓：《吴、东晋、南朝的文化及其对海东的影响》，《考古》1984年第6期，第565页。
③ 南京市文物保管委员会：《南京郊区两座南朝墓清理简报》，《文物》1980年第2期，第27~28页。
④ 扬州博物馆：《江苏邗江发现两座南朝画像砖墓》，《考古》1984年第3期，第263页。
⑤ 杨泓：《吴、东晋、南朝的文化及其对海东的影响》，《考古》1984年第6期，第564页。

江中游地区、东南沿海地区（福建）、南部沿海地区（广东和广西）以及西南地区（贵州、云南和四川）。

1. 长江下游地区

长江下游地区大体相当于今天的江苏、浙江、安徽三省，由两个核心区域组成，其中主要区域以今天的南京为中心，包括太湖流域，次要区域则位于杭州湾附近。这两个核心区域的周围是丘陵及其延伸区，河流流经其间，借此与平原地区相联系①。

长江下游地区是南方诸政权的核心区域，建邺（建兴元年即公元313年之后改称建康，即今南京）是其政治中心，也是当时最大的城市。因此，现在已经报道的六朝墓葬中，有1/4都集中于南京地区也就不足为奇了②。

南京地区的墓葬可以分为三个发展阶段：吴至西晋时期（公元222~317年）；东晋至刘宋时期（公元317~479年）；以及南朝最后的三个朝代，齐、梁和陈（公元479~589年)③。

---

① 此处核心区域与外围区域的划分，出自 G. William Skinner（施坚雅）的著作，参见 G. William Skinner, *The City in Late Imperial China*. Stanford: Stanford University Press, 1977, pp. 214 – 216，等等。
② 在我收集的资料里，1359座南方墓葬中有308座位于江苏省。根据李蔚然的统计，南京发现的墓葬有85%以上属于六朝时期，参见李蔚然《南京六朝墓葬》，《文物》1959年第4期，第21页。蒋赞初称南京地区已发掘1000多座六朝墓葬，但被报道的墓葬可能只有1/4，参见蒋赞初《关于长江下游六朝墓葬的分期和断代问题》，《中国考古学会第二次年会论文集》（1980），文物出版社，1982，第196页；他对各时期墓葬的统计数据是：200座墓葬中，吴和西晋时期占70座（第196页），而齐至陈时期墓葬不到50座（第202页）。
③ 蒋赞初：《关于长江下游六朝墓葬的分期和断代问题》，《中国考古学会第二次年会论文集》（1980），第196页。冯普仁：《南朝墓葬的类型与分期》，《考古》1985年第3期，第269~278页，该文仅研究了南朝四朝（420~589），将其分为两个阶段，由于他将吴晋两代排除在外，而且主要是对墓葬形制的类型学研究，所以该文与此处的讨论关系不大。

许多墓葬的形制在六朝之初（即公元 3~4 世纪）就已出现，其中明显源自汉代的墓葬形制是一种双室砖墓，有穹隆顶（有的后室用券顶而不是穹隆顶）。这种墓葬中，连接前后两个墓室的只有简单的券门，将宽敞的前室和狭窄的后室相隔；也有的前后两个墓室是完全隔开的，其间以甬道相连，这种墓葬在平面上形成了两段式或束腰的外形（图 4.37 和图 4.38）。面积一般都较大，平均地面面积为 11 平方米。

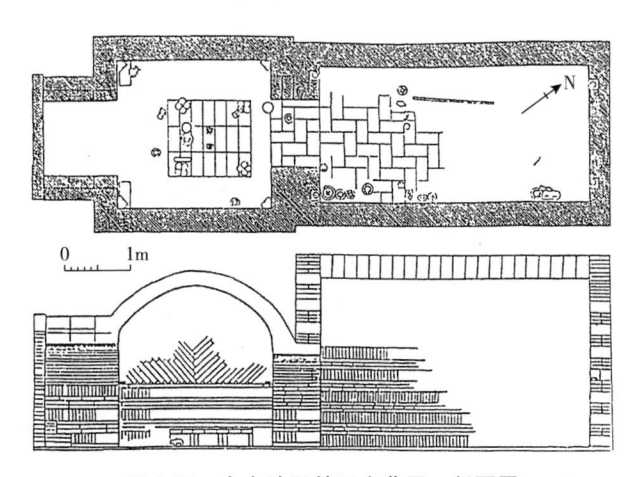

图 4.37 南京地区某双室墓平、剖面图

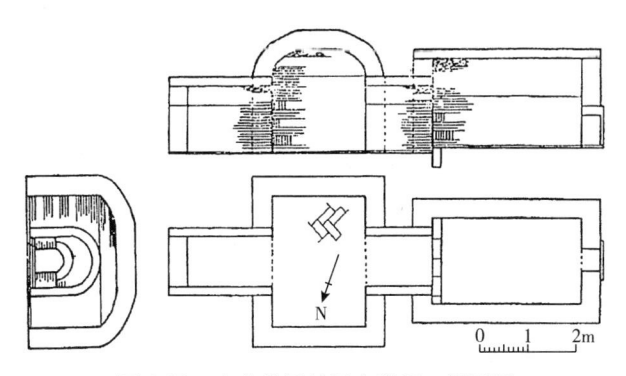

图 4.38 南京地区某双室墓平、剖面图

另外一种重要的形制是带有甬道的单室墓。在南京，甬道一般位于墓葬的中线上（称之为"凸"字形墓）；而在其他地方，甬道都位于墓室的一侧（即所谓"刀形墓"）。这种墓葬有些是券顶，但大多数是穹隆顶。极少量墓葬还有面积狭小的耳室，不过这种墓葬在逐渐减少。"凸"字形墓的墓底面积平均为8.2平方米，略小于复杂的多室墓（图4.39）。

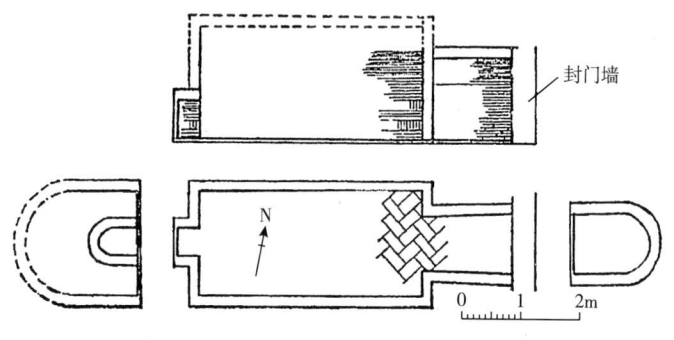

图4.39 南京地区某单室墓平、剖面图

此外，还有一种没有耳室或甬道的长方形墓葬，有券顶，偶尔也用叠涩顶，面积比带有甬道的墓葬要大，墓底面积平均为5平方米。

还有一种简单的竖穴土坑墓，有的将棺放在砖砌的地面上，不过很少见诸报道[①]。

这一时期的砖面装饰相对简单，包括压印的绳纹或几何纹、树叶纹以及鱼纹，它们都曾流行于汉代。西晋末期（即公元4世纪早期）开始出现模印的龙、虎和朱雀图案。

---

① 也有一些墓葬与这种形制简单的墓葬不同，如南京东北西岗发现的一座西晋墓葬，是一座葬有三对夫妻的合葬墓，可以看成一座带有多个耳室的双室墓，参见南波《南京西岗西晋墓》，《文物》1976年第3期，第56页、图2。

墓葬的其他特征如排水系统，开始只见于大型墓葬，但从公元4世纪早期开始变得越来越普遍。祭台也是如此，通常由几块砖砌成，也在公元4世纪早期始见于中等规模的墓葬里。

总体而言，这一地区的墓葬较之中原地区更加固守传统，如在中原地区，小耳室在东汉时期就已经不再流行，双室穹隆顶墓在西晋时期已被单室穹隆顶墓所取代，而在南京地区，这种墓葬形制仍在使用。

在第二个阶段，随着都城迁往南京，北方的影响也变得更加明显，旧式的东吴传统迅速消亡。无论两个墓室都是穹隆顶，还是一个穹隆顶，另一个券顶，这种双室墓都与上述北方墓葬的发展趋势一样，逐渐消失了。带有券顶和甬道的单室墓成为最普遍的形制，尤其中型墓葬表现最为明显，平均面积为8.7平方米（图4.40），墓道变得越来越长，一道木门将其分成两段，墓壁开始外凸，墓室的后部出现砖台①。

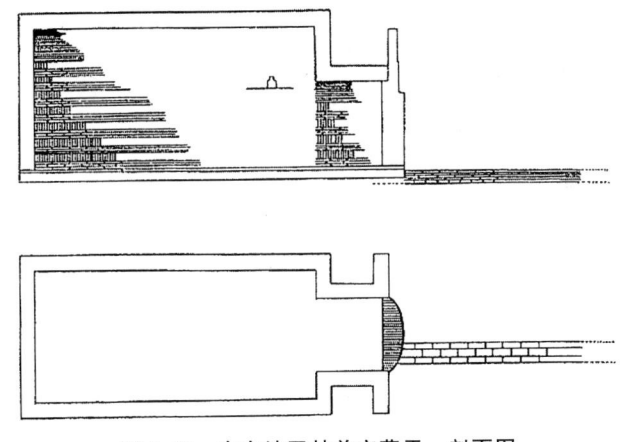

图4.40 南京地区某单室墓平、剖面图

---

① 南京市博物馆：《南京幕府山东晋墓》，《文物》1990年第8期，第47页。由于发现了龙虎图案的帷帐座，作者推测是皇室成员的墓葬（第48页）。

这时的新变化还包括封门的扩大，封门已扩大到墓壁处，高度上超过了墓口，有的封门实际上成了一道护墙。穹隆顶在前一时期即已减少，这一时期更是几近消失，哪怕简单的长方形墓也开始使用券顶。个别还有穹隆顶的墓葬，面积也增大了，平均可达 13.8 平方米（图 4.41），而简单的长方形墓面积要小得多，平均只有 4.6 平方米。

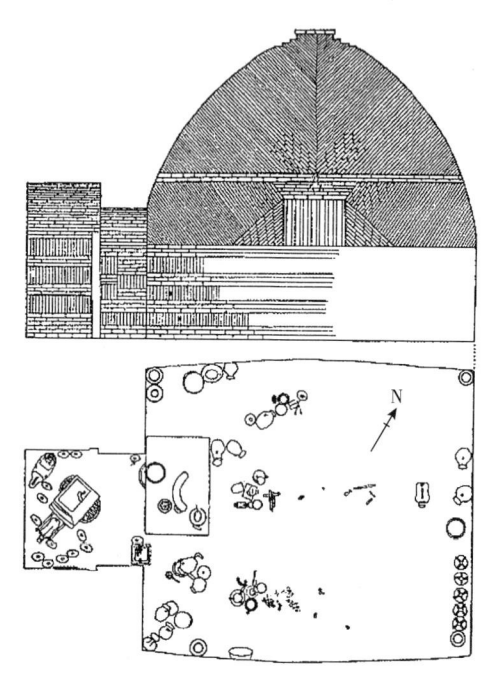

图 4.41 南京地区某穹隆顶墓平、剖面图

这一时期的墓内继续使用壁龛，龛内一般放一只碗，很可能代表了长明灯（里面有油和灯芯），在壁龛的下面出现了嵌入墓壁的砖砌假棂窗。排水系统有所改进，棺床更为常见，这点在南京以外地区尤其明显。不过祭台的使用呈减少的趋势。此外，墓砖变小了，但装饰更加华丽；有的大墓中可以看到一

些模印着四神或怪兽的墓砖。这一时期,素为考古学家所重的纪年砖变得更为普遍。

第三个阶段(即公元 6 世纪)是长江下游地区经济迅猛发展的时期,但是南京饱受了战争之苦和政局动荡之患,这种状况一直延续到开皇十九年(公元 589 年)被隋所占,夷为平地。见诸报道的南京及周围地区墓葬比前一阶段有所减少。这一时期仍流行长方形墓和"凸"字形墓,墓内仍有排水沟、假窗、棺床和壁龛设施,壁龛的形状逐渐变为梨形①。有一座值得特别关注的墓葬,地面分上下两层,下层筑有一条阴沟,上层则将棺床筑成墓葬的一个有机组成部分(图 4.42)②。还有一座较为特殊的墓葬,墓壁内筑有排列的附柱,用于抵挡来自墓外的压力,这种设计可能是受其他地区影响而出现的;该墓的装饰性画像砖同样引人注目③。总体而言,南京的墓葬形制颇为守旧,一些有意思的新风格只有在南京以外才能见到④。

南方诸政权的政治中心位于南京,但其经济基础则位于江苏南部、浙江西北部和安徽东部地区。南京是河流水系密集之地,借此可以获取周围地区的农业、商业和矿产资源,尤其是南方的三吴地区(指吴、吴兴和会稽三郡)。三吴在汉代的重要性还不那么明显,但随着汉末的分裂,尤其是建武元年

---

① 南京市博物馆:《南京迈皋桥小营村发现东晋墓》,《考古》1991 年第 6 期,第 568 页。
② 南京市博物馆:《南京童家山南朝墓清理简报》,《考古》1985 年第 1 期,第 23~27 页。
③ 南京市博物馆:《南京油坊桥发现一座南朝画像砖墓》,《考古》1990 年第 10 期,第 898~902 页。
④ 南京市博物馆:《南京前新塘南朝墓葬发掘简报》,《文物》1989 年第 4 期,第 82 页。

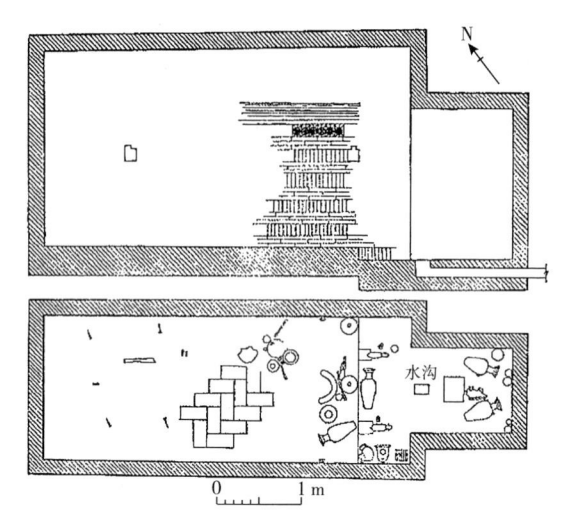

图 4.42　南京童家山南朝墓平、剖面图

（公元 317 年）晋朝迁都南京之后，三吴得到了重要的发展，在文化、政治和经济上的地位都变得异常突出[①]。

这一地区的墓葬不像南京那样类别明显。在整个六朝时期，三吴地区都存在当时典型的长方形墓和"凸"字形墓，但也出现了结构更为复杂的多室墓。在吴和西晋早期，这种多室墓的面积一般较大（平均为 17.9 平方米），形制也比南京地区更为多样。图 4.43 是三吴地区部分墓葬的平、剖面图，都发现于南京以南地区，如江苏溧阳、句容、金坛、江宁、高淳以及安徽的马鞍山地区。值得注意的是，在这些地区，结构复杂的墓葬在数量上远多于结构简单的墓葬，这点与南京的情况正好相反，表明当地地主家族势力的强大。圆形或墓壁外凸的墓也在这个地区开始出现，到下一个阶段才传到南京。

---

① 黄淑梅对当时的三吴地区有着非常精彩的论述，参见黄淑梅《六朝太湖流域的发展》，台北，《国立台湾师范大学历史研究所专刊》1979 年第 4 期。

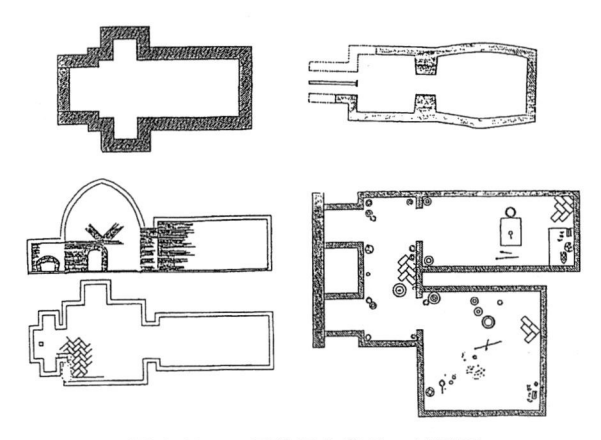

图 4.43　三吴地区多墓平、剖面图

宜兴周氏家族墓是大型墓葬的一个绝佳实例。宜兴位于太湖之滨，在战略上十分重要，地控南入太湖、再由陆路北上南京的交通要道①，因此宜兴在军事和经济上都占有非常重要的地位，周氏家族正因为控制了这个地区，才成了当地望族②。

周氏家族墓地的年代从西晋元康七年（公元297年）一直延续到建兴四年（公元316年），很好地反映了墓葬形制变化的过程③。包括一座"凸"字形墓（图4.44，A，面积

---

① 黄淑梅对当时的三吴地区有着非常精彩的论述，参见黄淑梅《六朝太湖流域的发展》，台北，《国立台湾师范大学历史研究所专刊》1979年第4期，第59~60页。
② 周氏家族成员的传记见《晋书》卷58，其中《周处传》谓"宗族强盛""周氏奕世豪望，吴人所宗"。
③ 华东文物工作队清理小组：《江苏宜兴周墓墩古墓清理简报》，《文物参考资料》1953年第8期，第90~103页；罗宗真：《江苏宜兴晋墓发掘报告》，《考古学报》1957年第4期，第83~106页；南京博物院：《江苏宜兴晋墓的第二次发掘》，《考古》1977年第2期，第115~122页；Annette Kieser（安然），"Northern Influence in Tombs in Southern China after 317 CE？: A Reevaluation,"载巫鸿编《汉唐之间文化艺术的互动与交融》，第231~268页。

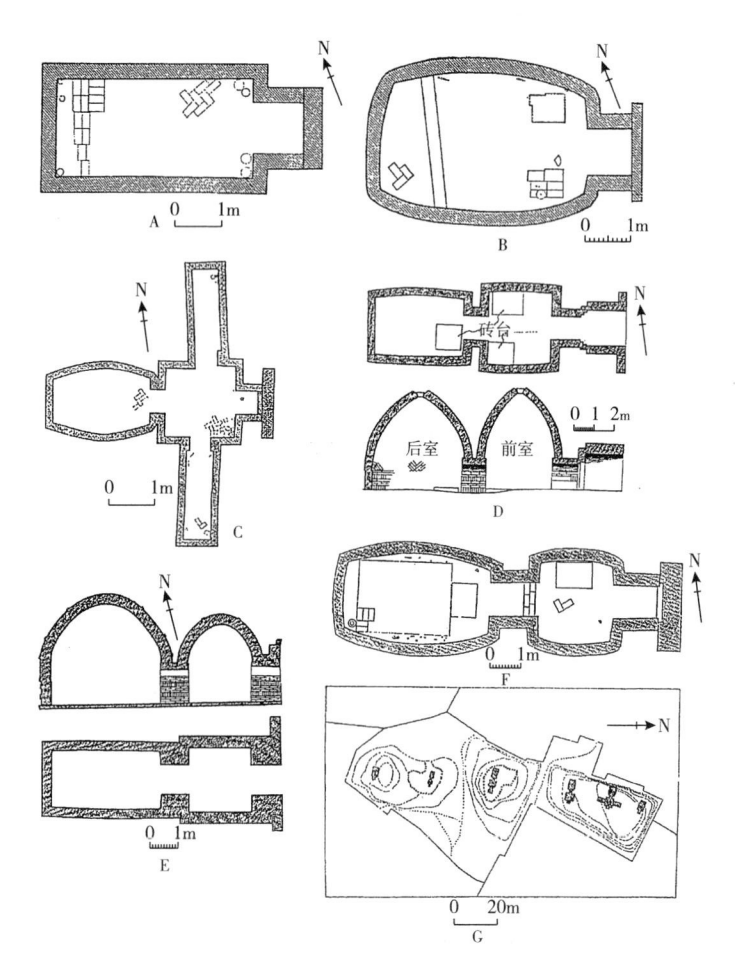

图 4.44 江苏宜兴周氏家族墓园墓平、剖面图

13.94 平方米），一座圆罐形墓（图 4.44，B，面积 23.32 平方米），四座前、后室墓。在四座前后室墓中，有三座的墓室大体呈圆形，一座（图 4.44，C）带有两个狭长的耳室，可能也是陈放遗体的；双室墓都是穹隆顶。这 6 座墓的长度 6 米～13 米不等，平均面积 23.36 平方米。周处（卒于元康七年，即公元297年）很可能死于战场，据说晋廷为了奖励他的战争事迹，曾赐予葬地一顷（《晋书》卷58），其墓地所在的山头至今仍被称作"周墓墩"。文献中还提到其他几个类似的家族墓地，表明当时的家族势力是非常强大的。这还只是一个家族的墓地而已，它只是统治当地的几个周氏家族的一支，而且统治的时间很短。这些家族努力为朝廷牢牢控制着这一地区，他们也因此得到皇室的垂青，获得了很高的地位，这些家族墓地的宏大规模正是他们政治地位的反映。

与南京一样，随着建武元年（317年）之后北方难民的涌入，三吴地区的传统埋葬方式也受到了冲击，分段式的双室墓被"凸"字形墓取代，并成为最流行的墓葬形制，镇江与扬州还发现了几座刀形墓的实例（图4.45）。

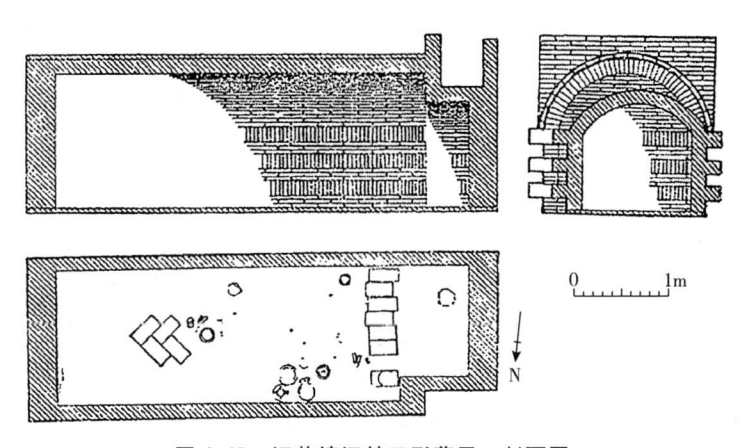

图 4.45 江苏镇江某刀形墓平、剖面图

三吴地区的东晋埋葬模式到南朝时期仍在延续，但奇怪的是，与当时的南京地区一样，这里的墓葬见诸报道的并不多。大墓里都有分层的地面和棺床，有些局部（如甬道石门）可能借鉴了皇室墓葬的做法（图4.46）。总的来说，这一时期的

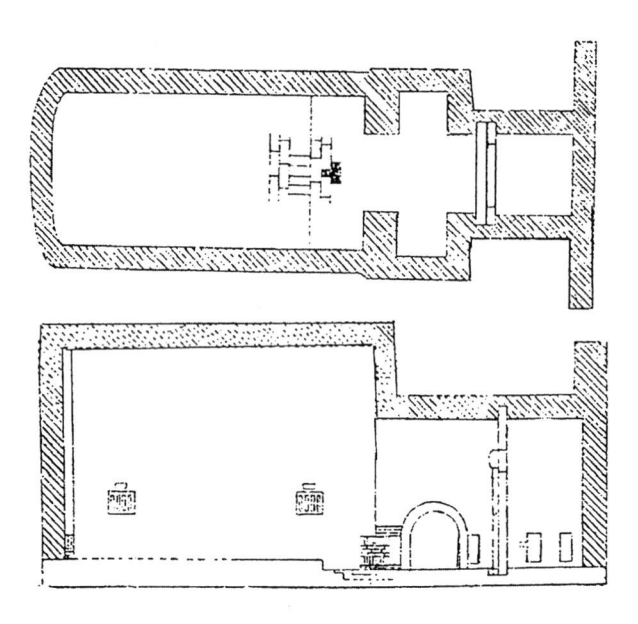

图 4.46 南京地区某南朝大墓葬平、剖面图

埋葬模式给人以受压制之感，与前一阶段对新式墓葬模式的主动追求形成鲜明的对比。

在三吴以南的杭州湾地区，墓葬沿着河湾、海岸、河流分布，或分布于山中，反映当地的经济发展水平相对较低。太湖盆地的墓葬种类明显比较单一，但也有例外，如杭州发现了一座带三个墓室的大型分段式墓葬①，在衢县（今杭州衢江区）发现了一座带耳室的墓葬②，在金华发现了两座双室墓③，黄岩还发现

---

① 浙江省文物管理委员会：《杭州金门槛西晋墓》，《考古》1961 年第 4 期，第 228~229 页。
② 衢县文化馆：《浙江衢县街路村西晋墓》，《考古》1974 年第 6 期，第 379~381 页。
③ 金华地区文管会：《浙江金华古方六朝墓》，《考古》1984 年第 9 期，第 816~825 页。其中较大的一座面积为 18.05 平方米。

了一座长方形墓、六座刀形墓和八座"凸"字形墓，都位于浙江沿海地区①。这个地区在墓葬形制上从西晋到南朝似乎都非常守旧，发现了很多东晋时期的传统的长方形、刀形和"凸"字形墓，但无一多室墓。唯一的创新可能出现在绍兴东南嵊县（今嵊州市）的两座墓中，两墓的墓底铺有多条排水管（图4.47）②。这个地区直到隋代才出现大墓，"凸"字形墓的墓底面积也在8平方米的基础上翻倍了。

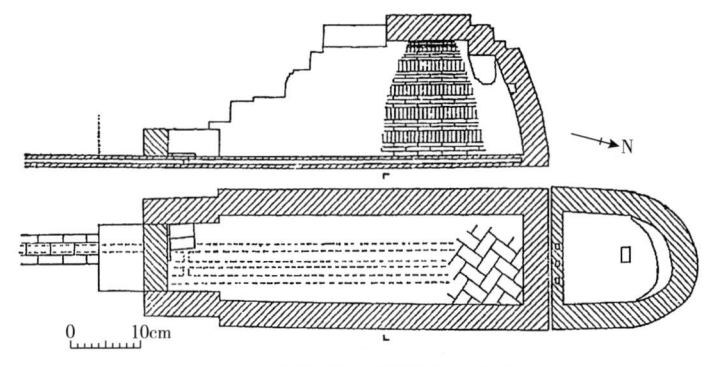

图4.47 浙江嵊县某墓平、剖面图

从南京沿长江逆流而上，马鞍山、芜湖以及更近内陆的地区比三吴墓葬的形制更加单一。现已发现的大量散见于各地的吴至西晋墓葬，主要是长方形墓和"凸"字形墓，也发现了双室墓，其中一座双室墓和两座"凸"字形墓都带有耳室，此外还发现了几座早期形制的圆形墓。随葬品方面最有意思的

---

① 浙江省文物管理委员会：《黄岩秀岭水库古墓发掘报告》，《考古学报》1958年第1期，第111~129页。这个报告的特殊之处在于，发掘者未对墓葬进行筛选而将所有墓葬的资料都收入报告中。
② 嵊县文管会：《浙江嵊县六朝墓》，《考古》1988年第9期，第805~810页。

发现是位于马鞍山的朱然墓（卒于赤乌十二年，即公元249年），是一座双室墓，出土了大量保存完好的漆器①。这个地区发现的唯一东晋墓是位于马鞍山的一座圆形墓，除此之外的南朝墓葬并未见诸报道。隋以后的墓葬面积相当大，而且结构复杂，似乎表明国家的统一带来了建造大墓所需的资源和安全保障。

建武元年（公元317年）晋室南渡之后，长江下游墓葬最引人注目的是南京以外大墓的突然消失，这些大墓的主人当属世居豪族。三吴地区不见一座大墓，而此前大墓非常常见。这一时期见诸报道的四座大墓都位于镇江（当时朝廷控制的北府兵就驻扎于此），不过墓葬面积（平均为11.98平方米）还是比早期大墓（平均为17.9平方米）要小。在整个东晋时期，南京以南地区总共只发现了三座圆形墓，墓主可能也是世居豪族②。由于三吴以外地区仍有大墓的存在，所以大墓在三吴地区的消失可能并不意味着埋葬习俗的改变。从文献记载可知，当时的南人在本地仍有很大的影响，无疑他们并没有屈服于北人。但是随着晋室定都南京，朝廷对这一地区的控制变得更为严格。假如有关节葬的律令对墓葬的规模也有限制的话（当时的律令对随葬品的使用是确有限制的），那么现在这些南方世族更加不太可能无视这些律令了。吴和西晋大墓的主人

---

① 安徽省文物考古研究所、马鞍山市文化局：《安徽马鞍山东吴朱然墓发掘简报》，《文物》1986年第3期，第1～15页。
② 南京博物院：《江苏溧阳果园东晋墓》，《考古》1973年第4期，第227～231页；南京博物院：《江苏吴县何山东晋墓》，《考古》1987年第3期，第203～206页，第202页；无锡市博物馆：《无锡赤墩里东晋墓》，《考古》1985年第11期，第1005～1007页。墓葬平均面积为13.4平方米，与前一时期同类型墓葬（18.1平方米）相比略小。

都是地方豪强，他们在效忠朝廷的同时，也拥有强大的军事实力，但是一旦晋室南迁，朝廷就不必再迁就这些南京附近的地方军阀了，事实上还把他们当成了一种威胁。地方豪强修建大墓极有可能引起朝廷的不快，曾有一位周氏妇女的葬礼规格甚高，送葬者达千余人，结果引起东晋早期军阀王敦的怀疑，并招致灭族之祸①。所以地方豪强必须刻意保持低调。正因如此，东晋以后的大墓都是皇家墓葬，那些可能会威胁到皇族绝对统治地位的人是绝不敢修建这样的大墓的。

2. 长江中游地区

溯长江而上的长江中游地区包括现在的湖南北部、湖北、江西北部。

汉水与长江的汇合处是战略要地，三国时期是各方必争之地②。鄂城（时称武昌）是吴国的重要据点，实际上也是它的"西都"③。这里发现了100余座从东汉末年至东吴时期（公元196~280年）的墓葬，表明该地区在东吴政权中的重要性④。这些墓葬沿袭了汉代的墓葬形制，但开始趋于简化。与长江下游一样，这里的大型多室墓（长度超过6米者）兼具分段式和

---

① 《晋书》卷58。南恺时（Keith Knapp）在其未刊论文中也指出了这点，参见 Keith Knapp, "Clay Roosters Cannot Lord over Mornings: The Meanings of Austere Burials in Medieval Death Testaments." Unpublished ms.。
② 傅乐成：《荆州与六朝政局》，《汉唐史论集》，台北，联经出版事业公司，1977，第93~115页。
③ 鄂城县博物馆：《鄂城东吴孙将军墓》，《考古》1978年第3期，第163页。
④ 蒋赞初、熊海堂、贺中香：《湖北鄂城六朝考古的主要收获》，《中国考古学会第四次年会论文集》（1983），第286页。这些墓葬只有少部分留有记录。1956~1983年在鄂城发掘的394座六朝墓葬中，仅有不到1/10见诸报道。

长方形两种形制，其中分段式的墓葬有甬道和两个墓室，前室宽于后室，前后二室以甬道相连，并不只是象征性的券门。前室一般是穹隆顶，早期墓葬还延续着东汉常见的穹隆顶形制，但晚期墓葬（东吴中期以后）开始使用四隅券进顶。这种四隅券进顶更为结实，也更便于覆盖墓室。如果前室采用券顶，墓室就是长方形，长边与墓葬的中轴线垂直；如果采用穹隆顶，墓室则多为方形。一般认为前室是祭祀的场所，所以墓顶需做得较高，而对放置棺木的后室而言，券顶就已足够（图4.48）[①]。

与南京地区一样，鄂城发现的绝大多数早期小型墓都是砖室墓，但也有一些竖穴土坑墓。单室砖墓都是长方形，墓顶为券顶或叠涩顶，如果有甬道，甬道一般位于墓室中部或者偏于一侧。四隅券进式的墓顶是这一时期出现的新形式，也是我们对墓葬进行断代的一个依据，但总体来说，墓葬的形制变化并没有遵循某个单一的发展轨迹[②]。

西晋时期的大型分段式墓葬并不多见，而最常见的是"凸"字形和甬道居中的方形墓[③]。由于砖砌壁柱的出现，墓葬被分为前后二室，有的还在后壁加筑明柱以加强对屋顶的支撑。尽管大墓的前室使用四隅券进顶的穹隆顶，但券顶仍是基本的形式。湖南地区墓葬的墓壁向外突出，而这种形制在东晋中期以后才在长江下游地区流行。在这些墓葬里，棺床和排水设施比较罕见，只是将后室地面稍稍提高以防止积水。

[①] 蒋赞初、熊海堂、贺中香：《湖北鄂城六朝考古的主要收获》，《中国考古学会第四次年会论文集》（1983），第287页。

[②] 蒋赞初、熊海堂、贺中香：《湖北鄂城六朝考古的主要收获》，《中国考古学会第四次年会论文集》（1983），第287页。

[③] 出自蒋赞初《长江中游六朝墓葬的分期和断代》，《中国考古学会第三次年会论文集》（1981），北京，文物出版社，1984，第140~147页。

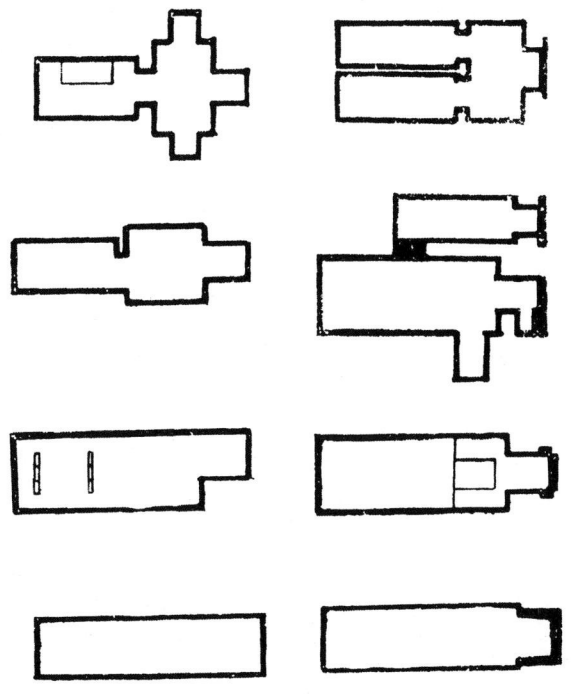

图 4.48　湖北鄂城一组多室墓的平面图

东晋时期，上述墓葬形制继续沿用（相当于前述南京地区第二阶段），但出现了一些重要的变化。其一是以砖柱和拱将单一墓室分为前后二段的做法更加常见，在江西地区尤其如此，湖北则常见平行排列的墓室，几个墓室共用一道墓壁①。甬道偏于一侧的刀形墓或没有甬道的墓葬规模一般较小，这点与南京地区相似。与前一阶段一样，往往在墓室后部内侧以砖

---

① 如武汉大学历史系考古专业、鄂州市博物馆：《鄂州市泽林南朝墓》，《江汉考古》1991年第3期，第37~46页。在宜昌和荆州地区还有一些极具地方特色的墓葬，如填以青膏泥的上宽下窄的斜坡墓道，参见宜昌地区博物馆、枝江县博物馆《湖北枝江县拽车庙东晋永和元年墓》，《考古》1990年第12期，第1076页。

柱和拱来加强对墓顶的支撑。砖砌的祭台、棺床和排水沟的应用也更为普遍。

东晋后期，甬道居中的券顶砖室墓仍是主要的墓葬形制。鄂城地区仍使用砖柱，同时出现了南京地区常见的壁龛和棂窗。有些墓葬的排水沟不是位于墓室的中心，而是沿着墓室的两壁铺设。

第三个时期（即公元6世纪），长江中游地区的经济得到迅速发展，在墓葬上的反映就是大墓的修建，以及墓葬形制上出现的一系列新变化。出现了长10多米、宽2米~6米的墓葬，由一个墓室和一条很长的甬道组成，墓顶为穹隆顶或券顶，甬道内置一至二道石门，门的上部是仿木构的石刻门楣。棺床和祭台普遍使用，精心设计的排水系统、桃叶形壁龛和棂窗也越来越广泛采用。砖面的纹饰愈加精美，并发现了模制的大型砖画或壁画，主题包括狮子、武士、骑龙翼人、老虎、车马行列等，其中最引人注目的题材是竹林七贤。壁画往往由10~100块砖拼镶而成。

大型墓葬比以前更为精致，在封门两侧建有辅墙，有的还在四壁外围用砖砌一道矮墙以加固墓室，后室的墓壁通常外凸，墓室呈椭圆形。

总之，长江中游地区大、中型墓的主要变化趋势是：第一阶段（吴和西晋时期）的双室墓在第二阶段（东晋和宋）变为"凸"字形单室墓，而到第三阶段，"凸"字形墓经过后壁圆形的过渡后最终变为椭圆形；最先墓里只有一道封门，到第二阶段，大墓甬道里出现了一道木门，到第三阶段又变成了一到两道石门，也在这个阶段，棺床、壁龛、棂窗以及精心设计的排水系统都得到了广泛使用；此外，砖面装饰从简单的模印纹饰变为几何图案，最后又发展成精致的壁画①。

3. 湖南

现在将目光转到南方的其他地区，首先看湖南的情况。湖南位于长江以南，北有洞庭湖，南为南岭山脉，南岭将湖南和广东分开。湘江发源于南岭而注入洞庭湖，是由湖南南下广东的一条主要道路。湖南的东面是分隔湘江流域和江西赣江流域的群山，湖南西部是一片地势较高的山区，延至四川、贵州和广西诸省区。湘江流域是湖南经济最为发达的地区，土地肥沃、物产丰富。六朝遗址主要集中于两个地区，一是长沙及以北的益阳和湘阴等地，二是长沙以南的郴州和资兴等地。

湖南北部墓葬的一个显著特点是，很早开始就流行弧形的墓壁，这与三吴和安徽地区相似。例如常德发现的一座纪年于元康四年（公元294年）的墓葬（图4.49）②，还有一座长沙发现的纪年于永宁二年（公元302年）的墓葬，室内地面面积达12.4平方米（图4.50）③。弧形墓壁在多室墓中尤其明显（图4.51）④，只有一座发现于益阳的墓葬是个例外，该墓建于

---

① 俞伟超：《汉代诸侯王与列侯墓葬的形制分析——兼论"周制"、"汉制"与"晋制"的三阶段性》，《中国考古学会第一次年会论文集》（1979），北京，文物出版社，1980，第337页。在该文中，俞伟超提出墓葬发展的三个阶段——周、汉、晋，并认为代表了"晋制"的单室砖墓的出现是地方豪右势力的增强所致。

② 湖南省文物管理委员会：《湖南常德西郊古墓葬群清理小结》，《文物参考资料》1955年第5期，第52页；可惜没有报道墓葬的尺寸。

③ 湖南省博物馆：《长沙两晋南朝隋墓发掘报告》，《考古学报》1959年第3期，第77页。

④ 湖南省博物馆：《长沙两晋南朝隋墓发掘报告》，《考古学报》1959年第3期，第77页。这批墓葬在报告中被简单地定为晋代，到底是西晋还是东晋并不清楚。

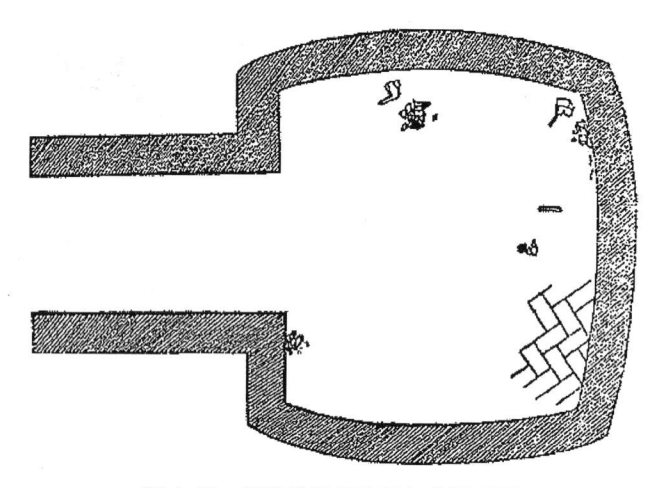

图 4.49　湖南常德元康四年墓平面图

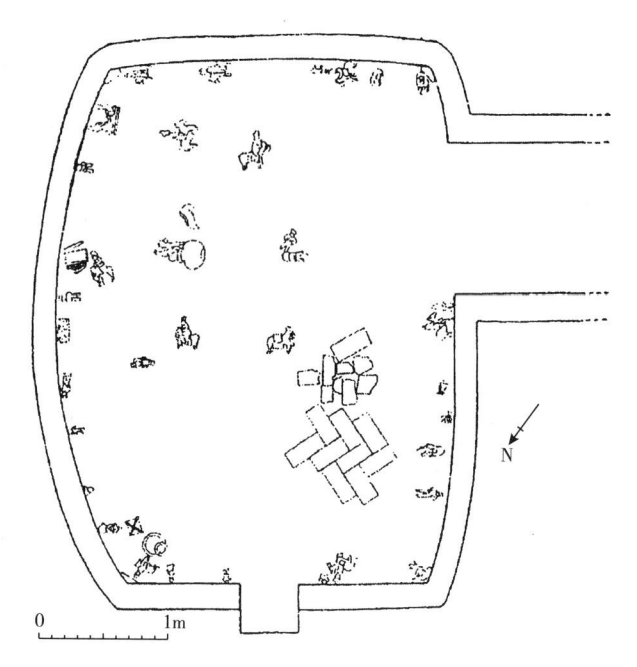

图 4.50　湖南长沙永宁二年墓平面图

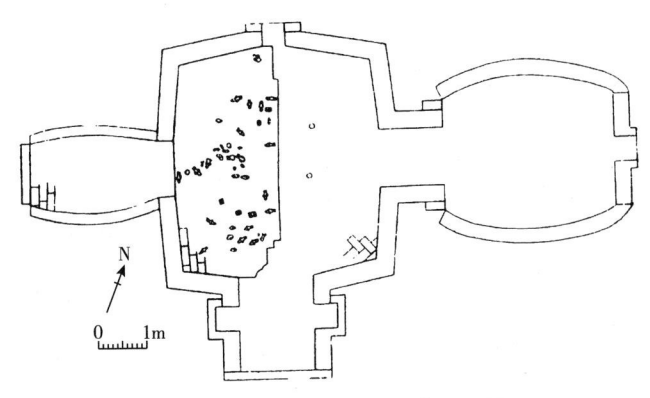

图 4.51　湖南长沙某多室墓平面图

东晋时期，面积很大，达 30.9 平方米，墓壁并非弧形（图 4.52）[①]。与其他地区一样，晋室南渡之后这个地区的大型多室墓也变得罕见，但在同一时期，四壁外凸的圆形墓变得比前一阶段的"凸"字形墓要大（图 4.53）。南朝时期的主要墓葬形制是长方形墓和"凸"字形墓，而墓壁外凸的墓葬要少得多。有些墓葬很难知其准确年代，考古学家只是大体上将它们归为六朝时期，这种做法在 20 世纪 50 年代的考古报告里非常常见。与上述其他地区不一样的是，这个地区到隋代并没有出现多室墓的复兴，相反，长方形墓和"凸"字形墓的面积似乎也变小了。

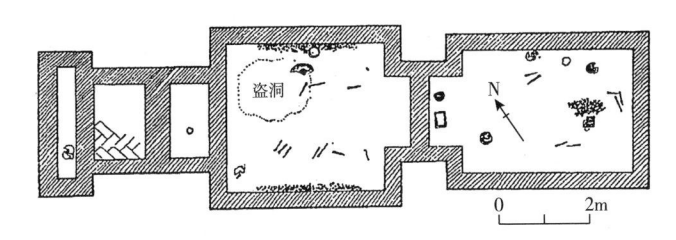

图 4.52　湖南益阳东晋墓平面图

[①] 益阳地区文物工作队、益阳县文化馆：《湖南省益阳县晋南朝墓发掘简况》，《文物资料丛刊》第 8 辑，第 45 页。

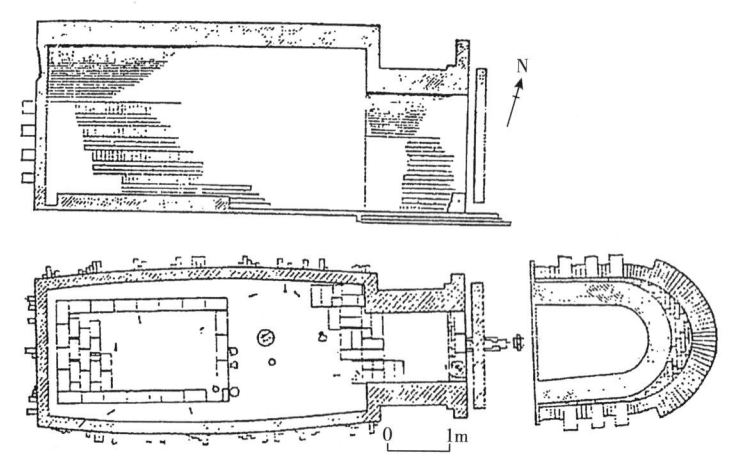

图 4.53 湖南株洲某晋墓平、剖面图

从这一地区往南到资兴附近，在 1978～1980 年的大型水利工程中发掘出 584 座墓葬，其中 23 座是晋代的，5 座是南朝的。23 座晋墓中有 1 座土坑墓，其他都是砖墓。在这 22 座砖墓中，13 座是长方形墓，使用券顶和玉带式的砌砖方式，面积最小的 2 座是梯形，其余 7 座都是"凸"字形墓。这 7 座"凸"字形墓都采用券顶，其中 4 座采用玉带式的砌砖方式，有 2 座是"四顺"而不是常见的"三顺"，还有一座墓的资料未见报道。一般来说，这些墓葬与其他地区的墓葬并无本质的差别。南朝时期的长方形墓值得特别注意，发现的 5 座南朝墓都是长方形、券顶，其中 1 座为玉带式墓壁，其余 4 座则只见顺砖，这与早期墓葬大不相同。至少有两座墓葬没有壁龛，而是用砖砌的架子，上面放着盛有油和灯捻的碗（图 4.54）。附柱也是墓葬的一部分，一座普通元年（公元 520 年）的特大型墓葬可以作为附柱结构的极好实例，墓室内沿着后壁和两侧壁一共建有 16 个附

柱，室内面积达 20.9 平方米（图 4.55）①。同样值得注意的是，这座墓与另一座建于天监四年（公元 505 年）的小墓内部空间非常高，券拱做得非常陡峭。

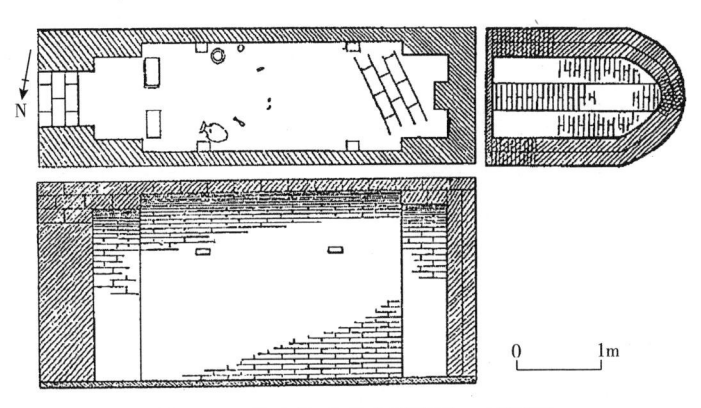

图 4.54　湖南资兴某南朝墓平、剖面图

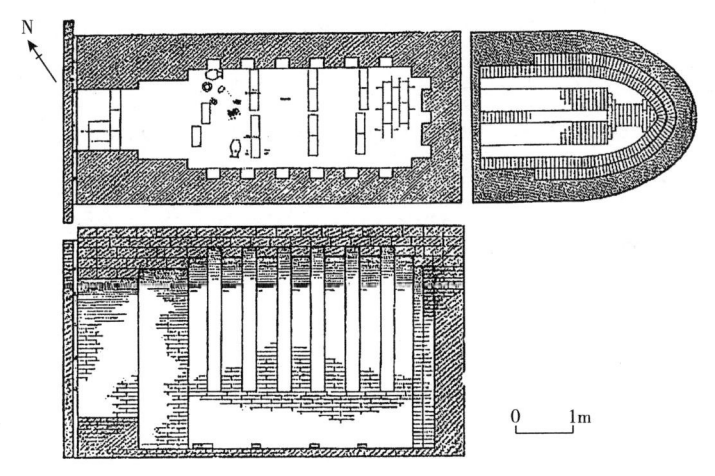

图 4.55　湖南资兴普通元年墓平、剖面图

---

① 湖南省博物馆：《湖南资兴晋南朝墓》，《考古学报》1984 年第 3 期，第 335~360 页。

4. 江西

江西位于湖南的东面，是一片群山环抱的平原，以赣江为主的众多河流注入鄱阳湖，汇入长江。该盆地土地肥沃，从北部的九江到南部的赣县和大余，多地都发现了六朝墓葬。湖南和江西两省发现的墓葬占南方发现墓葬总数的1/4以上。南昌坐落在赣江三角洲的顶部，雄踞通往中国南部边疆的主要交通大动脉上①，是汉和六朝时期的豫章郡郡治所在。东吴时期，孙权封其幼子为齐王，治所就在今南昌以东10公里处。东汉和东吴墓葬就发现于治所的西南部②。

江西地区的繁荣经济在墓葬的规模和墓葬的多样化上有着明显的反映。早期墓葬（吴和西晋时期）都分布在以南昌为中心的江西北部，很少发现分段式的墓葬，但有面积可以与之相比、带有附柱的大型长方形墓。其中一座东吴永安六年（公元263年）的墓葬由三级台阶通往墓室后部（图4.56）③，另一座被定为六朝早期的墓葬在四角、中间和后壁都设有多个附柱，墓壁之下设有排水管（图4.57）④。从南昌逆流而上是新干，这里的多室墓也很有意思，其中一座墓的形状特别狭长，由附

---

① Herold J. Wiens, *China's March toward the Tropics*. Hamden, CT: The Shoe String Press, 1954, pp. 9 – 10.
② 唐昌朴:《江西南昌东吴墓清理简记》，《考古》1983年第10期，第906页。
③ 秦光杰:《江西南昌市郊吴永安六年墓》，《考古》1965年第5期，第258~259页。此墓面积11.4平方米。
④ 江西省文物管理委员会:《江西南昌徐家坊六朝墓清理简报》，《考古》1965年第9期，第459~461页。

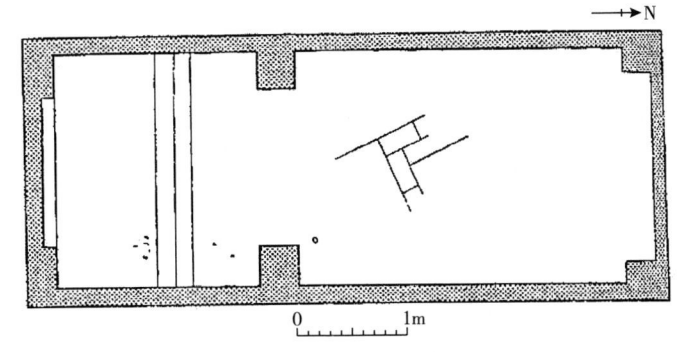

图 4.56 江西南昌永安六年墓平面图

柱将墓葬分成三个墓室（图 4.58）①。靖安发现的多室墓墓顶层层递增、逐渐增高——不是简单地将甬道和墓室相隔，而是另外通过墓顶的高度来分隔墓室（图 4.59）②。

东晋建立之后的江西墓葬规模明显减小，大多数仍是长方形，但面积相对有所减小，不过也有一座发现于清江（位于南昌的上游）的墓葬仍然相当豪华，建有附柱，也有堪与前代相比的面积（图 4.60）③。清江地区也有一些"凸"字形墓仍然采用附柱结构和分层地面（图 4.61）。这一时期的江西墓葬与其他地区一样，"凸"字形墓开始取代多室墓和分段式墓④。

---

① 江西省文物工作队、新干县文物陈列室：《江西新干县西晋墓》，《考古》1983 年第 12 期，第 1122~1124 页。
② 江西省文物工作队：《江西靖安虎山西晋、南朝墓》，《考古》1987 年第 6 期，第 538~541、575 页。
③ 江西省文物管理委员会：《江西清江洋湖晋墓和南朝墓》，《考古》1965 年第 4 期，第 171~175 页。此墓面积为 15.23 平方米。
④ 江西省文物考古研究所、南昌市博物馆：《南昌火车站东晋墓葬群发掘简报》，《文物》2001 年第 2 期，第 39 页。

大量的江西墓葬只能粗略地定为晋代，无法确知西晋还是东晋。南昌的吴应夫妇墓值得特别关注（图 4.62）①，吴应曾在郡里担任中郎之职，墓葬面积为 8.9 平方米，这个面积可能是他个人财富的反映，也为我们提供了一个判断墓主人地位的标尺。该墓还有一个引人注目之处是墓中的棺木和随葬衣物疏，本书将在第九章的服饰部分讨论这份衣物疏。

带有附柱、分间墓室和阶梯状地面的长方形墓葬，在南朝后期（图 4.63）②和隋代（图 4.64）③继续沿用，已发现的几座南朝墓葬都相当大，面积 15.04 平方米～22.6 平方米不等，最大的是一座双室墓（图 4.65）④。这一时期的唯一一座"凸"字形墓最为特殊，建于建武四年（公元 497

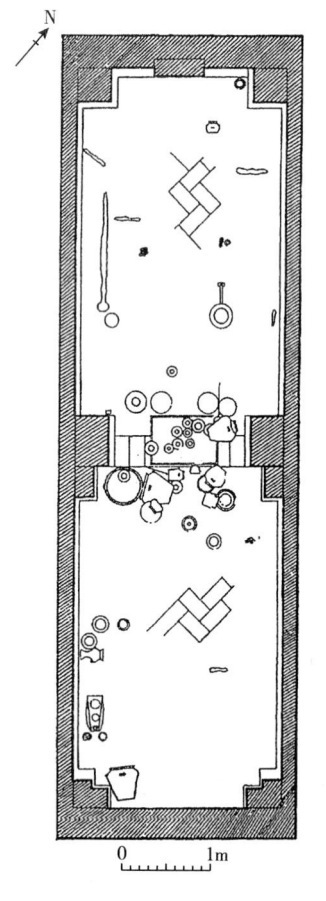

图 4.57　江西南昌徐家坊六朝墓平面图

① 江西省博物馆：《江西南昌晋墓》，《考古》1974 年第 6 期，第 373～378 页。
② 清江县博物馆：《清江县山前南朝墓》，《江西历史文物》1981 年第 1 期，第 33～39 页。该墓有"建武三年"（公元 496 年）纪年，面积 6.4 平方米。
③ 江西省文物管理委员会：《江西清江隋墓发掘简报》，《考古》1960 年第 1 期，第 26～29 页。该墓有"大业十一年"（公元 615 年）纪年，面积为 9.12 平方米。
④ 江西省博物馆考古队：《江西南昌市郊南朝墓发掘简报》，《考古》1962 年第 4 期，第 193～195 页。

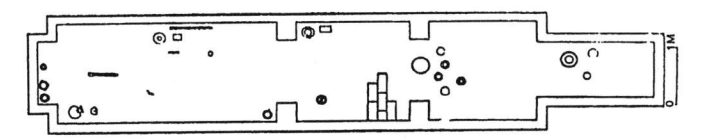

图 4.58 江西新干县西晋墓平面图

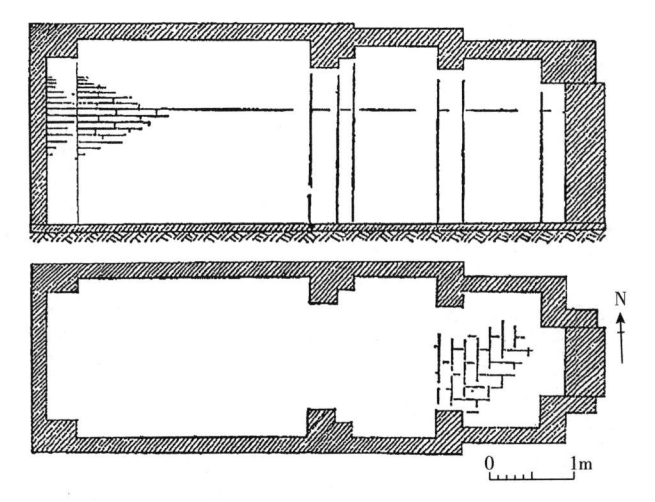

图 4.59 江西靖安某西晋墓（M1）平、剖面图

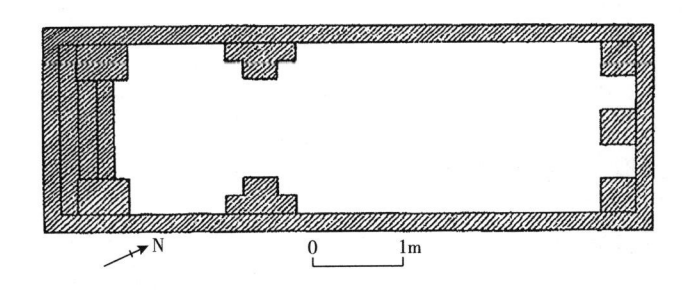

图 4.60 江西清江宁康二年墓平面图

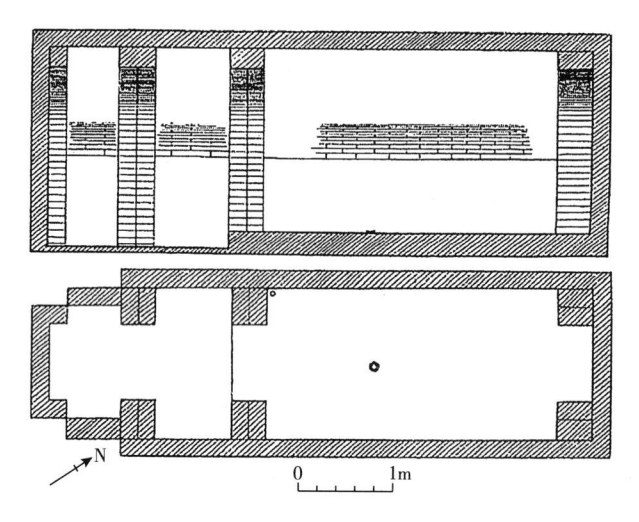

图 4.61　江西清江升平元年墓平、剖面图

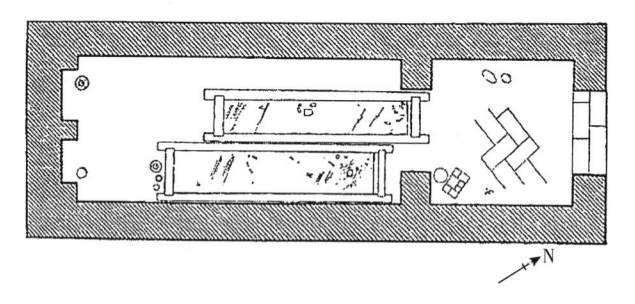

图 4.62　南昌吴应夫妇墓平面图

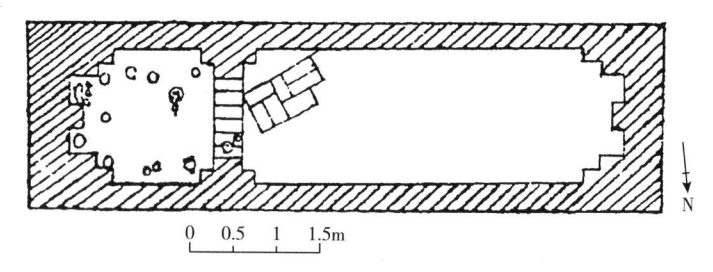

图 4.63　江西清江建武三年墓平面图

年），是一座多级、多墓室的墓葬，发现于江西最南端的赣县（图 4.66）①。

总之，典型的江西墓葬是长方形墓，没有甬道，以附柱分隔墓室，地面为阶梯状，似乎不见穹隆顶墓葬。

5. 东南及南方沿海

位于东南部的福建省大部分由于群山的阻隔而与世隔绝，在很大程度上相对独立，因此它的开发也相对较晚；汉人移民大量涌入这一地区始于唐初。根据隋大业五年（公元 609 年）的人口统计，整个福建只有 12000~13000 户居民。迁到该地区的汉人移民来自北部的浙江和南部的广东沿海地区，还有一些主要从西北部的江西沿着河谷而下，由此形成了两大移民开发地带：沿海和山区②。迄今所见的考古学证据在很大程度上与毕汉思（Hans Bielenstein）通过行政中心的转移得出的移民开

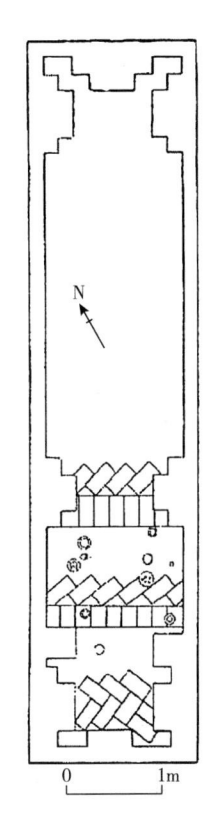

图 4.64　江西清江大业十一年墓平面图

---

① 赣州市博物馆：《江西赣县南齐墓》，《考古》1984 年第 4 期，第 345~348 页。该墓面积为 12.7 平方米。有资料提到，在吉安西部有一座纪年为"永明十一年"（公元 493 年）的多室墓，但报告中并无插图，参见平江、许智范《江西吉安县南朝齐墓》，《文物》1980 年第 2 期，第 31~32 页。

② Hans Bielenstein, "The Chinese Colonization of Fukien until the end of the T'ang," In *Studia Serica Bernhard Karlgren Dedicata*, edited by Soren Egerod and Else Glahn. Copenhagen: Ejnar Munksgaard, 1959, pp. 98–122.

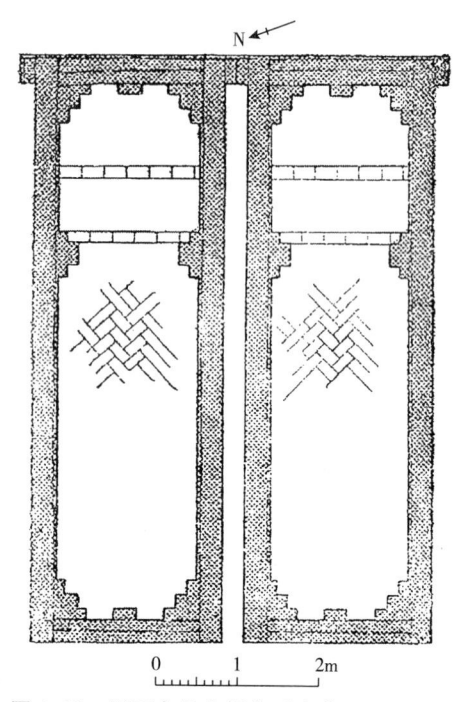

图 4.65　江西南昌南朝墓（京墓 1）平面图

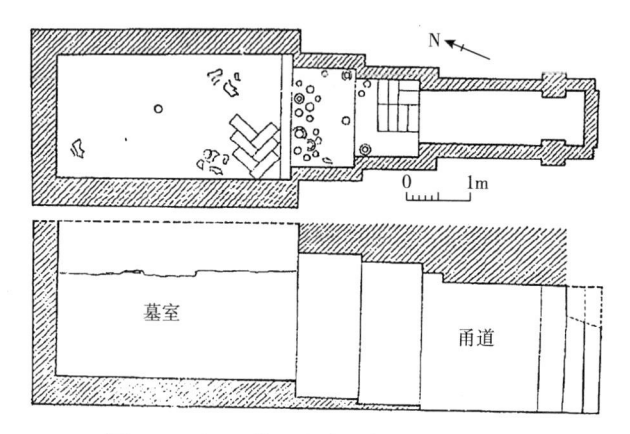

图 4.66　江西赣县建武四年墓平、剖面图

发进程的结论相吻合①。

福建考古发现中最早的一座墓葬在闽侯地区，根据墓砖知其建造时间在西晋永嘉五年（公元311年）。遗憾的是，由于该墓破坏得比较严重，除了墓壁是顺砖结构，墓室地面铺成斜纹，此外我们对墓葬的结构所知甚少②。在早期的三座"凸"字形墓中，有两座的甬道偏移墓葬的中轴线，但还不足以将之归为刀形墓。在这些"凸"字形墓和一座早期分段式墓里，花纹砖的广泛应用已逐渐成为福建墓葬的一个显著特征。

在随后的东晋和刘宋时期，长方形、刀形和"凸"字形墓葬都有所发现，但并无十分特殊之处。虽然有一座墓的地面为阶梯式，也有一些为穹窿顶，但规模都不是很大。这些新的特征可能只有在新的开发地区才会体现得更明显。

南朝墓葬在规模和复杂程度上都有所增加，例如，在一座刀形墓中，墓葬的排水系统开始受到关注，沿着侧壁和正壁建有一道4厘米宽的沟渠；另一例是一座"凸"字形墓，砖棺床砌在一层松散的砖块之上，墓顶的拱券采取了玉带式的砌筑方式，这在整个六朝时期的墓葬中是个孤例③（图4.67）。上述这些墓葬都发现于沿海的闽侯地区，在内陆的建瓯地区曾报道过一座更加复杂精致的墓葬，位于闽江的支流上，建于梁天监六年（公元507年），平面呈十字形，面积16.03平方米，墓底有多级台阶，墓葬带有两个耳室，沿侧壁和后壁建有很多

---

① 只有政和地区（也发现了很多墓葬）不太像这样的行政中心。
② 黄汉杰：《福建闽侯关口桥头山发现古墓》，《考古》1965年第8期，第427页。
③ 福建省博物馆：《福建闽侯南屿南朝墓》，《考古》1980年第1期，第59~65页。

砖砌的附柱①。在更偏东北的政和地区也发现过一座几乎相同的墓葬，但面积稍小，只有 13.5 平方米（图 4.68）。另一座政和的墓葬更好地采用了台阶式的墓底和砖砌的附柱，将四级

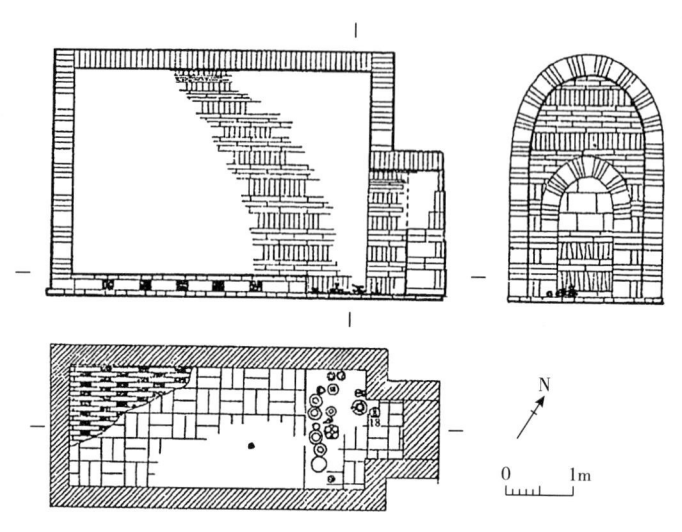

图 4.67　福建闽侯南屿南朝墓平、剖面图

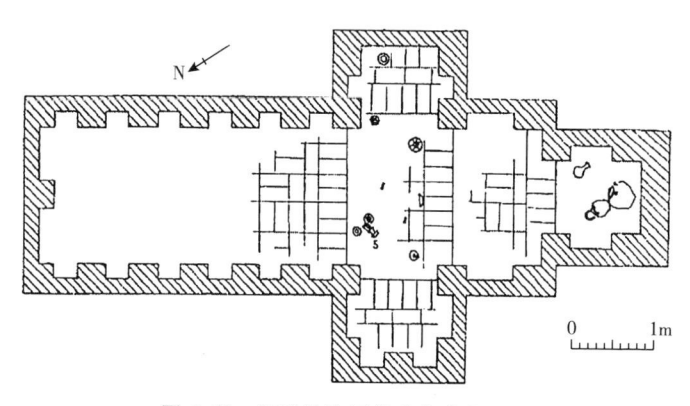

图 4.68　福建政和天监六年墓平面图

---

① 黄天水：《福建省龙贩山发现一座南朝砖室墓》，《文物参考资料》1957 年第 10 期，第 83 页。

台阶和大量的附柱、壁柱结合在一起，使墓壁和墓顶形成了奇特的锯齿状效果（图4.69）[1]。这些建筑元素配合花纹砖的运用，给人以深刻的印象，我们不由得猜测，究竟什么样的地方因素促成了如此特别的墓葬？

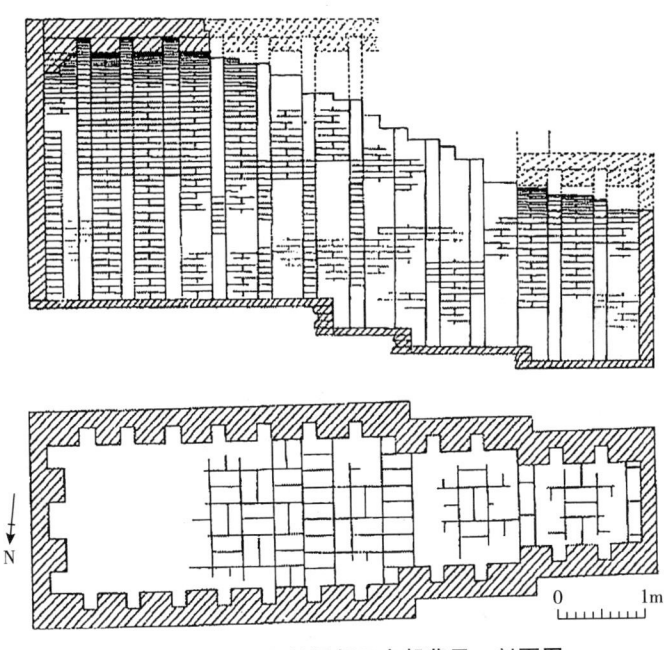

图4.69　福建政和松源新口南朝墓平、剖面图

6. 广东

广东的六朝遗存主要分布在广州一带和临近的肇庆地区，以及北江沿岸及其支流所经地区，这些河流是北通湖南的主要道路。墓葬主要发现于英德、曲江以及韶关等地。在广东东部

---

[1] 福建省博物馆、政和县文化馆：《福建政和松源新口南朝墓》，《文物》1986年第5期，第47页，图3。

地区的墓葬主要发现于揭阳和地势较高的梅县。

与福建不同的是,广东的开发进程可以上溯到汉代甚至更早时期,其间从未间断,因此,墓葬遗存从六朝早期就已出现。这批墓葬中有一座特殊的长方形墓,为了扩展前室的空间,前室与后室的墓壁有所交叠(图4.70)①,该墓(以及其他的一些墓葬)值得注意之处还在于其独木棺得以保存下来。

西晋时期,这个地区的墓葬与当地汉代大墓非常相似,分段式墓葬占有相当大的比例,如发现于香港雷城的墓葬。自东汉中期开始,由穹隆顶墓室、券顶甬道、后室和耳室组成的砖室墓较为常见②。一座带有永熙元年(公元290年)纪年砖铭的晋墓面积达15平方米,穹隆顶下方的祭台上放置着部分随葬品,但大多数随葬品还是出自其中的耳室里(图4.71)③。

晋以后的墓葬大多是带券顶的"凸"字形墓,一般有阶梯式的墓底和棺床

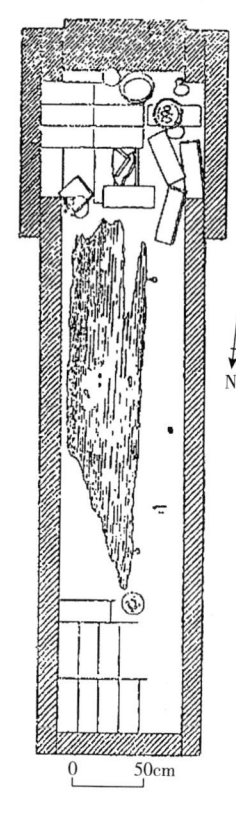

图4.70 广东广州桂花冈3号墓平面图

---

① 广州市文物管理委员会:《广州市西北郊晋墓清理简报》,《考古通讯》1955年第5期,第43~49页。
② J. C. Y. Watt, *A Han Tomb in Lei Cheng Uk.* Hong Kong: Hong Kong Museum of History, 1970, p. 5.
③ 广州市文物管理委员会考古组:《广州沙河顶西晋墓》,《考古》1985年第9期,第799~802、798页。

(图4.72)①，内部还会砖砌精致的附柱，与福建北部的墓葬形制类似（图4.73）②。

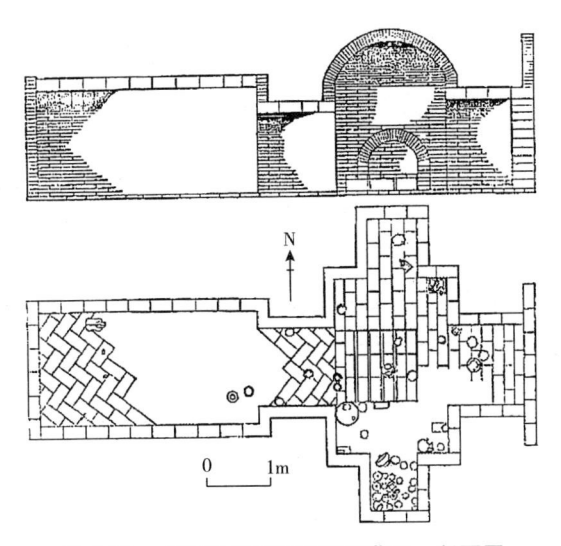

图 4.71 广东广州沙河顶西晋墓平、剖面图

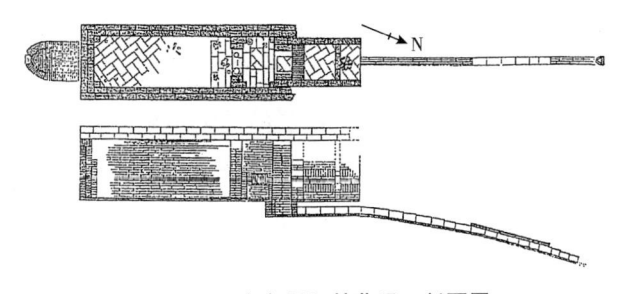

图 4.72 广东揭阳某墓平、剖面图

---

① 广东省博物馆、汕头地区文化局、揭阳县博物馆：《广东揭阳东晋、南朝、唐墓发掘简报》，《考古》1984年第10期，第897~901页。
② 广东省博物馆：《广东梅县古墓葬和古窑址调查发掘简报》，《考古》1987年第3期，第207~215页。

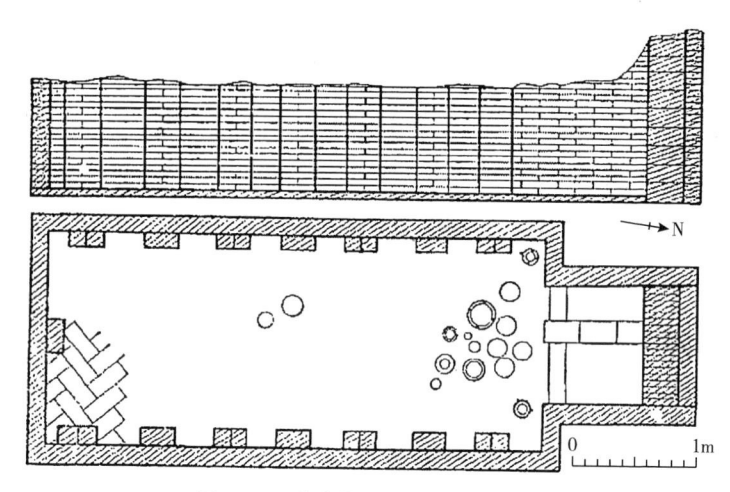

图 4.73 广东梅县某墓平、剖面图

从广州往北到韶关的中部地区，典型墓葬形制与广州明显不同，是一种被称为"船篷"形的墓葬，由狭长的长方形砖室和券顶构成，因形似小船而得名。这种墓葬也有少量形制上的变化，如阶梯递进式的墓顶。有的后壁和侧壁上设有砖块大小的壁龛或架子，还有的具有阶梯状的墓底。这些都属于典型的小型墓葬，面积只有 2.8 平方米左右。不过，"船篷"这一形象的名称并不仅仅因为它有着船篷形的墓顶，还因为它的结构相当狭长。然而，随葬品中没有一件器物具有将死者灵魂渡往另一个世界的象征意义（图 4.74、图 4.75）[1]。

此类狭长的墓葬不可能用于合葬，于是就形成了这个地区似乎非常普遍的一种埋葬方式：通过一定方式将两座墓葬合二

---

[1] 广东省文物管理委员会：《广东韶关六朝隋唐墓葬清理简报》，《考古》1965 年第 5 期，第 230~235 页。

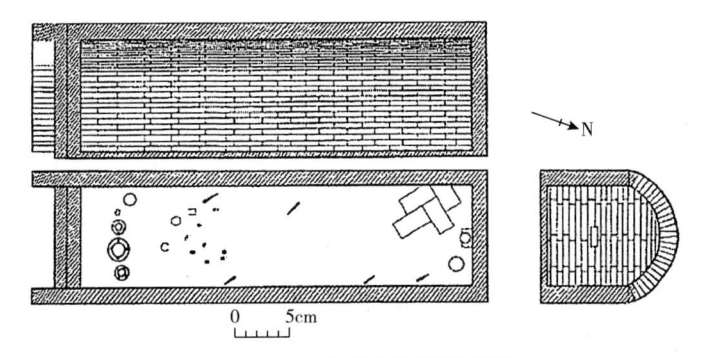

图 4.74 广东韶关某墓平面图

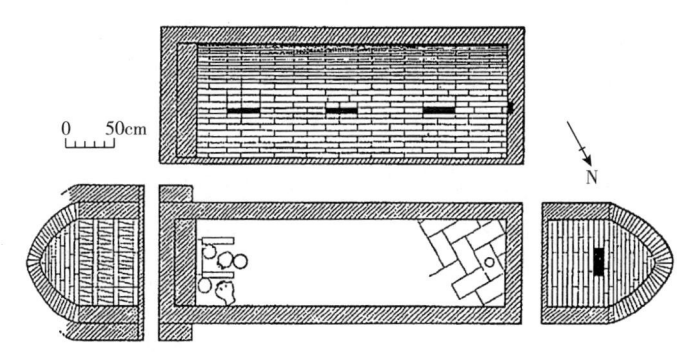

图 4.75 广东韶关某墓平、剖面图

为一,二者共用一道墓壁(图 4.76)[1] 和一个前室(图 4.77)[2],或在共用的墓壁上以简单的门或窗相连(图 4.78、图 4.79)[3],或者更正式一些,通过相邻的两个或多个耳室相

---

① 广东省文物工作队:《广东梅县大墓及晋、唐墓清理简报》,《考古通讯》1956 年第 5 期,第 27~31 页。
② 广东省博物馆:《广东始兴晋唐墓发掘报告》,《考古学集刊》第 2 辑,第 113~133 页。
③ 广东省博物馆:《广东始兴晋唐墓发掘报告》,《考古学集刊》第 2 辑,第 113~133 页;杨豪:《广东韶关市郊的南朝墓》,《考古学集刊》第 3 辑,第 154~161 页。

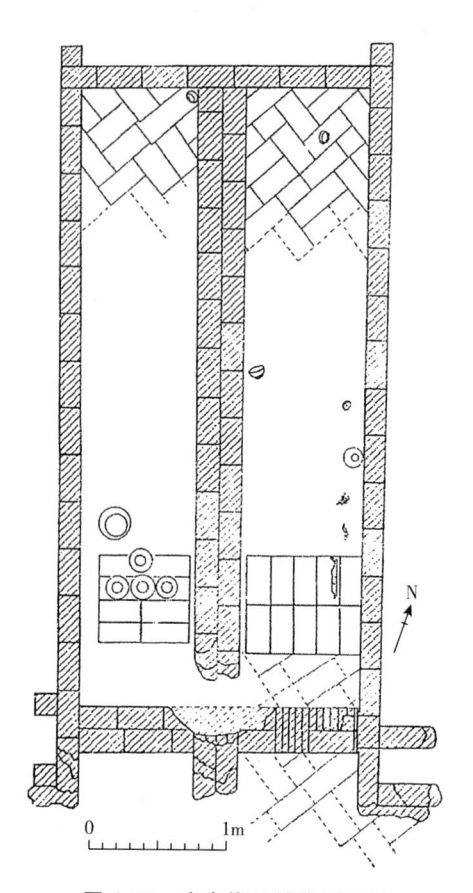

图 4.76 广东梅县某墓平面图

连（图 4.80、图 4.81）①。在这种双墓结构里，棺木只能放置在狭小而封闭的空间里，使得墓葬形制更像紧邻的另一具棺，而不像常见的外椁。

---

① 广州市文物管理委员会：《广州沙河镇狮子岗晋墓》，《考古》1961 年第 5 期，第 245~247 页；广东省博物馆、汕头地区文化局、揭阳县博物馆：《广东揭阳东晋、南朝、唐墓发掘简报》，《考古》1984 年第 10 期，第 895~903 页。

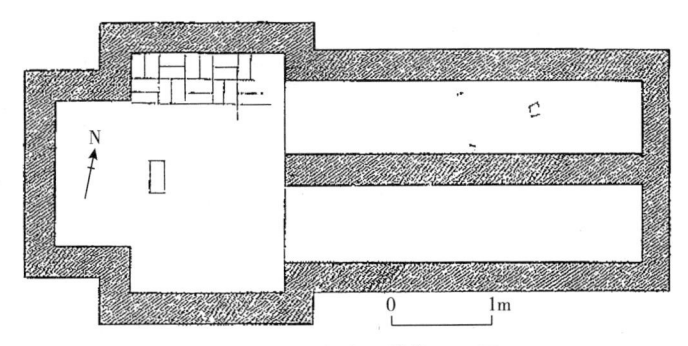

图 4.77　广东始兴某墓平面图

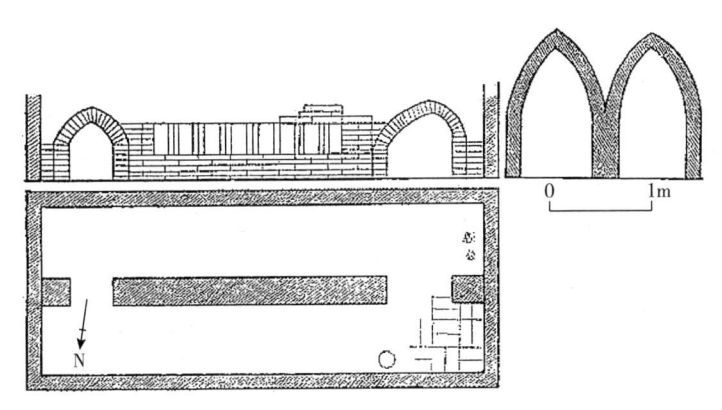

图 4.78　广东始兴某墓平、剖面图

台阶状的墓底、壁柱等特征贯穿于整个六朝墓葬的始终，但在其他地区常见的系列附柱在这个地区却很罕见，玉带式的砌砖方式在这里也很少使用①。与其他地区相比，广东的墓葬似乎与南方的流行形制差别最大。当然，墓葬形制的多样化（如小型船篷形墓到奇特的合葬墓）也是其他地区所不见的新的尝试。

---

① 参见本书插图 4.72，此处玉带式砌筑方式只在甬道里使用。

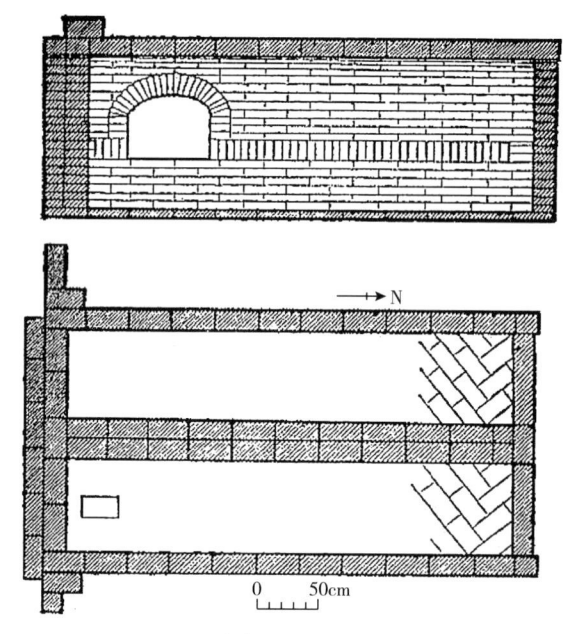

图 4.79　广东韶关某墓平、剖面图

7. 广西

广西北部的中心是宽广的盆地，四周被高原和群山所环抱，这里也是六朝墓葬发现得最多的地区。珠江的众多支流流经这个地区，汇入珠江后在广州入海。沿桂江而上，通过秦代开凿的运河即可转运至湖南的湘江盆地，这是一条重要的交通要道。盆地土壤十分肥沃，养育着这里的汉人，也有很大一部分地区还居住着原始民族，其范围甚至比现在还大。正因为如此，广西发现的墓葬也许并不全是汉人的。总体说来，这里的墓葬都相当守旧，没有太明显的地方特色。

最早的墓葬是东吴时期的，为石室墓和简单的土坑墓，主

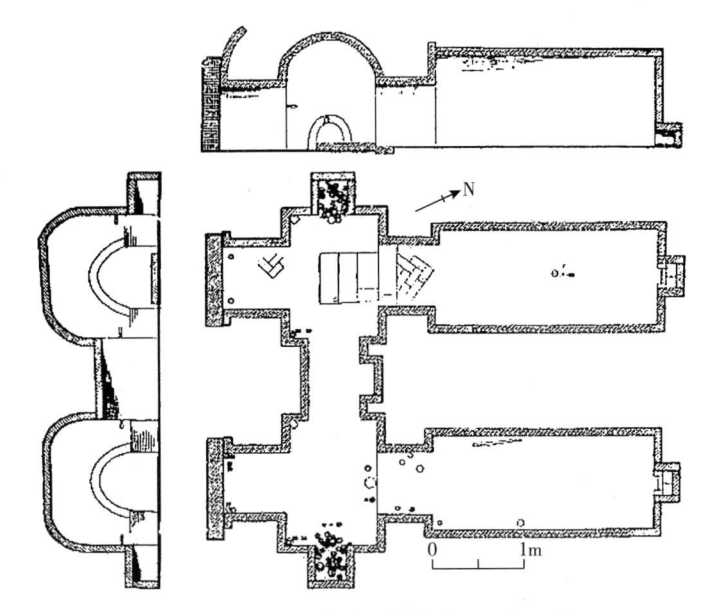

图 4.80　广东广州沙河镇某墓平、剖面图

要位于盆地边缘的贺州市和贵港市①。墓葬中出土的刀和剑表明这里是曾经的边疆。

位于河流沿岸的梧州晋墓，以长长的前室、横向的短后室和券顶式的墓顶为特征，其中一座墓的壁面上涂有一层厚0.5厘米的灰泥（图4.82）②。除了一座十字形的墓（图4.83）③，其余都是非常常见的"凸"字形墓。

广西像其他地区一样，到南朝才出现结构较为复杂的墓

---

① 广西壮族自治区文物工作队：《广西贺县两座东吴墓》，《考古与文物》1984年第4期，第9～12、8页；梁友仁：《广西贵县发现的陶"虎子"》，《考古通讯》1957年第6期，第44～45页。

② 梧州市博物馆：《广西梧州市晋代砖石墓》，《考古》1981年第3期，第285～286页。

③ 梧州市博物馆：《广西壮族自治区梧州市富民坊南朝墓》，《考古》1983年第9期，第859页。

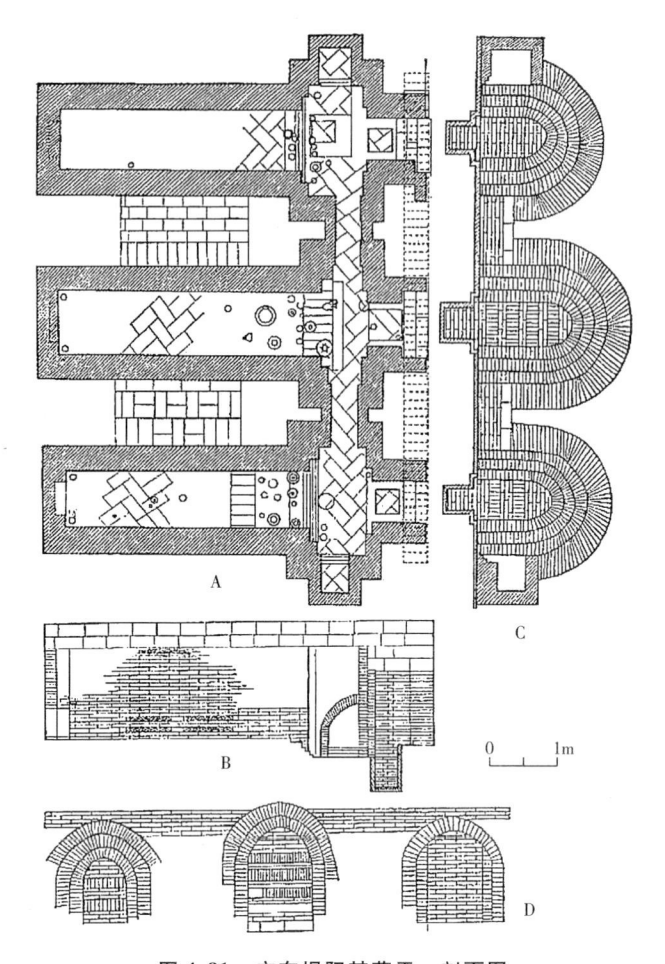

图 4.81　广东揭阳某墓平、剖面图

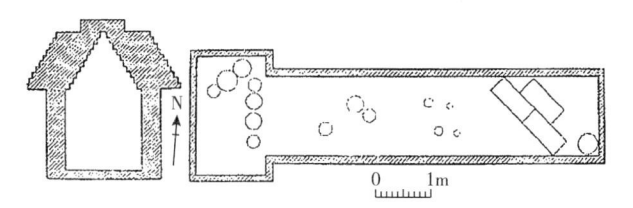

图 4.82　广西梧州某墓平、剖面图

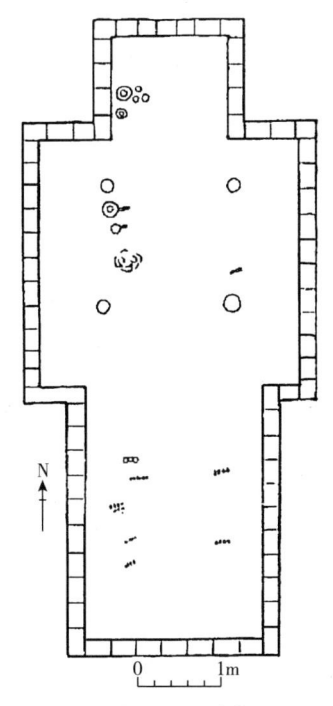

图 4.83　广西梧州某墓平面图

葬，主要发现于广西北部的融安地区，有着较深的台阶状墓底、壁柱，墓葬为三段式的结构。其中一座采用了玉带式的砌砖方式，这也是这个地区发现的最早一例（图 4.84、图 4.85）[①]。尽管与湖南毗邻，但墓葬与同时期的湖南地区相比差异较大，因此，广西墓葬似乎是一种独立发展起来的地方类型。

[①]　广西壮族自治区文物工作队：《广西壮族自治区融安县南朝墓》，《考古》1983 年第 9 期，第 790~792 页；广西壮族自治区文物工作队：《广西融安安宁南朝墓发掘简报》，《考古》1984 年第 7 期，第 627~632、635 页。在广西东南藤县发现的一些墓葬也与此相似，但多出来支撑墓顶的双附柱，参见藤县文化局、藤县文物管理所《广西藤县跑马坪发现南朝墓》，《考古》1991 年第 6 期，第 569~572 页。

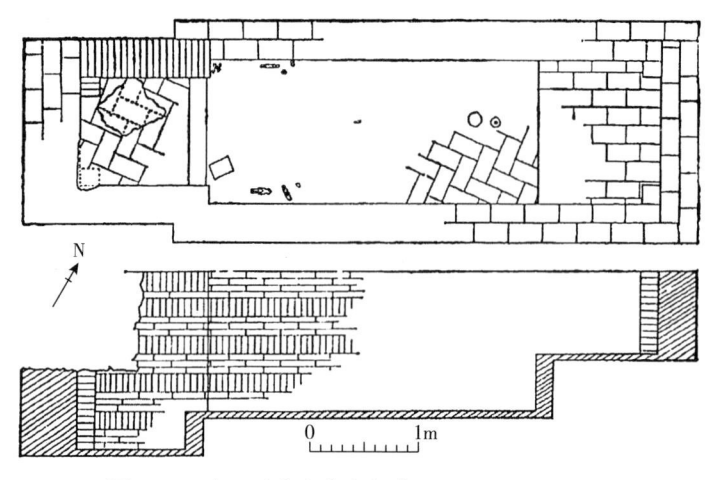

图 4.84　广西融安安宁南朝墓（M2）平、剖面图

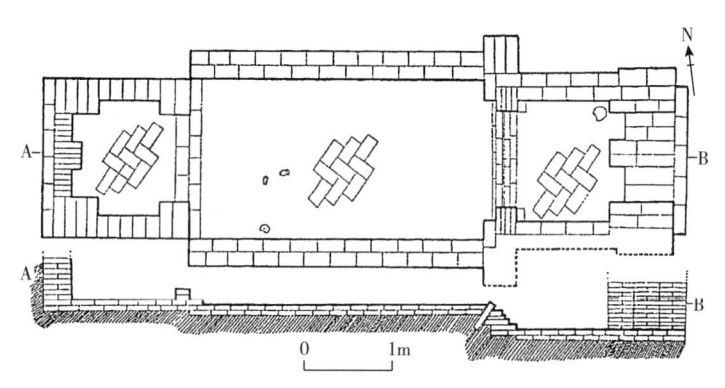

图 4.85　广西融安安宁南朝墓（M4）平、剖面图

8. 贵州

贵州是云贵高原的一部分，是一个山川、盆地、河谷交错，地势崎岖的地区。位于贵州西部和中部的高原，海拔在千米以上，而在高原的东、北、南三面，地势陡降。六朝遗存只发现于地势较为缓平的南部地区，主要在今贵阳西南部的清镇

和平坝地区。

与上述各地墓葬不同的是，这里建造的主要是土坑墓和石室墓，呈现出一种截然不同的独特文化面貌。在清镇发现的三座墓葬中，有一座土坑墓，另两座是沿着两道墓壁设有二层台的石室墓（图4.86）①。平坝发现了大约20座墓，多数也是石室墓，墓葬十分狭长，有券顶，看似广州发现的船篷形墓，只不过用的是石材而非砖砌（图4.87、4.88）②。石材的广泛运用可能正因为山区适合就地取材。除了石材的运用比较特殊，墓里的随葬品大多放置在墓室的后部，而不像其他地区一样放在前部，这点与四川，甚至是南京的情况有些相似。

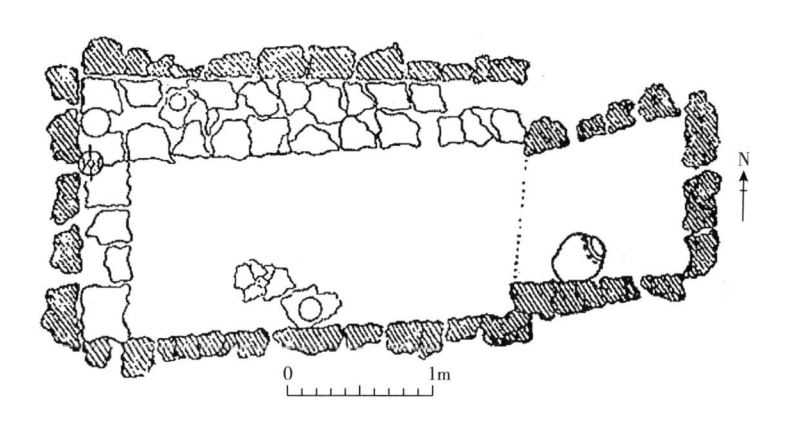

图4.86 贵州清镇某墓平面图

① 贵州省博物馆：《贵州清镇平坝汉至宋墓发掘简报》，《考古》1961年第4期，第209~211页。
② 贵州省博物馆：《贵州平坝县尹关六朝墓》，《考古》1959年第1期，第42~43页；贵州省博物馆考古组：《贵州平坝马场东晋南朝墓发掘简报》，《考古》1973年第6期，第345~355页。

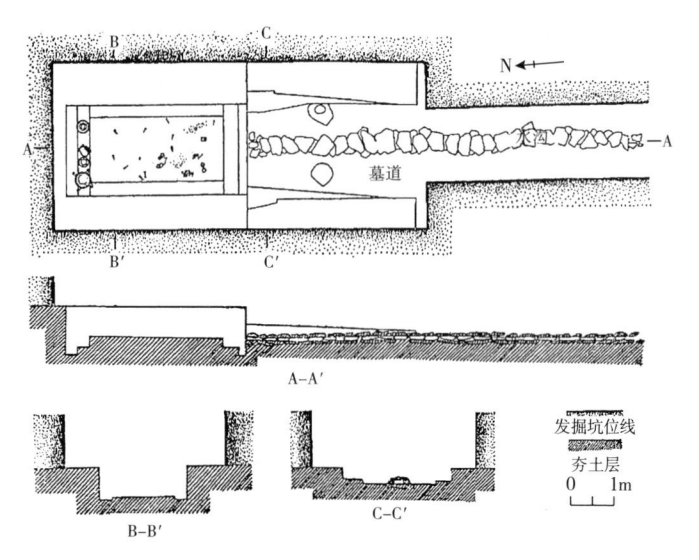

图 4.87　贵州平坝马场墓 35 平、剖面图

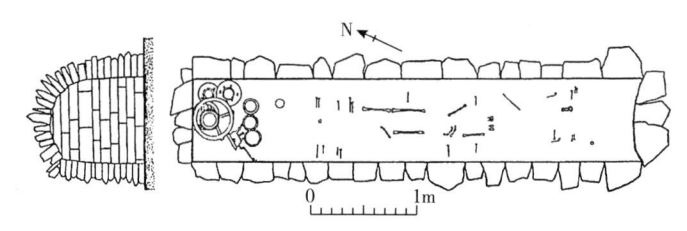

图 4.88　贵州平坝马场墓 55 平面和南壁立面图

9. 云南

云南仅发现了两座六朝墓葬，但都非常有意思。一座发现于昆明西北的姚安，此处位于通往大理的道路北侧，是一个由座座山脉分隔的宽阔河谷地带，属于长江流域。根据墓砖铭文，可知墓葬的年代为咸宁四年（公元 278 年），形制并无特别之处，是一座带券顶的分段式墓葬，面积 11.2 平方米；特殊之处在于，在这座石结构的墓里大量用砖，用在前甬道顶部、中甬道门槛、后室正壁上段，以及墓室地面，其中后室有两层铺地砖。这是依据中原模式创造出来的一种石结构墓葬，实在是匠心独具（图4.89）①。

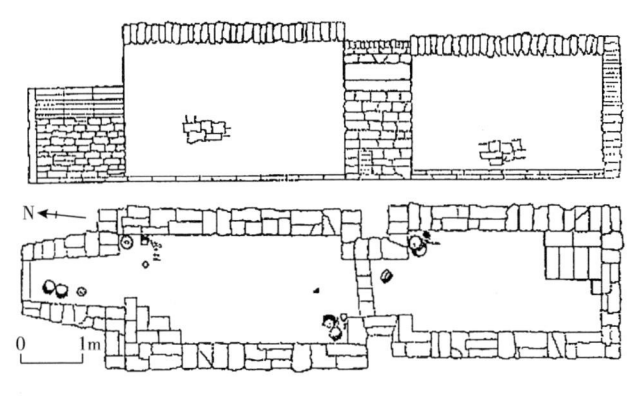

图4.89 云南姚安阳派水库晋墓平、剖面图

另一座见诸报道的墓葬发现于昭通，昭通位于云南最东北部毗邻长江处，过江即到四川。这是一座用石板搭建的墓葬，面积为3平方米，墓顶为覆斗形，高2.2米（图4.90），顶口以一块32平方厘米的石板覆盖，上刻一朵覆莲。墓底铺有两层地砖，可能取材于某座汉墓。墓门由两块石板搭成，朝向一条低矮的斜坡墓道，墓道也由石块和石板砌成，内设两个壁龛，墓葬内原有一条排水沟通向墓外。墓葬上部有高5.2米、底长29米、宽24米的封土，这座墓葬是工人从封土里取土烧砖时无意发现的。该墓形制与四川忠县崖墓非常相似②。

---

① 孙太初：《云南姚安阳派水库晋墓清理简报》，《考古通讯》1956年第3期，第25~28页。
② 云南省文物工作队：《云南省昭通后海子东晋壁画墓清理简报》，《文物》1963年第12期，第1~5页。

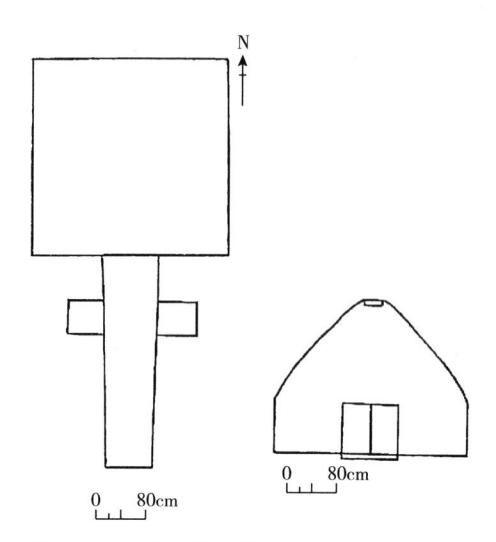

图 4.90　云南昭通后海子东晋墓平、剖面图

这座墓葬的特殊之处还在于它的壁画，在墓室内壁先涂一层灰泥，然后作画。每道墓壁上以一条花纹带分成上下两栏，上栏是象征流云的波浪纹，北壁和南壁分别绘有两个和四个小圆圈，可能代表星星，东壁绘有一只红球，旁落一只乌鸦，代表着太阳；每壁还相应地绘有代表方位的动物形象，北壁是龟蛇缠绕的玄武，东壁是青龙，西壁有白虎，南壁是朱雀。此外，还有各种莲花、骑士、楼阁、鸟、兽以及手持青草喂龙的所谓"玉女"，这些形象多有榜题标志。

下栏描绘的是人间世界，正壁为端坐于榻上的墓主人形象，右手持麈尾。墓主人左右排列着侍从、武器和仪仗架（图 4.91）。通过铭文可知墓主姓霍，曾在云南和四川的地方政府和军中任职，卒年 66 岁，时任湖北江陵上游不远处的一个郡牧，昭通可能是其故乡，在公元 385～394 年归葬于此。

图 4.91　云南昭通后海子东晋墓北壁壁画（摹本）

图 4.92　云南昭通后海子东晋墓东壁壁画（摹本）

霍姓墓主可能是当地一位较有影响的人物，曾拥有自己的私人武装，因对朝廷有功而入仕。通过霍氏的仕宦经历，可以了解东晋流亡朝廷之外的政府组织结构，东晋正是依赖这样的政府结构来管理着王国的边远地区。墓葬的东西两壁绘有死者的部曲形象，东壁人物手持长方形旌旗，下有手持长矛、身披铠甲的骑马武士，马身也披铠甲（图4.92）。西壁绘有四列部曲：最上面的一列手持环首剑，其下两列人物的发式和披肩极似今天的彝族装束，最下面的一列为骑马武士（图4.93）。前壁的下栏绘有一所带山墙的房屋，旁边立有一位盔甲武士和两个汉字状的图案，可能代表了某种辟邪物，不过它所代表的含义已经无从知晓（图4.94）。这些壁画不仅使我们管窥到当时当地的社会生活面貌，而且也为我们了解当时社会的信仰体系提供了宝贵的材料①。

图4.93　云南昭通后海子东晋墓西壁壁画（摹本）

---

① 关于死者身份以及霍氏部曲汉彝融合问题的讨论，见《文物》1963年第12期，第5页。

图 4.94　云南昭通后海子东晋墓南壁壁画（摹本局部）

10. 四川

四川从地形上大致可以分为东边的四川盆地和西边的四川高原。四川盆地肥沃富饶，长江流经南缘，众多河流汇入长江。三国时期曾是蜀国的核心地带，六朝时期一直为南朝所控制，公元6世纪中叶西魏占领此地之后，拉开了征服南朝的序幕。这个地区的大多数考古遗存都发现于今天的重庆（古称巴）和成都（古称益），以及盆地周围的群山之中和长江沿岸。

四川流行在崖壁上开凿墓葬，被称为岩墓或崖墓，这是四川墓葬最具特色之处，也是墓葬形式随环境改变的又一例证。这类墓葬的建造程序是，先在倾斜的崖壁上凿出一道口子形成墓道，待墓底稍加平整之后，再从岩石中开辟墓门以及墓室①。

---

① 六朝时期的崖墓发现于重庆、成都、江油、广元、忠县、中江、德阳、三台、盐亭、绵阳等地。参见绵阳博物馆《四川绵阳西山六朝崖墓》，《考古》1990年第11期，第1029页；罗二虎《四川崖墓开凿技术探索》，《四川文物》1987年第2期，第37页，该文对崖墓的开凿方法进行了探讨。

四川地区有一些非常精致的东汉多室崖墓，往往一座墓葬中会安葬多具遗体（但也就 2~3 具），遗体旁放着大量随葬品，如成都天迴 M3 有 8 个墓室，内葬 14 具遗体①。汉代灭亡后，社会的动乱使得埋葬的规模也随之变小，一个显著的变化是，钱币作为随葬品在墓葬中开始减少。在汉墓中，以数百枚用麻绳串起来的钱币作为随葬品非常常见，但在汉以后的墓葬中，随葬铜钱总共只有 10 枚左右，用树枝串在一起②。

不过，汉代的衰亡对墓葬产生的影响并非立竿见影，地方经济条件也是引起墓葬变化的重要原因。这种墓葬形制上的过渡情况，可以忠县境内离长江支流上游不远处的涂井崖墓为例。涂井墓葬不如上述墓葬精致，但随葬品却很丰富。在已发掘的 15 座墓中，有 7 座单室墓（图 4.95）、3 座双室墓（图 4.96），其余 5 座为多室墓（图 4.97）。墓葬中除出土了 3000 多枚铜钱，还有 600 多件其他随葬品。墓葬的奢华可能反映了当地盐业生产的兴盛情况。根据出土铜钱，可知 15 座墓中只有一座是东汉晚期的，其余的都被认为属于蜀汉时期。

随葬品中有 9 把环首铁剑，长度在 101 厘米~124 厘米之间，分别安放在死者身旁。随葬品中最值得注意的也许是 158 件模型和俑，包括家畜、家禽、池塘和建筑模型（10 件），其中部分随葬品已见于第三章的描述。100 件陶俑中有 65 件出自同一座墓葬 M5 中（图 4.98），其余陶俑分别发现于 M9、M12、M13 中，分别代表了伎乐、舞者以及奴仆，只有 3 件俑

---

① 刘志远：《成都天迴山崖墓清理记》，《考古学报》1958 年第 1 期，第 87~103 页。
② 沈仲常：《四川昭化宝轮镇南北朝时期的崖墓》，《考古学报》1959 年第 2 期，第 118 页。

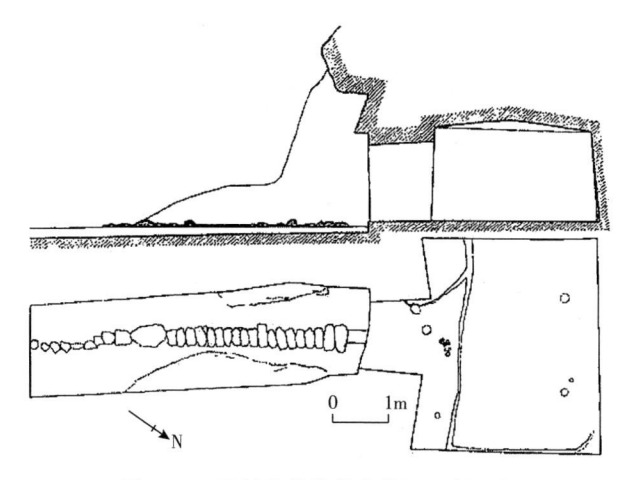

图 4.95　四川涂井某单室墓平、剖面图

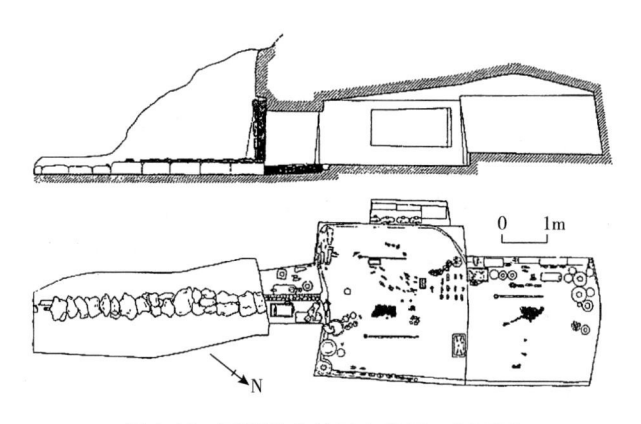

图 4.96　四川涂井某双室墓平、剖面图

手持武器,其中一件是妇女形象。这些俑与天迴汉墓所见十分相似,不同的是陶器的类型和青瓷的数量。根据墓中出土钱币,推测这批墓葬的年代要稍晚一些①。

---

① 四川省文物管理委员会:《四川忠县涂井蜀汉崖墓》,《文物》1985 年第 7 期,第 49~95 页。

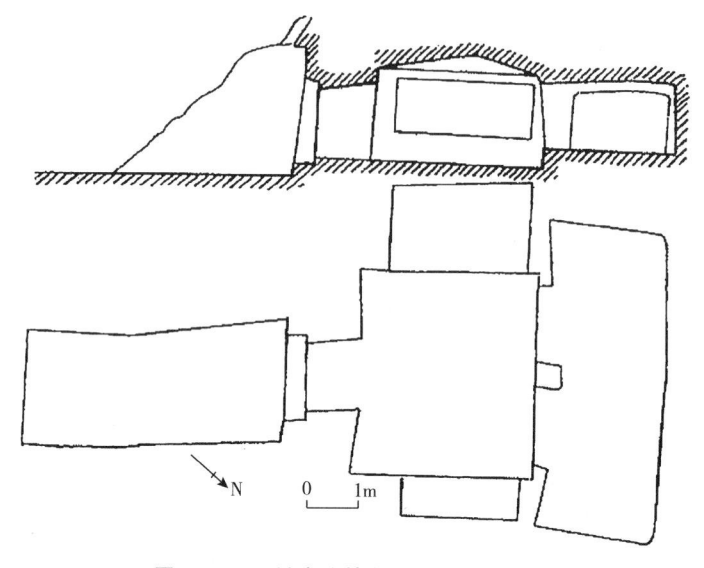

图 4.97　四川涂井某多室墓平、剖面图

图 4.98　四川涂井墓葬陶俑

发现这类崖墓的另一个地点是昭化,位于从重庆逆流而上的嘉陵江沿岸,毗邻川甘边界。这批墓葬中有32座单室墓,墓葬形制为前窄后宽,除了后壁是直壁,其他各壁都略微向外起弧,墓顶呈拱券形,券拱从墓顶一直延至两侧的墓底(图4.99)。墓室地面朝墓门微微倾斜以便于排水,一般从墓门沿着墓道凿有排水沟,一直通向崖边。墓门以砖封堵,其余砖块和岩石则作为障碍堆垒在门口。墓室深度不一,1.2米~2.4米不等,平均1.99米。还有一些规模更小的墓葬带有简单的壁龛,似乎专为埋葬儿童而建。在32座墓中,半数以上带有砖砌或石砌的棺床,棺木只残留有棺钉和木屑。从墓中随葬品和残留的骨骼碎片可知,多数墓中的死者头向后方(14座墓葬中,11座有这种现象)[①]。

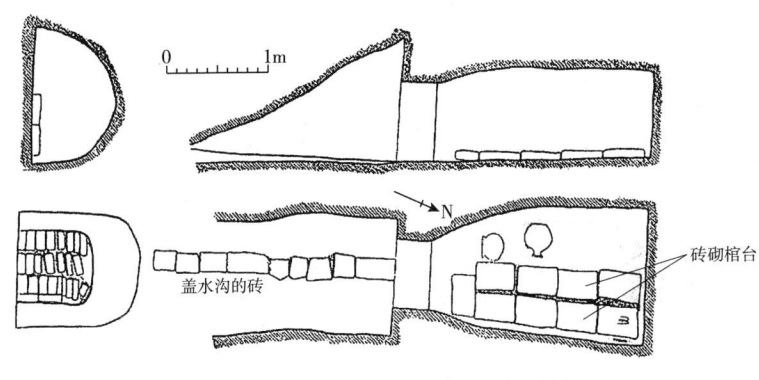

图 4.99 四川昭化 M7 墓平、剖面图

M23(图4.100)出土了一枚"阴平太守"铜印章。阴平位于昭化上游,即今甘肃省文县地区,曾是曹魏的一个郡,所以

---

① 沈仲常:《四川昭化宝轮镇南北朝时期的崖墓》,《考古学报》1959年第2期,第109~126页。

墓室

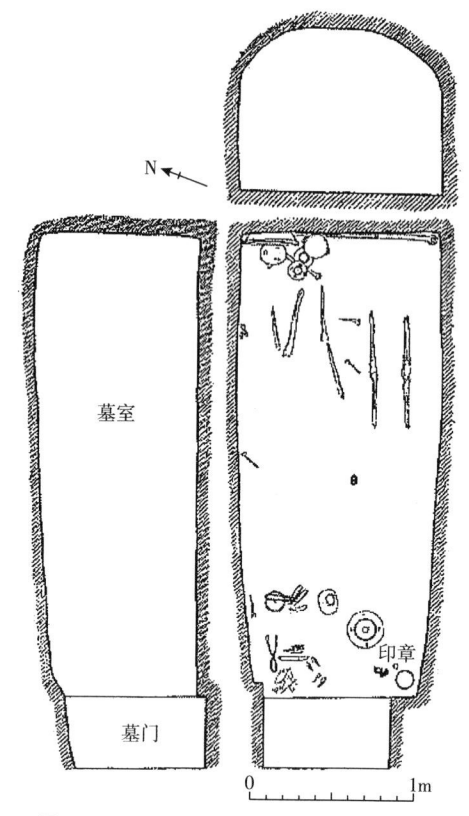

墓门

印章

0　　　　1m

图 4.100　四川昭化 M 23 墓平、剖面图

当时这个地区可能地属曹魏而非蜀汉。出土印章表明这是阴平太守与妻子的合葬墓，尽管墓葬未被盗扰，但少得可怜的奢侈随葬品只有 3 枚银发钗、17 颗玻璃珠以及两个小炭雕。与墓群中的其他墓葬一样，这座墓反映了当时总体上较低的经济发展水平。

除平均深度在 1.99 米的昭化崖墓群，附近还发现了一批规格稍高的崖墓群，平均深度在 2.04 米。这批墓葬同样是后部稍宽，不过券顶没那么高（图 4.101）。由于缺乏断代的依据，这批墓葬只能被大致断为六朝时期，无法进行更

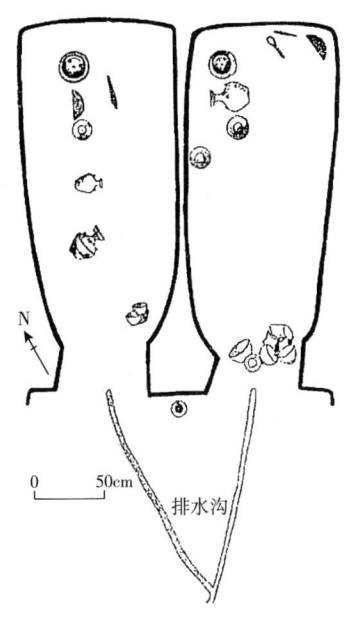

图 4.101　四川昭化 M 19、M 20 墓平面图

精确的断代①。大致属同一地区的涪江流域的漳明也发现了一些形制相似的墓葬,这里涪江流经的河谷与嘉陵江河谷平行。这个地区的墓葬随葬品更为稀少,但与昭化一样,男性都以一把铁刀或短剑随葬,也许反映了此类边疆地区对安全的重视②。

四川盆地的平原地区也像中国其他地区一样建造的是砖室墓。成都附近的五道渠墓就是一例,根据墓中出土的大量钱币,可将其断为蜀汉时期。这是一座长方形券顶砖室墓,墓门两旁排列着一些较为特殊的柱子(图 4.102)。墓砖侧面印有

---

① 张彦煌、龚廷万:《四川昭化宝轮院屋基坡崖墓清理记》,《考古》1958 年第 7 期,第 22~30 页。
② 石光明、沈仲常、张彦煌:《四川彰明县常山村崖墓清理简报》,《考古通讯》1955 年第 5 期,第 38~43 页;石光明、沈仲常、张彦煌:《四川彰明佛儿崖墓葬清理简报》,《考古通讯》1955 年第 6 期,第 30~33 页。

钻石状图案，错缝平砌。墓中较特殊的发现是一盏铜灯，为龟蛇缠绕的玄武形，象征着北方（图7.14）①。

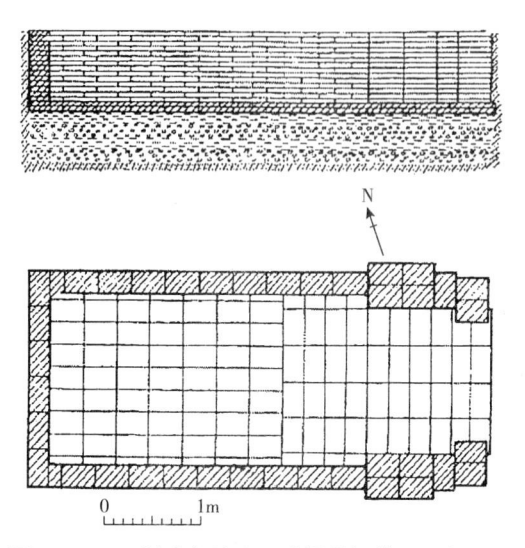

图4.102 四川成都地区五道渠蜀汉墓平、剖面图

成都扬子山发现的两座墓葬年代可能稍晚一些，都是甬道位于中部的双室墓，墓砖侧面为几何图案，与上述五道渠墓一样采取错缝平砌，墓顶为券顶，地面墓砖横铺成行。其中一座相当特殊，设有一道石门，门上刻有两个浅浮雕人物形象，一人手持扫帚（一般持扫帚的都是守门者），另一人执版，姿态恭敬，这是一种汉代兴起而在六朝开始流行的做法（图4.103）②。

---

① 四川省文物管理委员会、崇庆县文化馆：《四川崇庆县五道渠蜀汉墓》，《文物》1984年第8期，第46~48页。
② 沈仲常：《成都扬子山的晋代砖墓》，《文物参考资料》1955年第7期，第95~102页；另一座墓与此相似，发现了"泰始十年"（公元274年）的纪年砖，由此可知二墓都属晋代。这座纪年墓可能就是沈仲常所报道的墓葬之一，参见沈仲常《成都扬子山发现六朝砖墓》，《考古通讯》1956年第6期，第70~71页。

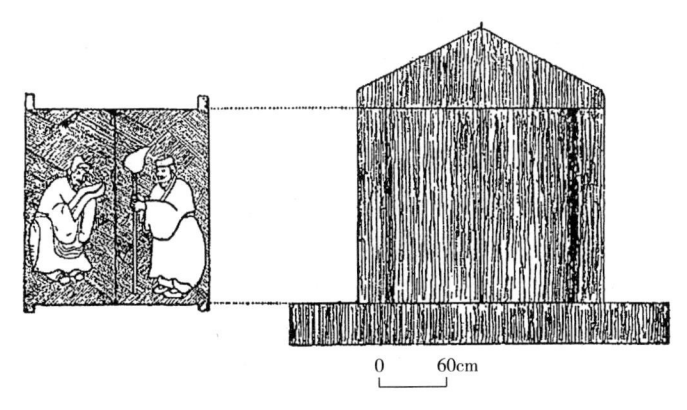

图 4.103　四川成都扬子山某墓墓门

新繁（毗邻成都）也发现了一座六朝早期的墓葬，墓顶形制非常特殊。墓壁由顺砖砌成，但券顶的砖是垂直安放的，外观成一定角度。此外，这座墓葬以楔形砖铺地，已属不多见的做法（图 4.104）[①]。

成都以外地区有两座砖室墓，发现于四川西南部的西昌地区。墓中发现少量陶俑、钱币和银饰，被断为东晋时期，但是报告对墓葬的其他情况很少提及[②]。

奇怪的是，这个地区没有一座晋、隋之间的砖室墓见诸报道。成都附近双流地区发现的一座分段式墓表明四川与其他地区一样，入隋之后墓葬变得复杂起来，如墓葬的前后室均设有壁龛、采用券顶等。唐墓的形制结构与这种墓葬非常相似[③]。

---

① 四川省文物管理委员会：《四川新繁清白乡古砖墓清理简报》，《文物参考资料》1955 年第 12 期，第 74~79 页。
② 黄承宗：《西昌东汉魏晋时期砖室墓葬调查》，《考古与文物》1983 年第 1 期，第 15~21 页。
③ 四川省博物馆：《四川牧马山灌溉渠古墓清理简报》，《考古》1959 年第 8 期，第 428 页。

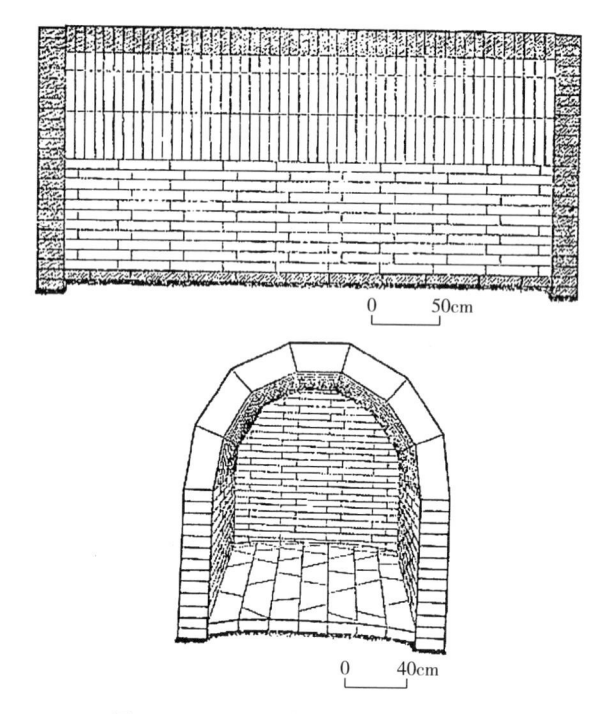

图 4.104　四川新繁某墓纵、横剖面图

四川地势较低地区的墓葬与中原地区并无太大的差别，崖墓才是四川墓葬的主要特色。

四　小结

有关墓葬的基本观念都源于汉代，但由于地域和时代的不同，出现了不同的发展方向。总的来说，六朝墓葬的主要发展趋势是：穹隆顶结构和玉带式砌砖方式的广泛运用、分段式墓葬的减少，以及"凸"字形墓的增大。不同地区逐渐形成了自己的风格，如福建等地的阶梯递进式墓葬，广东地区的船篷形墓和多连墓。显而易见的是，大多数小型墓葬（尤其是当时占人口大多数的平民可能使用的简单土坑墓）极少见诸报道。这种现象很难说是由于这些墓葬本身少有踪迹可循，还是因为考古工作和报道上的偏差，但重要的是我们应该清醒地意识到，我们对六朝时期丧葬情况的了解并不全面。

第五章 皇室墓葬

一 汉代渊源

六朝时期极具特色的墓葬建筑的各方面在当时的皇室墓葬里都有所反映，并得到了扩展。尽管考古资料的不完整性妨碍了我们对六朝皇室墓葬发展情况的全面把握，汉末和三国之初的政治经济危机也给墓葬制度带来了一些突变，但六朝早期的皇室墓葬还是反映出汉代埋葬模式的延续。

汉代的帝陵以其高大的封土，以及妻妾和高官的陪葬墓为特征，西汉帝陵还以围墙将陵园、享堂及其他附属建筑包围起来，其中也包括侍奉死者的侍仆们的生活设施，侍仆们一如皇帝在世一样，事无巨细地侍奉着死去的皇帝，甚至包括日常的沐浴与更衣。东汉时，帝陵建筑简化，围墙被屏篱（行马）所替代，尽管在陵墓东侧仍有守陵者的住处，在封土之前仍立有石室，但所谓的陵域已经不复存在了。由于帝陵仍存在高大的封土，所以它们的位置很明确，帝陵本身都没有发掘，内部结构并不清楚，但应该与已经发掘的诸侯王墓如大葆台汉墓和满城汉墓非常相似[①]。有人认为帝陵是统治者权力的象征，因

---

① 徐苹芳：《中国秦汉魏晋南北朝时代的陵园和茔域》，《考古》1981 年第 6 期，第 522~524 页。

此，拥有广阔陵区和配套建筑的秦和西汉陵墓也反映出朝廷的强大实力。但是到了东汉时期，随着地方豪强势力的增长和朝廷权势的减弱，东汉帝陵的规模也有所缩小。也正因为朝廷的势衰，一些新的埋葬措施在此后的三国时期得以迅速实施。

二 三国

实际上我们对于曹魏墓葬的了解都来自文献记载。曹操（公元155~220年）在北方地区掌控政权后，曾试图对墓葬的规模和大小进行严格的限制，对自己的陵墓也不例外。他以国家经济凋敝为由，颁布了一系列的"薄葬"诏令。去世前曾预作终制，特别要求"敛以时服，无藏金玉珍宝"①。曹操的继承人、儿子曹丕（公元187~226年）曾预做了一份长长的详细的遗诏，指出厚葬之墓易于被盗，施行薄葬反而更能尽孝②。尽管曹操父子都不是这项理性的薄葬制度的首倡者，但他们可能很好地影响到了实际的埋葬行为。在整个六朝时期，包括皇室墓葬在内的所有墓葬，似乎都没有以前那么奢华了。当然，埋葬简化的原因极有可能是由于现实的经济状况，而不

---

① 《三国志》卷1。
② 《三国志》卷2。关于薄葬，参见 Mu-chou Poo（蒲慕洲），"Ideas concerning Death and Burial in Pre-han and Han China," *Asia Major*, 3rd series, 3.2 (1990): 25–62; Keith Knapp（南恺时），"Clay Roosters Cannot Lord over Mornings: The Meanings of Austere Burials in Medieval Death Testaments." Unpublished ms.；魏鸣《魏晋薄葬考论》，《南京大学学报》（哲学·人文科学·社会科学版）1986年第4期，第133~143页；杨泓《谈中国汉唐之间葬俗的演变》，《文物》1999年第10期，第60~68页。

是由于朝廷的政令①。

曹操和曹丕的遗诏都规定了陵寝的选址以及陵区内家属和近臣陪葬墓的安排。曹操葬于邺城之西，曹丕葬于洛阳旧城之东的首阳山下。这两座陵墓的具体位置都没有确定，可能由于以封土和树木为标记的习俗（至少秦始皇之时已经出现）都被曹氏父子禁止了。曹丕的陵园位于涧水西岸，在此区域内曾经发掘过一座墓葬，出土了一件纪年于正始八年（公元247年）的器物。该墓曾被盗，但仍出土了一件玉杯和铁帐钩，说明该墓应是统治阶层的墓葬，但很可能不是帝陵。不过，从墓葬中残存的极为普通的其他随葬品和墓葬规模来看，此时的埋葬规格与汉代相比，已经有了非常明显的下降②。

陈思王曹植（公元192~232年）是曹丕之弟，是一位才华出众的著名文学家。他的墓葬在山东省西部的东阿县被发掘

---

① 刘炜认为厚葬是社会精英阶层为了显示孝道，并借此取得举孝廉资格的一种途径，也是他们入仕并维持自己地位的必要手段。曹操唯才是举，于是颁布法令以薄葬取代旧有的丧葬模式。参见刘炜《三国时期陵寝制度的衰落及其根源》，《四川文物》1986年第1期，第62页。这个观点虽然有些牵强，但也不无价值。

② 这座墓被认为是葬于甘露五年（公元260年）的废帝曹髦的墓葬，参见刘炜《三国时期陵寝制度的衰落及其根源》，《四川文物》1986年第1期，第61页。在黄明兰和苏建的文章中，对墓主人身份并无这样的推测，参见黄明兰、苏建《洛阳古墓博物馆》，北京，朝华出版社，1987，第39~40页。在一件铁质帐钩上发现了正始八年（公元247年）的纪年，但该物并不属于墓葬本身。玉杯的图片参见洛阳文物工作队《洛阳出土文物集粹》，北京，朝华出版社，1990，第76页，图版59。刘炜将该墓与安徽发掘的曹操宗族成员墓葬进行了对比，他指出，虽然这位废帝的身份显然高于那些早曹氏宗族成员，但墓室大小或建筑精细程度都远不如那批早五六十年的墓葬。参见刘炜《三国时期陵寝制度的衰落及其根源》，《四川文物》1986年第1期，第61~62页。魏鸣也持同样的观点，参见魏鸣《魏晋薄葬考论》，《南京大学学报》（哲学·人文科学·社会科学版）1986年第4期，第135页。

（图5.1）。这是一座带甬道的双室墓，前室方形，券顶高达8米，后室高3.31米，墓室总面积为26平方米。墓葬砖结构组成玉带式的图案，墓室与墓顶涂有一层灰泥。棺木安置在前室的中央，现已朽烂，包括三层遗迹：一层木炭，一层朱砂，最上一层为组成日月星辰图案的云母片，尸体陈于云母层之上。该墓出土了132件器物，大部分放置在棺木两侧，包括几件玉片、玛瑙、玻璃器、石器，以及89件陶瓷器，陶瓷器包括家禽、狗、灶、几案、勺、井、钟、磨等模型器和各种器皿。还出土了一件砖铭，据之可知墓主的身份。根据史料的记载，曹植曾于曹魏太和三年（公元229年）被封东阿王，实际上被流放于此，太和六年（公元232年）又被徙封于今河南淮阳地区为陈思王，不久在此地抑郁而终。显然，是按曹植生前意愿葬于东阿地区的[①]。

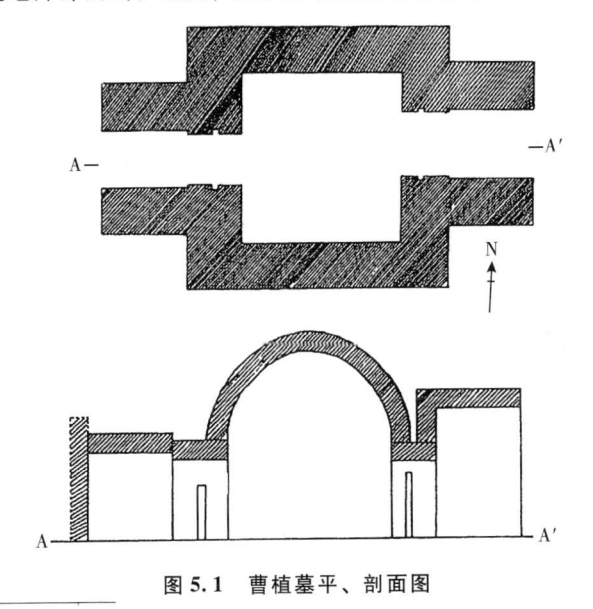

图5.1 曹植墓平、剖面图

---

① 刘玉新：《山东省东阿县曹植墓的发掘》，《华夏考古》1999年第1期，第7~17页，特别是第14页；《三国志》卷19。

这一时期，皇室墓葬形制上的另一个显著变化是，对祖先崇拜的关注由墓葬转向宗庙。追求简朴甚至平庸的埋葬形式可能是导致这种变化的一个因素。尽管为了举行一套精心的仪式，必须建造一系列复杂的建筑以引人注目，但到东汉时期，陵墓的附属建筑还是出现了明显的衰退迹象，它在以后的发展可能仅仅是那种信仰变化的一种延续。无论如何，曹丕确曾发布诏令，称墓祭只是近人的发明，而在宗庙内的祭祀仪式是一项旧制，应得到遵守。为此，他下令将曹操墓内的许多建筑予以拆除，并说这样更能体现他父亲的遗愿。此后，尽管偶尔还会有一些墓祭现象，但曹丕的法令在这段时间内得以普遍实施①。

在东吴的 59 年里，共有四位统治者，其中一位被废黜，最后一位降魏。按理说应该有两座东吴的帝陵，但其所在地点都无法确定。东吴的建立者孙权之墓，一说位于钟山南麓的孙陵岗，也有人认为明代开国皇帝陵墓之前的梅花山是孙权之墓。从东吴时期的大量小型墓例来看，东吴的丧葬形式延续了汉代的传统，只是奢华程度上有所减弱②。

---

① 《晋书》卷 20；魏鸣：《魏晋薄葬考论》，《南京大学学报》（哲学·人文科学·社会科学版）1986 年第 4 期，第 134 页；Hung Wu, *Monumentality in Early Chinese Art and Architecture*, pp. 120 – 121。

② 魏鸣：《魏晋薄葬考论》，《南京大学学报》（哲学·人文科学·社会科学版）1986 年第 4 期，第 135~136 页。正如魏鸣所说，关于孙权墓的位置至少还有两种说法，但这一说法是最可靠的。刘炜《三国时期陵寝制度的衰落及其根源》（《四川文物》1986 年第 1 期，第 64~65 页）认为东吴早期延续着汉代厚葬的习俗，后来受曹魏影响，尽管地表十分简略，"不封不树"，但墓室内部仍保留着奢华的建造工艺和墓内陈设。《三国志》卷 48 注引《抱朴子》详细记载了吴景帝时（公元 258~263 年）扬州古冢被掘之事，葛洪认为该冢是魏公主之墓，可能是汉代的；此外，《三国志》卷 50《江表传》也记载了东吴末帝孙皓为其夫人在苑中建墓的故事，不过这种情况应该只是特例，并不具有代表性。

最后是蜀国，蜀汉时期仅有一座帝陵，即刘备之墓。刘备称帝两年之后去世，他自称为汉王室的继承者，正因如此，他的墓葬可能采用了汉代的埋葬模式，尽管一般认为成都武侯祠内一座15米高的封土堆可能是刘备之墓，但并没有进行发掘[1]。

三　西晋

至少在西晋早期，统治者是遵循了曹魏丧葬制度的，也主张薄葬。之前，司马懿（卒于曹魏嘉平三年，即公元251年）对自己的陵寝也有详细而明确的指令，要求建造土坑墓、不树不封、"敛以时服"、不藏明器等[2]。他的继承者司马师（卒于正元二年，公元255年）和司马昭（咸熙二年，即公元265年卒）沿用了同样的政策。西晋另外两位统治者司马炎（卒于太熙元年，即公元290年）和司马衷（光熙元年，即公元306年卒）的陵寝情况并不见于记载。他们可能有陵寝，不过司马炎确曾严厉谴责过那些在墓前建石室，立石兽、石碑的行为，认为这是一种自大的、有误导作用的、对普通百姓无益的行为，并加以禁止[3]。因此，西晋统治者的墓葬应当是相当简朴的，也可能正因如此，陵寝所在位置很难确认。

---

[1] 刘炜：《三国时期陵寝制度的衰落及其根源》，《四川文物》1986年第1期，第62~63页。据说清代尚存神道石兽和石刻武士，现在除了封土，其他设施皆为清代遗存。刘备去世时诸葛亮已成为蜀国的实际统治者，诸葛亮本人也倡导薄葬，所以诸葛亮向后主的进言实际上也是刘备的凤愿，那就是将葬礼尽量简化。参见《三国志》卷32。

[2] 《晋书》卷1。

[3] 《宋书》卷15。

长期以来，人们认为西晋皇陵的位置应该在当时的都城洛阳地区，依照惯例，文献中当备记各陵的名称，但只记载了司马懿的陵寝所在地——首阳山①。不过《文选注》里的一段话披露了较多的信息，里面提到五座帝陵的相对位置，仍没有提到准确地点②。20世纪初期发现的两方石墓志出自司马昭和司马炎的陪葬墓，当有助于最终确认此两座帝陵的位置③。

这两座帝陵位于西晋都城洛阳西北不远处，坐落在邙山南麓的高地上，都分别有一些较小的墓葬陪葬，其中疑为司马昭陵墓的大墓有4座陪葬墓，而疑为司马炎陵墓的有22座陪葬墓。大墓都位于陵区最东部的山坡低处，而陪葬墓则成排分布于西部，并随着坡势的上升逐渐变小（图5.2、图5.3）。这些墓葬的形制可能相同，不同的只是大小规模。每座墓葬皆由三部分组成：墓道、甬道和墓室。长墓道都被挖成斜坡式，两侧凿有台阶，达到一定的深度后，再在土里凿出甬道和墓室。墓道均以夯土填实。疑为司马昭墓的墓道长46米，宽11米，最低处深11米，墓室规格为4.5米×3.7米×2.5米。它的4座陪葬墓墓道要小得多，平均长、宽、深度为21.5米×6.2米×7.6米，但墓室大小与帝陵大致相同。司马炎墓位于司马昭墓的西部，这样就将较为尊崇的位置留给了他父亲。该墓各部分的相对尺寸与司马昭墓相同，比帝陵次一等

---

① 《晋书》卷1。首阳山位于河南偃师西北约10公里的邙山之上。
② 《六臣注文选》卷38注引郭缘生《述征记》。
③ 关于两方墓志的讨论，参见河南省文化局文物工作队第二队《洛阳晋墓的发掘》，《考古学报》1957年第1期，第184页及注5；更深入的讨论参见蒋若是《从荀岳左芬两墓志中得到的晋陵线索和其他》，《文物》1961年第10期，第49~52页。

第五章 皇室墓葬 / 225

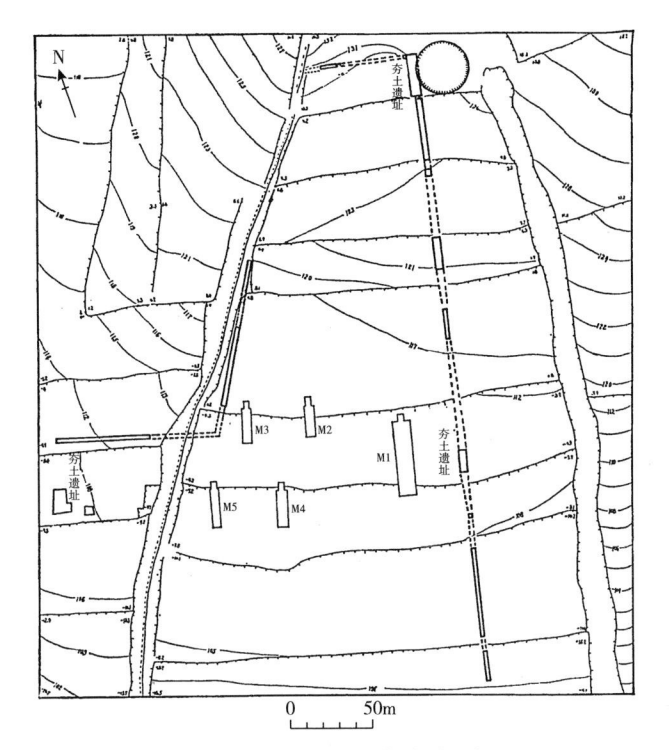

图 5.2 邙山枕头山墓地地形图

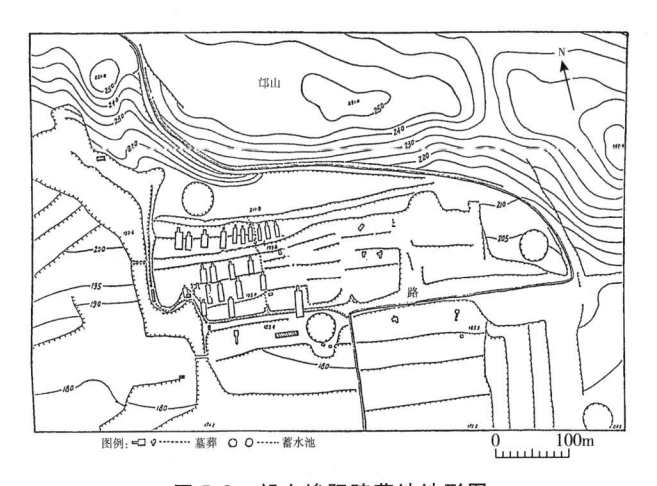

图 5.3 邙山竣阳陵墓地地形图

级的墓葬平均尺寸略大于帝陵之半，而帝陵和陪葬墓的墓室规格则大致相同①。陪葬墓中实际上只有两座被发掘了，都是东部大墓的陪葬墓，两墓的墓室均以砖铺地，甬道内设素面石门，墓室在土里挖成，壁面没有装饰（图5.4）。可以推测帝陵的内部结构可能也与此类似②。这两座墓葬发现的随葬品极少，没有任何迹象能表明墓主人的身份。从出土的司马炎贵人左芬（文学家左思之妹）墓志来看，这22座陪葬墓中可能有一座属于她，表明司马炎的其他配偶也很有可能葬于此处③。

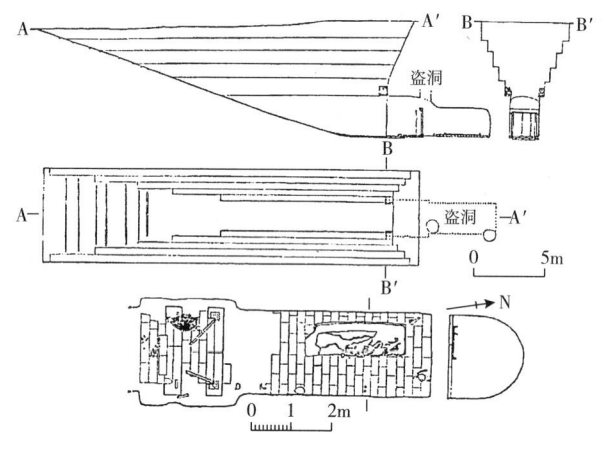

图 5.4 邙山 M4 墓平、剖面图

---

① 中国社会科学院考古研究所洛阳汉魏故城工作队：《西晋帝陵勘察记》，《考古》1984年第12期，第1096~1107页。
② 上引报告称仅发掘了两座墓葬，所以其他墓葬的大小和内部结构不是很清楚，如该报告第1107页表中的铺地砖以及盗洞的位置仅是通过已发掘的二墓所做的推测，并未对所有墓葬进行发掘，当然也有可能做过一些勘探。
③ 中国社会科学院考古研究所洛阳汉魏故城工作队：《西晋帝陵勘察记》，《考古》1984年第12期，第1106页。

有人认为，西晋皇帝之所以在陵墓上不立封土，可能是担心封土标明了陵墓的位置，会受到盗墓贼的侵扰，这样的事在前代确曾发生过。不过就司马昭的陵墓而言，还是发现有夯土墙垣的迹象，墙垣环绕着陵寝和各种相关建筑的地基。在一百多年后的东晋义熙十二年（公元416年），当刘裕率领东晋军队收复洛阳后，曾下令修复五座帝陵，显然，当时确定帝陵的位置还并非难事[1]。关于西晋帝陵的不树不封，还有一种说法认为西晋统治者不希望张扬自己的权力与财富，担心因此疏远了强大的豪族，而自己的统治还需要仰仗他们的支持，所以他们有意将陵寝控制在适度的规模。与此相关，也可能更有说服力的观点认为，帝陵是中央权力强弱的标尺，在势力衰微的西晋时期，帝陵的规模和精致程度也会相应地降低，就像东汉后期一样[2]。这里问题的关键是，在西晋时期，经济条件无疑是一个重要的因素，但政治因素可能更为重要。进入东晋以后，众所周知，朝廷的稳定性不如以前，但东晋帝陵却比西晋时要奢华得多。

四 南朝

东吴统治者的陵墓位于南京地区，随着建武元年（公元317年）晋室南迁至南京，皇室墓葬重又建造于这个城市及其周边地区。根据历史文献记载，从东吴到陈，该地区共建有71座皇室墓葬，包括帝、后以及其他皇室成员的墓葬。经过

---

[1] 《六臣注文选》卷38引傅季友文及李善注。
[2] 魏鸣：《魏晋薄葬考论》，《南京大学学报》（哲学·人文科学·社会科学版）1986年第4期，第140页。

数年的工作,已有 31 座皇室墓葬被发现,没有全部发掘,但其中 23 座仍可与文献记载相对照。这些墓葬有的分布在南京本地,有的位于江宁、句容和丹阳等地①。有些身份明确的墓葬已被发掘(图 5.5)②。

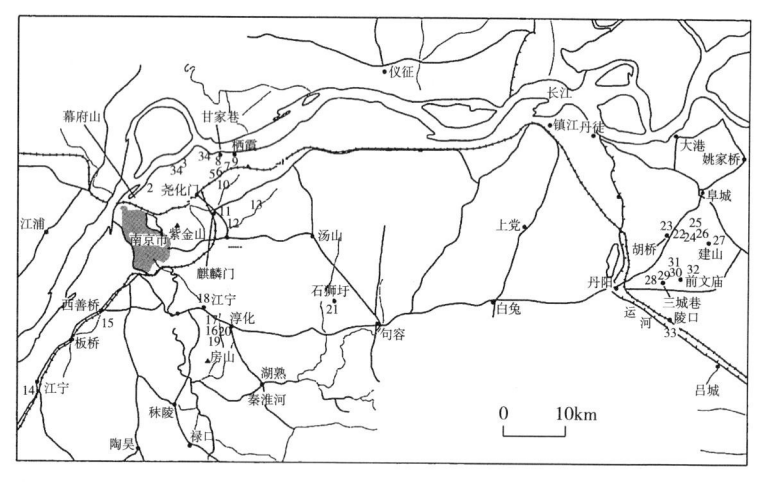

图 5.5　南朝皇室墓葬分布

注：图中数字标号参见第 233~234 页表格。

这些南朝帝陵具有以下共同特征。

(1)均坐落于山坡上。尽管选择葬地时,风水术是一个

---

① 罗宗真:《六朝陵墓埋葬制度综述》,《中国考古学会第一次年会论文集》(1979),第 358~366 页,其中有地图和图表。需要注意的是,在第 365 页的表中,和帝萧宝融恭安陵的墓门与上层墓门有叠压关系。该文发表时省略了原作《六朝陵墓及其石刻》中非常有价值的 71 则历史文献,殊为可惜。原作参见罗宗真《六朝陵墓及其石刻》,《南京博物院集刊》,1979,第 79~98 页。关于六朝陵墓的更多历史文献,参见 Hung Wu, "Buddhist Elements in Early Chinese Art (2nd and 3rd Centuries A. D.)," *Artibus Asiae* 47. 3-4 (1986): 323, n. 3。

② 徐苹芳:《中国秦汉魏晋南北朝时代的陵园和茔域》,《考古》1981 年第 6 期,第 524~525 页。

重要因素，但陵墓的朝向主要依墓址本身而定①。

（2）营建墓室时，先要挖一个可容纳墓室的墓圹，在墓圹内先以 5~7 层砖垒出一个平台，在其上建造单墓室，墓室平面一般为壶形，后壁呈半圆形，有的侧壁还呈弧形外凸，墓顶大多为穹隆顶。有的可能还曾建有护墙，以分担墓上封土的重量②。

（3）墓圹与墓室之间的空间以夯土填实，墓上一般建有高大的封土堆，不过在有些情况下，墓葬的封土就是自然的高山。

（4）在长长的甬道内，除了封门，大多还有两道石门，石门上有半圆形的门楣，门楣上雕刻出仿木构的图案。有的还在墓内用砖精心砌出一道排水沟，沿着坡势通向墓外。在气候潮湿的南方地区，这样的排水设施是必需的。

（5）在墓葬中轴线上往往有神道的遗迹，布列石兽、石柱和石碑。一般情况下，这些孤零零地躺在旷野里的石兽往往是寻找墓葬的唯一线索，它们的存在表明某座帝陵就位于河谷上游的某处山中③。

1. 东晋

尽管并无充分证据，但各代墓葬似乎都会聚葬于某些特定

---

① 关于风水选址的文献典故，参见徐苹芳《中国秦汉魏晋南北朝时代的陵园和茔域》，《考古》1981 年第 6 期，第 529 页，注 58、注 59。
② 被认为是陈宣帝陵的墓葬在南京西善桥得以发掘，墓坑长 45 米，宽 9 米~11 米，深 30.5 米以上。地面有 5 层铺地砖。墓室本身为 10 米×6.7 米，面积为 69.19 平方米；参见罗宗真《南京西善桥油坊村南朝大墓的发掘》，《考古》1963 年第 6 期，第 293 页。
③ 关于神道的讨论详见下文。

的区域。根据文献的记载,东晋帝陵均位于南京地区,其中最早的四座帝陵合称"西陵",位于建康城北的鸡笼山下,其后各帝则被葬于建康城东的钟山,合称"东陵"①。南京大学北园(属东晋鸡笼山地区)墓葬可能是一座东晋帝陵(图5.6)②;文献所载的穆帝司马聃(升平五年,即公元361年卒)之陵

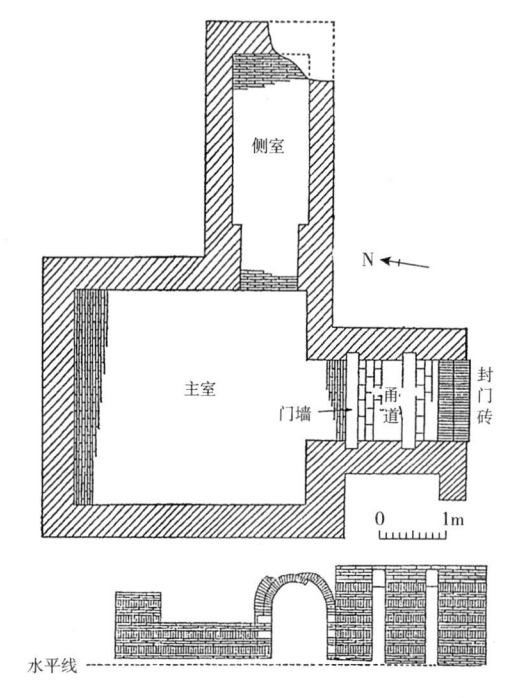

图 5.6 南京大学北园东晋墓平、剖面图

---

① 南京市博物馆:《南京北郊东晋墓发掘简报》,《考古》1983年第4期,第321页;蒋赞初:《南京东晋帝陵考》,《东南文化》1992年第3~4期,第101~102页,其中详细讨论了历代学者对文献所载诸山的讨论。

② 南京大学历史系考古组:《南京大学北园东晋墓》,《文物》1973年第4期,第36~50页。该报告得出结论(第46页),认为该墓属等级极高的封建贵族墓葬。蒋赞初在《南京东晋帝陵考》第101页,论证了李蔚然在《论南京地区六朝墓的葬地选择和排葬方法》第345页所提观点,初步认定这是一座帝陵。

是唯一位于幕府山的东晋帝陵，1983 年在这里发现的一座墓葬可能就是穆帝之陵（图 5.7）①；恭帝司马德文（卒于刘宋永初二年，即公元 421 年）的陵墓也在今南京市区的富贵山发现并进行了发掘（图 5.8）②。

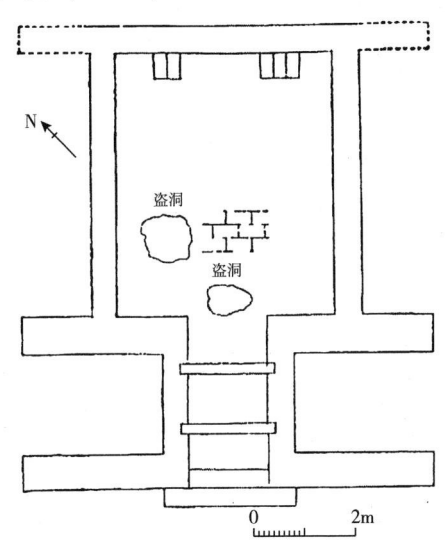

图 5.7　司马聃墓（推测）平面图

以上三座墓葬都是大型单室砖墓，甬道内设两道木门（地面留有门槽）。时代最早的墓葬总面积为 28.59 平方米，另外两座分别是 25.64 平方米和 43.9 平方米。三座墓的结构比较一致，都有多层砖砌的墓基和外部护墙。可惜三座墓葬全部被盗，没有表明墓主身份的明确证据。但是，这三座墓的规

---

① 南京市博物馆：《南京北郊东晋墓发掘简报》，《考古》1983 年第 4 期，第 315~322 页。
② 南京博物院：《南京富贵山东晋发掘报告》，《考古》1966 年第 4 期，第 197~204、196 页；李蔚然：《南京富贵山发现晋恭帝玄宫石碣》，《考古》1961 年第 5 期，第 260 页。

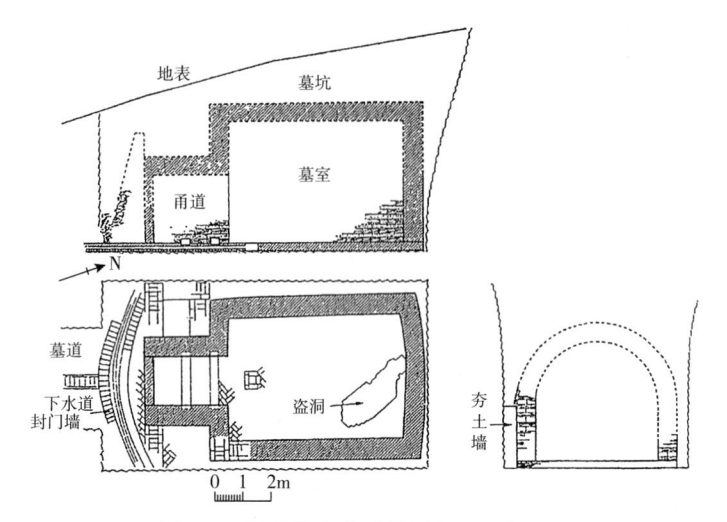

图5.8 司马德文墓（推测）平、剖面图

格和设计远远高于同时期该地区的其他墓葬，因此认为它们是帝陵应该是毋庸置疑的。

根据蒋赞初的研究，这些皇室墓葬的特征是：规模巨大，一般位于山的南坡（山之"阳"），均是由单墓室和甬道构成"凸"字形结构，甬道内有两道木质墓门，木门已腐朽，但门槽痕迹仍在；墓顶多为券顶，少见当时趋于流行的穹隆顶。这些墓在形制上与西晋墓葬相似，但以木质墓门取代了之前的石质墓门，这可能是由于东晋早期社会还不太安定。此外，墓葬的建造方式似乎相当保守，没有出现排水管、直棂窗、"凸"字形灯龛以及当时已在南方流行的其他一些特征。蒋先生认为，在随葬品和墓内设施上同样表现出守旧的特征，因此对这些皇室陵墓来说，对传统丧葬礼制的维护可能还是相当重要的[①]。

---

① 蒋赞初：《南京东晋帝陵考》，《东南文化》1992年第3～4期，第99～100页。

编　号	墓主姓名	时　　代
*1	司马德文	晋　恭帝（公元386~421年）
*2	司马聃	晋　穆帝（公元343~361年）
3	萧　敷	梁　武帝之兄（公元497年卒）
4	萧　景	梁　武帝堂兄（公元477~523年）
5	萧　憺	梁　武帝异母弟（公元478~522年）
6	萧　恢	梁　武帝异母弟（公元476~526年）
*7	萧　秀	梁　武帝异母弟（公元475~518年）
8	萧　映	齐　高帝之子（公元489年卒）
9	萧颖胄	齐　高帝堂兄
10	刘义隆	宋　文帝（公元407~453年）
11	萧　宏	梁　武帝异母弟（公元473~526年）
12	刘　裕	宋　武帝（公元363~422年）
*13	陈　蒨	陈　文帝（公元566年卒，武帝之子）
14	萧　嶷	齐　高帝之子
*15	陈　顼	陈　宣帝（公元528~582年）
16	陈霸先	陈　武帝（公元503~559年）
17	不确定	
18	不确定	
19	萧正立	梁　萧宏之子、武帝之侄
20	不确定	
21	萧　绩	梁　武帝之子（公元505~529年）
22	萧承之	齐　追奉宣帝，高帝之父
23	萧道成	齐　高帝（公元427~482年）
*24	萧道生	齐　追赠景帝（公元478年前后）
25	萧昭业	齐　武帝之孙（公元473~494年）
26	萧昭纹	齐　武帝之孙（公元480~494年）
*27	萧宝卷 萧宝融	齐　明帝之子（公元482~501年） 　　明帝之子（公元488~502年）

续表

编　号	墓主姓名	时　　代
28	萧　纲	梁　简文帝（公元 550~551 年在位）
29	萧　鸾	齐　明帝（公元 452~498 年），高帝之侄
30	萧顺之	梁　追赠文帝，梁武帝之父
31	萧　衍	梁　武帝（公元 502~549 年在位）
32	萧　赜	齐　武帝（公元 450~493 年），高帝之子
33	齐梁时期一组8座墓	
34	萧统或萧伟	梁　武帝之长子（公元 501~531 年）武帝之异母弟（公元 490~532 年）

注：表中带"＊"者为已发掘。

2. 宋

根据文献记载，刘宋皇室墓葬位于建康城外的北部、东北和南部地区。其中两座位于东北的墓葬已暂时得到确认，一座位于甘家巷，一座位于其林门，后者可能是刘宋开国皇帝刘裕的陵墓。这两座墓葬都没有发掘①。

3. 齐

萧齐的七位皇帝加上死后追赠的两位，都被葬于丹阳东北，大多数集中于胡桥附近的低山地区。由于文献记载语焉不

---

① 罗宗真：《六朝陵墓埋葬制度综述》，《中国考古学会第一次年会论文集》（1979），第 364 页，及第 360 页地图。

详，对这些墓葬主人身份的判断也是众说纷纭（表5.1）①。已发掘的三座墓葬规模相当大，面积都在50平方米以上，与东晋帝陵一样，也是带甬道的单室砖墓结构，但有双重石质墓门、半圆形的后壁，墓葬平面呈壶形，墓外也有护墙，也有多层铺地砖（图5.9、图5.10）②。这三座墓里都发现了著名的

---

① 关于墓葬发现的地点与墓主身份的对应还存在很多问题。根据罗宗真的研究，丹阳东北部诸山（从北向南为北山、经山和建山）的西侧有四座陵墓，分别位于赵家湾（23号）、狮子湾（22号）、仙圹湾（即罗宗真所称鹤仙坳，24号）及金家村（27号）。罗宗真文章发表后又发掘了第五座墓葬，位于赵家湾（23号）北部的吴家村，所以这座墓未在地图1（依据罗宗真文章）中标出。
关于墓主的身份，学术界众说纷纭，如南京博物院《江苏丹阳县胡桥、建山两座南朝墓葬》，《文物》1980年第2期，第9页。徐苹芳在《中国秦汉魏晋南北朝时代的陵园和茔域》第524页中仅列举了已发掘的墓葬，他认为罗宗真推定狮子湾墓为萧承之墓不妥，该墓可能是萧承之的，也有可能是萧道成的，而赵家湾墓的墓主尚不可知。吴家村和金家村的发掘报告（参见南京博物院《江苏丹阳县胡桥、建山两座南朝墓葬》，《文物》1980年第2期，第1～17页）推断这两座墓分别属于萧宝融和萧宝卷。因为墓葬本身并无线索显示墓主身份，所以对墓主身份的推断主要基于历史文献，通过排除法得出的。最近日本学者根据墓前雕像的风格以及墓葬本身的装饰和结构，对墓主身份进行了重新评估，如町田章著，劳继译《南齐帝陵考》（《东南文化》1986年第2期，第43～63页）得出了截然不同的结论，他认为仙圹湾的墓葬属于武帝萧赜，狮子湾的墓葬属于明帝萧鸾，而金家村墓葬的主人才是萧道成。另一位日本学者曾布川宽在「南朝帝陵の石獸と磚畫」〔『東方學報』63（1991）、129–146頁〕中，认为萧道成墓在仙圹湾，而萧鸾墓在金家村。这种基于形式上的差异来重新认定墓主的方法还有待考虑（因为这种差异很小），应该结合年代序列来考虑在相对较短时限内的较大变化。关于这个问题，参见Susan Bush, "Continuity and Change: Ku K'ai-chih and the Monsters of Liang," Paper read at the conference "*A Dialogue with the Ancients: New Dimensions of Thought and Action in Early Medieval China.*" Bellingham, Washington, 1996, pp. 5–10 及引文。
② 南京博物院：《江苏丹阳县胡桥、建山两座南朝墓葬》，《文物》1980年第2期，第1～17页；南京博物院：《江苏丹阳胡桥南朝大墓及砖刻壁画》，《文物》1974年第2期，第44～56页。

拼镶砖画"竹林七贤"①。

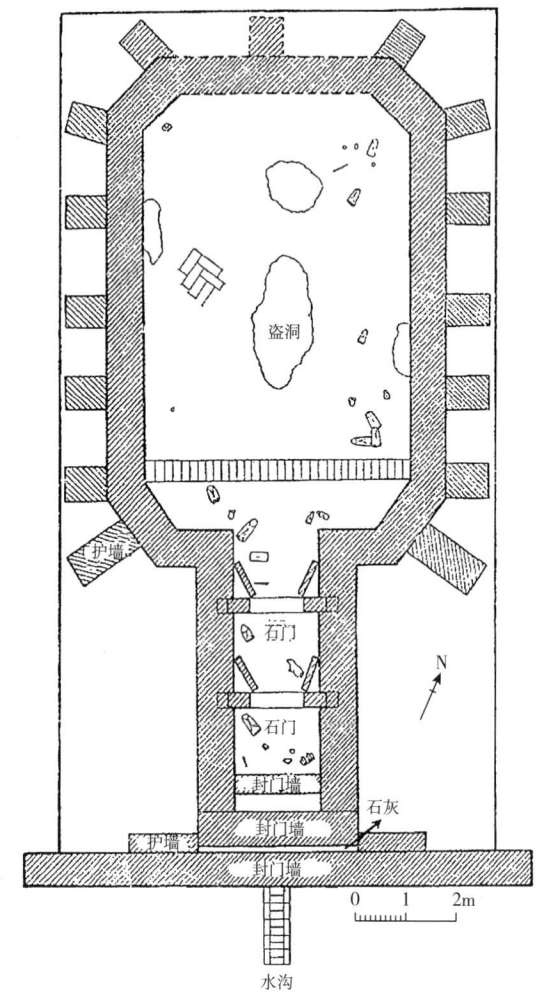

图 5.9 南齐某帝陵(吴家村墓)平面图

---

① 关于这些拼镶砖画的讨论,参见 Audrey Spiro, *Contemplating the Ancients: Aesthetic and Social Issues in Early Chinese Portraiture*. Berkeley: University of California Press, 1990。

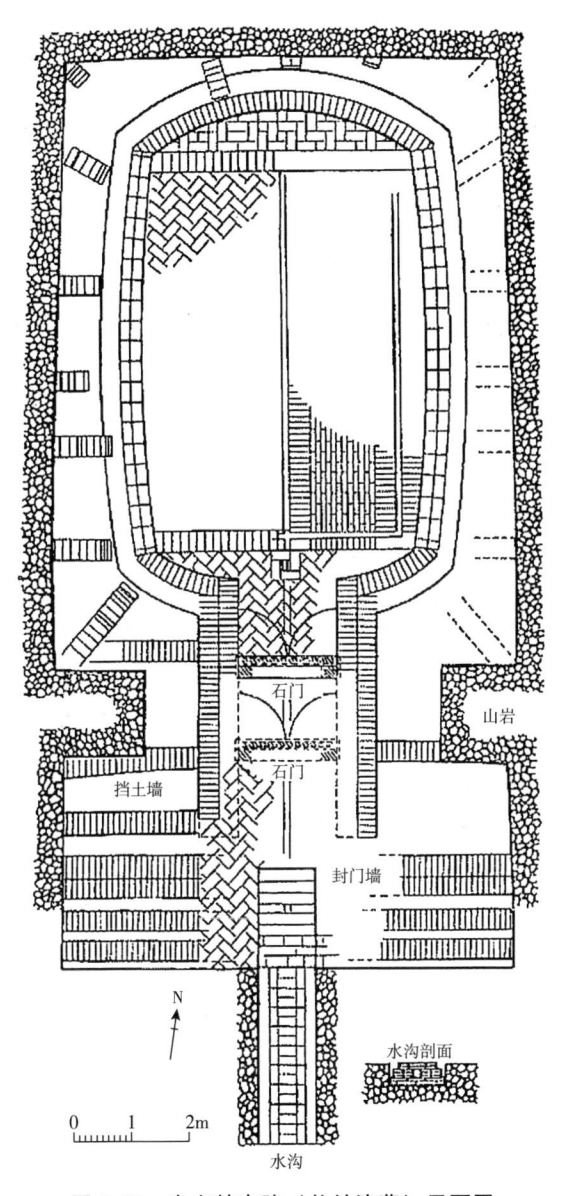

图 5.10 南齐某帝陵（仙圹湾墓）平面图

表 5.1 丹阳南齐五陵墓主身份推测

资料出处	吴家村墓	赵家湾墓 23	狮子湾墓 22	仙圹湾墓 24	金家村墓 27
罗宗真《六朝陵墓埋葬制度综述》第 364 页及插图		萧道成	萧承之	萧道生	萧宝卷
南京博物院《江苏丹阳县胡桥、建山两座南朝墓葬》,第 9 页	萧宝融				萧宝卷
徐苹芳《中国秦汉魏晋南北朝时代的陵园和茔域》,第 524 页	萧承之或萧道成			萧道生	萧宝卷或萧宝融
町田章《南齐帝陵考》,第 43~63 页。	萧宝融	萧道成	萧鸾	萧赜	萧道生
曾布川宽「南朝帝陵の石獸と磚畫」、129~46 頁	萧承之	萧道成		萧道生	萧鸾

4. 梁

萧梁皇室陵墓多位于丹阳以东 12 公里处,都没有发掘。确定帝陵的主要依据是残存的神道石兽。皇室近亲反而葬于离都城较近的地区,主要位于南京东部和东北部的尧化门外和甘家巷地区。萧秀(卒于天监十七年,即公元 518 年)墓就是该地区 38 座萧梁墓中的一座①,也是一座壶形墓葬,有长长的排水沟、护墙,前置一对石兽。尧化门附近可能属萧伟的墓葬也已发掘(图 5.11)②,结构大致相同,但在甬道里多出一

---

① 南京博物院和南京市文物保管委员会:《南京栖霞山甘家巷六朝墓群》,《考古》1976 年第 5 期,第 316~317、324 页。
② 南京博物院:《南京尧化门南朝梁墓发掘简报》,《文物》1981 年第 12 期,第 14~23 页。

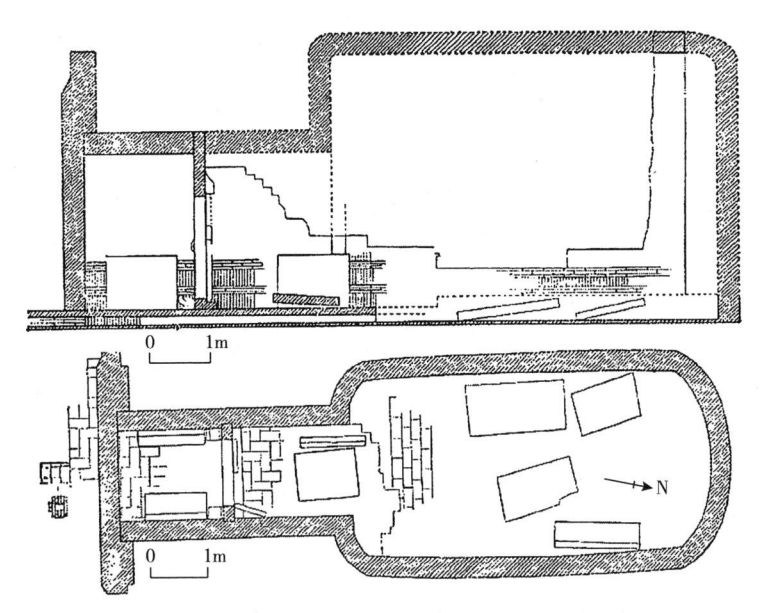

图 5.11 南朝梁某帝陵（尧化门墓）平、剖面图

道石门（图 5.12）。此外，这个地区还发现了一座根据墓铭推断为桂阳王萧融的墓，他是梁朝建立者萧衍之兄①，其继承者萧象的墓也被找到并经过发掘，采用典型的高等级墓葬形制。同其他墓葬一样，该墓坐落于河谷上游朝南的缓坡上（图 5.13）②，地面神道遗迹情况不清。

---

① 南京市博物馆、阮国林：《南京梁桂阳王肖融夫妇合葬墓》，《文物》1981 年第 12 期，第 8~13 页。该墓曾被认为是南齐萧颖胄的墓葬。在罗宗真的地图中应为 9 号墓，但数字标号被遗漏了。关于梁代帝王墓及相关讨论，参见 Mathias Tchang, "Tombeau des Liang: Famille Siao, 1ère Partie, Siao Choen-tche," *Variétés Sinologiques* 33. Shanghai: Imprimerie de la Mission catholique, 1912. 该文标出了当时所知墓葬的详细地图。
② 南京博物院：《梁朝桂阳王萧象墓》，《文物》1990 年第 8 期，第 33~40、29 页。其中第 39 页对墓葬的选址进行了简单讨论。

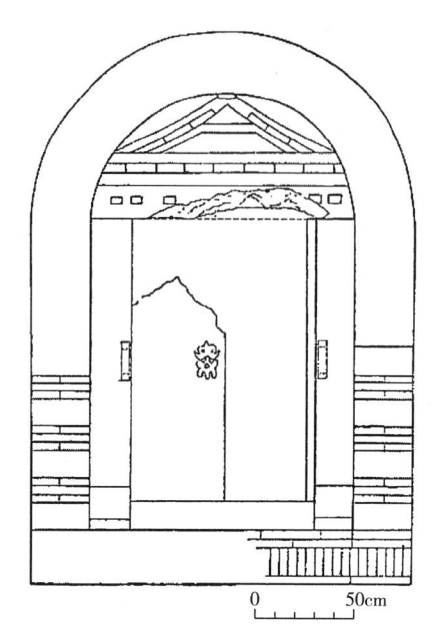

图 5.12　南朝梁某帝陵（尧化门墓）石门

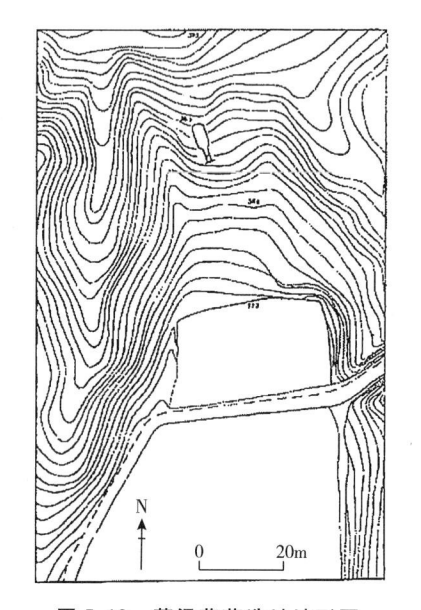

图 5.13　萧梁墓葬选址地形图

5. 陈

陈朝的三座帝陵位置比较分散，开国之君陈霸先的陵墓位于南京东南方的上方附近，继任者陈蒨的陵墓坐落于南京以东的今灵山地区，陈顼的陵墓则坐落于南京西南方的西善桥附近。后两座已经发掘，与前代相比，墓葬显得更加复杂。其中陈顼陵尤其值得注意，因为在陵室前部、墓门后面建有一道护墙，这是此类结构在六朝墓葬中的首见。此外，该墓的砖工也特别复杂（图5.14）[①]。

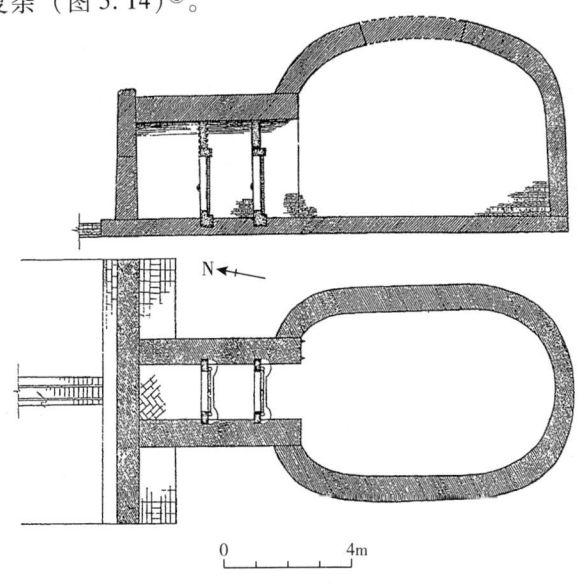

图5.14 南朝陈宣帝陵平、剖面图

[①] 罗宗真：《南京西善桥油坊村南朝大墓的发掘》，《考古》1963年第6期，第291~300、290页。该墓即罗宗真图中的15号墓。关于陈蒨的墓葬，在罗宗真《六朝陵墓埋葬制度综述》〔《中国考古学会第一次年会论文集》(1979)〕第364页中指出，该墓于1972年发掘（文章写于1973年），但发掘报告尚未发表。徐苹芳：《中国秦汉魏晋南北朝时代的陵园和茔域》，《考古》1981年第6期，第529页，注55，引用了罗宗真的研究。

与第四章所述墓葬相比，这些墓葬规模更加巨大，也更为复杂，可以一眼就知为皇室陵墓。这与一般认为的南朝朝廷由世家大族控制、皇帝势力相对较弱的看法不符。

五 北方皇陵

相对而言，我们对这一时期的北方皇陵知之甚少[①]。北方社会动乱，政局不稳，加之财力匮乏，建造大型陵寝困难重重，即使建成了保存情况也相当不好。前赵国君刘曜陵墓的规模曾因受到大臣的劝阻而缩减，他们以秦始皇陵为例进谏，称过度奢华只会导致亡国[②]。北燕天王之弟冯素弗的墓葬规模适中，很可能代表了典型的十六国短命王朝的墓葬规模[③]。

1. 北魏

北魏是北朝持续时间最长的王朝，皇陵也反映了政权的相对稳定性。根据史料记载，北魏早期的7位皇帝、10位皇后、6位皇子和其他18位皇室成员都葬于金陵。由于右玉的山中发现了一批墓葬，因而北魏早期的金陵也得以确认，位于陕西的北端、北魏早期都城盛乐（今和林格尔附近）的南部，后

[①] 如杨哲文《中国历代帝王陵寝》，台北，明文书局，1987，第72~78页，在其关于六朝皇室墓葬的研究中仅讨论了南方墓葬。

[②] 陵墓最初的规划是方圆2公里、深35丈，内有铜椁，饰以黄金，所有这些应该超出了当时国家所能承受的经济能力。两年后刘曜为其父母建墓，方圆1公里，封土高100尺，用6万工匠不分昼夜劳作百日而成。参见《资治通鉴》卷92。

[③] 参考文献见第四章有关注释。

迁都至平城（今大同）的西面①。在 14 座海拔 1500 米~1700 米的山顶上发现了 21 座大型墓葬，有些附近还带有小型的陪葬墓，分布面积达 1500 平方公里。这些大型墓葬都有夯土或石砌的方形基座，边长 11 米~74 米不等（平均 26.75 米），一般 1 米~2 米高。其上为封土，封土堆的形状各异，有圆形、尖顶或平顶（所谓覆斗形），高 2 米~7 米（平均 4.85 米）②。有些封土堆上盖有玄武岩石块，也发现了带有典型北魏装饰纹样的陶片、砖瓦等，有的地方还发现了石铺的道路和门阙痕迹。这些北魏陵墓位于高山之巅，与山浑然一体，与南方在山腰凿石开洞的方式不同。较之于后来的唐代陵墓，它们的规模相对较小，也有利于与自然景观融为一体。《魏书》记载，这一地区的皇陵年代为公元 377~476 年③，其中最早的记录是建国十八年（公元 355 年）入葬的一位皇后，最晚的是太和七年（公元 483 年）入葬的皇后④。

由于发现的时间不长，这些早期皇陵都还未发掘，因此墓

---

① 关于该遗址的讨论根据李俊清《北魏金陵地理位置的初步考察》，《文物集刊》1990 年第 1 期，第 67~74、38 页（译者按：在翻译过程中，作者丁爱博先生曾与译者谈及该墓地情况，丁先生称与相关学者讨论后，认为此墓地确认为金陵的证据不足，特嘱译者在此更正。为尊重原著，正文不做更正，仅在此处做一说明）；另参见刘溢海《北魏金陵探究》，《北朝研究》2008 年第 6 辑，第 94~103 页。
② 根据《魏书》卷 13，规定帝王陵墓不得超 30 步，这大致与封土规模一致。北魏一尺约为 28 厘米，6 尺为一步，因此一尺为 1.68 米；具体数字参见河南省文化局文物工作队郭建邦《洛阳北魏长陵遗址调查》，《考古》1966 年第 3 期，第 156 页。吴承洛《中国度量衡史》（上海，商务印书馆，1957，第 90 页）给出了北魏一尺的更精确度量，分别为 27.81 厘米、27.9 厘米和 29.51 厘米。李俊清《北魏金陵地理位置的初步考察》一文中，给出的奶头山墓葬边长为 400 米，显然有误。
③ 《魏书》卷 2、卷 6。
④ 《魏书》卷 13。

葬的内部结构还不得而知。已发掘的此类北魏墓中最早的是冯太后（太和十四年，公元490年卒）永固陵，太和五年至八年（公元481~484年）建于山西大同北部的方山之上①。该陵封土堆为117米×124米，高23米，据说为方座圆形，但报告没有提到早期陵墓那样的平台。该陵本身由一条石砌墓道、一个砖砌前室、甬道、后室组成（图5.15）。除了墓道，砖结构超过17米长，而室内面积达71平方米。前室和甬道为券顶，后室四壁向外起弧，以两竖一丁、重复七次的玉带式方式砌砖。墓壁逐渐内收，形成穹隆式的墓顶。甬道中有两道石门，虽不实用但制作非常工整细致。这座陵墓可能与早期北魏皇陵相似，只是规模更宏大而已②。该墓值得注意的还有精致的石制虎头形门墩，被放置在甬道前以及墓室的其他地方，这种石雕技术是北魏的一大特色③（图5.16）。

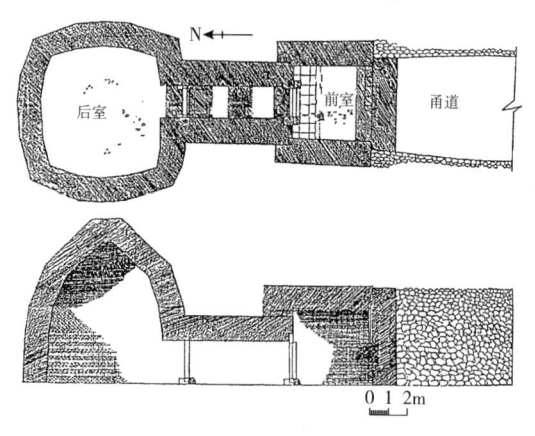

图 5.15 方山冯太后陵平、剖面图

① 《魏书》卷13。此墓明显未受北魏帝王陵寝规定尺寸的限制。
② 大同市博物馆、山西省文物工作委员会：《大同方山北魏永固陵》，《文物》1978年第7期，第29~35页。
③ 甬道门的铺首上有虎头雕塑，曾在国家博物馆展出。

图 5.16　方山冯太后陵内部示意

孝文帝（公元 471～499 年在位）希望葬在祖母冯太后陵的附近，因此在太后永固陵东北 800 米处的方山上建造了自己的陵墓。这也是一座双室墓，但封土比他祖母的要小些。在永固陵以南约 200 米处保留有一处建筑基址，约 40 米×30 米，其上原有一座佛塔，周围有回廊环绕。似乎这种布局是东汉墓前建堂的传统与佛教因素的融合①。这座为孝文帝预营的陵墓一直是空的，因为太和十八年（公元 494 年）孝文帝自大同迁都洛阳后，决定在洛阳西北瀍水以西的邙山上建造将来的陵寝②。这一选址与他"迁洛之人……归骸邙领（岭），皆不得

---

① 徐苹芳：《中国秦汉魏晋南北朝时代的陵园和茔域》，《考古》1981 年第 6 期，第 525 页。
② 《魏书》卷 20。

就茔恒、代"的诏令是相符的①。

要确定邙山如下四座帝陵的位置并非易事：孝文帝（卒于太和二十三年，公元499年）长陵、宣武帝（卒于延昌四年，公元515年）景陵、孝明帝（卒于孝昌三年，公元527年）定陵和孝庄帝（卒于永安三年，公元530年）静陵②。这几座陵墓的封土皆为平面圆形，长陵封土约35米高，直径45米，景陵封土约30米高，直径超过40米（图5.17）③，推测为孝庄帝陵的封土仅有15米高，直径30米。

迄今为止，四座皇陵中仅有宣武帝景陵经过了发掘（图5.18），规模相当惊人，堪与冯太后永固陵相比。墓道长40多米，只有最后的4.5米为砖砌。前甬道长3.4米，宽2.4米，高3.78米。有一道厚达2.44米的封门墙，其后紧接着甬道的第二段，长度超过5米，宽近2米。墓室近方形，四壁外凸，6.73米×6.2米，穹隆顶高达9.36米。墓壁的厚度相当惊人，达2米甚至更厚。整座墓葬唯一的结构受损是因盗墓所致。令

---

① 《魏书》卷7下。孝文帝陵的调查报告已发表，参见洛阳市第二文物工作队《北魏孝文帝长陵的调查和钻探——"洛阳邙山陵墓群考古调查与勘探"项目工作报告》，《文物》2005年第7期，第50~62页。

② 河南省文化局文物工作队：《洛阳北魏长陵遗址调查》，《考古》1966年第3期，第155~158页；黄明兰：《洛阳北魏景陵位置的确定和静陵位置的推测》，《文物》1978年第7期，第36~41、22页。确认孝庄帝静陵的证据主要是一尊逾3米高的石雕像，矗立在巨大的封土之前，显然属于神道石刻。陈长安：《简述帝王陵墓的殉葬、俑坑与石刻》，《中原文物》1985年第4期，第75页。文中指出孝文帝之所以将陵墓区选定在瀍河以西是由于河的东侧是东汉陵墓区。

③ 据传李世民攻打隋都洛阳时，曾登景陵以观察敌情。参见黄明兰在《洛阳北魏景陵位置的确定和静陵位置的推测》（《文物》1978年第7期，第36页和注3中）所引司马光撰《资治通鉴》卷188（上海，上海古籍出版社，1956）。作者认为该墓封土高大，上下皆很艰难，当然也许李世民有更好的办法。

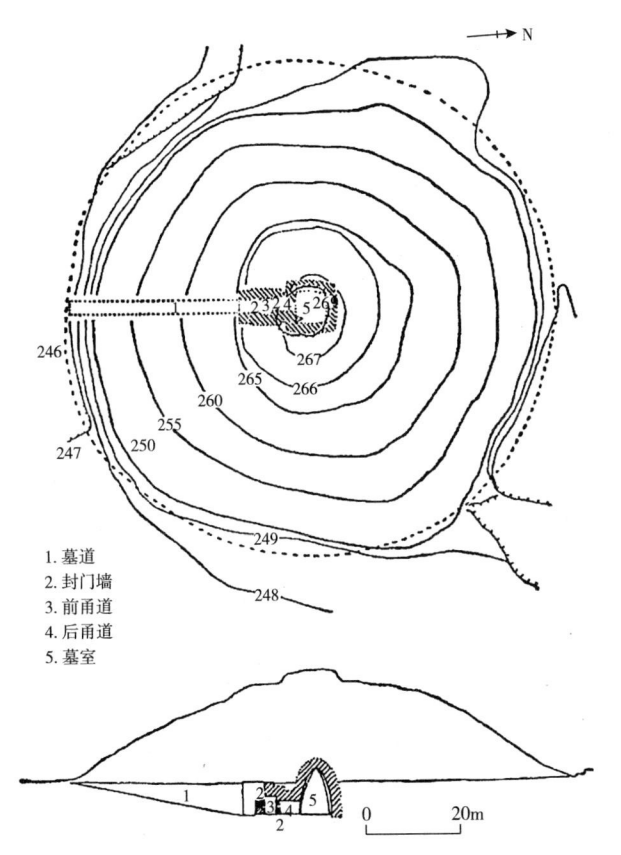

1. 墓道
2. 封门墙
3. 前甬道
4. 后甬道
5. 墓室

图 5.17　北魏宣武帝景陵与封土平、剖面图

人惊讶的是，墓室内只有一层铺地石。墓室内偏于墓门左侧置有棺床，右侧可能是摆放随葬品的地方。出土的大部分随葬物品都已损坏，也有一些陶瓷器皿得以修复。同时还发现一些石器和铁器[①]。该墓墙壁之厚，宛若堡垒，多少反映出北魏末年一些并不安定的社会现实。

---

① 中国社会科学院考古研究所洛阳汉魏城队、洛阳古墓博物馆：《北魏宣武帝景陵发掘报告》，《考古》1994年第9期，第801~814页。

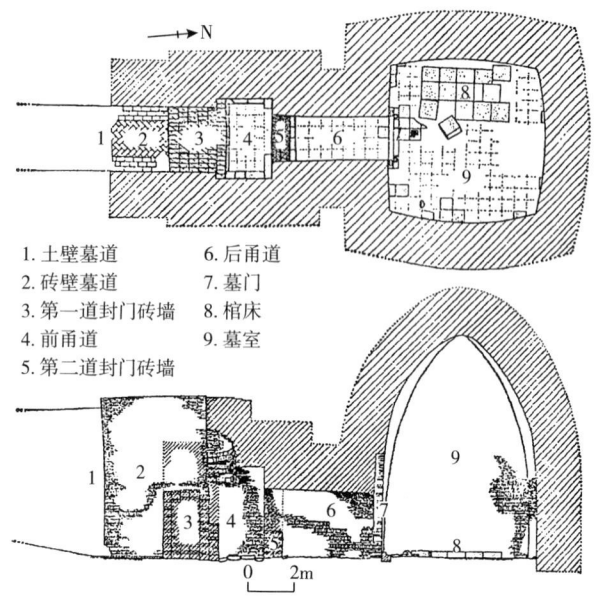

1. 土壁墓道
2. 砖壁墓道
3. 第一道封门砖墙
4. 前甬道
5. 第二道封门砖墙
6. 后甬道
7. 墓门
8. 棺床
9. 墓室

图 5.18　北魏宣武帝景陵平、剖面图

宿白根据两百多件拓跋家族墓志铭的出土地点[①]，探索了北魏统治者墓葬选址的原则[②]。总的来说，瀍水以西是留给皇族的，而皇族以外的墓则在瀍水以东。皇帝的直系后嗣为一组，按世系排列在其左右，后嗣子辈又各自环绕在父墓的周围，兄弟墓葬则左右排成一行。高级别的大臣和其他显贵的墓区环绕在核心地带的周围。宿白总结说，虽然类似的排列在《周礼》中有描述，属于儒家传统的范畴，但实际上已经废弃不用，我们需要从鲜卑的丧葬行为中考察这种墓位的排列。在

---

① 黄展岳：《中国西安、洛阳汉唐陵墓的调查与发掘》，《考古》1981 年第 6 期，第 534 页。
② 宿白：《北魏洛阳城和北邙陵墓》，《文物》1978 年第 7 期，第 48～51 页。

北魏早期，对血缘的重视程度可能要更强一些，例如北方的金陵墓地；不过，除了家族墓地，显然公共墓地观念在这一时期仍然很强烈。

2. 东魏和北齐

东魏、北齐统治者和高级贵族的墓葬区坐落在邺城的北郊和西郊，在今河北磁县的南部和西部。那里墓冢众多，在当地有"七十二冢"和"八十四寨"的说法①。1986 年对 123 座墓葬的调查发现了一座面积达 75.65 平方米的特大墓葬，它由于其规模和宏伟的建造，被认为是帝王的陵墓。虽然墓主身份无法确认，但还是被初步归于文宣帝高洋（公元 559 年卒）（图 5.19）②。墓道长达 37 米，两壁及地面均用草泥、白灰涂抹，墙上绘有壁画，每面绘有 53 人组成的仪仗出行队列③，队伍上方绘有各种神兽、莲花和流云。甬道长 6.7 米，有三重封门墙和一道石门。甬道上方有一门墙，高 5.06 米。墓室的形制是这一地区特有的蜂房式结构，墙由砖砌，厚达五重。墓室 7.56 米×7.4 米，原高 12.6 米。墓室内部原有壁画，可惜破坏严重。紧靠左壁有一具很大的装饰精美的棺床，5.82 米×（3~3.8）米。虽然墓葬被盗，还是出土了 1500 余件陶俑以及一些

---

① 磁县文化馆：《河北磁县北齐高润墓》，《考古》1979 年第 3 期，第 243 页。
② 中国社会科学院考古研究所、河北省文物研究所邺城考古工作队：《河北磁县湾漳北朝墓》，《考古》1990 年第 7 期，第 601~607、600 页。关于高洋陵墓的讨论，参见徐光冀《河北磁县湾漳北朝大型壁画墓的发掘与研究》，《文物》1996 年第 9 期，第 69~71 页。
③ 《考古》1990 年第 7 期，图版 6。

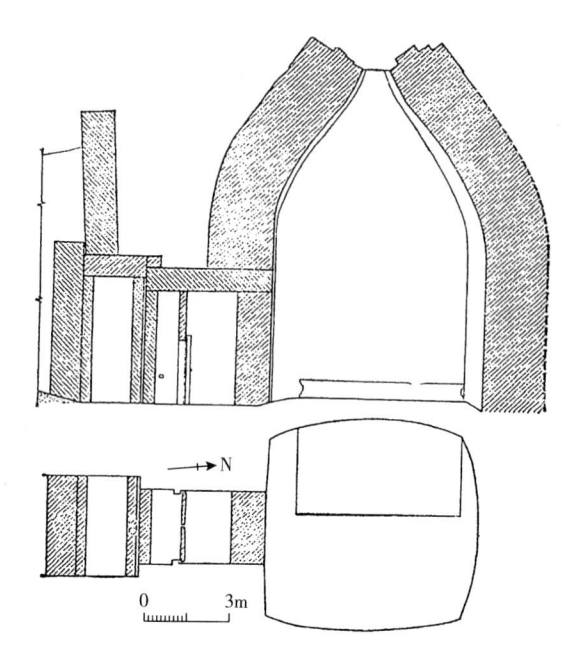

图 5.19　河北磁县湾漳大墓平、剖面图

家居用具模型、陶器皿、石灯等①。

3. 西魏和北周

1994～1995 年，在墓葬接连被盗的情况下，政府不得不对北周武帝（宇文邕，公元 561～578 年在位）及皇后阿史那氏（突厥可汗之女）的合葬墓孝陵进行了抢救性发掘②。孝陵坐落在咸阳东北陈马村附近，在这个地区还有西汉和隋代的帝

---

① 壁画片段和塑像精选曾在石家庄的河北省博物馆展出。
② 陕西省考古研究所、咸阳市考古研究所：《北周武帝孝陵发掘简报》，《考古与文物》1997 年第 2 期，第 8～28 页。墓中出土的墓志和玺印，参见曹发展《北周武帝陵志、后志、后玺考》，《中国文物报》1996 年 8 月 11 日，第 3 版。

陵。附近还有其他很多北周墓葬，如第四章提到的叱罗协墓，此地是当时一个非常重要的墓葬区。

在写孝陵报告的时候，还没有进行全面的调查，不清楚原来有无陵园围墙或围沟遗迹。孝陵坐北朝南，方向190°，全长68.4米。墓道中有五个天井和四个壁龛，坡度10°，宽2.6米~2.8米，最深处离地表6.5米。共发现七个盗洞伸入墓内。

在甬道入口处有两道土坯封门墙，皆被盗墓者破坏。甬道全长3.9米，宽1.6米~1.7米，中间原有一木门，仅留有残痕。地面全部铺砖，平铺成斜人字纹，铺地砖原涂有红色。甬道内发现皇帝的墓志和志盖，被收缴的皇后墓志估计原来也应放在此处。

墓室面积为5.5米×3.8米，土壁。顶部已坍塌不存，无法得知墓顶的原始高度。墓室之后还有一个小后室，宽1.96米~2.36米，高1.3米，深度不详，约1.8米。墓室中发现一具木棺的朽痕，棺上曾有铁棺环和椁，墓室中心有散乱的人骨，还清理出石灰枕1件、珍珠1件、金花瓣3件、质地不明的微型坐佛1件。坐佛的发现令人震惊，因为武帝是中国历史上罕有的几次灭佛事件的发起者之一，直到他死后禁令才被取消，遗憾的是这件坐佛像在考古报告中未做任何评论。

孝陵的出土物大多来自墓道内的壁龛，包括150件陶俑：21件笼冠俑、15件小冠俑、60件鲜卑式的风帽俑、1件甲士俑、10件侍女俑、12件具装甲士骑俑、22件鞍马仪卫骑俑、2件骑马乐俑、1件跽坐俑、1件持箕俑、1件踏碓俑、2件镇墓武士俑和2件镇墓兽。此外还有2件陶鸡和2件陶犬，以及陶灶、釜、碓、磨、井、仓各1件，还有陶罐和一些玉器、金饰品、1件皇后金玺、1件铜斗、1件做工极其精细的带扣及其他的带具附属物。墓志志文很简略，未加装饰，仅列出了一些基本情况。

武帝临终前曾下诏要求葬礼从简，要"墓而不坟"①。现在看来这个遗嘱得到了遵从，他的陵墓与当时的贵族勋臣墓相比差别并不太大。事实上，上述叱罗协墓比皇室宗亲宇文俭的墓还要大。除了没有封土，帝王陵墓与贵族勋臣墓的共同之处还在于都没有地面石刻。此外，墓中陶俑的质量也差不多，所有墓葬都有一个附加的后室或耳室②。正如报告作者所称，这些高等级的墓葬并没有明显的等级差别，因此北周可能还没有建立一套严格的丧葬制度③。

六　隋代帝陵

江苏扬州附近的一处古冢长期以来被认为是隋炀帝杨广的陵墓，炀帝于义宁二年（公元618年）在扬州被杀。目前尚无发掘此墓的计划。

---

① 《周书》卷6。其弟宇文俭墓（建德七年，公元578年）的墓志也提到武帝陵不封不树，参见陕西省考古研究所《北周宇文俭墓清理发掘简报》，《考古与文物》2001年第3期，第38页。
② 此处与武帝陵的比较主要基于负安志《中国北周珍贵文物：北周墓葬发掘报告》中的墓葬。其他的皇室成员墓葬还包括武帝兄弟宇文通和宇文简的墓，但据陕西省考古研究所的《西安发现的北周安伽墓》（《文物》2001年第1期，第23页），此二墓资料未发表。宇文泰墓的地点目前尚不明确。武帝陵墓葬报告的作者提到宇文泰陵墓前有封土，位于富平县宫里镇西魏皇帝元宝炬陵的附近，但并没有提供更多的资料，参陕西省考古研究所和咸阳市考古研究所《北周武帝孝陵发掘简报》，《考古与文物》1997年第2期，第28页。
③ 陕西省考古研究所、咸阳市考古研究所：《北周武帝孝陵发掘简报》，《考古与文物》1997年第2期，第27~28页。

七 神道

六朝帝陵的一个显著特征是"神道"①，即通向陵墓之路，两侧以一组石刻作为标记，包括石像生、石柱和石碑等。其中一些配置很早就已出现，如众所周知的西汉霍去病墓前石刻群，以及那些散布各处的石兽等，但这些还没有形成严格意义上的神道②。东汉开始出现了较为完善的配置，包括踏步前行的虎形石兽（通常带翼，或以人像代替），连同纪念性的阙楼和石碑，后者常由龟趺背负，碑上有一个穿洞，是用来拴绳子下棺入墓中的③。

六朝早期反对汉墓的陈设奢华之风，不但直接针对墓内设施，而且也针对这些地表的石刻。魏文帝曹丕在遗诏中对包括神道在内的墓葬都做了预先安排④。咸宁四年（公元278年），晋武帝司马炎特别指斥石兽和石碑为"既私褒美、兴长虚伪"。他认为这些设施伤财害民，于是下令禁立石兽碑表，将所见一

---

① "神道"一词首见于汉代，与霍光有关，参见《汉书》卷68。关于神道曾有其他称呼，不过后来弃而不用，参见刘凤君《东汉魏晋陵墓神道石刻的造型艺术》，《美术研究》1987年第3期，第78页。
② 刘凤君：《东汉南朝陵墓前石兽造型初探》，《考古与文物》1986年第3期，第86页。
③ 关于神道，参见 Charles D. Weber, "The Spirit Road in Chinese Funerary Practice," *Oriental Art* 24 (1978)：168 - 178；Ann Paludan, *The Chinese Spirit Road*: *The Classical Tradition of Stone Tomb Statuary*. New Haven：Yale University Press, 1991；姚迁、古兵编著《六朝艺术》，北京，文物出版社，1981；Barry Till and Paula Swart, *In Search of Old Nanking*. Hongkong：Joint Publishing Co., 1982, pp. 19 - 67。关于早期神道石刻，参见刘凤君《东汉南朝陵墓前石兽造型初探》，《考古与文物》1986年第3期，第86页，他认为这些早期石刻当时并不是放置在帝陵之前的。
④ 《三国志》卷1。

并加以捣毁①。这一诏令可能在武帝以后的西晋时期得以成功实施，但到了东晋，树碑立表之风再度兴起。根据《宋书》，晋室在定都南京之后的太兴元年（公元318年），由于顾荣（卒于永嘉六年，公元312年）对晋王朝立足南方有功，特许其墓前立碑。文献还提到，在以后数百年里，也有一些显赫的官员曾私下采用这些地面标记物，但后来被再度禁止②。天监六年（公元507年），在梁的统治下，官员墓葬可以用石柱来标记名字和官衔，但石刻（包括人和兽）和石碑仍被明文禁止③。至隋代，官员可以在墓前立碑，但高度、形制、基座样式皆由官方严格限定，个别具有特别嘉好品行之人在特殊情况下，即便没有官职，也会被特赐立碑④。

东晋帝陵的石刻和其他神道纪念物仅存于文献中⑤，不过在南京地区还是发现了30多处刘宋至陈的这类遗物。也许这

---

① 《宋书》卷15；J. J. M. de Groot, *The Religious System of China*. 6 vols. Leyden: E. J. Brill, 1892-1911, p. 813。这些材料均被 Paludan 引用，参见 Ann Paludan, *The Chinese Spirit Road: The Classical Tradition of Stone Tomb Statuary*. New Haven: Yale University Press, 1991, p. 52 and n. 2。

② 《宋书》卷15；李蔚然：《东晋帝陵有无石刻考》，《东南文化》1987年第3期，第85页，该文以顾荣的墓葬为例，认为当时朝廷为了谋求南方精英阶层的支持，可能特许他们立碑，顾荣家族正是南方精英阶层的一员。

③ 《隋书》卷8；Alexander Coburn Soper, "Textual Evidence for the Secular Arts of China in the Period from Liu Sung through Sui (A. D. 420-618), Excluding Treatises on Painting," *Artibus Asiae*, Supplementum XXIV, Ascona, 1967, p. 23。

④ 《隋书》卷8。

⑤ Ann Paludan, *The Chinese Spirit Road: The Classical Tradition of Stone Tomb Statuary*, pp. 53-55；刘凤君：《东汉魏晋陵墓神道石刻的造型艺术》，《美术研究》1987年第3期，第79页；但是李蔚然《东晋帝陵有无石刻考》（《东南文化》1987年第3期，第84~86页）中又称，这些引自晚期诗歌的证据并不可信，他认为东晋帝陵前不设碑的做法，不但是由于担心被盗，而且是为了遵循晋前期统治者薄葬的愿望，同时也是（转下页）

些纪念物的设立原则带有一定的强制性,只有皇族成员(包括皇帝及宗亲)才能按规定享此礼遇。目前保存最完整的一组神道石刻是萧秀(天监十七年,公元518年卒)墓石刻,他是梁的建立者萧衍之弟,神道石刻包括石兽一对、凹槽纹石柱一对和石碑数座(图5.20)。由于其他地点的石刻都已残缺不全,因此并不清楚神道石刻的组合是否因时代或地位不同而改变,不过至今还没有发现超出萧秀墓石刻组合的。在丹阳陵口("陵口"意即通往陵墓之入口)附近发现了一对石兽,可能是通往某个帝陵入口的标记,在此附近有三座帝陵。但这对石兽属于哪座帝陵还不得而知①。

石兽的风格显然源自东汉,不过汉代石兽往往做成灵活的猫科动物形象②。六朝最早的一例是刘裕墓的石兽,有程式化的翼和毛发,下巴上的胡须直垂至胸,胸部比汉早期石刻突出更甚,头部更加高昂,尾部卷曲如蛇。公元6世纪早期的梁代出现了一种新的类型,一般称之为狮子,有一条垂舌直挂至胸

(接上页注⑤)希望这些墓葬仅是暂时埋葬,待收复北方后再重新安葬。参见 Ann Paludan, *The Chinese Spirit Road: The Classical Tradition of Stone Tomb Statuary*, pp. 33 – 35, 书中提到桓温墓前的这种纪念性建筑,当时桓温是政权的实际控制者,但并未篡位,所以可能不会有如此奢华的埋葬。宋代文人陆游在游记中提到了桓温墓前的石兽、石马和石碑,但并非他亲见,参见 Chun-shu Chang and Joan Smythe, *South China in the Twelfth Century*. Hong Kong: The Chinese University Press, 1977, p. 86。

① Barry Till and Paula Swart, *In Search of Old Nanking*. Hongkong: Joint Publishing Co., 1982, p. 43.

② 王恺:《南朝陵墓前石刻渊源初探》(《东南文化》1987年第3期,第81页)引战国中山墓(《文物》1979年第1期图版3)出土的青铜带翼神兽,反驳有关神兽西来说。王恺认为神兽从汉至六朝风格上的变化,是为了反映帝王的威严和至高无上。他还认为汉画像砖上的有翼猫科动物形象具有驱邪的功能,这种功能也延至南朝陵寝石刻上。

图 5.20　南朝梁萧秀墓神道复原图

前，取代了早期下巴上的胡须，装饰较以前简化，鬃鬣的刻画方式多变①。

六朝时期，饰有凹槽纹的柱子取代了汉代的阙或门楼，这

---

① 关于这些神兽的名称，一说帝陵左边的双角兽是"天禄"，右边的独角兽是麒麟，而亲王墓前无角兽是辟邪，参见姚迁、古兵编著《六朝艺术》。不过该书第 8 页的英文解说中将三者混为一谈。关于这些名称的辨析及含义的详细讨论，参见刘凤君《东汉南朝陵墓前石兽造型初探》，《考古与文物》1986 年第 3 期，第 88~90 页；又参见 Barry Till and Paula Swart, trans., "Two Tombs of the Southern Dynasties at Huqiao and Jianshan in Danyang County, Jiangsu Province," *Chinese Studies in Archaeology*, Winter (1979 – 1980): 120, n. 20。显然这些名称在不同著作中所指不一，参见王恺文第 81 页及 Ann Paludan, *The Chinese Spirit Road: The Classical Tradition of Stone Tomb Statuary*, pp. 42ff。关于神兽的来源和风格问题，参见管玉春《试论南京六朝陵墓石刻艺术》，《文物》1981 年第 8 期，第 61~64 页，他认为当时的带翼神兽造型也出现在同时期的虎子和水注上。

种情况在汉代晚期即已萌芽①，顶上有华丽的平面圆盖和微型神兽，还有匾额用来标志神道主人。在可以确定为神道的30多处遗址中，只有6处尚存这样的石柱。萧景墓前的石柱柱额非常特殊，额上镌刻的字体是反书，如照在镜中一样，字体左右颠倒。有人推测这样是为了方便亡灵阅读，当然也有不同意见②。柱子立于龙形基座上，柱顶刻有多种浮雕装饰，柱身上的凹槽纹似乎源自希腊③。巫鸿认为，这种柱子不能看成是从汉阙发展而来，而是受到了印度佛教的影响，表达了卓越和启迪的意图④。龟趺石碑上的文字大部已经漫漶不清⑤，但有的边饰和局部得以留存下来⑥。

神道石像生的发现地点往往与墓葬有一定的距离，一千米左右，因此有人推测可能有一条通向墓葬的道路。除此之外，并没有发现其他地面建筑或墙基的遗迹，这点与前述西晋的情况不同。现在仅存这些雄伟的神兽，虽经千百年的岁月沧桑，

---

① 王恺：《南朝陵墓前石刻渊源初探》，《东南文化》1987年第3期，第81页。
② 巫鸿对这种反书文字进行了解释，认为文字的反转让观者产生感知上的转换，参见 Hung Wu, *Monumentality in Early Chinese Art and Architecture*. Stanford：Stanford University Press，1995，p. 278。我认为这种反书文字可能与墓葬中常见的镜子作用类似，透过镜子可以感知另一个世界。类似的反书文字也出现在墓中的砖瓦上，参见简又文《广东书画鉴藏记》，《广东文献》第2卷第4期，1972，第13页，其中收录了一件藏于香港美术博物馆的太和十八年（公元494年）的瓦，另参见祁海宁、华国荣和张金喜《江苏南京市富贵山六朝墓地发掘简报》，《考古》1998年第8期，第46页。
③ Ann Paludan, *The Chinese Spirit Road：The Classical Tradition of Stone Tomb Statuary*, pp. 75 – 76.
④ Hung Wu, *Monumentality in Early Chinese Art and Architecture*, p. 278.
⑤ 萧耽墓例外，参见姚迁、古兵编著《六朝艺术》，图版282。
⑥ Ann Paludan, *The Chinese Spirit Road：The Classical Tradition of Stone Tomb Statuary*, p. 80, fig. 94.

仍在凄楚地诉说着曾经的伟大。

同时期的北方地区可能有神道。有证据显示，即使普通百姓也可以在墓前立石兽、石碑和石柱①，不过留存下来的很少，而且都很粗劣。北方石兽的实例有北魏始光元年（公元424年）的翼马（属匈奴族建立的赫连夏，公元407~431年）②；还有两件石兽，一件出自邙山北魏孝庄帝（卒于建明元年，公元530年）陵的卧狮③，另一件是西魏的立式翼虎④。此外，还发现有侍立武士像，一件发现于孝庄帝陵（图5.21），另一件来自宣武帝（卒于延昌四年，公元515年）景陵。这些石刻非常巨大，前一件高3.14米，后一件无头，高2.89米，是此类石刻中所知年代最早的，而且首开唐以后在神道两侧布列大量侍从、文官武吏之

图5.21　北魏武士石俑

---

① 赵修是宣武帝（公元500~515年在位）十分赏识的一位高级官吏，父亲去世时，在首都洛阳做好石雕，并用征用来的车辆和公款将石雕运往位于今河北赵县附近的故乡，参见《魏书》卷93。苏波转引了此典故，参见 Alexander Coburn Soper, "Textual Evidence for the Secular Arts of China in the Period from Liu Sung through Sui (A. D. 420 – 618), Excluding Treatises on Painting," *Artibus Asiae*, Supplementum XXIV, Ascona, 1967: 25 – 26。
② 刘凤君：《东汉魏晋陵墓神道石刻的造型艺术》，《美术研究》1987年第3期，第79页。
③ Ann Paludan, *The Chinese Spirit Road: The Classical Tradition of Stone Tomb Statuary*, p. 82, fig. 97.
④ Ann Paludan, *The Chinese Spirit Road: The Classical Tradition of Stone Tomb Statuary*, p. 83, fig. 98.

先河①。有人认为北魏之所以将这些石刻置于地表，一改秦始皇以来置于地下的传统，意在强化北魏对中原地区的控制②。这些石刻极有可能受到了南朝的影响，就像当时文化的其他很多方面一样，不过也出现了一些北方的地方特色。虽然唐朝的神道朝着迥异于南朝的方向发展，但其最初的动力应该还是来自南方。有一个很有意思的问题是：这些石人雕像与草原突厥人将被征服者的雕像置于墓前的做法是否有一定的联系？

---

① 中国社会科学院考古研究所洛阳汉魏城队、洛阳古墓博物馆：《北魏宣武帝景陵发掘报告》，《考古》1994年第9期，第802、804页，图4；刘凤君：《东汉南朝陵墓前石兽造型初探》，《考古与文物》1986年第3期，第87页，文中提到孝庄帝陵前有一对翁仲，其中一件仅存头部；黄明兰：《洛阳北魏景陵位置的确定和静陵位置的推测》，《文物》1978年第7期，第39页。刘凤君还提到，据说前赵刘聪（卒于公元318年）墓前曾立有石人雕塑，但显然没有保存下来，参见刘凤君《东汉魏晋陵墓神道石刻的造型艺术》，《美术研究》1987年第3期，第79页。

② 陈长安：《简述帝王陵墓的殉葬、俑坑与石刻》，《中原文物》1985年第4期，第75页。

第六章　墓内陈设

六朝墓葬中一般有三类出土物：①墓内设施，如棺椁、祭坛、帷帐和墓志；②辟邪物和象征物，如镇墓俑（含人形和兽形）、所谓"玉猪"以及弩机；③具有实用功能的日用器和明器，后者包括为服务墓主死后生活而专门制作的随葬物。尽管这样的分类有些重叠，但可以为我们的讨论搭建一个有用的框架。尽管由于频繁的盗掘活动[①]，以及因年代久远而致墓内有机物腐烂等因素，我们已经无法详尽了解墓内随葬品的本来面目，但所幸的是，仍然保存下来不少有价值的物品。

至于这段时期的随葬情况，并没有太多可用的文献证据，因此无法清楚地解释墓内物品的准确含义。晋代贺循为高等级墓葬列出了随葬品清单，但他没有解释选择这些物品的原因，也没有解释它们的基本含义[②]。北齐颜之推在《颜氏家训》中提到了一些他不愿意放入自己墓中的物品，其中包括一些具有

---

① 本书资料库中的墓葬，仅有8.6%的墓葬在发掘前保存完好，盗墓的问题由来已久。据记载，有一座墓在下葬仅27天后便被盗掘，还称死者复活了。参见《晋书》卷113。据说后赵统治者石勒（公元274～333年）及其侄石虎（卒于公元349年）曾大规模盗墓，甚至盗掘了秦始皇陵，参见《晋书》卷107。葛洪在《西京杂记》卷六中讲述了类似的故事，不过被盗的是晋幽公之墓。

② 《通典》卷86。这份明器清单与汉代类似，《后汉书·礼仪三》中也有类似的清单。贺循在《晋书》中有传，参见《晋书》卷68。

明显辟邪意义的器物，他也并没有解释其中原因①。此外，在吐鲁番和其他一些地方发现了一些很有意思的随葬品清单（衣物疏），但都没有详述选用这些特定物品的理由②。

一　墓内设施

1. 棺

六朝时期，中原地区的棺已经具有独特的形制：头部高而宽，尾部矮而窄，棺盖呈弧曲形。有证据表明这种形制是由北方非汉民族传入的。由于棺一般都是木制的，很难保存下来，所以关于棺木的多数证据都是间接的，主要来自遗留下来的棺钉组成的形状、棺上的漆皮、石灰或残存的木片。

尽管六朝各地的棺木形制基本如此，但还是存在一些地区性的差异。在南方地区，六朝早期的东吴曾使用整木刻成的棺木，即所谓"船棺"。一般棺底和侧板是一体的，而前挡和后挡则以榫卯或企口方式相连。这类棺木在广东、安徽、湖北和江西皆有发现，有些保存得相当完好，其中最引人注目的是南昌高荣墓里发现的三具棺木，皆用楠木（雪松的一种）制成，

---

① 《颜氏家训·终制》，参见周法高编《颜氏家训汇注》，《中央研究院历史语言研究所专刊》41号，台北，1960，132b~134a；Albert E. Dien, "Instructions for the Grave: The Case of Yan Zhitui," *Cahiers d'Extrême-Asie* 8 (1995): 41-58。

② 国家文物局古文献研究室等编《吐鲁番出土文书》全10册。这些衣物疏的照片也在1996年以相同的书名出版，全4册。参见 Albert E. Dien, "Turfan Inventory Lists and 86TAM386," in *The Third Silk Road Conference at Yale University: Conference Proceedings*, vol. 2 (July 10-12, 1998): 181-184; 182; n. 10; and 184, n. 18。

其中最大的一具内长 2.49 米，前部宽 0.55 米，后部缩至 0.51 米（前后尺寸几乎同大），不含棺盖高达 0.55 米。另两具棺略小（图 6.1）①，棺盖比棺身略长，以企口方式相扣。安徽马鞍山朱然墓（卒于赤乌十二年，公元 249 年）的两具棺木，外髹黑漆，内髹红漆，棺盖与棺身也是以企口方式扣合（图 6.2）②。其他地方的棺木只涂红漆，不过在这个时期的南方地区还没有发现棺上的其他装饰。

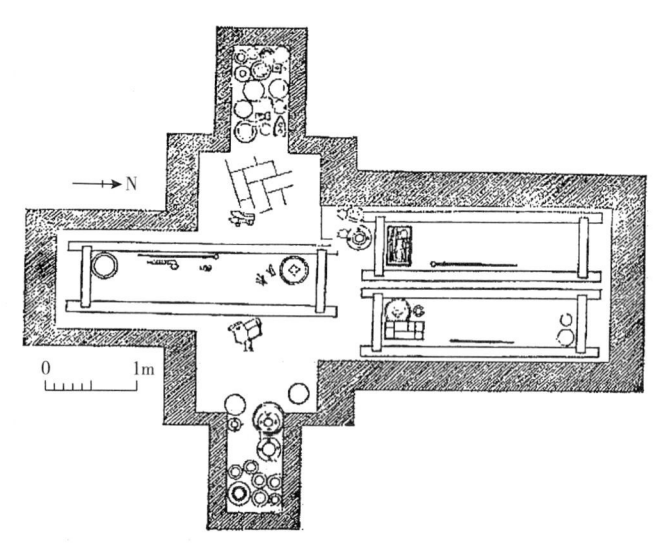

图 6.1　江西南昌高荣墓平面图

以整木凿成的棺在东吴以后不再出现，而由木板拼成的棺在东吴开始使用，东吴以后便广为流行了，安徽麻桥就出土了

---

① 江西省历史博物馆：《江西南昌市东吴高荣墓的发掘》，《考古》1980 年第 3 期，第 219 页。
② 安徽省文物考古研究所、马鞍山市文化局：《安徽马鞍山东吴朱然墓发掘简报》，《文物》1986 年第 3 期，第 2～4 页。

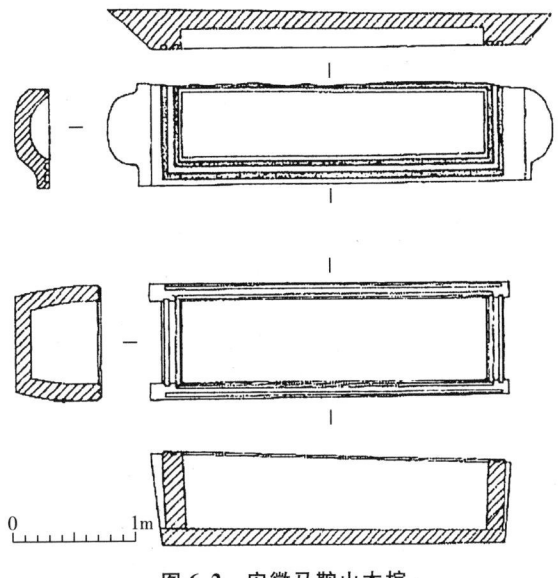

图 6.2　安徽马鞍山木棺

一具这种形制的东吴木棺，保存完整，棺盖为圆弧形，与棺板之间以榫卯相连；另一具发现于江苏江宁的东晋木棺也很有意思，其前端还有一个专门放置随葬品的隔间[①]。不过，一般情况下这种形制的木棺比整木制成的木棺更难以保存下来，因为木板比整木要薄得多。除了朽烂的木棺痕迹，有时也会发现一些铜钉或铁钉，此外还会发现一些漆皮，可见很多棺木都是髹漆的[②]。

头宽尾窄的木棺可能最早出现于北方边境地区的非汉民族

---

① 安徽省文物工作队：《安徽南陵县麻桥东吴墓》，《考古》1984 年第 11 期，第 974~978、1020 页；南京市博物馆、江宁县文管会：《江苏江宁县下坊村东晋墓的清理》，《考古》1998 年第 8 期，第 48~52 页。

② 安徽省文物工作队和县文物组：《安徽和县西晋纪年墓》，《考古》1984 年第 9 期，第 826 页。

墓葬中（图6.3）①。内蒙古美岱村出土了一具这种形制的木棺，由4厘米左右厚的松木板拼成，以细腰形的插销拼合而成。棺旁还发现了一些棺钉，可能是用于扣合棺盖的②。类似的木棺还发现于深受慕容文化影响的北燕地区，这里还发现了残存的漆皮（上有彩色图案），以及用于搬运木棺的铁柄（图6.4）③。此种形制的木棺迅速被中原墓葬所采用。

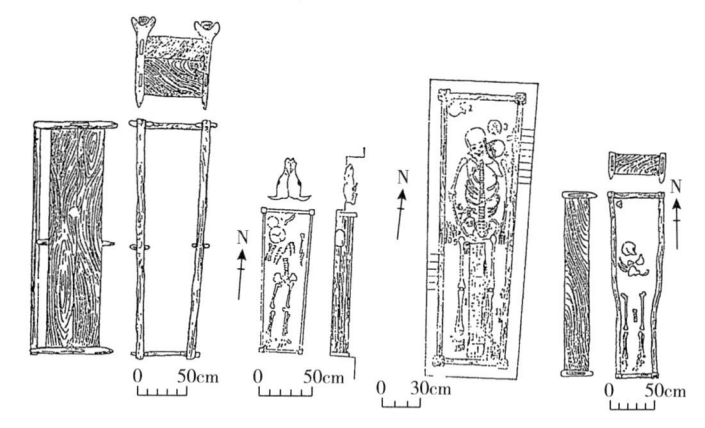

图 6.3　内蒙古札奈诺尔出土木棺

在大多数墓葬里，木棺本身已经朽烂，但棺钉得以保存下

---

① 宿白：《东北内蒙古地区的鲜卑遗迹——鲜卑遗迹辑录之一》，《文物》1977年第5期，第48～49页；Albert E. Dien, "A New Look at the Xianbei and their Impact on Chinese Culture."
② 内蒙古文物工作队：《内蒙古呼和浩特美岱村北魏墓》，《考古》1962年第2期，第86页。
③ 黎瑶渤：《辽宁北票县西官营子北燕冯素弗墓》，《文物》1973年第3期，第3～4页；陈大为、李宇峰：《辽宁朝阳后燕崔遹墓的发现》，《考古》1982年第3期，第271页及图4；田立坤：《朝阳前燕奉车都尉墓》，《文物》1994年第11期，第37页；关于棺的详尽描述，参见璞石《辽宁朝阳袁台子北燕墓》，《文物》1994年第11期，第44～46页。

图 6.4　辽宁出土木棺

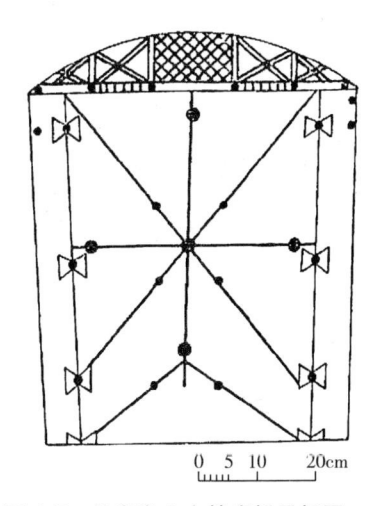

图 6.5　甘肃出土木棺底板星相图

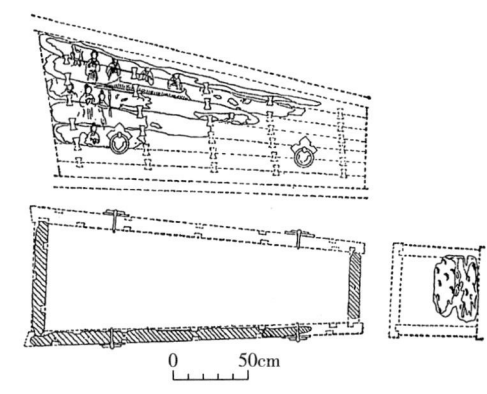

来，不过棺钉数量很少，所以棺钉应该不是拼合棺板的唯一方式；而且，棺钉只发现于南方 14%、北方 21% 左右的墓葬里，这表明建造木棺时，木结构的拼合方式还是相当重要的。

从甘肃嘉峪关和敦煌地区保存完好的木棺来看，木棺确实采用了各种不同的木结构拼合方式。尽管在考古报告中并没有解释那对保存相对完好的木棺的拼合方式，但从插图来看，似乎使用了细腰形的插销。这对木棺表面髹黑漆，棺盖以红、黑、白、黄、绿色的图案作为装饰。其中男棺棺盖的前部绘有东王公形象，后部绘有西王母形象，以云纹为背景；女棺的装饰与此类似，只不过主题是伏羲和女娲形象，此外女棺的后挡上还绘有一幅复杂的类似八卦图案，由墨笔绘制的星星和放射线组成（图6.5）。有人说它可能代表了北斗七星，但它与该星座并无明显的相似之处①。

至今最壮观的一具木棺是在宁夏固原的一座北魏墓中发现的，棺身已经朽烂，漆皮也已经支离破碎，但还是能看出木棺表面复杂而精致的装饰，绘的也是西王母和东王公，还有银河、异兽、墓主人肖像以及一系列反映孝悌内容的题材。人物均着典型的鲜卑服束（图6.6、图7.74）②。

图 6.6　宁夏固原出土漆棺盖局部

---

① 嘉峪关市文物管理所：《嘉峪关新城十二、十三号画像砖墓发掘简报》，《文物》1982年第8期，第12页。M6所出棺曾在嘉峪关魏晋墓葬博物馆展出，装饰极为华丽，尤其是棺盖板的内侧。

② 宁夏固原博物馆编《固原北魏墓漆棺画》，银川，宁夏人民出版社，1988。这具棺将在第七章漆器部分详述。

江苏邗江发现的一具南朝木棺也是前高后低，但棺盖呈圆弧状凸出，这也是传统的木棺形制之一。这种木棺的棺盖尺寸比棺身要大，可以看成当地汉代与晚唐之间木棺形制的过渡形态，汉代木棺为方形的箱形，而晚唐时的棺盖与棺身均向外凸出①。

石棺从北魏开始出现于洛阳地区，在某种意义上它与汉代的玉衣相似，都是为了保护尸体，使之不朽。石棺的使用者很可能只限于皇室成员或其他高级贵族，形制与木棺完全一样，雕刻的图案上还要涂上颜料，显然是为了使之与木棺漆画更相似（图6.7）②。这样的石棺发现得很少，也许与石棺造价较高，当时又禁止厚葬有关③。

石棺外表装饰图案的技法多种多样，有的石棺人物形象采用阴线刻出，有的采用减地浅浮雕方法（将背景减去，使人物形象凸出），再用阴线刻画细节（图6.8）。尽管主题相似，但构图并不一致。在1977年发现的一具石棺上（黄明兰有过详细的描述），棺盖表面平坦，但内侧有日、月图案。前挡刻有一扇门，两侧各立有一个身穿官服、手持宝剑的侍者；上方是两只鸟，中间是佛教摩尼宝珠。后挡雕刻有一幅孝子故事

---

① 扬州博物馆：《江苏邗江发现两座南朝画像砖墓》，《考古》1984年第3期，第248页。
② 洛阳博物馆：《洛阳北魏画象石棺》，《考古》1980年第3期，第229~241页。该文作者黄明兰提到，这具特殊的石棺出土时，在棺的头挡上还残存有鲜艳的红色图案（第230页）。
③ 黄明兰：《洛阳北魏世俗石刻线画集》，第3页。黄明兰提到洛阳地区出土的这种石棺不下10具，但在上述画集第229页仅列出5具。洛阳出土的石棺应该有一具就是开封博物馆所藏石棺。关于石棺的装饰，参见Hung Wu, *Monumentality in Early Chinese Art and Architecture*, pp. 261–275。

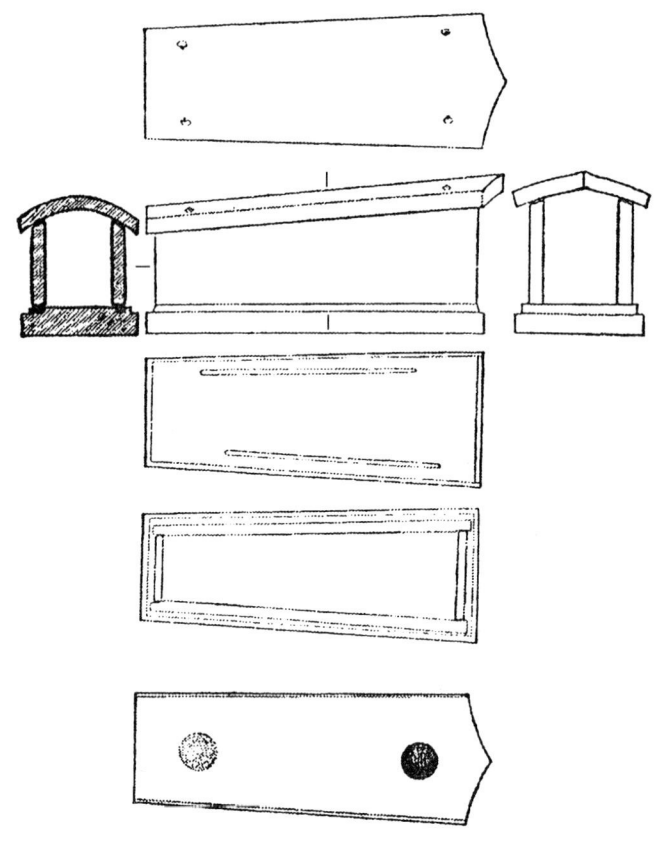

图 6.7　洛阳出土石棺

图，一位长者坐于辇上，两个年轻人抬辇前行。这个后挡可能原来是某种其他建筑的一部分，在这里被重新利用了。石棺的一块侧板上雕刻的是精美的墓主升仙图，死者乘龙飞升，后面紧跟着随从伎乐和仪仗。另一块侧板上的情景与此类似，不过飞升的是女性。石棺底板的前后边缘分别是青龙和白虎形象，而在边缘的中心部位雕刻的是凶猛的兽首，可能是传说中的方相氏。底板侧壁的 12 个格子里雕刻的是 12 种神兽或神鸟形

图 6.8　石棺画像

象，其中有些与固原北魏漆棺棺盖上的图像相似①。因此，这样的石棺既是保护尸体的容器，同时也给人以丰富的联想，暗示墓主最后的羽化成仙②。

石棺在四川地区也有发现，反映了汉文化传统的延续。四

---

① 黄明兰称，当时的墓志上也有类似的神兽图案，他根据历史文献对这些神兽的名称进行了辨析，参见洛阳博物馆《洛阳北魏画象石棺》，《考古》1980 年第 3 期，第 238~241 页，后来又发表于《洛阳北魏世俗石刻线画集》（第 3~4 页）中。关于此问题，亦参见赵超《式、穹隆顶墓室与覆斗形墓志——兼谈古代葬中"象天地"的思想》，《文物》1999 年第 5 期，第 73、75~76 页及对疑似祆教徒的讨论。

② 其他石棺更多强调孝悌故事，与固原漆棺相似。宫大中：《试论洛阳关林陈列的几件北魏陵墓石刻艺术》，《文物》1982 年第 3 期，第 79~83 页，文中提出了道教和儒教题材的融合，并对这些图像的制作技术做了一些分析。

川石棺的装饰风格有别于洛阳地区，图像主题既有人间的享乐场景，也有关乎天门（升天之门）的内容①。

有隋一代，石棺仍在使用，开皇二年（公元582年）的李和石棺即其一例。石棺前、后挡的上部都呈半圆形，上承弧形棺盖。石棺表面有精致的阴刻装饰，包括升仙、瑞兽、龙和花卉图案。棺盖上雕刻的圆圈可能模仿了衣物的图案，类似的衣物曾在新疆发现，用于覆盖死者的头部和胸部②。

也有一些其他形制的石棺，如模仿地面建筑的屋宇形。其中最著名的一例是波士顿美术馆收藏的石棺（本书第四章曾提及)③。

如果石棺仅是为了保存尸体，按理说它的使用应该更加普遍一些，但无疑石棺的制作成本限制了它的广泛使用，木仍是制作棺椁的基本材料。公元6世纪的文献《洛阳伽蓝记》记

---

① 崔陈：《江安县黄龙乡魏晋石室墓》，《四川文物》1989年第1期，第63~65页；亦参见丁爱博所引文献，Albert E. Dien, "Developments in Funerary Practices in the Six Dynasties Period: The Duisuguan 堆塑罐 or 'Figured Jar' as a Case in Point,"载巫鸿编《汉唐之间文化艺术的互动与交融》，第540页及注释75。

② 陕西省文物管理委员会：《陕西省三原县双盛村隋李和墓清理简报》，《文物》1966年第1期，第33页。

③ 郭建邦：《北魏宁懋石室和墓志》，《河南文博通讯》1980年第2期，第33~40页；Kojiro Tomita, "A Chinese Sacrificial Stone House of the Sixth Century A. D," *Bulletin of the Museum of Fine Arts*, Boston 40 (1942): 98-110；黄明兰：《洛阳北魏世俗石刻线画集》，第5~7页。富田幸次郎认为是地面的祠堂。郭建邦和黄明兰则认为是一具石椁，可能原来内置木棺，也许像另一具石棺上的图像所见那样，装着棺的椁被置于地面，而非埋入墓内，参见黄明兰《洛阳北魏世俗石刻线画集》，图版6（本书图6.8）。关于该处图像内容的解释，参见Annette Juliano, *Art of the Six Dynasties: Centuries of Change and Innovation.* New York: China Institute in America, 1985, p.76。还发现了一具屋形石椁，参见唐金裕《西安西郊隋李静训墓发掘简报》，《考古》1959年第9期，第471~472页。

载，在洛阳"大市"之北有"奉终里"，专门出售棺椁（包括内棺、外椁）及丧葬用品。据一位从阴间回来的人说"做柏木棺，勿以桑木为欀"，棺上若有桑木，则会触怒地府之王。结果，京师洛阳的柏木价格一时踊贵。当时就有人怀疑这个故事是寿材商人编造出来的，目的是操控棺椁的价格[①]。

采用梯形棺的原因尚不明晰，但在它可能的发源地——北方非汉民族地区，通常在棺的头部放置随葬品，所以头部空间较大的原因可能正是出于这种功能上的考虑。不过，中原地区的棺木一般是不太需要这样的空间的。这种类型石棺的微缩模型在唐代用作盛放佛陀遗骸的舍利函，取代了以瓶或其他容器盛放舍利的典型印度式做法。棺形舍利函的使用表明佛教与中国传统文化的进一步融合[②]。也许还有待更深入的分析，不过现有证据已经可以证明梯形棺很早就与佛教以及佛陀涅槃发生了联系，正是这种与佛教的关系导致了梯形棺的流行，并最终用作盛放圣物的舍利函。

2. 椁

椁指围绕着棺的结构，在六朝时期使用并不普遍，但也有

[①] 杨衒之著，范祥雍校注《洛阳伽蓝记校注》，上海，上海古籍出版社，1978，第155~156页；Whalen Lai, "Society and the Sacred in the Secular City: Temple Legends in the Lo-yang Ch'ieh-lan-chi," in Albert E. Dien, ed., *State and Society in Early Medieval China*, pp. 256 – 257。此处的"欀"被释作"椽"或"衬板"，这只是一种推测。一般难以判断棺木所用的材质，大概因为木材腐朽太甚。不过至少有一具木棺的材质可以判断为柏木，参见《文物》1972年第11期，第28页；另一具木棺所用木材则为油松（中国松），参见《考古》1973年第2期，第90页。至今未见桑木棺的报道。

[②] 杨泓：《法门寺塔基发掘与中国古代舍利瘗埋制度》，《文物》1988年第10期，第31页。

过几例报道。例如，在广东的两座墓里，墓壁上的浅龛被认为是承梁的，可能用于架设木板构建木椁①。在一座长沙晋墓里，保存下来的大量木材形成了一个木构的椁室，占据了墓内的全部空间。椁壁由垂直的木板搭成，椁底和椁顶则由并排放置的木板拼成，其上再竖向放置三层木板。木板之间均以各种不同的企口方式相连。这座墓没有发现任何棺和尸体的遗存②。

在以壁画著称的山西娄叡墓中，发现了大量尚未朽烂的木材，可以复原为一座非常精致的木椁，不过其内棺由于朽烂太甚，已经无法复原。这座木椁采用通常的木棺形制，只是要大一些，它为我们提供了这个时期大量的木作和木结合方式的信息（图6.9）③。在一座河清元年（公元562年）下葬的北齐墓中，发现了大量属于一座精致木椁的残片，包括斗拱和雕刻的端饰，其内放置着一具大型木棺，内陈三具尸体。可惜大量木材均已腐烂，无法进行复原④。

3. 棺床和长明灯

棺床是放置棺木或无棺木时放置尸体的平台。有人认为南方比较潮湿，而可能更多地采用了这种抬高棺木的做法，但实

---

① 杨豪：《广东韶关市郊的晋墓》，《考古学集刊》第1辑，第190~196、138页。
② 长沙市文物工作队：《长沙发现一座晋代木椁墓》，《考古学集刊》第3辑，第150~151页。
③ 山西省考古研究所、太原市文物管理委员会：《太原市北齐娄叡墓发掘简报》，《文物》1983年第10期，第4~5页。
④ 王克林：《北齐库狄迴洛墓》，《考古学报》1979年第3期，第382~384页。墓内发现四件石质帷帐座。

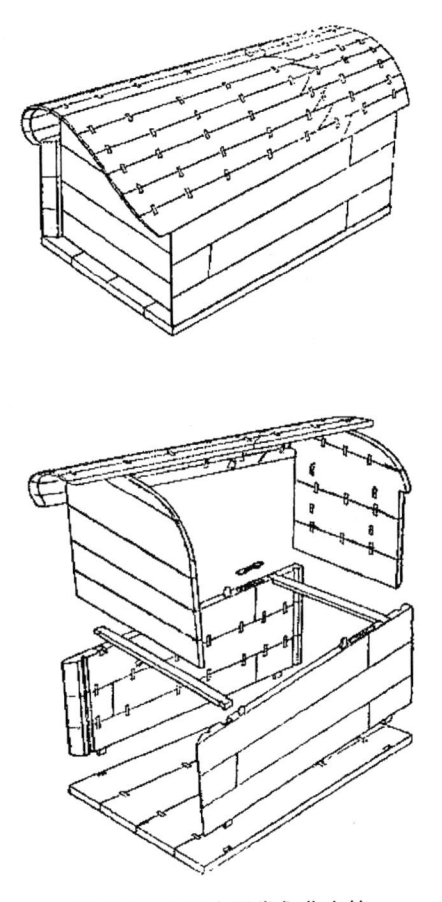

图 6.9　山西太原娄叡墓木椁

际上南、北方并没有什么差别。根据本人的统计，这个时期 14.02%的墓葬里有棺床，而北、南方的发生比分别是 12.7% 和 14.4%。棺床的使用情况在地区差异上表现得较为明显：比例最高的是陕西（47.6%），其次是湖北（34.7%）、福建（37.2%）、湖南（21.4%）、辽宁（21.2%），比例最低的是江西，只有 0.6%（164 座墓中仅有一例）。棺床有的只是用几块砖搭建的高出地面的简单台子，而有的则是精雕细刻的石床，后者如大同发现的司马金龙墓石棺床①。

在凸出的砖架上或壁龛内常常放置小件的盛油碟，以用作长明灯。当然灯油是无法保存下来的，而且这些灯原本也可能放置在墓室的其他部位。关于这点，就像墓葬的其他方面一样，即使在同一地区情况也大不相同，至于为什么会有这样大的差异，还有待进一步的研究。

4. 祭台与帷帐

"祭台"之名其实不甚确切，因为它一般指的是垒砌在墓葬前室的砖台（如果有前室的话），如果没有前室，则垒砌在棺室内的墓门处。砖台上会放置一些用于献祭的随葬品，其他随葬品通常会陈放在甬道内（如果有甬道的话），或者棺室内的门口；如果棺位于墓室的一侧（通常是左侧），随葬品则陈放在另一侧。"祭台"（altar）一词很容易引起误解，因为根本没有明显的宗教标志或圣像。

只有约 7% 的墓葬里发现了祭台，而且主要集中于长江流域：江苏（占已发表墓葬的 19.6%）、安徽（11.8%）、湖北（22.5%）、福建（16.4%），广东和湖南更少，分别只有 9.7% 和 9.6%，在别的地区也偶有发现。从这些祭台的分布地点来看，似乎较为合理的解释是：祭台是为随葬品防潮而建造的。但奇怪的是，南方的其他地区（如江西）并没有发现祭台，浙江也仅发现了一例。显然，个中应当还有其他

---

① 山西省大同市博物馆、山西省文物工作委员会：《山西大同石家寨北魏司马金龙墓》，《文物》1972 年第 3 期，第 21、22 页、图 4。本书将在后文详述带有粟特图像的精致石棺床和石椁。

原因。

在有些墓葬里，祭台和祭品上方还会悬挂一顶小型的帷帐。有些帷帐，如果有顶篷的话，四角和顶子用金属管搭建，其他部分则用木杆和布围成，不过都没法保存下来。有些帷帐下有石质基座，通常都做得非常精致，也有些采用瓷质的座子（图6.10）①。大同司马金龙墓发现的石座上有精心雕琢的莲花装饰（图6.11）②。根据辽宁朝阳袁台子东晋墓，可以看出当时陈放随葬品的方式。墓内发现一个高17.5厘米的低矮漆木几案，上置14个漆盘和其他器皿。几案的上方曾支着一顶帷帐，帷帐架的四条腿原本是插在石座内的，几案上是铜质的角管，原来是用于连接木杆帷帐架的，帷帐塌毁后散落在几案上（图6.12）③。

有时会在棺室的角落发现石质的基座，这说明棺室里曾支有一顶相当大的帷帐，可以罩住整个墓室。如此一来，棺室就变成了寝室。

5. 墓志

墓志被公认为出现于六朝时期，不过其前身至少可以追溯

---

① 阮国林：《谈南京六朝墓葬中的帷帐座》，《文物》1991年第2期，第86~90页。
② 山西省大同市博物馆、山西省文物工作委员会：《山西大同石家寨北魏司马金龙墓》，《文物》1972年第3期，第24~25页，图版14.4。其他莲花装饰实物参张丽《大同近年发现的几件北魏石础》，《文物》1998年第4期，第75页。宋馨不同意易水关于莲花座用途的推测，认为司马金龙墓莲花座可能是帷帐座，而不是屏风座，参见宋馨《北魏司马金龙墓葬重新评估》，《中国文化研究所学报》2002年第11期，第288页；易水《漫话屏风》，《文物》1979年第11期，第76页及图4。
③ 辽宁省博物馆文物队、朝阳地区博物馆文物队、朝阳县文物馆：《朝阳袁台子东晋壁画墓》，《文物》1984年第6期，第39页。

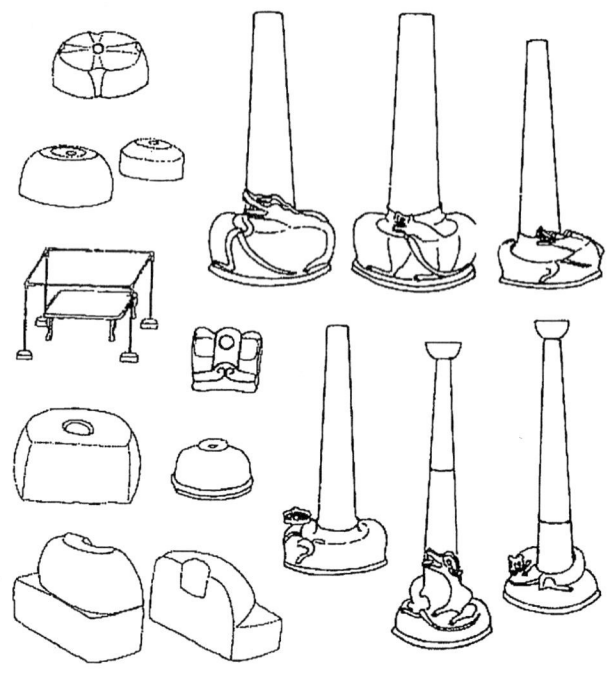

图 6.10　帷帐座

到汉代甚至更早①。墓志的前身包括各式各样的刻铭，有的置于墓中，如告地策和镇墓文、买地券，以及棺上和砖上的各种刻铭。无论作何用途，这些刻铭一般都标有死者的姓名，有的还会标明死者的籍贯、官爵以及卒年。有的在地面上也设有各种不同的墓葬标记，如墓碑，到东汉时期，墓碑上已有了长篇的挽歌式铭文。这种墓碑在东汉得到广泛使用，不过到汉代末期，由于禁止厚葬②，墓碑也被特别禁用。据说由于多有夸大

---

① 赵超：《墓志溯源》，《文史》第 21 辑，北京，中华书局，1983，第 43~55 页。
② 《宋书》卷 15。有曹操在建安十年（公元 205 年）颁布的薄葬令。

图 6.11　北魏帷帐座

不实之词，在西晋太康八年（公元 287 年），墓碑再一次被禁止①。此后尽管偶尔还会出现墓碑，但它们的使用已经大大受阻了。也就在这个时期，墓志开始以墓碑替代品的形式出现。墓志是埋在墓室内的，可能是为了免受官府的责难②。墓志铭一般刻于石头上，有的也刻在砖上，一般放在死者的头部或墓道内。

---

① 关于这一主题，亦参见 Kenneth Chen（陈观胜），"Inscribed Stelae during the Wei, Chin, and Nan-ch'ao," in Laurence G. Thompson, ed, *Studia Asiatica: Essays in Asian Studies in Felicitation of the Seventy-fifth Anniversary of Professor Ch'en Shou-yi*, pp. 75 - 84. San Francisco: China Materials Center, Inc, 1975；刘涛《魏晋南朝的禁碑与立碑》，《故宫博物院院刊》2001 年第 3 期，第 4~11 页。
② 根据《北齐书》卷 10，可能有人认为墓志的使用始于刘宋，但考古学的证据与此相悖；还有人认为禁碑导致了其他文字材料（尤其是墓志和买地券）的减少，但这种说法也不准确。参见长沙市文物工作队《长沙出土南朝徐副买地券》，《湖南考古集刊》1984 年第 1 期，第 128 页。

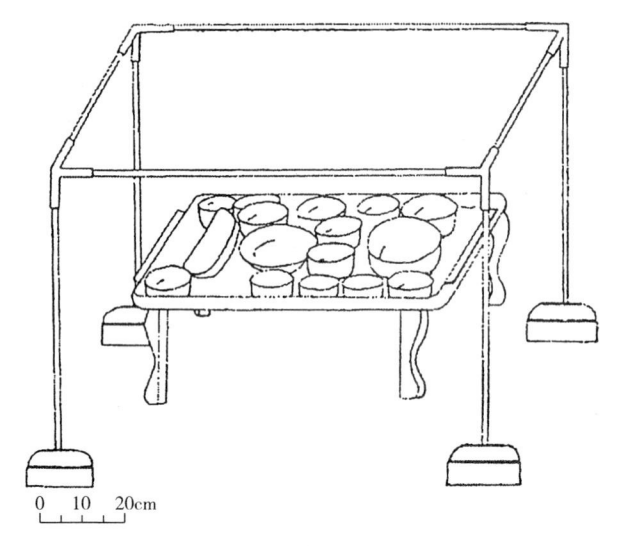

图 6.12　帷帐复原图

墓志一般有四种类型：碑形、长方形、方形和龟形[1]。与地表墓碑类似的碑形墓志都有一个碑首，根据碑首的形状又可细分为四种形制：龙形、圆形、三角形（或称圭形）、方形。碑形墓志一般在碑首上刻有辨识身份的首题，下面还有一个龟形的碑座，呈龟形动物背负重物的造型。这种墓志尽管模仿了地面墓碑的形制，但形体要小些，一般只有50厘米高，最多高1米，因此，墓志上的铭文也比墓碑要少一些。

长方形墓志一般是竖置的，尽管有的长度超过高度。较大的长方形墓志既没有底座，也没有首题，可能是与地面墓碑一同使用的，后者一般都有这些特征。较小的长方形墓志一般出

---

[1]　关于这一时期墓志的详细论述，参见刘凤君《南北朝石刻墓志形制探源》，《中原文物》1988年第2期，第74~82页，以下论述皆来自该文。

现在等级较低的墓葬里，墓志铭除了基本的标志，没有挽词或悼文。

第三种是方形墓志，平置在墓室内的地面上，有铭文的一面朝上。这种墓志最早出现在六朝早期，太和十八年（公元494年）北魏迁都洛阳之后，开始出现覆斗形的志盖，即截尖四面锥体形。这种带盖方形墓志的出现，反映了墓志形制的成熟，此后就成为墓志的标准形式。在志盖和墓志的四边上，开始出现越来越多的装饰性纹饰，如线刻的四神、异兽、花草等。将标志死者姓名的首题刻在志盖上面，是隋唐时期的标准做法。铭文本身长短不一，因死者身份高低而异，以隶书或楷书刻写①。

墓志的最后一种形制是龟形，志盖就像一个龟壳。这种墓志较为少见，但很有意思。刘凤君认为这种带盖墓志流行的原因，是因为志身代表地，而略似穹隆的志盖代表天，它在本质上与墓室本身的象征意义相同。为了证实这种假设，刘先生还提到了有些墓顶上绘制的银河，以及墓志盖上刻划的星辰。在刘先生看来，龟具有圆形的背甲和平坦的腹甲，在形状上与墓室和墓志的象征意义相同②。

赵超也认为覆斗盖墓志的出现与墓葬观念有关，是"天圆地方"宇宙观的反映③。他指出，早期的式盘正是来源于这种观念，式盘是用于占卜的，由一个圆盘和一个方盘组成，圆

---

① 就书法而言，六朝是隶书向楷书的过渡时期。参见汪庆正《南朝石刻文字概述》，《文物》1985年第3期，第84页。
② 刘凤君：《南北朝石刻墓志形制探源》，《中原文物》1988年第2期，第80~81页。
③ 赵超：《式、穹隆顶墓室与覆斗形墓志——兼谈古代墓葬中"象天地"的思想》，《文物》1999年第5期，第72~82页。

盘镶嵌在方盘里,圆盘和方盘上刻有各种坐标和符号①。这种卜卦的装置在战国时期开始出现,汉代已经非常普遍。赵超认为,各种不同形制的墓顶,如券顶、穹隆顶等,都可能象征着"天",这点可以从墓顶上的日月星辰、四神及其他天象壁画得到进一步证实,而代表人间俗世的墓壁则用于描绘死者在世时的生活场景。赵超还认为,穹隆顶墓葬与稍晚的覆斗形墓志的发展,当与汉代儒家思想及"阴阳五行说"有关。通过墓葬的形制与装饰,墓葬本身具备了辟邪的功能。

早期墓志的铭文相当简略,只有死者的姓名、籍贯、官职、卒年、葬地,有的可能还标上妻子和子女的姓名。随着时间的推移,铭文变得越来越复杂,加上了关于死者生平的叙事性信息,最后以挽铭结尾,以表达对死者的褒扬与哀悼②。有些铭文清楚地表明,墓志的目的是为子孙后代提供线索,以及便于迁葬时辨别墓主身份。这点与汉代的有些墓葬文字(如买地券)不同,后者是为了昭告地下世界的神祇。墓志的重要性不仅在于它是关于历史和死者生平的重要信息来源,也是研究人们死亡观念的社会学资料,对探讨当今社会的个人认知也是非常重要的。

二 辟邪与象征物品

用于容纳死者尸体的墓葬建筑以及墓中各种各样的随葬

---

① Donald Harper, "The Han Cosmic Board (shih 式)," *Early China* 4 (1978–79): 1–10.
② 南京市博物馆、阮国林:《南京梁桂阳王萧融夫妇合葬墓》,《文物》1981年第12期,第11~12页。关于这个时期墓志的最全面收集,参见赵万里《汉魏南北朝墓志集释》,北京,科学出版社,1953。

品，是当时宗教信仰的具体反映。墓葬中的有些随葬品并非日用物品，而具备很强的象征意义，这方面值得引起我们的特别注意。陈放在墓中的象征性物品丰富、组合复杂，包括镇墓俑、石猪、弩机、镇墓兽及镜子等。

1. 镇墓俑

有辟邪或象征意义的随葬品多发现于棺木周围，它们最初是摆放在棺侧或棺内的。不过，按常理，镇墓俑一般放置在墓门口才能显示出它的镇守作用。早期的镇墓俑呈持矛、执盾的造型，这种造型可能更像一个巫师，见于东汉至晋的墓葬中。其中一件头戴尖顶头盔、身披鱼鳞甲，可能反映了当时外来雇佣兵的形象（图6.13）①。驱魔俑逐渐被更正式的武士形象取代，一般是一对身穿常规铠甲的武士，双手拄着一把竖立在身前地上的长剑，或者左手按长盾，右手握拳，手里原来可能握着某种长柄武器，不过现已不存（图6.14）。这种镇墓俑一般较墓内其他俑要大一些，也偶尔发现将镇墓俑绘在墓门口墙壁上的情况。

图6.13 鱼鳞甲镇墓武士

---

① Albert E. Dien, "A Study of Early Chinese Armor," *Artibus Asiae* 43: 1-2 (1981-1982): 17-18。郝红星、张倩、李扬：《中原唐墓中的明器神煞制度》，《华夏考古》2000年第4期，第100~107页，文章讨论了这些早期墓葬中的镇墓俑和其他明器，认为它们是唐代镇墓俑的前身。

图 6.14　持盾镇墓武士

2. 镇墓兽

放在墓中的另一种辟邪物是镇墓兽，这个"镇"更多指"守卫"或"保卫"，而不是"镇压"，所以翻译成英文，"tomb-guardian beasts"比"tomb-quelling beasts"更合适一些①。

在汉代，墓葬内的防御功能似乎主要是由砖雕或壁画上的俑来担任的，不过在有些墓葬里也发现了一种独角动物。这种独角动物类似于独角兽，曾发现于甘肃武威的墓葬中，曲颈、翘尾、独角前伸②。另一种类型的镇墓兽形似带翼的犀牛，曾

---

① 关于镇墓俑的研究很多，如顾丞峰《镇墓俑兽形制演变析》，《文物天地》1988年第3期，第41~43页；Mary Fong（方闻），"Tomb Guardian Figurines: Their Evolution and Iconography," In Kuwayama, ed., *Ancient Mortuary Traditions*, 84–105; Albert E. Dien, "A New Look at the Xianbei and their Impact on Chinese Culture," pp. 47–50。

② 甘肃省博物馆：《武威雷台汉墓》，《考古学报》1974年第2期，第101页，图版12.1；文章认为它象征传统的獬豸，是一种独角兽，可以用角抵恶物。

发现于湖北宜都的汉墓里①。第三类镇墓兽兼具前两种造型，不过腿比第二种略短，而尾巴上翘如第一种，背部有很多上突的倒刺，此类例子曾在山东发现②。这些立姿镇墓兽俑（无论背部有无突刺）曾出土于洛阳地区的三国和晋墓中，在更往南的湖北、安徽、江苏等地也有发现。这种动物一般被考古学家称作镇墓兽或犀牛，也有人认为它就是古文献中的"穷奇"，是一种有着牛身、刺猬式的刚毛（如镇墓兽背部竖立的突刺）、声如狗吠、嗜食人肉的动物③。在西北地区的陕西和宁夏也曾发现这种镇墓兽，是一种蹲伏状的守护动物，头顶一般有一个球形结，有一件的背部上还有突出的脊柱④。

在北方地区，镇墓兽的造型发生了由犀牛形或牛形向人面狗形的转变。大同地区发现的一例早期镇墓兽形象是四脚着地的站立状⑤。资料显示最早的这种新式镇墓兽出自山西大同的司马金龙墓（太和八年，公元484年）（图6.15）⑥，蹲坐式，

---

① 宜昌地区博物馆、宜都县文化馆：《湖北宜都发掘三座汉晋墓》，《考古》1988年第8期，第718~719页及第720页，图5.8。
② 任日新：《山东诸城汉墓画像石》，《文物》1981年第10期，第14页，图2。
③ 南京市博物馆：《南京郊区两座南朝墓》，《考古》1983年第4期，第330页。北魏时期注《汉书》的张辑对司马相如《上林赋》中出现的"穷奇"有此描述，参见《汉书》卷57上；亦见《文选》卷8。上述解释中的"穷奇"与"穷期"近音，"穷期"即末期。
④ 宁夏回族自治区固原博物馆、中日原州联合考古队编《原州古墓集成》，北京，文物出版社，1999。
⑤ Junxi Li and Li Li, "The Recent Discovery of a Group of Northern Wei Tombs in Datong," *Orientations* 34.5 (2002): 46 and fig.9。这件镇墓兽出自太和元年（公元477年）的宋绍祖墓，但镇墓兽本身的年代不清。
⑥ 山西省大同市博物馆、山西省文物工作委员会：《山西大同石家寨北魏司马金龙墓》，《文物》1972年第3期，第31页，图14.4；详图见《文化大革命期间出土文物》，北京，文物出版社，1972，第142页。

图 6.15　山西大同出土镇墓兽

人首呈俯视状。头顶有结，可能其上的角已经折断，在后颈上有五个矩形的洞，可能是用来插鬃毛的。面部涂白，身上绘有代表鳞片的白色线条。此后的狗形镇墓兽都是坐姿。

到公元 6 世纪早期，镇墓兽的造型又有了进一步的发展。一般成对出土，除了一人首、一兽首，其他特征几乎相同。仍是蹲坐状，人首镇墓兽的冠帽上还是有一个结（或截尖圆锥体）。无论人首还是兽首，脊背上都有一些突刺，一般是三支，从脊柱一直排到尾部，尾巴呈卷曲状。在河北曲阳发现的一座正光五年（公元 524 年）的墓葬里出土了一对这样的镇墓兽，其中人首者牙齿外露，两件的头上都长满了茂密的毛发，一件的蹄上长着爪子，而另一件蹄上则更像长着趾头（图 6.16）[①]。在同时期的洛阳元邵墓（武泰元年，公元 528 年）中，发现了一对制作更精细的镇墓兽，造型与此相似，不过其中人首者长着爪子而不是趾头，或许是受到了南方四不像的影响，在肩后还有着卷曲的翅膀（图 6.17）[②]。

此后不久，人面镇墓兽发展成更具人的形象，与司马金龙墓所见更加相似。与兽形的镇墓兽相比，这种人面兽身的怪异

[①] 河北省博物馆文物管理处：《河北曲阳发现北魏墓》，《考古》1972 年第 5 期，图版 11.1 – 2。

[②] 洛阳博物馆：《河南洛阳北魏元乂墓调查》，《文物》1974 年第 12 期，图版 12.1 – 2。

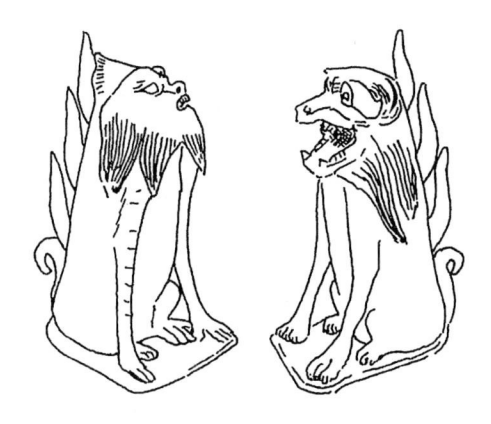

图 6.16　河北曲阳出土镇墓兽

图 6.17　洛阳出土镇墓兽

造型多少有一些令人惊讶。这样的实例也在一些墓葬中有所发现，如景县北魏墓（神龟元年，即公元 518 年，或天平四年，即公元 537 年）[1]；景县封氏墓群（年代不详）[2]；山东高唐附

---

[1] 河北省文管处：《河北景县北魏高氏墓发掘简报》，《文物》1979 年第 3 期，第 27 页，图 25。

[2] 张季：《河北景县封氏墓群调查记》，《考古》1957 年第 3 期，图版 13.6。

近的北魏墓（据残件断代）[1]；磁县茹茹公主墓（武定八年，即公元550年，镇墓兽脊背上有四个突刺）（图6.18）[2]；磁县尧氏夫人墓（武定五年，公元547年）（图6.19）[3]。一二十年后，这种镇墓兽的后脑勺上又出现了树杈状的尖突，如磁县尧峻墓（天统二年，公元566年）[4]和高润墓（承光元年，公元577年）（图6.20）[5]所见。

图6.18　河北磁县出土镇墓兽之一

在磁县以西的娄叡墓中，人面镇墓兽出现了蹄形的足，头上的树杈状较突出，以前头顶上的那种截尖圆锥体不见了，脊

---

[1] 山东省博物馆文物组：《山东高唐东魏房悦墓清理纪要》，《文物资料丛刊》第2辑，北京，文物出版社，1978，图版18.1。
[2] 磁县文化馆：《河北磁县东魏茹茹公主墓发掘简报》，《文物》1984年第4期，第5页，图5。
[3] 磁县文化馆：《河北磁县东陈村东魏墓》，《考古》1977年第6期，第397页，图8。
[4] 磁县文化馆：《河北磁县东陈村北齐尧峻墓》，《文物》1984年第4期，第18页，图9。
[5] 磁县文化馆：《河北磁县北齐高润墓》，《考古》1979年第3期，第240页，图6.2-3。

图 6.19　河北磁县出土镇墓兽之二

图 6.20　河北磁县出土镇墓兽之三

背上的突刺增加到九支（图 6.21）①。

---

① 山西省考古研究所、太原市文物管理委员会:《太原市北齐娄叡墓发掘简报》,《文物》1983 年第 10 期, 第 8 页, 图 16。

图 6.21　山西太原出土镇墓兽

以上介绍的镇墓兽基本上都发现于北朝的东部，实际上在北朝西南部的陕西汉中地区也发现了一例属于西魏时期（公元537～557年）的镇墓兽。这件人面镇墓兽显得比较和善，不那么狰狞可怖，身躯如青蛙（图6.22），身上也无突刺和其他特征。这件镇墓兽是否本地工匠为从东北方迁居于此的墓主所造[①]？

图 6.22　陕西汉中出土镇墓兽

隋代也发现了很多与此造型相似的镇墓兽，不同的是头上没有了树杈状的突刺。北朝东部的典型镇墓兽造型在公元6世

[①] 汉中市博物馆：《汉中市崔家营西魏墓清理记》，《考古与文物》1981年第2期，图版13.2。

纪中后期开始被各地广为采用。这种具有隋代特征的镇墓兽（头上无树杈状突刺）在河南、湖北、安徽和江苏等地都有发现，而且一直延续到唐代，也出现在制作精细、装饰华丽的三彩器上。

正当鲜卑和其他北方民族入主北方之时，这种造型的镇墓兽取代晋代的有角兽形镇墓兽，这种现象也许并非偶然。这种镇墓兽可能与此前提及的乌桓信仰有关（与鲜卑相同），他们相信，用于殉葬的狗的灵魂会引领死者进入阴间①。

3. 玉猪

在很多六朝墓中还发现有石猪或玉豚，是一种小管状的雕刻制品，呈卧猪的造型，一般长3.5厘米~11.5厘米（图6.23）②。雕刻一般较粗糙，有些只是简单地刻画了轮廓。大多数都用滑石雕刻而成，也有极少数用玉、红砂岩、木，甚至木炭做成。大多数猪都是成对出土，但也有一些墓葬中用了一件或三件，有的墓葬里发现了四件这样的猪，很可能是由于合葬的缘故。

使用石猪是南方的传统，总体来说，约10%的六朝墓葬

---

① 《后汉书》卷90；另参见 Albert E. Dien, "A New Look at the Xianbei and their Impact on Chinese Culture," pp. 43, 47。大同市博物馆展出的一件雕塑也非常重要，刻有一座祭坛和数位身着鲜卑装的人物，两侧是一对蹲伏状的镇墓兽，参见王银田、曹臣民《北魏石雕三品》，《文物》2004年第6期，第90~92页。此雕塑照片承蒙 Shing Mueller 博士惠寄

② 也有用"肫"代"豚"的情况。关于随葬猪的数量以及制作日益粗糙化的讨论，参见湖南省博物馆《长沙两晋南朝隋墓发掘报告》，《考古学报》1959年第3期，第89页。

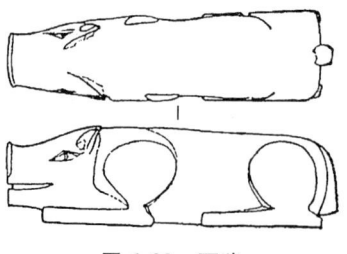

图 6.23　石猪

中出土了石猪，其中只有三座位于黄河以北地区，两件在甘肃，一件在河南①。使用石猪的习俗最早出现在今湖南、江西和广东省范围内。东晋以前（建武元年，公元 317 年）的广东墓葬中，44% 的墓中都发现了石猪，这是石猪发现比例最高的地区。建武元年（公元 317 年）建都南京之后，以石猪随葬的习俗扩展到更大的范围，最明显的是在都城所在的今江苏地区。这种趋势似乎与传统的看法相悖，一般认为，这是一个因北人南迁而致本土文化深受北方文化影响的时期②。

这种小猪原来是握在死者手里的③。玉豚的使用可能与"窀穸"之"窀"有关，"豚"与"窀"同音，而"窀"意指

---

① 当然陶猪不在此列，陶猪与随葬的其他动物、房屋和圈栏模型等是一类的。
② 刘淑芬：《三至六世纪浙东地区经济的发展》，《中央研究院历史语言研究所集刊》第 58 本第 3 分，1987，第 485~524 页。该文同样认为北人南迁之前南方的发展水平已经很高，不同意中国文化发展的一元论。北方墓葬中发现的石猪表明，当时无论南方人还是北方人都有以石猪随葬的习俗。
③ 汉代《释名·释丧制》："握，以物在尸手中，使之握也。"即死者所"握"之物。最早对"握"这类器物进行解释的是关野贞，参见关野贞ほか『樂浪郡時代の遺蹟』，京都，朝鲜総督府，1927，112–113 页，396–397 页；丁爱博有更详细的讨论，参见 Albert E. Dien, "Instructions for the Grave: The Case of Yan Zhitui," *Cahiers d'Extrême-Asie* 8 (1995): 110–112。

"长夜",隐喻用于长眠的坟墓①。很显然,"窀穸"在六朝时期就是坟墓的意思。以猪随葬的意义可能是希望死者安息,其含义可能与汉墓中一些随葬瓶上的铭文相同,那些铭文的含义是希望亡灵能够在坟墓中安息,不要打扰生者②。

4. 弩机

尽管弓弩是汉代及以前墓葬中常见的随葬武器,但进入六朝之后,功能发生了改变。与以前弓弩不同的是,六朝的青铜弩机出土时不再有附着的木片,表明并不是与武器一起埋藏。而且,这个时期还出现了石质的,甚至银质的弩机,它们并没有与其他武器放在一起,也不是放在棺侧,而是放置在棺内③。在河北、河南、甘肃、湖北、湖南、江西等地的西晋墓中,发现了约20件弩机,东晋墓中也发现了约20件,东晋以后墓葬中一件也没有发现。显然弩机是具有某种象征意义的,很可能具有辟邪的功能,不过其准确含义还有待进一步厘清。与"玉豚"的情况一样,弩机也可能与谐音有关,弩机的"机"可能代表了发音相近的"吉",即"吉祥",这是常见于墓砖上的铭文④。

---

① 《左传·襄公十二年》;James Legge, *The Ch'un Ts'ew with the Tso Chuen*. Hongkong, preface dated 1872, p. 458。通过杜预的注和孔颖达的疏,其用途更加清晰。此外,《后汉书》卷57有"死者悲于窀穸"之语。
② 夏鼐:《敦煌考古漫记》,《考古通讯》1955年第1期,第4页。
③ 相关文献参见 Albert E. Dien, "Instructions for the Grave: The Case of Yan Zhitui," *Cahiers d'Extrême-Asie* 8 (1995): 109, n. 39。
④ 关于这种说法的一个佐证是,在一件衣物疏上发现了以"吉"代"机"的情况,可能是书写上的错误,当然也可能反映了书写者心目中"吉"与"机"的关系。见国家文物局古文献研究室等编《吐鲁番出土文书》第2册,第347页。

5. 堆塑罐（魂瓶）

"堆塑罐"（也称作"魂瓶"）是一种造型独特、形象生动的器皿，不过其功用还是一个谜。这种罐具有六朝时期最独特的造型，盖子上塑造了非常精细的建筑、人物和动物模型（图 6.24）。最早的原型可以追溯到汉代，主要发现于今广州地区，由五个大小相同的罐子组成，一个在中央，其他四个环绕周围。也有些是二联罐、三联罐或四联罐。最早的这种罐子通常下面有足，有席纹或细槽作为装饰。到汉代中期，器足逐渐消失，变为平底，器表已没有了装饰，只保留了五个相连的罐子。这时的罐都是陶制的，出土时里面还遗留有桃核、树叶和其他植物。因此，可以推测这种器皿可能是用于盛放水果或其他食物的，而不是盛粮的。"联罐"只发现于南方地区，主要在广东、福建、江苏和浙江地区。至于这种罐子的起源，似乎与本地的百越有关，百越的统治范围正好就在这一区域，但到汉代以后，这种罐开始成为汉文化的一部分[①]。

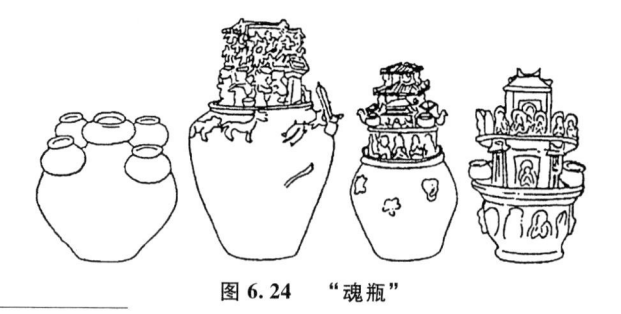

图 6.24　"魂瓶"

---

① 镇江博物馆:《镇江东吴西晋墓》,《考古》1984 年第 6 期, 第 543～544 页, 大部分关于这种器物发展阶段的描述都来自这篇文章; 亦参见高军、蒋明明《对越窑青瓷魂瓶的思考》,《南方文物》1994 年第 4 期, 第 70、107～112 页, 该文尝试对这种器物进行艰巨的分类工作。

到东汉和三国吴早期，位于中央的罐子开始变大，而周围的四个罐子变小，只是简单地附在罐肩上。也是在这个时期，其分布范围扩展到了长江下游的江浙地区，并且出现了褐釉陶和无釉灰陶，还出现了一批最早的原始青瓷器①。在浙江奉化发现的一件有熹平四年（公元175年）纪年的东汉罐子上，已经出现了浮雕人物、动物和飞鸟的形象，此后不久这些形象变得更加精细。五联罐（一个在中央，四个围绕在周围）仍然刻画得很清楚，上下各有一组飞鸟形象，还有一些面朝外的蹲姿动物，形似袋鼠，可能代表着老鼠②。吴后期和西晋时期，这种造型的堆塑罐发展到了极致，中央大罐变得更大了，通常采取多层楼阁的形式，同时周围小罐变得更小了，有些甚至隐于密集的角楼、人物和动物之中。每一件堆塑罐的造型都不相同，正是它的富于变化让人回味无穷。此后，堆塑罐上的外围小罐全部变成了建筑物，其早期形制已经不见踪影。最初罐身都是素面无纹的，但后来塑像的种类愈趋繁复，在这些塑像中还出现了坐佛③。到东晋初，这种堆塑罐消失了，不过类似的器皿（明显源自堆塑罐的造型）又出现在唐代，在宋代尤其盛行。

在考古文献中，这种罐常被称为"谷仓罐"，因为它被当成

---

① 杨泓注意到日本古坟时代的陶器里也有五联罐，认为同时期的日本发现类似于中国联罐和其他陶器的现象，表明中国文化的影响可能经由朝鲜到达了日本。参见《吴、东晋、南朝的文化及其对海东的影响》，《考古》1984年第6期，第570页。
② 镇江博物馆：《镇江东吴西晋墓》，《考古》1984年第6期，第544、514页注15。
③ Hung Wu, "Buddhist Elements in Early Chinese Art (2nd and 3rd Centuries A. D.)," *Artibus Asiae* 47.3–4 (1986): 287–291.

了粮仓。若果如此,那就可以解释为何大量飞鸟栖息其上了,那些房前屋后的狗也可以认为是捕鼠的。不过,也偶尔在堆塑罐上发现刻有吉祥文字的碑铭,此外,在一件堆塑罐上发现了房屋里的棺木和跪拜在屋前的悼念者形象。这种现象除了对这种耐人寻味的器皿增加几种解释,还是无法解开它的含义之谜。

有一种观点认为,这种堆塑罐反映的是道家的仙界和不朽世界,但这种推测并没有什么理由①。还有一种看法认为它与亡灵的安息之所有关,所以被称作"魂瓶"。何惠鉴(Wai-kam Ho)认为它是当死者的肉体不宜埋葬时的灵魂安息之所②。巫鸿显然同意这种看法,他相信这种罐子与当时流行的佛教信仰有关。陈定荣则认为它的用途是多方面的,既是下葬时的礼器,也是一种纪念物、阴间的粮仓和佛教法器,所有的一切都是为死者服务的③。我同意这种罐子具有多方面的功

---

① William Watson, *The Genius of China.* London: The Royal Academy of Arts, 1973, p. 124; Margaret Medley, *The Chinese Potter: A Practical History of Chinese Ceramics.* Cornell: Cornell University Press, 1982; 2nd printing, 1986, p. 65; Annette Juliano, *Art of the Six Dynasties: Centuries of Change and Innovation.* New York: China Institute in America, 1985, p. 25, Juliano 对其中一件堆塑罐进行了详细的描述。对堆塑罐最全面的分类,参见小南一郎「神亭壷と東呉の文化」,『東方學報』(65), 1995, 223 – 379 頁。小南一郎提出,这种器物根据人物形象的不同,分别做出了代表佛教或道教极乐世界的造型。另一种看法认为,位于四角的小罐是灯,这种灯一般放在墓室以象征长明不朽,不过这种看法还没有任何证据,参见南京博物院、南京市文物保管委员会、江苏省文物管理委员会、江苏省博物馆编《江苏省出土文物选集》,北京,文物出版社,1963,图 129。

② Wai-kam Ho(何惠鉴),"Hun-p'ing: The Urn of the Soul." *Bulletin of the Cleveland Museum of Art* 48. 2 (1961): 26 – 34。何惠鉴和巫鸿均引用了东晋司马睿时期(公元 318 年)发生在建康宫廷里的"招魂葬"之争,在这场争论中提到盛放灵魂的容器如"灵座""魂堂",不过它们所指不一定就是此处所谈的堆塑罐。

③ 陈定荣:《论堆塑瓶》,《中国古陶瓷研究》1987 年第 1 期,第 71 ~ 80 页。

用，想补充的是，这种罐子的意义可能与它所处时代的名称有关，在一件堆塑罐的刻铭上，它被称为"䙴"，而《说文》对"䙴"的定义就是陶[①]，此"䙴"与"靈"（灵魂）同音，这就又为这种罐子提供了一个重要的象征意义[②]。

6. 镜子

另一种可能的辟邪物是镜子，一般放置在棺内死者的头部。在考古报告中，大约20%的墓葬里发现了镜子，因此，镜子在丧葬仪式中的作用是相当重要的，它也有着重要的艺术价值。

尽管丧葬仪式中的辟邪和象征物绝不止以上提到的这些，但可见在当时的丧葬仪式和对墓葬的保护上，它们是具有相当重要意义的。

三　日用器物

日用器物指的是在现实生活具有使用价值的物品，反映在墓葬中既有实用器皿和专为随葬而做的复制品（明器），也有旨在以多种方式服务死者的动物、机械和人物模型。

1. 钱币

六朝时期在墓葬中放置钱币的习俗是汉代传统的延续。盗

[①] 张志新：《江苏吴县狮子山西晋墓清理简报》，《文物资料丛刊》第3辑，北京，文物出版社，1980，第136页。
[②] 关于这一主题更详细的讨论，参见 Albert E. Dien, "Developments in Funerary Practices in the Six Dynasties Period: The Duisuguan 堆塑罐 or 'Figured Jar' as a Case in Point ," pp. 509 – 542。

墓活动势必影响到今天所见的墓葬钱币资料，不过似乎这种影响并不很严重。在大约20%的墓葬里都发现了一枚或多枚钱币，而在未被盗扰的墓葬中，则有36%发现了钱币。因此，尽管这些数字肯定不足以反映墓葬中随葬钱币的真实情况，但据此做一些基本的评估还是可能的，当然结论也是尝试性的。

以钱币随葬主要是长江以北地区的特征。随葬钱币的墓葬比例，在长江以北地区从23%（江苏和山西）至77%（甘肃）不等，而在长江以南地区，只有4%~16%。总体来说，江北平均值达到30%，而江南只有13%。发现钱币的墓葬比例并没有随着时代的变化而发生大的改变，在晋以前的墓葬（包括所谓"魏晋"墓葬）中，39.5%发现了钱币，而隋代墓葬中也有33%发现了钱币。墓葬发现的钱币既有单枚铜钱，也有成串的钱，我在这里并不想统计钱币的总数，象征性的冥币显然也是存在的，比如曾经发现过以土钱随葬的例子①。在吐鲁番阿斯塔那墓葬的随葬衣物疏中列出了数量巨大的钱币，不过这个数量显然是虚构的，实际上只发现了极少量的钱币。

这个时期的货币体系颇为糟糕，很多地方在很长时间里，商业都是物物交换，以粮食、布匹，甚至食盐来代替货币。自很早开始，甚至在汉代灭亡以前，军阀董卓就废弃了汉代的优质五铢钱，而发行一种劣质的小钱，这是当时通货膨胀的结果。尽管曹操掌权之后废除董卓的货币体系，又恢复了五铢钱，但当时已经处于自给自足的经济状态。南、北方政府都长期面临着铜料短缺、钱轻质劣的困境（据说有的钱币轻得可

---

① 淄博市博物馆、临淄区文管所：《临淄北朝崔氏墓地第二次清理简报》，《考古》1985年第3期，第216页。

以在水上漂起来），这些问题对当时的贸易、税收和日常生活都产生了影响，对私铸钱币真伪的鉴定也是一件难事①。日本学者川胜义雄提出，货币问题及其在地方上的不良影响正是导致南方政权衰落并最终被北方所灭的一个重要因素②。

出自窖藏③和墓葬的钱币是研究六朝经济史的重要资料，同时也能提供很多宗教信仰方面的信息。出土的大量六朝钱币都是剪轮的，据此可以推断很多早期钱币（如汉钱）在六朝时期仍然在流通，有学者认为这种情况表明当时的经济状况混乱不堪④。

---

① 杜迺松对这个时期的各种钱币进行了研究，参见《三国两晋南北朝至隋唐时期的青铜器综论》，《故宫博物院院刊》1988年第4期。永初二年（公元421年），由于铜料短缺，刘宋朝廷禁止使用铜棺钉，参见《宋书》卷3。关于这个问题的讨论，参见黄淑梅《六朝太湖流域的发展》，台北，《国立台湾师范大学历史研究所专刊》1979年第4期，第150~165页。

② Kawakatsu Yoshio（川勝義雄），"La décadence de l'aristocratie chinoise sous les Dynasties du Sud," *Acta Asiatica* 21 (1971): 32-38，川胜义雄讨论了货币经济的发展情况；另参见 Joseph Needham and Ray Huang, "The Nature of Chinese Society—A Technical Interpretation," *Journal of Oriental Studies* 12 (1974): 9-10。

③ 钱币的发现除了出自墓葬，还有一些窖藏钱币见诸报道：1）赵新来：《河南渑池宜阳两县发现大批古钱》，《考古》1965年第4期，第213~214页，300公斤；2）镇江市博物馆：《江苏丹徒东晋窖藏铜钱》，《考古》1978年第2期，第130~135页，140多公斤；3）长沙市文物工作队：《长沙发现隋代钱币》，《考古》1983年第1期，第79页，75公斤；4）谢世平：《安阳出土南北朝古钱窖藏》，《考古》1986年第3期，第36~41页，2885枚。

④ 江西省博物馆：《江西南昌东汉、东吴墓》，《考古》1978年第3期，第163页。关于剪轮五铢的资料，参见扬州博物馆《江苏邗江发现两座南朝画像砖墓》，《考古》1984年第3期，第263页；湖南省博物馆《湖南资兴晋南朝墓》，《考古学报》1984年第3期，第356页，后者引用《宋书》卷75关于货币问题的讨论。江苏句容发现了东吴时期的钱模，参见刘兴《江苏句容县发现东吴铸钱遗物》，《文物》1983年第1期，第41页。对北魏和东魏时期盗铸恶钱问题的讨论，参见河北省沧州地区文化馆《河北省吴桥四座北朝墓葬》，《文物》1984年第9期，第32页。

不过也有学者不同意这种看法，如刘建国和高岚指出，很多汉代钱币确实在汉代以后还在使用，但汉以后也铸造了很多新的钱币；尽管六朝末期墓葬中发现的钱币较少，但钱币的减少并不能简单归因于经济状况的恶化，因为富人墓中钱币的减少更加明显，这点看起来有悖常理。他们认为墓葬中钱币的减少表明丧葬习俗的改变①。这是一个很有价值的提醒，有助于反驳将六朝视为衰退时期的常规论断。

除了铜钱（严格地说是青铜钱），随葬衣物疏中还列有银币和金币，它们也是商业贸易中的流通货币，不过不是以硬币的形式存在。银币的度量单位是"两"，考古中发现了银锭和扁圆形的银饼②。布匹也曾用作通货③。此外，文献中还提到过铁钱，始铸于北魏正光四年（公元523年），不过并不成功，不久就废除了④。在墓葬中还发现了波斯和拜占庭的钱币，它们是经由丝绸之路传入中国的，由于非常珍稀，钱币上可能都带有某种特别的标记。在墓葬中发现的无论何种形式的货币应该都与后来的纸质"冥币"具有相同的目的，即为了死者的灵魂在阴间能够过得比较舒适⑤。

---

① 刘建国、高岚：《试论六朝钱帛货币的历史地位》，《江汉考古》1989年第2期，第95~96页。
② 苏健：《洛阳隋唐宫城遗址中出土的银锭和银饼》，《文物》1981年第4期，第58~60页。这批银币可能都是唐代的，不应包括隋代。
③ 刘建国、高岚：《试论六朝钱帛货币的历史地位》，《江汉考古》1989年第2期，第101页。
④ 武汉市革委会文化局文物工作组：《武昌吴家湾发掘一座古墓》，《文物》1975年第6期，第94页。
⑤ 参见丁爱博文章及所引文献，Albert E. Dien, "Chinese Beliefs in the Afterworld," in Caroselli, ed., *The Quest for Eternity*, p. 15, n. 29。

2. 俑

六朝早期的俑只是汉俑的简单延续，但随着时间的推移，俑的造型变得更加写实。关于这点，有些学者认为后者的艺术性值得关注①。只有15%的墓里发现了人物俑，而且这些墓葬在时间和空间上的分布并不均衡，但是它们为研究六朝物质文化的方方面面提供了非常好的材料。

为了便于对六朝时期的人物俑进行讨论，可以将它们分成三国俑、晋代俑、晋代以后俑，晋代以后的俑又可分为北方和南方风格。俑的工艺最终在隋代达到顶峰，为唐代俑的完美发展奠定了良好的基础。这里对俑的分类还是沿用通常的分类法，根据它们在侍奉死者的阴间生活中所担任的角色来划分：男女侍者、男女奴仆、马夫（一般是外国人）、乐手和其他伎乐、武士（含骑马的和步行的）。除此之外，还发现了极少数的特例，如一座湖南六朝墓中发现了乳母俑；在湖北鄂城墓中发现了跪俑，嘴里伸出极长的舌头，可能是一件辟邪俑；在一座隋墓里发现了佛教僧侣形象的俑。

三国时期的墓俑仅发现于湖北、湖南、江苏、河南和四川

---

① 佐藤牙彦:『漢六朝の木偶』，京都，平凡社，1968，10~15頁；Annette Juliano, *Art of the Six Dynasties: Centuries of Change and Innovation.* New York: China Institute in America, 1985, pp. 14–18; George Kuwayama, "The Sculptural Development of Ceramic Funereal Figures in China," in Caroselli, ed., *The Quest for Eternity*, pp. 63–93。丁爱博对这些陶俑有全面的讨论，包括完整的注释、地图和表格，参见 Albert E. Dien, "Six Dynasties Tomb Figurines: A Typological Survey and Analysis," in Tsang Chenghwa, ed., *Integrated Studies of Chinese Archaeology and Historiography, Symposium Series of the Institute of History and Philology, Academia Sinica*, Number 4 (Taipei, 1997): 961–981。

等地①。在四川以外，其他地区偶见于墓葬的陶俑都非常粗劣，有的只是用黏土随意捏成，或简单地模制而成，然后用低温烧烤。一般是站立的侍者形象，双手抱于胸前，下身呈圆锥形，这种造型与汉俑相似。这些地区的驱魔俑和武士俑极其少见。

四川地区的俑却大不相同，在忠县的15座崖墓里发现了约100件陶俑，其中65件出自一座随葬品特别丰富的墓葬，包括乐师、舞者、歌手、奴仆，既有男俑，也有女俑，它们在从事各种家居劳作和侍奉（含23件男俑和5件女俑）工作，只有一件是武士。这些俑的服装和发式非常引人注目，俑的高度一般在40厘米~60厘米之间，由红陶或灰陶制成（图6.25~图6.27）②。

图6.25　四川忠县出土陶俑之一

---

① 甘肃墓葬中也发现过一件木俑，参见嘉峪关市文物清理小组《嘉峪关汉画像砖墓》，《文物》1972年第12期，第32页。那些泛称六朝的墓俑，因其年代序列不清，不在此讨论之列。
② 四川省文物管理委员会：《四川忠县涂井蜀汉崖墓》，《文物》1985年第7期，第65~72页。

图 6.26　四川忠县出土陶俑之二

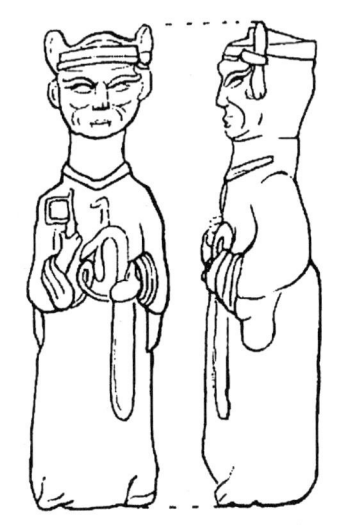

图 6.27　四川忠县出土陶俑之三

晋代墓俑的造型变得更加纤细。在当时两个主要都城所在的河南和江苏地区，约 11% 的墓葬里发现了俑。洛阳及其周边地区发现的俑与今天博物馆的藏品非常接近。墓葬的典型俑类组合中，有一种典型的驱魔俑，身穿短袖鱼鳞铠甲，头戴尖顶盔，有着奇特的外国人面相（图 6.13）；此外，还有一对双手抱于胸前的侍俑，以及身穿及地长裙的女俑（图 6.28）。南京地区出土的俑类组合也与此类似，一般包括一对侍者或奴仆，少见武士俑。这个时期的俑在甘肃、河北和山西等地也有零星发现，但制作较为粗劣（图 6.29）。最有意思的俑出自湖南长沙的墓葬中，在三座墓葬中发现了 116 件俑，其中一座墓的明确纪年是永宁二年（公元 302 年）。这批墓俑包括 6 件骑马武士俑、14 件文官俑、54 件步兵俑、19 件站姿男侍俑、23 件跪姿俑，有些作书写状（图 6.30 ~ 6.33）。尽管这批墓俑制作比较粗劣，但是为我们了解当时在这个地方性首府附近的生活状况，提供了一个很有意思的视角①。

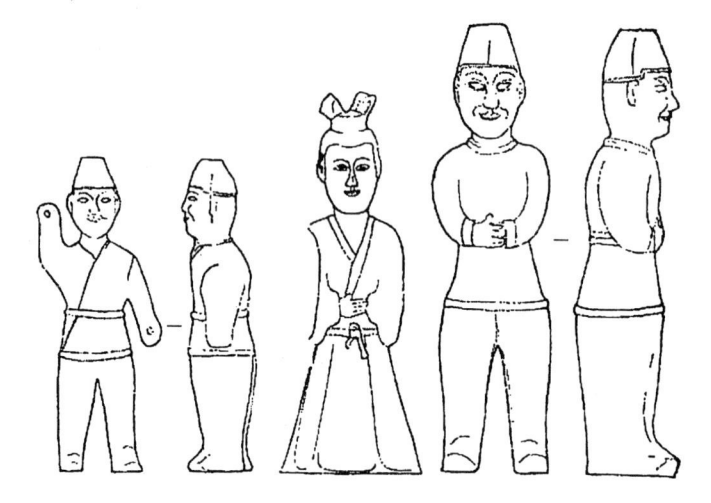

图 6.28　洛阳地区出土陶俑

---

① 湖南省博物馆：《长沙两晋南朝隋墓发掘报告》，《考古学报》1959 年第 3 期，第 75 ~ 105 页，在第 86 页图 5 中绘出了各式各样的陶俑头饰。这批陶俑的发现令人惊讶，该地区很少发现其他的陶俑，在 85 座湖南晋墓中仅有一座发现了少量的陶俑，晋以后的 47 座墓中只有一座发现过陶俑。

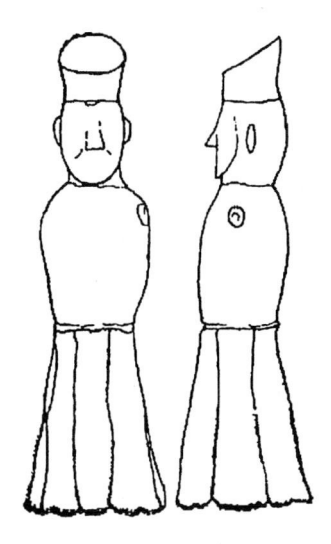

图 6.29 山西长治出土陶俑

图 6.30 湖南长沙出土陶俑之一　图 6.31 湖南长沙出土陶俑之二

六朝早期墓俑的服饰风格没有发生太大的变化。无论等级明显较高的男女，还是亲信或侍者，都穿着宽袖长袍，衣领一般是右衽式交领，里面穿的是直领衫。也有衣领下垂至腰带的情况，并非交领，不过这种情况不太普遍。偶尔也能见到上衣

图 6.32　湖南长沙出土陶俑之三

图 6.33　湖南长沙出土陶俑之四 　　图 6.34　南京出土陶俑之一

下裙的情况①。一般靠发式或冠帽来区分男女（图 6.34、图 6.35），女俑的发式包括头上两侧的圆髻和盘发，也有的打扮得更精细；有的女俑头戴一种拱形帽，也有的头上有非常精致

---

① 模印砖上的服饰细节更为清晰，如『中華人民共和国南京博物院展』，名古屋市博物館，1981，图 63 - 64，70 - 71。

的发型,很可能是假发①。奴仆和其他低等级的墓俑一般下穿裤子,上穿束带紧袖的短衣,袖子有长有短。此后,墓俑的服饰风格开始更加多样化。

图 6.35　南京出土陶俑之二　　图 6.36　内蒙古呼和浩特出土陶俑

晋代以后,北方地区的墓俑发生了巨大的变化。墓俑的数量和种类迅猛增加,工艺水平也达到了新的高度。在数百年间,入主北方的草原民族大大促进了中国服饰的发展。最早的实物出自呼和浩特附近的一座墓葬,其中 15 件墓俑并没有显示出特别出色的艺术成就,但有意思的是它们呈现出北方征服者的形象,表现了他们在征服中原之初的形象。除了那些形象怪异的武士俑,我们很容易注意到那种高高的、圆形的风帽,这表明墓俑代表的是鲜卑部落民(图 6.36)②。

---

① 较清晰图片参见上注,图 72,图 74,以及王志敏、朱江、李蔚然《南京六朝陶俑》,北京,中国古典艺术出版社,1958,图版 14。关于假发,参见《晋书》卷 27。
② 郭素新:《内蒙古呼和浩特北魏墓》,《文物》1977 年第 5 期,第 44 页;『中国内蒙古北方骑马民族文物展』,東京,日本経済新聞社,1983,56 - 59 頁。

在整个北方地区墓葬中都有大量的陶俑,大部分是武士俑。包括重装的甲骑具装俑、铠甲步兵俑、弓箭手俑等。俑群还包括吹长号、击鼓的骑马伎乐俑,以及骑马或步行的持旌旗俑。例如,在北魏都城大同附近的司马金龙墓中,出土了88件铠甲骑兵俑和122件步行俑,另有81件着典型鲜卑装的俑,这些墓俑占了全部367件俑的差不多4/5(图6.37)[1]。由于军队在北方地区明显处于支配地位,因此,这些墓葬的主人都希望生前享有的与官职和地位相称的军乐仪仗,在他们死后仍能陪着长眠于地下。同类型的仪仗行列还发现于时代略早的朝鲜冬寿墓壁画中,以及遥远的西部——嘉峪关画像砖上[2]。

图6.37　山西省博物馆藏大同出土北魏女伎乐俑

---

[1] 山西省大同市博物馆、山西省文物工作委员会:《山西大同石家寨北魏司马金龙墓》,《文物》1972年第3期,第22~24页;『中国陶俑の美』,東京,朝日新聞社,1984,67-69頁,図47-51;Susan L. Caroselli ed., *The Quest for Eternity: Chinese Ceramic Sculptures from the People's Republic of China.* Los Angeles: Los Angeles County Museum of Art, 1987, pp. 122-124, figs. 46-50。

[2] Albert E. Dien, "A Study of Early Chinese Armor," *Artibus Asiae* 43: 1-2 (1981-1982): 19, n. 87 and 20, n. 89.

在墓室摆放大量陶俑的做法尤其盛行于北朝东部地区（今山西、河北、山东、河南），即东魏和北齐的统治区。这样的墓葬以距东魏北齐都城较近的安阳周边最为众多。以河北为例，发现的 11 座晋墓中，只有 2 座出土了极少陶俑，但晋以后，26 座墓葬中有 17 座（即 65%）出土了 1～150 件或更多的墓俑，平均每座出土 151 件。山东的比例是 40%，山西 41.6%，河南 35%。

每座这样的墓里都有 2 件置于门口的重装武士，还有铠甲骑兵和裲裆俑（持剑或不持剑）、风帽或披肩俑（一般被认为带有外来特征，是鲜卑人的形象）、持盾或持弓的步兵俑、外国马夫俑、持旌旗俑、男女侍俑、伎乐俑（尤其是击鼓俑）和奴仆俑（图 6.38）[1]。除了以前见过的发式，还出现了笼冠，即一种高高的、紧身的半透明帽子，可能由髹漆的织物制成（图 6.39）。这种笼冠在六朝以后的很长时间里一直是宫廷服饰的组成部分[2]。这些墓俑都由合模制成，即将前后两块陶范拼合在一起，再加上单独成型的俑头。烧成之后，再在俑身上涂上一层白色的陶衣，并上彩。这些墓俑是在专门的作坊里生产的，正因如此，发现的大量墓俑都是一模一样的[3]。

---

[1] 关于军事装备详见本书第十章的相关讨论。
[2] 这些陶俑所持武器和仪仗道具可能由木或其他易朽材料制成，均已不存。仪仗道具的种类在壁画中有所表现，如高润（卒于公元 577 年）墓壁画所见，其中一幅刊登在『黄河文明展』，東京，中日新聞社，1986，126 页，图版 113。华盖和羽葆在这种仪仗场景中常见，该图录中收录了大量出自这座和其他墓葬的这类陶俑，第 123～129 页，图版 100～105。
[3] Wang Kai and Xu Yixian, "Northern Dynasties Pottery Figurines from Xuzhou," *Orientations* 20.9 (1989): 84–85.

图 6.38　东魏、北齐陶俑

以这套俑群组合作为上层社会的墓葬随葬品的做法明显在西北地区（今陕西和宁夏）也同样盛行，俑的数量也是相当可观的。宁夏固原的一座北魏墓里发现了 100 多件陶俑[①]，固

[①]　宁夏固原博物馆：《彭阳新集北魏墓》，《文物》1988 年第 9 期，第 26~42 页。

原北周李贤（卒于天和四年，公元569年）墓里发现了239件陶俑（图6.40、图6.41）①。在咸阳市的一座西魏墓中发现了一组85件陶俑，其中21件是骑马伎乐俑②。最近在咸阳发掘的一批14座北周墓葬中，最多的出土了206件陶俑，平均每墓40件。这些陶俑与西北地区发现的其他陶俑风格一样，造型不如北朝东部地区的陶俑那么写实③。

图6.39 东魏女侍俑

图6.40 宁夏固原出土北魏具装俑

---

① 宁夏回族自治区博物馆、宁夏固原博物馆：《宁夏固原北周李贤夫妇墓发掘简报》，《文物》1985年第11期，第1~20页；『敦煌西夏王国展』，東京，日本経済新聞社，1988，45~51页，图版25.1~26.6。
② 咸阳市文管会、咸阳博物馆：《咸阳市胡家沟西魏侯义墓清理简报》，《文物》1987年第12期，第57~68页。
③ 負安志：《中国北周珍贵文物：北周墓葬发掘报告》，表1~9等。

图 6.41　宁夏固原出土北周陶俑

在同时期的南朝，即使都城南京地区，也只是零星发现墓俑。一座墓中可能只有男女侍俑各一件，少见奴仆和马夫俑。在一些大型墓葬（很可能是皇室成员墓）中发现了石俑，但数量很少，而且一般风化严重。不过，南朝地区也有 5 座墓出土了相当数量的陶俑：1座在河南南部，2座在湖北（襄阳和武昌），2座在广西（此前没有发现过俑）。河南和湖北的3座墓中发现了对南朝来说数量巨大的陶俑（分别有55、44和22件），这表明它们深受北方的影响，不过，其中军事类墓俑的数量相对很少①。

江苏徐州是南、北方必争之地，在一座可能属东晋的墓里发现了相对较多的南方风格陶俑，这可以作为南北文化交流的证据。该墓位于徐州以北约7.5公里处，出土了11件陶俑，其中9件男俑，2件女俑，无一武士俑。有的陶俑上穿紧袖短上衣，下穿裤子，考古报告认为这是由北方游牧民传入中原的服装样式。在出土的8件动物俑中，最特殊的一件是骑象俑，这是迄今为止发现的唯一一件六朝象俑②。

广西的情况要复杂一些，在16座南朝墓中，有6座出土了人物俑，但其中4座墓的俑是造型简单的滑石俑③，另两座墓都出土了军队行列俑（其中一座出了一件乘舆抬人俑，乘舆形似方鼎），将军和掌旗者都头戴中分式的头盔，普通士兵则戴着尖顶盔。两座墓里分别随葬了20件和24件俑，墓主人

---

① Annette Juliano, "Teng-hsien: An Important Six Dynasties Tomb," *Artibus Asiae*, Ascona, 1980: 10–11, 13–14, and 61–65；亦参见河南省文化局文物工作队《邓县彩色画像砖墓》，北京，文物出版社，1958；襄樊市文物管理处：《襄阳贾家冲画像砖墓》，《江汉考古》1986年第1期，第16~33页。襄阳墓中发现的北方风格镇墓兽进一步说明了北方文化的影响。武昌梁朝时期的墓葬，参见武汉市革委会文化局文物工作组《武昌吴家湾发掘一座古墓》，《文物》1975年第6期，第93~94页。

② 徐州博物馆：《徐州内华发现南北朝陶俑》，《文物》1999年第3期，第19~24页。

③ 这一时期的广西墓葬中广泛使用滑石，今广西北部就是滑石的主要产地，参见广西壮族自治区文物工作队《广西壮族自治区融安县南朝墓》，《考古》1983年第9期，第792页。

可能是当地行政首领①。

北方地区制作陶俑以及以俑随葬之风延续到了隋代，在俑群组合方面几乎没什么变化。唯一的造型变化就是外国马夫的形象改变了以往陶俑严格的正面姿势，将头侧向一边。也能看到一些墓俑的地域性差异，不过总的来说，各墓陶俑的风格相似，这就促使我们思考这样的一种可能性：它们是由专门的工匠批量生产出来，再出售给死者家人的。也可以推测，陶俑的广泛出现可能表明了社会结构的转变。我们可以看到，正如当时社会的其他方面一样，对于陶俑的使用也是有一些限制的，否则即使再穷的人的墓葬里，也似乎应该随葬哪怕几件陶俑，然而实际上并非如此②。在安阳发现的一组29座简单的竖穴土坑墓中，据说有10座（实际上只有9座）发现了陶俑，数量12～53件不等。该考古报告中说，以往用俑随葬的都是官员墓，即使官职很低的县令或中郎墓也要以俑随葬，平民是不允许用俑随葬的，而现在在如此普通的墓葬中也出现了俑，所以作者认为，这标志着门阀大族势力的衰落和平民地主社会地位和经济实力的提升，因此他们也可以用俑随葬③。这个分析并没有考虑到上层社会与平民（指无官职的人）阶层之间的

---

① 广西壮族自治区文物工作队：《广西永福县寿城南朝墓》，《考古》1983年第7期，第612～613、623页；广西梧州市博物馆：《广西苍梧倒水南朝墓》，《文物》1981年第12期，第30～34页。

② 另一种可能是，不同社会地位的人都受到节葬的约束，过于奢华或张扬会受到责难。不过用这个来解释没有陶俑的墓葬还是有些牵强，Caroselli说墓中的陶俑是贵族私人武装的代表，不过没有证据，参见 Caroselli, ed., *The Quest for Eternity*, p.118。我更倾向于认为，陶俑不过是那些在中央政府里拥有某些特权之人的又一项权利而已。

③ 中国社会科学院考古研究所安阳工作队：《安阳隋墓发掘报告》，《考古学报》1981年第3期，第398页。

相互渗透。这个地区的平民墓之所以用俑随葬，可能反映了中央集权的削弱，以及地方人士对以往因无官职而不可企及的社会地位的追慕。入唐之后，政府得以重新控制这个地区，俑的使用又重新开始遵循旧俗①。

除了前述北周武帝墓出土的小型佛像，墓俑中并没有任何明确的肖像俑，也没有发现其他的佛像。在一座东魏墓葬——嫁入皇室的茹茹公主（卒于武定八年，公元 550 年）墓中，发现了一件威风凛凛的头戴浑脱帽的萨满巫师俑（图 6.42）②。同样的萨满形象还见于河南邓县墓葬的模印砖上，据此可知，北方的萨满形象不太可能是随茹茹公主进入中原的草原文化因素③。此外，在

图 6.42　东魏萨满俑

① 在隋和唐初，对华北平原的统治还是比较艰难的。参见 Robert Somers, "Time, Space and Structure in the Consolidation of the T'ang Dynasty (A. D. 617 - 700)," in Dien, ed., *State and Society in Early Medieval China*, pp. 369 - 399, 尤其第 380 ~ 389 页。
② 磁县文化馆：《河北磁县东魏茹茹公主墓发掘简报》，《文物》1984 年第 4 期，第 1 ~ 9 页；Han Zhongmin and Hubert Delahaye, *A Journey through Ancient China*. New York: Gallery Books, 1985, p. 190。
③ Annette Juliano, "Teng-hsien: An Important Six Dynasties Tomb," *Artibus Asiae*, Ascona, 1980, fig. 52。在纳尔逊艺术馆（Nelson Gallery of Art）里有一件类似的陶俑，参见 Jan Fontein, and Tung Wu, *Han and T'ang Murals Discovered in Tombs in the People's Republic of China and Copied by Contemporary Chinese Painters*, pp. 146 - 147。在新疆新源附近的天山山脉发现的一件青铜俑也戴着同样风格的帽子，年代大致相当于战国时期，参见新疆维吾尔自治区社会科学院考古研究所编《新疆古代民族文物》，北京，文物出版社，1985，图 90。西藏喇嘛在特定场合下所戴的帽子也与此非常相似。

一座隋墓中还发现了两件佛教僧人俑①。既然墓俑代表的是死者的扈从，那么墓中出现神灵形象是不合时宜的，死者将在另一个世界面对神灵，而不是在自己的坟墓中。

随着隋的统一，以大量墓俑随葬的做法也传到了南方。在安徽、湖北、湖南和江苏等地的墓葬中，都出现了数量不等的墓俑，从8件到43件不等。其中非武装类俑占绝大多数，但也有一些武装俑。这些墓葬的主人到底是就职于南方的北方人还是南方本地人，还并不清楚。

南、北方墓中随葬的人物俑存在巨大的差异。造成这种差异的原因，可能正是因为当时南北双方的统治者不同，北方被一系列征服者的朝廷统治，而南方政权主要由与本地人合作的侨民统治。也就是说，北方墓俑中由军乐队引导的侍从与武装护卫行列并不仅仅是墓主社会地位的标志，也是武力的展示，旨在宣示统治的合法化。而在南方，这样的武力展示是不合时宜的，南方人士的社会地位体现在一些更加传统的方面，如对优美文采和精致生活方式的追求。因此，南方墓葬中展示武力的情形仅仅在边境地区的墓葬中有所体现。

似乎死者生前的随从也被带到了墓中，并且伴随着死者的灵魂进入另一个世界。而到达另一个世界的交通方式是通过俑或壁画中的鞍马、牛车体现出来的，它们在墓葬中表现为整装待发的状态。因此，墓葬中的随从形象不仅表明死者较高的社会地位，而且代表了伴随死者进入来世的扈从队伍。

---

① 中国科学院考古研究所安阳发掘队：《安阳隋张盛墓发掘记》，《考古》1959年第10期，第544页及图版10.9－10；『黄河文明展』，135页，图版109。这种僧人俑可能代表当时死者家庭中供养的僧侣。

3. 动物和工具模型

很多墓中都随葬了家用和农业工具、建筑物、动物的模型，这是为死者的来世生活提供的生活必需品。贺循所列的随葬器物中有灶（显然只是用模型来代替），不过考古出土的器物种类要比贺循所列的丰富得多，包括碾、磨、碓、舂、臼等农业工具，以及井、桶、筛和畚箕等工具，还有马、骆驼、驴、牛与牛车。建筑物的种类繁多，从戒备森严的庭院到简单的房屋、粮仓，甚至厕所、鸡舍、猪圈的模型都应有尽有，家禽与家畜模型包括猪、绵羊、山羊、鸡、鸭、鹅、鸽和狗。

至于哪些模型和非人物俑可以放置在墓里，似乎并没有一定之规。最常见的器物——灶的模型在10.2%的墓葬里都有发现，而最常见的动物——猪和鸡的模型却只在6.1%的墓葬里出土。尽管有些动物俑可能在某个地区受到重视，而在别的地方不受欢迎（如骆驼俑几乎全部出自北方墓葬），但是我们并不能因某种动物俑是否出现于某地来推断饲养动物的地域偏好，因为其他很多因素也可能在随葬品的选择上起着重要的作用，其中一个因素就是，随葬品的组合习惯因时代和地区不同而异。

一般来说，以上述器物组合随葬的习俗在黄河以北地区较为流行，而越往南越不流行。含有此类随葬品组合的墓葬所占全部墓葬的比例，在河北、山西、陕西和甘肃等地46%~61%不等，在中部的山东、河南、江苏、安徽、湖北等省，比例是12%~32%，而南方包括四川在内的其他地区，比例是0~11%。尽管从博物馆的展品和有关中国考古的精装书籍来看，似乎以这样的器物组合随葬是一个普遍现象，但事实上并非如此。

另一个突出的现象是，这类随葬品组合在南北方的流行程度随着时间的推移而发生了逆转。在南方，26%的西晋墓都发现了这个组合，而从东晋开始，只有7%的墓葬发现；北方的趋势正好相反，墓葬比例从15%变为28%。至于出现这种现象的原因，还有待进一步研究。

墓葬随葬品的种类是非常广泛的，除了陶器，还包括温酒器、砚台、熨斗、剪刀、顶针、扳指、尺子、梳子、挖耳勺、磨刀石、武器、珠宝、乐器、筷子、烛台、灯、镊子、带饰与带扣等。这些物品都以耐用材料做成，所以能够保存下来。总体来说，制作随葬品的材料包括各种陶瓷、青铜、铁、漆、木、玉、石、金、银、玛瑙、绿松石、琥珀、水晶、玻璃和琉璃、贝壳、骨、象牙、角、铅、云母、竹、纸、碳、珊瑚、龟甲、锡、滑石等。至于随葬品应该包括哪些东西，任何时代或地区都没有明确的规定。当然，有些随葬品是有性别差异的，但很明显在任何一座特定的墓葬里，随葬品的组成主要因死者的遗愿和生者的孝心而定。

在仅存的几件随葬衣物疏中，列出来的物品主要是衣物。长沙东晋升平五年（公元361年）墓中就发现了一件这样的衣物疏[1]。这件衣物疏中除了衣物，还包括盥洗用品、饰物

---

[1] 衣物疏刻在一块浅灰色的滑石板上，石板长24厘米、上宽12.7厘米、下宽12.1厘米。这个资料首次发表于《文物》1955年第11期，第134~136页，但详细的论述和文字的考订，参见史树青《晋周芳命妻潘氏衣物券考释》，《考古》1956年第2期，第95~99页。史树青的文字考订后来又刊登于湖南省博物馆《长沙两晋南朝隋墓发掘报告》，《考古学报》1959年第3期，第87~88页。原田淑人进行了进一步的考释，参见原田淑人『增補漢六朝の服飾』，『東洋文庫論叢』（49），1937，185-189页及图版13。

和缝纫工具，这些可能都是死者生前所用之物，因此，衣物疏中除了钱币，每一项物品之前都有一个"故"字。列在衣物疏中的衣物，从围裙和衫，到裙和上衣，应有尽有，其中大部分是用丝绸等上好织物做成的。相比之下，马王堆1号墓（同在长沙，但要早五百多年）女性墓主的衣物疏中，外套只列出了长袍、披肩和裙子，没有列出内衣。另一件发现于江西南昌的衣物疏是书写在木头上的，属西晋时期。这个衣物疏同样主要罗列的是衣物，不过有意思的是，还另外列出了一个文具盒、一百张纸、毛笔、墨和砚台，还有发刷和梳子、香料和化妆品[1]。衣物疏所列大量随葬品证明了死者生前曾经拥有的财富，同时也表明当时的织物品种之丰富。

有意思的是，这些随葬衣物疏中都没有列出陶瓷器物，尽管陶瓷器是最常见的随葬品。实际上，在大约3/4的墓葬中都有各种各样的陶瓷制品，包括为死者盛贮食物的壶、罐、瓶和缸，用于炊煮食物的甑和釜，以及用于饮食的陶瓷器皿，如碟、盘、杯、各式碗、勺和盛点心的多子盒。除上述与饮食相关的器物，还包括唾盂、虎子、火盆、熏炉、香炉、灯、烛台、洗涤用的盘和匜、研墨用的水注，以及陶砚台。随葬物的种类因时代而异，这点无疑是现实世界变化趋势的反映。有些器物流行于整个六朝时期，如灶、井和动物模型，以及陶碗、盘，典型的汉代器物（如鼎）不再流行，而一些新的器物开始出现，如四系罐、兽座灯开始流行于三国时期，盘口壶和高

---

[1] 江西省博物馆：《江西南昌晋墓》，《考古》1974年第6期，第375页，图版8。

足盘则在晋代开始出现①。

　　六朝时期人们对"孝"的重视,部分体现在为死者的来世提供大量的生活必需品,一般都非常奢华,这点有助于我们更好地了解那个时代的物质文化生活状况。尽管因年代和埋葬方式的缘故,墓内的有机物(包括尸体本身)会大部分朽烂,以至湮没无闻,但墓葬留下的遗存仍相当可观,对我们的研究还是相当重要的。

---

① 洛阳市文物工作队:《洛阳曹魏正始八年墓发掘报告》,《考古》1989年第4期,第318、313页。

第七章 物质文化与艺术

一 陶瓷

南北方陶工所能使用的陶瓷原料是大不相同的,这种差异大大地影响到两个地区的制陶工艺和产品[①]。北方可以从黄土沉积层取土,经过陈腐之后能够获得真正的黏土,而南方陶工所能用的,只有从风化的火成岩获得的瓷石[②]。这种瓷石的优点是,当它与高岭土(其中只有极少量的物质可作助溶剂)混合,经过高温加热(1200℃~1300℃)后,其中的绢云母就成了助溶剂,长石和高岭土融化后,形成一种分布均匀的玻璃质[③]。瓷石是通过水力杵锤从火成岩获得的,可以变为一种富含石英和

[①] 关于这个问题,参见 Yanyi Guo, "Raw materials for making porcelain and the characteristics of porcelain ware in the north and south China in ancient times," *Archaeometry* 29.1 (1987): 3–19。关于这一时期的陶瓷简史,参见 Yutaka Mino and Katherine R. Tsiang, *Ice and Green Clouds: Traditions of Chinese Celadon*. Indianapolis: Indianapolis Museum of Art, 1986, pp. 17–19。更广泛的讨论,参见 Nigel Wood, *Chinese Glazes: Their Origins, Chemistry and Recreation*. London: A. and C. Black, and Philadelphia: University of Pennsylvania, 1999。

[②] 瓷石来自风化或绢云母化之后的石英长石岩,在此变化过程中,长石类的矿物经过热液作用转化为绢云母,这是一种鳞状的白云母(包括普通或碳酸钾云母),具有丝绸般的光泽,是火山活动末期的产物。

[③] Yanyi Guo, "Raw materials for making porcelain and the characteristics of porcelain ware in the north and south China in ancient times," *Archaeometry* 29.1 (1987): 4–5.

云母的物质，它像黏土一样具有可塑性，在其中加入少量黏土便可经受高温烧烤，而这是制造独具特色的六朝早期粗瓷器所必需的①。这种粗瓷器一般被称作"青瓷"②。

这种青瓷（常指"原始青瓷"）的起源可以追溯到西周时期③，不过狭义的青瓷是从东汉时期的浙江地区起源的④。青瓷在六朝时期获得了高水平的发展，这要归功于黏土处理技术、釉料成分、窑炉结构以及火候控制方面的改进。这些方面的进步使得瓷器的颜色更加均匀、釉层厚度更加一致、胎体的

---

① Nigel Wood, *Chinese Glazes: Their Origins, Chemistry and Recreation*, pp. 27 - 29, 正如 Wood 所称，在烧窑过程中，富含氧化钾的物质与硅结合，产生一种在粗陶器上起胶合作用的坚硬玻璃质，并形成了这种陶器粗糙的外表。

② "瓷"的概念很广泛，既包括粗陶器和瓷质器，也包括真正的瓷器，所以翻译成英文比较困难，参见东方陶瓷学会（Oriental Ceramic Society）维多利亚和阿尔伯特博物馆（Victoria and Albert Museum）编写的 *Chinese Translations No. 9*（1979）的注释。这种瓷器的所谓"青色"，概念也很广泛，包括黄色、橄榄色、绿色和蓝绿色；"青瓷"的概念在中文里也非常宽泛，可以指绿釉器、原始青瓷、硅酸盐粗陶器或越窑器，越窑因其主要产地在古越州而得名。为了将这种早期阶段的越窑器与唐代及以后的越窑器区分开来，有时也可将其称作旧越窑器。本书所指的越窑器与中文里的用法一致，专指这一特定地区生产的瓷器。Michèle Pirazzoli-t'Serstevens 有一篇关于公元 3～4 世纪青瓷的特别重要的文章，详细论述了这种瓷器的生产情况、窑炉结构、技术传播等，也讨论了陶瓷生产的社会经济学问题，关于最后一个问题的讨论非常重要。这篇文章为青瓷的研究建立起了一个新的标准，参见 Michèle Pirazzoli-t'Serstevens, "De L'efficacité plastique à la productivité: Les grès porcelaineux de Jiangnan aux Ⅲ-Ⅳ siècles du notre ère," *T'oung Pao* 84（1998）: 21 - 61. 或许由于所用文献资料的不同，本人的研究与这篇文章在某些细节方面有所不同。

③ 如浙江衢州的发现，参见衢州市文物管理委员会《浙江衢州市发现原始青瓷》，《考古》1984 年第 2 期，第 130~134 页及图版 6、7。

④ 关于青瓷起源问题的讨论，参见罗宗真《江苏宜兴晋墓发掘报告》，《考古学报》1957 年第 4 期，第 102~103 页。这种器物无疑成为后来唐越窑器和宋龙泉窑器的基础。

吸水率和气孔率更小、胎釉结合得更好，这就减少了釉面的开裂和剥落现象①。六朝青瓷所达到的成就可以与宋元明瓷器媲美，在黏土的烧结度、玻璃质感和器物的整体品质上已接近现代瓷器的标准②。

这种青瓷的特征是黏土致密，受热时具有很强的收缩性。胎体呈青灰色，很可能是因为黏土中含铁，在还原焰气氛下产生这种颜色③，而独具特色的器表颜色则是钙质釉或石灰釉在还原过程中产生的。这种釉有时也被称为草木灰釉，是瓷石、石灰和草木灰的混合物。草木灰来自木材和蕨类植物，后者富含铁元素，在长江流域非常丰富④。釉的颜色主要来源于铁的氧化物，尤其是氧化亚铁（FeO），而石灰或氧化钙则是主要的助熔剂。这种釉在品质上要优于以前的任何釉料，颜色介于泛蓝的橄榄绿和浅绿之间。釉料中的氧化钙含量各不相同，平

---

① 釉面剥落的现象与热膨胀率有关。由于制作青瓷的原料是一种高硅低铁的黏土，所需烧成温度较高，而釉的烧成温度又相对较低。因此，当釉已经玻璃化时，胎还没有完全烧成，胎釉之间的结合还不是很好，很容易导致釉面的开裂或剥落现象。参见蒋赞初、熊海堂、贺中香《湖北鄂城六朝考古的主要收获》，《中国考古学会第四次年会论文集》（1983），第 290 页。关于陶瓷生产的大量技术问题，参见叶喆民《中国古陶瓷科学浅说》，北京，轻工业出版社，1982。

② 中国硅酸盐学会编《中国陶瓷史》，北京，文物出版社，1982，第 129 页。

③ Masahiko Sato, *Chinese Ceramics: A Short History*. New York and Tokyo: Weatherhill/Heibonsha, 1978, p. 34.

④ Masahiko Sato, *Chinese Ceramics: A Short History*. New York and Tokyo: Weatherhill/Heibonsha, 1978, p. 35. 石灰可通过燃烧石灰石、白垩或贝壳获得。在加热至 800℃时，碳酸钙释放出二氧化碳，变成氧化钙，氧化钙作为助熔剂，在硅化合物（石英和燧石）上产生玻璃质的釉，而各种黏土和火成岩中富含的氧化铝则使釉硬化并附着于胎上。Wood 所说瓷器上的釉以往被称长石质釉，是一种误导，因为釉的主要成分并非长石。参见 Nigel Wood, *Chinese Glazes: Their Origins, Chemistry and Recreation*, pp. 30 – 31。

均为18%，铁的含量从1.54%到6%～8%不等，铁的含量较低时，釉色为浅青绿，铁的含量较高时，釉色漆黑①。

六朝早期的主要制瓷成就之所以出现在南方，是因为这个地区幸免于北方那样的战争侵扰。长江下游的经济稳步发展，甚至一度比较繁荣，这也为青瓷器的生产提供了一个稳定的市场环境。到三国吴时期，青瓷仍然在随葬品中占有相当高的比例。随着六朝青瓷质量的提高，它开始取代墓葬中的陶器。同时，它在日常生活方面的用途也更加广泛，并且逐渐取代漆器、木漆、竹器、陶器甚至金属器。青瓷的大量出现也导致了一些新器形的产生，有些旧的器形（如传统的耳杯）逐渐被杯、碗等新器形取代，这种变化可能意味着社会习俗方面的一场重大变革②。

中国古代有两种形式的窑：圆形的馒头窑和所谓"龙窑"。前者主要在北方使用，后者在六朝时期的南方非常普遍。龙窑是一种又长又窄的窑，建造于斜坡之上，窑头在下端。它的出现至少可以追溯到春秋战国时期，而直到今天依然以这样或那样的形式存在③。龙窑通常建在丘陵地区，这种地

---

① 中国硅酸盐学会编《中国陶瓷史》，第151页。另参见夏鼐《跋江苏宜兴晋墓发掘报告》，《考古学报》1957年第4期，第106页。他认为氧化铁会导致橙黄色甚至深褐色。

② 中国硅酸盐学会编《中国陶瓷史》，第139页；Michèle Pirazzoli-t'Serstevens, "From the Ear-cup to the Round Cup: Changes in Chinese Drinking Vessels (2nd to 6th century AD)," *Oriental Art* 48.3 (2002): 17–27。

③ 以下讨论中的很多材料都是基于朱伯谦《试论我国古代的龙窑》，《文物》1984年第3期，第57～62页。《中国陶瓷史》中也有一些关于龙窑的论述，可能也是该书撰稿之一的朱伯谦写的，参见中国硅酸盐学会编《中国陶瓷史》，第152～156页；迄今为止所知最早的龙窑遗址位于浙江绍兴地区，参见谦逊《浙江绍兴富盛战国窑址》，《考古》1979年第3期，第231～234页。

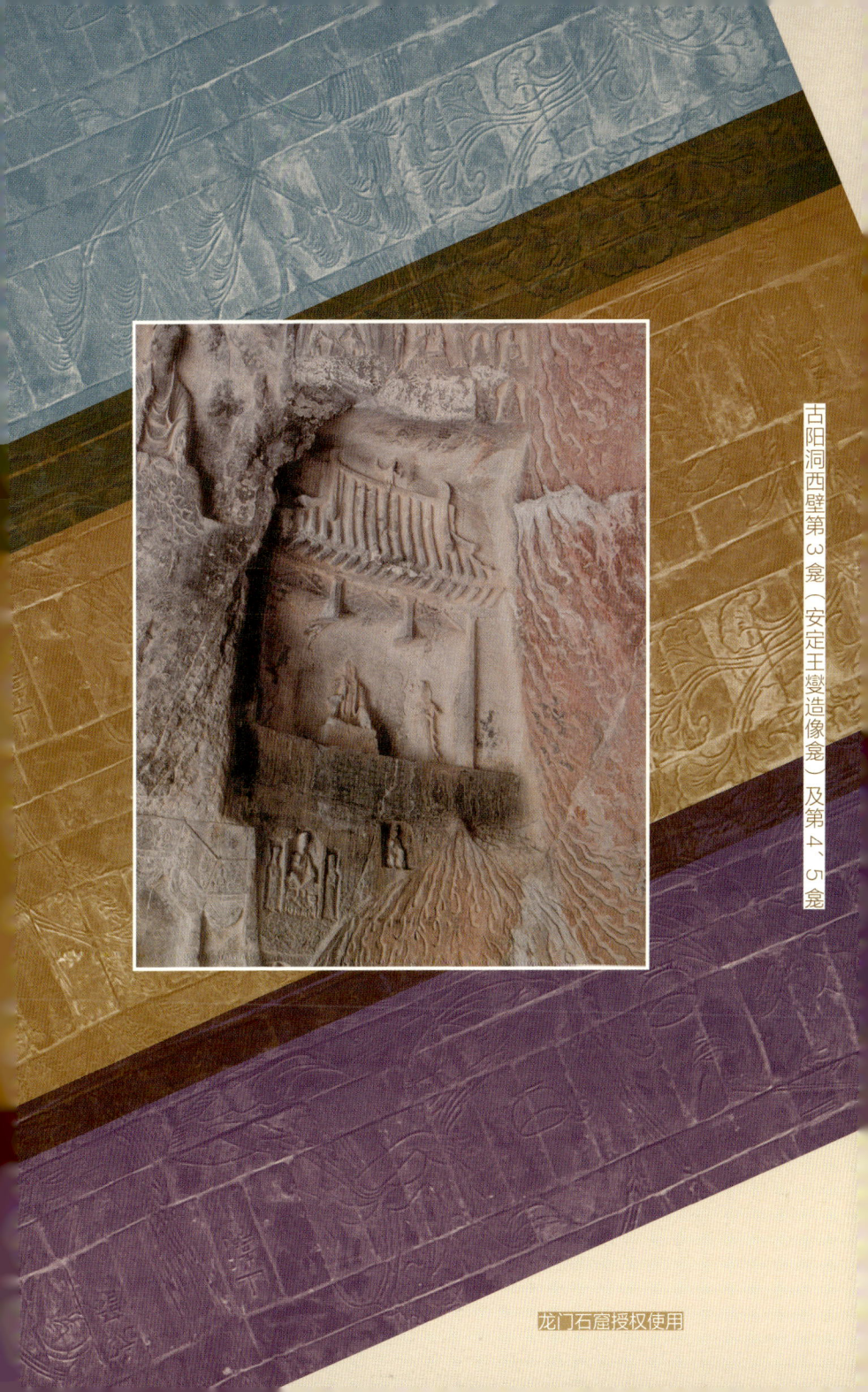

古阳洞西壁第3龛（安定王燮造像龛）及第4、5龛

龙门石窟授权使用

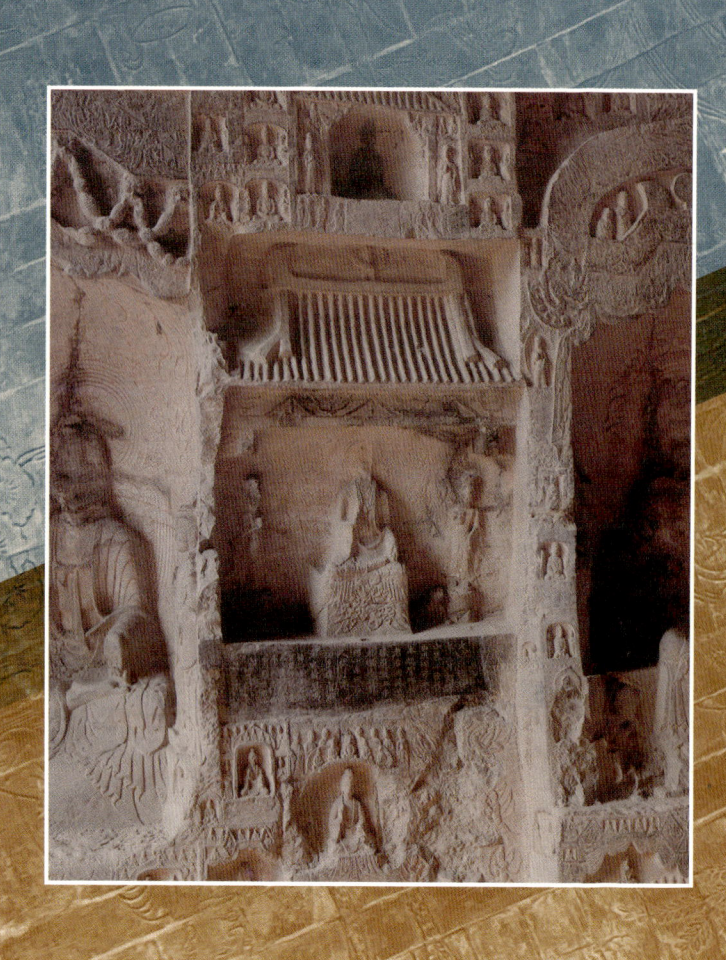

古阳洞南壁第 136 龛及第 131-134、137-139 龛

龙门石窟授权使用

东汉凤阙画像砖

四川博物院授权使用

山西太原娄睿墓墓道壁画（局部）

山西省博物馆授权使用

山西太原娄睿墓残金饰件

山西省博物馆授权使用

漆棺盖"烈女传图"木板漆画（局部）

山西省博物馆授权使用

北魏帷帐石基座

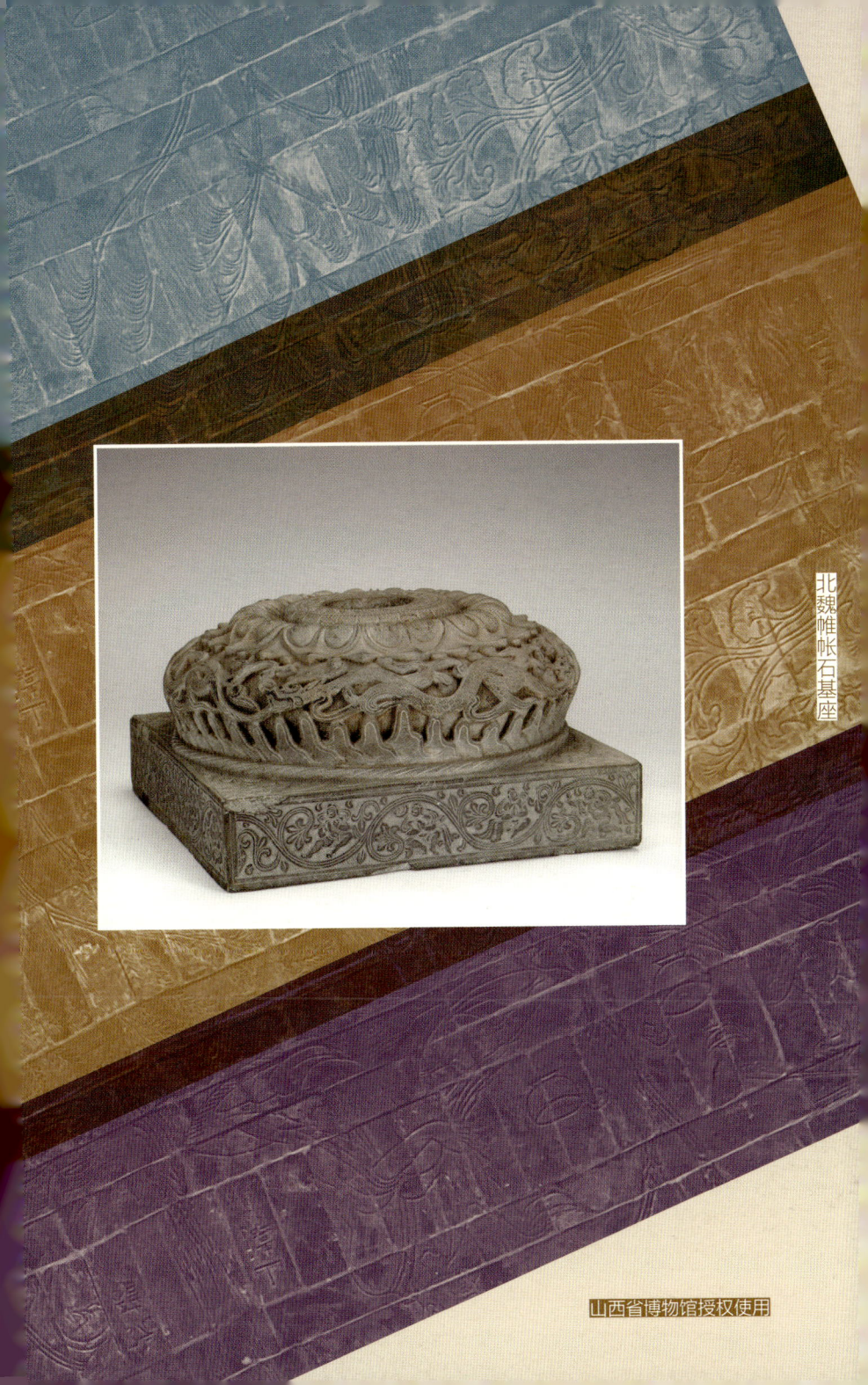

山西省博物馆授权使用

陶女庖厨俑

四川省文物考古研究院授权使用

陶听琴俑

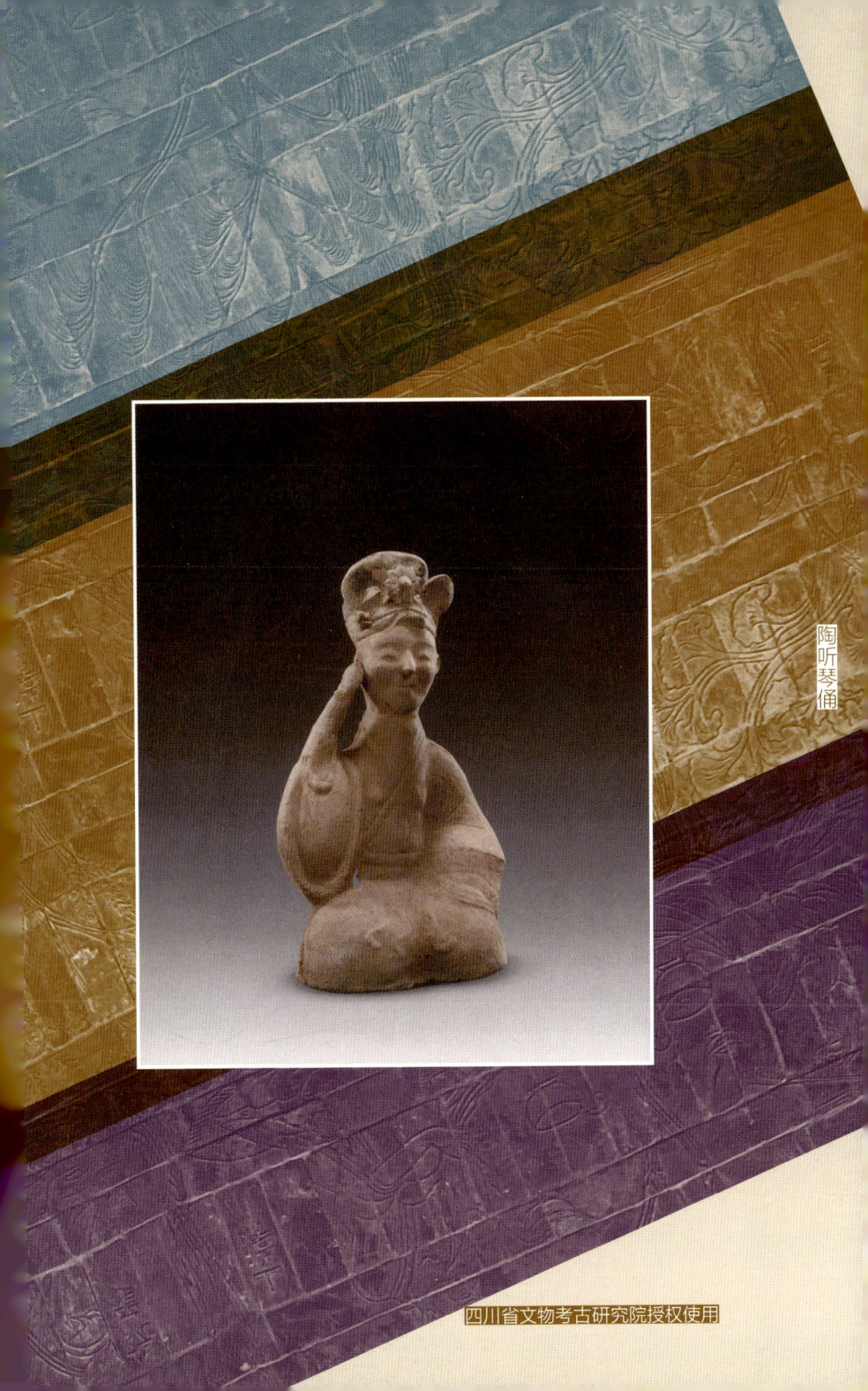

四川省文物考古研究院授权使用

陶人面镇墓兽

按盾武士俑

河北博物院藏，张惠摄

青釉仰覆莲花尊

河北博物院藏,张惠摄

河北满城中山靖王刘胜墓铁铠甲（复制）

河北博物院藏，张惠摄

商谈图（摹本）

「竹林七贤及荣启期」砖画之一

南京博物院授权使用

「竹林七贤及荣启期」砖画之二

南京博物院授权使用

形对龙窑非常有利，原因是多方面的：较高的地势减少了烧窑时可能因潮湿而引起的产品瑕疵；丘陵地形可以保证窑炉的角度达到最佳，通常是 8～20 度，汉代有的龙窑角度达到了 30 度；山区木材丰富，有充足的燃料；此外，山地不适宜于农业生产，正好可以用于建造瓷窑。

龙窑由三部分组成：窑头、窑体和窑尾。前部是火膛，一般呈半圆形，上面开有一个小通风口，因此木柴得以充分燃烧。

窑室本身长而窄，沿山势逐渐上升。窑室的长度与烧成率之间必须达到一种平衡，窑室越长，装烧量就越大，但是，如果超过一定的长度，就很难控制火候和气流，进而影响到产品的质量。所以，早期的龙窑都无法建得太长，只有在窑室侧壁上增加投柴孔以后，才可能出现较长的龙窑①。窑室的地面是自然土层，一般会铺上一层沙子，以防止盛放瓷器的窑具移位。

龙窑的第三部分，也就是最后一部分是烟室，用一道挡火墙与窑室分开。挡火墙可以集中窑室内的火焰，进而最大限度地将瓷器暴露于火焰中，并便于提高窑温。在挡火墙的底部等距离排列着一些大小相近的烟道，窑内的烟和废气经此进入烟室，然后排放出去。由于龙窑的坡度可以产生自然的抽力，所以就不再需要烟囱，仅有烟室就够了。

从汉到晋，龙窑的结构发生了很大的变化，这也表明龙窑的发展是一个不断探索的过程。从上虞鞍山的龙窑遗

---

① Nigel Wood, *Chinese Glazes: Their Origins, Chemistry and Recreation*, p. 34. 关于这些投柴孔的出现年代，学者们有不同的意见。

址来看，三国时期龙窑的长度已经达到 13 米多（图 7.1）。窑室的后部几乎不见窑具，这说明窑室后部还达不到烧成合格瓷器所需要的高温。既然增加窑室的长度不能提高产量，龙窑就比较短。如果为了装烧更多瓷器而将窑室抬高，实际上也不能增加产量，反而会浪费燃料，使热量过快地散失。因此，东汉到晋代龙窑的特征是短、矮、宽、陡。然而，这种矮而宽的窑室结构很不坚固，容易坍塌，窑的使用寿命很短。只有当热量分配问题得到解决，出现了匣钵和其他窑具之后，才可能将瓷器码放得更高，龙窑才可以变长、变窄。

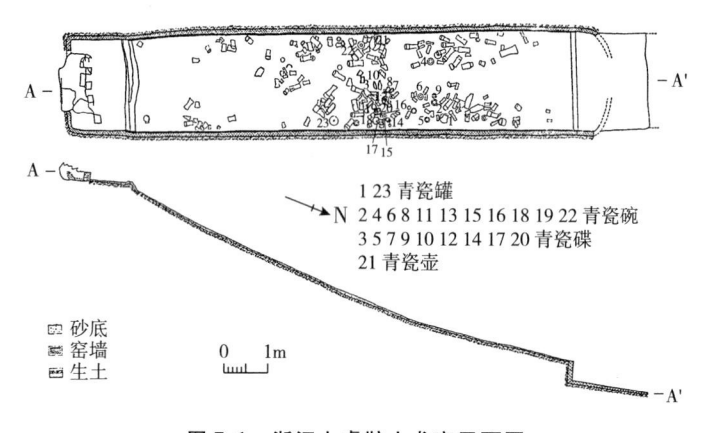

图 7.1　浙江上虞鞍山龙窑平面图

这些基本问题的解决是在窑侧增加了投柴孔之后，很可能是从唐代开始的。在长长的窑室侧壁增加投柴孔，可以更充分地利用热量，所需燃料减少了，产品的成本也降低了[①]。以丽

---

① Nigel Wood, *Chinese Glazes: Their Origins, Chemistry and Recreation*, pp. 34-35. Wood 解释了增设投柴孔后产生的热效率。

水县的两座龙窑为例，其中南朝龙窑长 10.5 米，宽 2 米，而同一地区的唐代龙窑长 39.85 米，宽 1.7 米。对如此长的龙窑而言，为了防止气流的抽力过大，只能采取较小的坡度（唐代龙窑的坡度为 10~12 度）。

在寻找六朝南方窑址方面，已经取得了一些进展，不过在判断单件瓷器的窑口上还有很多工作要做。最早的窑址位于杭州湾的南边，主要在上虞、余姚、绍兴等地，但也见于鄞县（今宁波鄞州区）、宁波、奉化、临海、萧山、余杭和湖州。这些地区在六朝时期都属会稽①（图 7.2）。这是一个非常理想的瓷器生产地：有很多小山丘可以建造龙窑，也有平地可以建造窑工房舍和其他的窑业建筑；有品质极佳的黏土，也有提供燃料的树林；还有便捷的水运条件。仅在上虞地区，从东汉至三国吴时期的瓷窑遗址数量就增长了四五倍，这表明这些瓷窑的产品是相当受欢迎的②。

在长江下游地区，其他已经确定的瓷窑遗址还有均山窑、瓯窑、金华窑、德清窑③。其中均山窑也被称为南山窑，位于宜兴地区，这里商道极其便利，地理条件非常优越。均山窑的

---

① 这个地区在先秦时期为越国所辖，唐代行政区划上改称越州，因此这个地区生产的瓷器被称作越窑瓷，不过，既然越窑瓷指的是唐代越州诸窑的产品，那么将六朝瓷器也称为越窑瓷器就不妥，所以有人建议用"会稽窑"来与唐代"越窑"相区分。参见中国硅酸盐学会编《中国陶瓷史》，第 137 页；文中还提议以"晋瓷"或"青釉器物"来代表早期越窑产品。关于这个地区瓷窑的分布，参见李辉柄《略谈我国青瓷的出现及其发展》，《文物》1981 年第 10 期，第 50 页。
② 中国硅酸盐学会编《中国陶瓷史》，第 139 页。
③ Michèle Pirazzoli-t'Serstevens 对这些窑址进行了讨论，参见 "De l'efficacité plastique à la productivité: Les grès porcelaineux du Jiangnan aux III-IV, siècles de notre ère," *T'oung Pao* 84 (1998): 27–34。

产品与会稽地区瓷器相似，不过质量略有逊色。胎质较脆弱、粗糙，吸水率较高。黏土未经充分处理，铁和钛的含量较高，所以胎体的颜色呈灰色、深灰色或略带红色。这也是造成胎体的吸水率较高、玻璃质感较差的原因。此外，由于胎釉结合不够，常常发生釉面龟裂和剥落的现象①。

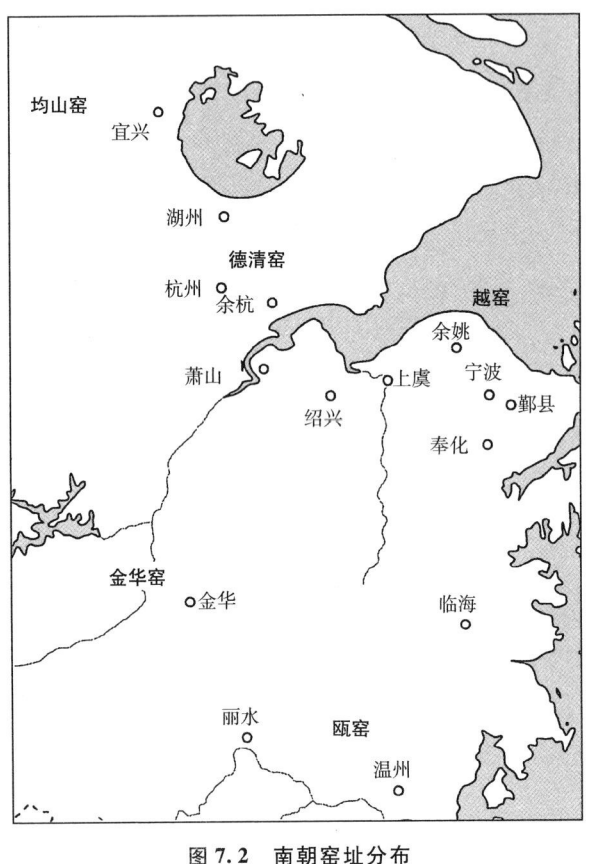

图 7.2 南朝窑址分布

---

① 中国硅酸盐学会编《中国陶瓷史》，第 141~142 页。

瓯窑以浙江南部的温州为中心，由于地处福建北部的沿海地区，又靠近可通航的内河，所以也享有便利的商业条件。正是由于优越的地理位置，温州很早就成了重要的商业中心。器物的胎体白中略带灰色，釉呈淡青绿色，釉质达到了相对较高的半透明状态。不过，由于器物有时并没有完全烧结，所以影响到产品的质量，尤其在早期更是如此，釉面常常剥落，颜色也不均匀。到东晋时期，产品质量得到了改善，不过南朝时又开始衰落。在瓯窑窑区，由于极少使用装饰性花纹，所以出现了一种独特的以褐釉或黑釉装饰的手法。主要有两种装饰方式：一是在器物口沿和肩部装饰点彩，或在肩、腹部组成褐色图案；二是在器物的不同部位装饰长短和粗细不一的长线条。

浙江中部金华地区生产的瓷器是婺州瓷，长期以来被当成唐代的一个瓷器品种，直到近年才发现它最早可以追溯到三国时期。这里的早期瓷器都相当粗糙，施釉不均，胎釉结合得也不好，器物颜色略带黄色，脱釉处能看到黄色的结晶。这个地区适于制作青瓷的黏土较为稀缺，而大量存在的是一种富含氧化铁和二氧化钛的黏土，所以瓷胎呈较深的紫红色（著名的宜兴紫砂壶的颜色），这会影响到釉的青色。为了掩盖胎体的深色，可以在胎上涂上一层白色化妆土，与釉发生反应后会产生一种圆润柔和的效果，在绿灰或绿黄之间会出现一些褐色的斑点，不过这种做法也会加剧釉面的剥落。婺州窑瓷器质量的提高经过了漫长的时间，到唐宋时期，才开始享有盛名[1]。

---

[1] 中国硅酸盐学会编《中国陶瓷史》，第143~144页。关于这个地区窑址的研究，参见贡昌《浙江武义县管湖三国婺州窑》，《考古》1983年第6期，第567~568页，以及其论文《谈婺州窑》，第22~31页，载文物编辑委员会编《中国古代窑址调查发掘报告集》，北京，文物出版社，1984。

德清窑地处南至余杭、北到吴兴之间的地区，东苕河流经该地区并汇入太湖，为德清瓷销往外地提供了便利的运输条件。德清窑也生产青釉瓷，但主要产品是一种深褐釉或黑釉瓷器。瓷器的胎体颜色不一，有砖红色、紫色或浅褐色，化学成分与太湖对岸的婺州窑瓷器相同。当然，釉色较深并不是受了胎体颜色的影响。施青釉时，会像婺州窑一样在胎体上涂上一层白色的化妆土，形成一种颜色较深的青釉，这种釉色被称为青绿、豆绿或黄绿，釉层均匀并具有较好的光泽。黑瓷的釉层较厚，色黑如漆。其釉色之深，是由于釉中含有高达8%的氧化铁。德清地区的瓷窑仅活跃了一百年左右，但从东晋到南朝早期，黑瓷十分流行，远至四川都发现了这种黑瓷的标本[1]。青釉瓷有时也将青釉和黑釉结合使用，即在青瓷表面饰以褐色或黑色的点彩。以含氧化铁的釉在青瓷上做装饰，一般采取点彩的方式，而不用线条[2]。

墓葬报告中极少推断随葬瓷器的窑口，南京卫岗西晋墓的报告在这方面做了一些尝试。报告提到，这座墓出土的青瓷呈浅灰色，胎体致密，质量上乘，但在器表露胎的部位，由于含铁量高，呈深红色。这个特征是浙江地区窑口的典型特征，与江苏地区生产的那种胎体白黄、质量粗糙的瓷器有着明显不同。报告进一步指出，其釉色与金坛发现的壶和南京发现的赤乌十四年（公元

---

[1] 中国硅酸盐学会编《中国陶瓷史》，第144~145页。香港冯平山博物馆出版的双语《中国古窑址瓷片展览》（香港，1981）中有窑址出土器物的清晰彩版，也许由于展品的时间跨度较长，书中对瓷器的分类与上述有所不同。书中发表了东晋至南朝时期的上虞窑（第22~25页）、余杭窑（第28页）和萧山窑（第32页）瓷片的照片。我将它们都称为越窑，而该书只将唐代及以后的器物称为越窑器。该书也收录了部分德清窑的资料，参见第31页。

[2] Masahiko Sato, *Chinese Ceramics: A Short History*, p. 42.

251年)虎子相同,而这两件器物被认为是会稽地区的上虞窑生产的。因此,作者得出结论,卫岗西晋墓发现的青瓷制品是浙江上虞窑的产品①。这种窑口的判定有助于加深我们对当时的贸易路线和商业活动范围的了解②。

尽管今江浙范围内的太湖地区一直是青釉瓷器生产的中心,但其范围却在不断地向外扩张。随着时间的推移,新窑场的产品质量不断提高,颜色和种类也愈趋多样化,新的青瓷窑址在更广大的范围内被发现,如四川成都的邛崃窑③以及福建的一些窑址④。

关于地方性瓷器,可以以长江中游的荆楚地区瓷器为例。三国吴时期,这个地区已经开始生产原始青瓷和青釉瓷。瓷胎呈紫红色或浅灰色,瓷釉为黄褐色或浅黄色,施釉不均,极易剥落。从严格意义上讲,还不能称为瓷器。尽管这个地区有很

---

① 南京博物院:《南京市卫岗西晋墓清理简报》,《文物》1983年第10期,第71页。另参见金华地区文管会《浙江金华古方六朝墓》,《考古》1984年第9期,第824~825页,为了确定金华地区墓葬出土瓷器的产地,对不同窑址的产品特征进行了讨论。Michèle Pirazzoli-t'Serstevens 讨论了六朝早期青瓷的商业化和瓷业的传播问题,参见 Michèle Pirazzoli-t'Serstevens, "De L'efficacité plastique à la productivitè: Les grès porcelaineux de Jiangnan aux III-IV siècles de notre ère," T'oung Pao 84 (1998): 58-60。
② 关于这些青瓷传播情况的另一种解释,见吴县文物管理委员会《江苏吴县狮子山四号西晋墓》,《考古》1983年第8期,第712~713页,该文认为苏州西晋墓葬中发现的浙江越窑青瓷属于某位上虞地方官的家族成员。
③ 关于四川青瓷及其地域特征,参见陈丽琼《试谈四川古代瓷器的发展及工艺》,第208~229页,四川省史学会《四川省史学会史学论文集》,成都,四川人民出版社,1982。
④ 福建的窑址,参见福建省博物馆《福州屏山南朝墓》,《考古》1985年第1期,第28~32页。报告指出,南朝早期和中期墓中出土的瓷器大多数是实用器,但从南朝后期至初唐,瓷器形体变小,制作粗糙,明器化倾向较为突出,参见第30~31页。

多与其他地区相同的器类，但还是体现出一些地方风格。这个地区在西晋时期开始使用瓷土，胎体致密，颜色呈深灰色或灰白色，釉色为黄绿色，不过当时还不能很好地控制颜色。由于胎釉结合不好，釉面会出现裂纹，有时还会完全脱落。这是一个非常严重的问题，即使在主要的瓷器产地也难以解决，唐代才真正找到解决的方法[1]。

六朝时期，各种各样的装饰技法被广泛运用，如延续了汉代的刻花、印花、贴花、堆塑、镂空等技法。装饰纹样包括几何纹和花卉纹、动物纹（最常见的是兽首纹）和人物纹。几何纹包括网纹、菱形纹、圆点、云纹和联珠纹，很可能模仿了当时的纺织物纹样，一般呈条带状装饰在器物口沿、肩部和器身之上（图7.3）。这种纹饰带在东汉至西晋时期最为盛行，但从西晋中期开始，纹饰带开始简化，通常只有一两条简单的凸弦纹或凹弦纹。

南方地区的花卉纹主要是莲花，其中最引人注目的实物是莲花尊，器身布满了莲花装饰。莲花母题是在佛教的影响下发展起来的，它与佛教有着密切的关系[2]。最早的莲花装饰只是简单的模印图案，但随着时间的推移，逐渐发展为精美的浮雕莲花。莲花纹在南朝时期尤其盛行。

---

[1] 中国硅酸盐学会编《中国陶瓷史》，第145页。关于长江中游地区瓷器地域特征的详细研究，参见蒋赞初、熊海棠、贺中香《湖北鄂城六朝考古的主要收获》，《中国考古学会第四次年会论文集》(1983)，第285~294页。他们认为鄂城地区发现的90%青瓷是本地烧造的，在造型和装饰上已经达到一定水平，但仍落后于越窑青瓷；此外，鄂城青瓷在胎釉结合上仍存在一些问题，脱釉现象严重，影响了器物的美观和功用。

[2] 柳涵：《漫谈中国古代的莲荷图案》，《文物》1958年第9期，第62~65页。

1.网纹

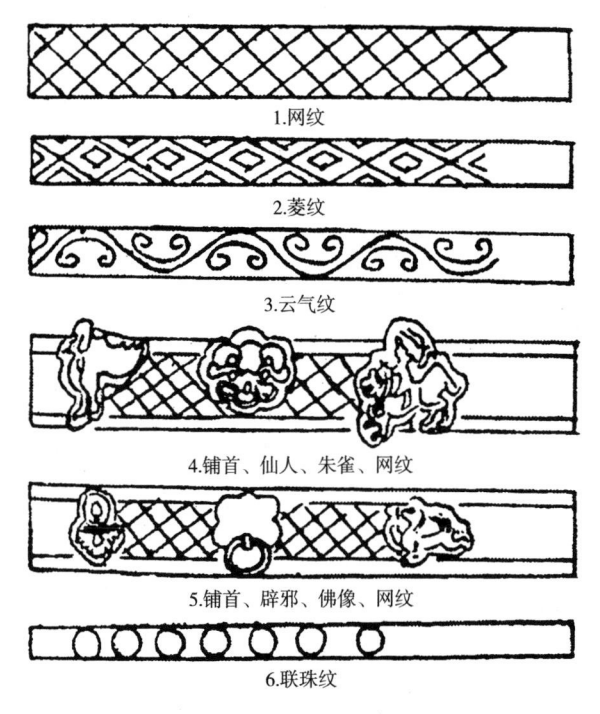

2.菱纹

3.云气纹

4.铺首、仙人、朱雀、网纹

5.铺首、辟邪、佛像、网纹

6.联珠纹

图 7.3　器表纹饰类型

　　动物纹也被用于器物装饰，一般是贴附的兽头，有些还附有衔环（即衔环铺首）。这种铺首图案一般位于纹饰带内，此外，器身上也会贴附兽头或整个动物、神灵的形象。在此前提到的魂瓶上还发现了引人入胜的人物、动物和建筑物共处的立体式场景。

　　青瓷是六朝墓葬中最常见的随葬品，即使最贫穷的人的墓里也会随葬一两件青瓷器。青瓷器由于具有便宜、耐用、防水的优点，东汉时期开始作为青铜器和漆器的替代品出现，最早的青瓷器形就是对它所替代的青铜器和漆器器形的模仿。青瓷器特有的新器形从东晋开始出现，标志着中国陶瓷史上新时代的到来①。根据近几十年来发现的大量有明确纪年的墓葬，我们可以大致勾勒出青瓷器的发展历程（表7.1）②。

表7.1 南朝陶瓷类型

	罐	鸡首壶（罐）	盘口壶（瓶）	耳杯、碗	多格盒	熏	唾盂	虎子
东汉至三国中期								
三国中至西晋								
东晋								
南朝时期								

第一阶段（公元220~280年），青瓷形制为腹径靠上的球形腹，在整个六朝时期的总体变化趋势是向瘦高发展。盘口壶呈较矮胖的球形，小口、短颈、高肩，器底较小内凹，这种形制的器物很不稳固。其他器物都有着类似的外形，如唾盂和罐。矮胖的器物造型也表现在碗和洗上。极具六朝特色的器

---

① Masahiko Sato. *Chinese Ceramics: A Short History*, p. 36.
② 此分期部分依据魏正瑾和易家胜对南京地区所做研究，参见魏正瑾、易家胜《南京出土六朝青瓷分期探讨》，《考古》1983年第4期，第347~353页。该分期结论总的来说与《中国陶瓷史》的讨论和李知宴的分期一致，参见中国硅酸盐学会编《中国陶瓷史》，第158~162页及图48；李知宴《三国、两晋、南北朝制瓷业的成就》，《文物》1979年第2期，第51页的表。

物——鸡首壶也出现在这个时期,是在壶或罐上加上简化的鸡首或鸟首,有的还在器物两侧加上翅膀造型。在下一个阶段,鸡首壶成了最具特色的造型①。其他的动物形象有的是作为装饰,有的则是作为器物的造型,后者如蛙形水注、狮形或羊形的烛台、熊形灯。这个阶段的器类还包括扁壶、谷仓罐、耳杯、砚台和熏炉。虎子是一种虎形的尿壶,汉代以前就已出现,并一直在生产。赤乌十四年(公元251年)纪年的虎子是一件非常著名的实例,上面的铭文记录了它的产地和陶工的姓名。这些虎子的臀部呈扁平造型,因此可以竖立在窑室内,从而节省了空间。此外,独特而生动的魂瓶也出现在这个时期②。

第二阶段(公元280~317年),在西晋时期的南方,青瓷器向愈加修长的方向发展,但器壁增厚了。为了减弱器形的厚重感,碗碟类器皿的口沿做得相对较薄,洗的口沿内卷,盘口壶的口沿上做成了一道凸棱,从而形成一种轻薄的效果。瓷器

---

① 这种器物的早期造型为鸟形,参见南京市文物保管委员会《南京板桥镇石闸湖晋墓清理简报》,《文物》1965年第6期,第43、44、42页及图11.6。佐藤雅彦认为,鸡首壶可能受到了当时地中海地区流行的酒坛造型的影响,参见 Masahiko Sato, *Chinese Ceramics: A Short History*, p. 38。关于这种造型的讨论,另参见 Yutaka Mino and Katherine R. Tsiang, *Ice and Green Clouds: Traditions of Chinese Celadon*. Indianapolis: Indianapolis Museum of Art, 1986, pp. 88 – 90。谢明良认为,鸡首壶在六朝墓葬中如此常见,在吐鲁番地区墓葬中也发现了鸡鸣枕,是因为鸡在当时的信仰体系中具有驱邪的性质,参见谢明良《鸡头壶的变迁——兼谈两广地区两座西晋纪年墓的时代问题》,《艺术学》1992年第7期,第26~27页。
② 李辉柄:《略谈我国青瓷的出现及其发展》,《文物》1981年第10期,第50页。该文将早期青瓷的类型进行了细分:(1)主要沿袭东汉风格的器物,如带系罐、盘口壶和耳杯;(2)新的器型,带有鸡首、羊首或虎首的壶;(3)仿青铜器造型的器物,如熏炉;(4)与东汉相似但器形较小的明器,如四系罐和盘口壶。

生产规模的扩大，也引起了器物造型上的一些变化。为了增加产量的需要，窑室里的器物码放得更高了，这就要求器物的平底更加厚重，以便承受更多的重量，但更加美观的圈足却也因此被舍弃了[1]。

东晋时期（公元317～420年）是第三阶段，是青瓷制造的成熟期和鼎盛期。瓷窑的数量和瓷器的生产规模都扩大了，这点可以从当时墓葬里发现的大量青瓷器得到反映，即使最小的墓葬中也会出土几件，表明当时青瓷器的产量已经很大。此外，制作工艺和产品质量都达到了很高的水平。由于釉料选择上有着明显的地域差异，所以釉色也是丰富多彩。胎釉之间的结合力得到了提高，釉面剥落的问题得到了很好的解决。由于釉的半透明性和光滑性达到了新的高度，青瓷的自然之美越来越明显，同时也为发展新的造型和装饰创造了有利条件[2]。

这个时期的另一个特征是产品种类较少，日用器皿占绝大多数，而各种模型器和随葬专用的魂瓶消失了。鸡首壶出现了把柄，但总的来说动物造型减少了。器物的发展趋势是在现有器型的基础上朝向规范化方向发展，由矮胖向修长变化的趋势依旧延续，口沿和底足变宽，更加重视器物外观的美观。在装饰方面，素面的占多数，装饰更加简化，早期盛行的浮雕、模印和刻画花纹逐渐衰退。器物肩部和器身上的纹饰带也演变为简单的交叉线条，越来越多的器物仅在器身上装饰凹弦纹[3]。

---

[1] 中国硅酸盐学会编《中国陶瓷史》，第157页。
[2] 刘建国：《东晋青瓷的分期与特色》，《文物》1989年第1期，第82～89页。
[3] 魏正瑾、易家胜：《南京出土六朝青瓷分期探讨》，《考古》1983年第4期，第351～352页。

西晋出现的深褐色点彩装饰，东晋时期成为瓷器装饰的重要特征。此外，由于施釉技术大大提高，釉面上的开片也成为一种有意而为的装饰。制瓷工艺的进步，使得陶工终于摆脱了早期青铜器和漆器的束缚，而有了自己的发展方向。"瓷"作为青釉器的称谓，在晋代开始出现，用来特指陶瓷器里的一个独立门类——瓷器[①]。

晋以后的南朝（公元420～589年）青瓷仍然沿着原来的轨迹发展：以日常器皿为主，已有器形更加规范化，外形更加修长，器表极少装饰。斜方格纹饰带和其他印花装饰消失，蕉叶纹器上的耳亦不再流行，而莲瓣纹开始大行其道，随着时间的推移，莲瓣装饰愈趋繁缛，往往是刻画的高浮雕图案。到六朝末期，壶罐类造型变为更加修长的优美曲线。以壶为例，三国时期壶的高度和口径之比为1∶1，而到六朝末期比例变为2∶1。由于某种原因，唾盂的演变趋势正好相反，反而随着时间的推移而变得越来越矮胖。鸡首壶的把手变为龙首形，紧紧衔住器物的口沿。这个时期的器物继续朝着简化和优雅的方向发展，有些器物的装饰十分华美，表明经过六朝的发展，南方地区已经很娴熟地掌握了瓷器的生产工艺[②]。

人们常以"南青北白"来概括南方的青瓷和北方的白瓷，但是，六朝时期的北方陶瓷史要复杂得多。当北方的政治和社会秩序得到恢复后，陶瓷生产取得了重要的发展，并且直接对

---

① 刘建国：《东晋青瓷的分期与特色》，《文物》1989年第1期，第89页。
② 魏正瑾、易家胜：《南京出土六朝青瓷分期探讨》，《考古》1983年第4期，第352页。这里所做的分期与魏正瑾、易家胜的不同，后者的分期并不总是与朝代重合，他们的四期是：公元254～316年、公元317～357年、公元357～479年和公元480～589年。这种分期的不同对上文所做概述并无影响。《中国陶瓷史》采用了以朝代进行分期的方法。

唐代的陶瓷业产生了影响。而且，与南方几乎只有青瓷相比，北方瓷器的种类更加丰富，表明北方在陶瓷生产上有着旺盛的生命力和勇于探索的精神。

北方最容易获得的黏土来自黄土沉积层，易于熔化，在高温状态下会发生变形，所以常用于制作低温陶器。这些陶器大多数情况下不施釉，但陶俑的表面一般会涂一层化妆土，细部施以彩绘。南方青瓷的输入促使北方陶工对这种始于公元5世纪后期、盛于公元6世纪的陶器制作传统进行了复兴。制作这种陶器所需的黏土埋藏得很深，此外要将胎体熔化并最终形成陶器，还需要经过相对较长时间的高温加热[1]。

南、北方除了可用的黏土不同，窑的建筑样式和所用燃料也是截然不同的，二者的差异可以从两地青釉瓷的着色上反映出来。北方窑是圆形的馒头窑，所用燃料主要是木炭，而南方则以松木为燃料。松木在燃烧时火焰不太集中，但持续时间长，有助于提高还原焰气氛，从而获得较好的色泽[2]。

有关南方瓷窑的资料已经相当丰富，但相对来说，我们对北方瓷窑的情况还是知之甚少。有几座北魏后期（即公元6世纪）的瓷窑均位于山东中部，主要有淄博附近的寨里窑、枣庄附近的中陈郝北窑和临沂的朱陈窑。这个地区的窑址都地处多山地区，或在河边，或离河流不远，河流既是瓷器生产的水源，又是瓷器运输的水道。窑址也紧邻煤矿，便于

---

[1] Nigel Wood, *Chinese Glazes*: *Their Origins*, *Chemistry and Recreation*, p. 91, 该文以一幅非常清晰的图片显示了这种难熔性黏土的成型过程，黏土的成分主要是高岭土和多水高岭石，也杂有细石英、云母和长石，由于富含铝元素，烧成温度介于1250℃~1310℃，高于南方黏土的烧成温度。
[2] 李辉柄：《略谈我国青瓷的出现及其发展》，《文物》1981年第10期，第51页。

提取散布于煤层中的黏土。这种混合有石英和长石的黏土在今天的陶瓷生产中仍在使用。从遗留在窑址的瓷片来看，这一地区的瓷器质量并不高。最常见的器形有碗、罐、高足盘、盘口壶、杯和盆。胎体厚而且粗糙，呈浅黄色或灰黄色，上有气孔和黑点。瓷釉颜色多样，但施釉不均，表面色泽斑驳，有流釉的痕迹，而且光洁度较差。这些瓷窑以及邻近地区的其他瓷窑在隋唐时期仍在使用[1]。除了上述瓷窑和河北磁县贾壁村的隋代瓷窑[2]，北方陶瓷器的明确产地还是无法确认，要了解北方陶瓷生产工艺的成熟过程，还得主要依赖出自墓葬的材料。

总的来说，汉代刚结束时，北方陶器的质量已经不如汉代。在晋初的前几年，器物大多火候较低，只有质量较差的粗灰陶。器形可能受到了南方青瓷的影响，但是当南方瓷器生产大放异彩的时候，北方瓷业在整个晋代都还处于停滞不前的状态。到公元5世纪中期北魏统一北方时，北方的陶瓷品种还是很少，主要包括有系或无系的罐、碗、钵、盆和盘。大部分是灰陶，偶有红色的夹砂陶（图7.4），器表素面。如果是釉陶，釉色也不一致，由于火候控制得不好，呈现出深浅不一的绿色或黄绿色[3]。

在都城洛阳地区，发现的器物种类要丰富得多，但即使在这里，绝大多数器物也都是无釉的陶器，青瓷器数量

---

[1] 宋百川、刘凤君：《山东地区北朝晚期和隋唐时期瓷窑遗址的分布与分期》，《考古》1986年第12期，第1121～1125、1141页。

[2] 宋百川、刘凤君：《山东地区北朝晚期和隋唐时期瓷窑遗址的分布与分期》，《考古》1986年第12期，第1121～1125、1141页。

[3] 北京市文物工作队：《北京西郊发现两座西晋墓》，《考古》1964年第4期，第210页。

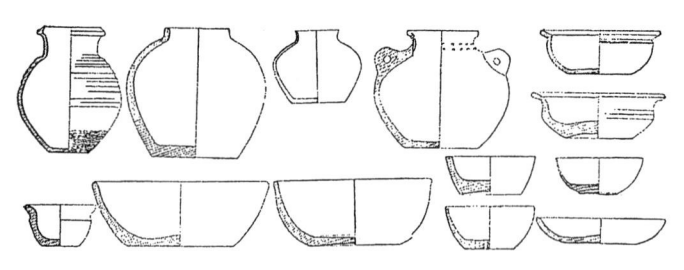

图 7.4　早期北方陶瓷器

很少①。在一座同时期的新疆墓葬里，发现了一件奇特的器物，是很脆弱的陶器，专为随葬而做，器表涂成黑色，并饰有红、白、绿色的纹饰，其中成排的白色小圆点纹非常独特②。

尽管北方石灰釉青瓷的发展落后于南方，但最终还是取得了一些重要的进步。山东寨里窑代表了北方制瓷工艺的成就。早期瓷器的釉面很薄且釉色斑驳不均，但是随着技术的改进，发明了二次上釉法，于是釉层增厚，色泽鲜亮饱满。然而，寨里窑在青瓷生产上还是存在一些问题，因还原焰技术掌握不好而釉色不均，而胎釉结合不佳也导致了脱釉现象。由于北方墓葬中出土了一些质量较好的青瓷，所以显然应该有烧瓷水平更高的其他瓷窑。

北方青瓷的品种多样，其中有与南方相似的深腹直口碗，

---

① 河南偃师发掘的一座墓中出土了60件陶器，其中包括模型和陶俑，仅有一件褐釉小罐被认为是瓷器。参见中国社会科学院考古研究所河南第二工作队《河南偃师杏园村的两座魏晋墓》，《考古》1985年第8期，第727～734页。另参见河南省文化局文物工作队第二队《洛阳晋墓的发掘》，《考古学报》1957年第1期，第176～179页，在54座墓葬中发现了681件器物，其中只有9件（含瓷片）是青瓷器。
② 新疆维吾尔自治区博物馆：《吐鲁番县阿斯塔那—哈拉和卓古墓群清理简报》，《文物》1972年第1期，第9～10页。这些小圆点纹可能模仿了当时从河中粟特地区（Transoxiana）输入的银器上的联珠纹装饰。

有的碗壁上刻有粗糙的莲瓣纹；也有盘、罐、瓶、唾盂、盘口壶和杯盏等，都是日常器皿（表7.2）。不过，还有一种器物并非日用器，但做得非常精致，即所谓莲花尊，主要是在河北省东南部的景县封氏墓地发现的几件。莲花尊器身高大，上有较深的模印装饰，主要是两排莲瓣纹，有仰莲，也有覆莲。虽然每件器物都各不相同，但器座一般都是覆莲造型，这与当时的佛教莲花座非常相似；器座往上，在器身的下部是一层单瓣的仰莲，与之相对的是一层双重的覆莲，

图 7.5 莲花尊

两层莲瓣在器身的最大腹径处相接；再往上，在器物的肩部有一层较小的莲瓣，莲瓣上部有器耳，以及模印的纹饰带，包括宝相花、狮面和飞天等形象，装饰在从颈部至器物口沿之间的部位（图7.5）。类似器物也发现于武昌和南方其他一些地区，但通过对北方器物瓷釉的化学分析，可知它与南方青瓷是有差异的[1]。后来，莲花尊表面涂上了一层铅釉，装饰也就有些逊色了[2]。

南、北方青瓷的差异是多方面的。北方瓷器的胎体较厚，

---

[1] 中国硅酸盐学会编《中国陶瓷史》，第165页；Hin-cheung Lovell, "Some Northern Chinese Ceramic Wares of the Sixth and Seventh Centuries," *Artibus Orientalis* 21 (1975): 328–329.

[2] 另一件莲花尊年代可能较晚，上面的装饰不太协调，参见淄博市博物馆、淄川区文化局《淄博和庄北朝墓葬出土青釉莲花瓷尊》，《文物》1984年第12期，第64~65页，它应是寨里窑产品，参见第66页。

表7.2 北方陶瓷类型

	罐	带耳罐	盘口壶	瓶	碗	唾盂
北魏						
东魏						
北齐						
北周						

灰白色；釉层也较厚，有较强的玻璃质感和流动性。器表常有玻璃珠现象，釉色青中微黄。此外，器物形体一般较大，而且每一类器物里的品种都比较多样化[1]。就化学成分而言，南、北方瓷器也有区别。北方瓷胎中含有较多的氧化铝（Al_2O_3），一般高于26%，但氧化铁（Fe_2O_3）含量较少，接近2%。此外钛元素（氧化钛TiO_2）的含量一般也较高，通常高于1%。北方瓷器的烧成温度也较高，要达到1200℃或以上，而相比之下，南方青瓷的烧成温度却低于1200℃[2]。

---

[1] 李辉柄：《略谈我国青瓷的出现及其发展》，《文物》1981年第10期，第50页。

[2] 李知宴：《三国、两晋、南北朝制瓷业的成就》，《文物》1979年第2期，第50页。关于南北方瓷器化学成分的差异，另有郭演仪等的研究（尽管用于研究的样本数量不足），参见郭演仪、王寿英、陈尧成《中国历代南北方青瓷的研究》，《硅酸盐学报》1980年第3期，第232～243页。

总体而言，北方各地发现的青瓷显示出一定的地域差异，但还是具有共同的北方瓷器特征，相对来说比较简单、质朴、实用（当然不包括莲花尊）。在河北和河南新发现的瓷窑表明北方青瓷的生产中心应该就在这两个省份。虽然北方陶瓷的工艺水平不能与南方媲美，但也不容忽视，因为它是隋唐青瓷赖以发展的基础①。

汉代低温铅釉陶在六朝时期还有小规模的生产，但质量是在公元 4 世纪后期北魏建立后才得到提高的。铅釉陶的颜色有所增多，包括绿色、黄色和褐色，有时一器多色。公元 6 世纪后半期的北齐时期，铅釉陶器取得了较高的艺术成就，可以以当时生产的几件器物为例。有一件扁壶，是高约 20 厘米的梨形器，有短直颈，颈、肩交接处有一圈凸起的联珠纹，肩部有两个小系，可以穿带。在其正面和背面模印有浮雕式的中亚人乐舞形象。这种扁壶发现有黄色和绿色的实物（图 7.6）②。

缸也是一种代表性器物，形制是球形腹、直颈、圈足，耳的形制多样，如桥形或方形，也有单系或双系，都安在器物的肩部（图 7.7）。在系的下面刻有卷叶纹带，再

图 7.6　安阳出土扁壶

---

① 中国硅酸盐学会编《中国陶瓷史》，第 166 页。
② 中国硅酸盐学会编《中国陶瓷史》，第 171 页。

往下是模印于器身上的覆莲纹，布满了器身的上部，莲瓣上刻细条纹，以代表莲瓣的自然形态。这类器物仅在器身的上半部分施釉，不过釉汁常会流到下半部。釉色呈浅黄或浅绿，夹有颜色较深的深绿色斑。同样的双色

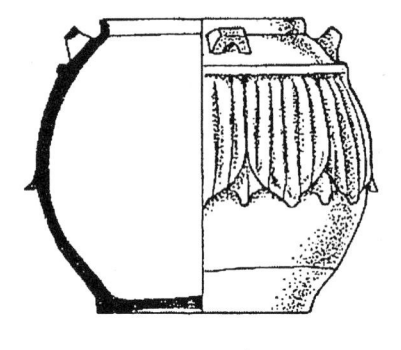

图 7.7 瓷缸

釉也见于武平六年（公元 575 年）墓中的一件瓶上①。这种双色釉开启了唐代多色釉的先河②。通过对这种铅釉的分析，可知釉中的氧化铅成分相当高，如寨里窑窑址出土瓷片中的氧化铅含量高达 55.42%。

到北朝末期，铅釉陶器的发展已经达到一个非常成熟的水平，种类也非常丰富。器物表面一般素面无纹，器物之美主要靠釉色和造型取胜。

北朝后期还出现了另外两种瓷釉：黑釉和白釉。二者的差别在于釉中铁化合物的含量，黑釉中的氧化铁含量较多，白釉较少。早在东汉后期，南方的德清窑就已经生产黑釉瓷，到东晋时期，德清窑因其黑瓷闻名于世。北方在一个世纪后开始烧

---

① Hin-cheung Lovell, "Some Northern Chinese Ceramic Wares of the Sixth and Seventh Centuries," *Artibus Orientalis* 21 (1975): 332 and fig. 8; Nigel Wood, *Chinese Glazes: Their Origins, Chemistry and Recreation*, p. 109, 认为北方瓷器上典型的凸棱做法是为了防止极易流动的釉汁流下来，并起到在窑室内将器物固定在窑具上的作用。

② Hin-cheung Lovell, "Some Northern Chinese Ceramic Wares of the Sixth and Seventh Centuries," *Artibus Orientalis* 21 (1975): 332 - 333; 中国硅酸盐学会编《中国陶瓷史》，第 171 页。

制黑瓷，这一点可以从东魏和北齐墓中的出土器物得到证实，这些出土器物制作精良，釉色漆黑，胎质细腻而坚硬①，表明北方的制陶技术已经接近南方水平。

与青瓷和黑瓷不同，白瓷是北方独立取得的陶瓷成就。白瓷的生产成功是中国陶瓷史上的一个重要标志，它是后来各种彩绘陶瓷的基础。生产白瓷需要将陶瓷原料中的铁化合物去除，还要在烧窑过程中防止水渍或硫黄的污染②。要达到这些要求，需要长期的摸索。最早的白瓷曾经被认为出现在隋朝，但河南安阳范粹墓（武平六年，公元575年）出土的白瓷器将白瓷出现的时间提前了。通过对这些器物的检测可知，由于对原料进行了一道捣炼的工序，所以瓷胎才相对洁白而细腻。釉面略微泛绿，尤其在釉层较厚的部位更为明显，这说明当时去除铁元素的技术还有待完善。隋代的白瓷技术要成熟一些，但范粹墓出土的白瓷无疑代表了白瓷发展的初级阶段③。

隋朝统一了全国，虽然统治时间不长，但瓷器的质量却得到了显著的提高。工艺的进步可能反映了六朝以来陶瓷技术的进一步发展，也可能是国家的统一带来的繁荣，因为随着国家的统一，南北方陶工可以更方便进行信息与技术的交流。无论何种原因，隋代都堪称中国陶瓷史上的一个里程碑④。

隋代北方陶瓷的产地以东北方向的安阳周围、西北方向的西安以及黄河下游的济南地区为中心，这三个地区发现了多处

---

① 中国硅酸盐学会编《中国陶瓷史》，第168页。
② 李知宴：《三国、两晋、南北朝制瓷业的成就》，《文物》1979年第2期，第53页。
③ 中国硅酸盐学会编《中国陶瓷史》，第167页。
④ 以下关于隋朝的资料，参见智雁《隋代瓷器的发展》，《文物》1977年第2期，第57~62页。

窑址。而南方的陶瓷遗址则发现于湖南、湖北、江西、江苏、安徽、四川、广西和福建，可见南方的陶瓷生产更为活跃。这一时期瓷器的产量猛增，如武汉的一座隋墓中就出土了60多件瓷器。此外，陶瓷的种类也更加多样化，青瓷及相关的陶瓷制品取代了金、银、青铜器和漆器。同时，各类陶瓷的品种也大为增加，这在一个如此庞大的国家里是可以想见的。

隋代器形的发展仍然延续了隋以前已然出现的细长化、典雅化趋势。例如，早期罐的高宽比是1∶1，而隋代变为1.5∶1（表7.3）。此外，在这个时期还出现了一种新的器形，即双体壶，两侧各有一个龙形把手。这种双体壶到唐代变为单体壶的造型，但保留了龙形把手。最具六朝特点的鸡首壶在唐代变得更加修长，下部窄而长，早期带有管状颈的小鸡首，到北齐和隋代则变为一只雄赳赳的鸡。这种鸡首壶在唐代渐不常见了。六朝器物一般都有小平底、实足，而隋代则以圈足为特征，唐代得到进一步扩展。此外，隋朝也出现了新的装饰风格，纹饰更加精细、写实和质朴，突破了早期装饰的规范化模式，器型和装饰达到了一种新的和谐①。因此，尽管隋朝只经历了短短的30多年时间，但也产生了一种清晰的隋代风格。

最为重要的是，隋代的陶瓷生产几乎在各个方面都取得了进步，其中白瓷能够更好地体现这种技术的进步，因为白瓷生产上的任何瑕疵都是非常显眼的。对黏土的捣炼更加精细，用这种精细黏土制成的瓷胎颗粒更加细腻，少见六朝瓷器里常见的那种污染物或气孔。成型技术也更加精细，通过改变胎体不

---

① 李知宴：《西安地区隋唐墓葬出土陶瓷的初步研究》，《考古与文物》1981年第1期，第109~116页。

表7.3 六朝、隋、唐初陶瓷器类型

	四系罐	鸡首壶	盘口壶	龙柄胡瓶	唾盂	高足盘	胡瓶	熏
六朝								
隋								
初唐								

同部位的厚度，以减少在烧窑过程中发生的变形。还会在瓷胎上覆盖一层白色的化妆土，以掩盖瓷胎上哪怕很小的缺陷，这样就大大提高了釉面的光泽度和玻璃质感。这种处理的效果在白瓷上表现得尤其明显，使之看起来像象牙一样。此外，隋代对烧窑过程的控制技术也得到提高，取得了很好的效果，非同窑所烧的器物也表现出相当的一致性，同时也减少了器物上的杂色。瓷器的烧结程度也得到了提高，这个时期的器物比以前更加坚硬。正是这些工艺和技术的改进，为随后唐代陶瓷的发展打下了良好的基础。

二 青铜器

尽管随葬品中的青铜器数量并不是很多，但是由于金属铸造器种类丰富，青铜在六朝物质文化中的地位是相当重要的。目前仅有1/3或略多的墓里发现了钱币以外的青铜器物，大多数墓里只有一件青铜器，其中半数墓葬里唯一的青铜器是铜镜。举一个极端的例子，20世纪50年代在长沙发掘的27座晋墓中，共出土器物399件，其中青铜器3件、铁器11件、石器20件、金器25件，水晶、玛瑙、玉器共10件，陶瓷器330件①。另一个极端的例子是四川发掘的一座三国墓葬，出土了青铜器73件，但只有38件陶器和2件青瓷器，青铜器如此之多，在这么早的三国时期是非常罕见的现象②。六朝时期，青铜器的地位明显不如汉代重要，个中原因并不很清楚，不过也可做一些推断。

随葬青铜器地位下降的原因之一，可能是因为青瓷已经成为日用器具的可选材料，漆器的减少可能也是基于这个因素。对青瓷器的偏好也反映在随葬品中③。也有人认为，国家的分裂以及随之而来的政治和经济动乱导致了金属短缺④。假如当时青铜确实短缺，那么青瓷器取代青铜器的原因应该主要是经济因素而非纯粹的审美因素。当时大量使用青铜铸造佛像可能也是青铜减少的一个原因⑤。此外，由于青铜铸币是产品交换的媒介，任何物以稀为贵的金属都会作为铸币的材料，因而，

---

① 湖南省博物馆：《长沙两晋南朝隋墓发掘报告》，《考古学报》1959年第3期，第80页。青铜器罕见的情况也见于南京市博物馆《南京幕府山东晋墓》，《文物》1990年第8期，第48页。
② 陈显双、朱世鸿：《四川开县红华村崖墓清理简报》，《考古与文物》1989年第1期，第32~44页。
③ 王仲殊也提到青铜器的衰落及原因，参见 Zhongshu Wang, *Han Civilization*. New Haven: Yale University Press, 1982, p. 104。
④ 杜迺松：《三国两晋南北朝至隋唐时期的青铜器综论》，《故宫博物院院刊》1988年第4期，第32页。这个时期的青铜铸造遗址极少发现。杜迺松在此引用了蒋赞初关于鄂城附近青铜铸造业重要性的讨论，参见蒋赞初《鄂城六朝考古散记》，《江汉考古》1983年第1期，第38页。
⑤ 杜迺松：《三国两晋南北朝至隋唐时期的青铜器综论》，《故宫博物院院刊》1988年第4期，第34页。

无论日用的，还是随葬的青铜器都因此而减少了[①]。

尽管青铜资源短缺，但铸造的器物种类还是非常丰富，仅六朝时就有大约90种不同的器型，但占主导地位的还是那些最能体现金属品质的青铜器物。它们包括直接用于加热的容器，如釜、镬斗（温酒器）、洗、勺和熨斗，以及一些要求精密度和伸缩性的铸造器，如刀、带扣、弩机、棺钉和镜子。此外，还有种类丰富的青铜饰物，如戒指、手镯、发钗和其他饰物。

镬斗的典型形制是侈口的碗形，下有三个外撇的马腿形足，器柄向上成弧形，末端饰有龙首。器物的直径从6.5厘米到19厘米不等，平均约14厘米；器高从5.3厘米到24厘米，均高11.5厘米（图7.8）。还有一种镬斗在南、北方均有发现，有一个流和一个直柄，直柄末端略宽，有孔，可以挂在钩子上（图7.9）。有些镬斗在底部有烟炱痕迹，表明它们在随葬之前曾被使用过。镬斗一般不做装饰，最多在器身上饰有一两道凹弦纹，不同器物之间的差异只是外形和高度上的一些细微变化。不过也有一些例外，江西大余西晋时期的一件镬斗有外撇的龙首和凤尾，器身装饰繁缛，器足末端呈虎爪造型（图7.10）[②]。宁夏固原出土的两件镬斗，一件是龙首柄，另一件还在器柄上加上了其他装饰[③]。

[①] 关于这个时期的钱币，参见本书第六章。
[②] 张小平：《大余县出土西晋龙首凤尾青铜镬斗》，《文物》1984年第11期，第68页。该器被杜迺松文章引用，参见杜迺松《三国两晋南北朝至隋唐时期的青铜器综论》，《故宫博物院院刊》1988年第4期，第32页。器物通高27厘米、口径18厘米。发表的照片不够清晰，有些细节无法辨认。
[③] 宁夏回族自治区固原博物馆、中日原州联合考古队编《原州古墓集成》，图版22、图版23；年代为北魏太和年间（公元477~499年）。

图 7.8　铜鐎斗之一

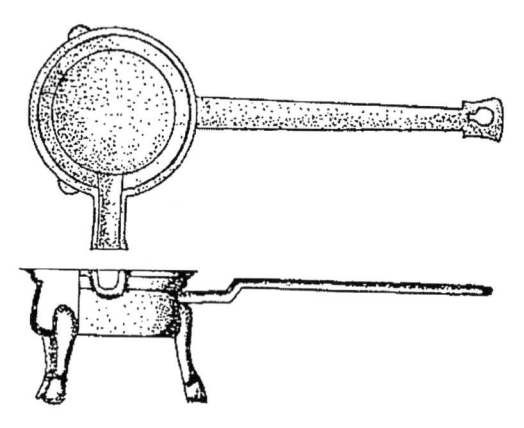

图 7.9　铜鐎斗之二

图 7.10　铜鐎斗之三

釜的特征是圆腹、敞口，与老式的西方痰盂非常相似，但一般带有两个对称的竖环耳（有一件是长柄）①。口径16.5厘米~33厘米不等，器高14.5厘米~29.4厘米不等。据报道，大多数釜的底部都有烟炱痕迹，表明曾是实用器②。器物没有装饰，它只是用于炊煮食物的普通罐子，不过四川东晋墓里出土了一件比较精致的釜，在器身两侧各有一个兽面装饰（图7.11）。绝大多数的这类釜（38件中的29件）发现于四川和贵州，只有几件出自南方的其他省份。

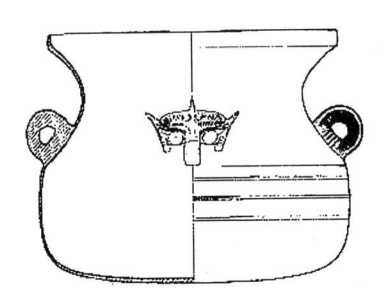

图7.11　四川出土铜釜

洗是一种矮浅腹的器物，直径14厘米~30厘米不等，器身一般是直径的1/3到1/2，外形上比釜要低矮。洗的口沿一般较宽，外撇，腹壁微带弧度，平底。此外，在洗的器身靠下部位通常有一对器耳，对称分布于两侧，常做成兽面造型，这种器

---

① 贵州省博物馆考古组：《贵州平坝马场东晋南朝墓发掘简报》，《考古》1973年第6期，第351页及图10.4。
② 鍑是一种非常特殊的器物，是典型的游牧民族用具，为直壁、竖耳，下有镂空的外撇式圈足，发现于辽宁的一座东晋墓中，参见辽宁博物馆文物队、朝阳地区博物馆文物队和朝阳县文物馆《朝阳袁台子东晋壁画墓》，《文物》1984年第6期，第33页及图18。

耳到底如何使用还不清楚。器物内底上常有双鱼纹饰，或双鸟加双鱼的纹饰，偶见吉祥语铭文（图7.12、图7.13）。有的洗下有三足。洗主要发现于华中、华南地区，且主要出自早期墓葬。

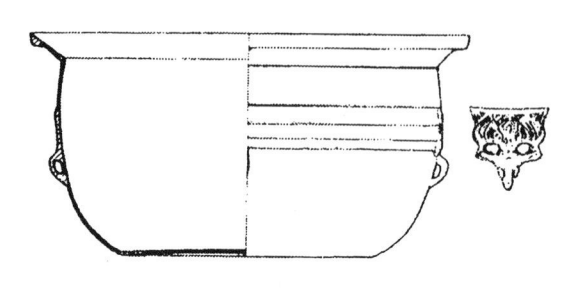

图 7.12　四川出土铜洗

图 7.13　四川出土铜洗器底

宁夏固原发现了两件青铜器：一件带盖和环形柄的壶，一件有环形柄的钫，二者表现出汉代铜器造型的遗风[①]。

---

① 宁夏回族自治区固原博物馆、中日原州联合考古队编《原州古墓集成》，图版19、图版20；年代为北魏太和年间（公元477～499年）。

其他青铜器具还有熨斗、灯和勺。熨斗由盘和柄组成，盘的直径通常15厘米左右，为宽沿敞口；柄约20厘米长，截面呈半圆形，平面朝上，与盘的口沿水平相接或略朝上翘（图7.14）。至少有一件熨斗在柄端饰有龙首①。在一件熨斗里还发现了黑色油脂和灯捻的痕迹，因此可以推测这种特殊的熨斗可能是当成灯来使用的。不过，在公元12世纪宋徽宗的一幅名画中，这种器物是作为熨斗来用，画中正用这样的器具在熨烫一卷丝绸。

图7.14　安徽出土熨斗

虽然青铜灯的数量很少，但形制多样，有带一个小柄的简单杯形灯（很可能是盛灯油和灯芯的），也有精致的连枝灯，后者有莲花形的灯盘和莲蕾形的支座，一般置于长方形案上②。在大同司马金龙墓的漆屏风画中出现了一件这样的连枝灯，不过结构稍显简略③。还有一件造型很有意思的北魏烛台：中空的高足立于盘内，高足内嵌有两只对称的小杯，将蜡烛立在小杯里，上端套入圆环后可以竖立，蜡烛燃

---

① 张志新：《江苏吴县狮子山西晋墓清理简报》，《文物资料丛刊》第3辑，第135页。
② 王克林：《北齐库狄迴洛墓》，《考古学报》1979年第3期，图版5.5。
③ 张安治等编《中国美术全集·绘画编1·原始社会至南北朝绘画》，第160页，图版100.5。

烧时杯子可以上下滑动①。还有一种灯是在竹节状高足柄上安一个简单的灯盘，高足柄立于一个大盘内，大盘有的无足，有的有三足，有一个带有龙首形端饰的弧柄。甘肃魏晋墓中曾出土一件结构复杂的树形灯的残件，树枝上挂着灯盘，还有桃形树叶②。这种树形灯在汉代就已出现。四川还发现过一种形制特殊的灯，作龟蛇相绕的玄武（象征北方）造型，龟的嘴里衔着一只耳杯，龟甲上有插蜡烛的烛孔（图7.15）。此外，还有一种小型的（只有7厘米长）带盖的耳杯形灯，器盖的一半可以掀开成一个小杯。蜡烛插在杯的底轴上，杯子是活动的，有流，蜡油熔化后可以通过流注入底座，

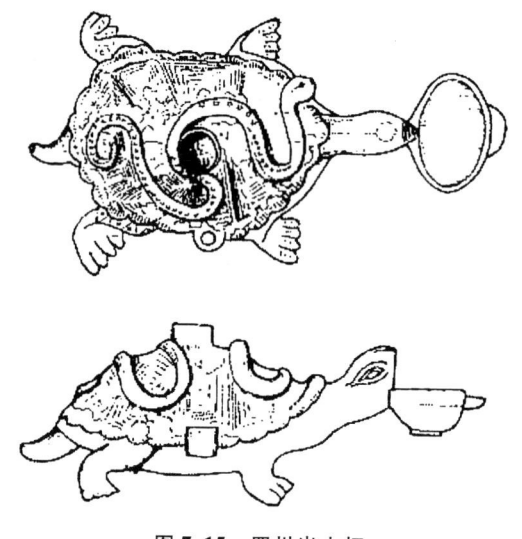

图 7.15 四川出土灯

① 河北省博物馆文物管理处：《河北曲阳发现北魏墓》，《考古》1972 年第 5 期，第 33 页及图版 8.3。
② 武威地区博物馆：《甘肃武威南滩魏晋墓》，《文物》1987 年第 9 期，第 92 页，图 21。

灯上有穿绳的孔，可以悬挂①。除了青铜灯，还发现了很多青瓷灯或烛台，多呈简单的碗形，内有灯油和灯芯，常用作墓里的长明灯。不过，还是青铜灯的种类和意趣要丰富得多，较好地体现了工匠们别出心裁的设计。

还有青铜制作的长柄勺，由碗和柄组成，柄的末端多饰有龙首。其他青铜用具还包括熏炉、火盆、唾盂、盒子、带扣、尺子、印章、针、纺轮、镊子、管子，甚至还发现过一双青铜的筷子。不过这些器物发现的数量很少。总的来说，这些青铜器或未作装饰，或装饰简单，外表有些粗糙。

青铜也用作各种各样的装饰品。墓葬出土的大约1/7 的戒指和手镯、1/3 的发钗和其他装饰品都是青铜质地的。有一种造型很有趣的青铜饰品，两端有三股叉，中间是形状不同的两根横条，长15 厘米~17 厘米不等（图7.16），其用

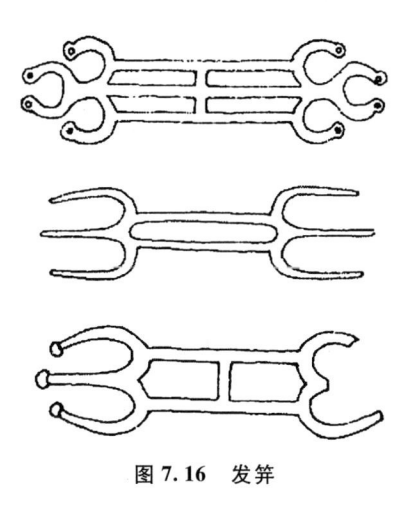

图 7.16　发笄

---

① 敦煌文物研究所考古组：《敦煌晋墓》，《考古》1974 年第 3 期，第 197 页及图版 7.4。

途长期困扰着考古学家,但最近孙机根据一座汉画像石墓的图像,将其视为一种发笄(图 7.17)①。

尽管青铜资源有限,但青铜器仍是六朝物质文化中的重要元素。随着对这种金属的科学分析结果和相关的矿冶遗址资料的发表,我们对这个时期青铜器的认识水平也将得到提高。

图 7.17 发笄的用法

三 铁器

铁的产量对六朝政权来说非常重要,它必须确保为当时的军需提供充足的供给。随着重骑兵和铠马装备的增多,铁的供应就显得更为重要。此外,政府对铁农具的制造也给予了高度的重视。为了达到最高效率的冶铁,需要有大量的劳动力资源,而这些最好由政府来提供②,在时局动荡时期,私人资源似乎并不是那么可靠。正因如此,六朝时期的各个政权都设立了铁官,以监管官营铁矿和作坊。在大多数当时有关铁的文献中都提到了这些官营铁器作坊③。

一个典型的例子是北齐的铁器制造,北齐朝廷设立了七个铁器作坊,三个在东部,四个在西部,都隶属太府寺管辖,太

---

① 孙机:《三子钗与九子铃》,《文物天地》1987 年第 6 期,第 27~29 页。文中引用了有关这种发笄的文献。
② 关于铁器手工业的经济规模与早期国家关系的讨论,参见 Donald B. Wagner, *Iron and Steel in Ancient China*. Leiden: E. J. Brill, 1993, pp. 247-265。
③ 关于官营制铁手工业作坊的全面考察,参见钮仲勋《魏晋南北朝矿业的分布与发展》,《历史地理》1982 年第 2 期,第 136~146 页。

府寺是负责为政府提供物质供给的部门①。在北魏时期，各个不同地区的农业和军事装备都是由本地铸铁作坊提供的，但可能相州（今河北临漳附近）因为铁制武器的技术非常精良，被指定为首都的武库制作锻剑②。

生产铁器所需的大量工人一般来源于囚犯。如天兴七年（公元404年），北魏早期在太行山东部（山东）设立了许多铁器作坊，作坊的劳动力就是来自不同郡县的流放罪犯③。据说在西北建立夏国的赫连勃勃就曾因产品没有达到他的苛刻要求而处死了数以千计的工人④。生产铁器的劳动力还可以通过徭役的方式获得，例如，夏阳（今陕西韩城）的铁器作坊，在西魏时为了供给军需，曾经役使八千名徭役人丁⑤。从东晋官员的谏言中也可清楚看到当时依靠徭役进行生产的情况，当时冶铁作坊役使大量的工人，朝廷耗费太大，谏言主张削减铁器冶铸的规模，仅供维持必要的军需即可⑥。

从历史文献关于铁器的记载来看，当时也有私营的铁器作坊。刘宋时有位益州刺史设立了官营铁器作坊，关闭私营作坊，但由于官营铁器价格太高，引起当地百姓大为不满⑦。此外还有一些关于私人买卖农具的记录⑧。但凡中央势力衰微之

---

① 《隋书》卷27。
② 《魏书》卷110。
③ 《魏书》卷2；《南齐书》卷48；《晋书》卷106。
④ 《晋书》卷130。
⑤ 《周书》卷35。
⑥ 《宋书》卷42。
⑦ 《宋书》卷45。
⑧ 关于《魏书》的相关记载，参见《魏书》卷52、卷86，另参见钮仲勋《魏晋南北朝矿业的分布与发展》，《历史地理》1982年第2期，第144页；大櫛敦弘「中國古代における鐵製農具の生產と流通」，（转下页注）

时，为了满足百姓所需，私营的生产活动就会比较兴盛，但在中央集权、社会安定的时期，官方对行业的垄断则可能会迫使私营作坊退出生产。无论如何，目前关于铁制品的分布情况，可用的资料非常少。

有资料显示，这个时期可用的铁的总量还是很稀少的。仅有两组数字提到了铁的数量。元嘉二十七年（公元450年），一支刘宋的军队武力攻占了今山东北部的一个北魏军事据点，缴获的物品中包括1.5万公斤铁和9000多件大大小小的铁器①。另一个记载是天监十三年（公元514年），为了封堵淮河上的一个溃口，用了两个作坊总数达数万公斤的铁器，其中既有较大的铁壶，也有小件的铁铲和铁锄②。

尽管从现有资料很难推断铁器生产的规模，但从发表的一处铁器作坊遗址来看，其中的发现非常引人注目。遗址位于涧河边（古时的穀水）的河南渑池，涧河是洛河支流，在洛阳汇入洛河的上游。在一个直径1.28米～1.42米、底径1.68米、深2.06米的窖藏里发现了4195件铁制品，其中1300件是成品，包括60多种器物，总重达到3500公斤。遗址被一层矿渣和泥土覆盖，因为密封而避免了铁器生锈。这些堆积于此的铁器很可能是准备在附近作坊里回炉的，器物包括铸范、农

(接上页注⑧)『東洋史研究』49.4（1991），1-19页，他根据实物认为，汉代以后的铁器制造业由官手工业模式向独立的自给自足的庄园式经济方式转变。尽管他所认为的非官手工业可能曾经一度繁荣，但还是没有足够的证据来证明他的这一论断。

① 《宋书》卷95。1立方米铁重约7.8吨，因此当时缴获的铁的体积只有约2立方米。

② 《梁书》卷12。这里铁的用途是驱逐阻碍水坝合龙的惧铁蛟龙。

具和武器①。很难断定这些器物中哪些是六朝制品,因为铁器本身没有任何线索,而且这些工具和其他用具曾经被长期使用过。不过,根据其中 292 件器物上的文字字体风格(标明了器物的生产地点、所属铁官和工匠姓名),该报告推测这是一处北魏遗址,并指出其中有些铁锄可能早到汉代,但其他多是曹魏到北魏时期的遗物②。

六朝时期的制铁技术与以前没有太大的不同,不过还是有一些改进。铁的主要形式仍然是铸铁,即熔炼出的一种含碳量相对较高的铁。由于这种铸铁比较脆弱,所以只能制作不会受强力的器物③。公元 5 世纪时,水力双动风箱已经普遍使用,能够提供熔炉所需的连续气流④。铁可以通过多种冶炼方式,制成不同用途的器物。冶铁的过程是:在搅拌炉中通过氧化和减少碳的含量,将所谓生铁转化为锻铁,之后对这种低碳的物质反复锤打和加热,以制成熟铁,这种熟铁材质坚硬,有韧

---

① 渑池县文化馆、河南省博物馆:《渑池县发现的古代窖藏铁器》,《文物》1976 年第 8 期,第 45~51 页。
② 渑池县文化馆、河南省博物馆:《渑池县发现的古代窖藏铁器》,《文物》1976 年第 8 期,第 50 页。
③ 关于这个时期的各种铁制品,参见北京钢铁学院金属材料系中心化验室《河南渑池窖藏铁器检验报告》,《文物》1976 年第 8 期,第 52~58 页;李众《中国封建社会前期钢铁冶炼技术发展的探讨》,《考古学报》1975 年第 2 期,第 1~20 页;Joseph Needham, *The Development of Iron and Steel Technology in China: Second Biennial Dickinson Memorial Lecture to the Newcomen Society 1956*. London: W. Heffer and Sons, Ltd., 1964。最具权威性的作品是 Donald B. Wagner. *Iron and Steel in Ancient China*. Leiden: E. J. Brill, 1993,尽管该书并非对六朝铁器的直接讨论,但包括很多相关信息。
④ 关于水力制铁设施的发明和使用,参见杨宽《中国古代冶铁技术发展史》,上海,上海人民出版社,1982,第 94~107 页。《水经注》卷 16 提到的铁官可能位于渑池冶铁作坊。

性,延展性好,适合作钉子和车轴等。钢的碳含量介于铸铁和锻铁之间,通过淬火可以变得坚硬和有韧性,或者慢慢降温使之具有延展性。像剑这类器物是通过对不同碳含量的钢一层层地叠加、碾压,然后加热和锤打而成的。反复进行这个过程,会形成具有高硬度和韧性的层状。中国文献中提到的"三十炼""百炼"可能就指这个过程,不过不能从字面上理解炼的次数①。要将铁的含碳量控制在合适的比例以转化为钢,意味着熔炼过程中要在合适的时间及时停止脱碳过程,而要做到这点需要相当的技巧。最终人们找到了一种简便的设定碳含量的方法,即将铸铁和锻铁按照一定的比例混合,从而得到含碳量合适的钢。这种方法叫作"灌钢",即"合炼"的意思。关于炼钢的"灌钢"过程,在公元6世纪的文献中已有明确的记录②。略早时期,陶弘景(公元452~536年)就提到了将不同含铁量的金属制成不同器物的过程,他认为铸铁最宜作锁栓和壶,而钢适合于作刀镰③。

尽管铁器在六朝随葬品中只占很小的比例,但它还是在某种程度上反映了当时的金属器使用情况。铁器在北方地区发现

---

① Donald B. Wagner, *Iron and Steel in Ancient China*. Leiden:E. J. Brill,1993,pp. 285 – 286;李众:《中国封建社会前期钢铁冶炼技术发展的探讨》,《考古学报》1975年第2期,第13~16、22页。

② 《北齐书》卷49。灌钢的记载见于《綦毋怀文传》,事在公元6世纪中叶。李约瑟对这段文献进行了翻译和解释,参见Joseph Needham, *The Development of Iron and Steel Technology in China*:*Second Biennial Dickinson Memorial Lecture to the Newcomen Society* 1956,pp. 6 – 27。他说这种技术可以称为"黏液发散(visco liquid diffusion process)",但他更倾向于是聚合(cofusion)而不是发散(diffusion)。另参见钮仲勋《魏晋南北朝矿业的分布与发展》,《历史地理》1982年第2期,第144页。

③ Joseph Needham, *The Development of Iron and Steel Technology in China*:*Second Biennial Dickinson Memorial Lecture to the Newcomen Society* 1956,pp. 28 – 29.

得较多，在约 44% 的墓葬中都发现了各式各样的铁器，其中辽宁更是达到了 69.7%，而南方只有 26.7%。随着时间的推移，随葬品中的铁器数量也呈增长之势：西晋时期为 34%，西晋以后则为 55%。土壤、气候条件以及埋藏的时间都是影响铁器保存状况的因素。迄今所见，铁器最常见的用途是棺钉（有 192 例，占墓葬的 10.74%；图 7.18）；有时也用作棺木的把手。其他铁器还包括武器，尤其是刀和剑（142 例），镜子（65 例），剪刀（88 例，图 7.19）和一些可能无意遗落在墓中的工具（图 7.20），还有一些散落的灯、带扣、发钗、铰链、针和一些器皿（图 7.21）。此外，铁也用于制作马具（图 7.22）。

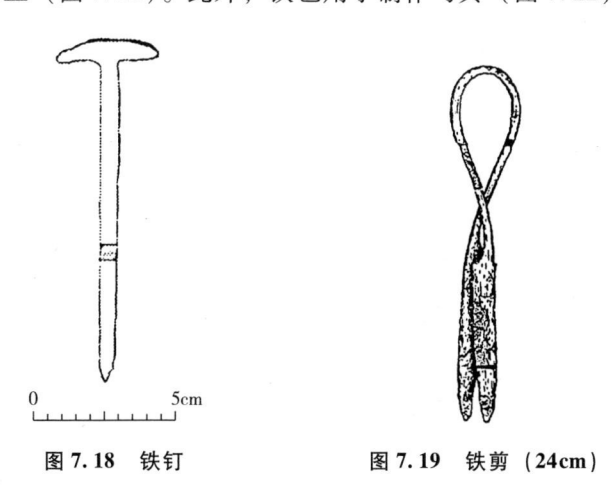

图 7.18 铁钉　　图 7.19 铁剪（24cm）

这些铁质随葬品不可能与现实生活中铁器的功用完全对应，但它们或许反映了当时现实生活中铁器的种类①。总之，

---

① Bennet Bronson 认为墓中的铁器种类不足以反映铁在日常生活中的重要性，参见 "The Transition to Iron in Ancient China," in Vincent C. Pigott, ed., *The Archeometallurgy of the Asian Old World*, pp. 177–198. Philadelphia: University Museum, University of Pennsylvania, 1999。

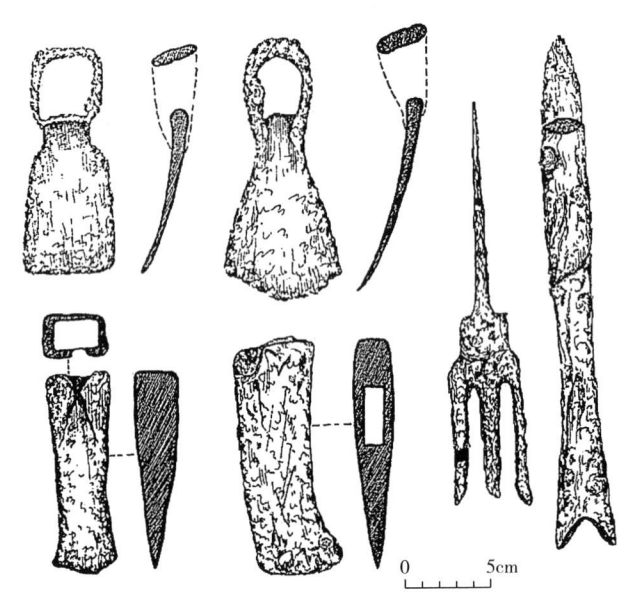

图 7.20　铁农具

图 7.21　铁容器

尽管这个时代的最大特征是动荡不安,以及接踵而至的经济衰退,但早期的制铁工艺与技术仍得以保持,甚至在某些方面还得到了提高[1]。

---

[1] 钮仲勋:《魏晋南北朝矿业的分布与发展》,《历史地理》1982 年第 2 期,第 145～146 页,通过对这种循环周期的讨论,推测当时的铁器生产在不同地区经历了从衰落到恢复,再到发展的过程。

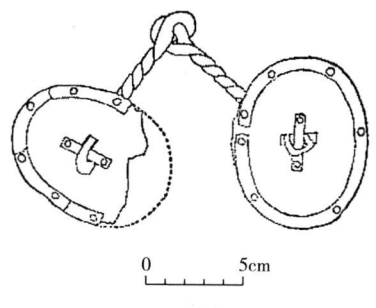

图 7.22　铁马衔

四　镜子

作为辟邪用的器物，镜子是一项重要的随葬品，近 20% 的墓葬报告中都提到了镜子。镜子由"白铜"制成。白铜是一种类似于制镜金属的青铜合金，有着明亮的光泽。通过对一面镜子的成分分析可知，其中含有 72.1% 的铜，26.2% 的锡和 1.4% 的铅。从汉代开始，铅的含量日趋增多。镜子以多种方式浇铸成型后，再在反射面上进行一些抛光处理[①]。小型镜子的直径一般只有 8 厘米~15 厘米不等，但通过凸起的镜面能够获得较大的成像（图 7.23）。

这些镜子具有高反射性。关于镜子的使用情况，可从名画《女史箴图》中看到，该画作原件被认为是东晋画工顾恺之（公元 344~406 年）所作。画面右侧的一个女子正在手持镜

---

① 关于铸镜工艺的问题，参见 James M. Plumer, *Design and Technique in Ancient Chinese Bronze Mirrors*. Ann Arbor: The Institute of Fine Arts, University of Michigan, 1941, pp. 1 – 3; A. Gutkind Bulling and Isabella Drew, "The Dating of Chinese Bronze Mirrors," *Archives of Asian Art* 25 (1971 – 1972): 38。

1. 公元238~250年

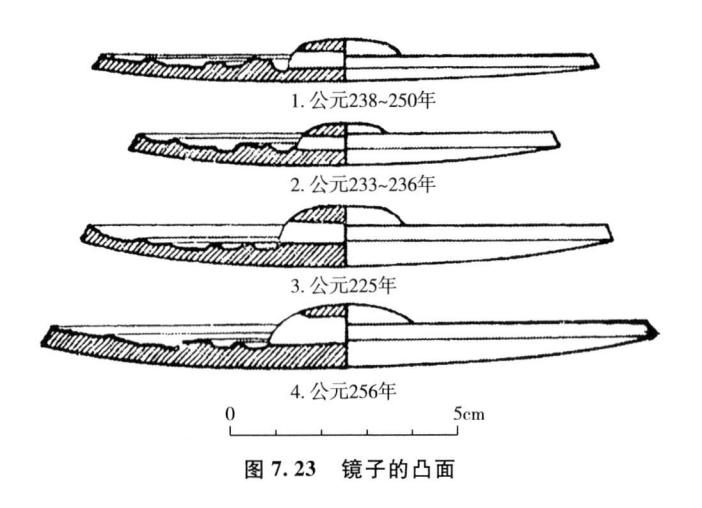

2. 公元233~236年

3. 公元225年

4. 公元256年

0　　　　　5cm

图 7.23　镜子的凸面

子描眉，镜背上有一个系绳子的纽，镜里的景物非常清晰。画面左侧有一面镜子立在镜座上。类似的镜座曾在南京东晋墓中被发现，有三条鎏金的竹节状青铜足，用铰链固定在盘子里。腿与腿之间有相连的链子，以防止三个足分得太开。镜盘上有一个孔，可能是挂钩子的，可以将镜子挂到镜纽上。这种镜子支起后可以达到 60 厘米～70 厘米高，正好是席地而坐时脸部的高度[1]。

镜子一般为时人所重，甚至是皇家馈赠的礼品，很多镜子就是这样传入日本的[2]。此外，镜子还有一个非常重要的象征功能：以古鉴今。除了实用功能和隐喻含义，镜子还与广泛的

---

[1] 南京市博物馆：《江苏南京仙鹤观东晋墓》，《文物》2001 年第 3 期，第 9～10、11 页及图 20；王志高、周裕兴、华国荣：《南京仙鹤观东晋墓出土文物的初步认识》，《文物》2001 年第 3 期，第 88 页。

[2] Sueji Umehara, "Ancient Mirrors and their Relationship to Early Japanese Culture," *Acta Asiatica* 4 (1963): 74; 王仲殊：《论日本出土的吴镜》，《考古》1989 年第 2 期，第 161～177 页。

信仰有关（当然并不限于中国），这关乎镜子的特殊属性。例如，一个人如果在镜子中看不到自己的映像，这就是他将死的征兆①。此外，镜子还是道教信仰的法物，用于存想、内观和观星等②。更明确地说，人们也许认为通过镜子可以看到另外的世界。镜子的这些神秘属性使得它非常适合放在墓中，一般陈放在棺内遗体旁，在死者灵魂升天途中起到保护的作用③。正因为如此，镜子背面的装饰就显得非常有意义④。

在镜背中央有一个钮座，可以穿绳与镜座相连。低矮的纽座一般位于镜背的方格里，但也有例外。镜背其他部位的装饰由几圈主题纹饰带组成，有的还有吉祥语或铭文。有些镜子的边缘（或宽或窄）是素面无纹的，也有的最外边缘也布满了纹饰。根据主题纹饰的名称可以将镜子分成很多类别。镜子的主题纹饰因时间和地域而异，但在细节方面可以说是变化无穷。

与汉镜表现出的高水平创造和技术进步相比，六朝镜子显得较为落后，不过也取得了一些创新，有些东汉出现的镜类到六朝时达到了发展的顶峰。与早期镜子相比，六朝镜子更具可塑性，并且逐渐摆脱了同心圆式的几何形装饰图案⑤。另一个显著的变化是佛像开始作为装饰纹样出现在

---

① 《宋书》卷31；《太平御览》卷717。
② 关于这个问题，参见 Suzanne Cahill, "The Word Made Bronze: Inscriptions on Medieval Chinese Bronze Mirrors," *Archives of Asian Art* 39 (1986): 62-70。
③ Michael Loewe, *Ways to Paradise: The Chinese Quest for Immortality*. London: George Allen & Unwin, 1979, p. 83.
④ 可惜对这些镜子的研究还存在很大缺陷，考古报告上的图片一般都很模糊，对镜子图案元素的描述缺乏统一的术语，此外还过度关注镜子上的铭文而对装饰有所忽略。
⑤ Joan Justesen, "A Chinese Bronze Mirror," *Folk* 16-17 (1974-1975): 439.

镜子上，就像以前的西王母和东王公形象一样，在他们周围还装饰有其他的诸神形象。此外，当时南北政治上的分裂也导致了镜子发展上的地域差异。铁镜终于在这个时期出现了，不过我们对它所蕴涵的意义还了解得不够①。

六朝镜子的纹饰演变可以分为三个阶段，每一个阶段又可细分为南北两个发展序列②。第一阶段，从东汉末年到西晋（公元196~317年），墓葬中出土镜子的数量表明镜子是一种重要的随葬品；根据考古报告，北方一半以上的墓葬都随葬了镜子，而南方也有近1/3的墓中出土了镜子。这些镜子的纹饰与东汉镜的装饰一脉相承。北方最常见的纹饰类型即所谓的TLV型③（规矩纹）（图7.24）、连弧纹（图7.25）、四叶纹（图7.26）④，以及蟠龙纹、夔纹、凤鸟纹的各种不同组合。另一种类型即"位至三公"铭文镜，由东汉的双夔纹演变而来，在洛阳地区十分流行（图7.27）⑤。上述这些纹饰类型中，

图7.24　TLV镜

---

① 此处对镜子的讨论主要根据孔祥星、刘一曼《中国古代铜镜》，北京，文物出版社，1984，第119~136页；徐苹芳《三国两晋南北朝的铜镜》，《考古》1984年第6期，第556~563页，以及王仲殊在1981~1989年发表在《考古》上的一系列文章。
② 徐苹芳：《三国两晋南北朝的铜镜》，《考古》1984年第6期，第556页。
③ 关于TLV镜（规矩镜）的深入讨论，参见Michael Loewe, *Ways to Paradise: The Chinese Quest for Immortality*. London: George Allen & Unwin, 1979。
④ 四叶纹环绕在中央钮座的周围。在报告中，根据四叶纹叶子形状的不同而称呼不一，如蒂纹、柿蒂纹、叶纹、桃叶纹和花瓣纹等。
⑤ Nancy Thompson, "The Evolution of the T'ang Lion and Grapevine Mirror," *Artibus Asiae* 29 (1967): 27.

很多都见于当时的南方地区，不过装饰更为精细（图7.28）。这个阶段最有特色的主题纹饰是画像和神兽，前者表现多种多样的主题，如神祇、动物、历史人物、车马和鞍马人物等，与汉画像石风格非常相似（图7.29）；神兽镜则以高浮雕形式描绘西王母和东王公、龙虎等主题（图7.30、

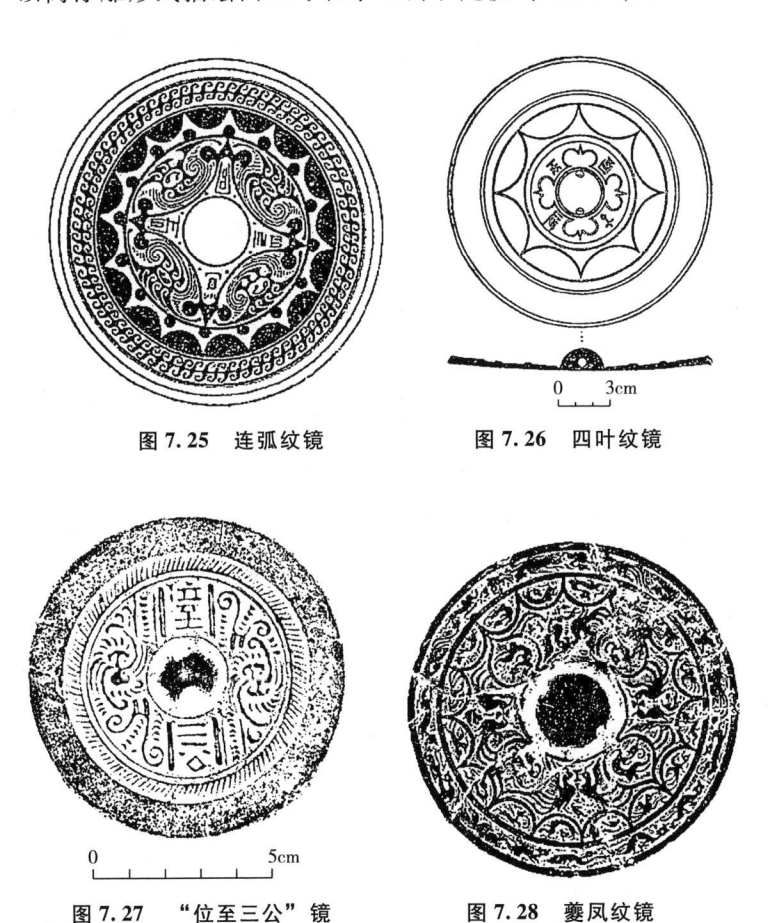

图7.25 连弧纹镜

图7.26 四叶纹镜

图7.27 "位至三公"镜

图7.28 夔凤纹镜

图 7.29　画像镜　　　　图 7.30　神兽镜之一

图 7.31）①。纹饰的排列方式也非常多样化，包括环列式、重列式、单向式、对置式。佛像作为镜子上的纹饰也出现在东吴时期的南方地区，佛像以全跏趺坐或半跏趺坐的姿势，刻在纽座区的四叶纹叶片上，佛像旁立有侍者（图 7.32）。还有一面较为特殊的镜子出自浙江金华，在四叶纹区域刻画了孔子及三个弟子的形象（图 7.33）②。这个时期的镜子除了南北方风格上的差异，还存在生产条件的差异。

六朝时期的南方，社会相对安宁，制作镜子所需的金属资源一时非常充足。当时在南方有两个制镜中心，一个在长江中

---

① 米士诚、苏健：《洛阳藏镜述论》，《考古与文物》1987 年第 4 期，第 47 页。他们对镜子图案的变化有着很有意思的论述：人物形象越来越修长、简朴的镜面上出现越来越多的花卉图案，这种趋势与同时期的佛教造像碑和画像石棺的风格演变完全吻合。由于浮雕较高，很难用拓片来反映这种镜子的细部。管维良在一篇很有价值的文章中，通过对这种镜子的分析，辨识出纹饰中的诸多神祇、人物和动物形象，参见管维良《汉魏六朝铜镜中神兽图像及有关铭文考释》，《江汉考古》1983 年第 3 期，第 85～93 页。

② 金华地区文管会：《浙江金华古方六朝墓》，《考古》1984 年第 9 期，第 822、825 页。

图 7.31　神兽镜之二

图 7.32　佛像镜　　　　图 7.33　孔子形象镜

游的武昌，即今鄂城①；另一个在会稽的山阴，即今绍兴，两

---

① 蒋赞初、熊海棠、贺中香：《湖北鄂城六朝考古的主要收获》，《中国考古学会第四次年会论文集》（1983），第 290~292 页，该文难得地提供了不同类型镜子的数量信息。在鄂城发现的 200 多面镜子中，神兽镜占 58%，兽首镜、连弧夔凤、鸟兽或龙虎镜占 27%，其他还有内行连弧纹镜、方格规矩纹镜、四乳四蝠纹镜、变形柿蒂蝙蝠纹镜、"位至三公"铭双螭纹镜等。王仲殊：《吴县、山阴和武昌》，《考古》1985 年第 11 期，第 130~131 页，该文认为鄂城制镜业是随着孙权公元 222~229 年定都鄂城，由会稽引入制镜工匠而开始的。

个地区都临近铜矿产地①。而北方正好相反，铜矿资源短缺，也正因如此，北方最早出现了铁镜。制镜材料转变之后如何判断镜子的功用价值，现在已经难以确知，但有一点，我们并不能认为铁镜就比铜镜逊色。有文献记载，曹操进献给汉代末帝和皇室成员的礼物中，就有错金铁镜，其尺寸大小依各人身份高下而各有等差②。在此阶段的北方墓葬中，13%的墓中出土了铁镜，而此后两个阶段，铁镜的比例分别减少为7%和4.6%，而在南方，这个比例更小，相对于北方同期分别为3%、3%和0.9%。因此，无论南方还是北方，绝大部分的镜子还是青铜制造的③。

很多镜子都是有铭文的，这对今天的研究很有意义，尤其铭文中记有制作年代时更为重要。根据铭文，可以很清楚地看到会稽和鄂城是当时两个重要的青铜铸造中心，有的工匠非常著名，他们的名字几乎成了卓越品质的代表。除了这些铭文内容，道教语汇里也出现了一些描绘铸镜的词语，如对镜子使用者的命运和前程的祝愿之词④。

镜子发展的第二阶段是从东晋到刘宋（公元317～479年），铁镜似乎受到北方人的喜爱，这也是唯一一个铁镜的数

---

① 徐苹芳：《三国两晋南北朝的铜镜》，《考古》1984年第6期，第557～558页。
② 徐苹芳：《三国两晋南北朝的铜镜》，《考古》1984年第6期，第557页。
③ 全洪认为铁镜次于铜镜，铁镜的出现是由于当时社会动乱、铜料短缺造成的。同时他又认为，铁镜之所以出现在大墓里或作为皇室礼物，是由于铁镜稀少而物以稀为贵，参见《试论东汉魏晋南北朝时期的铁镜》，《考古》1994年第12期，第1118～1126页。他的这种解释并没有太强的说服力。
④ Suzanne Cahill, "The Word Made Bronze: Inscriptions on Medieval Chinese Bronze Mirrors," *Archives of Asian Art* 39 (1986): 64-65.

量超过青铜镜的时期，甚至在冯素弗墓（北燕太平七年，公元415年）等重要墓葬中都发现了铁镜。铁不像青铜那样经久耐用，所以很多铁镜上的纹饰已经难以辨认。这个时期南方也出现了铁镜，但青铜依然是制镜的首选材料。南方地区较早时期出现了一些与北方有关的纹饰，如TLV纹（规矩纹）和盘龙纹，这是由于当时大量的北人南迁所致。神兽纹依旧是南方最为流行的纹饰之一，不过有些早期样式逐渐被一些流行的新样式所取代，最具特色的样式是，镜背中区有一圈半圆形和方形相间的纹饰，还有对置的神兽图案。纹饰细部趋于简化，有的动物纹被乳钉纹所代替，而半圆与方形相间的纹饰圈则变为一圈联珠纹或一圈笼纹。与纹饰的简化相随而至的，是制镜工艺和质量的下降，镜子也变得小而薄。

镜子发展的最后阶段（第三阶段），公元479～589年隋的统一。这个时期墓葬出土镜子的数量开始减少。在北方，镜子的铸造量已经很少，今天发现的一些镜子可能是早期遗传下来的传家宝。而在南方，尽管还是制作了一些品质精良的镜子，但总的趋势也是尺寸变小、质量变差。有些镜子的直径仅有3.2厘米～5厘米，显然只具象征意义，主要目的是用于随葬，而不是日常使用[①]。前期流行的神兽纹和画像纹几乎绝迹，TLV纹（规矩纹）、夔纹和盘龙纹仍然存在，不过制作比以前要粗糙得多。正如徐苹芳所说，这些镜子充分表明了当时南方铸镜工艺的全面衰落[②]。

[①] 赣州市博物馆：《江西赣县南齐墓》，《考古》1984年第4期，第348页。这些小型镜子被认为是旅行时所用，或聚焦阳光而取火之用。关于后者，参见孙机：《中国圣火：中国古文物与东西文化交流中的若干问题》，第1～14页。

[②] 徐苹芳：《三国两晋南北朝的铜镜》，《考古》1984年第6期，第561页。

据称，铜的短缺导致了青铜铸镜的衰落，而铜的短缺确实是见诸文献记载的①。然而，尽管铁镜也可以达到很高的质量，甚至可以作为皇家礼品，但它从未填补铜镜减少之缺。因此，我们可以推测，铜镜数量的减少和质量的下降是风尚变化的结果；也可以说，由于某种原因，是否以铜镜随葬（这也是我们可以参考的唯一证据）一时变得不那么重要了。尽管如此，制镜工艺在唐代又得以复兴，正是六朝时期的铸镜为此后镜子的进一步发展奠定了基础。

五　金器

墓葬中的稀有金属器可以看成一个时代或一个地区经济状况的标志，但是这些金属器会吸引盗墓者的注意，也就是说墓葬中的随葬品资料不一定完全可靠。历代提倡薄葬的一个主要原因是，在墓中放置任何贵重物品必定会引起对墓葬的破坏。然而，在本书所用的资料库中，这个时期约9.3%的墓（162例）中都出土有各式金器，主要有戒指、珠子、手镯、发钗和各种装饰品，此外还包括印章、针、钉子、小环等金器和一些铃铛②。

大部分金器发现于北方的辽宁、河北一线和甘肃地区，总

---

① 徐苹芳：《三国两晋南北朝的铜镜》，《考古》1984年第6期，第561~562页。

② Yeajen Liang-Lee and Francois Louis, *An Index of Gold and Silver Artifacts Unearthed in the People's Republic China.* Zurich：Museum Rietberg Zurich，1996. 这是一部很有用的金银器目录，收录了至该书发表时为止所有见诸考古文献的金银器，年代跨度为从商至清。书中的金银器数量与本人数据库中的数量不完全相符，可能是由于各自依据的资料略有不同造成的。

的来说在整个南方都有发现，但以南京地区发现尤多，在广东、湖南和贵州也有发现①。在上述地区中，贵州最为突出，因为在贵州中部平坝地区发掘的 16 座东晋和南朝墓葬中，共出土了 148 件金器，116 件银器，还有青铜、玛瑙、琥珀和玻璃饰品②。由此可见，如此奢侈的随葬应该与当地地方豪强的出现有关，这里发现的金器与其他地区种类繁多不同，品种主要是金发钗和金叶饰。

辽宁北票的一座晋墓中也出土了大量的金银器。除了戒指、铃铛（达 21 件之多）、发钗等，还有两件带有花朵的树形饰物，高度分别为 28 厘米和 14.5 厘米，被认为是冠帽上的饰物；另有两件方形金器，上有藤蔓和树叶装饰，也被认为是冠饰。这几件金器与韩国发现的头饰非常接近③。包括冠饰在内的各种金饰也在北票地区公元 5 世纪早期的冯素弗夫妇墓中有发现④。

在中国另一端的广州，一座双人合葬墓中出土了大量更具代表性的器物，例如金戒指（4 枚）、手镯（2 个）和一个小

---

① 根据钮仲勋的研究，南方地区的金矿资源主要是云南、四川、福建等地的砾石沉积物，而北方金矿则发现于山西、陕西以及汉水流域，参见钮仲勋《魏晋南北朝矿业的分布与发展》，《历史地理》1982 年第 2 期，第 140、142、145 页。至于汉水流域的金矿，根据《魏书》的记载，当时一次就有一千多户被派往汉水淘金，《魏书》卷 110。
② 贵州省博物馆考古组：《贵州平坝马场东晋南朝墓发掘简报》，《考古》1973 年第 6 期，第 345～355 页。
③ 陈大为：《辽宁北票房身村晋墓发掘简报》，《考古》1960 年第 1 期，第 24～26 页、图版 3.1－4。至于朝鲜半岛的资料，参见 Rene-Yvon Lefebvre d'Argence and Diana Turner, eds., 5000 Years of Korean Art, Seoul: Samwa, 1979, pl. IX and text, 157.
④ 黎瑶渤：《辽宁北票县西官营子北燕冯素弗墓》，《文物》1973 年第 3 期，第 2～28 页，尤其图版 1 及图版 4.1。关于这种冠饰（称作"步摇"）的更多讨论，参见 Albert E. Dien, "Liaoning in the Six Dynasties Period: Aspects of its Cultural Heritage." Unpublished ms.

件狗俑，狗俑上有孔以便串绳。银器包括一个挖耳勺、一根针、手镯（3 个）、戒指（10 枚）、一个顶针和一个珠子。根据砖铭提供的线索，可知该座墓主人是一位富商，反映了当时广州商业活动的繁荣①。

相对来说，南京墓葬出土的金器较多（166 座墓中有 27 座墓出有金器，占 16.3%），这与它作为南朝历代的都城有关。郭家山的两座东晋墓中除了两件发钗，还出土了 130 件装饰品，包括虎形器、带有珠饰的镂空椭圆形器、六瓣花形器、珠子、心形叶饰②。江西南昌的一座东晋墓中出土了 4 枚带有坐佛纹饰的金戒指，这个发现极其重要，是迄今发现的唯一带有佛像的戒指③。

墓葬发掘报告中一般不会提及金的品质，但有一个例外。湖北公安的一座东晋墓中出土了一件金饰，是一个 1.7 厘米长，带有对称凸棱的小型管状器，报告提到金的纯度高达 95%，且没有焊接痕迹，说明当时的工艺水平极为高超④。长沙的一座未被盗扰、保存完好的晋墓中出土了 25 件金器，其中有 3 件镂空椭圆形器，上有对凤纹饰⑤。江西南昌的一座晋墓中也发

---

① 麦英豪、黎金：《广州西郊晋墓清理报导》，《文物》1955 年第 3 期，第 24~34 页。
② 南京市博物馆：《南京北郊郭家山东晋墓葬发掘简报》，《文物》1981 年第 12 期，第 1~7 页；另参见南京市博物馆《南京幕府山东晋墓》，《文物》1990 年第 8 期，第 41~46 页，报道仅一座墓中就出土了 20 件金、银、琥珀、玻璃器，以及各种珠饰。
③ 江西省文物考古研究所、南昌市博物馆：《南昌火车站东晋墓葬群发掘简报》，《文物》2001 年第 2 期，第 38~39 页及第 34 页，图 78~81。
④ 荆州专区博物馆：《公安县发现一座晋墓》，《文物》1966 年第 3 期，第 61~62 页。
⑤ 湖南省博物馆：《长沙南郊的两晋南朝隋代墓葬》，《考古》1965 年第 5 期，第 225~229 页，尤参见第 227 页。

现了类似的器物，二者有可能出自同一作坊，因此，这种金器可能是当时的一种商品（图 7.34）①。

在北齐陪都晋阳（太原）附近的娄叡墓尽管曾遭盗掘，但还是保留下来大量的器物，其中的一件金器反映了当时高超的艺术水平。这是一件残长 15 厘米的镂空器，上面镶嵌有珍珠、玛瑙、蓝宝石、绿宝石、贝壳和玻璃，构成一幅独特的图案（图 7.35）。发掘报告称其"颇为华美"②。隋都西安附近发现的一座六朝末期墓（少女李静训墓）中，出土了罕见的精美金器，包括一只玉边金碗、一只金杯、两枚金戒指、两个镶嵌珍珠的手镯和一条精致的项链，后两样器物属于外来品，将在下文详述③。

图 7.34　金饰之一

图 7.35　金饰之二

---

① 江西省博物馆：《江西南昌晋墓》，《考古》1974 年第 6 期，第 373~378 页，尤参见第 378 页。
② 山西省考古研究所、太原市文物管理委员会：《太原市北齐娄叡墓发掘简报》，《文物》1983 年第 10 期，第 13 页。关于金器的镶嵌艺术，参见黎忠义《汉—唐镶嵌金细工工艺探析》，《东南文化》1985 年第 1 期，第 159~163 页。
③ 唐金裕：《西安西郊隋李静训墓发掘简报》，《考古》1959 年第 9 期，第 471~472 页。

一般来说,金器都较小,且素面无纹,说明黄金短缺。六朝墓中发现最多的金器是小金环,通常被认为是戒指或耳环。不过,我们注意到很多这类器物尺寸太小,根本无法戴在手指上,而且,一座墓中有时会出土10件以上的这种小金环,这就说明它不可能是戒指或耳环,它可能只是用来展示黄金这种稀有金属的手段而已①。

六 银器

银器的数量比金器稍多一些,在196座墓葬(11.3%)中都发现了银器,而当时发现金器的墓葬只有162座墓(9.3%)。同时出土金器和银器的墓葬有60余座。这个时期北方出土金器的墓葬比例较高,而南方出土银器的墓葬比例略高②。比较而言,北方墓葬出土器物的种类似乎更加丰富一些。

与金器一样,银器的器类也主要是戒指、手镯和发钗,不过也有其他一些器类。戒指和手镯大部分都是造型简单、未做装饰的小银环,个别表面饰有条纹(图7.36)③。发钗也同样简单,罕见特殊样式,不过有的发钗末端做成了挖耳勺形

---

① 南京市博物馆:《南京象山5号、6号、7号墓清理简报》,《文物》1972年第11期,第38页,特别提到小金环的尺寸。该文援引《晋书》卷47的一则典故,用以说明这种金环可能用作衣服或腰带上的装饰,不过我对这段文献的理解不同,这种小金环可能是小孩的指环。

② 所有出土金银器的墓葬,南北方之比为1∶3.69,而出土金器的墓葬比是1∶2.2,出土银器的墓葬比是1∶3.77。这些比值的计算并不是根据器物的实际数量,也不是根据出土器物的重量。

③ 湖北省博物馆:《武昌石牌岭南朝墓清理简报》,《江汉考古》1989年第1期,第30、29页及图5.8~11。

（图7.37）①，也有极个别发钗的造型比较复杂（图7.38）②。因为银器的总体风格较为简朴，个别较为复杂的器物也就更加引人注目，包括五铢钱③、筷子④、顶针⑤（图7.39），以及一件弩机⑥和两件唾盂⑦（图7.40）。

银也用作装饰物，如漆盒铺首上的垂环⑧。在一座出有很多外国输入品的北周墓里，也发现了中国制造的银器，除了上面提到的筷子，还包括镊子和一只小碗，以及一组独特的器物，如熨斗、剪刀、勺子和一件仅有5.5厘米高的提梁小壶（图7.41）⑨。河北定县太和五年（公元481年）的塔基地宫中出土了大批银器，除了常见的手镯、戒指、耳环和发钗，还

---

① 湖北省博物馆：《鄂城两座晋墓的发掘》，《考古》1984年第3期，第47、48页及图7.1。
② 湖南省博物馆：《湖南资兴晋南朝墓》，《考古学报》1984年第3期，第346页及图15.3。
③ 如江苏省文物管理委员会：《江宁县黄家营第五号六朝墓清理简报》，《文物》1956年第1期，第42～44、43页，图5。此处不含萨珊或拜占庭银币，这样的银币也发现了不少。
④ 至于北周的情况，参见宁夏回族自治区博物馆、宁夏固原博物馆《宁夏固原北周李贤夫妇墓发掘简报》，《文物》1985年第11期，第12页；隋代的情况参见唐金裕《西安西郊隋李静训墓发掘简报》，《考古》1959年第9期，第472页。
⑤ 四川省文物管理委员会：《四川忠县涂井蜀汉崖墓》，《文物》1985年第7期，第82、83页及图78.3。
⑥ 湖南省文物管理委员会：《湖南常德西郊古墓葬群清理小结》，《文物参考资料》1955年第5期，第52页。
⑦ 鄂城县博物馆：《湖北鄂城四座吴墓发掘报告》，《考古》1982年第3期，第265、260页及图4.2。江西省历史博物馆：《江西南昌市东吴高荣墓的发掘》，《考古》1980年第3期，第225页，报告中有一件类似的器物，可能被误当成壶了。
⑧ 南京市博物馆：《南京北郊东晋墓发掘简报》，《考古》1983年第4期，第319页及图4.7。该墓还出土了银梳柄、纽扣和小环各一件。
⑨ 宁夏回族自治区博物馆、宁夏固原博物馆：《宁夏固原北周李贤夫妇墓发掘简报》，《文物》1985年第11期，第12页。

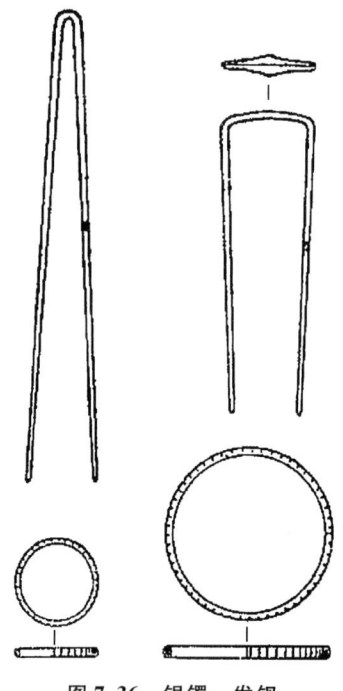

图 7.36　银镯、发钗

有带钩、带扣和一个 3.5 厘米高的小盖罐，器盖用链子相连。这个小罐可能原是盛放舍利的，但出土时罐内空无一物①。

　　大部分墓葬都曾在早期被盗，而这里提到的贵金属器正是被盗墓者忽略而留下的，这也许可以解释为何墓葬中的精致器物如此稀少。尽管如此，现有资料还是清楚地表明，中国的银器工艺发展水平不如当时的西亚地区，部分原因是当时对高水平工艺的追求，也在于舶来品的异域风格对当时的人们有着巨大的吸引力。

---

① 河北省文化局文物工作队：《河北定县出土北魏石函》，《考古》1966 年第 5 期，第 255 页及图 5。

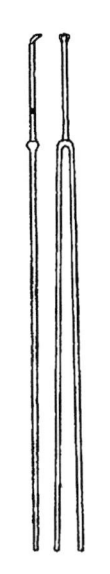

图 7.37 银发钗之一　　　图 7.38 银发钗之二

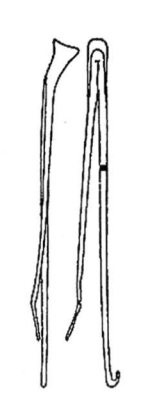

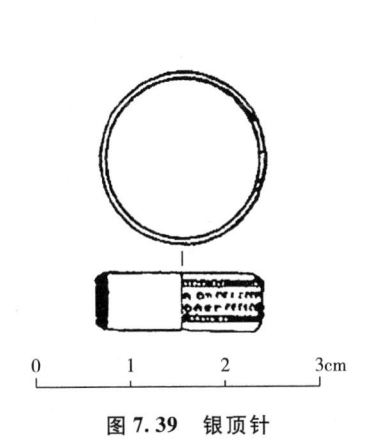

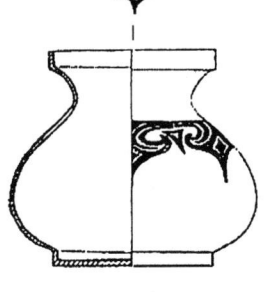

图 7.39 银顶针　　　图 7.40 银唾盂

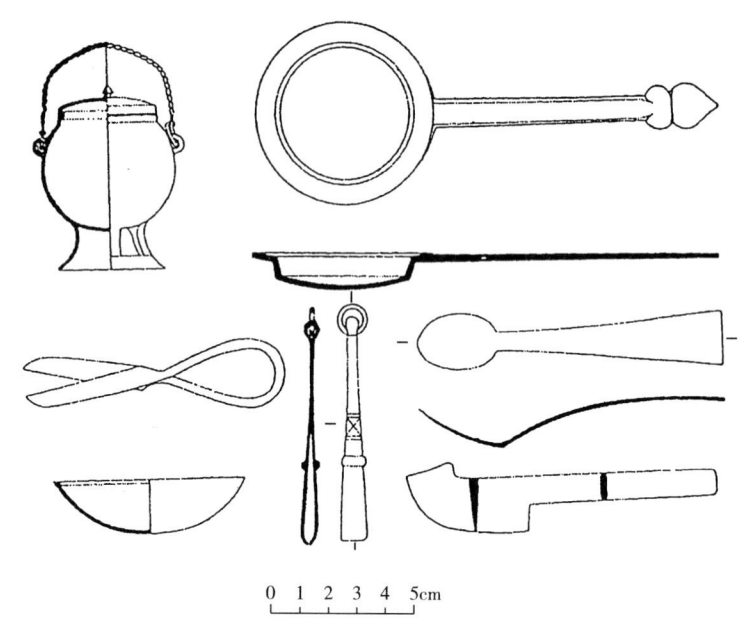

图 7.41　小银壶、温酒器、剪、挖耳勺、碗、勺

七　鎏金铜器

尽管舶来品中也有鎏银器物，但在中国，鎏金技术主要用于青铜器上。在六朝墓葬中出土的鎏金青铜器包括戒指、发钗和带扣，但它们并没有成为当时金属器的重要组成部分[①]。鎏金的铜器主要发现于北方。大同发现的两个相邻的窖藏年代为北魏定都大同之时，其中出土了70件器物，包括16件铺首，9枚铺首衔环、16件牌饰和27件帽形饰（图7.42、

---

① 鎏金铜器也广泛用于佛教造像，本书将在后文详述。

图7.43)①。辽宁也是一个出土鎏金青铜器的重要地点,本溪晋墓中出土了33件鞍饰和带饰（图7.44）②。朝阳地区的一座墓中也出土了15件类似的器物（图7.45、图7.46）③。这个地区流行用鎏金青铜饰物来装饰精致的马具,这正是北方鎏金铜器相对较多的原因之一（图4.26）。迄今所见的文献中都没有提到鎏金的技术问题,不过最有可能采用的是汞合金技术。在汞合金过程中,金溶于水银,形成糊状后施于器物表面。通过加热,水银蒸发,留下一层均匀的金层,再经抛光处理即显光泽④。

图7.42　鎏金铜带扣　　　图7.43　鎏金铜饰牌

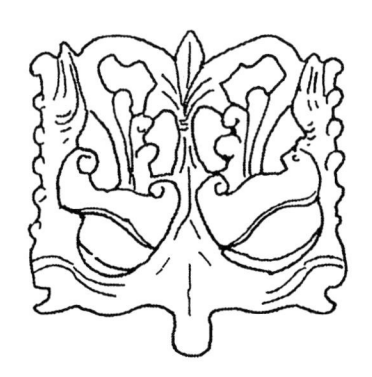

① 大同市博物馆:《山西大同南郊出土北魏鎏金铜器》,《考古》1983年第11期,第977~999页。
② 辽宁省博物馆:《辽宁本溪晋墓》,《考古》1984年第8期,第717~718页。
③ 辽宁省博物馆文物队、朝阳地区博物馆文物队、朝阳县文物馆:《朝阳袁台子东晋壁画墓》,《文物》1984年第6期,第37~38页。
④ Emma C. Bunker, "The Metallurgy of Personal Adornment," in *Adornment for Eternity: Status and Rank in Chinese Adornment*, edited by Julia M. White and Emma C. Bunker. Denver: Denver Art Museum and Woods Publishing Co., 1994, pp. 47–48.

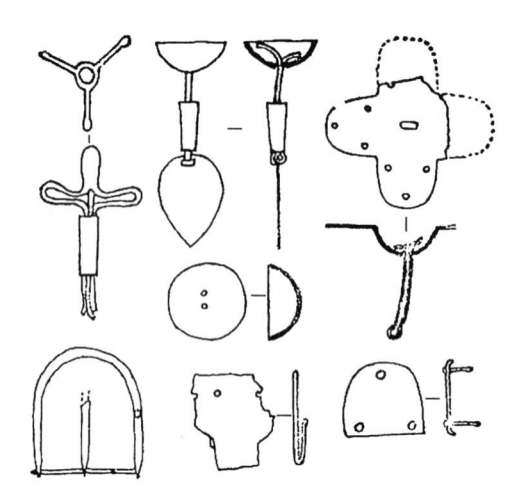

图 7.44　鎏金铜鞍与带饰

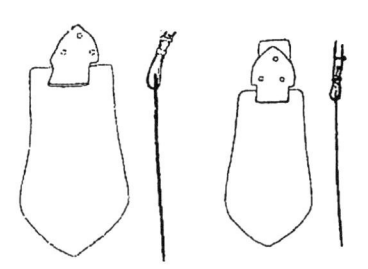

图 7.45　鎏金铜鞍饰

图 7.46　鎏金铜饰

八 玉器

玉在传统上与墓葬的关系非常密切，因为古人相信玉具有重生的力量，可以防止尸体朽烂。然而，在这个时期的墓葬中玉器的发现相对较少，只在53座（占3.05%）墓葬中发现了玉器。玉器的稀少可能与当时难以得到今新疆的玉资源（实际上是软玉）有关[1]。这种状况可能也正是前述玉猪多采用滑石的原因，当然，成本因素可能也是玉器稀少的原因之一[2]。在南京的墓葬里发现过三只雕刻的玉蝉，原来是含在死者嘴里的[3]。此外，南京墓葬里还发现了两件玉璧[4]和一件玉琮（内圆外方的长方体）[5]，都是传统的玉器器型。也发现过一些实用类的玉器，如碗[6]、杯[7]、印章和带扣[8]（图7.47）等，但

---

[1] Edward Schafer, *Golden Peaches of Samarkand: A Study of T'ang Exotics*. Berkeley: University of California Press, 1963, pp. 223-227.
[2] 这个时期的所谓"玉猪"，见诸报道的只有三件是真正由玉制成的，只占所谓"玉猪"的1.14%。
[3] 如李鉴昭、屠思华《南京石门坎乡六朝墓清理记》，《考古》1958年第9期，第68页及图1。
[4] 如李鉴昭、屠思华《南京石门坎乡六朝墓清理记》，《考古》1958年第9期，第68页、图2外，另参见镇江博物馆《镇江东吴西晋墓》，《考古》1984年第6期，第545页，表1。
[5] 华东文物工作队：《南京幕府山六朝墓清理简报》，《文物》1956年第6期，第31页及图17。
[6] 黎瑶渤：《辽宁北票县西官营子北燕冯素弗墓》，《文物》1973年第3期，第6、21页及图24。
[7] 李宗道、赵国璧：《洛阳16工区曹魏墓清理》，《考古通讯》1958年第7期，第53页及图5。
[8] 湖北省博物馆：《湖北汉阳蔡甸一号墓清理》，《考古》1966年第4期，第196、195页及图5.5。

大多数是作装饰用的。在南京的东晋墓里发现了两组佩玉，据此可以识别他处发现的一些零散玉器。一套完整的佩玉由3件珩、2件璜和2件珠组成，用绳子串在一起。当佩戴者走动时，挂在腰带上的佩玉互相撞击叮当作响（图7.48）。这种佩玉组合延续到了唐代，见于当时的一些壁画中①。其他玉器还包括瑹（图7.49）②和珮（图7.50）③，以及简单的戒指、玉珠、发钗。晋和南朝的节葬制度明确规定了佩玉的种类，列出了六种玉饰④。也发现了用作剑饰的玉构件，包括剑的柄端、护把和剑鞘上的各种饰件⑤。

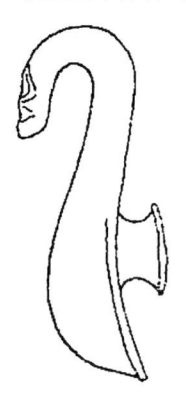

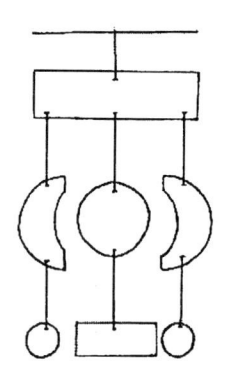

图7.47　玉带钩　　　　图7.48　玉佩饰的组合方式

① 王志高、周裕兴、华国荣：《南京仙鹤观东晋墓出土文物的初步认识》，《文物》2001年第3期，第80~84页。
② 宁夏回族自治区博物馆、宁夏固原博物馆：《宁夏固原北周李贤夫妇墓发掘简报》，《文物》1985年第11期，第14页及39.1；湖北省博物馆：《宜昌市一中三国吴墓清理简报》，《江汉考古》1983年第2期，第47、50页及图6。
③ 南京博物院：《南京邓府山古残墓二次至四次清理简介》，《文物参考资料》1955年第11期，第26页及图2。
④ 《晋书》卷25；《宋书》卷18。
⑤ 南京市博物馆：《江苏南京仙鹤观东晋墓》，《文物》2001年第3期，第16、25页及图36~39。

图 7.49　玉璲　　　　　图 7.50　玉珮

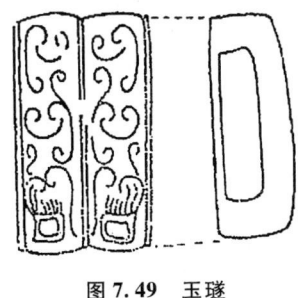

由于南方很难获得质量好的玉①，因此常常对南迁时从北方带入的旧式玉器重新利用，或者以滑石代替。大多数玉器都发现于南京地区的东晋墓中，而隋代则多发现于长安地区②，玉器所代表的财富也就集中于这两个京畿地区。

九　宝石与半宝石

迄今在六朝墓葬中发现数量最多的装饰物是颜色、形状和材质各异的珠子，包括玛瑙珠、水晶珠、玻璃或琉璃珠、琥珀珠、珊瑚珠、绿松石珠等。随葬珠的数量少则一枚，多则数百枚甚至更多③。

除了珠子还有其他的饰物，尽管数量较少，但使用的也不

---

① 《晋书》卷 25。
② 如『中華人民共和国シルクロード文物展』，東京，読売新聞社，1979，图版 23。
③ 最多的一次发现出自前述北魏石函，该石函除了金耳环、银手镯、项链、发钗以及 44 个小环，还出土了 12 件圆柱体的琉璃珠、3221 件圆形琉璃珠、49 件玛瑙珠、4 件水晶珠、160 件珍珠、2334 件珊瑚珠。参见河北省文化局文物工作队《河北定县出土北魏石函》，《考古》1966 年第 5 期，第 255~259 页。

外乎这些材质。其中玛瑙①饰物包括几枚戒指、一件小型玛瑙狮子雕像②、一件玛瑙坠和一件碗形器,后者平底,敞口沿由浅褐色半透明的石头做成③。此外,还有云母片、贝壳(既有自然的贝壳,也有雕刻的贝壳俑)和碳制成的装饰品。琥珀饰物包括一些小型雕像,如鱼雕像、狮形雕像和保护神雕像(图7.51)。在宁夏北周李贤墓中出土了3件制作粗糙的琥珀饰品,形似趴伏的蝉④。还发现过一件琥珀项⑤,以及几件玻璃器(图7.52)⑥。玻璃器的颜色包括不同色调的蓝、白、黄、绿、红等色,色调很标准,丝毫不见早期玻璃器常见的色调斑驳现象。

  盗墓贼对珠宝和贵重金属的掠夺无疑会对考古资料的完整性产生影响,就现有的墓葬材料来说,多数墓葬(80%多)中都没有发现这类珍贵物品,而已发现的珠宝和贵重金属的品质也相当平常。不过,还是有一大批保存完好但没有珠宝和贵重金属的墓葬(74%),这就意味着盗墓可能并不是导致贵重

---

① 中文的玛瑙一般译为"agate",玛瑙的颜色从白色到暗红和深褐等色,谢弗认为唐代尚红,所以译为"carnelian"更为合适。参见 Edward Schafer, *Golden Peaches of Samarkand: A Study of T'ang Exotics*, p. 228。
② 江西省博物馆考古队:《江西南昌市郊南朝墓发掘简报》,《考古》1962年第4期,第195页。这批墓葬有四座,共出土八件玛瑙,可惜报告中没有狮形玛瑙的图片。
③ 南京市博物馆:《南京北郊东晋墓发掘简报》,《考古》1983年第4期,第319~320页,报告中附有关于石头的化学分析。
④ 宁夏回族自治区博物馆、宁夏固原博物馆:《宁夏固原北周李贤夫妇墓发掘简报》,《文物》1985年第11期,第14页。
⑤ 浙江省文物管理委员会:《黄岩秀岭水库古墓发掘报告》,《考古学报》1958年第1期,第125页。
⑥ 关于"项",参见 Doris Dohrenward, "Glass in China: A Review Based on the Collection in the Royal Ontario Museum," *Oriental Art New Series* 26.4 (1980-1981): 430。类似的珠子还见于宜昌地区博物馆、宜都县文化馆《湖北宜都发掘三座汉晋墓》,《考古》1988年第8期,第723页。

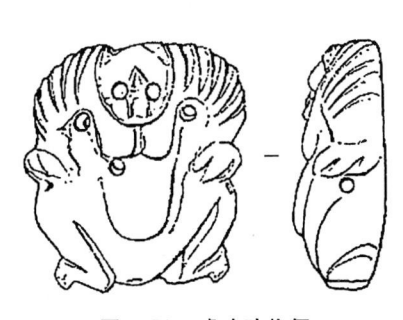

图 7.51　琥珀动物俑　　　　图 7.52　琥珀项

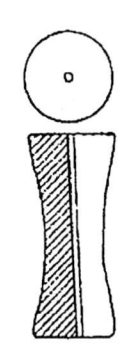

物品缺少的原因。之所以这类贵重物品相对贫乏，艺术水平又总体上较低，有可能因为这个时期存在一种普遍的不安全感，以及对墓葬可能被盗的担忧。因为当时的法令曾多次强调，禁止将金银珠玉等贵重物品埋入墓中，以免被盗。

十　舶来品

尽管文献中有一些关于六朝时期制作奢侈品的描述，但没有一件中国制作的产品保存下来。例如，和平二年（公元461年），北魏朝廷差人制作了12只黄金大盘，每只直径二尺二寸（60.5厘米），镂以白银，钿以玫瑰，制成后刻上自贺铭文[1]。《南齐书》中有一段对北魏都城平城的轻蔑描述，其中提到，在鲜卑的宴会上设有金香炉、琉璃钵、金碗、一尺长的黄金盘，以及广一丈（2.75米）的御馔圆盘[2]。现存的这类精美贵重金属器物都是外国输入品。中亚人以及非中原背景的鲜卑

---

[1]　《魏书》卷110。
[2]　《南齐书》卷57。

上层社会人士可能更乐于接受这些外国输入品。在这个时期，尽管外国输入品非常珍贵，但值得注意的是，它们对同时期的中国工艺并没有产生明显的影响。显然，只是到了唐代，中国工匠才吸收外来的造型和装饰，将其融入自己的工艺之中，并形成了所谓的典型唐代风格。

在宁夏固原发现的李贤（天和四年，即公元569年卒）夫妇墓中，就发现了这样的异域输入品——一件鎏金银壶①。该墓曾经被盗，但它是在墓顶坍塌之后被盗的，正因如此，盗墓贼没有发现放在李贤夫人棺木与西壁之间的银壶和玻璃碗。被盗墓贼忽略的器物还有一枚金戒指和一些银器，包括熨斗盘、剪刀、镊子、碗、勺、筷子，也有几件玉器、铁剑和大量的琥珀、玛瑙和琉璃珠。不过引起研究者最大兴趣的还是那件银壶，高37.5厘米，腹部最大直径12.8厘米（图7.53），长颈，鸭嘴形流，上腹

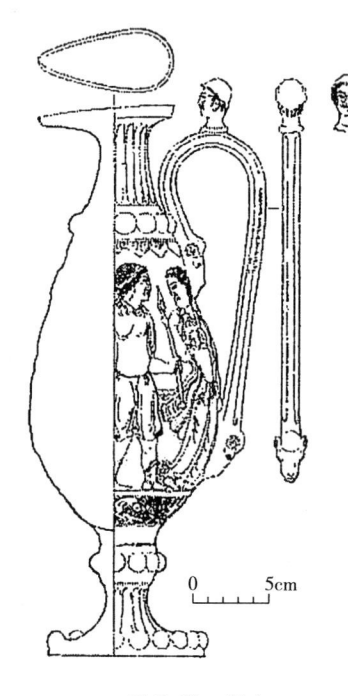

图7.53 银壶

---

① 宁夏回族自治区博物馆、宁夏固原博物馆：《宁夏固原北周李贤夫妇墓发掘简报》，《文物》1985年第11期，第1~20页；Annette L. Juliano and Judith Lerner, *Monks and Merchants: Silk Road Treasures from Northwest China, Gansu and Ningxia, 4th - 7th Century.* New York: Harry Abrams, Inc., with The Asia Society, 2001, pp. 98 - 100。李贤在《周书》卷25、《北史》卷59有传。

较瘦，下腹矮胖，有高圈足；器柄两端都有兽首，分别焊接在器身上，在柄的顶部有一个深目高鼻的外国人头像；在颈、腹部交接处有一圈凸起的联珠纹，在器腹与高圈足交接处和圈足最下部也有一圈这样的联珠纹，当然这是特征鲜明的波斯艺术风格①。器腹上有用凸纹捶出的人物形象，是从后往前捶揲而成的薄片形成的浮雕，共有三组人物，每组一男一女（图7.54）。女子头发上扬，身穿一种半透明的衬衣，身上两处系带，一处在腰间，被衣褶覆盖，另一处在胸下，肩上有披风。男子发型与之相似，穿着短袖、齐膝的短上衣，手持短矛和盾牌，另一位男子也身着类似的短上衣，有披风，但没有武器，第三位男子裸体，但头戴头盔。右边的女子和中间男女二人所持何物并不清楚，手的姿势也不清楚。中国学者吴焯对这件银壶有过研究，认为这是一组反映男子上战场前的场景。左边一组是临行前夜的情侣浪漫相依的情景，中间一组在彼此交换信物，而右边是女子在鼓励男子英勇杀敌，反映了希腊女子的习俗②。但是马尔萨克（B. Marshak）却将此图像释读为特洛伊王子帕里斯（Paris）诱拐斯巴达王后海伦（Helen）的故事。中间是希腊女神阿佛洛狄忒（Aphrodite）和帕里斯，帕里斯手持金苹果；左边是帕里斯俘获海伦的场景，海伦赤脚，一手

---

① 吴焯：《北周李贤墓出土鎏金银壶考》，《文物》1987年第5期，第66~76页。孙机也对这件银壶的风格进行了讨论，观点与吴焯一致，参见孙机《中国圣火：中国古文物与东西文化交流中的若干问题》，第130~134页。

② Wu Zhuo（吴焯），"Notes on the Silver Ewer from the Tomb of Li Xian," *Bulletin of the Asia Institute*, New Series 3（1989）：62-63；Alexandra Carpino and Jean M. James, "Commentary on the Li Xian Silver Ewer," *Bulletin of the Asia Institute* 3（1989）：74.

扶膝，正在心甘情愿地登船，而帕里斯右手托向海伦之喉，被解释为古希腊表达爱慕的一种姿势；右边描绘的是斯巴达国王墨涅拉俄斯（Menelaus）在特洛伊战争之后，欲杀死不忠的妻子海伦的场景，她脚尖朝外，回首顾盼其夫，正欲逃跑；手持着帕里斯从墨涅拉俄斯的宫殿里偷来送给她的珠宝盒。实际上，这个时候墨涅拉俄斯已经宽恕了帕里斯对海伦的爱，所以画面上他站着不动，他已经放弃了复仇的想法[1]。关于这件银壶的制作年代和地点也颇有分歧。吴焯根据银壶的风格、服饰和女子的表现形象，推测是公元5世纪末或6世纪初，在萨珊波斯东部某王统治下的河中地区（Transoxiana），或是在曾经占领这里大片地区的𠹭哒（Hephthalites）统治下的一个罗马工匠所制作的。但马尔萨克和穴泽和光（Anazawa）则认为是公元6世纪巴克特里亚（Bactria）的产品。

图 7.54 银壶局部

---

[1] B. I. マルシーヤーク、穴沢咊光「北周李賢夫妻墓とその銀製水瓶について」，『古代文化』41.4（1989），54–55 頁。罗丰的看法与马尔萨克的解释一致，参见罗丰《北周李贤墓出土的中亚风格鎏金银瓶——以巴克特里亚金属制品为中心》，《考古学报》2000 年第 3 期，第 317 页。

这个时期的另一件输入品是发现于大同附近墓葬中的萨珊银盘。墓主人封和突是鲜卑人，太和十八年（公元494年）随朝廷从平城（今大同）迁往洛阳，曾在皇家卫队任职（屯骑校尉），还管理着皇家牧场（都牧令），因而死后地位尊崇，皇帝亦深为"震悼"，赠洛州刺史，遗体归葬故乡平城，正始元年（公元504年）葬于一座砖墓①。该墓被盗，但还是出土了大量随葬品，除了萨珊银盘，还包括另外两件显然来自异域的银器，是一种采取典型中国传统造型的耳杯，只不过有联珠形的把手和高脚，由于损毁太严重，细部特征不清。银盘是鎏金的，有捶揲压花装饰，口径18厘米，高4.5厘米，下有圈足，口沿内侧有三道凸脊。

银盘中部是一幅狩猎场景，一人正在狩猎三只从芦苇丛中奔来的野猪，一边将矛刺入其中一只的头部，一边抬起右腿躲避另外一只奔来的野猪（图7.55）。猎人头上没有任何代表皇家标志的冠或发结，动作是动态的而不是静止的，所以纽约大都会艺术博物馆的哈珀（Prudence Harper）推测这件器物来自波斯东部地区的粟特（Sogdia）或巴克特里亚（Bactria）/吐火罗斯坦（Tokharistan），制作于公元3世纪后半期②。已故著名中国考古

图7.55 银器内壁拓片

---

① 马玉基：《大同市小站村花圪塔台北魏墓清理简报》，《文物》1983年第8期，第1~4页。出土的一方墓志记录了封和突的生平。尽管皇室有迁洛之人不得归葬之令，但封和突还是归葬到了大同。

② Prudence D. Harper, "An Iranian Silver Vessel from the Tomb of Feng Hetu," *Bulletin of the Asia Institute* 4 (1990): 51–59.

学家夏鼐对这件银盘的制作地点有着相同的结论，但认为制作年代要稍晚一些，在公元 4 世纪后半期到公元 5 世纪后期之间[1]。

类似器物还发现于大同的一处可能是鲜卑宫殿的遗址里（也有人认为是佛寺遗址），共发现了 5 件器物，包括 1 件花瓣形银碗、3 件高脚杯、1 件小杯，都来自域外，由于是"文化大革命"期间发现的，当时《考古》杂志都停刊了，所以器物的具体情况不见报道。八叶形的花瓣形碗高 4.5 厘米，口沿 23.8 厘米 × 14.5 厘米，中央的椭圆形内底上浮雕两条海蛇，碗底的青铜圈足成八曲形，内凹部分与碗口的八瓣相对应。尤其值得注意的是，从上往下看时，每一叶都较深，边缘呈弧形，在每两叶交接处都饰有忍冬纹（图 7.56）。在里海北边的彼尔姆（Perm）地区，即所谓"毛皮之路"上曾发现过这样的银碗[2]。大同发现的这件银碗的年代，尽管只能大致定在太和十八年（公元 494 年）北魏迁都之前，或最晚到公元 6 世纪 20 年代，但还是有助于对西方发现的这样银碗进行断代。

三件高脚杯都是鎏金青铜器，第一件的口沿下

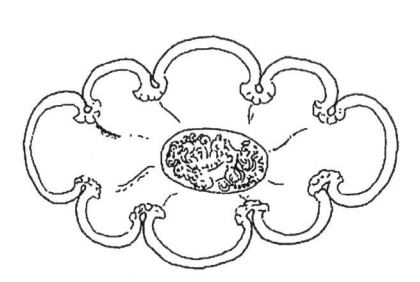

图 7.56 花瓣形银碗

---

[1] 夏鼐：《北魏封和突墓出土萨珊银盘考》，《文物》1983 年第 8 期，第 5~7 页。马雍对封和突获得这件银盘的途径进行了推测，参见马雍《北魏封和突墓及其出土的波斯银盘》，《文物》1983 年第 8 期，第 12 页。

[2] I. A. Orbeli and K. V. Trever, *Sasanidskii Metal: Khudozhestvennye predmety iz zolota, serebra i bronzy.* Moscow: Academia, 1935, pl. 57; A. S. Melikian-Chirvani, "Iranian Silver and its Influence in T'ang China," in William Watson, ed., *Pottery and Metalwork in T'ang China*, pp. 9–15.

饰有一圈蹲伏的动物，腹部被叶状装饰分成四部分，每部分都有一个高浮雕人像（图 7.57）；第二件的器身被葡萄藤纹饰覆盖，五个儿童在攀爬树枝，鸟儿栖息其上（图 7.58），此图像被认为反映的是希腊主题；第三件与第一件非常相似，在上部有两圈联珠纹，其间布满一圈卷叶纹，器身被叶状装饰分成四部分，其间不是人物形象，而是镶嵌的红宝石和绿松石（图 7.59）。这几件高脚杯也应来自波斯以东地区①。

图 7.57 鎏金铜高脚杯之一

图 7.58 鎏金铜高脚杯之二

此外，大同发现的一件小银杯只有 5 厘米高，口径只有 8.5 厘米（图 7.60）。口部外侈，颈部略内束，器腹曲线呈弧形，下有圆底，底部有一个双棱圆圈，有的有高足，有的没有。器身的纹饰特征是：叶状纹将器身空间分成四部分，每部

图 7.59 鎏金铜高脚杯之三

---

① 孙培良：《略谈大同市南郊出土的几件银器和铜器》，《文物》1977 年第 9 期，第 68~75、63 页；Susan Bush, "Some Parallels between Chinese and Korean Ornamental Motifs of the Late Fifth and Early Sixth Centuries A. D. ," *Archives of Asian Art* 37（1984）：64。

分各有一个圆圈，圈内有一个人物胸像。人头是侧面像，身体竖直，头戴帽子而不是王冠，该图像颇具自然主义色彩，这点不同于已发现的萨珊波斯肖像。研究者认为，它也来自波斯以东地区，可能反映了后期帕提亚的影响。不过，孙机认为它是嚈哒（Hephthalites）的器物，公元5世纪时嚈哒从萨珊手中夺得河中地区（Transoxiana）后，占领了一个世纪左右。中国文献中对嚈哒使团的最早记载是太安二年（公元456年）[1]。在大同附近的墓葬中也发现了一件类似的鎏金银杯，高4.6厘米，直径10.2厘米，它可能与前述4件杯子出自同一作坊[2]。

在石家庄的一座东魏墓葬中也发现了一件极具外来工艺风格的银杯，与另外1件鎏金青铜温酒器、1件鎏金青铜壶和5件瓷碗同属一批，都放在一个盘子里，这几件器物明显是中国生产的器物。银杯的口沿内侧饰有一圈联珠纹，内底上饰有六瓣凸起的莲花，外围以一圈双股绳纹环绕，器物内外壁上饰以波浪纹，当碗里盛装东西时，可能会形成一种波涛起伏的效果（图7.61）[3]。在乌拉尔地区也发现过一件几乎完全相同的杯，不过，石家庄东魏墓银杯上的莲花装饰似乎表明它应是中国生产的[4]。

---

[1] 孙机：《固原北魏漆棺画研究》，《文物》1989年第9期，第12、38~44页。
[2] 山西省考古研究所、大同市博物馆：《大同南郊北魏墓群发掘简报》，《文物》1992年第2期，第10页。
[3] 石家庄地区革委会文化局文物发掘组：《河北赞皇东魏李希宗墓》，《考古》1977年第6期，第387页及图版5.4。
[4] O. M. Dalton, *The Treasury of the Oxus*. London: Trustees of the British Museum, 1964. item 204, pl. 33, and item 10, pl. 5; Jessica Rawson, "Central Asian Silver and Its Influence on Chinese Ceramics," *Bulletin of the Asia Institute*, New Series 5 (1991): 144, item 4, and 146, fig. 9; 孙机：《中国圣火：中国古文物与东西文化交流中的若干问题》，第146页。

图 7.60　鎏金银杯　　　　图 7.61　银碗

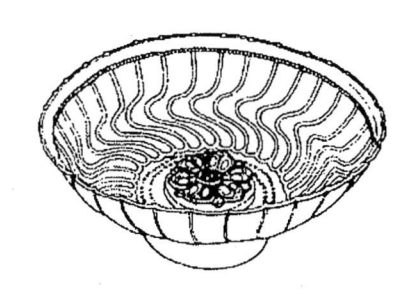

上述这些器物都出自北方地区的遗址，多位于丝绸之路沿线，这些器物明显没有或者极少到达南方。南方的外来品很可能经由海路而来，如在中国南疆的广东沿海发现的萨珊金银器窖藏。在一只陶罐里发现了约 7 磅重的银器，既有完整器，也有残片，还有 20 枚萨珊钱币，这些钱币都是公元 383～484 年萨珊王朝时期铸造的。窖藏银器中有一件银碗经过复原，呈十二叶形，在口沿外侧有铭文，不过可惜的是，报告中没有对铭文内容进行释读。窖藏中还有 1 件银盒、2 件鎏金杯（图 7.62）、73 件银手镯、2 件金箍，以及 6 件制造粗糙、素面无纹的金戒指。该窖藏可能是公元 6 世纪初（南朝末期）掩埋形成的，主人可能是当地的一位商人或部落首领，它的发现表明中国在这个时期通过海路输入了外来品；尽管除了上述器物，南方地区至今并无其他发现，但它表明南方与北方一样，也接受了这些来自西方的珍宝[1]。

---

[1] 遂溪县博物馆：《广东遂溪县发现南朝窖藏金银器》《考古》1986 年第 3 期，第 243～245 页；照片参见 Guangdong Provincial Museum and Art Gallery, The Chinese University of Hong Kong. *Archaeological Finds from the Jin to the Tang periods in Guangdong.* Hong Kong, 1986, pp. 100, 148–149。

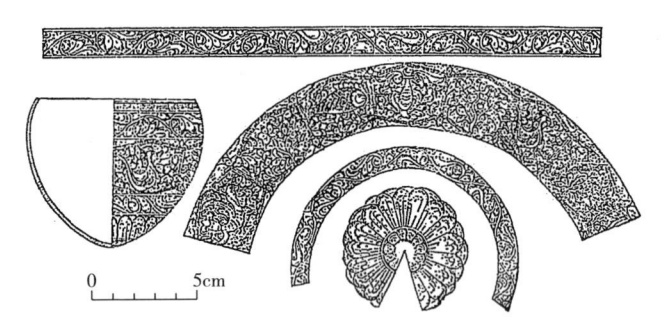

图 7.62　鎏金银杯纹饰

图 7.63　印章式金戒指

外来珠宝在六朝时期也很受青睐，在西北地区发现的北周将军李贤墓中，除了前述银壶，还出土了一枚特殊的印章式金戒指，当为李贤夫人之物。戒指上镶嵌一颗蓝灰色的青金石，上面雕刻着一个人物，双手举起一个弧形杆，杆的两端悬挂着重物（图 7.63）。通过对比，此形象被认为与西伯利亚发现的持巾舞蹈妇女形象相似，不过该母题最先还是源自波斯地区[①]。还有一件类似的戒指也是妇女所戴，镶嵌有同样颜色的青金石，不过上面雕刻的是被一小圈联珠纹环绕的鹿。这枚戒指发现于上述东魏墓中，属于另一对夫妻（李希宗夫妇），不过他们不是鲜卑人，而是汉人。李希宗夫妇将女儿嫁为北齐的皇妃，与当朝的鲜卑统治者联姻。所以，该墓

[①] I. A. Orbeli and K. V. Trever. *Sasanidskii Metal*：*Khudozhestvennye predmety iz zolota，serebra i bronzy*，pl. 59，left。关于此人物形象，另参见 Katsume Tanabe，"The Kushan Representation of ANEMOS/OADO and its Relevance to the Central Asian and Far Eastern Wind Gods，" *Silk Road Art and Archaeology* 1（1990）：58。

中发现的这件金戒指、一件萨珊银币、上述内侧有波浪纹的银碗，以及其他珍贵物品都极可能是来自皇室的赠物①。类似的戒指在内蒙古呼和浩特附近也有发现，一件镶嵌紫宝石，另一件镶嵌黑宝石，都有凹雕人物，同时伴出的还有拜占庭和萨珊钱币，该墓似乎是一座仓促下葬的简易墓葬，可能属于某位旅途中的商人②。上述这些镶嵌有凹雕人物宝石的戒指与当时中国的戒指大不相同，所以可能来源于风格截然不同的域外③。

另一件同样令人瞩目的器物出自李静训墓，她是李贤的重孙女，九岁去世④，家世显赫，母亲是隋炀帝的外甥女，父亲是李贤之孙，由于其父在对突厥的战争中战死沙场，自幼成为孤儿，养于宫中。李静训的母亲曾亲自选婿，坐于屏风之后从众多唱歌弹琴的贵族子弟中挑选自己的夫婿⑤。

在这位年幼公主保存完好的石棺中发现了一条精美绝伦的项链，在扣环上嵌有一颗雕刻的宝石，上刻驯鹿⑥。项链由28

---

① 石家庄地区革委会文化局文物发掘组：《河北赞皇东魏李希宗墓》，《考古》1977年第6期，第388页及图版6.5。
② 内蒙古文物工作队、内蒙古博物馆：《呼和浩特市附近出土的外国金银币》，《考古》1975年第3期，第182~185页及图版8.5。
③ 中国式的金钻戒，钻石一般镶嵌在一个小圆环上，外观上与西方钻戒大不相同。南京市文物保管委员会：《南京象山5号、6号、7号墓清理简报》，《文物》1972年第11期，第31页及图版5.2。
④ 唐金裕：《西安西郊隋李静训墓发掘简报》，《考古》1959年第9期，第471~472页。
⑤ 《隋书》卷37。
⑥ 熊存瑞：《隋李静训墓出土金项链、金手镯的产地问题》，《文物》1987年第10期，第77~79页；Victor Cunrui Xiong and Ellen Johnston Laing, "Foreign Jewelry in Ancient China." *Bulletin of the Asia Institute*, New Series 5 (1991)：163-173。这条项链的彩照参见『中華人民共和国シルクロード文物展』，图版20；或 Jian Li, ed., *The Glory of the Silk Road: Art from Ancient China*. Dayton: The Dayton Art Institute, 2003, p. 206。

颗珠子串联而成，每颗直径仅有 1 厘米，由 12 个小金环焊接而成，每个金环被一圈金粒环绕，金粒之间则填以 10 颗珍珠。其他地方也发现过这样的多面珠，但这是迄今为止在中国发现的唯一一件完整的带有多面珠的项链。项链前面的主要构件是一颗红宝石，左右两侧各有一个弧边方形金饰，上面各嵌一颗蓝宝石，以一圈珍珠环绕。项链中间悬挂着一个卵形的青金石垂珠（图 7.64）。此墓还出有一件结构相当复杂的金手镯，也嵌有珍珠和彩色玻璃（图 7.65）。这些首饰的来源不是很清楚，最先曾被认为是从印度或邻近国家输入的，但现在看来，几乎可以确定项链至少源自拜占庭风格[①]。这些首饰确实很配作为皇帝外甥女的随葬品。

图 7.64　金项链

　　在六朝贵重材料制作的首饰和器皿中，无论在使用范围，还是在外观上，输入品与中国本土品都有着巨大的差异。就考古学证据来看，在我所掌握的这个时期 1800 座墓葬资料中，只有两件这种器物是中国制作的，一件金器，一件银器，是公元 3 世纪的唾盂，两件都很小，一件高 6 厘米，另一件高 7.5 厘米。还有一件发现于河北定县塔基地宫

---

① Attila Kiss, "A Byzantine Jewel from the 6th-7th Century in China," *Acta Orientalia Academiae Scientiarum Hungaricae* 38 (1984): 37–40.

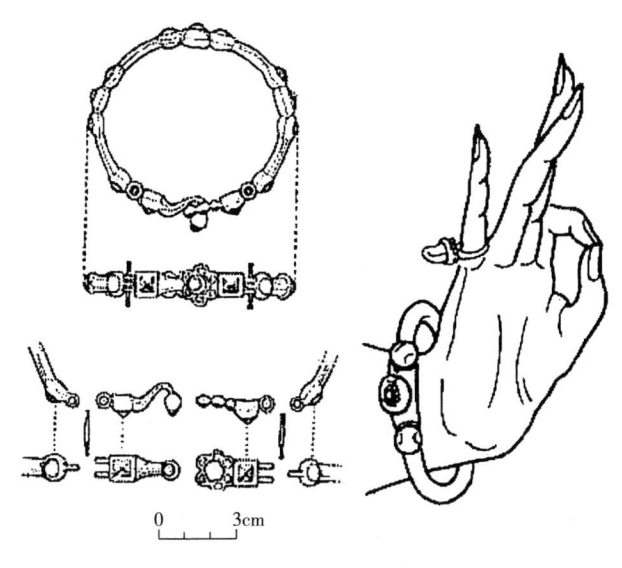

图 7.65　金手镯

（太和五年，公元 481 年）的带盖银罐，盖子以链子相连，可能是用于盛放佛教舍利的，这件器物可能是中国制作的，也可能是输入品。如上所述，中国本土的金银器主要是素面的戒指、珠子、小环、手镯、发钗和其他小件饰物。六朝墓葬中从未发现过像李静训墓项链那样复杂的首饰。同样，前面提到的四枚戒指与当时的普通戒指和手镯相比，在工艺上显得非常突出，后者只不过是用青铜或金银简单加工而成的小圆圈，除了偶尔见到一些条纹，没有其他装饰。从考古资料来看，这个时期无疑几乎没有中国制作的珠宝首饰能与那些输入品相媲美。直到唐代金银器才开始大放异彩，也正如此，唐代才如此出名；显然，唐代金银器的生产受到了这些外来品的刺激。

这类外来品在六朝和隋代墓葬中罕见，但并不意味着当时数量很少。成书于北魏末期（公元6世纪30年代）的《洛阳伽蓝记》是一部记录洛阳的专书，其中谈及亲王元琛之财富，"金瓶银瓮百余口，瓯檠盘盒称是。其余酒器有水晶钵、玛瑙杯、琉璃碗、赤玉卮数十枚，作工奇妙，中土所无，皆从西域而来"①。

至于六朝对这些异域物品产生兴趣的原因，并不是由于丝绸之路沟通了东西两个世界。当时的华北地区被鲜卑和相关的部落统治，他们很可能与中亚河中地区（Transoxiana）的居民有着一些共同的文化因素，他们必定有大量的机会去直接了解这些西方人。在首都洛阳的一些专供外国人居住的区域，如《洛阳伽蓝记》记载"商胡贩客，日奔塞下"②，他们带来了自己的文化与风俗，其中一部分得以在中国保持下来。一具北齐石棺床上刻有一幅全景场面，尽管我们还不能完全理解这幅图像的意义，但其中人物身着独特的中亚服装，在葡萄架下饮酒。有人认为，这幅图像代表了来自中亚河中地区（Transoxiana）（可能是撒马尔罕）的一种仪式，这具石棺床属于死于中国的某位中亚人的墓葬③。在离这具石棺床可能的发现地点不远的地方，还发现了另外的几块线刻画像石，也属于北齐的葬具，上面刻画的是一位中国人形象，但随从中有外国人，穿着与前述中亚人服装类似的长袍，推测死者是一位从事东西贸

---

① 《洛阳伽蓝记》卷4"城西"。其中所记琉璃器将在下文讨论。
② 《洛阳伽蓝记》卷2"城东"。
③ Gustina Scaglia, "Central Asians on a Northern Ch'i Gate Shrine." *Artibus Asiae* 21（1958）：9 – 28；Boris Marshak, "Le programme iconographique des peintures de la 'Salle des ambassadeurs'à Afrasiab（Samarkand）." *Arts Asiatiques* 49（1994）：12 – 14。Marshak（马尔萨克）认为这个场面反映的是粟特人在葬礼上庆祝战胜死亡的仪式。

易的商人（图 7.66）①。

图 7.66　北齐石刻画像拓片

---

① 夏名采：《益都北齐石室墓线刻画像》，《文物》1985 年第 10 期，第 49～54 页。这座石室墓的多数石板在发现之前曾埋在水库大坝之下。关于中国粟特墓葬的最新发现与讨论，参见 Bruce Doar and Susan Dewar, eds., "Zoroastrianism in China," *China Archaeology and Art Digest* 4.1 (December 2000): 7-216；陕西省考古研究所《西安发现的北周安伽墓》，《文物》2001 年第 1 期，第 4～26 页；山西省考古研究所、太原市考古研究所、太原市晋源区文物旅游局《太原隋代虞弘墓清理简报》，《文物》2001 年第 1 期，第 27～52 页；韩伟《北周安伽墓围屏石榻之相关问题浅见》，《文物》2001 年第 1 期，第 90～101 页。

河中地区（多被称为粟特）的波斯人在中文里被称为"胡"，这个字从字源上可能与"胡须"有关。在中国有很多胡人聚居区，与其他的居民区一样，若胡人聚居区达到200户家庭以上，即可自治，其官员集团为同胞的行为对中央政府负责，属于治外法权的早期形态。胡商聚居区的首领为"萨宝"（或"萨保"），是梵文 sarthavaha 的音译，意为"商人首领"，僚属则包括各种祆教，可能还有摩尼教的祭司[①]。

当时的鲜卑统治者也有自己独特的服装，并且在其他方面也保持了自己的特性。当时很可能存在有意避免与人数占优势的中原人同化的趋势，因为他们自己位处统治阶层，这是他们应得的特权。在公元5世纪90年代，孝文帝为了强迫自己的部落汉化，曾试图禁穿鲜卑服、禁说鲜卑语，不过这个禁令不久之后就无疾而终。只有当隋唐时期有着自我认同感的中原王朝出现之后，鲜卑旧俗才消失。这种转变的过程，在前述北魏漆棺上有所体现。这具漆棺的发现地点与李贤墓位于同一地区。在棺盖画像上，死者穿着鲜卑式服装，坐姿，手持一只高脚杯和一把扇子，其他人物形象反映了有关孝悌内容的中国传统题材，如上古舜帝的故事，但这些人物均着鲜卑服装。手持高脚杯的坐姿人物形象也见于前述北齐葬具画像、撒马尔罕附近的片治肯特（Panjikent）粟特壁画，以及巴拉雷克城堡遗址（Balalyk Tepe）（图7.67）。中国学者孙机认为这具漆棺上的画像反映了中国所受西方文化的强烈影响[②]。我认为，还不如

[①] Albert E. Dien, "The *Sa-pao* Problem Re-examined," *Journal of the American Oriental Society* 82.3 (1962): 335–346; Hans-Joachim Klimkeit, *Gnosis on the Silk Road: Gnostic Texts from Central Asia.* New York: Harper-Collins, 1993.

[②] 孙机：《固原北魏漆棺画研究》，《文物》1989年第9期，第40~41页。

说它是一种常见的中亚样式。孙机提出的一个重要观点是，他强调画像中的孝悌故事并不表明死者已经服膺儒学，而只是说明《孝经》之类已经获得了某种宗教的力量；他还指出这里的鲜卑服装表明了一种反汉化的倾向①。

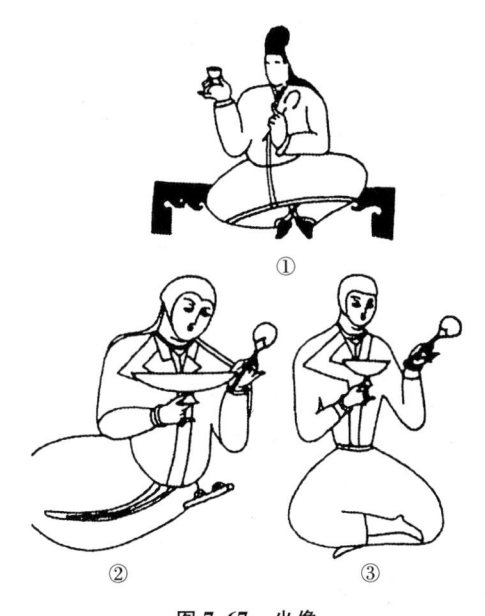

图 7.67　坐像
①固原漆棺前挡所绘墓主像；②③巴拉雷克呎哒壁画

在鲜卑人与被统治的中原臣民之间无疑有着诸多的不和谐。鲜卑人尚武，在朝廷担任要职，总要急切地捍卫自己的地位；而中原人士则要维护自己的文化优越感。颜之推是在北齐朝廷担任高官的中原人士，极力维护儒家学说与文化。有一

---

① 孙机：《固原北魏漆棺画研究》，《文物》1989 年第 9 期，第 40 页。这篇重要的文章略加改动之后收入其《中国圣火：中国古文物与东西文化交流中的若干问题》，第 122～138 页。

次,另一位中原士大夫对他说:"我有一儿,年已十七,颇晓书疏,教其鲜卑语及弹琵琶,稍欲通解,以此伏事公卿,无不宠爱,亦要事也。"颜之推对此十分不屑,告诫自己的儿子们"若由此业,自致卿相,亦不愿汝曹为之"①。在这种情形下,似乎有一些蛛丝马迹可以解释为何前述金银器仅仅出现在鲜卑及其中原盟友的墓葬里了。统治阶层拥有获得这些珍宝的经济势力,有些也可能是来自皇室的馈赠,拥有这些真材实料的珍宝是彰显他们地位的标志。而与此同时,一般来说中原人士都在极力地维护自己的文化,他们可能也对这些外来品没什么兴趣,而且由于没有市场,当时的工匠也没有仿制这些外来品的动机。直到隋唐时期,当国家的统一带来了新的繁荣,军队也所向无敌之时,这些外来的珍宝才变得魅力无穷,本土的工匠们也开始仿照外来品制造出品质精良的器物②。

十一 玻璃器

由于商代已经了解了釉,并掌握了釉的炼制技术,所以现

---

① 关于这个问题的进一步讨论和引文,参见 Albert E. Dien, "A New Look at the Xianbei and their Impact on Chinese Culture," pp. 54 - 55。
② 关于中亚金属器对唐代等时代陶瓷的影响,除上述 Rawson 和 Melikian-Chirvani 的文章,另参见 Margaret Medley, "T'ang Gold and Silver," In William Watson, ed., *Pottery and Metalwork in T'ang China*, pp. 16 - 22; Jessica Rawson, "Tombs or Hoards: The Survival of Chinese Silver of the T'ang and Song Periods, Seventh to Thirteenth Centuries, A. D. ," in Michael Vickers, ed., *Pots and Pans: A Colloquium on Precious Metals and Ceramics in the Muslim, Chinese and Graeco-Roman Worlds*. Oxford: Oxford University Press, 1985, pp. 139 - 152; William Watson, "Precious Metal-Its Influence on Tang Earthenware," in Michael Vickers, ed., *Pots and Pans: A Colloquium on Precious Metals and Ceramics in the Muslim, Chinese and Graeco-Roman Worlds*, pp. 161 -174。

在发现了一些商代的玻璃状物质。现在所知中国最早的琉璃器是发现于河南、陕西和山东的大量西周时期的琉璃珠。不过，近来的测试表明这些珠子实际上是一种釉陶，即熔化的硅酸盐颗粒，与玻璃并非同类物质①。随着战国时期多方面工艺技术的提高，有了生产玻璃的可能，最早的玻璃主要是一些品质较好的单色和多色珠子，也有璧形的圆盘和蝉。蝉是放在死者口中的物品，在广大地区的墓葬随葬品中都有发现。在汉代，玻璃常替代宝石嵌在耳环上②。玻璃也可能用为玉的廉价代替品③。周至汉代的玻璃都是铅钡类玻璃，一般不见于中国以外的其他地区，可见是中国本土的产品④。

---

① Robert Brill, Stephen S. C. Tong, and Zhang Fukang, "The Chemical Composition of a Faience Bead from China," *Journal of Glass Studies* 31 (1989): 11–15; Robert Brill, Robert D. Vocke, Wang Shixiong, and Zhang Fukang, "A Note on Lead-Isotope Analyses of Faience Beads from China," *Journal of Glass Studies* 33 (1991): 116–118.
② 程朱海：《试探我国古代玻璃的发展》，《硅酸盐学报》1981年第1期，第97页。
③ Joseph Needham, Wang Ling, and Kenneth G. Robinson. *Science and Civilisation in China*, 4.1, p.102.
④ H. C. Beck and C. G. Seligman, "Barium in Ancient Glass," *Nature* 133 (1934): 982. 中国发现的蜻蜓眼玻璃珠可能是对西方输入品的仿造，其中钡的成分一般被认为是本土产品的特征，因为其他地区的玻璃器中极少含有钡。很多学者的研究都得出了同样的结论，如 C. G. Seligman and H. C. Beck, "Far Eastern Glass: Some Western Origins," *Bulletin of the Musuem of Far Eastern Antiquities* 10 (1938): 1–64, 其中15页以下有质谱仪的分析结果；Robert Brill, Robert D. Vocke, Wang Shixiong, and Zhang Fukang, "A Note on Lead-Isotope Analyses of Faience Beads from China," pp.87–109, 其中采用了湿化学法、火焰光谱法、原子吸收法，并对铅同位素的比例进行了测试。由于这些玻璃器中铅的含量较高，其比重也相对较高。Bivar 则认为钡的存在不能作为玻璃器出自中国的必然证据，这个问题还需要进一步的研究，参见 A. D. H. Bivar, "Trade between China and the Near East in Sasanian and Early Muslim Periods," in *Pottery and* （转下页注）

玻璃一词，常写作流璃、琉璃、璧流璃等，最早出现于汉代，可能是梵文 vaidurya 或 Pali vainura 的音译，即"蓝色的石头"或"青金石"的意思。较早的战国时期也有一些类似的词语，如"璆琳"和"陆离"，不过一般认为它们指的是玉类。稍晚的文献《魏书》曾将一件来自波斯的输入品称作"颇梨"①，但同时又将琉璃单列出来，说明二者可能是不同的，不过我们并不清楚二者的差别。今天所说的"琉璃"和"玻璃"是不太准确地根据透明程度所做的区分，"琉璃"指不透明或半透明的玻璃，用于首饰、珠子和其他器物，而"玻璃"专指透明玻璃。"料器"一词似乎一般指的是玻璃质的物质②。

(接上页注④) *Metalwork*, edited by William Watson, q. v. 4. Brill 又另辟蹊径地提出，对无铅玻璃来说，以前采用的分析方法无法区分中国或西方使用的玻璃灰的类别，参见 Robert Brill, "Some Thoughts on the Origin of the Chinese Word 'Boli'," *Silk Road Art and Archaeology* 2（1991/1992）: 132 – 133。目前学术界对这些问题还未取得一致意见，参见 Robert Brill and John H. Martin, eds., *Scientific Research in Early Chinese Glass*: *Proceedings of the Archaeometry of Glass Sessions of the* 1984 *International Sysposium on Glass*, *Beijing*, *September* 7, 1984 *with Supplementary Papers*. Corning, N. Y.: The Corning Musuem of Glass, 1991。

① 《魏书》卷102；《北史》卷97。"颇梨"是玻璃的古称。Brill 认为它不是来自希腊语 *beryllos*，也不是来自拉丁语 *berullos*，因为字根 *beryl* 一般指的是透明的绿宝石，如翡翠色绿宝石或海蓝宝石，"玻璃"应来自希腊语 *bolos*，即"疙瘩"或"块"之意，可能通过希伯来语或阿拉姆语而来，指用于制作玻璃器的玻璃块；他认为这些玻璃块可能比易碎的玻璃器更便于运输，运到中国后被制成了典型的中国式玻璃器，参见 Robert Brill, "Some Thoughts on the Origin of the Chinese Word 'Boli'," *Silk Road Art and Archaeology* 2（1991/92）: 129 – 136。

② 程朱海：《试探我国古代玻璃的发展》，《硅酸盐学报》1981年第1期，第96页。关于这些名词的进一步讨论、相关文献的引用，以及对外来词"玻璃"出现之前中国缺乏相应的本土词语等问题的推测，参见 Joseph Needham, with Wang Ling, and Kenneth G. Robinson. *Science and Civilisation in China*, 4.1, pp. 105 – 106。我觉得以现代的用法推知古代有些不妥，因为如下文所述，在当时的文献中，有些可能由透明玻璃制成的器皿也被称为"琉璃"。

考古报告中自相矛盾的用词现象在珠子的表述上尤其明显，有三个词都是用来指称珠子的：料、琉璃、玻璃。比如，早期报告中似乎对"料"和"琉璃"并没有明确区分，这两个词有时指的是同一件器物[①]。有的报告中还特别提到"料"与"琉璃"同义[②]，而有的报告则将二者并列[③]。在后一种情况下，二者的区别似乎是，琉璃珠是透明或半透明的，而料珠是不透明的[④]。因此，区分二者的依据是基于透明度的，不透明的玻璃质物质被称作"料"或"烧料"[⑤]，而有一定程度透明度的物质则被称为琉璃。"玻璃"无疑也是透明的，所以如何将"玻璃"和"琉璃"进行区分就成了一个问题，判断二者的标准可能是按照透明度而不是半透明度，不过，对二者的区分是否果真按此标准还难以确定，因为没有任何一个报告将玻璃器和琉璃器并提[⑥]。

---

① 如湖南省博物馆《长沙两晋南朝隋墓发掘报告》，《考古学报》1959年第3期，第83页。报告中称出土的珠子是琉璃制成，但在第101页，又将M20出土的珠子称作"料珠"。
② 南京博物院：《江苏丹阳胡桥南朝大墓及砖刻壁画》，《文物》1974年第2期，第48页。
③ 湖南省博物馆：《湖南资兴晋南朝墓》，《考古学报》1984年第3期，第347页。
④ 湖南省博物馆：《湖南资兴晋南朝墓》，《考古学报》1984年第3期，第358页的表格显示了"琉璃"与"料"的区别，但在其他的一些报告中，所谓的琉璃耳环和琉璃珠却被描述为"半透明"，参见四川省文物管理委员会《四川忠县涂井蜀汉崖墓》，《文物》1985年第7期，第82页；广东省博物馆《广东始兴晋唐墓发掘报告》，《考古学集刊》第2辑，第121页。
⑤ 四川省文物管理委员会：《四川忠县涂井蜀汉崖墓》，《文物》1985年第7期，第82页。
⑥ 张彦煌、龚廷万：《四川昭化宝轮院屋基坡崖墓清理记》，《考古》1958年第7期，第30页。文中将墓葬出土的珠子描述为玻璃，但第27页的表格中又称为琉璃，这可能是笔误，也可能就是称呼上的重复。关于这个问题，另参见Edward Schafer, *Golden Peaches of Samarkand: A Study of T'ang Exotics*, pp. 235-237, 谢弗更关心唐代的称呼，而不是现代的用法。

换言之，尽管料器与琉璃器的区别很明显，但琉璃和玻璃之间如何取舍，可能是比较随意的。

六朝时期，玻璃并不是一种常见的物质。外国的玻璃以贸易品的形式进入中国，可能可以早到战国时期（大约公元前3世纪）[1]。到公元3世纪，罗马玻璃制品如碗、瓶等也输入到了中国。据公元3世纪鱼豢《魏略》记载，当时有十种颜色的琉璃[2]。不过，假如《世说新语》所记故事可信的话，当时一定也有一些透明的或者至少是半透明的玻璃制品。该书讲到，满奋本来畏风，一次与晋武帝在宫中会见时，误把琉璃屏风当成了有敞口的屏风而面露难色[3]。

这个时期仅有约6%的墓葬出土了不同形式的玻璃制品，其中又有70%多的墓葬都出有琉璃珠，其他类别的玻璃珠宝饰物还有戒指、耳环、挂饰等，甚至还发现了围棋子，而玻璃碗、杯、瓶等极为罕见，可能是由于玻璃稀少而备受珍惜的缘故[4]。

---

[1] Yoshito Harada, "Ancient Glass in the History of Cultural Exchange between East and West," *Acta Asiatica* 3 (1962): 57–69。Harada（原田淑人）似乎认为所有的早期玻璃都是输入品。Krykov重点讨论了丝绸之路贸易中玻璃的重要性，M. V. Krykov, "The Silk Road: The Glass Road," in Ildikó Lehtinen ed., *Traces of the Central Asian Culture in the North: Finnish-Soviet Joint Scientific Symposium held in Hanasaari, Espoo, 14–21 January, 1985*. Helsinki: Suomalais-Ugrilainen Seura, 1986, pp. 119–125。

[2] 《三国志》卷30，《太平御览》卷808也有引用。

[3] 《世说新语》卷1。玻璃板在公元1世纪时开始在西方使用，但没有实物材料表明当时已传入中国。承蒙John Kieschnick提醒，使我注意到这则典故。

[4] Doris Dohrenward, "Glass in China: A Review based on the Collection in the Royal Ontario Museum," p.426，认为，中国的玻璃工艺远不能与青铜器、漆器和陶瓷工艺相媲美，因为这种材料只在少数几个时代受到珍重，其中之一是汉代以后作为一种珍稀舶来品受到珍重，受到珍重的原因可能因为其透明，与佛教所要求的纯洁与高尚相吻合。

出自这个时期考古遗址的玻璃制品可以分为两类：进口玻璃和国产玻璃。前者又可以再分为罗马玻璃和萨珊玻璃①。

罗马玻璃泛指公元前1世纪至公元5世纪在地中海沿岸各地制作的吹制钠钙玻璃。这种玻璃的氧化铝含量较高，氧化钾和氧化镁的含量较低。在南京的大型东晋墓中发现了许多这样的玻璃器，特征是直壁，口沿微外侈，有刻划纹饰，玻璃总的来说较为清晰，有的略带一些黄色杂质（图7.68）②。在《世说新语》等作品中记载了很多当时有关玻璃器的故事，表明玻璃器在当时是极受重视的。其中一则故事讲到，王导（公元276~339年）曾举着琉璃碗问一位朝士："此碗腹殊空，谓之宝器，何邪？"那位朝士回答说："此碗英英，诚为清澈，所以为宝耳。"这则故事是以碗来隐喻王导，讽刺他的地位来自外在的因素，而不是靠其内涵③。

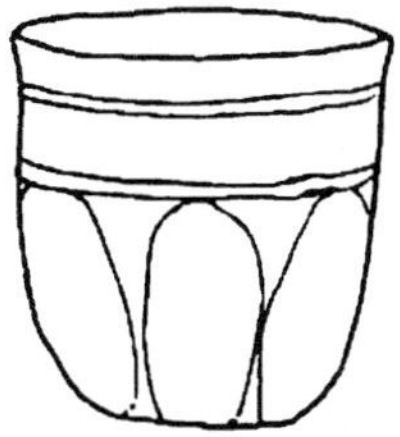

辽宁冯素弗墓里出土了5件玻璃器，有1件碗、1件钵、1件杯和1件器座残片，该残片可能原来是其中某件器皿的器柄。除了玻璃碗口沿下部有一圈凹槽（图7.69），其他玻璃器显然都是不做装

图7.68　罗马玻璃杯

---

① 这些讨论多基于安家瑶的权威研究，参见安家瑶《中国的早期玻璃器皿》，《考古学报》1984年第4期，第413~448页。另参见 Henderson 的译文，Mathew Henderson, "Early Chinese Glassware," *The Oriental Ceramic Society*, Translations Number Twelve, foreword dated 1987, pp. 1 – 39。
② 安家瑶：《中国的早期玻璃器皿》，《考古学报》1984年第4期，第415~416页；Mathew Henderson, "Early Chinese Glassware," p. 3, 此处将姓氏"王"误译为"king"。
③ 参见《世说新语·排调》。另在《世说新语·僻陋》中有琉璃碗与金澡盆相配使用的记载；《世说新语·汰侈》记有晋武帝的一顿盛宴，餐具皆为琉璃器。这些典故皆被南京大学历史系考古组《南京大学北园东晋墓》（《文物》1973年第4期，第45页）引用。

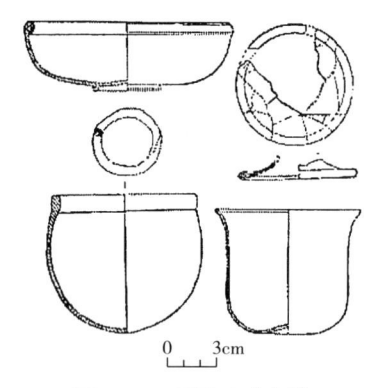

图 7.69 罗马玻璃容器

饰的。玻璃杯呈深绿色，其他几件玻璃器则是浅绿泛白色。除此之外，该墓还出土了一件造型特殊的玻璃器——带鸭嘴形流的鸭形瓶状器，长 20.6 厘米，最宽处腹径为 5.2 厘米。其装饰由玻璃条粘贴而成，呈弯曲的波浪形（图 7.70）。这种造型的器物在中国其他地方从来没有发现过，但在伯格拉姆（Begram）的贵霜遗址里发现了一件有类似装饰的罗马玻璃鱼形器，所属时代为公元 2~3 世纪。冯素弗墓出土的玻璃器是吹制的而不是模制的，吹制是罗马常见的玻璃制作技术，优点是气泡极少，因而玻璃的透明度较高①。

河北景县封氏家族墓也出土了玻璃碗，其中一件保存完整，另一件也得以修复。前者浅绿色，口沿微外翻，几乎是直壁，这是典型的罗马玻璃器造型。在器底上有一个吹管留下的疤痕，外壁上也有一些印记，是在模子里吹制而留下的，这是一种公元 1 世纪开始在地中海地区使用的方法。器表上用玻璃

---

① 黎瑶渤：《辽宁北票县西官营子北燕冯素弗墓》，《文物》1973 年第 3 期，第 6~7 页；安家瑶：《中国的早期玻璃器皿》，《考古学报》1984 年第 4 期，第 417 页。

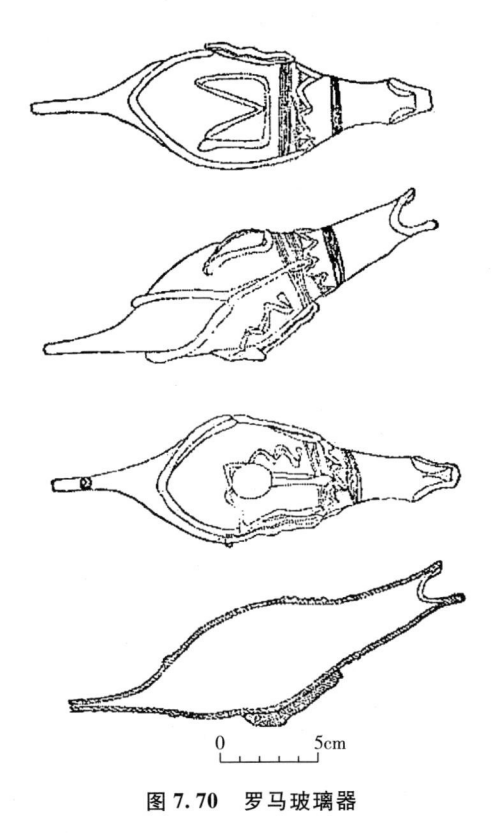

图 7.70　罗马玻璃器

条粘贴成波浪纹装饰（图 7.71）。另一件玻璃碗和前述玻璃器一样，也是吹制而成的，除口沿下有一圈薄棱，没有其他纹饰。器物吹制成型后，在口沿和器足部位各贴有一圈玻璃条带[①]。

图 7.71　罗马玻璃碗

---

① 张季：《河北景县封氏墓群调查记》，《考古》1957年第3期，第33页及图版10.4；安家瑶：《中国的早期玻璃器皿》，《考古学报》1984年第4期，第417~418页。

总的来说，中国发现的这个时期的罗马玻璃器，无论是在叙利亚、埃及，还是在罗马帝国其他地方制造的，除个别的，都是普通吹制的钠钙/硅酸盐玻璃，不用模子。这些玻璃器透明、壁很薄，呈不同色度的绿色或黄色，一般只有一点杂色。直壁和口沿略外卷的形制以前不见于中国。

萨珊玻璃（即类似于公元3~7世纪的波斯遗址所见的玻璃制品）在中国，甚至日本也有发现①。这种玻璃的特征是在器表上刻有成排的凹陷圆圈，有时器物上有一排或多排突钉或柱状突，每一面都呈凹陷状。例如，湖北鄂城发现的一件西晋玻璃碗，呈浅黄绿色，器表有一道刻槽纹和三道略微凹陷的花卉形装饰（图7.72）②。第二个实例也是西晋时期的，不过发现于北京地区，器表有一排10个柱状突，器底上以一圈7个小突钉作为器足（图7.73）③。还有一例发现于新疆孔雀河畔的营盘遗址，外形更像杯子，器表也有类似的成排刻纹，斯坦

---

① 以下玻璃器的例子多引自安家瑶《北周李贤墓出土的玻璃碗——萨珊玻璃器的发现与研究》，《考古》1986年第2期，第173~181页。

② 这件玻璃碗的报告尚未发表，线图参见安家瑶《北周李贤墓出土的玻璃碗——萨珊玻璃器的发现与研究》，《考古》1986年第2期，第173页，图1.2。另外两件与之非常相似，一件发现于日本奈良橿原，参见安家瑶《中国的早期玻璃器皿》，《考古学报》1984年第4期，图版5.1；另一件发现于南京东晋墓，参见南京市博物馆《江苏南京仙鹤观东晋墓》，《文物》2001年第3期，第19、21页及图69。后者的器底上留有漆器痕迹，可能圜底之下曾有器座，参见王志高、周裕兴、华国荣《南京仙鹤观东晋墓出土文物的初步认识》，《文物》2001年第3期，第89页。

③ 安家瑶：《北周李贤墓出土的玻璃碗——萨珊玻璃器的发现与研究》，《考古》1986年第2期，第173页及图2、图版8.3-8.4。原始报告参见北京市文物工作队《北京西郊西晋王浚妻华芳墓清理简报》，《文物》1965年第12期，第22页，该报告只报道了玻璃器的碎片，不过后来被复原。

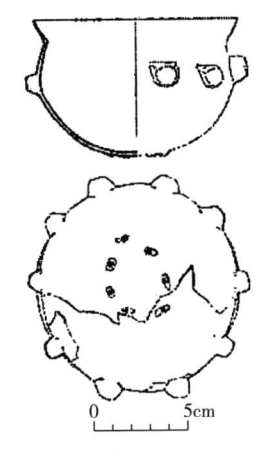

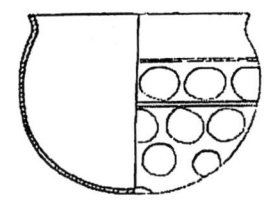

图 7.72　萨珊玻璃碗之一　　图 7.73　萨珊玻璃碗之二

因将其断为公元 5~6 世纪时期的物品①。此外，宁夏固原李贤（卒于天和四年，公元 569 年）墓中也发现了一件特别精致的这类玻璃器，呈浅黄绿色，透明度很高，器表上饰有带凹面的柱状突（图 7.74）②。这些玻璃器通常都是自由吹制而成，不过李贤墓所出玻璃碗是在模子里吹成的，器表的柱状突要么

---

① Marc Aurel Stein, *Innermost Asia*: *Detailed Report of Explorations in Central Asia, Kan-su and Eastern Iran*, Carried out and Discribed Under the Orders of H. M. Indian Government by Sir Aurel Stein. 4 vols. Oxford: The Clarendon Press, 1928, p. 756, and pl. CX。斯坦因详细描述了这件器物：玻璃杯呈透明的白色，略微泛绿，小平底，器壁略呈外弧，口沿厚而平；饰有凹地圆点纹饰带，凹地上突起七个圆形圜带，其上又有两圈椭圆形带。此器虽破碎，但已完整修复，高 2.25 英寸、底径 7/8 英寸、口径 2.69 英寸。另参见安家瑶《北周李贤墓出土的玻璃碗——萨珊玻璃器的发现与研究》，《考古》1986 年第 2 期，第 173 页及图 1.3。

② 宁夏回族自治区博物馆、宁夏固原博物馆：《宁夏固原北周李贤夫妇墓发掘简报》，《文物》1985 年第 11 期，第 14、12 页及图 26、图版 3.1；安家瑶：《北周李贤墓出土的玻璃碗——萨珊玻璃器的发现与研究》，《考古》1986 年第 2 期，第 173~174 页及图 1.1。

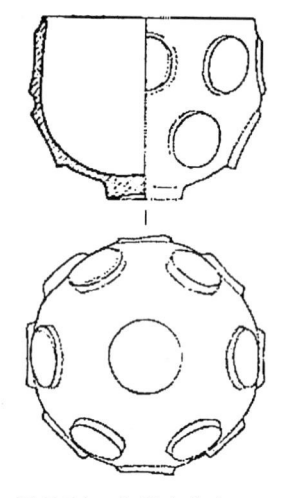

图 7.74 萨珊玻璃碗之三

是冷却之前熔到器身上的，要么是将较厚的器壁打磨后出现的。无论是哪种情况，器壁都非常薄，几乎薄如纸张，尤其口沿处更是如此。这些器物与在罗马发现的实物一样，也是钠钙合成物。

玻璃器在六朝时期备受珍惜，甚至成为诗歌吟咏的主题。潘尼（卒于永嘉五年，公元311年）曾作有一首《琉璃碗赋》[①]，以颂扬玻璃之珍稀与特性：

览方贡之彼珍，玮兹碗之独奇。济流沙之绝险，越葱岭之峻危。其由来也阻远，其所托也幽深。据重峦之亿仞，临洪溪之万寻。接玉树与琼瑶，邻沙棠与碧林。瞻阆风之崔嵬，顾玄圃之萧参。于是游西极，望大蒙。历锺山，窥烛龙。觌王母，访仙童。取琉璃之攸华，诏旷世之良工。纂玄仪以取象，准三辰以定容。光映日耀，圆成月盈。纤瑕罔丽，飞尘靡停。灼烁旁烛，表里相形。凝霜不足方其洁，澄水不能喻其清。刚坚金石，劲励琼玉。磨之不磷，涅之不浊。举兹碗以酬宾，荣密坐之曲宴。流景炯晃以内澈，清醴瑶琰而外见。

根据历史文献，中国的玻璃制造始于公元5世纪，当时有

---

① 这首赋散见于《艺文类聚》卷73、卷84，此处引文依据严可均（1762～1843年）《全上古三代秦汉三国六朝文·全晋文》卷94，北京，中华书局，1958，第2000页，据广州广雅书局版影印。

一位大月氏（地处贵霜故地）人来到北魏都城——平城，获许制作玻璃。他的成果之一就是建造了一个可容百人的大殿，从透明的窗户里映出明亮的光芒。这段文献称，中国自此开始制造玻璃，玻璃不再像从前那样珍稀，不过，进口玻璃似乎仍然很受青睐①。显然，中国本土制作的玻璃制品一直没有达到进口玻璃的质量。

中国早期玻璃与进口玻璃的差别在于它主要是铅钡玻璃。尽管早在公元 3~4 世纪，中国就已经知道了用纯碱②制造钠钙玻璃的方法③，但似乎直到隋代才开始制造钠钙玻璃，即使在隋代，钠钙玻璃的生产量也很小，这可能是由于中国纯碱资源短缺的缘故④。六朝时期代表性的中国玻璃，包括发现于河北定县石塔基（北魏太和五年，公元 481 年）内的 1 件玻璃碗

---

① 《魏书》卷 102；《北史》卷 97。这段文献被译成英文，参见 Joseph Needham, with Wang Ling, and Lu Guei-djen, *Science and Civilisation in China*, 4.1, p. 108 – 109。尽管西方早在公元 1 世纪就已经使用这样的玻璃窗，但中国还没有发现这个时期的窗玻璃。程朱海在其文章《试探我国古代玻璃的发展》（《硅酸盐学报》1981 年第 1 期，第 101 页）中也引用了这段文献，但另加上了一段关于玻璃工艺失传、天竺人来华做玻璃的记载，我不知道他的文献出自哪个版本。《北史》卷 90 称玻璃制作技术在隋代已失传，粟特人后裔何绸重又发现，参见安家瑶《中国的早期玻璃器皿》，《考古学报》1984 年第 4 期，第 433 页；Joseph Needham, with Wang Ling, and Kenneth G. Robinson. *Science and Civilisation in China*, 4.1, p. 109。原田淑人为证明舶来品玻璃器的较高价值，引用《洛阳伽蓝记》关于北魏河间王元琛夸富的记载，元琛的财物中就有来自西方的琉璃碗，参见 Yoshito Harada, "Ancient Glass in the History of Cultural Exchange between East and West," *Acta Asiatica* 3（1962）：63。
② 中文里的"纯碱"即 Soda Ash（苏打灰），参见 Edward Schafer, *Golden Peaches of Samarkand: A Study of T'ang Exotics*, pp. 220 – 221。
③ 《艺文类聚》卷 84 引万震《南州异物志》。
④ 安家瑶：《中国的早期玻璃器皿》，《考古学报》1984 年第 4 期，第 436 页。

和6件玻璃瓶，采用中国传统器型，以无模吹制技术成型，器物很小，质量也不及亚洲西部的同类器①。西安李静训墓（大业四年，公元608年）发现的几件玻璃器比北魏时期略显进步，但由于玻璃里含有大量气泡，严重影响了器物的透明度②。到隋代，中国玻璃器里铅的含量已经很高（氧化铅的含量高达60%），只有极少量的钡③。

综上所述，中国制造的玻璃制品器型较小，直径一般不到8厘米，不做装饰，而且由于壁很薄，与进口器相比

---

① 河北省文化局文物工作队：《河北定县出土北魏石函》，《考古》1966年第5期，第252~259页；安家瑶：《中国的早期玻璃器皿》，《考古学报》1984年第4期，第423~424页及图版8.6、10.1。玻璃吹制技术直到公元3世纪才从西方传入中国，而此前吹制玻璃产品已输入中国数百年。

② 关于李静训墓出土玻璃器及其他隋代玻璃器，参见安家瑶《中国的早期玻璃器皿》，《考古学报》1984年第4期，第425~446页。

③ 这种玻璃器的化学组成，参见清华大学建筑材料研究院、中国社会科学院考古研究所《中国早期玻璃器检验报告》，《考古学报》1984年第4期，第449~457页。此前由于样本年代的不准确，检验报告不太可靠。C. G. Seligman等报告唐代的玻璃主要是钠钙硅酸盐（soda-lime silicate），只有两例是铅硅酸盐（lead-soda-lime silicate），不过他们并没有对国产玻璃和进口玻璃进行区分，参见 C. G. Seligman, Patrick D. Ritchie, and H. C. Beck, "Early Chinese Glass from Pre-Han to T'ang Times," *Nature* 138 (1936): 721。Ritchie又增加10例汉唐之间的玻璃样本，通过质谱分析，发现半数属铅玻璃（lead-soda-lime silicate），半数是钠钙玻璃（soda-lime silicate），于是提出：汉唐之间的玻璃经历了从铅钡玻璃（lead-barium）向铅玻璃（lead-soda-lime），再向钠钙玻璃（soda-lime silicate）的发展过程（p.220），参见 Patrick D. Ritchie, "Spectographic Studies of Ancient Glass: Chinese Glass from Pre-Han to T'ang Times," *Technical Studies in the Field of the Fine Arts* 5 (1937): 22。实际上，清华大学建筑材料研究院等早已根据玻璃中存在的少量钡元素，认为至少在北宋时期已制作铅玻璃，他们采用的测试方法是湿化学法和X光荧光技术，参见清华大学建筑材料研究院、中国社会科学院考古研究所《中国早期玻璃器检验报告》，《考古学报》1984年第4期，第455~456页，表1、表2。

极其易碎①。尽管中国早期玻璃器受到了外国玻璃制作技术的影响,但还是沿用了中国传统的原料和器型。中国的玻璃制造业一直没有成为一个主要的手工业门类,陶瓷才是制造饮食器皿的主要材料。

十二 漆器

由于漆器难以保存,初始状态的器物早已不存,所以见诸记录的只有漆皮的残片②。因此,以下对漆器发现情况的回顾,主要从现存漆器的角度来考察,而不是用来判断其原来的使用状况。

六朝漆器主要发现于南方,尤其是江苏和江西地区,但在湖北和广西也都有发现,关于湖南和广东漆器仅有零星报告,尚不见四川发现漆器的报道,尽管四川也是漆器的生产中心。早期漆器的种类众多,有碗、耳杯、盘、盒、奁盒、果盒,以及其他零散器皿。在晋和南朝时期,漆器的使用范围变得较小,主要用于盘和盒。东晋时期,漆器的装饰上还出现了一种明显的由繁向简的趋势,到南朝时期则变为素面了,不过,这种变化到底反映了漆器工艺的衰落还是审美趣味的转变,尚不得而知③。当时备受青睐的青瓷器可能影响到了漆器的广泛

---

① 安家瑶:《中国的早期玻璃器皿》,《考古学报》1984年第4期,第434~435页。她认为,历史文献中提到这些玻璃易碎,说明当时的玻璃制作工匠尚未掌握退火技术。

② 王志高、周裕兴、华国荣:《南京仙鹤观东晋墓出土文物的初步认识》,《文物》2001年第3期,第88页,认为南京地区的强酸性土壤不利于漆器的保存。

③ 王志高、周裕兴、华国荣:《南京仙鹤观东晋墓出土文物的初步认识》,《文物》2001年第3期,第89页。

使用。

在吴国的重要军事据点——今安徽马鞍山发现的朱然（卒于赤乌十二年，公元249年）墓具有多方面的重要意义，尤其是其中发现的大量保存完好的漆器。这些漆器之所以能够幸存下来，似乎要归功于盗墓贼在墓顶上留下的一个盗洞，正因为这个盗洞，墓内被填充了一层保护性的淤泥[1]。该墓共发现了10多种、60多件漆器[2]。漆胎包括木胎、竹胎和皮胎，装饰上既有素面无纹，也有漆画，器表既有锥刻戗金，也有雕刻，雕刻后露出颜色不一的层次（最早认为这种技法始于唐代），有些器物则以刻、绘技法相结合。漆画为研究这个时期的绘画艺术提供了重要的资料，绘画题材包括历史传说、宴享等现实生活场景，以及花草图案。这批器物中，尤其值得注意的是一张82厘米×56.5厘米的大型漆案和一件凭几，此外还有盘（有的有漆画，有的素面）、耳杯和一件装饰精美的果盒、一方砚（在漆里加入了细纱）、一把尺子、一个盒子、一把勺子。其中一件漆盘的底部刻有文字，表明产地是四川。由于朱然曾两次征伐蜀国，因此带文字的漆盘可能表明墓中的大量漆器很可能是他在四川所获[3]。

另外一批26件漆器发现于江西南昌的几座晋墓里。其中一件奁的里面是红色的，外面大部分是黑色，饰以2辆马车和17个人物，有的端坐，有的手持各种物品前行。在一件漆盘的红底上绘有一幅非常精致的宴饮场景：四位长

---

[1] 安徽省文物考古研究所、马鞍山市文化局：《安徽马鞍山东吴朱然墓发掘简报》，《文物》1986年第3期，第1页。
[2] 报告只是有选择地列举和描述了部分器物，没有准确的数字。
[3] 杨泓：《三国考古的新发现》，《文物》1986年第3期，第19~21页。

者席地而坐，一位弹琴，二位端碗，另一位似在说话。郑岩令人信服地认为，这幅画描绘的是皇帝宴请隐居者"商山四皓"的场景，同样的主题还有当时墓中的理想化隐居者——竹林七贤的形象。还有一件漆器残件描绘的是西王母弹琴形象，西王母两旁有很多动物和半人半兽形象在观看。该遗址出土的漆器还包括凭几、盘、耳杯和筷子。这批漆器的发现对研究这个时期的漆器和绘画史具有特别重要的意义[①]。

漆器在中国的一些湿热之地特别难以保养，公元6世纪的贾思勰在《齐民要术》中曾提出了一些保养漆器的方法[②]：

凡漆器，不问真伪，过客之后，皆须以水净洗，置床箔上，于日中半日许曝之使干，下晡乃收，则坚牢耐久。若不即洗者，盐醋浸润，气彻则皱，器便坏矣。其朱里者，仰而曝之，朱本和油，性润耐日故。盛夏连雨，土气蒸热，什器之属，虽不经夏用，六七月中，各须一曝使干。世人见漆器暂在日中，恐其炙坏，合着阴润之地，虽欲爱慎，朽败更速矣。

凡木画、服玩、箱、枕之属，入五月，尽七月、九月中[③]，每经雨，以布缠指，揩令热彻，胶不动作，光净耐

[①] 江西省文物考古研究所、南昌市博物馆：《南昌火车站东晋墓葬群发掘简报》，《文物》2001年第2期，第16~24页；郑岩：《南昌东晋漆盘的启示——论南北朝墓葬艺术中高士图像的含义》，《考古》2002年第2期，第77~86页。

[②] 缪启愉：《齐民要术校释》，北京，农业出版社，1982，第250~252页；石声汉：《齐民要术选读本》，北京，农业出版社，1961，第281~283页。

[③] 这里的时间所指何意，并不清楚。

久。若不揩拭者，地气蒸热，遍上生衣，厚润彻胶便皱，动处起发，飒然破矣。

已发现的大多数北方漆器都出自辽宁地区，时代从六朝初延续至十六国时期；此后，漆器总的来说变得非常罕见，一般只有一件盒或一件耳杯，但在朝阳袁台子东晋墓中出土了一件漆案，上面摆放了14件漆器和瓷器，原来是盛放献祭食物的。漆案和这些器物的上面原来还罩着一顶帷帐，仅有帷帐的石座和转角处的青铜结合件得以保存下来（图6.12）[①]。

北方漆器很少发现的原因，在某种情况下是由于器物过于庞大。山西大同北魏司马金龙墓出土的一件漆画屏风与以前所见大不相同。屏风残存5块，其中有几块原本是彼此相邻的。每块约80厘米高，20厘米宽，2.5厘米厚，互相以榫卯相连。漆屏风表面呈朱红色，而画像的名牌和写榜题文字的区域则呈黄色。又用混有颜料和漆的油底涂成各种不同的浅色。现在还不太确定到底采用的是哪种油，可能是胡桃油或荏桐树（Aleurites cordata，日本油桐）油；也用到了铅黄（一氧化铅）。当然，对漆画屏风工艺的进一步研究无疑会提供更多的信息[②]。由于绘画的材料没有颜色较深、质地较纯的背景漆那么耐用，所以画面的某些细部已经脱落。每一幅漆画的前面和后面都分为四节，大部分都是图绘的古圣先贤、贞妇义士的事迹。例如，在一

[①] 辽宁省博物馆文物队、朝阳地区博物馆文物队、朝阳县文物馆：《朝阳袁台子东晋壁画墓》，《文物》1984年第6期，第38~39页及图34。

[②] 王世襄：《中国古代漆工杂述》，《文物》1979年第3期，第50页。

块屏风的最上一节，左侧绘的是舜帝的故事，舜的父亲和继母正在落井下石，他们以为舜还在挖井，准备害死他，其实他们有所不知，舜早先已经幸运地从井底脱身了。尽管如此，舜仍然对这对恶毒的夫妻忠孝有加，他的孝行感动了尧帝，被尧选为王位的继承人。画面的右侧绘的是舜帝与两位王后（尧的女儿），舜右手握一物。下面一节绘的是三位女子，均着飘曳长袍，有着精美的发饰和长长的飘带，她们是周代的三位王后，即文王的祖母、母亲和王后，其中文王王后是周朝建立者武王的母亲。这三位女子在周朝的建立上功不可没。再往下的一节，绘的是一位母亲坐在几案旁，面向她的女儿。这位母亲是鲁国师家的女子，正在为女儿教授宫廷仪态。可惜的是，她的事迹在《列女传》中已佚，所以这幅画的含义还不甚清楚[①]。最后也是最下部的一节表现的是班婕妤的故事，她是汉成帝的宠妃，拒绝与成帝同辇，理由是历来圣君皆为名臣侍左右，而不应是女子，以免落得与前代几位末帝同样的下场[②]。这些画面都栩栩如生，是了解当时服饰与家具的珍贵资料。有人认为这件屏风是在南方制作的，元熙二年（公元420年），司马金龙之父司马楚之为了逃避当权者对家族的迫害而逃奔北方，于是这件屏风作为司马家族的传家宝而被埋

---

① Albert O'Hara, "The Position of Woman in Early China according to the Lieh Nu Chuan," *The Biographies of Eminent Chinese Women*. Washington, D. C. : The Catholic University of America Press, 1945, p. 48.

② Albert O'Hara, "The Position of Woman in Early China according to the Lieh Nu Chuan," *The Biographies of Eminent Chinese Women*, pp. 230 – 235.

入了金龙的墓里①。

早期在棺木上髹漆的传统也延续到了六朝,不过现存实例不多。前面提到的朱然及其夫人的棺木就是髹漆的,内红外黑②。前述宁夏固原北魏墓也有一具漆棺,可惜在调查中被严重损毁了,不过棺盖、前挡和侧挡得以相对完好地复原。该棺与上述屏风一样,有红色的底漆,上涂红褐色、石青色、矿物绿和黄色,各种颜料里均加进了漆。有些部位是金色和白色的,显然是结合部件,直接涂颜料而不加漆。在装饰繁缛的棺盖上,由相互交缠的忍冬花组成很多菱形格,格子内绘有异兽和兽首鸟身形象;中间从上而下是一条由漩涡纹与白鹤、鸭子和鱼纹混杂在一起的S形条带,代表着银河;在头端两侧各绘一所屋宇,根据榜题,左侧屋宇之下的坐姿人物是东王公,右侧人物应该代表了西王母;其上分别是带有三足乌的太阳和月亮,月亮内很可能原来绘有代表性的蟾蜍,不过由于损毁而无法确知(图7.75;另参图6.6)③。

---

① 漆屏风的报告参见山西省大同市博物馆、山西省文物工作委员会《山西大同石家寨北魏司马金龙墓》,《文物》1972年第3期,第25~26页;唯一全面发表漆屏风彩照和细部特征的是张安治主编《中国美术全集·绘画编1·原始社会至南北朝绘画》,第153~163页。关于屏风的讨论,参见志工《略谈北魏的屏风漆画》,《文物》1972年第8期,第55~59页;Lim对屏风有一个详细的论述,参见Lucy Lim, "The Northern Wei tomb of Ssu-ma Chin-lung and early Chinese figure painting." Unpublished PhD dissertation, New York University, 1990。关于司马金龙获得这件屏风的可能途径,以及它在南北文化交流上的地位,参见宋馨《北魏司马金龙墓葬重新评估》,《中国文化研究所学报》2002年第11期,第273~298页。

② 安徽省文物考古研究所、马鞍山市文化局:《安徽马鞍山东吴朱然墓发掘简报》,《文物》1986年第3期,第2~3页及图6。

③ 固原县文物工作站:《宁夏固原北魏墓清理简报》,《文物》1984年第6期,第48~50页;韩孔乐、罗丰:《固原北魏墓漆棺的发现》,《美术研究》1984年第2期,第3~22页;宁夏固原博物馆编《固原北魏墓漆棺画》,图版1。

图 7.75　漆棺盖

前挡也绘有一座与棺盖所见相似的屋宇,不过屋宇里绘的是一位男子像,显然代表着死者,斜坐在榻上,背靠屏风,身穿游牧民族或非中原式的外套,身旁两侧站立的侍者也身着同样的服装。这些人物所着鲜卑服装,以及死者的中亚式坐姿,为考察当时鲜卑人与中国社会的融合方式具有非常重要的意义。这组人像之下两侧各有一尊菩萨像,头梳高髻,身披珠宝首饰，着飘曳长衣（图 7.76）①。

图 7.76　漆棺局部

侧挡是损毁最严重的部分，画像也分为三栏：最上栏是孝子故事，中间是一列彼此相套的联珠圈，圈内是彼此相对的异兽和菩萨像，前端有一长方形窗，能看到窗内的二位侍者。各栏之间以花卉纹相隔。各组孝子故事画幅之间以三角形火焰纹相隔，故事情节由前向后发展。右挡第一组由 8 幅故事组成，都是有关舜的早期事迹片段，即舜遭父亲和继母迫害而逃离火仓和深井的故事。后一组是孝子郭巨的故事，他为了侍奉老

---

① 固原县文物工作站：《宁夏固原北魏墓清理简报》，《文物》1984 年第 6 期，第 49 页，图 9 及图版 7.1 – 7.2；宁夏固原博物馆编《固原北魏墓漆棺画》，图版 2。孙机注意到画像中的墓主形象与中亚巴拉雷克（Balalyk Tepe）所见相同，皆坐于榻上，双腿下垂，一手持高脚杯，一手持扇子，他认为这种形象可能反映了墓主反汉化的思想倾向，参见孙机《中国圣火：中国古文物与东西文化交流中的若干问题》，第 122 ~ 138 页。Lucy Lim, "The Northern Wei Tomb of Ssu-ma Chin-lung and Early Chinese Figure Painting," p. 169，认为从艺术风格来看，这具漆棺是鲜卑工匠的作品，但这种看法似乎忽略了工匠所处的社会环境。

母，决定埋掉自己的儿子，在掘坑时获得黄金一缸。画幅旁均涂黄色，上有榜题说明画面的内容。左挡损毁得更为严重，仅能看出一些关于尹伯奇①和蔡顺②的内容，其他内容尚无法判断。后挡也是损毁严重，似乎表现的是晏子用计"二桃杀三士"的故事③。以这些关于孝子和智慧的激励性故事作为装饰，似乎旨在向墓葬传递某种神圣性，甚或是向地下的世界宣示死者所服膺的价值观④。

这个时期墓葬中出土的漆器尽管数量不是很多，但种类繁多，包括20多种不同的器型。以耳杯、盘、碗和各式各样的盒最为常见，但也出现了勺、发钗、梭子、尺子、砚甚至鞋子。由于漆器不易保存，只有少量墓葬里出土有漆器遗物（81座，4.66%），可能无法真正勾勒出漆器在当时物质文化中的作用。

---

① 尹伯奇之父听信伯奇继母的谗言而杀害了自己的儿子，后来偶见一只异鸟，栖于桑树之上对他啾啾而鸣，其声甚是凄惨，他才意识到自己被愚弄了，于是杀死了自己的妻子。
② 蔡顺伏于其母棺前痛哭，虽遇大火而不避之，火势有感于他的孝行，避棺而去。
③ 《晏子春秋·谏下》。
④ 关于这具漆棺的更多信息和对其意义的讨论，参见 Luo Feng, "Lacquer Painting on a Northern Wei Coffin," *Orientations* 21.7（July 1990）: 18 – 29；王泷《固原漆棺彩画》，《美术研究》1984 年第 2 期，第 12 ~ 16 页；P. E. Karetzky and Alexander Coburn Soper, "A Northern Wei Painted Coffin," *Artibus Asiae* 51: 1 – 2（1991）: 5 – 20（此文讹误较多，引用需谨慎）；Alexander Coburn Soper, "Whose Body?" *Asiatische Studien* 44.2（1990）: 205 – 216; and Elizabeth M. Owens, "Case Study in Xianbei Funerary Painting: Examination of the Guyuan Sarcophagus in Light of the Chinese Funerary Painting Tradition," Unpublished MA thesis, University of Pennsylvania, 1993。

第八章　家具

在汉代，通常的就座方式是坐于铺在地上的席或褥上，这种习俗延续到了六朝，不过无法确知它究竟延续到了何时。比较复杂的是，尽管这种旧时的习俗在语言中留下了很多印迹，比如很多短语中都用到了"席"字，但我们并不能单从字面上把这些短语作为这种习俗存在的证据。不过，如"不能安席""就席""侧席"等词语经常出现，还确实表明了"席地而坐"习俗的存在。

当时席地而坐的习俗可以在《世说新语》和其他一些文献记载的逸闻中找到证据。例如，王恭从会稽回家后，就坐在一张用筼制成的席子上，筼是一种用来制作上好席子的竹子，显然是当地的一种特产。王忱以为王恭带回很多这样的竹席，于是向他索要，王恭毫不犹豫地将竹席让给了王忱，而自己坐"荐"（一种很粗糙的席子）①。又如顾雍得知儿子的死讯时神色不变，但痛苦得将指甲深掐入掌心，以至于鲜血浸透了他所坐的褥子②。再如，殷仲堪深恶浪费，吃饭时往往会将洒落到竹席上的米饭捡起来吃掉③。在一次宴会上，蔡系离开座位片刻，谢万就坐到了他的席上。蔡系返回时，将谢万连同席子

---

① 《世说新语·德行》。
② 《世说新语·雅量》。
③ 《晋书》卷54。

拧起来，将其摔到地上，自己重新坐回原来的席上①。除此之外，席子也可能用于某些仪式中。元兴元年（公元403年），桓玄（公元369~404年）为取晋朝而代之，受封为楚王。在受封仪式上，为桓玄准备的席子已经铺好，但在桓玄落座之前，一条狗跑过来在席子上小便，弄得侍臣们惶恐不已。桓玄暴怒，不过也只能让人更换被狗弄脏的席子，继续举行仪式②。另一个故事发生在皇后的葬礼上，按规定，官员到了一定的级别，在仪式上就能够独坐一席（绝席），而级别较低的官员则要和别人共坐一席。傅玄（公元217~278年）就因为没有按照规定为他准备单独的席子而大发雷霆③。此外，那些忠实可靠、德高望重的官员在退隐时，还能够依惯例得到一些馈赠，包括一张床和若干席、垫，以及20万的俸禄④。"同席"指的是共享一张席子，通常表明两人关系比较亲近，比如用在君王及亲信之间。但是，诸如"同榻共席""连席共榻"的短语最早出现于《隋书》中，可能表明当时榻已经完全取代了铺于地上的席子，而成为新的坐具⑤。

在这个时期，除了席地而坐，人们还习惯坐在带腿的案上。当时上层社会的主要室内家具就是一个低矮的几案，叫作"床"，与今天的"床"同名。不过当时"床"的用途很多，不仅仅只有现在字面上的意思⑥。因此，最好将当时的"床"

---

① 《世说新语·雅量》。
② 《晋书》卷28。
③ 《晋书》卷47。
④ 《晋书》卷44；卷68。
⑤ 《隋书》卷58；卷76。
⑥ 以下关于"床"和帐的讨论，大多根据易水《帐和帐构——家具谈往之二》，《文物》1980年第4期，第85~88页。另参见 Handler（转下页注）

看成"榻",而不是睡觉的床,是人们用来休息、会客、吃饭、写作等的地方。与之配套的还有一些其他的陈设,如扶手、痰盂、火盆以及各种餐饮器皿。在前面放置书桌和饮食器皿,而后面和两侧放置屏风,通常还以"帐"围绕,既可以阻挡蚊虫和灰尘,也可以用来保暖。还可以悬挂帷幔以保护隐私,不用时也可将其拉到两边,用带子固定。这套设施往往非常精细,但奢华程度可能还须遵循一定的等级制度①。《邺中记》有一段后赵统治者石虎御床的描述:

> 石虎御床,壁方三丈。冬月施熟锦流苏斗帐,四角安纯金龙,头衔五色流苏。或用青绨光锦,或用绯绨登高文锦,或紫绨大小锦。丝以房子绵,百二十斤白縑里,名曰复帐。帐门角安纯金银鉴镂香炉,以石墨烧集和名香。帐顶上安全莲花,花中悬金箔,织成绽囊。囊受三升,以盛香。帐之四面上十二香囊,采色亦同。春秋但锦帐,里以五色縑,为夹帐。夏用纱罗,或綦文丹罗,或紫文谷,为单帐。②

精致的帷帐也发现于南方地区。东晋桓玄所用的帷帐,据说用鲜红的锦缎金丝织成,四角各饰一条金龙,上有五色流苏③。

在墓葬壁画中常发现墓主人的肖像画:死者如生前在家一

(接上页注⑥)极有价值的论述,Sarah Handler, "Life on a Platform," *Journal of the Classical Chinese Furniture Society* 3∶4(1993)∶4–20。

① 《宋书》卷18。
② 《太平寰宇记》引陆翙《邺中记》。
③ 《晋书》卷99。

样，安坐于帷帐之下的榻上，面向墓门。墓主妻子与其同坐一榻，或独坐一榻，侍仆分列两侧。尽管大多数墓葬壁画保存状况不佳，有些支离破碎，但在冬寿墓中，冬寿及其夫人各据一帐的情形还是非常清晰，还能看到上述桓玄帷帐内的那种流苏和羽葆。冬寿夫人似乎坐在榻上，但冬寿本人坐在一个带矮栏杆的坐具上，这可能就是所谓的"床"（图8.1）①。目前保存下来的最为精美的卧榻当属司马金龙墓出土的石棺床了，它可能是以这类榻为范本的②。从偶尔发现的一些铁质和铜管装置上，也能看出榻上帷帐的搭建方式，帐顶形态或为尖顶，或为覆斗顶，或为截尖锥形顶③。

图 8.1 壁画中的帷帐与坐像

① 洪晴玉：《关于冬寿墓的发现和研究》，《考古》1959年第1期，第30页，图5、6。
② 山西省大同市博物馆、山西省文物工作委员会：《山西大同石家寨北魏司马金龙墓》，《文物》1972年第3期，第21、22页，图4。近年发现的粟特棺床似乎源自不同的传统。
③ 易水：《帐和帐构——家具谈往之二》，《文物》1980年第4期，第87页，图2、4、5。高润墓壁画中的帷帐似为平顶，可惜报告中的照片不清晰，参见磁县文化馆《河北磁县北齐高润墓》，《考古》1979年第3期，图版7。

也有一些榻是不设帷帐，而以屏风代替①。屏风或置于后部作为背景，或折叠起来围绕在榻的左右及后方。本书第七章中，已对司马金龙墓中出土的精美漆木屏风做过详细描述。事实上，墓葬壁画中也有一些类似的例子，其中一例描绘的是墓主人坐于屏风之前，屏风上绘有山水（图8.2）②。另一座墓葬里的壁画屏风更为精美，描绘的是"竹林七贤"形象，这扇屏风是作为榻的背屏存在的，榻下绘有屈腿和精细的挡板（图8.3）③。

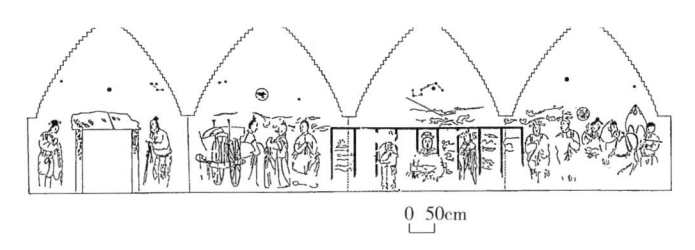

图8.2　某墓室壁画屏风人物图

上述榻都较为宽大，可以容纳多人，而且一般不可移动。而较小的榻（或可称作凳子）则是单人坐具④。这些榻都有较为坚固的腿和框架以承受人的重量，与"案"（矮桌子）唯一

---

① 关于中国历代屏风的讨论，参见 Sarah Handler, "The Chinese Screen: Movable Walls to Divide, Embrace, and Beautify," *Journal of the Chinese Classical Furniture Society* 3.3 (1933): 4–31, 其中第8~11页专门论述六朝屏风。
② 济南市博物馆：《济南市马家庄北齐墓》，《文物》1985年第10期，第45页，图8。屏风端板与侧板的结合方式有助于屏风的稳固。
③ 山东省文物考古研究所：《济南市东八里洼北朝壁画墓》，《文物》1989年第4期，第69页，图3。
④ 贾士蘅认为榻是汉末从西方传入的，参见《中国上古时代的坐姿与坐具》，载宋文薰等编《历史考古与文化：庆祝高晓梅教授八十大寿纪念论文集》，台北，正中书局，1991，第76~77页。

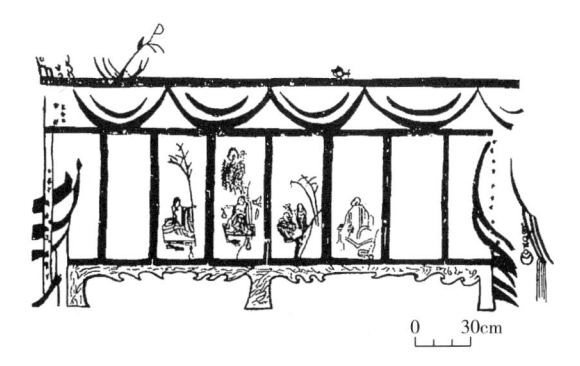

图 8.3　某墓室壁画中的帐下榻后屏风局部

不同的是，榻没有凸起的边缘①。榻的实物无一得以保存下来，不过发现了几件陶榻，上面还附着一些漆皮残片。这些陶榻模仿了实际家居生活中的漆木家具，用为随葬品。在一座未被盗扰过的墓葬中曾发现了一件这样的陶榻，经过复原，发现榻上有并不常见的凭几，还置有盘、耳杯、砚台、香炉以及唾盂②。在通常情况下，榻的大小只能容纳人，盘子等物是置于案上的，或置于榻前面、侧面的地板上。榻的长度一般在75厘米～130厘米之间，宽度在60厘米～100厘米之间，高度在12厘米～28厘米之间。这种家具在六朝时期曾广泛使用，在壁画和绘画作品中常见其形象（图4.98）③。在有些图像中，

---

① 陈增弼：《汉、魏、晋独坐式小榻初论》，《文物》1979年第9期，第66～71页。
② 南京市博物馆：《南京象山5号、6号、7号墓清理简报》，《文物》1972年第11期，第30、29页及图8。报告将此物判断为桌，但陈增弼认为有误，参见陈增弼《汉、魏、晋独坐式小榻初论》，《文物》1979年第9期，第66页。
③ 司马金龙墓漆屏风上也出现了几件这样的坐榻，参见张安治主编《中国美术全集·绘画编1·原始社会至南北朝绘画》，第155、159、162页，这三件坐榻都有形制奇异的扇形底板，后两件还以栏杆将三面环绕。这种形状可能是受到了屏风前空间的限制，只得将其画得比实际尺寸小一些，带有栏杆的坐榻可能实际上是"床"，而不是"榻"。

两人各自跪坐一榻，但共用一顶帷帐（图 8.4）①。

由于跪坐的缘故，所以就得有相应的支撑身体的方式，于是，凭几、枕头和垫子等用具应运而生了。关于这些用具，在颜之推对梁朝贵族子弟生活的描述中有所提及，他写道，"无不熏衣剃面，傅粉施朱，驾长檐车，跟高齿屐，坐棋子方褥，凭斑丝隐囊，列器玩于左右，从容出入，望若神仙"②。

图 8.4　某墓室壁画中帐下人物各坐一榻局部

三条腿的凭几模型曾发现于墓葬的随葬物中，原本可能是放在跪坐者面前的，以便坐者欠身倚靠，膝盖正好伸入凭几的两腿之间。因此，凭几可能主要用作身体的前部支撑，而不是作为靠背，尽管有时也作靠背之用③。例如，在"竹林七贤"

---

① 王增新：《辽阳市棒台子二号壁画墓》，《考古》1960 年第 1 期，第 22 页及图 3.6。这里自然描绘的是葬礼场景，所以可能是事先设计好的。
② 《颜氏家训·勉学》；周法高编《颜氏家训汇注》。关于"隐囊"，参见孙机《中国圣火：中国古文物与东西文化交流中的若干问题》，第 211 页。
③ 凭几的后一种用法可以从一件菩萨坐像看出，参见胡文彦《魏晋南北朝时期佛教对家具的影响》，《故宫博物院院刊》1992 年第 2 期，第 63、62 页及图 9。胡认为凭几是这个时期家具中不可或缺的组成部分。更早的研究参见李鉴昭《试说六朝墓中出土凭几的正名与用途》，《考古通讯》1956 年第 5 期，第 60~61 页。

画像中，王戎就背靠着凭几，不过，这里作为靠背的凭几是方盒状①。

人们一般采取跪坐姿势，当时人们对跪坐之外的欧式坐姿也并非一无所知。有证据表明，至迟从东周开始，中国人已经开始使用凳子了②。而到东汉时期，折叠椅开始从西方传入中国③。起初，这种马扎（折叠椅）似乎大都与战场上军队的指挥官有关，它常常出现在一些逸闻中，最典型的是有关曹操的故事④。由于这种折叠椅方便、实用，很快就得到广泛的应用，无论室内还是户外，甚至皇宫内都开始使用。这种折叠椅的例子可以追溯到唐代，但实物只有武定五年（公元547年）纪年墓中一件陶俑的手持之物（图8.5）⑤。此外，在文学作品等描述中，常常提及人们所坐的沙漏状的凳子（筌蹄），如作为禅定菩萨的座椅有时也作为西域商人的坐具（图7.67）⑥。

隋唐时期，尤其在唐代，西方式的椅子被广泛地使用。柯

---

① 姚迁、古兵编著《六朝艺术》，图版162~163。
② Sarah Handler, "The Ubiquitous Stool," *Journal of the Chinese Classical Furniture Society* 4.3 (1994): 4.
③ 易水：《漫话胡床》，《文物》1982年第10期，第82~85页。此处对胡床的描述主要引自此文。另参见Handler所引文献，Sarah Handler, "The Ubiquitous Stool," *Journal of the Chinese Classical Furniture Society* 4.3 (1994): 7。
④ 如易水在《漫话胡床》（《文物》1982年第10期）中援引的《三国志》卷1注。
⑤ 磁县文化馆：《河北磁县东陈村东魏墓》，《考古》1977年第6期，第396页及图6.2。
⑥ 夏名采：《益都北齐石室墓线刻画像》，《文物》1985年第10期，第50页及图2；Sarah Handler, "The Ubiquitous Stool," *Journal of the Chinese Classical Furniture Society* 4.3 (1994): 5；孙机：《中国圣火：中国古文物与东西文化交流中的若干问题》，第210~211页。

嘉豪（John Kieschnick）认为，椅子传入中国可能早到公元4世纪，最早是用绳索编成的，在佛教寺院里作习禅之用①。椅子的广泛使用导致了桌子的出现，其他的一些物品也随着活动面的升高而应运而生。尽管桌子早已开始使用②，但室内家具风格的彻底变化是较晚发生的，因此以后的语汇中常常将桌子与椅子并称，而出现了"桌椅"一词③。

图 8.5　持折叠椅的陶俑

当时的榻类似于宽大的床，顾恺之《女史箴图》中有一张榻，大小如房间，皇帝坐在榻前的长椅上，榻内有一名女眷。榻的四周有围栏，围栏前部外折，形成一扇门，四周有帘子，拉上后能遮挡整个榻。尽管有人认为这幅画是后代所作的顾恺之画作摹本，但其中榻的结构还是很好地反映了六朝时期的风格④。

当时室内可能也使用了各式箱子、柜子、筐子等家具。在

---

① John Kieschnick, *The Impact of Buddhism on Chinese Material Culture*. Princeton：Princeton University Press，2003，pp. 222 – 249.
② 如酒泉墓葬前室西壁门上画有一件非常精致的桌子，有10条曲腿，每边各5条，桌上放着一只酒壶。参见甘肃省文物考古研究所编《酒泉十六国墓壁画》。
③ 陈增弼：《论汉代无桌》，《考古与文物》1982年第5期，第91~97页。
④ Michael Sullivan, *The Arts of China*. Berkeley：University of California Press，revised edition，1977，pp. 100 – 101. 后来方闻将该画作断为南朝后期，参见方闻《传顾恺之"女史箴图"与中国古代艺术史》，《文物》2003年第2期，第87页。

有关顾恺之的轶事中就出现过一种橱柜，顾恺之将自己的画作封存于柜子，一道送给同僚。可是同僚从后部撬开柜子，取走了画作，而丝毫没有破坏柜子的封印。发现柜子空空如也之后，天真的顾恺之把画作的失踪归因于自己的画作太过写实，画作因通灵而变化而去了①。汉、唐时期的这类器物有些得以保存，但六朝遗物则很少遗留下来②。在一座东晋皇室墓葬里，发现过几件陶盒的残片，矩形、带盖。其中一件复原后的陶盒，长 50.6 厘米，宽 32.8 厘米，通高 42.2 厘米（包括盖高 12.5 厘米），两端各有一个活动的把手，里面没有发现任何盛放物③。在辽宁发现的一座也属东晋的墓葬中，也发现了两个木盒残件，其中一件长 46 厘米，宽 32 厘米，残高仅为 5 厘米，另一件长 57 厘米，宽 33 厘米，残高 10 厘米。两个盒子都用钉子固定，较大的那个还用金属片加固④。此外，还发现有大量陶瓷和漆木的浅盒子，内部往往分成多个格子，用来盛放不同种类的物品，包括食物、化妆品以及镜子等。较大的盒子多是用易腐朽的材料制成的，因此保存下来的十分稀少⑤。

走出客厅和卧室，就来到了墓内的"厨房"。这一时期

---

① 《晋书》卷 92；Shih-hsiang Chen, trans., "Biography of Ku K'ai-chih," *Chinese Dynastic Histories Translations*, No. 2. Berkeley：University of California Press, 1961, pp. 15 – 16。
② Handler 的著作中描述了一些汉唐时期的实例。Sarah Handler, "Cabinets and Shelves Containing All Things in China," *Journal of the Chinese Classical Furniture Society* 4.1 (1993)：4 – 5。
③ 南京博物院：《南京富贵山东晋发掘报告》，《考古》1966 年第 4 期，第 202 页。照片不甚清晰。
④ 辽宁省博物馆文物队、朝阳地区博物馆文物队、朝阳县文物馆：《朝阳袁台子东晋壁画墓》，《文物》1984 年第 6 期，第 39、35 页图 29.11。
⑤ 酒泉十六国墓壁画中出现了大量这样的盒子，参见甘肃省文物考古研究所编《酒泉十六国墓壁画》图版。

"厨房"物品中,有很多盛满谷物和其他粮食的陶瓷容器,是为墓主人的来世生活准备的,无疑都是对墓主人生前生活物品的模仿。此外,在保存下来的墓葬壁画中,还能发现备食的场景(图8.6)。墓葬中还发现了灶的模型,有两种类型。北方的灶基本上都是带一个灶眼的矩形灶,灶眼上放置炊具,有的灶有两个灶眼。灶的前壁作成台阶式的金字塔状,这是为了防止火苗穿越灶顶的灶眼而设置的。前壁底部有一个灶门,是燃料添加孔(图8.7)①。随着时间的推移,灶的前壁逐渐增加了各种繁复精美的装饰(图8.8)。早期的灶与汉代的灶类似,灶台上往往摆放着刀、勺等各种各样的厨具(图8.9),后部常有一个出烟孔。

图 8.6 厨房场景

---

① 台阶状的前挡和火孔在富田幸次郎著作的封面图片中能看得很清晰,参见 Kojiro Tomita, "A Chinese Sacrificial Stone House of the Sixth Century A. D. ," *Bulletin of the Museum of Fine Arts*, Boston 40 (1942): 98 – 110。

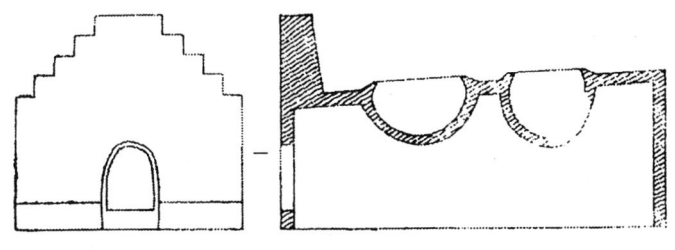

图 8.7 灶之一

图 8.8 灶之二

南方的灶呈船型，不过船首位于灶的后部（图 8.10）。灶的前部也有一个添加燃料的灶门，较平坦；灶身浑圆，顶部平坦。灶的后部向斜上方翘起，形成一个尖顶，这也是烟囱的所在。大多数这样的灶都设有两个灶眼放置炊器，即锅、釜、甑等。有些船型灶也在前部设有挡火墙，但个体相对要小一些。

最特殊的灶模型是出土于固

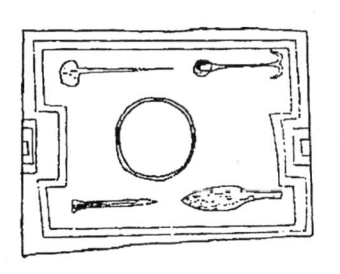

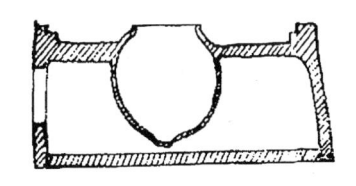

图 8.9 灶之三

原北魏墓中的一件青铜灶，墓葬的时代在北魏太和年间（公元477～499年）。该灶有四条腿和一个方形的灶门，但没有挡火墙，有一个似某种长颈动物的烟囱。灶上有灶眼和炊具，炊具可能是甑，由几个半球形垒叠而成（图8.11）①。这是目前见诸报道的唯一一例此类灶的模型，可能是军队行军时的活动灶。

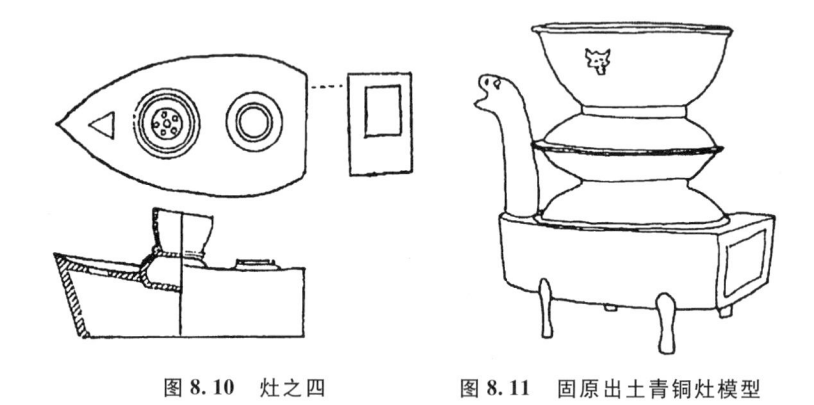

图8.10　灶之四　　　图8.11　固原出土青铜灶模型

由于有关家具的资料十分有限，所以我们对它的了解无疑还有很多不足。但总体来说，六朝居室内部的家具很可能像传统日本风格的居室一样比较简陋，这一点与广泛使用桌椅的唐代及以后时代相差较大（图8.12）②。

---

① 宁夏回族自治区固原博物馆、中日原州联合考古队编《原州古墓集成》，图版21。
② 此图根据富田幸次郎的著作复制，Kojiro Tomita, "A Chinese Sacrificial Stone House of the Sixth Century A. D. ," *Bulletin of the Museum of Fine Arts, Boston* 40 (1942): 101, fig. 5。波士顿美术馆对这件作品的介绍是：刻铭雕像祭台，中国北魏，公元6世纪早期，石灰岩质，上有雕刻图像，138厘米×200厘米×97厘米，Ann Mitchell Richards and Martha Silsbee 基金会藏品37. 340。

图 8.12 波士顿美术馆藏公元 6 世纪石刻拓片中的家居场景

第九章 服饰

尽管在过去的几个世纪里，中国的服装风格一直在发生变化，但这些变化总的来说较为保守①。北方草原游牧民族服装风格的传入和通过丝绸之路贸易输入的服装导致了中国服饰的最大变革。孙机先生认为，六朝时期的一大特点就是吸纳了很多异域人口，因此汉魏服装与隋唐服装明显有别②。尽管有壁画和随葬俑的证据，但还是很难将文献中的那些服饰名词与视觉材料对应起来，因此，任何关于六朝服饰的讨论都只是主观性的推测。

六朝早期的男性平民服装与前朝汉代较为相似，穿的是齐膝的交领右衽、长袖、束腰的襦裙；领子、袖口和衣褶都使用不同的颜色。襦裙下面是裤管内收的长裤。头顶有的盘成发髻，有的头戴平冠（图9.1）③。有的襦裙较短，仅及臀

---

① 这并不是说当时的人们并不追求时尚。南齐著名画家和画评家谢赫就是一位著名的追求时尚者，他在衣服、化妆和发饰上皆紧跟宫廷时尚，参见 Alexander Coburn Soper, "South Chinese Influence on the Buddhist Art of the Six Dynasties Period," *Bulletin of the Museum of Far Eastern Antiquities* 32 (1960): 78。
② 孙机：《中国古舆服论丛》，北京，文物出版社，1993，第168页。沈括《梦溪笔谈》卷1载："中国衣冠，自北齐以来，乃全用胡服。"
③ Jan Fontein and Tung Wu, *Han and T'ang Murals Discovered in Tombs in the People's Republic of China and Copied by Contemporary Chinese Painters*, pp. 57-77；嘉峪关市文物清理小组：《嘉峪关汉画像砖墓》，《文物》1972年第12期，第38~39页；甘肃省博物馆、嘉峪关市文物保管所：《嘉峪关魏晋墓室壁画的题材和艺术价值》，《文物》1974年第9期，第68、70页，图版1、3、4。

部（图 9.2）①。平民阶层的妇女穿着与男性相同，只是有的襦裙要略长一些，下身穿裤子或长裙。从事家务劳动时，一般要将袖子挽起来。妇女的头发可以在头顶盘成不同的样式，如盘发或圆形的发髻（图 9.3）。

图 9.1　甘肃嘉峪关农作场面画像砖

随着一个人社会地位的提高，服装的尺寸也会相应增加。侍从的服装与奴仆的有所不同，有着飘逸的长袖（明显地分成里外两层），里面是类似衬衣的内衣（仅能看到领子），外面是拖及地面的长衫。这种衣服有的会用腰带或其他东西扎住（图9.4）。性别往往可以通过发式来区分，男性头上往往戴盒形的帽子，前低后高，中间呈弓形，被称为"平上帻"（图9.5），而女性的发式和帽子种类更丰富。无论男女还可能戴一种

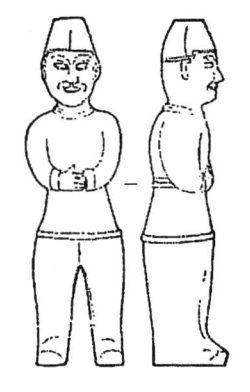

图 9.2　魏晋侍俑

---

① 甘肃省文物考古研究所编《酒泉十六国墓壁画》，等等。中国社会科学院考古研究所河南第二工作队：《河南偃师杏园村的两座魏晋墓》，《考古》1985 年第 8 期，第 731 页及图 17.3、17.5，图版 6.6。

高高的、半透明的帽子，被称为"笼冠"，很可能是用涂过漆的马鬃制成的，很像传统的韩国帽子。侍从常常表现为站立的姿态，双手抱于胸部偏下，如果在仪仗行列中，则手握各种物品，如官员标志、扇子、伞等诸如此类的东西。在一幅孝昌元年（公元525年）的北魏壁画中的仪仗行列里，男女都梳双髻，男性未盘起的头发较短，而女性的头发留得稍长一些，女性的长袍袖子稍稍低垂（图9.6）。这种风格的服饰并不局限于侍从，似乎是上层社会人士的普遍装束。

图 9.3　嘉峪关魏晋女仆画像砖

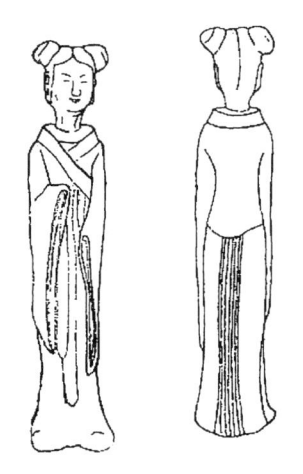

图 9.4　山东出土东魏女侍俑　　**图 9.5　南京出土南朝男侍俑**

在闲暇时光里，人们的穿着往往比较随意，就像"竹林七贤"画像中所见的一样（图9.7）。敞开外衣的时候，能看

图9.6　宾夕法尼亚大学考古与人类学博物馆藏佛座拓片中的北魏出行行列

图9.7　南京西善桥砖画中的"竹林七贤"

到里面的衫也能看到胸前的衣带结扣和衣带，结扣附连在外衣两边的内侧，系紧之后可以将衣服扣上（图9.8）。下裳或由一条布带在前面打结（图9.9）。外衣同样也有单独的布带，松开布带衣服就能滑到肩部（图9.10）。这些类似风格的服装被称为"褒衣博带"，是一种居家式的外衣，常见于公元5世纪后期以后的佛像中。有人认为，在图像学上，这种服装代表了佛教艺术的中国化①。一般认为，褒衣博带的风格在北方较南方明显②。

图 9.8　"竹林七贤"砖画局部——荣启期

---

① 杨泓:《试论南北朝前期佛像服饰的主要变化》，《考古》1963年第6期，第335~336页。也有人认为这个时期人们因用药而狂躁不安，使得人们的穿着比较宽松，参见傅江《从容出入望若神仙——试论六朝士族的服饰文化》，《东南文化》1966年第1期，第122页。
② 《洛阳伽蓝记》卷二"景宁寺"记载，当时南方士庶的羽仪服式皆模仿北魏尤其是洛阳风尚。

图 9.9　"竹林七贤"砖画局部——阮籍

尽管七贤悠闲自在，无拘无束，往往赤足，但大多数情况下人们还是穿鞋的。当时有一种鞋尖上翘、样式非常特殊的鞋子，这种鞋子在一些实物中非常醒目①。在颜之推对南朝上层精英的描述中就提到过高高的木屐，类似的木屐曾见于东吴墓葬②。这种木屐是一种非正式场合穿的鞋了，在有些场合是不太合适的，这可能也是引起颜之推不快而发议论的原因。木屐的这种非正式性在《世说新语》中也有谈及，其中将正式场

---

① 孙机：《中国古舆服论丛》，第 170 页。
② 鄂城县博物馆：《湖北鄂城四座吴墓发掘报告》，《考古》1982 年第 3 期，第 266 页，图 8.6。孙机《中国古舆服论丛》，第 172 页图 15.4 所示木屐出自安徽马鞍山朱然墓，但在该墓报告中不见报道。参见安徽省文物考古研究所、马鞍山市文化局《安徽马鞍山东吴朱然墓发掘简报》，《文物》1986 年第 3 期，第 1～15 页。

图 9.10 "竹林七贤"砖画局部——向秀

合所穿的履与非正式场合所穿的木屐明确地区分开来①。

北方游牧民族进入中原后也带来了他们的皮靴。在隋代墓葬中曾经发现两双陶靴和一双陶履；值得注意的是，陶履的鞋尖是上翘的（图9.11）②。正如木屐与南方有关一样，提到靴子就会想到北方。严亶是一位南朝官员，后来投靠侯景参加了侯景之乱，他曾"学北人着靴上殿"③。

除了靴子，北方游牧民族还给中原带来了风格多样的服

---

① 《世说新语·识鉴》。
② 考古研究所安阳发掘队：《安阳隋张盛墓发掘记》，《考古》1959年第10期，第545页。
③ 《南史》卷77。孙机《中国古舆服论丛》第176页亦有引用。

饰，其中就有"缺骻"、头巾以及披肩斗篷等一整套装束。缺骻给中原传统服饰带来了强烈的冲击，上衣较长，袖子较紧，衣褶比传统的服装少，这种服装便于活动，尤其适合于骑马。衣领或是紧身圆领，或者领口较低，露出内衫。在娄叡墓壁画的仪仗行列中，骑士就穿着这种服装，明显不是翻领，脚上穿的是靴子，头上戴着一种奇特的帽子，外形像口袋一样，在下颌处系带，加上他们前额突出、剃发的形象，表明这些骑士是鲜卑人（图 4.21）①。在其他的一些实例中，这种外衣有着宽大的翻领，扣起来时会形成紧身的领口（图 9.12）。还有一些衣服脱掉了右半部分，以便于手臂的自由活动②。这种风格的帽子、外衣以及靴子（妇女的外衣之下是一种长服，而不是

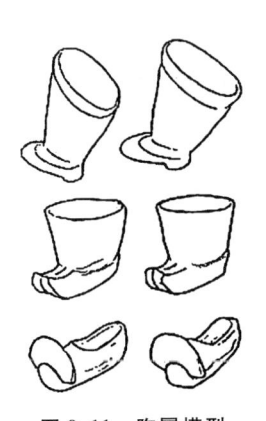

图 9.11　陶履模型　　　　图 9.12　持盾鲜卑武士俑

---

① 山西省考古研究所、太原市文物管理委员会：《太原市北齐娄叡墓发掘简报》，《文物》1983 年第 10 期，第 16 页，彩版。呼和浩特附近北魏墓出土的早期鲜卑陶俑所戴冠帽与此不同，参见 Albert E. Dien, "A New Look at the Xianbei and their Impact on Chinese Culture," p. 44 and n. 33。
② 山西省博物馆：《太原圹坡北齐张肃（俗）墓文物图录》，北京，中国古典艺术出版社，1958，图版 15。

裤子和靴子）是典型的鲜卑服饰，北朝时期常常作为供养人的服饰出现在佛教题材的作品中（图9.13）①。

图 9.13 鲜卑装供养人

其他的游牧民族装束，如披风和风帽等，也是这一时期独具特色的鲜卑式服饰，有些代表性的鲜卑俑往往"头戴风帽，身披翻领外衣，空袖下垂"（图9.14）②。衣领用布带打结，带子的一端自然下垂，空袖下垂的披风在亚洲曾经很普遍，早在公元前5世纪的古波斯帝国宫殿中就曾出现过③。

服饰的样式有着政治和社会的意义。鲜卑族人保持他们的传统部落装束，是为了彰显他们作为社会统治者的身份。臣服

---

① 尤其值得注意的是敦煌发现的一件公元487年刺绣上的拓跋贵族及家人的形象，参见Albert E. Dien, "A New Look at the Xianbei and their Impact on Chinese Culture," p. 44 及引文。

② 磁县文化馆：《河北磁县东陈村东魏墓》，《考古》1977年第6期，第392页。

③ Veronika Gervais-Molnar, *The Hungarian Szur: An Archaic Mantle of Eurasian Origin*. Toronto: Royal Ontario Museum, 1973; Albert E. Dien, "Six Dynasties Tomb Figurines: A Typological Survey and Analysis," 2, pp. 968–969.

的中原人士穿着鲜卑服饰，则表示对王室的忠诚。尽管迹象并不明显，但代表忠诚和驯服的强加性标志还是存在的，比如满族统治时期的强制性留辫子。另一方面，北魏孝文帝迁都洛阳的同时，也曾试图减少汉人与鲜卑人之间的差别，在他颁布的诸多法令中，有一条是太和十八年（公元494年）的服饰改革，禁止鲜卑族人穿传统的游牧民族服装，不过这个举措并没有得到很好的响应①。与他的其他汉化政策一样，这项服饰改革措施很可能在京畿之外并没有得到遵守，也许根本就没有被严格地实行过，因为那种草原式的服饰到了唐代仍在大行其道。

图 9.14　鲜卑式披风俑

当然，并不是六朝时期所有风格上的变革都源自北人。中原地区很早就出现过一种新式的裤子，裤腿是直的，并无逐渐内收②。加上上衣，这套服装被统称为"袴褶"（"衣"和"裤"的合称），是军队作战时的着装。为了行动方便，士兵骑马或执勤的时候，用带子绑住裤腿的膝盖下方③。西晋时期，用毡绳绑裤腿是一种时尚。这种毡绳也可用作腰带，或缠

---

① 《资治通鉴》卷139。
② 《晋书》卷27。
③ 《隋书》卷11，也见于孙机《中国古舆服论丛》第171页所引。根据王国维的观点，当赵武灵王胡服骑射（公元前307年）时，这种装束就从北方游牧民族传到了中原，但直到汉末才出现"袴褶"一词，参见王国维《胡服考》，《观堂集林》22卷，北京，中华书局，1959，第1074~1081页，王国维引用大量六朝文献说明袴褶与胡服无论南北方都十分流行。

绕在头上成为一种头巾。由于毛毡是北方草原的特产,所以据此可知,北方胡人已经通过多种方式控制了中原,当然也预示着汉人被北方游牧民族击败的结局①。这种式样的裤子并不是游牧民族的装束,"袴褶"式服装即使在南方,也是军队和文官的装束(图9.15)②。

图 9.15 侍从砖画

---

① 《晋书》卷27。
② 《北堂书钞》卷129列举了文献中出现的大量"袴褶"写成带"夸"音之字的例子,其中一例引自《世说新语·汰侈》,谓武帝造访其婿王济家时,王济以婢子百余人供奉,皆"绫罗绔"。

此时流行的另一类服装是裲裆，即"背心"，是一种宽松的上衣，由前后彼此相连的两块组成，肩部用带子相连。这种衣服既可作内衣穿在里面，也可作外套，还可用作铠甲，不过在陶俑和墓葬壁画中所见到的是铠甲还是常服，往往不是很清楚（图9.16）①。

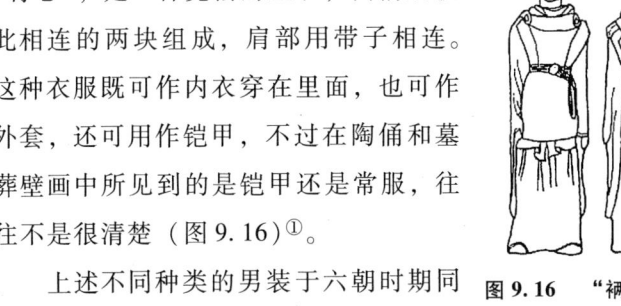

上述不同种类的男装于六朝时期同时流行，往往以不同的样式、不同的搭配出现。一套装束可能包括一件上衣和一条裤子，前者有紧袖或宽大下垂的袖子，后者的裤腿可能是塞到靴子里的，也有的较为宽松，在膝部用带子系紧；还有一件裲裆，也可能是长袍。这些都是可能的搭配。最常见的男性头饰是平上帻、笼冠、风帽以及各类头巾，不过，在正史的舆服志里记录的宫廷男性的头饰种类更加丰富，即便在宫廷以外，如考古发现的头饰种类也不止以上这些，从永宁二年（公元302年）墓里所见的头饰种类就可见一斑（图9.17）。原田淑人以及周锡保最早对这些复杂的服饰形象进行了阐释②。

图9.16 "裲裆"式侍从俑

根据墓葬中出土陶俑的研究，可以发现北魏洛阳地区的女性装束主要源自传统的襦裙（上衣和裙子）搭配方式③。一种搭配方式是一件宽袖短上衣加一条高腰长裙，上衣的袖子垂及

---

① Albert E. Dien, "A Study of Early Chinese Armor," *Artibus Asiae* 43：1-2 (1981-1982)：28-30.
② 原田淑人：『増補漢六朝の服飾』，49页；周锡保：《中国古代服饰史》，上海，中国戏剧出版社，1984。
③ 商春芳：《洛阳北魏墓女俑服饰浅论》，《华夏考古》2000年第3期，第71~76页。

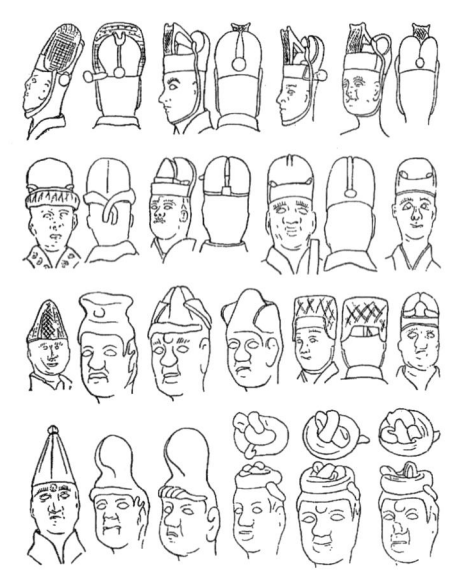

图 9.17　永宁二年晋墓陶俑头饰

膝盖或膝盖以下，裙子是多色的百褶裙。上衣通常束带，长长的带子打结后垂在胸前，里面穿着高领的衬裙（图9.18）。另一种流行的搭配方式是将上衣塞进裙子里（图9.19）。还有一种上衣是窄袖式，应当是受到鲜卑统治者服饰影响而出现的新样式。此外，围在肩上、在胸前打结的披风也是一种明显的新样式（图9.20）。以裤子取代裙子的穿法显然也是受到了北方民族的影响，这种裤子上窄下宽，有很大的喇叭形裤管，在膝盖部位用带子束住（图9.21）。公元6世纪时，北方出现了一种新的装束，窄袖长衫之外再套一件高腰无袖的外套，外套看起来像罩衣（图9.22）。头发盘成卷曲的发髻，称为"灵蛇髻"，外形酷似蜗牛；也有的在头部两侧梳成圆形的发髻，这种圆形发髻有的是平的，有的外伸成角状。除了发髻，妇女头上还会佩戴各种各样的头饰。

图 9.18　东魏女子装束　　　图 9.19　北齐女子装束

图 9.20　北魏女子装束之一

图 9.21　北魏女子装束之二　　　图 9.22　北朝女子装束

六朝服饰资料的另一个重要来源是墓葬中的衣物疏，只有少数几件得以幸存下来。其中一件发现于长沙的东晋升平五年（公元361年）墓中①。这份衣物疏主要列了服装、化妆品以及饰物，这些物品可能都是墓主人生前所拥有之物（表9.1）。细看这份衣物疏所列各类物品，包括一条绶带、一双鞋、一双袜子等。列在衣物疏末尾的，是麻布的"梁衣"和一种裙子，很可能是用来殓尸的②。总体上来讲，这份衣物疏包括了各种各样的围裙、衬衫、无袖衫（说背心也许更恰当一些）、裤子、裙子、上衣、外套围裙、袜子以及鞋子等，还有一些未能识别。这些东西的制作材料包括各种丝绸、纱布、纱罗、绉布以及麻布。

另一件衣物疏是在江西南昌发现的，时代大约在晋代③。这座墓有两具棺，是夫妇合葬墓。衣物疏分三栏写在一块15.1厘米×26.2厘米的木板上，放在男性的棺内，很可能只列了这具男棺的随葬品④。因此，衣物疏上所列衣物可能也是当时男性的行头（表9.2），包括袜子、鞋子、方巾以及毛巾，所列衣物的种类和颜色比较单调，不像当时的女性衣物那么丰富。还有一份衣物疏早年发现于山东临淄，时代是北齐武平四

---

① 这件衣物疏将在第六章详述。
② 原田淑人：『増補漢六朝の服飾』，189页，认为这两件衣物之所以放在最末，是因为其材质低劣，但又排在棺与棺钉之后，所以它们很可能是裹尸布。第二件被称为"襟裙"，但裙子是不太可能有衣襟的，也许它只是某种围裙。原田认为"襟"与"禁"有关，而《颜氏家训》称"禁"是一种方言词，是紫色之意。这种解释不太有说服力。
③ 江西省博物馆：《江西南昌晋墓》，《考古》1974年第6期，第375页。
④ 如两具棺里各有一面镜子，但衣物疏仅列出了一面。但在另一方面，衣物疏列有两把梳子、两件石猪（玉豚），实际上在两棺内各发现其中一件。此外，女棺内的金属器如首饰、钱币、针等都不见于衣物疏，而衣物疏里的墨、砚台却发现男棺内。

年（公元573年），不过遗憾的是，它是一份残件①。

这一时期类似的衣物疏还在吐鲁番附近的阿斯塔那和哈喇和卓一带发现过，已经发表了53份，年代从东晋太元九年（公元384年）一直延续到隋大业十三年（公元617年）②，其

---

① 这件衣物疏的抄本收入端方《陶斋藏石记》，石刻史料丛书，台北，艺文印书馆，13.6 b - 7a。对该衣物疏序言的研究，参见浅見直一郎「中国南北朝時代の葬送文書——北齐武平四年『王江妃随葬衣物疏』を中心に」，『古代文化』42.4（1990），1 - 19頁。其中一张木牍照片发表在《文物》1965年第10期，第8页，图8。并非所有衣物疏都有内容如此丰富的清单，安徽出土的两件东吴衣物疏不如上述几件清晰易读，并没有明确列出衣物的品类，罗列的似乎主要是衣物的匹头，参见安徽省文物工作队《安徽南陵县麻桥东吴墓》，《考古》1984年第11期，第978页。
② 国家文物局古文献研究室等编《吐鲁番出土文书》全10册。这些文书的照片及抄本也以同名著作出版，唐长孺主编《吐鲁番出土文书》全4册。此外，大英博物馆收藏有三件衣物疏（Henri Maspéro, *Les documents chinois de la troisime expdition de Sir Aurel Stein en Asie centrale*. London：Trustees of the British Museum，1953：155 - 156；熊谷宣夫「橘師将来吐鲁番出土紀年文書」，『美術研究』213（1960），169 - 173頁），日本收藏有四件〔小笠原宣秀「西域出土の厭勝祈願文について」，『印度學佛教學研究』5.2（1957），186 - 187頁；小笠原宣秀「吐鲁番出土の宗教生活文書」，『西域文化研究』3（1960），254 - 256頁〕。另有一件参见黄文弼《吐鲁番考古记》，第33页。不过，阿斯塔那墓葬衣物疏所列的许多物品明显是虚构的，参见浅見直一郎「中国南北朝時代の葬送文書——北齐武平四年『王江妃随葬衣物疏』を中心に」，『古代文化』42.4（1990），2页。此处分析的衣物疏如下（根据国家文物局古文献研究室等编《吐鲁番出土文书》，括号里是墓葬纪年和墓主性别）：1.9（384，女）；1.10（384，女）；1.14（418，女）；1.31（399 - 423，女）；1.59（425，女）；1.61（428，女）；1.98（436,?）；1.111（437,?）；1.176（437,?）；1.184（?，女）；1.185（?,?）；2.2（482 +，女）；2.31（551，女）；2.35（535，女）；2.37（557,?）；2.60（543，女）；2.62（548，女）；2.64（562，男）；2.181（567，女）；2.215（558，男）；2.217（576，女）；2.310（592，男）；2.314（592,?）；2.347（548,?）；3.9（605，女）；3.12（605,?）；3.21（607,?）；3.59（613，男）；3.61（617，女）；3.66（596，女）；3.68（604，男）；3.69（617，女）；4.2（591，女）；4.4（597，男）。最后两份在第四册后部。

中 1/3 是残的,除了两份,其他都包含有相关的衣物信息。这些衣物疏中有 18 份发现于女性墓葬中,6 份发现于男性墓葬中,还有 10 份看不出与性别的关系[①]。从发表的报告看,这些墓葬中发现的实际随葬品并不丰富,所以随葬情况还得依赖于这些衣物疏所记录的信息。

表9.1　长沙东晋升平五年(公元361年)墓衣物疏中的女子服饰

绮质方衣(1)
练质梁衣(1)
绢质梁衣(1)
练质衫(1)
帛罗质缩裲裆(1)
縠质缩裲裆(1)
绛色双袴(?)
紫色和翠绿色双层裙(1)
紫色和翠绿色夹裙(1)
红绿夹裙(1)
纱质紫色夹裙(1)
紫黄幣(蔽)膝(1)
襦(1)
黄色縠质上衣(1)
紫色绫质半裕(1)

表9.2　南昌晋墓衣物疏中的男子服饰

白练质地的长裙(2)
白练质地的里衫(2)
白练质地的双层裲裆(1)
白练质地的夹层裲裆(1)
白练质地的双层袴(1)

---

① 性别的判断是由衣物疏中具有性别意义的物品来决定的,如武器被当成男性的随葬品,而化妆品和剪刀则当成女性随葬品。

续表

白练质地的双层裙（1）
白练质地的夹层裙（1）
白练质地的襦（1）
白练质地的双层衫（1）
黄亚麻质地的双层袍（1）
黄亚麻质地的单层罩衣（1） 白练质地的双层牟（1）

女性的服装种类非常多，包括衫、裈（内裤）、裙、汗衫、襦、裤、裲裆（背心）、袄以及褶等，但男性的服装种类则要少得多，往往是成套罗列的。例如，在一座北齐河清元年（公元562年）（2.64）的墓葬中，衣物疏列出了一套裈衫裤、衫、袜、鞋。另一座北齐天保九年（公元558年）（2.215）的墓葬中则列出了裈、袜以及朱衣笼冠的官服一套。公元7世纪早期稍晚的墓葬里，衣物疏中往往包括三套衫裤、三套褶裤，以及一套裈衫，偶尔还会列有一双袜子。

可想而知的是，当时制作男性服装的织物是十分受限的，一般就是练和绫，通常是白色的，但也发现过一件紫色的。制作女装的织物种类则要丰富得多，除了上文提到过的，还有布（麻布）、绁（粗丝）、罗（薄纱）、锦（复合平纹织物）以及帛（丝织品），颜色有白、黄、紫、绯以及绛等色。

从吐鲁番地区发现的随葬品衣物疏可以发现一个有趣的现象，随着时间的推移，衣物的名称和材质也发生了变化，这种变化正好发生在公元五六世纪更替之时。如早期衣物疏中提到了绢和绁等名词，却在晚期衣物疏中不再出现。另一方面，绫、锦、罗等仅出现在公元6世纪及以后的衣物疏中。"布"虽然一直都存在，但到了后期可能更少见了。此外，早期衣物疏中将制作衣服的丝写作"缣"，但在晚期写作"练"（发音相同、写法不同），前者可能是吐鲁番的习俗，后者则见于上述中原地区发现的早期衣物疏中。

很多人对发现于新疆各个遗址的六朝衣物做过研究，尤其是发现于阿斯塔那和尼雅地区的实物。其中吐鲁番地区的一座北凉墓（75TKM96，真兴七年，公元425年）中，发现了一件锦鞋残件，这件锦鞋见于随葬衣物疏中，其实它只不过是一种丝质的鞋子（1.59和1.61），并非锦鞋①。吐鲁番文书中曾提到喀什、库车以及高昌（吐鲁番）都有提花云锦。据报道，在一座北凉墓葬中发现了刺绣品和棉织品的残件，不过该墓没有发现随葬的衣物疏②。单色缎和刺绣等织物与汉代的纺织工艺相差不大，然而这个时期的多色织锦已经出现了新的主题图案，不再像汉代以卷云鸟兽纹为主题，而新出现了成对的鸟兽，两两相对，"常常栖息于圆形团花之中，有的以联珠纹镶边"③。尽管如此，纺织技术本身在唐代之前并无什么变化。

1995年在新疆尉犁县营盘墓地的一座墓葬中发现了一具

---

① 新疆博物馆考古队：《吐鲁番哈喇和卓古墓群发掘简报》，《文物》1978年第6期，第8页。
② 新疆博物馆考古队：《吐鲁番哈喇和卓古墓群发掘简报》，《文物》1978年第6期，第8~9页。该文引用了《梁书》卷54关于从高昌传入棉花的记载。
③ 夏鼐：《新疆新发现的古代丝织品——绮锦和刺绣》，《考古》1963年第1期，第66~67、75~76页。这种母题据说是受萨珊影响的结果，但实际上可能不是。

衣物完整的尸体，时代可能在公元2~4世纪，它对于了解当时这个地区的布料以及服饰具有特别重要的意义①。死者显然不是中原人，很可能是中亚人，极有可能是死于丝绸之路上的商人。其服装色彩艳丽，这一点与以往陶俑和壁画中所见的服饰大不相同；身穿一条羊毛裤，上面有各种复杂的刺绣图案，是由小圆圈排列成的线条交错形成的菱形格花纹，在线条交叉处是由七个花瓣组成的花朵。在每个菱形格内还有一朵花状图案，由四片大花瓣和四片小花瓣组成，裤子的底色是绯红色。他的上身穿了一件长袖衣服，也是羊毛的，上有红底黄色的图案，是两个手持武器、几乎赤裸的男子，还有一对野兽以及树木。从外表看来，这两个男子是罗马人。这件长袖衣服由一条黄色绢带在胸前系紧，里面穿的是黄色绢质的圆领长服。脚上穿的是毛毡和丝绸制成的靴子，以金箔为饰。这种装束基本上与同时代的中原地区服饰没有相似之处，倒是与墓葬中胡人形象的陶俑服饰比较接近。不过，他的头部却枕着一个带有雄鸡报晓图案的枕头，这种枕头在阿斯塔那的中国人墓葬中并未出现过。

显然，通过上文的讨论可知，关于服装和织物的名称，文献中的记载与视觉形象、考古实物之间还是无法很好地对应起来，还有大量的工作要做。

汉代及更早时期常见的带钩也延续到了六朝时期，造型变化也不大：扣身稍呈S形弯曲，内侧有一个圆形的柱子，当带钩扣入腰带末端的孔内时，可以插进皮带的侧孔内（图9.23）。大多数带钩是青铜质的，不过也发现了一些玉带钩、

---

① 马承源、岳峰编《新疆维吾尔自治区丝路考古珍品》，上海，上海译文出版社，1998；周金玲：《尉犁营盘墓的考古新收获》，《鉴赏家》1998年第8期，第62~67页。

鎏金铜带钩和鎏金银带钩，甚至还有用淡黄色的石头做成的带钩。带钩一般素面，但也发现了一些装饰复杂的实物（图9.24）。相对于汉代而言，发现的六朝带钩比较少，因此，有人认为这种带扣在逐渐被其他的扣件所取代[①]。

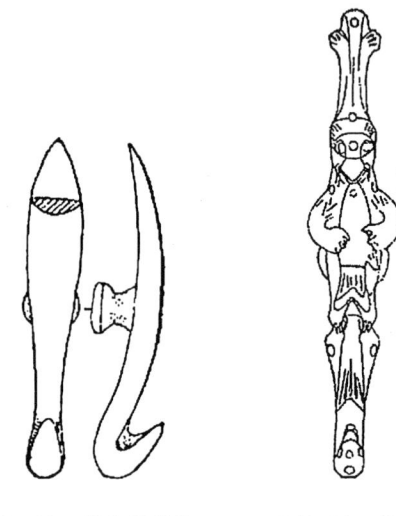

图9.23 鎏金铜带钩　　图9.24 华丽的鎏金铜带钩

在江苏宜兴周处墓中发现了一种引人注目的带具，是一对牌形的带扣，同出的还有一套带饰，总共17片。这条带具以银装饰，非常精美，带扣由长方形的牌子构成，一端是圆角，另一端是方角。其中一块上有镂孔，并伸出一个舌状物，用来固定腰带[②]。类似的带具也发现于广州、洛阳、辽宁甚至日本

---

① 王仁湘：《古代带钩用途考实》，《文物》1982年第10期，第77~78页。
② 当发现周处墓出土的腰带构件中有一件是铝质时，着实引起了不小的轰动，铝是19世纪以前尚不为认知的一种金属，夏鼐说这件铝构件是后期混入墓中的，参见夏鼐《晋周处墓出土的金属带饰的重新鉴定》，《考古》1972年第4期，第34~39页。

的奈良，不过都是鎏金铜质的。由于它们时代相同，所以被称为"晋式带具"。这种带具由早期的汉式带具发展而来，与北方游牧民族的牌形带具密切相关①。上海博物馆收藏的一块晋代玉牌形带扣上刻有"白玉衮带鲜卑头"字样。北方游牧民族将带扣称作"西伯"（sarbi），是"鲜卑"的另外一种音译，指的就是这种牌形带扣②。

这个时期的带扣，是在一个框架内装上固定的或活动的扣舌，形状和大小也是多种多样③。当北方人将带扣作为衣服上的附件的时候，中原地区也出现了扣饰，但它最初仅仅被当成马具来使用，秦始皇兵马俑中的陶马肚带上的带扣就是一个很好的例子。到了汉代后期才用在人类服饰上，比如用在腰带上挂剑，满城汉墓中就出有这样的实物④。六朝时期，带扣也用在铠甲的束带上，可以调整铠甲的松紧（图9.25）。这个时期的带钩在全国都有发现，而带扣仅仅

图9.25　带扣在裲裆甲上的使用

---

① 孙机：《先秦、汉、晋腰带用金银带扣》，《文物》1994年第1期，第50~64页。这篇文章主要是对这些牌形带具所做的研究，也涉及一些中亚材料。
② 孙机：《我国古代的革带》，《文物与考古论集》，北京，文物出版社，1986，第307页。关于这里的外来词，参见 Alvin P. Cohen, comp. *Selected Works of Peter A. Boodberg*. Berkeley: University of California Press, 1979, pp. 136-137，以及所引文献。
③ 王仁湘：《带扣略论》，《考古》1986年第1期，第65~75页，讨论了带扣在春秋时期的初始形状，将其分为六个类型，每个类型之下又分为若干亚型。
④ 王仁湘：《带扣略论》，《考古》1986年第1期，第73页。

发现于北方地区，主要是在宁夏、山西（大同）、河南（安阳的鲜卑墓中）、辽宁（北燕墓中）。在西安发现的宣政元年（公元578年）若干云墓中，出土了一套完整的带具，主要是由玉制成的。这套玉带由8块长方形的玉片组成，玉的背面衬有鎏金铜片，上附小玉环，用于悬挂各种各样的物品。玉带包括8个玉环和铊尾，后者也是一种带扣（图9.26）。可惜这一重要发现没有得到足够的重视，某些细节并不清楚①。这种可以悬挂各种物品的带具与当时进入中原的非汉民族关系密切。尽管带扣最终取代了带钩，但是这种变化在六朝时期似乎还比较缓慢，到了隋唐时期，变化才加快了速度②。

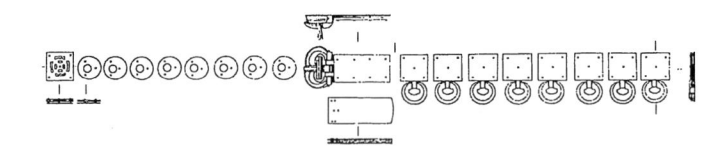

图 9.26　北周金玉带

尽管有关六朝服饰的研究资料非常有限，但我们还是可以了解到服饰风格的多样性及其变化。尽管上层社会一直流行的长袍体现了明显的保守性，但即便是这样的服装，也处于发展

---

① 负安志：《中国北周珍贵文物：北周墓葬发掘报告》，第69~70页，第157~160页，图149，图版173。负安志对这种带具的定名及历史有一个全面的记录，但关于带扣问题，他只说腰带很小，足以穿入带扣，称这种腰带曾被实际使用过。
② 确定带扣用途的主要问题是它们在墓中的位置极少被提及，有的情况更复杂，如在朝阳袁台子东晋墓报告中，银质的牌形带具和带扣皆被称为"带扣"，因此很难弄清带扣在墓葬平面图（第29页）中指的是哪一件器物，参见辽宁省博物馆文物队、朝阳地区博物馆文物队、朝阳县文物馆《朝阳袁台子东晋壁画墓》，《文物》1984年第6期，第37页。

变化中。服饰变化的最重要来源就是北方游牧民族涌入中原，他们带来了自己的服饰风格，这种风格逐渐为中原人士普遍接受。最终形成的服饰风格是传统的中原风格与新的样式相结合的产物，这种新的样式非常注重社会地位和社会角色的差异，这在当时大量的随葬陶俑中可略见端倪（图9.27）。像在其他地区一样，在这里我们看到，随着时间的流逝，中国社会在其发展过程中融入了新的因素，它受到了外来文化的影响，同时，反过来它又强烈地影响了周边地区的文化。

图9.27　北齐高润墓陶俑

第十章　铠甲和武器

六朝时期给人的总体印象是分裂、动乱以及大规模的战争。在这种情况下，人们可能会以为这一时期的墓葬中，能够从较高层次上反映当时的武装冲突情形，但目前的考古发掘并没有发现太多的军事装备，无论攻击性武器，还是防御性武器都不多见。不过，这个时期确实在军事上取得了一些重要的发展，这些发展对战争方式的影响是非常重要的。

这一时期几乎所有的铠甲都是薄片状的，即由许多小甲片构成，每个甲片四角都有孔，可以连缀在一起。甲片有的是用涂漆的皮革做成的，也有的是铁质的；金属甲片是在汉代开始出现的。鱼鳞甲指的是仅将上缘固定在背衬上的甲片，层层垒叠起来，做成鱼鳞状。这种鱼鳞甲是北方草原游牧民族使用的，而在中原，鱼鳞甲也与胡人有关，有些可能是胡人雇佣兵所用。

不管是锁子甲（中国人曾在中亚见到过），还是西方式的鱼鳞甲，都没在中原地区使用过。六朝时期的各种铠甲都极少保存下来。除了内蒙古两座北魏墓葬中发现的铁甲片①，只有几例重要的发现。在辽宁北票冯素弗墓中，出土了180多片不同形状和大小的甲片（图10.1）。其中较大的（大到6厘米×13

---

① 内蒙古文物工作队：《内蒙古呼和浩特美岱村北魏墓》，《考古》1962年第2期，第91页，其中三大块锈铁可能就是铁甲；包头市文物管理处：《包头固阳县发现北魏墓群》，《考古》1987年第1期，第39页，三块铁甲（5厘米×2.4厘米）的背面有布匹的痕迹，上缘有小铁钩，下缘有孔。

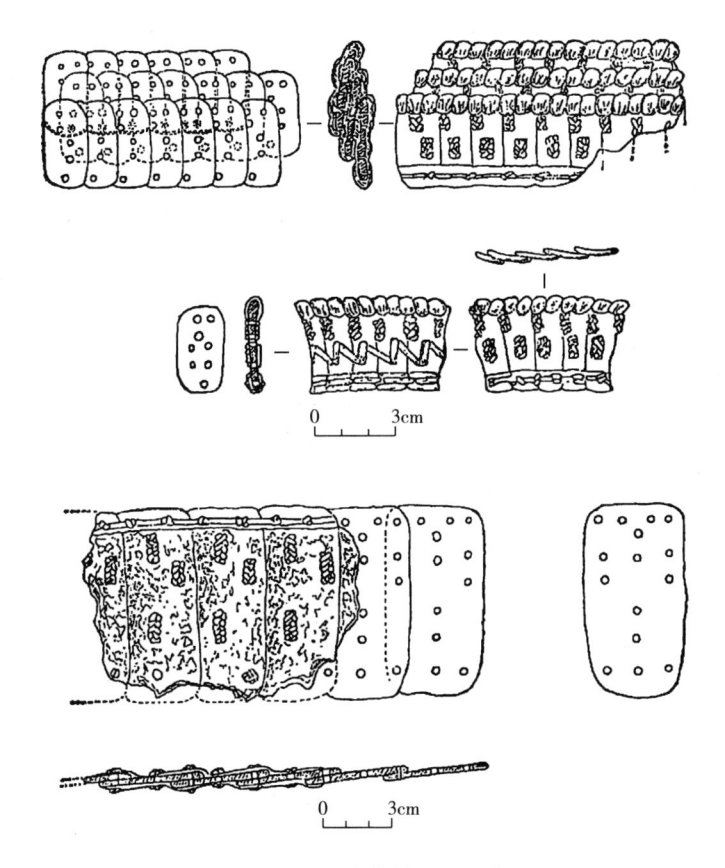

图 10.1　冯素弗墓出土甲片

厘米）可能是马用的铠甲，较小的才是穿在人身上的。从甲片上孔的数量和残留的绳索看，这种铠甲的结构显然非常复杂[①]。在辽宁朝阳一座公元 4 世纪的慕容鲜卑石室墓中出土了一些铁甲的构件，包括一件由 34 块甲片铆接而成的头盔，一件由 33 块甲片组成的护颈（图 10.2），一件马首甲

[①] 黎瑶渤：《辽宁北票县西官营子北燕冯素弗墓》，《文物》1973 年第 3 期，第 8、24、28 页。

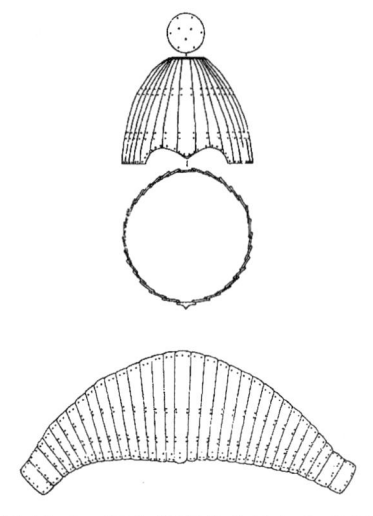

图 10.2　辽宁朝阳前燕铁盔和护颈

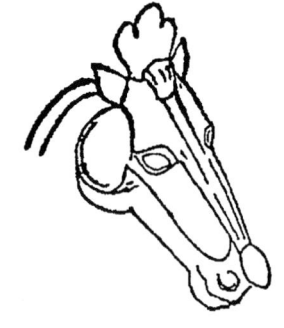

图 10.3　西安草厂坡出土马首甲

（图 10.3），它与其他发现在中国北方以及韩国、日本的铠甲非常相似。此外，还出土了一千多件甲片，但已经无法复原①。另外一处重要发现是在邺南城城门前的护城河底发现的，邺南城建成于天平四年（公元 537 年），北周大象二年（公元 580 年）被毁②。

---

① 辽宁省文物考古研究所、朝阳市博物馆：《朝阳十二台乡砖厂 88M1 发掘简报》，《文物》1997 年第 11 期，第 21～22 页；田立坤、张克举：《前燕的甲骑具装》，《文物》1997 年第 11 期，第 72～75 页。除了马首甲，其他马具也得以修复。

② 中国社会科学院考古研究所、河北省文物研究所邺城考古工作队：《河北临漳县南城朱明门遗址的发掘》，《考古》1996 年第 1 期，第 8 页。这件铠甲很可能曾在隋军与尉迟迥之间的战争中使用，当时尉迟迥的反隋战争导致了邺城的毁灭。

在这里共计发现了 37 段属于不同部位的数以百计的甲片，其中 25 段属于身甲，12 段属于头盔①。此外，在新疆尼雅和米兰还发现了髹漆的皮甲片，甲片上饰有各种图案，这种图案是先在皮革上涂上各色颜料，然后剪出不同颜色的甲片。成套的皮质铠甲还没有发现过，不过皮甲一定比金属铠甲的色彩要鲜艳得多②。尽管上述这些发现都是非常有用的资料，但我们主要还得依靠墓葬中的俑和壁画，以及文献资料来探讨六朝铠甲的发展情况③。

关于六朝早期铠甲的种类，可以从曹植（公元 192～232 年）的一份上表中有所了解。曹植在表中，表示要上交自己的铠甲，此举无疑是为了消除别人对他有谋反企图的疑心："先帝赐臣铠，黑光、明光各一领，两当铠一领。今代以升平，兵革无事，乞悉以付铠曹自理。"④

这里的黑光和明光，当指的是两种高级铠甲，前者可能是表面髹有黑漆的皮甲或金属甲，后者则是没髹漆的铁甲，两种铠甲在阳光下都会闪闪发光⑤。对这两套铠甲的样式，并没有

---

① 中国社会科学院考古研究所考古科技实验研究中心：《邺南城出土的北朝铁甲冑》，《考古》1996 年第 1 期，第 22～35 页。
② Albert E. Dien "A Study of Early Chinese Armor," *Artibus Asiae* 43：1 - 2 (1981 - 1982)：14.
③ 关于中国早期铠甲的历史，参见 Albert E. Dien, "A Study of Early Chinese Armor," *Artibus Asiae* 43：1 - 2 (1981 - 1982)：5～56；杨泓《中国古兵器论丛》，北京，文物出版社，1985，第 36～50 页；Albert E. Dien, "Armor in China before the Tang Dynasty," *Journal of East Asian Archaeology* 2.3 - 4 (2000)：23 - 59。
④ 《陈思王集》卷 1，载《汉魏六朝百三家集》。关于这段文献版本的讨论及其他问题，参见 Albert E. Dien, "A Study of Early Chinese Armor," *Artibus Asiae* 43：1 - 2 (1981 - 1982)：16, n.59。
⑤ 驹井和爱『中国考古学論叢』，東京，慶友社，1974，59 - 60 頁。

图 10.4　河北满城中山靖王刘胜墓铁甲

进一步的描述，很可能与汉代早期的铠甲类似（图 10.4）①。不过，六朝时期的这种片状铠甲，应当就像墓葬武士俑所见的一样，甲片呈向上叠状排列（图 10.5），这种甲片排列的方向似乎有些不合常理，不像汉代那样向下排列。采用这种叠状方式的原因并不清楚，不过从上述邺城所见的甲片实物来看，它并非工匠们的突发奇想。

曹植列出的第三种铠甲是裲裆（两当），指的是一种胸甲，分为前后两块，由肩带相连，其下是一个下摆，可能是用牛皮做的。后面的那块通常比前面的高，这是为了保护颈背（图 10.6）。如前所述，这种铠甲的名称来源于结构相似的衣服。这种样式的铠甲常见于一种特殊的随葬陶俑上，我称之为

---

① 公元 3 世纪文献中的"明光"甲并非指后来的缀连片状甲，这种甲直到公元 6 世纪才出现。遗憾的是，这个本来专指那种缀连片状甲的名词，受杨泓著作的影响而在中国的考古文献广为使用。

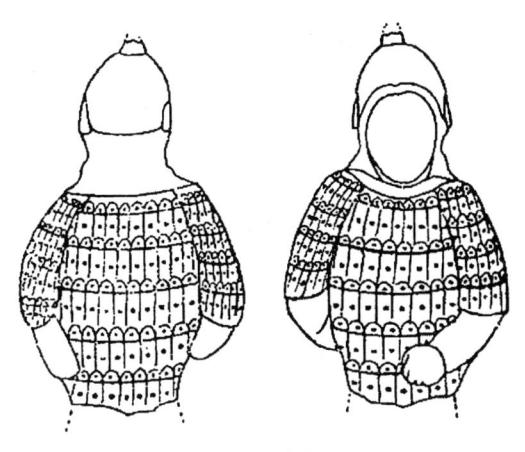

图 10.5 片状甲

"扁鼻弓箭手"(pug-nosed archer),特征之一是头戴特殊的头盔(图 10.7)[①]。根据对邺城出土头盔的复原,它由大致长方形的长甲片围成一圈,在顶部留有一个开口,看上去与扁鼻弓箭手所戴头盔非常相似(图 10.8)。邺城发现的其他头盔多是较为常见的样式(图 10.9)。

公元 6 世纪早期,即北魏末期,盔甲有了更进一步的发展,保护作用更加完善,出现了圆形的薄片,质地可能是金属,固定在前胸和后背处,通常用线来将这些薄片固定在合适的位置。这种裲裆与圆形薄片的结合,我称之为"cord-and-plaque armor"(缀连片状甲),成为隋代以及唐早期的主要铠

图 10.6 裲裆甲

[①] Albert E. Dien, "A Study of Early Chinese Armor," *Artibus Asiae* 43:1-2 (1981-1982):26-27.

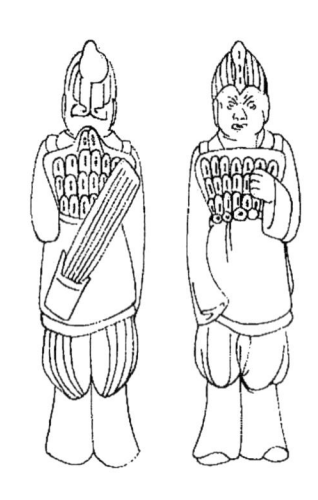

图 10.7 戴圆形盔的弓箭手

甲样式（图 10.10）①。

公元 4 世纪时，马镫的发明使得披着厚重铠甲的战士能够安坐在马背上，同时也引起了对马甲或马具的重视，毋庸置疑，这些都是为了保护全身都在重装铠甲下的骑兵。在邺城以及冯素弗墓中出土的一些大型甲片可能就是这种马甲的构件，不过最好的证据还是出自随葬俑（图 10.11）和墓葬壁画（图 10.12）。重骑兵在中国出现于新的军事技术席卷亚洲之时，这种技术革新之风最后还传到了欧洲。六朝时期，当重装的士兵成为军队的支柱时，中国的战争技术也在此时发生了彻底的改变，也许还导致了游牧民族在中国北方的崛起，因为他们善于骑射。以往依赖大量步兵的旧式军事组织形式开始变得不那么重要了②。

---

① Albert E. Dien, "A Study of Early Chinese Armor," *Artibus Asiae* 43: 1-2 (1981-1982): 33-35.

② Albert E. Dien, "The Stirrup and its Effect on Chinese Military History," *Ars Orientalis* 16 (1986): 38。長谷川道隆：「北朝時代の武士陶俑」,『古代文化』41.4 (1989), 38-48 頁，广为搜集出自北魏至北周、北齐墓葬的武士俑资料，详细描述了两类铠甲俑：甲骑具装俑和持长盾的镇墓武士；并梳理了铠甲在这几个世纪里的发展历程。可惜他以"明光"指称带有胸甲和背甲的铠甲，不过他还是正确地将"黑光"甲指称带有黑漆的铠甲。他用了"鱼鳞"一词，但研究的并不是鱼鳞甲。在对唐代铠甲的研究中，他认为从重骑兵向轻骑兵的转变，是为了满足公元 7 世纪早期农民起义中游击战的需要，这是一个很有意思的论点，不过并不见得很有说服力。

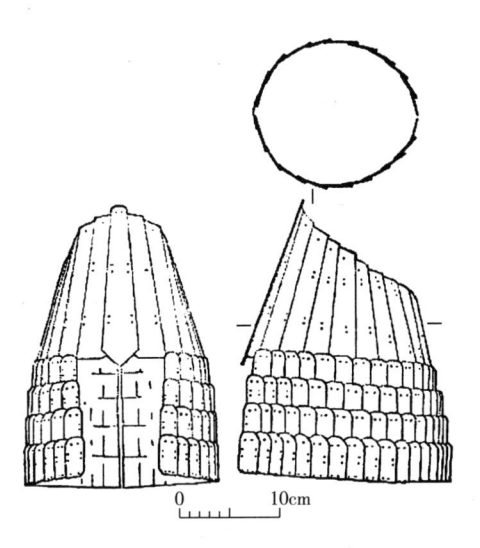

图 10.8 邺城出土圆形盔

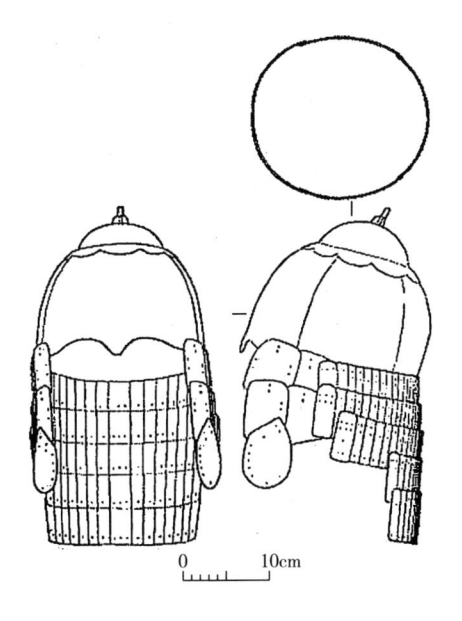

图 10.9 邺城出土的盔

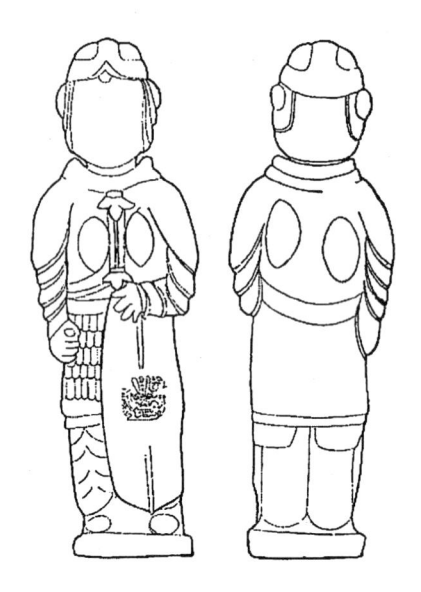

图 10.10　隋代的缀连片状甲

图 10.11　公元 6 世纪后期的骑兵俑

图 10.12　敦煌壁画中的战斗场景

这个时期的墓葬中发现了各种各样的武器。剑（特指双刃的）几乎全是铁制的，见诸报道的这一时期 25 把剑中，有 23 把是铁质的，1 把青铜的，还有一把木质的[①]！遗憾的是，由于铁不能像青铜一样长期保存，所以大部分铁剑已残。那些保存相对完整的剑，长度一般在 58 厘米~90 厘米之间，其中较长的一把剑出土于北齐库狄迴洛墓（卒于太宁二年，公元 562 年），剑锋尺寸是 70 厘米×2.7 厘米、剑柄为 70 厘米×3 厘米。与出土的其他剑一样，这把剑上还保留着剑鞘的痕迹，由有着黑红纹饰的漆木以及与剑身等长的青铜箍组成，在剑鞘末梢以

---

① 《宋书》卷 18 记载，从晋开始，木剑开始取代有刃剑，成为士人至皇帝的日常佩戴之物。不过，北方情况可能并非如此，公元 556 年，当宇文泰决定立嗣时，李远抽剑威胁，欲斩异议者，假如他所持的是木剑，那是非常荒谬的。参见《周书》卷 25；Albert E. Dien, "The Role of the Military in the Western Wei/Northern Chou State," in Dien, ed., *State and Society in Early Medieval China*, pp. 331–332。

及剑柄处都有装饰（图10.13）①，可能与墓葬武士俑手持的剑类似②。这把剑放在死者身旁，而在其他墓葬中，剑一般都发现在主墓室内，这一点与放在墓主人身旁的情况是相同的。

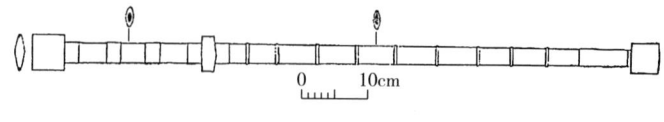

图 10.13 剑鞘

刀的特征是单面刃，断面呈楔形。"刀"常被翻译成"knife"，不过它与英语中的"knife"含义不同，长度并非确定是否为"刀"的决定因素，考古中曾经发现长达126厘米的刀。根据格拉夫（David A. Graff）的研究，汉代时刀取代了剑，因为对骑兵而言，刀的用途比剑要大，因而更受青睐③。

目前发现的短刀似乎并不是为战争而设计的，但也很难界定战争武器所需的最短限度，若大致以50厘米作为界线的话④，

---

① 王克林：《北齐库狄廻洛墓》，《考古学报》1979年第3期，第338页。
② Albert E. Dien, "A Study of Early Chinese Armor," *Artibus Asiae* 43：1-2 (1981-1982)：11.
③ 这里对刀剑长度的观察总的来说是正确的，有一个以长度区分刀和剑的例子：一件所谓的"刀"为银质，长12.5厘米、宽0.7厘米，但它有双刃，又形似于剑，参见江西省历史博物馆《江西南昌市东吴高荣墓的发掘》，《考古》1980年第3期，第225页；另一例是单刃武器，通长42厘米，被统为刀剑，参见宜昌市文物处《宜昌市六朝墓》，第40页。造成二者界限模糊的原因并不清楚。关于从刀向剑的转变，参见 David A. Graff, *Medieval Chinese Warfare*. London：Routledge, 2002, p.41。
④ 在洛阳的一处遗址里，那件长116厘米的刀被认为明显具有军事用途，而其他长约22厘米的刀则被认为日常所用，参见河南省文化局文物工作队第二队《洛阳晋墓的发掘》，《考古学报》1957年第1期，第181页。不过，在长沙的一处遗址里发现的三件刀残长分别为9厘米、29厘米、81厘米，有些被认为具有军事性质，并未将那件中等大小的刀排除在外，参见湖南省博物馆《长沙两晋南朝隋墓发掘报告》，《考古学报》1959年第3期，第81页。

那么，见诸报道并收录在本书数据库中的 230 把刀中，只有 46 把的长度够得上攻击武器的标准。大多数刀都有环形的刀柄（图 10.14）①，铁制②，末端不是平的，而是呈一定角度。随葬时，一般插在刀鞘中，放在棺内死者的身旁。至少有一例比较特殊，刀放在女性死者的棺内③。

图 10.14 单刃刀

在四川地区、长江下游以及广东墓葬中，出土了数量相对较多的刀和剑，其中四川地区 1/3 的墓葬中都有发现。可能有人会认为四川和广东地区刀剑较多是由于戍边的需要，长江下游刀剑较多是因为政局不稳④。不过，从不同时期出土刀剑的墓葬比例来看，以上推断值得推敲：20% 出自三国时期，9.6% 出自晋代，而晋以后的南北朝时期，北方和南方分别只有 2.8% 和 3.9%。难道武器的减少意味着战争和暴力冲突的

---

① 刀首有的有分叉，上面再安一个木把；如果是环首刀，刀首则与刀身构成一个整体。刀刃与刀柄之间一般以"格"相分隔。刀柄上往往会缠一些东西，如有一例刀首用丝绸裹缠，以四圈银箍将其固定，布上再髹一层漆，参见沈仲常《四川昭化宝轮镇南北朝时期的崖墓》，《考古学报》1959 年第 2 期，第 120~121 页。
② 13 件青铜刀中只有 2 件略长，1 件长 50 厘米，另一件长 58 厘米。
③ 江西省历史博物馆：《江西南昌市东吴高荣墓的发掘》，《考古》1980 年第 3 期，第 220 页，图 2。唯一保存完好的刀鞘出自安徽合肥，参见安徽省博物馆清理小组《安徽合肥东郊古砖墓清理简报》，《考古》1957 年第 1 期，第 31~36 页。
④ 至于在广东始兴墓群里发现大量武器的原因，报告作者认为此处是通往岭南的重要战略要地。参见广东省博物馆《广东始兴晋唐墓发掘报告》，《考古学集刊》第 2 辑，第 133 页。

缓解吗？

在这个时期的墓葬中也发现了其他带刃的武器，如匕首和削。都是青铜或铁质的。所见的匕首实物长度一般在23.5厘米~26厘米之间。削一般是双锋弧刃，不过这个时期发现的一些直刃者也被称为削，长度（如果报告中有的话）在11厘米~21厘米之间不等。这个时期只有4把匕首和13把削见诸报告，由于都已支离破碎，加上报告描述不清，我们并不清楚为何要将二者进行区分。

如壁画中所见，这个时期的骑兵往往手持长枪或长矛，以适应作为快速反应部队的骑兵需要。墓葬中发现了少量的（9件）铁质矛，一般长19厘米~49.5厘米，矛头呈三角形，中腰较窄，有一圆形的銎，是用来装把柄的。还发现了4件戈，其中一件青铜戈可能属于前代遗物①。此外，还发现了各种形状的铁镞，包括平头镞，还有鸣镝。一般来说，这些武器都朽蚀严重，而且本质上主要是一种实用工具，所以，它们在工艺上并无特别之处②。

墓葬中的武器究竟是用来做什么的呢？它们是作为日用品放置在墓中，像墓中的各种瓶瓶罐罐和其他私人物品一样，用来陪伴死者在另一个世界的生活吗？抑或它们有什么其他特别的用途？如保护墓葬的安全，使之不受来自地下世界的侵扰？换言之，它们是否具有辟邪的功能？如果是后者的话，那么它们与本书此前讨论过的弩机属于同一类物品。

---

① 参见广东省博物馆《广东始兴晋唐墓发掘报告》，《考古学集刊》第2辑，第119、120页及图13.1。
② 武器在各时代和地区的发现情况，参见丁爱博所作表格。Albert E. Dien, "Weapons in the Six Dynasties Period with Special Notice of Crossbow Mechanisms," *Proceedings of the International Academic Conference of Archaeological Cultures of the Northern Chinese Ancient Nations*, Huhehot, August, 1992, volume 2, p.14.

第十一章 音乐和乐器

六朝时期的外来文化浪潮，促使中国的音乐发展步入了一个新的阶段。汉、唐之间，典型的管弦乐器经历了重大的变化，从喧闹的打击乐向融合了弦乐、管乐和小鼓的轻音乐风格转变①。

虽然音乐并不会留下多少可见的遗存，也很少有乐器是用耐用材料制成的，但在这个问题上还是有些东西可以讨论。由于音乐是美好生活的重要组成部分，所以往往也成为墓葬的重要构成。这一时期的墓葬壁画和随葬俑都为六朝时期的音乐盛况提供了很好的佐证。当时的文献也提供了很多关于音乐的有趣信息，此外，还有一些乐器模型和可能的实用乐器得以保存下来。

山东沂南的一座东汉晚期或六朝早期的画像石墓中就刻画了一幅传统的管弦乐队演奏的场景（图11.1）。其中大多数乐器是打击乐器和管乐器，演奏出来的音乐可能与我们今天在孔庙听到的庆祝孔诞时演奏的音乐类似②。

---

① Bo Lawergren, "The Spread of Harps between the Near and Far East during the First Millenium A. D. -Evidence of Buddhist Musical Cultures on the Silk Road," *Silk Road Art and Archaeology* 4 (1995 – 1996)：235 – 237.
② 乐器组合包括各种形式的鼓、以槌击打的手铃、以长木头击打并立于座子上的编钟、以槌击打的编磬、长笛、瑟、篪（口琴）等，参见曾昭燏、蒋宝庚、黎忠义《沂南古画像石墓发掘报告》，上海，文化部文物管理局，1956，第18~20页，图版48、85 – 90。对奏乐场景的（转下页注）

图 11.1 山东沂南画像石中的乐队

　　这个时代继承的所有传统乐器中，琴（即齐特琴，以往被误称为鲁特琴）是最典型的与"高雅"艺术有关的乐器。这个时期的琴是一种修长而纤细的乐器，往下逐渐变细，由两块琴板组成，上面的一块呈凸面形，下面一块是平的，有两个传音孔。有七根琴弦通过琴桥固定在琴尾，每根弦都与一根拴在内侧琴轸上的细线相连，这样就能通过调节琴弦的松紧来调音。由于琴轸和上面的细线的存在，使得乐器的大小要超出琴身的长度①。

（接上页注②）解释，参见 Bo Lawergren, "The Spread of Harps between the Near and Far East during the First Millenium A. D. -Evidence of Buddhist Musical Cultures on the Silk Road," *Silk Road Art and Archaeology* 4 (1995 – 1996): 235 – 236; Bo Lawergren "To Tune a String: Dichotomies and Diffusions between the Near East and Far East," in B. Magnussen, S. Renzetti, P. Vian and S. J. Voicu, eds. , *Ultra Terminum Vagari. Studi in onore di Carl Nylander.* Rome: Edizioni Quasar, 1997, p. 5。

① 关于琴的详细构造，参见 Robert van Gulik, *The Lore of the Chinese Lute: An Essay in Ch'in Ideology.* Tokyo: Sophia University, 1940, p. 4 and fig. Ⅲ; Bo Lawergren, "To Tune a String: Dichotomies and Diffusions between the Near East and Far East"; Bo Lawergren, "How Qin-zithers changed between 500 BCE to 500 CE." Unpublished paper read at the Michaelstein Conference, June (2002): 1 – 2; and Bo Lawergren, "The metamorphosis of the Qin, 500 BCE-CE500," *Orientations* 34. 5 (2003): 31 – 38; 等等。

正如高罗佩（Robert van Gulik）指出的那样，在汉代，这种乐器被认为是具有灵性的音乐的象征，它往往与某个古老而美丽的神话相关。在此后的魏晋时期，伴随着玄学思想及其生活方式的流行，琴被认为有助于禅定和长寿，并且与文人雅士紧密相关①。嵇康（公元223~262年）用琴演奏的《广陵散》淋漓尽致地反映了这种乐器在六朝早期精英人士的精神和诗文生活中所扮演的重要角色②。也正因如此，嵇康在临刑前夜从这种琴声中得到了一丝的慰藉③。嵇康是"竹林七贤"之一，在南京地区公元4世纪墓中的"竹林七贤"图像里，嵇康就在抚琴（图11.2）。图像中另外一位抚琴者是荣启期，他是一位传说中的人物，在"竹林七贤"中加入他是为了将贤人的数量加到八个。传说荣启期在鼓琴而歌之时曾得到孔子的拜望④。

在日本奈良正仓院里有一把非常精美的琴保存在公元817

---

① Robert van Gulik, *The Lore of the Chinese Lute: An Essay in Ch'in Ideology*, p. 53. 另参见 De Woskin 的出色研究，Kenneth J. De Woskin, *A Song for One or Two: Music and the Concept of Art in Early China*. Ann Arbor: Center for Chinese Studies, The University of Michigan, 1982, pp. 101 – 124。

② 讨论与译文参见 Robert van Gulik, *Hsi K'ang and His Poetical Essay on the Lute*. Tokyo: Sophia University, 1941。

③ 讨论与译文参见 Robert van Gulik, *Hsi K'ang and His Poetical Essay on the Lute*, p. 22。

④ Audrey Spiro, *Contemplating the Ancients: Aesthetic and Social Issues in Early Chinese Portraiture*. 62 and 83. 此处琴是放在坐着的演奏者大腿上的，约在13世纪时，琴才放在桌上；Bo Lawergren, "How Qin-zithers Changed between 500 BCE to 500 CE.", p. 5; Bo Lawergren, "The Metamorphosis of the Qin, 500 BCE-CE500.", p. 38. 高罗佩详细描述了琴及其演奏方式，参见 Robert van Gulik, *Hsi K'ang and His Poetical Essay on the Lute*, pp. 47 – 48。传为东晋顾恺之《斫琴》宋代摹本的画作里，能看出这种乐器的细部结构，参见张安治主编《中国美术全集·绘画编1·原始社会至南北朝绘画》，第142~143页，图版97。

图 11.2　嵇康抚琴

年的仓库里。一般认为这把琴的年代是唐代，但是高罗佩根据琴漆面上的纹饰，认为这把琴的年代在唐代以前，应该在北魏时期①。

除了琴，还有各种各样的乐器。弦乐器包括瑟（25 根弦）②、

---

① Robert van Gulik, *The Lore of the Chinese Lute*: *An Essay in Ch'in Ideology*, pp. 181 – 189。关于这把琴的图解，参见 Ryoichi Hayashi, "The Silk Road and the Shoso-in." Translated by Robert Richets. *Heibonsha Survey of Japanese Art*, vol. 6. New York: Weatherhill and Heibonsha, 1975, pp. 19, fig. 7, and 21, fig. 10。

② 瑟形似于琴，但略大。琴与瑟的主要差别在于调音方式和弦。琴以琴轸来调弦，而瑟以可移动的桥来调弦，Bo Lawergren, "To Tune a String: Dichotomies and Diffusions between the Near East and Far East," p. 6 and fig. 5; Robert van Gulik, *The Lore of the Chinese Lute*: *An Essay in Ch'in Ideology*, p. 7 and fig. Ⅳ。琴与瑟的形状也有差别，Bo Lawergren, "How Qin-zithers Changed between 500 BCE to 500 CE" 1 – 3, and Bo Lawergren, "Strings," In Jenny F. So, ed., *Music in the Age of Confucius*, 65 – 83. Washington: Smithsonian Institute, 2000, pp. 67 – 79。

五线（5 根弦）、阮（圆形的鲁特琴）① 以及筝（12 根弦的齐特琴）②。其他乐器还有横笛、箫（竖笛）、排箫和笙③。正仓院里的那把琴是保存至今的唯一一件六朝乐器，但是在有些墓葬的随葬品中也发现了少量的乐器模型。在磁县的两座墓葬中，曾经发现了钟和磬的模型，这说明北方地区存在一些礼仪音乐④。在宁夏的一座北魏墓葬中，出土了瑟、鼓和竽。根据报告，这把瑟只有 8 根弦，两端各有一个琴桥，琴面呈凸面，中空⑤。而对于竽，并没有太多的描述和插图，不过能看出它的吹管是从吹口处张开的，不像通常见到的竽那样吹管是笔直的⑥。

① 圆形鲁特琴"阮"为圆形的琴身，有窄直颈、四弦及琴柱。李文生：《龙门石窟的音乐史资料》，《中原文物》1982 年第 3 期，第 46~49 页，认为阮在汉代以前就已使用，但其他资料称"阮"因公元 3 世纪的发明者阮咸而得名。在"竹林七贤"画像中，阮咸就在弹奏这种乐器。参见姚迁、古兵编著《六朝艺术》，图版 187。台建群收集东汉以来有关这种乐器的资料，发现唐代才开始根据阮咸弹琴图使用"阮"这一称呼，参见台建群《敦煌壁画中的阮》，载敦煌研究院编《敦煌学国际研讨会文集·石窟艺术卷》，兰州，甘肃民族出版社，2000，第 219 页。
② 据说由于瑟过于大而笨重，所以被形体较小、易于搬动的筝所取代。
③ 有关这些乐器的历史典故，参见《世说新语》等。
④ 茹茹公主墓里发现了一套由 12 钟、9 磬组成的陶质模型，参见磁县文化馆《河北磁县东魏茹茹公主墓发掘简报》，《文物》1984 年第 4 期，第 5 页，图 6：1-2。磁县湾漳大墓里也发现了这套乐器中的钟磬模型各一件，但报告中无图，参见中国社会科学院考古研究所、河北省文物研究所邺城考古工作队《河北磁县湾漳北朝墓》，《考古》1990 年第 7 期，第 605~606 页。
⑤ 宁夏固原博物馆：《彭阳新集北魏墓》，《文物》1988 年第 9 期，第 33~34、35 页，图 18.1。由于只有 8 根弦，器物的名称可能定错了。还有一件瑟（《文物》1955 年第 6 期，第 120 页）出自江苏的墓葬，但报告中没有图，也没有文字描述。Robert van Gulik, *The Lore of the Chinese Lute: An Essay in Ch'in Ideology*, pp. 8-9; Kenneth J. DeWoskin, *A Song for One or Two: Music and the Concept of Art in Early China*, p. 109. 此二文讨论了瑟的消失。
⑥ 宁夏固原博物馆：《彭阳新集北魏墓》，《文物》1988 年第 9 期，第 35 页，图 18.4。

音乐在社会精英阶层的社交生活中扮演着非常重要的角色，这里所说的社交活动，常常包括聚会时的表演。聚会时，有音乐才艺的人往往通过演奏来招待他们的客人，一般也有专业的乐师或伶人，后者一般是地位较低下的女子。曾经有一次，一位横笛吹奏者在表演时因忘记了调子而被当众处死①。

在这一时期，在传统乐器之外，还出现了一些新的乐器。琵琶可能是最流行的新式乐器。有一个梨形的琴身，颈部较窄，琴轸装在颈部一侧以调琴弦，一般有4个琴轸，以琴拨弹弦。琴颈有直颈和曲颈之分。

鲁特琴的起源并不是很清楚，有人认为它是中国本土发明的，早在秦朝就已出现②。也有人认为它是中亚输入品，后一种说法可能更可靠一些③。在《释名》和《风俗通义》（都是公元2世纪的文献④）中都有过描述，见于很多逸闻中。谢尚（公元308~357年）是东晋上层社会人士，因在乐器演奏上的娴熟技艺而大受褒奖⑤。数百年之后的隋代，有位公主挑选夫婿，李敏从众贵族子弟中脱颖而出，正是因为他出色的音乐才能。被引荐给隋文帝后，李敏跳舞，隋文帝亲自用琵琶为他伴奏。隋文帝对公主的选择十分赞许，想赐予未来的女婿一个官职。不过，李敏听从未来新娘的意见，没有

---

① 《世说新语·汰侈》《世说新语·忿狷》。
② 《北堂书钞》卷110转引了对傅玄《琵琶赋》的介绍。另参见唐长寿《我国最早的琵琶》，第70页，唐所指的"阮"是圆琵琶。
③ 李文生：《龙门石窟的音乐史资料》，《中原文物》1982年第3期，第48页。H. H. Dubs, *A Roman City in Ancient China*. London: The China Society, 1957, p. 28. 认为是波斯输入品，并将这种乐器称为"Ballon Guita"。
④ Laurence Pickens, "The Origin of the Short Lute," *Galpin Society Journal* 8 (1955): 33.
⑤ 《世说新语·容止》。

拜受,当然,后来隋文帝还是赐予了这对年轻的夫妇想要的更高的官职①。

尽管并非所有人都认同,但是精通琵琶确实在当时的上层社会是一门很好的技艺。当颜之推听说一位同僚让儿子学习鲜卑语和琵琶,以迎合鲜卑统治者的时候,他感到非常惊讶②。尽管如此,这一时期外来音乐的大量涌入,必定使得琵琶以及其他外来乐器流行起来。中国音乐的音阶和音调也从以往的管乐调向琵琶的弦乐调转变③。

这一时期开始在中国流行的另一种乐器是箜篌,它在佛教音乐中扮演了非常重要的角色。有两种形式:卧箜篌与竖头箜篌,是根据琴架的形状来区分的。二者都有共鸣体,由一个中空的箱体组成,上有活动的盖子(或称音板),紧靠在琴骨上。与共鸣体相连的是一根牢固的琴竿,琴弦就骑在琴骨与琴竿之间。在卧箜篌中,琴竿是音箱的延伸,形成一个柔和的弧形;在竖头箜篌中,这两部分是垂直的。罗文格林(Bo Lawergren)认为竖头箜篌与伊朗有关,而卧箜篌与印度有关。当卧箜篌在库车大为流行时,一些竖头箜篌也在那里的石窟壁画中出现了,这些箜篌与库车的管弦乐一起传入了中原④。

---

① 《隋书》卷37。
② 《颜氏家训·教子》。
③ Robert van Gulik, *The Lore of the Chinese Lute: An Essay in Ch'in Ideology*, p. 39.
④ Bo Lawergren, "The Spread of Harps between the Near and Far East during the First Millenium A. D. -Evidence of Buddhist Musical Cultures on the Silk Road," *Silk Road Art and Archaeology* 4 (1995 - 1996): 248 - 249. 在且末扎洪鲁克发现的两件竖头箜篌遗物表明这种乐器可能早在公元8世纪就传到了中国。伊斯拉菲尔·玉苏甫、安尼瓦尔·哈斯木:《古老的乐器——箜篌》,《西域研究》2001年第2期,第78~85页。他们指出这种乐器的粟特名称为 "cngry" (cangarya), 汉语中的 "箜篌"(转下页)

经丝绸之路传入的新音乐和乐器有着宗教上和世俗上的根源。音乐在佛教念诵中扮演着非常重要的角色，在对极乐世界的描绘中就有音乐和舞蹈。人们对这些新音乐形式的接受也受到佛教本身发展的影响。敦煌壁画中描绘的早期乐舞表演通常是独奏而不是合奏，不过在佛像上佛龛中也出现了成排的伎乐。大约到六朝末期，壁画中的飞天开始弹奏竖头箜篌和琵琶，供养人、菩萨甚至夜叉也被描绘成伎乐的形象。在极乐世界佛像前载歌载舞的管弦乐场面是较晚时期出现的，是随着净土思想和其他佛教宗派的流行而出现的①。

如果将东汉的管弦乐器（图11.1）和唐贞观四年（公元630年）的石棺画像（图11.3）相比，六朝时期中国音乐所经历的变化是非常明显的。在石刻画像中，有12位女伎乐，坐成三排，每位各持一种乐器。最上面的一排弹奏的是弦乐器：竖头箜篌、直颈琵琶、曲颈琵琶以及筝；第二排手持管乐器：笙、横笛、排箫以及竽篥；最下面一排主要是打击乐器：青铜铙钹、某种鼓（或锣）以及腰鼓；最后一位乐师可能在吹一种贝壳做成的号角。这具石棺上还刻有另外一组伎乐，数量与前者相同，但是姿势是站立的，弹奏着相似的乐器，但是多了箫和琴，在另一块挡板上描绘的则是一组舞者②。

(接上页注④)可能是某种也采用粟特文形式的中亚文字的转译。关于这两件箜篌的发现，另参见王博《新疆扎滚鲁克箜篌》，《文物》2003年第2期，第56~62页。

① 关于音乐在佛教里的角色，参见 Bo Lawergren, "Buddha as a Musician: An Illustration of a *Jataka* Story," *Artibus Asiae* 54.3-4 (1994): 226-240。
② 陕西省博物馆文管会：《唐李寿墓发掘简报》，《文物》1974年第9期，第75~76、85~87页及图31~33。此处乐器的名称与 Lawergren 的判断有所不同，他认为筝是一种琴，但并不确认第一批的最后（转下页注）

图 11.3 唐初乐队图像

由于移居中国的粟特人和其他外族人的乐舞表演，中国人开始对外来音乐有更多的了解。近年在长安和太原发现的粟特墓葬为这方面的研究提供了重要的信息。发现于长安的安伽（卒于大象元年，公元 579 年）墓中有一座石榻，靠背和两侧

(接上页注②)一件是何种乐器（原报告说是贝），参见 Bo Lawergren, "The Spread of Harps between the Near and Far East during the First Millenium A. D. -Evidence of Buddhist Musical Cultures on the Silk Road," *Silk Road Art and Archaeology* 4 (1995 – 1996)：237。筚篥据称是竹管做成的，有 8 个孔，7 个在前、1 个在后，北魏开始传入中国，并大行于唐代，参见李文生《龙门石窟的音乐史资料》，《中原文物》1982 年第 3 期，第 48 页。

组成了一个围屏,上刻三幅由男性舞者与小型乐队组成的宴乐场景。每一幅画面中的舞者都在轻快地跳舞,表演的是唐诗所称的"胡腾舞"。在第一幅画面中,舞者由琵琶和鲁特琴伴奏,其他乐师则在鼓掌,他们无疑是在喝彩。第二幅图中,乐师们在演奏琵琶、笛子和腰鼓,但在第三幅中并没有乐器。所有这些表演都是为坐在亭台、帐篷中的一人或多人而作①。

在太原虞弘墓(卒于开皇十七年,公元597年)石室图像中,刻画了一幅更为精美的场景。其中夫妻二人(无疑是墓主夫妇)手持酒杯,端坐于榻上享用美味佳肴。前面有六位伎乐在演奏腰鼓、箜篌、琵琶和笛子,此外还能见到两种无法辨认的乐器。中间一位舞者在表演胡腾舞。四位乐师后面有头光,四位侍者亦然,表明此情此景表现的是墓主死后的生活场景②。现藏于日本滋贺县美秀博物馆(Miho Museum)的石榻属第三座粟特墓,被认为是北齐时期的物品,但出土地点不明,上面同样也有乐舞场景,其中一位舞者是女子③。

在这些图像中,我们可以看到粟特人在尽情展示他们对音乐和舞蹈的热爱,同样的场面还能在当时一些大城市的西式酒肆里见到④。这些来自异域的乐舞表演者与他们带入中国的异

---

① 陕西省考古研究所:《西安发现的北周安伽墓》,《文物》2001年第1期,第11页及图19、21,第17页及图28,第18页及图29。
② 山西省考古研究所、太原市考古研究所、太原市晋源区文物旅游局:《太原隋代虞弘墓清理简报》,《文物》2001年第1期,第37~38页及图19。
③ *Chinese Archaic Bronzes*, *Sculpture and Works of Art*. New York: J. J. Lally and Co., 1992: 1c and 1e; Annette L. Juliano and Judith Lerner, "Cultural Crossroads: Central Asian and Chinese Entertainers on the Miho Funerary Couch," *Orientations* 28 (October 1997): 72–78.
④ Edward Schafer, *Golden Peaches of Samarkand: A Study of T'ang Exotics*, pp. 21–22.

域乐器一样颇受欢迎。在河南安阳北齐墓葬（图7.6）中发现的一件黄釉扁壶上，塑造了一幅特别引人注目的场景：一位男性舞者与四位乐师的表演①。舞者和乐师有明显的胡人特征，身穿中亚风格的紧袖上衣，翻领，束带，裤腿塞在靴子里。头饰同样也具有中亚风格。他们用琵琶、铙钹、笛子来演奏音乐，还有一位男子显然在和着乐曲拍手。舞者的姿势非常轻快。这幅画面中的莲花座据说相当于舞者通常站立的小毯子②。

北周时期的一件佛座上也描绘了由两个舞者和乐队组成的乐舞场景，其中男性舞者穿着本地的服装，跳着"胡腾舞"，女舞者则穿着中原式的服装，不过袖子比一般的要长一些。乐队一边是中国人，另一边则是胡人，他们演奏的乐器与上述乐器相似，包括琵琶、箜篌、排箫以及箫和横笛（图11.4）③。

---

① 河南省博物馆：《河南安阳北齐范粹墓发掘简报》，《文物》1972年第1期，第49页及图版7。该墓出土了四件类似的扁壶。

② 韩顺发：《北齐黄釉扁壶乐舞图像的初步分析》，《文物》1980年第7期，第39~41页。同篇文章也发表在《河南文博通讯》1979年第3期，第50~53页。这件扁壶的彩照也见于《文化大革命期间出土文物》，91；Jian Li, ed. *The Glory of the Silk Road: Art from Ancient China*. 216；黑白照片见于中华人民共和国出土文物展览工作委员会《中华人民共和国出土文物展览展品选集》，北京，文物出版社，1973，图版101。司马金龙墓出土砚台上也有一个类似的舞者，不过只有一件琵琶伴奏，参见邵文良编《中国古代体育文物图集》，第78页，图版40。陈海涛根据唐诗中的描述，尝试对艺术品中的这种特别舞蹈进行了有意思的判读，不过并不十分有说服力，参见陈海涛《胡旋舞、胡腾舞与柘枝舞——对安伽墓与虞弘墓中舞蹈归属的浅析》，《考古与文物》2003年第3期，第56~60、91页。

③ 王子云：《中国古代石刻画选集》，北京，中国古典艺术出版社，1957，图版15；Annette L. Juliano and Judith Lerner, "Cultural Crossroads: Central Asian and Chinese Entertainers on the Miho Funerary Couch," *Orientations* 28 (October 1997): 74-76。

图 11.4　北周佛座上的奏乐场景

《隋书·音乐志》里有一段记录很好地揭示了当时外来音乐涌入中国的情况。大业年间（公元 605～618 年），隋炀帝设立九部乐，其中只有一部是演奏中原传统音乐的，其他几部分别演奏来自西凉、库车、印度、撒马尔罕、喀什和安息的音乐。在该志中，西凉乐仅具"西凉"之名（西凉是五凉之一，五凉是公元 4～5 世纪统治西北凉州地区的五个政权），音乐本身并不属于西凉，可能是从库车传入、在西凉治下的凉州地区演奏的一种音乐。北魏征服这个地区之后，这里的音乐和乐师都被带到了当时的都城，在那里，人们开始称这种音乐为"国伎"，但到了隋代，又重新以"西凉乐"称之。《隋书》明确指出，曲颈琵琶和竖头箜篌都是从西域传入的，并不是中国的传统乐器。此后，《隋书》又记录了西凉乐由 27 人组成，演奏 19 种不同的乐器，包括钟、磬、筝（包括手拨的筝和用琴拨的筝）、箜篌（卧箜篌和竖头箜篌）、四弦或五弦琴、笙、箫、大筚篥、小筚篥、长笛、横笛，以及各种鼓和铙钹。《隋书》记载的其他几部乐与此类似①。

---

① 《隋书》卷 15。李文生：《龙门石窟的音乐史资料》，《中原文物》1982 年第 3 期，第 48～49 页。认为外来乐器有贝（以贝壳做成的号角）、琵琶（包括四弦和五弦琵琶）、箜篌、铜钹、筚篥及四种鼓。画像中的（转下页注）

几个世纪以前（以曾侯乙墓为例），伎乐和他们的乐器会伴随着他们的主人一同被埋入主人的墓里。不过，到了比较开化的年代后，改由随葬俑和壁画组成地下的乐舞场景。在酒泉发现的一座公元4世纪末或公元5世纪初的墓葬中描绘了一个四人组成的乐队，三位女子分别在演奏琵琶、箫和腰鼓，一位男子在弹奏一种矩形的齐特琴。这种齐特琴与以往的不同，不是横向怀抱在乐师胸前，而是将琴纵置，一端放在乐师的腰间腿上，另一端向外伸出，下面用一个短支架支撑（图11.5）。画面中身着飘逸长服的女子在乐队前舞蹈，还有两个杂技演员在献艺，而墓主人在一旁观看①。在西安附近的一座十六国墓中发现了大量的女性伎乐俑，衣着和发式与酒泉壁画所见相似，乐器包括笛、琴以及排箫。这座墓中的男乐师演奏的是打击乐器②。男伎乐也是嘉峪关画像砖墓中常见的形象，乐器包括琵琶、箫、琴以及箜篌③。

入主中国北方的鲜卑统治者同样喜欢这样的音乐，在呼和

(接上页注①)乐师通常处在佛教场景里，如云冈石窟9窟、10窟前厅刻的十二伎乐；山西省文物工作委员会、山西云冈石窟文物保管所编《云冈石窟》，图版50。

① 画面位于酒泉十六国墓西壁，参见甘肃省文物考古研究所编《酒泉十六国墓壁画》。这幅壁画摹本也收入宿白主编《中国美术全集·绘画编12·墓室壁画》，北京，人民美术出版社，1989，第42~43页，图版45~47。

② 陕西省文物管理委员会：《西安南郊草厂坡村北朝墓的发掘》，《考古》1959年第6期，第286~287页。报告中列出了一位弹琴的女俑（图版3.7）、一位拍手高歌的女俑（图版3.1），以及数名击鼓敲锣的男俑（图版3.11），其他伎乐俑的照片参见『中国陶俑の美』，64-65页，图版45。

③ 嘉峪关市文物清理小组：《嘉峪关汉画像砖墓》，《文物》1972年第12期，第26页及图版7.2；Jan Fontein and Tung Wu, *Han and T'ang Murals Discovered in Tombs in the People's Republic of China and Copied by Contemporary Chinese painters*. figs. 45 and 53。

图 11.5　酒泉墓葬壁画中的乐队

浩特的一座北魏墓葬中发现了一组陶俑，由七人的乐队和一名舞者组成，均为女子，但是很可惜，乐器都没保存下来①。另外一组这样的陶俑发现在司马金龙墓里，共 12 个，有着独特的鲜卑头饰②。在徐显秀（北齐的一位高级官吏）墓壁画中，描绘的是墓主夫妇及一群侍者，其中就有演奏曲颈琵琶、竖头箜篌和筝者③。

这样的乐队无疑也流行于南方，不过保存下来的实物非常少。在陕西安康南朝墓中发现了一组 12 人的陶俑。这个乐队包括两位鼓手、两位吹号角的乐师、一位弹奏不明乐器的坐姿女子、七位歌者（两男五女）。很可惜的是，墓葬简报里的插图不清楚④。在著名的邓县（今邓州市）南朝画像砖墓中发现了一些反映音乐表演的模印砖。其中一块砖上，两个女子在相

---

① 郭素新：《内蒙古呼和浩特北魏墓》，《文物》1977 年第 5 期，第 39 页；『中国内蒙古北方骑马民族文物展』，58 页，图版 57.1。
② 山西省大同市博物馆、山西省文物工作委员会：《山西大同石家寨北魏司马金龙墓》，《文物》1972 年第 3 期，第 23、32 页，图 19、20。其中一张陶俑的彩照发表于『中国陶俑の美』，68 页，图版 51，黑白照片发表于《文化大革命期间出土文物》，第 139 页。
③ 常一民：《彩绘的排场》，《文物天地》2003 年第 1 期，第 1 页。
④ 徐信印：《安康长岭出土的南朝演奏歌舞俑》，《文博》1986 年第 5 期，第 64 页。图版见该期封二。

互鞠躬,类似于欧洲宫廷里的正式舞蹈表演。四个男子站立一旁观看,其中一位在吹竽,竽上挂着流苏,另外一位在打腰鼓(图 11.6)①。另外一块砖上也出现了竽,不过这里有一只凤凰似乎在合着曲子跳舞(图 11.7)②。还有一块砖上描绘的是四位老年智者,被认为是"南山四皓",他们以乐队的组合出现。其中一位在吹竽,另一位在拨弄着可能是琴的乐器(图 11.8)③。虽然文献中提到过更多其他的南方乐器,但在保存下来的艺术形象中很难见到。

图 11.6　邓县画像砖上的乐舞形象

---

① 河南省文化局文物工作队:《邓县彩色画像砖墓》,第 24 页,图 26;Annette Juliano, "Teng-hsien: An Important Six Dynasties Tomb," *Artibus Asiae*, Ascona, 1980: 52 and fig. 51。

② 河南省文化局文物工作队:《邓县彩色画像砖墓》,第 24 页,图 28;Annette Juliano, "Teng-hsien: An Important Six Dynasties Tomb," *Artibus Asiae*, Ascona, 1980: 69。铭文显示图像内容为道教神仙王子乔及师傅浮丘公,另一块砖上也有同样的图像内容,但没有榜题。柳涵认为画像中的鸟为朱雀,参见柳涵《邓县画像砖墓的时代和研究》,《考古》1959 年第 5 期,第 260 页。

③ 河南省文化局文物工作队:《邓县彩色画像砖墓》,第 26 页,图 31;Annette Juliano, "Teng-hsien: An Important Six Dynasties Tomb," *Artibus Asiae*, Ascona, 1980: fig. 73。前述漆盘上也有南山四皓之一在弹琴的图像(参见本书第七章所述东晋漆盘)。他们的隐居之地有南山或商山之说。

图 11.7 邓县画像砖上的道教神仙吹笙图

图 11.8 邓县画像砖上的"南山四皓"

最能反映这一时期音乐状况的当属安阳隋代张盛墓内的一组俑了,共 13 件女俑,包括八位伎乐和五位舞者。乐器包括两把琵琶、一把直颈五弦琴和一把曲颈四弦琴(二者都用琴拨弹奏)、一组排箫、两种笛(包括竖笛和横笛,后者可能是六孔笛)、铙钹以及一只竖头箜篌,而第八件俑则做和着音乐拍手状①。到这个时期,乐队已经将传统与外来的音乐融合在

---

① 考古研究所安阳发掘队:《安阳隋张盛墓发掘记》,《考古》1959 年第 10 期,第 542、543 页,图版 2.2 – 2.3,及图版 10.1 – 8;报告认为拍手俑手上也应持有乐器。此伎乐俑的黑白照片发表于中华人民共和国出土文物展览工作委员会《中华人民共和国出土文物展览展品选集》,图版 105,彩照发表于『黄河文明展』,132 – 133 页,图版 107。

一起，为此后唐代音乐的进一步发展奠定了基础。

音乐显然也是丧葬礼仪的一部分。在忠县涂井发现的房屋模型就是一个显著的例子，其中有吹箫的俑，可能代表着一场丧葬仪式①。在堆塑罐的口沿部位也塑造了一些乐师形象，可能也与葬礼有关②。乐师明显不是中国人，他们演奏着各种乐器，如箫或笛、竽以及各种弦乐器等③。可惜的是，乐师模型都太粗糙，没有刻画出细节。这些胡人伎乐很可能是被雇请来参加这样的仪式的，就像在吴国王子的丧礼中，就雇请了这样的乐队来哀悼亡灵，音乐和牺牲都持续了七天七夜④。无论是何种情况，这些堆塑罐上的俑的形象很好地反映了胡人伎乐在当时社会存在的情况，不过还有待发现更多的证据。

在这一时期还流行一种完全不同类型的音乐——军乐，它有着自己独特的风格⑤。与汉代一样，这时的军乐队似乎也包括四种类型的乐器，其中打击乐器是鼓和铙钹，管乐器是箫（通常是排箫或是北方游牧民族传入的笳）。这是一支骑在马上演奏的乐队，随军队一起出征。冬寿墓壁画中就描绘了一幅这样的乐队图。骑马伎乐紧随冬寿马车之后，演奏着排箫、笳

---

① 四川省文物管理委员会：《四川忠县涂井蜀汉崖墓》，《文物》1985年第7期，第49~95页。其中第75页图60中可见一位躺卧者，很可能就是死者的形象。
② Albert E. Dien, "Developments in Funerary Practices in the Six Dynasties Period: The Duisuguan 堆塑罐 or 'Figured Jar' as a Case in Point." 527.
③ 黄文昆、姚敏苏：《佛教初传南方之路文物图录》，北京，文物出版社，1993，图版67、71、98及106。
④ 《三国志·吴志》卷59。引文见于小南一郎「神亭壺と東吳の文化」，『東方學報』（京都）65（1995），282頁。
⑤ 以下讨论多基于易水的文章，易水：《汉魏六朝的军乐——"鼓吹"和"横吹"》，《文物》1981年第7期，第85~89页。

以及建鼓。建鼓是用一种支撑物竖直架在骑者前面的鼓,另有大鼓和锣,分别由两个步兵抬着,还各有一人负责敲击,锣鼓是行进在马车前面的,用于战斗中号令军队,并非一般意义上的乐器(图11.9)。

图 11.9 含有骑马伎乐的冬寿墓出行图(东晋升平元年,公元 357 年)

后来,铙钹似乎在乐队中被摒弃了。军乐队一般由 7～16 人组成。根据陈太建六年(公元 574 年)建立的鼓吹之制,皇家乐队由 16 人组成,其中箫 13 人、笳 2 人、鼓 1 人。乐师的数量随品级的降低而递减:东宫可拥有 13 人,诸王 12 人,而庶姓只能有 11 人,其中 9 人吹箫,2 人持另外两种乐器①。显然,箫是主要的乐器。而且到这个时期,这种被称为"鼓吹"的军乐队很可能已经与军队出征没什么关系了,而成为了社会地位的象征。

另一种骑马的军乐队(被称为"横吹")也在这个时期出

---

① 《隋书》卷13。

现了①。它以鼓和一种被称为"胡角"的乐器为特征,胡角是从国外引进的,但源头并不清楚。角呈长弧形,鼓与建鼓不同,是用带子挂在肩上平置在身前的,一般用两根鼓槌来敲击。这种乐队在北方地区尤其流行,常见于北方墓中的陶俑。

《洛阳伽蓝记》记载的一则故事反映出军乐在鼓舞士气方面是何等重要:

> 市南有调音、乐律二里。里内之人,丝竹讴歌,天下妙伎出焉。有田僧超者,善吹笳,能为《壮士歌》、《项羽吟》。征西将军崔延伯甚爱之。……延伯出师……僧超吹《壮士笛曲》于后,闻之者懦夫成勇,剑客思奋。……二年之间,献捷相继。丑奴募善射者射僧超,亡,延伯悲惜哀恸,左右谓"伯牙之失锺子期,不能过也"。②

这种乐队在当时南方地区的唯一实物形象也是在邓县墓中发现的。这里的乐队是步行的,其中也包括长而弯曲的胡角(图11.10)③。该墓另一块画像砖上的图像则向我们展示了这种军乐在南方地区的发展情形。除了胡角,还加入了笛与排箫

---

① 易水:《汉魏六朝的军乐——"鼓吹"和"横吹"》,《文物》1981年第7期,第85~89页。
② 《洛阳伽蓝记》卷4。伯牙为春秋时著名的乐师,锺子期死后,伯牙谓世上再无知音,于是破琴绝弦,终身不再鼓琴。Kenneth J. DeWoskin, *A Song for One or Two*:*Music and the Concept of Art in Early China*. 105。
③ 河南省文化局文物工作队:《邓县彩色画像砖墓》,第14页,图10;Annette Juliano, "Teng-hsien: An Important Six Dynasties Tomb," *Artibus Asiae*, Ascona, 1980: fig. 43; Jian Li, ed., *The Glory of the Silk Road*:*Art from Ancient China*, p. 214. 娄叡墓壁画中也有一幅精美的吹胡角的步行伎乐形象,参见山西省考古研究所、太原市文物管理委员会《太原市北齐娄叡墓发掘简报》,《文物》1983年第10期,图版3.1。

(图 11.1)①。此外，在广西的一座南朝墓出土的陶俑中，有四名步行的鼓手，前面是一位坐在轿子里的军队首领②。

图 11.10　邓县画像砖上的鼓角伎乐

图 11.11　邓县画像砖上的角笛伎乐

---

① 河南省文化局文物工作队：《邓县彩色画像砖墓》，第 17 页，图 14；Annette Juliano, "Teng-hsien: An Important Six Dynasties Tomb," *Artibus Asiae*, Ascona, 1980: fig. 44; Jian Li, ed., *The Glory of the Silk Road: Art from Ancient China*, p. 215。
② 广西壮族自治区文物工作队：《广西永福县寿城南朝墓》，《考古》1983 年第 7 期，第 612、613 页，图 3.2 - 3 及图版 5.2。

按照传统观念,中国古代乐师的社会地位是比较低下的,就像那些身怀特殊技艺的人一样。对社会上层人士来说,任何特殊的天赋都可能带来并不希望得到的关注和需求,而这种关注和需求是有损于自尊的,也无益于在社会上找到合适的位置。那些有音乐造诣的上层社会人士对于身份较为敏感,如果他们受邀为他人演奏,又让他们感到自己与普通伎乐一样没有二致时,可能会面露不悦之色①。乐器所蕴含的相对尊重与颜面问题在桓伊的故事中有所体现。桓伊是一位杰出的将军,同时也因善于吹笛而闻名。在一次宴会上,皇帝命桓伊吹奏一曲,他照做了,后又请求允许让其家奴吹笛,他以筝伴奏,并没有表现出任何不快。得到允许后,两人合奏了一首怨曲,借此表达自己的怨愤之情②。也有一些人因弹琴而得到高度的褒扬,获得特别的尊重,远者如伯牙,近者当数嵇康。但是颜之推非常关注这类有关身份的敏感问题,告诫自己的儿子不要把琴弹得太好:"然而此乐愔愔雅致,有深味哉!今世曲解,虽变于古,犹足以畅神情也。唯不可令有称誉,见役勋贵,处之下坐,以取残杯冷炙之辱。"③

以上的考察提醒我们,物质文化是在一定的社会和政治背景下产生的,它们塑造了物质文化的形式,决定了物质文化成果的功用。

---

① 《世说新语·方正》;《北堂书钞》卷110。
② 《世说新语·任诞》;《北堂书钞》卷110。
③ 《颜氏家训·杂艺》。颜之推还提到戴逵的遭遇:武陵王晞闻其善鼓琴,使人召之,戴逵拒为王门伶人而破琴,参见《晋书》卷94。

第十二章　日常生活

一　城市生活

受考古资料的局限，我们很难重构六朝时期的中国城市生活状况，除了一些城墙和城门基址，城市本身的遗存相当少。历史文献也无法给我们带来更多的信息，因为它们关注的主要是宫廷和上层社会。比如，《邺中记》里有很多关于后赵统治者石虎的都城——邺的记载，但只记载了宫殿，如装饰、苑囿、后宫、朝臣、作坊等，对城市本身并无只言片语的记载。这个时期的另一部城市记录《洛阳伽蓝记》非常有用，是一部从北魏太和十七年至魏亡（公元493～534年）间关于洛阳的回忆录，成书于洛阳毁弃不久。正如书名所见，《洛阳伽蓝记》记录的重点是寺院，也有一些关于寺院背景的记载，如寺院机构、城市布局等。

洛阳作为北魏的都城，除政治方面的用途，并不具备经济功能。因此，这座城市拥有的巨大财富主要来源于为宫廷和官吏服务的贸易与手工业。太和十七年（公元493年）洛阳重建时，除了宫殿、皇家寺院和衙署，还包括四面的郊区，共有220个坊。坊的平均大小约三百步见方，每个坊都由四面开门的坊墙环绕，各有管理里坊的里正和门士[①]。尽管如此，洛阳城内犯罪活动还是非常猖獗，无疑是由于里坊居

[①] 《洛阳伽蓝记》卷5《城北》。

民过于拥挤所致①。到永熙三年（公元534年）洛阳崩溃之时，城里有1376所寺庙和尼姑庵，占据了全城1/3的面积②。《洛阳伽蓝记》以大量篇幅描述了这些建筑的壮美景象，包括寺庙前林荫大道两旁的府邸、宽敞的佛殿和漂亮的苑囿。洛阳城的居民蜂拥而至，争相一睹壮观的庙宇和威严的佛像③。每年四月初四的行像仪式都会吸引大量百姓来观看，仪式上还会有各种各样的表演，如爬竿、走索、吞剑、吐火等④。讲究的葬礼一定也会吸引很多旁观的人⑤。

较为富裕的洛阳居民一般居住于城内某些固定的区域，《洛阳伽蓝记》非常详细地描述了那些华丽的府邸，以及壮观的大门、花园、湖泊、长满奇珍异果的果园⑥，以及在这些地方举行的奢华宴会⑦。其他的里坊被划归给一些特定行业的百姓，如酿酒者、歌舞伎乐⑧、棺椁制作者和殡葬业者⑨、陶瓷工匠⑩、屠夫和店主⑪，此外还有商人，有些商人变成了巨富。据说有富商带着随从横穿闹市，威仪拟于王者⑫。洛阳居民估

---

① W. F. J. Jenner. trans., *Memories of Loyang: Yang Hsüan-chih and the Lost Capital* (493–534), p. 114.
② W. F. J. Jenner. trans., *Memories of Loyang: Yang Hsüan-chih and the Lost Capital* (493–534), p. 70.
③ 《洛阳伽蓝记》卷2《城东》。
④ 《洛阳伽蓝记》卷1《城内》、卷2《城东》、卷3《城南》。
⑤ 《洛阳伽蓝记》卷3《城南》。
⑥ 《洛阳伽蓝记》卷1《城南》、卷2《城东》、卷4《城西》。
⑦ 《洛阳伽蓝记》卷4《城西》。
⑧ 《洛阳伽蓝记》卷4《城西》。
⑨ 《洛阳伽蓝记》卷4《城西》。
⑩ 《洛阳伽蓝记》卷5《城北》。
⑪ 《洛阳伽蓝记》卷4《城西》。
⑫ 《洛阳伽蓝记》卷3《城南》。

计有10.9万户①，其中包括3000户左右的胡僧②，在洛河对岸的城南四坊中还有粟特人和其他胡人居住的大型社区③。

这座繁华的大都市一旦不再作为首都，就被彻底废弃了，直到隋唐再次定都于此才获得新生。

从当时人对北方文化和社会发展水平的一些议论中，可以发现自北魏建立以来的百年之中，社会已经发生了一些变化。在《南齐书》的记载和詹纳尔（W. F. J. Jenner）翻译的《洛阳伽蓝记》引文中，将当时的首都（今大同）描绘为"虏"。宫殿里充斥着货物的制造与买卖，里坊居民中有大量的恶人和醉汉（导致了长达十年的禁酒），以鲜卑习俗敬神，太后与其女子鞍马卫队出行时并不遮面④。相比之下，按照南朝人陈庆之的说法，洛阳是一个文明程度很高的地方，陈庆之曾访问洛阳的北魏朝廷，返回建康后有此类评论。他的评论见于杨衒之的《洛阳伽蓝记》："自晋、宋以来，号洛阳为荒土，此中谓长江以北，尽是夷狄。昨至洛阳，始知衣冠士族，并在中原。礼仪富盛，人物殷阜，目所不识，口不能传。所谓帝京翼翼，四方之则。"

杨衒之还说，陈庆之率先采用了北魏风格的羽仪服式，包括褒衣博带，其他人争相仿效⑤。

至于北朝人对南朝的看法，至少从杨衒之的《洛阳伽蓝记》来看，北朝人并没有什么景仰之心。这一点在陈庆之访

---

① W. F. J. Jenner. trans., *Memories of Loyang: Yang Hsüan-chih and the Lost Capital* (493–534), p. 114.
② 《洛阳伽蓝记》卷4《城西》。
③ 《洛阳伽蓝记》卷3《城南》。
④ W. F. J. Jenner. trans., *Memories of Loyang: Yang Hsüan-chih and the Lost Capital* (493–534), pp. 24–25.
⑤ 《洛阳伽蓝记》卷2《城东》。

问洛阳时与北魏高官杨元慎的交流中表露无遗,据称杨元慎有如下言论:

> 江左假息,僻居一隅。地多湿蛰,攒育虫蚁,堰土瘴疠,蛙黾共穴,人鸟同群。短发之君,无杼首之貌;文身之民,禀蕞陋之质。浮于三江,棹于五湖。礼乐所不沾,宪章弗能革。虽复秦余汉罪,杂以华音,复闽、楚难言,不可改变。虽立君臣,上慢下暴。

杨元慎接着又列举了南朝的诸多宫闱之乱事,如刘劭为篡夺帝位而杀父、宋孝武帝刘休龙(刘骏)乱伦、其女山阴公主淫荡(怨性别不平等,被允许纳男妃30人)[①]。

可惜的是,关于南朝都城建康,没有像洛阳那样的文献。公元8世纪许嵩编撰的《建康实录》是一部六朝的编年史,有纪传的内容,但没有城市本身的描述。《世说新语》中许多有关上层社会的典故都发生在建康,尽管杨元慎对南朝人的生活有一些负面的议论,但《世说新语》反映的建康名士的生活还是相当精致和高雅的。刘淑芬综合分析了零散的文献之后,认为建康是一个繁忙的大都市,人口成分混杂,她引用《隋书》后得出结论,认为建康与洛阳、长安相似,人口和风俗都具有混合型的特质[②]。正如刘淑芬和其他学者所示,建康与洛阳不同的是,建康是一个重要的商业中心,以河流和运河组成的水运网与经济重心地区相连,所以,建康并不完全依赖

---

① 《洛阳伽蓝记》卷2《城东》。关于"杼首",参见 David R. Knechtges. trans. *Wen Xuan*, or, *Selections of Refined Literature*. Princeton: Princeton University Press, 1982 – 1996, 1, pp. 472 – 473。

② 刘淑芬:《六朝的城市与社会》,第152页所引《隋书》卷31。

于其作为首都的特殊地位。

二 乡村生活

将目光由城市转向乡村，我们可以感受到文献中屡见不鲜的民生之艰，它是这个混乱不堪、战争不断的年代农民必须面对的窘况。太和七年（公元483年），在北魏统治之下实施了"均田"令，一户平均可获得140亩地（一亩约等于1/6英亩），田亩数因时代不同而变化，还因年龄、奴婢和牛的数量、是否长期耕种的永业田（如桑田）而各有不同①。此外，授田亩数还会定期调整，以适应户数的变化。但是也有资料提到，当时有占地千顷以上者，一顷即一百亩。至于中等之家，颜之推曾有如此议论："常以二十口家，奴婢盛多，不可出二十人，良田十顷，堂室才蔽风雨，车马仅代杖策，蓄财数万，以拟吉凶急速。"②

颜之推还对农业生产的重要性和官员的不重稼穑表达了强烈的愤慨：

> 古人欲知稼穑之艰难，斯盖贵谷务本之道也。夫食为民天，民非食不生矣。三日不粒，父子不能相存。耕种之，茠锄之。刈获之，载积之，打拂之，簸扬之，凡几涉手而入仓廪，安可轻农事而贵末业哉？江南朝士，

---

① 关于唐代均田制的最新研究成果（也有对唐代以前均田制的讨论），参见 Victor Cunrui Xiong, "The Land-tenure System of Tang China-A Study of the Equal-Field System and the Turfan Documents," *T'oung Pao* 85（1999）：327-390。

② 《颜氏家训·止足》。

因晋中兴，南渡江，卒为羁旅，至今八九世，未有力田，悉资俸禄而食耳。假令有者，皆信僮仆为之，未尝目观起一坺土，耘一株苗；不知几月当下，几月当收，安识世间余务乎？①

公元 6 世纪中叶与颜之推同时代的贾思勰同样非常关注农业生产。他的《齐民要术》成书于兴和二年（公元 540 年）前后，是一部关于农业生产和食物加工等的综合性农书②，也是现存最早的农业著作，记述非常详尽，对当时农业各方面的研究来说显得特别重要。根据白馥兰（Francesca Bray）的研究，贾思勰是一位中级官吏，可能在今山东地区为官，所以他的经验主要是关于北方的。他的著作几乎不涉及养蚕业，也有一些动物饲养，甚至奶制品方面的内容，但大部分都是关于耕地、果木、技术、工具、土地与劳力的使用，以及粮食和经济作物的栽培等内容。正如白馥兰所说，贾思勰著作所体现的农业发展阶段正处在经济中心南移之前③。

---

① 《颜氏家训·涉务》。
② 关于《齐民要术》，参见缪启愉《齐民要术校释》；石声汉《齐民要术选读本》；Shih Sheng-han, *A Preliminary Survey of the Book Ch'i Min Yao Shu: An Agricultural Encyclopedia of the 6th Century*. Beijing: Science Press, 1982; H. T. (Hsing-tsung) Huang. *Science and Civilisation in China*. Volume 6: Biology and Biological Technology, Part V: Fermentation and Food Science. Cambridge: Cambridge University Press, 2000, pp. 123 – 124; and David R. Knechtges, "Gradually Entering the Realm of Delight: Food and Drink in Early Medieval China," *Journal of the American Oriental Society* 117 (1997): 231 – 232。
③ Francesca Bray, *Science and Civilisation in China*. Volume 6: Biology and Biological Technology, Part II. Agriculture. Cambridge: Cambridge University Press, 1984, pp. 56 – 59.

以耕田的内容为例,可见这部著作对农业问题论述之详尽:

> 凡耕高下田,不问春秋,必须燥湿得所为佳。若水旱不调,宁燥不湿。燥耕虽块,一经得雨,地则粉解。湿耕坚垎,数年不佳。谚曰:"湿耕泽锄,不如归去。"言无益而有损。湿耕者,白背速榛之,亦无伤;否则大恶也。①

白馥兰根据《齐民要术》等资料对农业生产的条件和实践进行了详细描述,并归纳了六朝时期在农业技术方面取得的进步。根据白馥兰的研究,由于中国的土质和水源相差颇大,各地需要采取不同的农业策略。在华北干旱地区耕田要用浅犁、钉齿耙(耢)、覆土耙,还要用碾子(陆轴)形成一个细土覆盖层以防止水分挥发(图12.1)。黄河下游地区的排水非常重要,其土壤是一种较重的黏性土壤,要求使用较重的翻土犁,这种犁带有先进的犁铧,可以产生犁沟,还要用结实的有齿金属耙(耙或耖)粉碎土块,而碾子和覆土耙则在黄河下游不是那么重要②。犁铧曾被认为是公元4世纪的发明,现在一般认为是西汉出现的③。由于犁前横木(轭)的发明,使得单牛牵引的犁成为可能,最早的单牛犁可以追溯到晋代④。《齐

---

① Shih Sheng-han, *A Preliminary Survey of the Book Ch'i Min Yao Shu: An Agricultural Encyclopedia of the 6th Century*, pp. 38 – 39.
② Francesca Bray, *Science and Civilisation in China*. Volume 6: *Biology and Biological Technology*, *Part II. Agriculture*, p. 138.
③ Francesca Bray, *Science and Civilisation in China*. Volume 6: *Biology and Biological Technology*, *Part II. Agriculture*, p. 174.
④ Francesca Bray, *Science and Civilisation in China*. Volume 6: *Biology and Biological Technology*, *Part II. Agriculture*, p. 180.

民要术》里首次介绍了耙地的方法,它是中国传统农业的一个基本要素(图12.2);还介绍了用有齿耙和犁相配合,以产生干旱地区所需的覆土层的方法①。这部著作的内容涉及庄稼生产的各个环节,如播种、移种、堆肥、施肥、除草、收割等,还包括迄今所知最早、最系统的关于轮作的记载②。

图 12.1　甘肃嘉峪关晋墓画像砖上的犁、播种场景

图 12.2　甘肃嘉峪关晋墓画像砖上的耙地场景

---

① Francesca Bray, *Science and Civilisation in China*. Volume 6: *Biology and Biological Technology*, *Part II. Agriculture*, pp. 221-223.

② Francesca Bray, *Science and Civilisation in China*. Volume 6: *Biology and Biological Technology*, *Part II. Agriculture*, p. 431, table 9。

三　食物与农产品

中国的粮食作物通常指的是所谓"五谷",包括:①狗尾草属粟(*Setaria millet*)、稷(*Setaria italica*);②高粱或黍(*Panicum miliaceum*);③稻(*Oryza sativa*);④小麦和大麦(*Triticum turgidum*和*Hordeum vulgare*);⑤豆,尤指黄豆或菽(*Glycine max*)。英文中"millet"一词泛指各类小籽实的谷物,包括小米、珍珠粟和稗,稗应是一种需要除去的杂草①。在《齐民要术》里,仅籼稻类的谷物就列出了86种,包括多个具有早熟、耐旱、防虫、耐风等特性的品种,不同的特性说明它们的适应地区也各不相同②。粟是一种日常食物,主要用来熬粥,而黍是一种较精细的谷物,常用于酿酒③。《齐民要术》列举的谷物中,还有一种叫大麻(*cannabis sativa L.*)的植物,成熟后可得纤维和籽实,不过,在提到作为食物的"麻"时,可能指的是胡麻或芝麻④。尽管小麦和大麦到唐代才变得比较重要,但由于人们对面条和饺子越来越青睐,它们的种植规模

---

① Francesca Bray, *Science and Civilisation in China*. Volume 6: *Biology and Biological Technology*, *Part II. Agriculture*, pp. 502 – 503; H. T. Huang, *Science and Civilisation in China*, p. 25; and David R. Knechtges, "A Literary Feast: Food in Early Chinese Literature," *Journal of the American Oriental Society* 106 (1986): 50, n. 7.

② Francesca Bray, *Science and Civilisation in China*. Volume 6: *Biology and Biological Technology*, *Part II. Agriculture*, pp. 441 – 442; and Shih Sheng-han, *A Preliminary Survey of the Book Ch'i Min Yao Shu: An Agricultural Encyclopedia of the 6th Century*, p. 42.

③ Francesca Bray, *Science and Civilisation in China*. Volume 6: *Biology and Biological Technology*, *Part II. Agriculture*, p. 443.

④ H. T. Huang, *Science and Civilisation in China*, pp. 28 – 29.

很早就得到了扩大①。汉代就已出现的转磨是用来制作小麦面粉的，面粉可以制成各种各样的面糊，当时叫饼。既有不发酵的，也有发酵的，可以炸，也可以烤、蒸和煮，有些面制品在今天仍然非常常见，如早期的丝面②。正是从六朝时期开始，中国形成了两个不同的饮食习惯区，北方的主食是面食，而南方的主食是煮熟的谷类或粥食③。尽管淮河以北地区很少种植水稻，但贾思勰还是提到了12种籼稻和11种不同的黏性稻（秫），并对这些庄稼的种植提出了很多建议④。

除了谷物，贾思勰还详细介绍了大豆之类的豆类作物，他建议用大豆作为田地的围篱，以备饥荒之需，因为大豆在贫瘠的土壤里也能长得很好。豆制品的品种在六朝时期经历了一些变化，起初是作为谷物来食用的，可以做成一种常见的粥，后来逐渐被小麦取代，不再作为主食，变成了一种辅食，可以做成豆芽、豆腐乳、豆豉，以及某种酱油⑤。贾思勰在油用作物领域谈到了大麻、芸苔、芜菁和芝麻，当时大麻油和芸苔油非常普遍，根据《齐民要术》可知，它们的种植规模相当大，芜菁的产量比其他谷物要高得多，而芝麻油则非常珍贵⑥。

---

① Francesca Bray, *Science and Civilisation in China*. Volume 6: *Biology and Biological Technology*, *Part II. Agriculture*, p. 472.
② David R. Knechtges, "A Literary Feast: Food in Early Chinese Literature." *Journal of the American Oriental Society* 106 (1986): 58 – 63.
③ H. T. Huang, *Science and Civilisation in China*, pp. 465 – 491.
④ Francesca Bray, *Science and Civilisation in China*. Volume 6: *Biology and Biological Technology*, *Part II. Agriculture*, p. 489.
⑤ H. T. Huang, *Science and Civilisation in China*, p. 316. Huang, pp. 358 – 361, 黄描述了《齐民要术》所列的三种酱油，其中每种都是现代酱油的前身。
⑥ Francesca Bray, *Science and Civilisation in China*. Volume 6: *Biology and Biological Technology*, *Part II. Agriculture*, pp. 519 – 526. H. T. Huang, *Science and Civilisation in China*, p. 439.

《齐民要术》还提到了各种各样的水果,包括枣、桃、李、杏、梨、苹果、柿和石榴,并介绍了移植和嫁接的方法①。该书列出的块茎作物里提到了外国传入的蕃薯②。纤维作物有丝,也有麻,麻可以做成一种比较粗的织物,叫作布。将这种作物浸、泡在水里,待皮与核因细菌的作用而分解后就可获得纤维。唐代出现棉花之后,棉花的种植在北方逐渐推广,麻布渐不再流行③。麻在北方较为常见,而苎麻在南方更为常见④。

《齐民要术》记载了 31 种蔬菜,其中大约 20 种现在还在种植。包括胡瓜(黄瓜)、越瓜(用于腌制的菜瓜)、甜瓜、冬瓜、葫芦、大蒜、胡葱、韭菜、木葱、萝卜、大白菜、白芥、黄子芥、芜菁、甘蓝、香菜、紫苏、水芹、茄子、生姜、花椒⑤。葵(Malva verticillata L.)曾因具有黏性而非常流行,但唐代以后,由于食用植物油较易于获得,葵便逐渐退出了历史的

---

① Shih Sheng-han, *A Preliminary Survey of the Book Ch'i Min Yao Shu: An Agricultural Encyclopedia of the 6th Century*, pp. 54 – 60; H. T. Huang, *Science and Civilisation in China*, pp. 43 – 55.
② Francesca Bray, *Science and Civilisation in China. Volume 6: Biology and Biological Technology, Part II. Agriculture*, p. 530.
③ Francesca Bray, *Science and Civilisation in China. Volume 6: Biology and Biological Technology, Part II. Agriculture*, p. 535。
④ Francesca Bray, *Science and Civilisation in China. Volume 6: Biology and Biological Technology, Part II. Agriculture*, p. 536。
⑤ Shih Sheng-han, *A Preliminary Survey of the Book Ch'i Min Yao Shu: An Agricultural Encyclopedia of the 6th Century.* Shih Sheng-han, *A Preliminary Survey of the Book Ch'i Min Yao Shu: An Agricultural Encyclopedia of the 6th Century*, p. 49。石声汉列出了具体的名称。另参见 Francesca Bray, *Science and Civilisation in China. Volume 6: Biology and Biological Technology, Part II. Agriculture*, pp. 539 – 548。许多名称都带有"胡"字,表明它们是外来的品种,参见 David R. Knechtges, "Gradually Entering the Realm of Delight: Food and Drink in Early Medieval China," *Journal of the American Oriental Society* 117 (1997): 232 – 233。

舞台①。《齐民要术》对每种蔬菜都详细介绍种植和护理的知识。

贾思勰的著作里也介绍了烹饪的方法，如制备枣泥、咸李之法，以及各种水果的烘干、腌制和榨汁之法，这些水果包括主要生长在北方的桃、李、杏、梨、山楂、柿，也有其他各种南方水果。用曲的方法（即在模子里发酵）制作食物在中国有着悠久的历史②，《书经》曾提到了早期用曲作酶，使淀粉转化为葡萄糖的方法③。石声汉在《齐民要术选》中较为详细地讨论了贾思勰的酿酒法、酿醋法（24 种酿法）、各种制酱法（用一种模子将蛋白质分解为氨基酸和氨基化合物）、用大豆制黑豆豉法、腌制法（用乳酸发酵以防新鲜蔬菜变质）、鲊法（在发酵的淀粉中加入鱼和多汁蔬菜）、制干肉和咸肉（脯和腊）法，以及制作乳酪（乳制品）法④。

---

① H. T. Huang, *Science and Civilisation in China*, pp. 36 – 38.

② H. T. Huang, *Science and Civilisation in China*。本书是一部非常好的详述中国烹饪酵母历史的著作，其详细的书评参见 David R. Knechtges, "Chinese Food Science and Culinary History: A New Study," *Journal of the American Oriental Society* 122 (2002): 767 – 772。

③ 《书经·甘誓》；H. T. Huang, *Science and Civilisation in China*, pp. 154 – 55。黄对曲（他称作酵母）有一个出色的描述：用半熟的谷物为主料，加水之后压成饼状，放入密封的容器内发酵，使自然存在的真菌和酵母得以生长，这样就产生了曲，将曲作用于谷物就能获得所需的产品。他的描述主要根据《齐民要术》第 64 ~ 67 页的材料。参见 H. T. Huang, *Science and Civilisation in China*, pp. 169 – 181。

④ Shih Sheng-han, *A Preliminary Survey of the Book Ch'i Min Yao Shu: An Agricultural Encyclopedia of the 6th Century*, pp. 79 – 89; H. L. Wang and S. F. Fang, "History of Chinese Fermented Food," in Hesselltine and Wang, eds., *Chinese Architecture Bronzes, Sculpture and Works of Art*. New York: J. J. Lally and Co., 1992, pp. 23 – 35; J. S. Chiao, "Modernization of Traditional Chinese Fermented Foods and Beverages," in Hesselltine and Wang, eds., *Chinese Architecture Bronzes, Sculpture and Works of Art*, pp. 37 – 53; H. T. Huang, *Science and Civilisation in China*, pp. 333 – 415。黄非常详细地介绍了这些非微生物方法。

中国北方人比较青睐乳制品,《齐民要术》详细介绍了制酪之法,酪是一种用牛奶或羊奶制成的液态酸乳或脱脂乳,也可制成干酪,可保存多年①。有一则典故讲的是陆机(公元261~303年)刚到洛阳时,王济(约公元240~285年)以羊酪款待,问他南方可有食物与之媲美,陆机回应有两样美食:吴地的莼羹和建康的盐豉②。北朝人对南朝人饮食的轻蔑之态还见于《洛阳伽蓝记》中的一段奚落之言,北人挖苦吴地之人吃菰稗之实、蟹黄(西方人一般也不吃)、水菱、莲藕、鸡头(也叫"芡",是一种水生植物,果实与核均可食用);口嚼槟榔;茗饮莼菜汤(莼羹);视青蛙汤(蛙羹)和牡蛎(蚌浮)为美食③。《世说新语》也提到了一些食物

---

① 缪启愉:《齐民要术校释》,第315~317页。这种干酪似乎就是今天哈萨克人所称的 airan,或蒙古人所称的 urum(如 W. F. J. Jenner. trans., *Memories of Loyang: Yang Hsüan-chih and the Lost Capital*, p. 215, n. 20)。Shih Sheng-han, *A Preliminary Survey of the Book Ch'i Min Yao Shu: An Agricultural Encyclopedia of the 6th Century*, p. 88, 将 "酪" 译为 cheese,而王伊同译为 goat's milk(羊奶),这两种译法都值得商榷,参见 Yi-t'ung Wang, trans., *A Record of Buddhist Monasteries in Lo-yang*, p. 141。谢弗对酪及衍生品的制备方法做了一个总结,但他所译的 kumiss 应该用于马酪,是一种用马奶做成的酒,参见 Edward Schafer, "T'ang," in K. C. Chang, ed., *Food in Chinese Culture: Anthropological and Historical Perspectives.* New Haven: Yale University Press, 1977, p. 106。黄对此有详细的论述(H. T. H uang, *Science and Civilisation in China*, pp. 250 – 257),他在第257页指出,文献中只提到乳酪,其实并非真正用凝乳来凝固的奶酪,其次,由于中国人大多不恰当地摄入乳糖,所以还得将新鲜奶里的乳糖转化为乳酸(或酒)。
② 《世说新语·言语》;《晋书》卷54。
③ 《洛阳伽蓝记》卷2《城东》。菰菜是一种水生植物,即稗子或茭白,籽实称菰米、胡米或雕胡米,可以熬粥,茎上较嫩的部分可食用,参见 Yi-t'ung Wang, trans, *A Record of Buddhist Monasteries in Lo-yang*, p. 116, n. 307;諸橋轍次:『大漢和辭典』(9),東京,大修館書店,1955 – 1960, 10076頁。

（没提到地区），如竹笋拌饭、蒸青葱（薤）和粽子（竹叶包裹的糯米糕）①。用稗、粟、豆等粮食做成的粥也是一种重要食物。根据《世说新语》的记载，一位厨子有一种快速煮豆粥的秘方，即事先将豆粉煮熟（熟末），然后添加到普通的大米粥里。这位足智多谋的厨子还能快速用韭菜和浮萍制作腌菜，方法是在臼里将韭根捣碎，然后与麦苗混在一起。不过这位厨子由于泄露了秘方而被主子所杀②。

鱼菜包括沙丁鱼、虾和腌鱼。当时有一种南方美食叫鲈鱼脍，即剁碎的海鲈鱼③。肉类有猪肉、牛肉、羊肉、鹿肉，也有鸡肉、鸭肉、鹅肉。特殊的美食有蒸乳豚，其颈背部分专供皇帝享用，被称为"禁脔"④；牛心切片也备受青睐，可能当时人相信食用牛肉可以获得牛的力量⑤。

假如《世说新语》提到的次数能说明其重要性的话，那么酒就是当时饮食中的一个重要部分。当时人之所以非常嗜酒，据说可能由于当时政局极为不稳⑥。《齐民要术》介绍，有十种方法可以获得八种发酵所需的酶或引子，所有方法都要用到煮熟的谷子和清水。将酶加入各种谷物，如糯米和普通的

---

① 《世说新语·黜免》《世说新语·俭啬》《世说新语·简傲》。
② 《世说新语·汰侈》。
③ 《世说新语·贤媛》《世说新语·识鉴》。关于"脍"，参见 H. T. Huang, *Science and Civilisation in China*, pp. 69–70, 74–75。他认为"脍"指切片而不是剁碎。
④ 《世说新语·任诞》《世说新语·汰侈》。关于"禁脔"，见《世说新语·排调》、《晋书》卷79。关于獐肉，参见 Teng Ssu-yü, trans. *Family Instructions for the Yen Clan: Yen-shih chia-hsün by Yen Chih-t'ui*, p. 18。
⑤ 《世说新语·汰侈》。
⑥ 尽管这种酒是谷物酿成，而不是用葡萄酿的，但在英文里仍一般译为 wine，其中原因参见 H. T. Huang, *Science and Civilisation in China*, pp. 149–150。

粟米、大米、穗米等，可以酿出不同的酒；《齐民要术》列出了约40种不同的酒品①。颜之推在《颜氏家训》中讲道，梁元帝萧绎曾对他说，他年仅12岁时，因腿部伤痛，只能靠饮山阴酒缓解痛苦，以坚持学习②。山阴即今浙江绍兴，至今仍是著名的米酒产地。这个时期也有葡萄酒，是由大量来自西域的商人传入中国的，但并没有非常流行③。制作蒸馏酒（或白酒）的方法可能早在汉代就已掌握，但即使到了唐代，也还只有少量生产④。

汉代就有了茶，当时茶是从四川传入的，在六朝时期茶成为一种非常时髦的饮料，唐代更加流行，至少部分原因是因为饮茶在佛寺里有助于习禅⑤。茶的原名有荼和茗等，今天的"茶"字出现于唐代。在汉和六朝时期，茶叶显然是经过蒸、捣之后，再用模子制成茶饼，然后在文火上慢慢烘干，最后挂起来通风。饮茶时，将一块茶饼用水煮沸，再添加一些调味品，如橘皮、薄荷、枣、葱和姜等。这种煮茶方式到唐代渐渐发生了变化⑥。

六朝时期的甜品主要有麦芽糖（饴）和蜜。用谷物制作

---

① Shih Sheng-han, *A Preliminary Survey of the Book Ch'i Min Yao Shu：An Agricultural Encyclopedia of the 6th Century*, pp. 79 - 82。酿造过程主要是在谷物与水的混合物里加入曲与酵母，然后发酵，酵母里含有能将淀粉水解为糖的淀粉酶，也含有能将糖转化为乙醇的酵母菌。
② 《颜氏家训·勉学》。
③ 《太平御览》，844.8a；H. T. Huang, *Science and Civilisation in China*, pp. 240 - 241。
④ H. T. Huang, *Science and Civilisation in China*, pp. 203 - 31。
⑤ John Kieschnick, *The Impact of Buddhism on Chinese Material Culture*, pp. 262 - 275.
⑥ H. T. Huang, *Science and Civilisation in China*, pp. 555 - 560.

麦芽糖在中国有着悠久的历史,《齐民要术》中介绍了多种制作麦芽糖的方法①。这个时期也了解了甘蔗和从甘蔗汁提取糖的技术,不过直到唐代才真正开始精制蔗糖的生产②。

在讨论六朝食物时,总会遇到专有名词和材料不足的困难,不过这个时期的饮食显然已经非常广泛和多样化。尽管当时的菜肴与今天的中国菜在很多方面都已不同(如乳制品在当时北方的重要性,以及处于早期发展阶段的挂面、酱和豆腐等食品),但总的来说,就如我们今天所见的中国食物一样,在加工和利用自然食物资源的技术上已经成熟。不做更深入的研究是不可能明确了解六朝出现的新成就的,但所幸的是,通过《齐民要术》这部杰作,我们还是有可能对六朝末的饮食情况有所了解,显然,当时出现了一种高雅的烹饪艺术,与其他时代一样,烹饪成为一种重要的文化现象。

四 蜡烛与灯

用火照明以延长人类活动的时间,当可追溯到远古时期。对可移动的高效光源的追求引起了灯和烛的发明③。这种人工的光亮反映了人对自然的一种破坏,在很多情况下(如文学作品中),烛光总是与邪恶、歹毒等行为联系在一起,或者与危机境况相关,摇曳的烛光往往可以加强危机的戏剧性。另一

---

① H. T. Huang, *Science and Civilisation in China*, pp. 457 – 459.
② John Kieschnick, *The Impact of Buddhism on Chinese Material Culture*, pp. 249 – 262.
③ O. T. O'Dea, *A Short History of Lighting*. London: Her Majesty's Stationery Office, 1958, p. 2.

方面，烛光也可象征勤奋，据说梁武帝尽管肩负国家重担，但读书的兴趣丝毫没有懈怠，常常挑灯夜读直到拂晓时分①。他应该还是小睡了一会儿的，因为他在天亮前起床秉烛御览时，拿笔的手都被冻裂了②。

在一些奢华的娱乐活动中也常提到烛，当梁朝羊侃昔日的同窗作为北方使节来到建康时，羊侃举行大型宴会来招待他，参加的宾客达三百之众，所用器皿皆金玉所制，并奏三部女乐。夜幕降临之后，百余侍婢手持金花烛③。在沈攸之的故事里也提到了烛，沈攸之在泰豫元年（公元472年）受命镇压荆州之乱后开始拥兵自重。"富贵拟于王者，夜中诸厢廊然烛达旦，后房服珠玉者数百人，皆一时绝貌。"④ 石崇（公元249~300年）因夸富而闻名，据说曾用蜡烛当柴火煮食⑤。

尽管文献中提到很多制烛的材料⑥，但大致来说都是用蜡制成的，或是蜂蜡，或是其他昆虫或植物的分泌物。就化学组成来说，蜂蜡的主要成分是蜡酯（主要是酸蜂花酯 $C_{30}H_{61}OH$）、蜡酸（$C_{30}H_{51}COOH$）和碳氢化合物。通过熔化和提炼去除杂质之后，一般会被漂白，形成一种白色透明、无嗅无味的物质⑦。

---

① 《梁书》卷3、《南史》卷7。
② 《南史》卷7。
③ 《梁书》卷39、《南史》卷63。
④ 《南史》卷37。在南齐武帝（公元483~493年在位）的奢华生活里也能看到烛的存在，参见《南齐书》卷20。
⑤ 《晋书》卷33；《世说新语·汰侈》。
⑥ 《三国志》卷10；諸橋轍次：『大漢和辭典』（9），1955-1960，10187页；《北书》卷39；《北史》卷47；缪启榆：《齐民要术校释》，第165页；等等。
⑦ John Dummelow, *The Wax Chandlers of London: A Short History of the Worshipful Company of Wax Chandlers*, London. London: Phillimore and Co., 1973, p.9.

将蜡弄成薄条状即可实现漂白,然后将其露天陈放,接受阳光照射,反复进行这个过程,直到蜡完全变白,最后,将其制成可用的饼状。

《本草纲目》介绍了用一种有翼小昆虫的分泌物制蜡的方法,这种昆虫主要分布在中国西部,饲养目的就是为了取蜡①。这种昆虫叫白蜡虫(*Coccus sinensis*),喜生长在女贞属(*Ligustrum*)的树上,如冬青树或女贞树(*Ligustrum lucidum* Ait. 和 *Ligustrum japonicum* Thunb.)、水蜡树(*Ligustrum ibota* Sieb.)②。《本草纲目》称元代才知道从白蜡虫上提取蜡,但从一份唐代的土贡单子来看,当时已经知道了蜂蜡之外的其他蜡,在谢弗(Edward Schafer)和华立克(Benjamin Wallacker)的研究中都专门提到了白蜡虫③。所以,在唐代以前可能就已经知道了这种制蜡的原料。

另一种制蜡的原料是乌臼或臼树(*Sapium sebiferum* Roxb. 或 *Stillingia* Baill.),英语中一般被称为"Chinese tallow tree"(中国乌桕)。这种落叶树生长在山东、湖南、江苏、浙江、安徽、四川、云南、福建、广东和广西等地,将其籽荚收集后

---

① 《本草纲目》卷39。该文献 部分已被译为英文,Ernest Watson, *The Principal Articles of Chinese Commerce (Import and Export)*. Shanghai: Statistical Department of the Inspector General of Customs, 1930, p. 144。这个记载也转引自 E-tu Zen Sun and Shiou-chuan Sun trans., *T'ien-kung k'ai-wu: Chinese Technology in the Seventeenth Century*. University Park, PA.: Pennsylvania State University Press, 1966, p. 221, n. 3。

② 前两种树与另一种也叫冬青的同名树是不一样的,这种冬青也写作"冻青"(*Ilex pedunculosa* Miq.),二者无论从外观上还是名称上都相似,很容易混淆,李时珍在《本草纲目》里对此进行了阐释,李时珍:《本草纲目》,卷39,18b—19a。

③ Edward Schafer and Benjamin Wallacker, "Local Tribute Products of the T'ang Dynasty," *Journal of Oriental Studies* 4 (1957 – 1958): 226.

捣碎、煮烂,即可提炼出油脂。再加入天然蜡,就会变得比较黏稠,最后可以用于制作蜡烛。

动物油脂可能也是一种蜡烛原料,制备的基本方法是用肥肉熬油,漂去表面的浮油,然后让其变硬。白度和纯度较高的油脂可以用于制蜡烛,而质量较差的则用作其他用途。至少在英格兰,绵羊油被认为是最好的制蜡油脂,牛油次之,而猪油是最不适合做蜡烛的,因为燃烧时会发出难闻的气味。中国文献中提到的与此有关的"脂烛",很可能就指动物油脂蜡,不过还有待研究。

《天工开物》介绍了用竹或纸模制作蜡烛的方法[1],但没有迹象表明这种方法曾在六朝使用。在西方,直到15世纪才开始使用蜡模,而到19世纪,当相关机械发明之后,才在英格兰广泛应用[2]。无论在中国还是西方,蜡模出现以前都是用滴蘸的方法制蜡,并通过多次滴蘸,将烛芯植入熔化的蜡里,每次滴蘸之间都有适当间隔,以便逐层凝固。

蜡在这个时期除了制蜡烛,还有别的用途,大量用于日常家用,如给木屐打蜡,不过这种做法可能仅限于富人阶层[3]。蜡也以较为隐秘的方式使用,权倾朝野的王敦(公元266~324年)在战事的关键时刻去世后,下属为了不影响军心而秘不发丧,以席裹尸,涂之以蜡,埋于斋中[4]。与此类似,陈武帝在永定三年(公元559年)死时太子不在宫中,于是秘不

---

[1] 《天工开物》,218;E-tu Zen Sun and Shiou-chuan Sun trans., *T'ien-kung k'ai-wu: Chinese Technology in the Seventeenth Century*, p. 220.
[2] Randell Monier-Williams, *The Tallow Chandlers of London*. London: Kaye and Ward, 1970, 1, p. 35.
[3] 《晋书》卷49;《世说新语·雅量》。阮孚雅好木屐,收藏了许多打过蜡的木屐。
[4] 《晋书》卷98。

发丧，直到太子还朝。由于夏天炎热，遗体必须入殓，但又担心制作棺木的声音传到外面，只好以蜡做棺①。据记载，东晋时期也有以蜡殓尸的做法。东晋太元年间（公元 376～396 年），上层社会妇女的发饰非常讲究，常常用假发装饰，这种假发被称为"假头"，较为贫穷的妇女因无力购买"假头"而被称为"无头"。结果这种说法一语成谶，不久以后动乱爆发，很多人被斩首，给他们的遗体入殓时，会给安上一个蜡或其他材料做的"假头"②。此外，蜡做的印章有时也作为真印的替代品埋入墓中③。

蜡有时也有致命的用途，比如，侯景在太清二年（公元 548 年）攻打建康城时，用木质器械攻城，守城者在火把上浇上油和蜡，结果火把粘到木质器械上将其烧毁④。

1. 灯油

灯里用的油是"固油"，意指这种油不会在空气中挥发，由甘油与各种脂肪酸（如油酸或亚油酸）构成，将原料籽或相关的物质在磨中碾压即可获得这种油⑤。正如白馥兰所说，由于宋代以前不见有关榨油的记载，我们对这个时期的炼油方法知之甚少⑥。炼油法之所以不见于贾思勰的《齐民要

---

① 《陈书》卷 16；《南史》卷 58。
② 《晋书》卷 27。
③ 《晋书》卷 20。
④ 《南史》卷 80。我不清楚这些木质器械的具体形状。
⑤ Ernest Watson, *The Principal Articles of Chinese Commerce* (*Import and Export*). Shanghai: Statistical Department of the Inspector General of Customs, 1930, pp. 76–77.
⑥ Francesca Bray, *Science and Civilisation in China. Volume 6: Biology and Biological Technology, Part II. Agriculture*, p. 519.

术》,可能因为他的重点是记录农事。他只在一处提到将油菜籽交给"压油家"①。他对农作物的记载非常详尽,却对各种植物的产油量只字不提,这一点非常奇怪。不过,这些资料可以在《天工开物》中找到②。

《天工开物》记载的炼油是从很晚才开始的,不过,六朝时期可能也采用了同样的方法③。油籽在压榨之前,需要烘烤、捣碎、筛选和蒸,然后包成一包一包的油饼,这些步骤都需要丰富的经验与技能。磨子本身是一种中空的树干(樟树、沉香木或梣木是最好的,因为它们的抗裂能力较强)。将油饼放入磨孔,用木块嵌入孔内的空隙,再在木块之间锤进楔子,这样产生的压力就可榨出油来,油可以通过磨子底部的孔排出④。

公元4世纪时,有位叫车胤的年轻人家境贫寒,常无油点灯,只得借萤火虫之光夜读。车胤的困境凸显了这样的现实:贫寒之家用油还得在点灯与食用之间做出艰难的选择⑤。《齐民要术》有一部分是关于大麻种植的,麻油很可能主要是用于点灯的,因为它尽管气味难闻,但燃烧时无烟,而且不伤眼睛⑥。此外,菜籽油、亚麻籽油和芝麻油(尽管燃烧得过快)也用于点灯。

---

① 缪启愉:《齐民要术校释》,第133页。
② E-tu Zen Sun and Shiou-chuan Sun, trans., *T'ien-kung k'ai-wu: Chinese Technology in the Seventeenth Century*, p. 216.
③ E-tu Zen Sun and Shiou-chuan Sun, trans., *T'ien-kung k'ai-wu: Chinese Technology in the Seventeenth Century*, pp. 217–219.
④ Joseph Needham, with Wang Ling, and Lu Guei-djen. *Science and Civilisation in China*, 4.2, pp. 206–207, and figs. 462b and 463,讨论了此类磨子。
⑤ 《晋书》卷83。
⑥ 缪启愉:《齐民要术校释》,第90~91页;Francesca Bray, *Science and Civilisation in China*. Volume 6: *Biology and Biological Technology*, Part II. *Agriculture*, p. 519.

因此，贾思勰在著作中鼓励种植芸苔和大麻作为油料作物①。

2. 灯

这个时期的灯基本上都由灯碗、灯油和灯芯组成，灯芯在有空气的情况下可以将灯油传到火焰上②。漂在油里的灯芯一般很难控制火焰，而且会产生烟。正因为如此，在地中海世界和其他一些地区，人们在灯碗的边缘做出一种凹槽或管口来放灯芯，将灯芯的一端伸进油中，即可为另一端的火焰供给燃料③。这种设计便于将灯芯上的烟块去除，如果不去除烟块，灯光会变暗，而且火焰会带烟④。中国的灯似乎与世界其他地方的灯都不一样，无论是敞口灯还是桥接灯都没有管口，而是敞口的碗形灯或碟形灯（也叫灯壶），灯芯漂在灯碗里，这种造型的灯使用起来会比较麻烦。此外，由于没有放灯芯的管口，也没有被灯芯熏黑碗边，所以一般很难区分这种容器到底是灯，还是普通的浅底碗⑤。

---

① E-tu Zen Sun and Shiou-chuan Sun, trans., *T'ien-kung k'ai-wu: Chinese Technology in the Seventeenth Century*, p. 216; and Francesca Bray, *Science and Civilisation in China*. Volume 6: *Biology and Biological Technology*, *Part II. Agriculture*, pp. 518 – 526.

② 灯明显有两个名称：灯和锭。晋代韵学家吕静在其《韵集》中说，无足者为灯，有足者为锭，参见（唐）徐坚《初学记》卷25，第614页。不过《说文解字》认为二者相同；丁福保《说文解字诂林》，上海，医学书局，1930。

③ Donald M. Bailey, *Greek and Roman Pottery Lamps*. London: The Trustees of the British Museum, 1963, p. 9.

④ Leroy Thwing, *Flickering Flames: A History of Domestic Lighting through the Ages*. Rutland, Vt.: Charles E. Tuttle Co., 1958, p. 102.

⑤ F. W. Robins, *The Story of the Lamp (and the Candle)*. London: Oxford University Press, 1939, p. 44.

这个时期的大多数中国灯，无论是青铜的、铁的，还是陶瓷的，都由一个或多个灯壶加上一个柄和一个灯座组成。在北方，灯壶一般座于柱状柄的上部，而在南方，柄做成圆环蛋糕锅状，即碗状灯座上竖起一个空柱子。有的灯素面、造型简单，有的则有各种装饰。在甘肃平凉发现了一只很有意思的魏晋时期青铜灯，在灯沿上塑有三只骆驼[1]。另一件青铜灯是南京发现的，有三个灯碗，其中两个由精美的卷枝支撑，灯座呈三足浅盘形[2]。总的来说，这个时期的青铜灯不如汉代那么复杂和有创意，不过也有一件灯呈龟衔碗造型，完全可与汉灯媲美（图 7.15）[3]。在有关石虎的文献中还提到了铁灯，其正殿之前悬有 120 只铁灯[4]。

陶瓷灯更为重视器表的装饰，制作得也更精致，太原北齐娄叡墓就发现了一件这样的灯（图 12.3）。灯碗安在灯柄上，碗沿部位饰一圈联珠纹，碗身饰团花和棕榈纹，灯柄下部饰精美的忍冬纹，灯座上饰覆莲纹，其下又是一圈联珠纹[5]。还发现了带有多个灯壶的陶瓷灯。大同北魏宋绍祖墓曾发现一件特别有意思的灯，造型非常复杂，不过该器的报告尚未发表[6]。

---

[1] Annette L. Juliano and Judith Lerner, *Monks and Merchants: Silk Road Treasures from Northwest China, Gansu and Ningxia*, 4*th* – 7*th Century*, pp. 72 – 73, pl. 13; 高 25 厘米。
[2] 南京博物院、南京市文物保管委员会、江苏省文物管理委员会、江苏省博物馆编《江苏省出土文物》，图版 131。
[3] 四川省文物管理委员会、崇庆县文化馆：《四川崇庆县五道渠蜀汉墓》，《文物》1984 年第 8 期、第 47 页，图 8。
[4] Edward Schafer, "The Yeh chung chi," *T'oung Pao* 76 (1990): 183.
[5] 山西省考古研究所、太原市文物管理委员会：《太原北齐娄叡墓发掘简报》，《文物》1985 年第 10 期，图 25 及图版 7.1。
[6] 简报参见山西省考古研究所、大同市考古研究所《大同北魏宋绍祖墓发掘简报》，《文物》2001 年第 7 期，第 19~39 页。

另一件时代略早的造型复杂的灯发现于西安草厂坡墓中，有九个灯壶，高 59 厘米①。这些灯一般是没有把手的，因为点着的时候将其移动，很容易将灯碗里的油溅出来。不过在江苏吴县（今属苏州市吴中区）的一座西晋墓里出土了一件带把手的灯（图 12.4），把手一端有龙首形饰，灯柄形似一段竹子②。在当时的文学作品中常提到"张灯""挂灯"，估计应该是有挂钩的，但似乎无一保存至今。

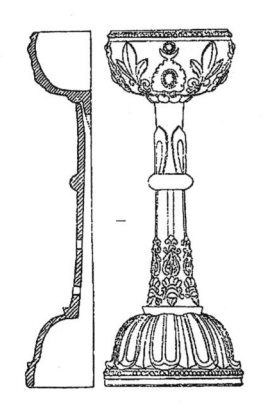

图 12.3　山西太原娄叡墓出土瓷灯　　图 12.4　江苏吴县西晋带柄铜灯盏

从艺术作品中灯的图像来看，沂南画像石上就出现了灯的图像，由单个灯碗、灯柄和灯座组成，并有火舌从灯碗里漂出（图 12.5）。司马金龙墓的漆屏风画中有一件更为精致的枝形灯，有三个灯壶，也有火苗从灯壶里冒出，下有长长的上宽下

---

① 陕西省文物管理委员会：《西安南郊草厂坡村北朝墓的发掘》，《考古》1959 年第 6 期，第 287 页及图版 4.6。照片还见于全国基本建设工程中出土文物展览会工作委员会编《全国基本建设工程中出土文物展览图录》，北京，中国古典艺术出版社，1955，图 68.1。
② 张志新：《江苏吴县狮子山西晋墓清理简报》，《文物资料丛刊》第 3 辑，第 134 页及第 135 页，图 10.1。灯高 23 厘米。

图 12.5　山东沂南画像石上的灯（公元 2~3 世纪）

细的柱子①。

公元 6 世纪末 7 世纪初，当药师信仰盛行之时，灯才开始出现在敦煌壁画中。药师佛的第一个誓愿就是用他的灯照亮众生，让灯的光芒驱除人们心中的愚妄和其他疾病②。张元以孝闻名，曾努力为祖父治疗眼疾，受《药师经》所感，请来七

---

① 张安治主编《中国美术全集·绘画编 1·原始社会至南北朝绘画》，第 160、162 页。
② 如《药师如来本愿经》，达摩笈多译于 615 年，高楠顺次郎、渡辺海旭都监『大正新脩大藏経』，東京，大正新脩大藏経刊行会，14.401b，1924—1932，1962 年重印。

图 12.6 敦煌 220 窟药师净土世界中的灯

位僧人各执一灯,七日七夜转颂《药师经》,求祖父复明,经颂中有"今以灯光普施法界"之语,这说明灯在药师信仰中是非常重要的①。敦煌 220 窟描绘的药师净土世界中,菩萨将带有火苗的灯碗放入巨大的三层灯树(或枝形灯)的灯臂里(图 12.6)②。

---

① 《周书》卷 46,《北史》卷 84,张元所读《药师经》的译本一定比现存达摩笈多的译本更早。
② 敦煌文物研究所编《敦煌莫高窟》,《中国石窟》卷 3,图版 27。

3. 照明方式的地区差异

从种种迹象来看，我们应可得出这样的结论：在六朝时期，蜡烛在南方的使用可能比北方更加普遍。在刘宋元嘉二十七年（公元450年）的一次南北礼品交换中，南方拿出的是蜡烛，这或许可以证实上述的假设①。南方发现了很多动物造型的烛台，如卧羊形的烛台，在羊的头顶上有孔，也有卧狮形的烛台，狮背上有插孔，有的狮背上除了插孔，甚至还骑着一个人，支着一个放蜡烛的碗或可以压蜡烛的烛扦。北方发现的唯一一件此类造型的烛台出自安阳隋开皇十四年（公元594年）的张盛墓②。相比之下，灯则在南北方都有发现，在平均9.3%的墓葬随葬品中都有灯（此处仅指在报告中称"灯"者）。不过，从灯的地区分布来看，北方16.2%的墓葬中有灯，而南方只有7.4%的墓葬中有灯，这就再次证明了南方使用蜡烛较多。造成这种地区差异的原因可能是因为蜡的原料大部分都产自南方。

4. 对点灯方式的观察

日常生活中使用的灯在西方考古发现中已经成百上千，但中国的考古发现却无法与之相比，部分原因在于中国的考古以墓葬为主，而且由于做灯用的敞口碗很难与普通的碗相区分。奇怪的是，带有漂浮灯芯的敞口碗一直是中国灯的标准装置，

---

① 这件著名的事件见载于《魏书》卷41；《北史》卷33；《宋书》卷46，卷59；《南史》卷32。
② 中国科学院考古研究所安阳发掘队：《安阳隋张盛墓发掘记》，《考古》1959年第10期，第544页及图版12.8。

但并不是一种经济性的灯,因为这种灯的灯油更易耗尽,而且被火焰加热后,灯油更易蒸发,燃烧也不太充分。李约瑟(Needham)对解决灯油挥发的问题表现出了极大的热情,他在灯壶下加上一个储水罐,以便让灯油冷却,就像我们看到的蒸馏过程中起冷却作用的绝热水罩一样。另一种更简单的解决办法就是将灯壶做成圆球形,并桥接出一个在希腊罗马时期广为应用的喷管。我们不禁奇怪,为何这么简单的装置没有经由丝绸之路传到中国[1]?

最后关于这个问题要说的是点灯或点蜡烛的取火方式,是用火石与铁相撞,或与火钻摩擦生热产生火花来点燃引火索,也可以用镜子将太阳光聚焦产生的热量来点亮。当时还没有发明火柴[2]。在燃灯或燃蜡所需的火源出现之前是如何点灯或点蜡烛的,并不见于记载。

五 交通方式

六朝时期的交通方式包括骑马、轮式车舆、肩舆以及船只(尤其南方)。

1. 骑马

马能够提供一种最快速的旅行方式,不过,骑马自然也

---

[1] Joseph Needham, with Wang Ling, and Kenneth G. Robinson, *Science and Civilisation in China*, 4.1, p.79. 这种灯可能只传到了半途。在丝绸之路北线上的巴楚地区托库孜萨拉依遗址(Tokuz Saray, Maralbashi)发现过一件西方式的灯,年代为公元 7~9 世纪,参见 Jian Li ed., *The Glory of the Silk Road: Art from Ancient China*, p.82。

[2] Joseph Needham, with Wang Ling, and Kenneth G. Robinson, *Science and Civilisation in China*, 4.1, p.70.

需要一定的乘骑技巧和驭马的能力。在公元4世纪马镫发明以前，已经出现了马鞍，尤其是高高的前鞍和鞍尾，还出现了马裙（即"障泥"），这些是为了让骑乘者乘坐得更安全而设，可能由一种依骑乘者双腿而做的较硬的东西演变过来①。《世说新语》中提到的意外跌落可能是由于没有马镫的原因②。骑乘在这个时期的南朝上层人士中似乎已经不再流行。王恭战败后试图骑马逃走，但由于不善骑马，引起皮肉生疮，转到一只小船上后被俘，结果被斩首③。按颜之推的说法，梁朝京师已经无人骑马，哪怕骑很小的果下马也会显得过于放达，如果高官骑马还会遭到弹劾。建康令王复从未骑过马，见到马在嘶叫和喷鼻就大惊，对人说，这明明是老虎，为何要称作马呢④？尽管如此，也有一些文献提到了骑马出行，所以我们不应过多地渲染这些典故⑤。贾思勰写于公元6世纪的《齐民要术》对饲养马匹有着非常详尽的介绍，甚至包括如何根据牙齿的数量和外形判断马匹的年龄⑥。石声汉提到，在这部著作里介绍了30种治疗马病的方法，也有牛、猴、羊病的治疗方法，并以绵羊疮痂的治疗法为例做出了解释。石声

---

① Mary Aiken Littauer, "Early Stirrups," *Antiquity* 55 (1981): 99–105; Albert E. Dien, "The Stirrup and Its Effect on Chinese Military History," *Ars Orientalis* 16 (1986): 33–56; Chauncey S. Goodrich, "Riding Astride and the Saddle in Ancient China," *Harvard Journal of Asiatic Studies* 44.2 (1984): 279–306.

② 《世说新语·雅量》《世说新语·术解》。

③ Richard B. Mather, trans., *Shih-shuo Hsin-yü: A New Account of Tales of the World*. 494, #7.1;《晋书》卷84。

④ 《颜氏家训·涉务》。

⑤ 如 Alvin P. Cohen, trans., *Tales of Vengeful Souls*. Taipei: Institut Ricci, 1982, p. 75。

⑥ 石声汉：《齐民要术选读本》56章，第319~337页。

汉说，这些治疗方法"大多数是合理的，甚至可以说是娴熟的"①。不管怎样，上层社会人士的交通工具还可以选择车舆和肩舆。

2. 车舆

六朝时期，汉代的马车已经被牛拉的两轮车取代，车的种类也发生了变化。辎䡎（有屏蔽的车）最早是限制普通人使用的，一般用作运输货物和妇女乘坐，这种车至汉代地位下降了，但成为最受青睐的交通工具。同时，轺车（一种类似旧时战车的轻型无盖车）开始被社会各阶层的人使用，但从魏晋开始则由最高级的官员专享，这可能由于牛作为役畜越来越受欢迎，因此，较大也更舒适的辎䡎车开始受到青睐，但不管如何，这两种类型的车都是用牛来牵引的。应该注意的是，四轮或更多轮子的车只出现在佛教场景里，来自佛教经典的描述②。

车舆形制的变化在汉代就已经开始了，如在著名的甘肃武威汉墓所见，在一组青铜器模型组成的仪仗行列中，与牛车同时出现的还有一辆更为精美的双轮马车形的车舆③。可能属公

---

① Shih Sheng-han, *A Preliminary Survey of the Book Ch'i Min Yao Shu*: *An Agricultural Encyclopedia of the 6th Century*, pp. 71-72.
② 刘增贵：《汉隋之间的车驾制度》，《中央研究院历史语言研究所集刊》第63本第2分，1993，第393~394页。关于多轮车，参见马德《敦煌壁画中的多轮车与椅轿》，《敦煌研究》2001年第2期，第1~2页；Edward Schafer, "The Yeh Chung Chi," *T'oung Pao* 76 (1990): 191.
③ 甘肃省博物馆：《武威雷台汉墓》，《考古学报》1974年第2期，第94页及图版7.2。车舆的清晰照片见 Qian Hao, Chen Heyi, and Ru Suichu, *Out of China's Earth*: *Archaeological Discoveries in the People's Republic of China*. New York: Harry N. Abrams, and Beijing: China Pictorial, 1981, p.144.

元3世纪的沂南画像石中，以马牵引的车占绝大多数，但也有三辆排成一排的牛车停在那里，旁边没有挽牛①。牛车上满载宴会用的食物，显然地位不如马车。牛车的车轮可能不如马车轮子大，车辕也是直的，或近乎直的，而马车的车辕是上弧的。在牛背隆起的前部架着一个轭，牛欠身向轭即可驱动车舆②。用各种带子将轭固定在前部，显然如沂南画像石所见，后部也是有某种器具的。

马车向牛车的过渡在卤簿中表现得尤其明显。卤簿是组成仪仗的规则，如史书所载，上自皇帝、下至低级官吏皆有不同的卤簿。卤簿制度详细规定了车舆的数量、种类和装饰，以及随从的规模；随从人员既有骑马的，也有步行的，包括仪卫武士和伎乐。这些仪仗是身份的重要标志③。公元4世纪的冬寿墓中描绘了一幅这样的仪仗行列（图11.9）。如刘增贵所说，秦汉出现关于服饰、印玺和车舆的节俭规定之后，青铜器不再是身份的标志，正史中也开始出现车舆和服饰的专论④。六朝时期的节俭法令制定了有关车舆的等级制度，明确规定了车舆

---

① 曾昭燏、蒋宝庚、黎忠义：《沂南古画像石墓发掘报告》，图版48、拓片第35幅及第20页。又参见林巳奈夫『漢代の文物』，京都，京都大学人文科学研究所，1976，347页及图7.16。关于沂南墓葬的建造年代，参见 Hsiao-yan Shih, "I'nan and Related Tombs," *Artibus Asiae* 22（1950）: 277–312。
② 马车车辕上弧是由以胸部负重的马的情况来决定的，参见孙机的解释《从胸式系驾法到鞍套式系驾法——我国古代车制略说》，《考古》1980年第5期，第448～460页。武威发现的牛模型背上没有隆起，很难理解牛是如何拉车的。
③ 刘增贵：《汉隋之间的车驾制度》，《中央研究院历史语言研究所集刊》第63本第2分，1993，第396～403页。
④ 刘增贵：《汉隋之间的车驾制度》，《中央研究院历史语言研究所集刊》第63本第2分，1993，第371页。

的种类和形状、乘坐的姿势、役畜的种类和数量、车盖或车帘的种类、车身、车轮和轮毂的颜色，以及车上的旌旗种类和数量。南朝颇为严格地遵循了秦汉的车舆制度，而北朝则有较多变化。例如，北周车舆制度效仿《周礼》，隋代则以驭者或马夫的数量作为身份的标志，这些都不见于汉晋和南朝文献[①]。

用于遮风挡雨的车篷（通"幰"）有多种形式，有将役畜和车子一起遮挡的，也有只遮挡车子的，还出现了一种拱形的车篷，即将一顶弧形的帐子分别在车舆的两侧固定。即便是这样的车篷，也得遵循节俭法令，种类和颜色因车主身份的高低而不同。比如，北魏规定八品或以下官吏不得使用车篷[②]。

墓葬中发现的陶车模型一般与艺术作品中的车舆结构相同。在宁夏北魏墓中发现的一件辎车模型（图12.7）[③]与冬寿所乘相类。然而，大多数陶车模型都是有屏蔽的车，车上有

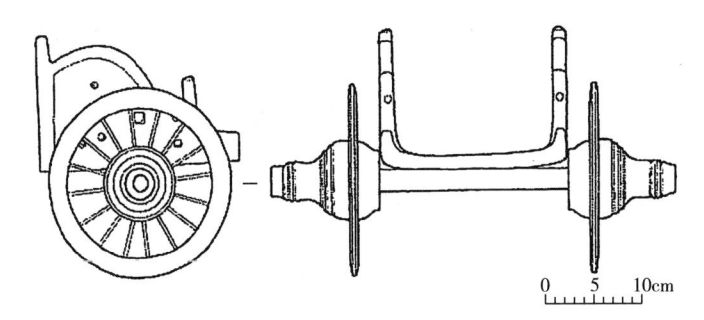

图12.7 宁夏固原北魏墓葬出土辎车模型

---

① 刘增贵：《汉隋之间的车驾制度》，《中央研究院历史语言研究所集刊》第63本第2分，1993，第381~394页及表2-12。
② 刘增贵：《汉隋之间的车驾制度》，《中央研究院历史语言研究所集刊》第63本第2分，1993，第394页。
③ 宁夏固原博物馆：《彭阳新集北魏墓》，《文物》1988年第9期，第35~37页及图27.1、图28。

两根车辕，从车厢两侧延伸至牛的两侧。车轮相当高，比牛还要高一些，车辕与地面平行。轮辐一般为 16 根，从突起的轮毂伸向四周。车轴与以前的马车轴一样不能转动，而是做成固定在车底的轴承。有的车体是没有屏蔽的，但一般都是封闭的，前部有一个门或一套门窗，后部也有一个门。车篷是用布做的，以框架支撑，顶部或圆或平。很多车篷在前部略微突出，也有的后部突出，无疑是为了挡雨。驭者坐在前部的箱子似的空间里或台阶上，也有的像今天中国所见一样，走在役畜旁边①。有的情况下，车篷从车顶一直前伸到牛身上，以免牛受到日晒。这种车篷的前端用一根长绳子拴在车体上。在司马金龙墓的屏风上②和嘉峪关的一幅晋墓壁画中③，可以看到一种全覆盖的车篷，这是一种遮住整个车舆的遮阳罩。在嘉峪关那种沙漠地区，这种额外的遮阳方式一定备受欢迎。

洛阳发现的一具北魏石棺床上有一幅栩栩如生的牛车图像（图 12.8）④。牛头上似有一个笼头，一道箍与牛轭的两端相连，然后从牛颈下绕过去，无疑是为了防止轭从牛背隆起上脱落；后面的车门上似乎垂着一个帘子，可能是为了防尘，也可能是为了保持私密性。还有一个实例，在一件车舆明器的车厢里发现了一件小型扶手，不过，坐在这种车里的不适感可能并

---

① 关于这点，参见《世说新语·汰侈》；Richard B. Mather, trans., *Shih-shuo Hsin-yü: A New Account of Tales of the World*. 460, #5。
② 张安治主编《中国美术全集·绘画编 1·原始社会至南北朝绘画》，第 158 页。
③ 甘肃省博物馆：《酒泉、嘉峪关晋墓的发掘》，《文物》1979 年第 6 期，第 15 页及图 25。
④ Annette Juliano, Teng-hsien, "An Important Six Dynasties Tomb," *Artibus Asiae*, Ascona, 1980, fig. 38–39.

图 12.8　洛阳北魏棺床拓片上的牛车

不会因为使用了这种扶手而有多大缓解。由于这种车一直使用到近代,所以很多第一手的资料都记录了坐这种车是何等不舒服。帝王的交通工具必定要讲究得多,在当时人的描述中,有由 12 头牛、12 只大象、6 匹马或 15 匹马拉的车①。

一般所说的"牛",包括家牛(Bos taurus)和瘤牛(Bos indicus),以及二者的杂交种(有时指 Bos chinensis)②。中国

---

① 《魏书》卷 108。关于此车配置的部分译文,参见 Alexander Coburn Soper, "Textual Evidence for the Secular Arts of China in the Period from Liu Sung through Sui (A. D. 420 – 618)," Excluding Treatises on Painting," *Artibus Asiae*, Supplementum XXIV, Ascona, 1967, p. 26。又参见孙机《辂》,《文物天地》1991 年第 4 期,第 9~13 页。

② Carl Oscar Levine, "Notes on Farm Animals and Animal Industries in China," *Canton Christian College Bulletin* no. 23. Canton, 1919, p. 33.

中部的黄牛以颈胸部有健壮的隆起为特征,这个隆起一直延伸至颈部,是胸部隆起的瘤牛与始见于中国的无隆起的家牛的杂交种①。将轭架在这个隆起的前部可以让牛有效地负重。纯种的瘤牛也发现于中国南方,它与东南亚的瘤牛关系密切,无疑是从那里传入的。郭璞(公元276~324年)注《尔雅》时也提到了瘤牛,叫犎牛,他认为犎牛产于中国最南的今两广地区②。假如到公元4世纪时才在如此靠南的地区饲养瘤牛,那么它又是何时开始与家牛杂交,并产出如此适合牵引牛车的役畜的呢?牛拉的车舆通常被称为牛车,这里的牛指被阉割的小公牛,雄性的杂交牛都有较大的隆起,而且比母牛强壮,所以更适合于挽轭。

役畜由马向牛转变的原因有多种解释。在六朝以前,牛是普通人使用的,但显然也是从这个时期开始,牛车开始用于皇室仪仗,并且作为上层社会人士的交通工具。南方不宜养马而马匹稀缺,可能是牛车出现的一个原因,但是,事实上北方也出现了由马向牛的转变,北方的马匹是不应该比以前更稀缺的。刘增贵敏锐地指出,可能由于马匹稀缺而地位提高了,但是这时的上层人士也开始使用牛车。还有一种解释认为,马车向牛车的转变可能是在汉晋时期的频繁战乱中马匹大量损失的结果③。此外,刘增贵还提出了其他几种可能的原因:牛车的重心较低,易于驾驭;牛车的承载空间较大,更宽敞和舒适。他

---

① H. Epstein, *Domestic Animals of China*. Farnham Royal, Buck, England: Commonwealth Agricultural Bureaux, 1969, pp. 1 – 19.

② 《尔雅》。引文见于 Edward Schafer, "The Camel in China down to the Mongol Dynasty," *Sinologica* 2.3 (1950): 287。

③ Alexander Coburn Soper, "Textual Evidence for the Secular Arts of China in the Period from Liu Sung through Sui (A. D. 420 – 618), Excluding Treatises on Painting," *Artibus Asiae*, Supplementum XXIV, Ascona, 1967, p. 54.

还提出，牛车的使用可能也受到了道教和佛教的影响（道家的老子曾乘牛车出关，在佛教中牛是佛的象征），不过他对这个问题并没有详述。刘增贵更倾向于认为这种转变的主要原因在于社会观念和态度的转变，当时出现了以纯洁与美德作为标准的选官原则，这意味着对财富与地位的炫耀要遭到摒弃，节俭成为纯洁的标志，在这种新观念的影响下，上层人士开始选用牛车出行，并因此引起了社会各阶层对牛车的普遍采用①。劳榦在刘增贵著作的跋中指出，他并不认同刘的观点，坚持认为是动乱时期马匹短缺所致②。至少到六朝初年，马车已经差不多消失了③。

上述车舆都是两轮的，不过在洛阳的一座太和十三年（公元489年）石室以及公元6世纪的一具石棺线刻画中（图8.12），明显出现了一种三轮的交通工具。在一幅孝子故事图中，年迈的父亲坐在车舆内，这种车是要人来推的④。

3. 肩舆

另一种适合一部分人的交通方式是肩舆。《宋书》将其称为"辇车"，后来又出现了"步辇"。其源头可以追溯到一种轮子

---

① 刘增贵：《汉隋之间的车驾制度》，《中央研究院历史语言研究所集刊》第63本第2分，1993，第416~420页。
② 劳榦：《汉隋之间的车驾制度跋》，《中央研究院历史语言研究所集刊》第63本第2分，1993，第450~453页。
③ 敦煌257窟北魏壁画中绘有一辆马车，296窟北周壁画中明显绘有一辆骆驼拉的车，参见敦煌研究所《敦煌》，第52页，图版18及第88页，图版63。另一例骆驼车发现在嘉峪关晋墓中，见于甘肃省博物馆《酒泉、嘉峪关晋墓的发掘》，《文物》1979年第6期，第17页，图27。
④ 黄明兰：《洛阳北魏世俗石刻线画集》，图版107。黄明兰书中的拓片出自堪萨斯城纳尔逊艺术博物馆（Nelson-Atkins Museum of Art, Kansas City）。该馆也藏有另一件石棺的一部分，上面有更清晰的三轮车线刻画。

可以拆卸的有轮车，不过这种车是何时出现的尚不得而知①。史载汉成帝（公元前33～前7年在位）邀宠妃同乘一舆出游，但遭拒绝，宠妃说他应该邀大臣同乘，而不是妇人。这里提到了汉成帝所乘的交通工具。这个典故见于顾恺之画作《女史箴图》中，但其中细节很不清楚。司马金龙墓的屏风上则较为清晰，是一个后部较高并带有顶篷的精致箱体，上面有一个可能是身份标志的伞盖，四人用两根抬杠肩扛②。邓县（今邓州市）画像砖上也出现了略微简单的肩舆，也是一个带有顶篷的座子，由于没有乘坐者，四个人可以轻松地抬起（图12.9）。广西的一座墓里也出土了一件没有顶篷的肩舆模型，两个人抬着一个简单的带有四条腿的箱子，不过抬杠的情况不很清楚③。《世说新语》中多次出现肩舆杠的记载，都是发生在公元4世纪中叶的事件，不过都没有说明它的结构和抬杠的人数④。陶渊明探访一位刺史后回家时，刺史让侍者和两个儿子用肩舆抬着他回家，据说陶渊明很高兴，似乎并不在意这种不够威风的交通工具。或许陶渊明所乘的是"版舆"，这也是在中国有着悠久历史的一种肩舆⑤。

---

① 《宋书》卷18。马德对这一称呼有简要的讨论，马德：《敦煌壁画中的多轮车与椅轿》，《敦煌研究》2001年第2期，第2页。谢弗将"步輂"译为"pacing chaise"，Edward Schafer, "The Yeh chung chi," *T'oung Pao* 76 (1990): 192。

② 张安治主编《中国美术全集·绘画编1·原始社会至南北朝绘画》，第121及第155页。

③ 广西壮族自治区文物工作队：《广西永福县寿城南朝墓》，《考古》1983年第7期，第612页及图版5.4。

④ 《世说新语·简傲》《世说新语·轻诋》。

⑤ 《晋书》卷94。关于"版舆"及其图片，参见扬之水《古器丛考两则》，《华夏考古》1999年第2期，第71～73页及图10。

图 12.9　邓县画像砖拓片中的肩舆

肩舆一直是不太常用的交通工具，直到南宋才开始流行起来。

六朝是上层社会人士使用役畜车舆的黄金时期，但到唐代，除了在一些特别的典礼中，骑马变成常见的交通方式，这无疑是北方人的传统，他们对唐代统治阶层生活方式的影响是巨大的①。

4. 水上交通

南方盛产水稻、水源丰富，这是南北方最明显的差别。在北方干旱的黄土地区旅行得坐着车在布满车辙的道路上嘎嘎前行；而与北方不同的是，南方的主要旅行方式是坐着船在密布的河流与运河中穿梭。当然，南方的主要水路是长江，也可简称为"江"，沿途有很多大的支流注入其中，如汉江、赣江和

---

① 刘增贵：《汉隋之间的车驾制度》，《中央研究院历史语言研究所集刊》第 63 本第 2 分，1993，第 420 页。

湘江，这些大支流又有自己的小支流和湖泊，沿途汇入长江者，皆可作为重要的水道。首都建康位于河网交汇处，连接各河流的运河可以将富庶的三吴地区产品运抵建康的码头。在所需之处都会建造码头（埭）和中转站，并制定了交通管理和税收制度，不幸的是，有的地方豪强会控制税收并据为己有①。

唐元和四年（公元809年），李翱经水路从洛阳前往广州花了半年时间，行程约7000里，他的行程或许可以为我们提供一些六朝水路交通的信息②。《世说新语》记载了很多官员乘船就职或返京的故事，其中一则故事发生在一只商船上③。像今天一样，古人远行时也会被别人央求捎带一些东西，殷羡的故事就是一例。当官员殷羡从今江西南昌的任上解职离去时，受托捎带了一百多封要投往首都的信件，但他一到建康的石头港，就将信件全部扔到了水中，说"沉者自沉，浮者自浮，殷洪乔不能作致书邮"，他的这个行为被当成自负④。

水路旅行并非没有风险，河流极易藏匿水路上的罪恶。有一则故事讲到，儿子带着父亲的遗体回家安葬，结果遭仆人杀害，抛尸水中，仆人带着值钱的东西逃之夭夭。儿子托梦给母

---

① 黄淑梅：《六朝太湖流域的发展》，《国立台湾师范大学历史研究所专刊》（4），1979，第50~68页，是一篇研究建康地区水系的出色论文。
② 他在《来南录》里记有这次行程。
③ 《世说新语·雅量》所载的这次旅程从今浙江临海以东的章安出发，其中所记中转站——钱塘亭在今浙江杭州附近，所以这只船可能是一条海上商船。另有一位官员乘着狭小而漏水的小船从临川（今江西抚州）出发，可能经由鄱阳湖，然后顺江而下至建康（《世说新语·德行》），还有一位官员的旅程是从会稽（今苏州）出发的，这次旅程相对较短（《世说新语·雅量》）。
④ 《晋书》卷77。

亲，母亲托别人找到并惩罚了歹人①。另一则故事讲道，有人带着长达千步的筏子顺江而下，为梁代某帝建造寺庙，途中遭到一位贪官诬陷而被处死，筏子也被充公，当成建造寺庙的材料送往京师，目的在于贪功。可喜的是，无辜的受害者显灵了，那位官员不久就死了②。不过，从类似的陆路旅行故事来看，当时的陆路旅行也不会安全很多。尽管如此，当时更大的旅行危险可能还是来自大自然，一部较晚的文献中提到，"若湖广、江西省舟，则过湖冲江，无端风浪，故锚、缆、篷、桅，必极尽制度，而后无患"③。

中国的造船方式与西方大不相同④。西方造船，要先用一根龙骨做出船体，然后加上船肋，最后装上船底，这种形状可能源自最早的水上运输形式——掏空的木头。中国的造船理念则完全不同，基本设计来自竹子。尽管也会有一些例外，但总的来说，中国古船的船体既没有龙骨，也没有船肋，而是做成平底，并且在船底上竖立一排排隔板，从而形成密不透水的船舱；前部是方形的，形成方形船首，后部的船侧板逐渐向上弧，超出方形的船尾，悬在船尾的瞭望台之上，再在上面悬挂

---

① 《法苑珠林》引《还冤记》；Cohen, Alvin P., trans., *Tales of Vengeful Souls*. Taipei: Institut Ricci, 1982, pp. 4 – 5, #2。
② 《法苑珠林》引《还冤记》；Cohen, Alvin P., trans., *Tales of Vengeful Souls*. Taipei: Institut Ricci, 1982, pp. 86 – 87, #52。
③ 《天工开物·舟车》；这段文献的译文参见 E-tu Zen Sun and Shiou-chuan Sun, trans., *T'ien-kung k'ai-wu: Chinese Technology in the Seventeenth Century*, 174. Joseph Needham, with Wang Ling, and Lu Guei-djen. *Science and Civilisation in China*: 4.3, p. 414, 该文将"湖广"解释为湖南省与湖北省。
④ 全面论述中国航运史及古船结构的著作，参见 Joseph Needham, with Wang Ling, and Lu Guei-djen. *Science and Civilisation in China*, 4.3, pp. 379 – 699。

一个平衡舵,平衡舵用舵柱分开,其在中轴线上朝向前方的方向占了1/3。舵是悬挂着的,这是便于在浅水里也能将锚升起来。有的则用长长的转向橹或单桨来代替舵,桨有时也会与舵一起配合使用。船的推力会受到船篙、船橹或船帆的影响。划橹者站立在船的两侧,面向前方划橹,或用长篙撑船前行。中国人也发明了双桨,模仿鱼尾的运动方式划船,这就叫"摇橹",公元3世纪就已使用,现在仍能看到①。为了给划橹者腾出足够的空间,船室一般尽量靠近船的后部;在船的两侧还设瞭望台。如果船有帆,桅杆要插进桅座里,并对着楔进船舱,以免给拴缆绳造成不便。船帆一般装在斜挂的帆桁上,这是一种四角纵帆,由席子和板条构成:用芦苇做席,用轻型木条加固船帆,使帆能平张。如果顾恺之向上司求借布帆的典故可信,那么布帆显然是官员专用的②。

这个时期的船只遗存没有发现,已经发现的遗存都是宋及以后的,但汉墓中的船只模型表明,汉代的航运建筑已经初具水平(图12.10)③。成都发现的佛教造像碑上也刻有船的图像,为我们提供了一些新的细节(图12.11),如耙形的桅杆和上弧的船尾建筑,但李约瑟(Needham)认为,画面中被风吹鼓的帆并非那种紧绷的苇席—木条结构的帆④。另一幅著名

---

① 关于"摇橹",参见全面论述中国航运史及古船结构的著作,Joseph Needham, with Wang Ling, and Lu Guei-djen, *Science and Civilisation in China*, 4.3, p.622。

② Shih-hiang Chen, trans., *Biography of Ku K'ai-chih*, Chinese Dynastic Histories Translations, no. 2. Berkeley: University of California Press, 1961, p.13.

③ Joseph Needham, with Wang Ling, and Lu Guei-djen, *Science and Civilisation in China*, 4.3, pp.447–448, 638.

④ Joseph Needham, with Wang Ling, and Lu Guei-djen, *Science and Civilisation in China*, 4.3, p.457.

活动踏板　　　　　　　　　　　　　活动踏板

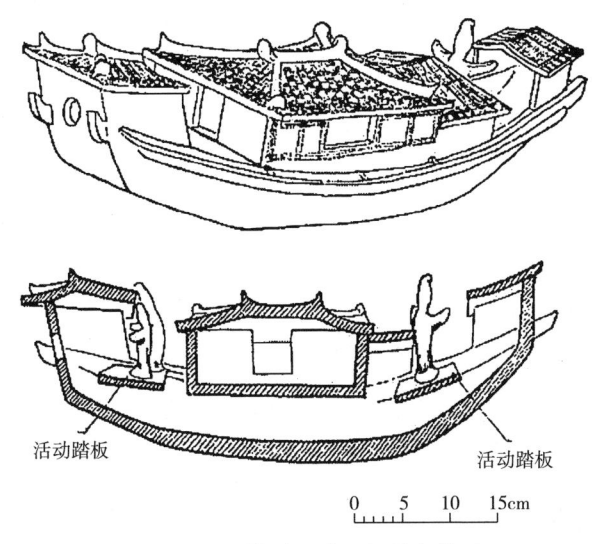

　　　　　　　　　　　　　0　5　10　15cm

图 12.10　广东德庆出土汉代船模型

图 12.11　四川成都造像碑上的船（公元 5～6 世纪）

图像出现在顾恺之的《洛神赋图》上（图 12.12）。麻烦的是，现存的两个版本都是根据公元 4 世纪的顾恺之原作而画的公元 11 或 12 世纪的宋代摹本，所以无法保证顾恺之原作上的船与现存摹本上的船相同。不过从船的特征来看，摹本看起来还是可信的①，比如后部支起来的平衡舵以及紧挨着它的双桨，还有船体的外形等。船的大小不是什么问题，因为这个时期大得多的船都有。颜之推说，当时南方人不信有容纳千人的毡帐，而北方人不信有能装二万斛（约1400吨）的船②。

图12.12　据传为顾恺之画作局部

这么大的船很可能是用于海上贸易的，既与本国的其他地区贸易，也与朝鲜、日本、安南等邻国贸易③。黄龙二年（公元230年），孙权遣万人入海寻找传为秦始皇军队所到之岛屿，第二年返回，但并没有与那些岛屿建立联系，结果两位将军以

---

① 张安治主编《中国美术全集·绘画编1·原始社会至南北朝绘画》，第130页图版95及第138页图版96。
② 《颜氏家训·归心》。黄淑梅所估算的2000吨的数字略有点高，黄淑梅：《六朝太湖流域的发展》，《国立台湾师范大学历史研究所专刊》（4），1979，第80页及注31。
③ 黄淑梅：《六朝太湖流域的发展》，《国立台湾师范大学历史研究所专刊》（4），1979，第76~78页。

无功被诛①。嘉禾二年（公元233年），孙权又试图与辽东公孙氏政权建立友好关系，向辽东派出使团，并带着封号和一万之众以支持公孙氏抵御他们共同的敌人曹魏。结果这一计划也落空了，公孙氏将东吴使者的首级送与曹魏，以表忠心②。孙权并未气馁，又派人出使南海，使者返回后称南海有百余小国③。

广州是这个时期的重要港口，但这里大量的贸易活动可能都是外国人经营的。东晋僧人法显在《佛国记》中讲道，义熙九年（公元413年）的那次航海本应从锡兰返回广州的，却到了今山东的青州。船在海中迷失方向，法显及其随从多次死里逃生，由此可见当时的远洋商人是多么艰难。从船靠岸后他还得充当翻译来看，他所乘的这艘船并非中国船只④。这艘船能载200人，而且还不是外国船队里最大的。据一部公元3世纪的著作记载，这些船的长度超过200丈（当时的一丈约合2.4米，所以此船长约48米），高出水面两三丈，远看像一座"阁道"，能载六七百人和万斛粮食⑤。这个时期中国远航船只的资料非常罕见，但关于水军的记载却很多⑥。

---

① 《三国志》卷47。
② 《三国志》卷47。
③ 《梁书》卷54。此处的引文参见王冠倬《从文物资料看中国古代造船技术的发展》，《中国历史博物馆馆刊》1983年第5期，第17~32页。
④ James Legge, *A Record of Buddhistic Kingdoms, Being an Account of the Chinese Monk Fa-hien of His Travels in India and Ceylon* (A. D. 399–414) *in Search of the Buddhist Books of Discipline*. Oxford: The Clarendon Press, 1886, pp. 111–118.
⑤ 《太平御览》卷769；Joseph Needham, with Wang Ling, and Lu Guei-djen, *Science and Civilisation in China*, 4.3, p. 600。李约瑟计算出船的承重相当于260吨，而实际上应该是这个数字的两倍。
⑥ 更多有关航海的论述，参见章巽《我国古代的海上交通》，北京，商务印书馆，1986；李东华《梯山航海——海外贸易的发展》，载刘石吉编《民生的开拓》，台北，联经出版事业公司，1982，第464~472页。

正史里一般很少关于战争细节的描述,但史家似乎对水军的遭遇抱有浓厚兴趣。例如太康元年(公元280年),晋朝水军欲顺江而下攻打东吴,东吴上游边境上的晋朝巴郡太守奉命建造舟舰。其中有长达120步(约600英尺)的大型战舰,能容2000人,上有木制堡垒和弓箭手的楼阁,并开有四出城门,船上可以骑马往来。又在船首绘画鹢首怪兽以惧江神(现代的小船上也画着类似的怪兽),舟楫之盛超越了以往各代所见。在船坞造船时形成的大量木屑顺江而下,本可让东吴朝廷对此次入侵有所警觉,但属下的警告并没有引起吴主的重视。当晋朝舰队顺江而下抵达东吴时,东吴军队在长江狭窄之处拉上铁链,以拦截晋朝船只,并在河床上栽上铁锥,希望划破来犯的船舰。晋朝军队以火炬浸油,点燃之后投向铁链,结果铁锁被熔化,铁链被毁;又命善水者驾着载满伪装成士兵的草人筏子冲向铁锥,铁锥被废。江中的障碍清除之后,自然势不可当。于是这支舰队顺江而下,在攻克东吴的战争中扮演了重要角色[1]。

格拉夫(David Graff)指出,在战场上,一般来说只有箭矢的往来,少有登船和短兵相接的战斗。弓箭手会受到木制或牛皮制的城垛的保护[2]。晋之攻吴的先例,在公元588~589年隋攻陈时重现,也是一支船队顺江而下,与岸上军队一起摧毁了沿江的防御工事。这个时期的大船多达五层甲板,装配有投石装置,能够从投石机上用人力拉绳子或用平衡锤投掷抛射物。另一种手段是用大型的弹射装置,如带刺的拍竿,当向敌

---

[1] 《晋书》卷42;Joseph Needham, with Wang Ling, and Lu Guei-djen, *Science and Civilisation in China*, 4.3, p.694。

[2] David A. Graff, *Medieval Chinese Warfare*, p.130.

船开火时，可以像抓铁一样抓住敌船①。用火船燃烧敌船、用"蒙冲"撞击敌船都是曾经使用过的手段。随着国家的统一，六朝时期长江上规模空前的水战终于结束了。为了确保长江无战事，隋在开皇十八年（公元598年）下令没收南方所有长度超过3丈（约25英尺）的船只②，于是这个水域内一度只有较小的船只穿梭。

六 娱乐

围棋是一种在格子式棋盘进行的二人领土游戏，可能以"日本围棋"（Japanese Go）更为人熟知。对弈的双方各执黑、白棋子，轮流将棋子放在棋盘格的交叉点上。要想获胜，就要尽量用棋子占领较多的空间，还要保证不被对方包围。所有的点都被棋子占据之后游戏结束，占领领土较多的一方获胜。

围棋在六朝时期非常流行，考古资料表明，六朝围棋已成为现代围棋的样式。最早提到围棋的文献是《左传》，襄公二十五年（公元前547年），将做事不顾后果比为"弈棋"，如果没有事先的周全考虑，可能会引起恶果③。孔子认为弈棋至少比白费光阴要强，孟子说即使弈棋这样的"小数"，也需要

---

① Joseph Needham, with Wang Ling, and Lu Guei-djen, *Science and Civilisation in China*, 4.3, pp. 690, 693; David A. Graff, *Medieval Chinese Warfare*, p. 132.
② 《隋书》卷2。
③ 《左传·襄公二十五年》; James Legge, *The Ch'un Ts'ew with the Tso Chuen*. Hong Kong, preface dated 1872, p. 517。班固（公元32—92年）解释"弈"是北方人对下棋的称呼，参见陈志学《隋唐时代的围棋》，《四川文物》1988年第5期，第21页。

专心致志才能成功①。围棋在汉代以前已经非常流行，但还只是一种娱乐，没有被赋予特殊的含义。对围棋的看法在汉代发生了改变。班固盛赞弈棋有助于培养人的品行，马融（公元79~166年）在《围棋赋》里将弈棋比作战场用兵②。到了六朝时期，围棋之术开始成为士人的一种基本技能，以至到唐代时，弈棋已与书法、弹琴、绘画并提③。这个时期已经出现了关于弈棋的指南，较早的是三国魏邯郸淳著的《艺经》④。《棋品》可能是弈棋方面最宏大的著作，为柳恽（公元465~517年）受梁武帝萧衍之命而编撰的，该书根据弈棋的优劣将善弈的278人分为九等⑤。

文学作品中常见有关弈棋影响思维的例子，以至成了一个常见的文学主题，如面临危机和突发事件时依然能够气定神闲地弈棋。例如，太元八年（公元383年）当淝水大捷的消息传来时，负责此地军事的谢安正在弈棋，他听到捷报不动声色，依然继续弈棋⑥。另一个著名的典故是关于阮籍（公元210~263年）的，他母亲去世也不为所动，坚持下完了手中的棋⑦。还有很多关于军事将领们处变不惊的故事，他们往往面对溃败依然能够平静地弈棋，以此表明自己对结果的信心，并为将士们鼓气。

---

① 《论语·阳货》《孟子·告子》。
② 李兆成：《漫谈魏晋时的围棋》，《四川文物》2001年第3期，第37页。
③ 陈志学：《隋唐时代的围棋》，《四川文物》1988年第5期，第23页。
④ 马国翰对此做了辑佚，参见马国翰《玉函山房辑佚书》，台北，文海出版社重印，1967，第3884~3885页。
⑤ 《梁书》卷21、《南史》卷38、陈志学：《隋唐时代的围棋》，《四川文物》1988年第5期，第21页。
⑥ 《晋书》卷47、《世说新语·雅量》。
⑦ 《晋书》卷49、《世说新语·任诞》。

不过，围棋也显然会使人上瘾或导致一些反常举动。南朝齐明帝（公元494～498年在位）并不擅长弈棋，但受他人蛊惑，认为自己能够位居第三品。他沉溺于弈棋，甚至建立了一个"围棋州邑"，棋下得好的亲王和各类官员都可在围棋州邑获得特赐的官衔①。当时很多人对围棋的沉溺已经登峰造极，引起了广泛的关注。东吴建立者孙权告诫臣下弈棋有碍国家事务，要求八位官员提出控制弈棋之风的方案②。还有一次，王子孙和征求韦曜对弈棋的看法，韦曜说现在的人沉溺于弈棋，以致荒废学业、废寝忘食、通宵达旦地下棋，他严厉谴责了弈棋，认为对国家有害无益③。陶侃（公元259～334年）是一位纪律严明的官员，发现佐吏博弈戏具之后给予了严斥，说围棋是尧舜用来教育愚子的④。也有人向南朝齐明帝进谏，"（据传）尧以此教丹朱（不太聪明），非人主所宜好也"⑤。颜之推一如既往地要求他的儿子们要注意自我节制，说围棋"颇为雅戏，但令人耽愦，废丧实多，不可常也"⑥。

围棋在六朝时期发生一个重要的变化，即在汉隋之间的某个时期，棋盘从纵横各17条线（"道"），289个叉点，变为与现在相同的19道、361个点。在河北望都东汉墓里发现了一件17道的石围棋盘，高17厘米、边长69厘米⑦。到六朝初

---

① 《南齐书》卷34。
② 南京博物院：《江苏丹阳胡桥南朝大墓及砖刻壁画》，《文物》1974年第2期，第47页。
③ 《三国志》卷65。
④ 《世说新语·政事》。
⑤ 《南齐书》卷53。
⑥ 《颜氏家训·杂艺》。
⑦ 邱百明：《从安阳隋墓中出土的围棋盘谈围棋》，《中原文物》1981年第3期，第57页。

年，围棋盘还是17道，这一点可从上述邯郸淳所著的《艺经》得到证实。他还说双方各执150枚黑或白棋子①。在湖南益阳的一座西晋墓中发现了一枚黑棋子②。棋子的另一发现出自一座南齐陵墓，共有36枚白色的玉棋子和47枚由紫黑色的透明玻璃质材料做成的棋子③。除了望都所出棋盘，安阳张盛墓里也发现了一件棋盘，由青瓷做成，高4厘米，边长10.2厘米，有19道，具有现代棋盘的特征，有一个中心点和位于四角的四个星（距每边4条线处），用小凹坑标示（图12.13）④。有两条文献提到了棋盘上的线条数量问题。一是敦煌写本《棋经》，可能是北周时期的，称棋盘反映了周天之度数（360度），所以有纵横19道⑤，另一条文献是见于《隋书·经籍志》的《孙子算经》，其中提到围棋盘交叉点的数量问题，并提到有361个点，这也表明棋盘当有19道。这段文献尽管冠以《孙子》之名，但可能反映的是隋代的情况⑥。关于17道向19道的转变问题有很多讨论，显然这个变化应该发生在六朝时期，从唐代开始，似乎一般只有19道的棋盘了⑦。

---

① 马国翰引用唐李善注《博弈论》（韦弘嗣著）（《文选》52.24b）作为例证。
② 益阳地区文物工作队、益阳县文化馆：《湖南省益阳县晋南朝墓发掘简况》，《文物资料丛刊》第8辑，第47页。
③ 南京博物院：《江苏丹阳胡桥南朝大墓及砖刻壁画》，《文物》1974年第2期，第47页。
④ 中国科学院考古研究所安阳发掘队：《安阳隋张盛墓发掘记》，《考古》1959年第10期，第545页。
⑤ 董理：《"隋琉璃、玛瑙围棋子"考辨》，《考古与文物》2001年第5期，第72页及注5。
⑥ 邱百明：《从安阳隋墓中出土的围棋盘谈围棋》，《中原文物》1981年第3期，第57页。
⑦ 在阿斯塔那发现的唐代妇女弈棋图是个例外，参见 Bruce Gordon Doar, *Chinese Archaeology and Art Digest* 4.4 (2002): 69, fig. 5。

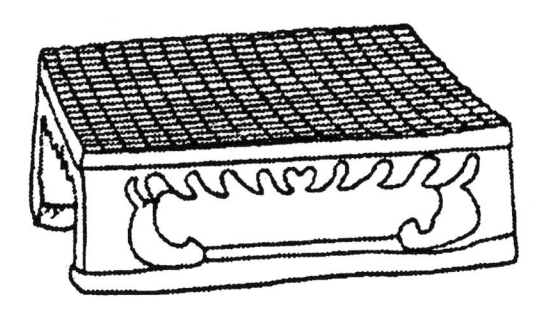

图 12.13　河南安阳出土隋代围棋模型

围棋与西方的棋一样，是一种完全依靠脑力活动的棋盘游戏，不涉及任何体力技巧或运气（如掷骰子），这也是它在知识分子心目中地位较高的原因。但是，围棋并不宜于赌博，其他很多用于赌博的游戏在六朝时期非常盛行。

其中一种受到广泛关注的赌博游戏是六博，有一个常称为TLV 的博盘，上有形似这三个英文字母的纹饰，这种纹饰也见于铜镜上（图 7.24）。六博在汉代及以前非常盛行，大量陶俑和画像砖图像反映了这种博戏的变化过程。博者总是以一种兴高采烈的状态出现（图 12.14）。用于所谓"大博"的博具除了博盘，还包括长约 12 厘米的箸，由象牙、木或其他材料做成，上面刻有各种纹饰。通过掷箸决定棋子在 TLV 图案上的移动。如果用骰子（茕）而不用箸，则被称为"小博"[①]。现在已经发现了很多汉代的博戏图像，显然仅有一例是汉代以后的，出现在嘉峪关 M7 的画像砖上[②]。有迹象表明博戏到六朝时期仍很

[①]　傅举有：《论秦汉时期的博具、博戏兼及博局纹镜》，《考古学报》1986 年第 1 期，第 32~35 页。颜之推曾谈及这两种博戏，参见《颜氏家训·杂艺》；郑艳娥根据马王堆三号汉墓出土的一副完整博具进行了讨论，见于郑艳娥《博赛刍议》，《南方文物》1999 年第 2 期，第 53~63 页。

[②]　此例参见郑艳娥《博赛刍议》，《南方文物》1999 年第 2 期，第 61 页。

图 12.14 河南灵宝出土汉代"六博戏"模型

盛行，但吸引力逐渐消失了。到公元 6 世纪后半期的颜之推时期，博戏规则已经失传，要重新找回还颇为费神①。关于占卜与博戏（尤其是六博）的关系引发了很多讨论，但好像这些讨论所涉及的内容都是博盘上的博局图案，而不是博戏的玩法②。

---

① Yang Lien-sheng. "A Note on the So-called TLV Mirrors and the Game Liu-po（六博），" *Harvard Journal of Asiatic Studies* 9 (1947): 202 – 206; Yang Li-en-sheng. "An Additional Note on the Ancient Game Liu-po," *Harvard Journal of Asiatic Studies* 15 (1952): 124 – 138; 劳榦:《六博及博具的演变》，《中央研究院历史语言研究所集刊》第 35 本，1964，第 15~30 页。

② Lanying Zeng, "Divining from the Game Liubo: An Explanation of a Han Wooden Slip Excavated at Yinwen," *China Archaeology and Art Digest* 4.4 (2002): 61。这是作者论文的修订版，原作首发于《文物》1999 年第 8 期，第 62~65 页。关于这一主题的更广泛讨论，参见 Joseph Needham, with Wang Ling, and Lu Guei-djen. *Science and Civilisation in China*, 4.1, pp. 326 – 328, and Li Ling, "The Common Origins of Divination and Gambling," *China Archaeology and Art Digest* 4.4 (2002): 49 – 52。

另一种既要掷骰子，也要用计策的棋盘游戏叫樗蒲，马瑞志（Mather）认定为它是源自印度的一种游戏，类似于西洋双陆棋①。这种游戏最早出现在西汉时期②，而在《葛洪传》（公元 284~363 年）之后变得非常盛行。《葛洪传》的作者为了强调葛洪的清心寡欲，说他竟然不知围棋盘上有多少道，也不知道樗蒲的齿名（投掷骰子即齿）③。樗蒲用五根木条（"五木"）为骰子，每个骰子一面涂白、一面涂黑，有些骰子上画有野鸡或牛犊。不同的骰子组合相当于一套点数，以点数决定棋子在盘上的移动（"马"），最好的投彩是五个全黑，叫"卢"④。

赌博是这个游戏的特征，所以关于它的后果成为《世说新语》中许多典故的主题⑤。尽管官府因其社会耗费太甚而禁止（如义熙元年，公元 405 年禁樗蒲⑥），但毫无效果。前述生性严谨的陶侃也曾猛烈抨击樗蒲，有一次将博盘没收之后扔进了河里，一起扔进河里的还有酒具，显然酒具是这种博戏里的常用附属物。陶侃说樗蒲只不过是牧猪奴的消遣而已，并称是老子从西域带回来的⑦。

---

① Richard B. Mather, trans., *Shih-shuo Hsin-yü: A New Account of Tales of the World*, 615. Mather 将这种游戏称作 *chaupar*，来自梵文 *catushpata*（"四块布"），或 *catushpatha*（"十字相交"）。
② 马融（公元 79~166 年）曾作《樗蒲赋》，见《艺文类聚》卷 74。
③ 《晋书》卷 42。
④ Yang, Lien-sheng, "An Additional Note on the Ancient Game Liu-po," *Harvard Journal of Asiatic Studies* 15 (1952): 132-133；《资治通鉴》卷 93。胡三省的注里说这种游戏在晋代十分盛行。
⑤ 如《世说新语·任诞》。
⑥ 《晋书》卷 10。
⑦ Richard B. Mather, trans., *Shih-shuo Hsin-yü: A New Account of Tales of the World*. 88, #16；《晋书》卷 66。董理将西安发现的隋代棋子称为"双陆"或"双六"，六朝时期非常盛行，他详述了这种棋戏，（转下页注）

其他一些游戏更需要的是技巧而不是运气。"投壶"是《左传》① 里提到过的一种古老游戏，并在《礼记》里有全面的介绍。《礼记》称这种游戏的礼仪化行为可以起到教化道德的作用②。参加投壶之戏的人要在相当正式的场合向壶里投掷箭矢，根据箭矢成功投入壶嘴的点数来记分。在某个点位上还要在壶嘴或壶底加上一些环，以增加获得点数的机会。有一些汉代的墓俑和画像石反映了这种游戏的发展过程③。颜之推详细描述了随着时间的推移，对投者技巧的要求是如何逐步提高的，包括有意让箭矢弹出壶外，并说到有人擅长这种叫作"骁"的技巧，能够一箭40余骁④。投壶之戏往往与樗蒲相关，而且善于投壶者往往是好享乐、懂音律之人，投壶能够昭显品性⑤。我们对投壶记分方法的了解来自司马光（公元1019~1086年），他曾试图复兴投壶之戏，详细解释了在新投壶戏中做的一些变革，据此我们可以发现一些旧的规则⑥。尽管如此，投壶再也没有其他游戏那么流行，尽管有司马光的努力，

(接上页注⑦)参见董理《"隋琉璃、玛瑙围棋子"考辨》，《考古与文物》2001年第5期，第71~75页。另参见孙机《中国圣火：中国古文物与东西文化交流中的若干问题》，第206~207页。我认为这是樗蒲的一种，樗蒲之名仅有一次见于六朝正史，即《南史》卷80。

① 《左传·昭公十二年》；James Legge, *The Ch'un Ts'ew with the Tso Chuen*. Hongkong, preface dated 1872, p. 639。
② G. Montell, "The *T'ou Hu*—The Ancient Chinese Pitch-pot Game," *Ethnos* 5 (1940)：70 - 83。他引用了 Legge《礼记》的译文，James Legge, *Liki, The Sacred Books of the East*, vol. 28. Oxford, 1885, pp. 397 - 401。
③ Richard C. Rudolph, "The Antiquity of T'ou Hu," *Antiquity* 24. 94（June 1950）：175 - 178。
④ 《颜氏家训·杂艺》。
⑤ 《三国志》卷154、卷28；《晋书》卷13。
⑥ G. Montell, "The *T'ou Hu*—The Ancient Chinese Pitch-pot Game," *Ethnos* 5 (1940)：74 - 79。

这个时期文献中提到过的游戏还有"格五",或叫"塞戏",可能是从樗蒲演化过来的,但不投掷骰子或木条,只有筹码的移动。玩这个游戏时的高雅与六博时的乱哄哄气氛有着鲜明的对比①。马瑞志将这种游戏比成西洋跳棋②。此外,还有一种"弹棋"(即弹丸棋),在游戏中,要用各种方式将棋子弹入棋盘。

这些游戏的盛行程度,可以从下面这段描述中略见一斑。这是对诸葛融发起的一场类似于比武活动的描述,当时他在东吴西部边境的公安(今湖北的同名之地)掌管军队。

> 疆外无事,秋冬则射猎讲武,春夏则延宾高会,休吏假卒,或不远千里而造焉。每会辄历问宾客,各言其能,乃合榻促席,量敌选对,或有博弈(即六博和围棋),或有摴蒲,投壶,弓弹③,部别类分,于是甘果继进,清酒徐行,融周流观览,终日不倦。④

本章中的大量材料都来自文献,在各类史籍、百科全

---

① 郑艳娥:《博赛刍议》,《南方文物》1999 年第 2 期,译文参见 Bruce Gordon Doar, *Chinese Archaeology and Art Digest* 4.4 (2002):81–84。
② 《世说新语・巧艺》; Richard B. Mather, trans., *Shih-shuo Hsin-yü: A New Account of Tales of the World*, 363, 将这种棋称为 "reach-five"; 而 Lien-sheng Yang 则援引《汉书》卷 64 的描述,称其为 "blocking five",并认为与樗蒲有关,参见 Lien-sheng Yang, "An Additional Note on the Ancient Game Liu-po." *Harvard Journal of Asiatic Studies* 15 (1952):124–138。
③ 此处是"弓弹"之名唯一一次见于这个时期的史书,它最有可能指的是前述"弹棋"游戏。
④ 《三国志》卷 52。

书、选集，以及文学作品（如赋）中都包含有丰富的六朝物质文化资料，这个时期的大量日用物品丝毫不逊色于其他时期，可说的还有很多，由于受时间和篇幅的限制，只能就此打住。

第十三章 佛教与道教

六朝社会变迁中最重要的方面可以说就是佛教的传入和传播，宗教几乎渗透到了社会和文化的各个方面，既包括物质文化，也包括思想和信仰领域。在中国本土文化传统中，道教当然占有很重要的地位，但在这个时期佛教显得尤为重要①，佛教遗存的数量之巨令人震撼。公元6世纪早期，仅洛阳一地的佛教建筑就翻了一番还多，从500座左右增加到1300多座②。大量更为重要的佛教遗存发现于华北地区，尤其是今天的山东省和河北省，部分原因在于这些地区有过很多高等级的佛教活

---

① 关于道教，参见 Rolf A. Stein, "Religious Taoism and Popular Religion from the Second to the Seventh Centuries," in Holmes Welch and Anna Seidel, eds., *Facets of Taoism: Essays in Chinese Religion*, pp. 53 – 81. New Haven: Yale University Press, 1979。关于这个时期的佛教，参见 Kenneth Chen, *Buddhism in China: A Historical Survey*. Princeton: Princeton University Press, 1969; Tsukumoto Zenryu, *A History of Early Chinese Buddhism: From Its Introduction to the Death of Hui Yuan*. Translated by Leon Hurvitz. Tokyo: Kodansha International, Ltd., 1985; and Erik Zürcher, *The Buddhist Conquest of China: The Spread and Adaptation of Buddhism in Early Medieval China*, 2 vols. Leiden: E. J. Brill, 1972; John Kieschnick, *The Impact of Buddhism on Chinese Material Culture*。本书从多方面研究了佛教给中国社会与文化带来的影响。关于六朝以前的佛教情况，参见 Marylin Martin Rhie, *Early Buddhist Art of China and Central Asia: Later Han, Three Kingdoms and Western Chin in China and Bactria to Shan-shan in Central Asia*, vol. 1. Leiden: Brill, 1999, pp. 5 – 95。

② 《魏书》卷114; W. F. J. Jenner. trans., *Memories of Loyang: Yang Hsüan-chih and the Lost Capital*, p. 70。

动。据说北齐时期共有寺庙4万座，承光元年（公元577年）被北周攻克后，被迫还俗的僧尼约300万，这表明当时可能有多达10%的人口都是宗教从业人员①。佛教通过多种方式催生了佛教组织的形成，从而将社会各阶层凝聚在一起。佛像与佛教仪轨为城乡居民提供了一个共同的宗教框架，同时也强化了联系他们的纽带②。前面几章已经论述了佛教对建筑、陶瓷，以及其他物质文化方面的影响，但如果要公允地评价佛教在这个时期人们生活中的地位，还有很多问题需要讨论。此处基本不涉及道教的问题，因为相关的六朝物质遗存极少保存下来。

一　佛像

在印度，佛陀（据传公元前563～483年在世）去世后的几百年里，他在艺术中的形象都用一些象征物来代表，如一顶佛冠、一匹无人乘骑的马或一双脚印。后来随着大乘佛教的发展才出现了佛像。由于大乘佛教信奉解脱，据说只要信奉佛陀就能升入天堂，而这就需要一个礼拜的对象。佛像最早出现在古犍陀罗地区（Gandhara，今阿富汗和巴基斯坦），并受到公元前4世纪亚历山大大帝在此殖民所致的希腊传统的强烈影响。此外，以秣菟罗（Mathura）为中心的印度本地传统也是

---

① 常叙政、李少南：《山东省博兴县出土一批北朝造像》，《文物》1983年第7期，第42页；河北临漳县文物保管所：《河北邺南城附近出土北朝石造像》，《文物》1980年第9期，第65页。
② Liu Shufen（刘淑芬），"Art, Ritual, and Society: Buddhist Practice in Rural China during the Northern Dynasties," *Asia Major*, ser. 3, 8（1995）: 45–47，这是关于这个主题极有价值的研究成果。

这种新艺术形式的重要来源①。

佛像要尽可能展现佛陀的32个重要的身体特征（即"相"），如肉髻（即头顶上的肉突，一般认为是用来容纳佛陀过人的智慧的）和白毫（即双眉之间的一束卷毛），与印度的卷发和种姓标志有些类似。32相中还有一相是因项光而形成的金身，这也是佛像常常镀金的原因。佛陀本为穿金戴银的王子，尽管出家修行之后不再佩戴任何首饰，但他的耳垂已经被沉重的耳饰拉长。

格里斯沃德（Griswold, A. B.）较详细地讨论了佛装的不同样式，并制作了一个有用的词汇表来描绘不同的佛装②。从佛像的图像特性来看，这些佛像都严格依照佛教律法来展现僧尼生活的方方面面。此外，佛像的制作还有意遵循一些特定的具有法力的佛教原型。

印度僧侣的服装以佛陀曾经的穿着为基础，包括三件未经特意裁剪的长方形布片，质料有亚麻、棉、丝、羊毛、麻布、

---

① 关于佛像的起源，参见 Benjamin Rowland, Jr., "A Note on the Invention of the Buddha Image," *Harvard Journal of Asiatic Studies* 11 (1948): 181–186。有关偶像制作的各种经典，参见 Alexander Coburn Soper, "Literary Evidence for Early Buddhist Art in China," Ascona: Asiae Publishers, 1959, pp. 259–261; Lewis R Lancaster, "An Early Mahayana Sermon about the Body of the Buddha and the Making of Images," *Artibus Asiae* 36.4 (1974): 287–291。Huntington 认为贵霜王朝之前就已有了佛像，有象征物而无佛的场景只是为那些特定的物与地提供了一个礼拜的中心，并不是佛陀的代替物，参见 Susan L. Huntington, "Early Buddhist Art and the Theory of Aniconism," *Art Journal Winter*, 1990, pp. 401–407; Kieschnick 也对这点做了进一步讨论，参见 John Kieschnick, *The Impact of Buddhism on Chinese Material Cultuffre*, p. 73, n. 147。

② A. B. Griswold, "Prolegomena to the Study of the Buddha's Dress in Chinese Sculpture," *Artibus Asiae* 26.2 (1963): 85–131.

帆布等。第一件是都提（*Dhoti*，即裹腰布）或安陀会（antaravasaka，内衣），裹在从肚脐的上部至小腿部位的下身，多余部分收拢成竖向的衣褶，在前部或一侧折叠，上缘向下折叠，塞进去或用绳子绑紧。这件衣服之上是上衣或僧袍（即郁多罗僧，uttarasanga），外面还可再加一件外套（即僧伽梨，sanghati，也叫袈裟或僧祇支，Kashaya），即格里斯沃德所称的披风。我们一般根据佛装的下缘就能确定佛像是否穿了这两种上衣①。

袈裟的穿着方式有着很大的不同，最主要的方式是简单的围裹，即左手握住袈裟的左上角，裹住上身后，上缘正好贴住颈部，右上角可能正好用左手握住，也可能只是简单地搭在左肩上，这就是格里斯沃德所称的"覆盖式（Covering mode）"（图 13.1）。在有的情况下，袈裟从右臂下面穿越后再围裹，袒露右肩和右胸，这就是格里斯沃德所称的"袒露式（Open mode）"（图 13.2）。这两种穿着方式还有些细微的变化，即格里斯沃德所称的"变形（inflection）"。如果右臂从覆盖式袈裟的下缘露出来，被称为"曲形变形（cir-

图 13.1 "覆盖式"袈裟

---

① A. B. Griswold, "Prolegomena to the Study of the Buddha's Dress in Chinese Sculpture," *Artibus Asiae* 26.2 (1963): 87 – 88, 115. Soothill and Hodous 提出，僧伽梨或僧祇支指的是袍子（p.76a）、袈裟（p.222b）或大衣（p.420c），William E. Soothill and Lewis Hodous, *A Dictionary of Chinese Buddhist Terms*. London: Kegan Paul, Trench, Trubner and Co., Ltd., 1937。Kieschnick 对宗教服饰的象征意义进行了讨论，参见 John Kieschnick, *The Impact of Buddhism on Chinese Material Culture*, pp. 87 – 107。

cumflex inflection)",因为袈裟的外形呈弯曲状(图13.3);如果右臂从上缘露出来,被称为"袒露变形"(opening inflection);如果整条胳膊从松弛的领口之上露出来,形成一种胳膊吊带,被称为"引号变形"(apostrophe inflection)(图13.4);如果袈裟的右角搭在左臂上,而不是搭在左肩上时,被称为"连接号变形"(hyphen inflection)(图13.5)。最后一种似乎更应该看成一种穿着方式,是披肩式的穿法。

图13.2 "袒露式"袈裟　　图13.3 "曲形变形"袈裟

图13.4 "引号式"袈裟　　图13.5 "连接号式"袈裟

在犍陀罗风格中，佛陀一般穿着全部的三件衣服，袈裟之下露出一部分内衣或上衣。几乎所有的立佛都穿着覆盖式的袈裟，朝向左肩方向折叠，低处的折叠线可能会对称，这就是格里斯沃德所说的垂悬式折叠（catenarian fold system），不过有时只是单一的对折。常见手印有右手"施无畏印"（abhaya），是一种象征性的手势，也有双手都作手印的，有"禅定印"（dhyana），也有"转法轮印"（dharma-chakra），当然在这种情况下，左手不再握住袈裟上角（实际上袈裟也不会脱落）。坐佛一般着袒露式袈裟，即"右袒"。

秣菟罗风格的佛像身着用极薄材质做成的内衣和袈裟。这种近乎透明的服装常被认为是当地炎热气候的反映，但格里斯沃德却认为这是为了表现佛陀普照众生的能力，他的身体能够透过袈裟发出耀眼的光芒。在有的佛像中，袈裟的上角要在肩上缠绕两次，再用左手握住。秣菟罗风格后来在印度发展为笈多风格（Gupta style）和后笈多风格（post-Gupta style），都以封闭式的袈裟为特征，袈裟也是透明式的。袈裟的穿法多种多样，左手紧握袈裟一角，但所握的角在不同地区而各不相同。佛的发式是形式各异的螺发，而不是早期的辫发。

中国的佛像极少见到不够正统的佛装，一般沿袭犍陀罗风格，很少见到秣菟罗风格的轻薄佛装。此外，中国人对身体的暴露有着天生的反感，这也促成了封闭式的袈裟穿着方式，尽管可能也会因衣服太过宽松而致部分胸部袒露。

在佛像之外，随着佛教的发展也出现了菩萨像。菩萨是已经修炼到可以成佛并进入涅槃界的智者，但决意留在世间以帮助众生寻求解脱之道。在某种意义上来说，菩萨与天主教里的圣徒类似。菩萨很容易与佛相区分，因为它是以印度王子的形象出现,特征是头戴王冠、披金戴银。菩萨一般身穿腰裙("都提",dhoti),肩披飘带,身躯赤裸。有时单独出现,有时作为佛的胁侍成对出现。在描绘菩萨形象时,有着比佛像多得多的艺术自由度。有时还会出现一些其他的佛教形象,如弟子、僧人、供养人、飞天(与天使类似,能飞翔但没有翅膀)。

1. 早期佛像

佛教初传中国时,佛陀只是人们祈求健康、好运和长生的众神之一,并且佛教知识是以道教观念和语汇为媒介而被人们所接受的。佛教的教义以自己的术语被人们理解经历了一个渐进的过程①。

最早的佛像发现于四川,由于佛教本身的特征和对佛教初传研究的作用而备受关注。关于这些佛像遗存的入川之路还存在争议,它们到底是经由南传之路,还是北传之路来到四川,然后顺江而下的?

已有八件这样的早期佛像见诸报道。在涪江边的绵阳何家山东汉崖墓中出土了一件带有佛像的青铜摇钱树。摇钱树是财富与兴旺的象征,这件摇钱树由五个部分扣合而成,每部分都有一尊同样的佛像(图13.6)②。佛像皆有肉髻、椭圆形项光、

---

① 汤用彤:《汉魏两晋南北朝佛教史》,长沙,商务印书馆,1938,第234~238页;Erik Zürcher, *The Buddhist Conquest of China: The Spread and Adaptation of Buddhism in Early Medieval China*, 1, p. 12. 如楚王刘英既尚黄老,又拜佛陀(《后汉书》卷42),汉桓帝(公元147~167年在位)祭祀佛陀与老子(《后汉书》卷7,卷88)。

② 何志国:《四川绵阳何家山1号东汉崖墓清理简报》,《文物》1991年第3期,第5页,图19-20,及图版1.1-1.2。摇钱树大多数发现于四川,也见于贵州、云南、陕西、甘肃、青海等地,关于摇钱树的结构及象征意义的讨论,参见赵殿增、袁曙光《四川忠县三国铜佛像及研究》,(转下页注)

典型的圆肩，身着覆盖双肩的通肩袈裟，在中间部位形成 U 形的折叠。右手施无畏印，左手握住袈裟的一边。在摇钱树的树叶上还有两个神祇形象。另一座紧挨着的墓里出土了一件更具中国特色的摇钱树，上有西王母的形象①。

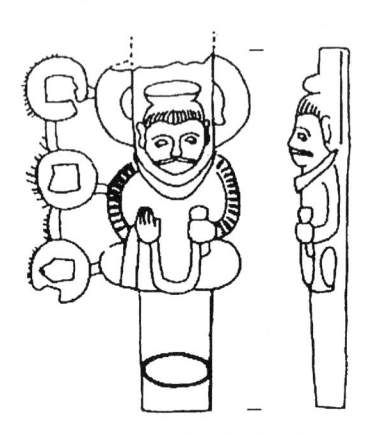

图 13.6　四川绵阳摇钱树佛像

其他四川佛教遗存发现于岷江沿岸和长江边上。在一座发现于彭山的崖墓里，出土了一件陶质摇钱树座，上有一尊与上述佛像姿态相同的佛像，但明显没有项光。两旁的侍者曾被认为是大势至菩萨和观音菩萨，但把他们看成胡人更准确一些。左边是个僧侣，右边是个着典型中亚服装的信徒。基座上刻有一只老虎和一条龙，面向中央的璧形圆环，这个题材一般与西

(接上页注②)《东南文化》1991 年第 5 期，第 57~58 页。陈显丹认为"钱树"之称不妥，建议以"神树"称之，Xiandan Chen, "On the Designation 'Money Tree'," *Orientations* 28.9 (1997): 67–71。另参见 Marylin Martin Rhie, *Early Buddhist Art of China and Central Asia: Later Han, Three Kingdoms and Western Chin in China and Bactria to Shan-shan in Central Asia*, p. 56。

① 何志国：《四川绵阳何家山 1 号东汉崖墓清理简报》，《文物》1991 年第 3 期，第 16 页，及图 29.4。

王母的宝座有关（图 13.7）①。这又是一个在佛像单独出现之前，将佛像用于西王母世界中的例子。

在长江边的忠县崖墓里也发现了青铜摇钱树。其中一座墓中出土了两件，另两座墓中各出土一件。这些摇钱树由 14 个部分组成，每部分都有一尊佛像（图 13.8），与绵阳佛像非常相似。这批遗存的年代被断为公元 3 世纪中期的三国时期②。

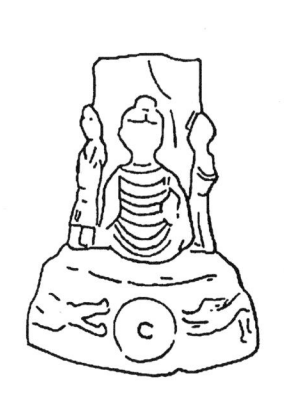

图 13.7　四川彭山出土陶树座　　图 13.8　四川忠县摇钱树佛像

---

① 此处描述多根据吴焯的深刻论述，吴焯：《四川早期佛教遗物及其年代与传播途径的考察》，《文物》1992 年第 11 期，第 40～42 页。另参见 Marylin Martin Rhie, *Early Buddhist Art of China and Central Asia: Later Han, Three Kingdoms and Western Chin in China and Bactria to Shan-shan in Central Asia*, pp. 56 - 58。

② 赵殿增、袁曙光：《四川忠县三国铜佛像及研究》，《东南文化》1991 年第 5 期，第 55～57 页；Marylin Martin Rhie, *Early Buddhist Art of China and Central Asia: Later Han, Three Kingdoms and Western Chin in China and Bactria to Shan-shan in Central Asia*, pp. 59 - 61, 127。

最引人注目的佛像是在岷江边的乐山崖墓门楣上雕刻的佛像，其中之一发现在麻浩崖墓里，刻在通往中后室的门上。该佛像作施无畏印，左手握住袈裟一边，有项光、肉髻、圆肩和覆盖双肩的通肩袈裟，与上述佛像非常相似（图 13.9）①。另外两尊佛像发现在附近的柿子湾崖墓里，刻在中室和左后室的门楣上②，它们不如麻浩崖墓的佛像保存得好。爱德华兹（E. D. Edwards）认为，将佛像放在门口意味着把佛当成守护神和进入阴间的向导③。在吴焯看来，将佛像置于墓室的门楣上具有重要的意义，因为佛像被当成了在前室举行的各类宗教仪式的焦点，而这表明佛像在

图 13.9　四川乐山佛像拓片

---

① 考古报告报道了该佛像在墓内的具体位置，进行了简短的描述，推断其年代为蜀汉时期，参见乐山市文化局《四川乐山麻浩一号崖墓》，《考古》1990 年第 2 期，第 114 ~ 115 页及图 1、图 2。Edwards 对此佛像的内涵进行了更为全面的讨论，参见 E. D. Edwards, "The Cave Reliefs at Ma Hao," *Artibus Asiae* 17 (1954): 47 - 53。吴焯文章中的照片可能颠倒了，参见吴焯《四川早期佛教遗物及其年代与传播途径的考察》，《文物》1992 年第 11 期，第 41 页，图 3。崖墓一词很容易使人想到在悬崖里雕出的墓葬，就像长江沿岸的所谓悬棺一样，但事实上至少对麻浩崖墓来说，墓前有台阶，还有一条很好的路与之相通。对这些崖墓的考察，参见罗二虎《四川崖墓的初步研究》，《考古学报》1988 年第 2 期，第 133 ~ 167 页，他认定 28 座属于蜀汉时期的崖墓（第 149 页）。
② 唐长寿：《乐山麻浩、柿子湾佛像年代新探》，《东南文化》1989 年第 2 期，第 69 ~ 74 页。
③ E. D. Edwards, "The Cave Reliefs at Ma Hao," *Artibus Asiae* 17 (1954): 116.

当时已经成为崇拜的偶像①。那么，对该墓里的其他浮雕形象又做何解释呢？比如通往侧室墓门上手抓门楣的怪兽形象②。

在什邡发现的一块模印画像砖上描绘了一座塔，具有典型形制的华盖和塔刹，被断定为佛塔，这块画像砖据说出自两座被毁的汉墓。佛塔的每边都塑有一朵莲花。这种画像砖在当地曾出有数百件，被用来建造猪圈、牛舍、炉灶和墙基③。由于这块画像砖不是正式的考古发掘出土物，所以我们要审慎地对待。

还发现了一些具有佛教图像特征，但又与佛像略有不同的墓俑。乐山发现的一件俑身着典型的翻领、宽袖式短上衣和长裙，但右手作施无畏印，在冠帽中央据说还有一个莲花形的装饰④。另外，在忠县涂井5号墓（曾出土一件摇钱树）发现的约65件陶俑中，11件女俑的前额上似乎都有一个凸起，可能代表着白毫，这些凸起就像美人痣一样装饰在眉间（图13.10）。这些陶俑姿态各异，有舞蹈的、持镜的、击鼓的（图13.11），也有持扇、壶或铲的和弹琴的。其他陶俑的头饰上都有莲花装饰（图13.12）⑤。还有一件具有此类标记的男

---

① 吴焯：《四川早期佛教遗物及其年代与传播途径的考察》，《文物》1992年第11期，第45页。
② E. D. Edwards, "The Cave Reliefs at Ma Hao," *Artibus Asiae* 17 (1954): 122.
③ 谢志成：《四川汉代画像砖上的佛塔图像》，《四川文物》1987年第4期，第62~64页。另参见 Marylin Martin Rhie, *Early Buddhist Art of China and Central Asia: Later Han, Three Kingdoms and Western Chin in China and Bactria to Shan-shan in Central Asia*, pp. 61–64。
④ 吴焯：《四川早期佛教遗物及其年代与传播途径的考察》，《文物》1992年第11期，第40页及照片、第41页图4。文中没有交代这些俑的出处。
⑤ 四川省文物管理委员会：《四川忠县涂井蜀汉崖墓》，《文物》1985年第7期，第65~72页。

俑，头戴尖顶帽，正在吹笛①。类似的吹笛形象在两件房屋模型里也能见到。吴焯将这些男俑与胡人联系在一起，并注意到堆塑罐上的类似形象，认为房屋模型中的场景表现的是某种佛教性质的丧事②。这种论断似乎不太站得住脚，因为主持这类仪式的僧人是不戴这种帽子的。当然，要公允地评价他的这种论断，还得考虑他论述的语境。他是在讨论"南传"与"北传"时涉及这个问题的。

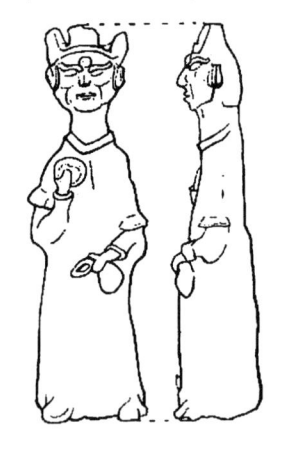

图 13.10　四川忠县陶俑之一

图 13.11　四川忠县陶俑之二 　　图 13.12　四川忠县陶俑之三

---

① 原报告称此俑为女俑，同上，第 66、67 页及图 33。报告中的另一件俑（图 50）被称为持镜女俑，Rhie 认为它具有佛陀的某些特征，不过这种说法有些牵强，参见 Marylin Martin Rhie, *Early Buddhist Art of China and Central Asia*: *Later Han, Three Kingdoms and Western Chin in China and Bactria to Shan-shan in Central Asia*, p. 132.
② 吴焯：《四川早期佛教遗物及其年代与传播途径的考察》，《文物》1992 年第 11 期，第 43~44 页。

2. 传播路线

当西汉元朔三年（公元前126年）张骞在大夏（Bactria）见到来自四川的物品时，显然就已经存在一条从印度东北，经缅甸和云南到达四川的道路[①]。在阮荣春1990年发表的一篇文章中，他讨论了中国早期佛像的起源问题，这些佛像既包括四川地区的佛像，也包括长江中下游以及山东南部出土的佛像，提出了他所称的"南传之路"，认为佛教最早传入中国是经由缅滇路，而不是更著名的丝绸之路。他主张迄今所见的三国至西晋时期的佛像都源于印度的秣菟罗传统，而不是阿富汗的犍陀罗传统。他指出，中国最早的佛像特征与秣菟罗风格一样，如螺状肉髻、较浅的衣褶、没有说法印、基座上有狮首和龙首等。当然他也同意其他学者的一些观点，如这个时期人们对佛教了解甚少、佛只是与其他中国神仙并列的一个神祇等。但由于他坚信只有到了公元三四世纪时佛像才传入中国，所以他无法解释东汉晚期出现的各种佛像，他声称这些佛像的年代并不可靠，甚至竟然有一次说这些佛像是后代混入汉墓中的[②]。

阮的文章在当时引起了不小的轰动，因此还在中国和日本召开了好几次会议，引起其他学者纷纷撰文从多个方面讨论他的这一假说。首发阮文的杂志《东南文化》甚至一度在每期都设有一个有关这个主题的专版。吴焯不同意阮荣春的看法，

[①] 关于这条路，参见 E. D. Edwards, "The Cave Reliefs at Ma Hao," *Artibus Asiae* 17 (1954): 107–110, 尤其注58 及所引文献。
[②] 阮荣春：《早期佛教造像的南传系统》，《东南文化》1990年第1期，第33～45页及第163～177页。

提出了一条更靠北一些的佛教传入之路。他通过梳理不同的文献材料，提出了一条从塔克拉玛干入青海，再达四川西北的路线，当时四川正是三国蜀汉政权的统治区域，于是确立了岷江沿岸发现的最早佛教遗存的重要意义；他还注意到当时四川地区居住着大量胡人，可能是中亚人。他为了使这些材料与他所提出的路线在年代上吻合，还主张这些最早的佛像都是汉代以后的遗存。这条线路即唐长孺所称的"河南道"，它是历史上每当河西走廊被战争阻隔时所使用的一条道，有时可能比河西走廊更为便捷。在青海西宁附近平安县发现的被断为早期遗存的佛像有力地支持了关于这条线路的论断①。

针对"南传说"所遭遇的质疑，何志国就吴焯的每个论点都一一予以辩驳。他承认通往印度的滇缅道的存在，但认为这条道实际上从新石器时代就已经存在了②。他同时否认那些早期材料（如麻浩崖墓）可以晚到蜀汉时期，因为这些墓葬的规模较大，与蜀汉较为窘迫的经济状况不相应。他进一步认为，这些早期佛像材料出自岷江流域不足为奇，因为这个地区

---

① 吴焯：《四川早期佛教遗物及其年代与传播途径的考察》，《文物》1992年第11期，第46~49页；唐长孺：《魏晋南北朝史论拾遗》，北京，中华书局，1983，第179~189页；罗世平：《汉地早期佛像与胡人流寓地》，《艺术史研究》1999年第1期，第94~99页；Marylin Martin Rhie, *Early Buddhist Art of China and Central Asia*；*Later Han, Three Kingdoms and Western Chin in China and Bactria to Shan-shan in Central Asia*, pp. 54–55。"平安佛像"的报告参见许新国《青海平安县出土东汉画像砖图像考》，《青海社会科学》1991年第1期，第76~84页。
② 何志国：《四川绵阳何家山1号东汉崖墓清理简报》，《文物》1991年第3期，注9引用童恩正《试谈古代四川与东南亚文明的关系》，《文物》1983年第9期，第73~81页，尤参见第79页。也可引用 Paul Pelliot, "Deux itinéraries de Chine en Inde," *Bulletin de l'Ecole Francaise d'Extreme-Orient* 4 (1904): 143，这篇文章也被学风严谨的童恩正引用。

是当时的经济和文化的中心。此外，就胡人俑源自中亚胡人的说法，他坚持认为这些胡人俑也完全有可能源自印度胡人①。

持"南传说"观点者也难以解释发现在北方的早期佛教遗存，如山东沂南画像石柱上所见的带有项光的雕像。这个雕像与通常所见的佛像不是很相似，但它的正下方有一个跪姿像，右手似作施无畏印，尽管不见项光，但似有光芒从双肩发出，而这正是后代佛像的一个明显特征（图 13.13）②。至于其他的相关图像，还包括藤县发现的石刻六牙白象图（可能与佛传内容有关），以及和林格尔墓葬壁画中发现的舍利盘③。关于佛教传播路线的争议热度不减，但还没有见到哪一方占绝对上风。不管怎样，这个

图 13.13　山东沂南出土疑似佛像

---

① 何志国：《四川绵阳何家山 1 号东汉崖墓清理简报》，《文物》1991 年第 3 期，第 107—111 页。
② 曾昭燏、蒋宝庚、黎忠义：《沂南古画像石墓发掘报告》，第 66～67 页图版 67 及拓片 56，上海，文化部文物管理局，1956。
③ 张总：《中国早期佛教造像》，《美术研究》1988 年第 4 期，第 80～87 页。这件舍利盘在内蒙古自治区文物工作队的报告《和林格尔墓壁画》中没有被提及，但见于发掘者俞伟超的论文，参见俞伟超《东汉佛教》，第 68～69 页。巫鸿关于俞伟超的引文有误，Wu Hung, "Buddhist Elements in Early Chinese Art（2nd and 3rd Centuries A. D.）," Artibus Asiae 47.3–47.4（1986）：314。该墓的另一件乘象人物似乎是佛像，参见内蒙古自治区文物工作队《和林格尔汉墓壁画》，北京，文物出版社，1978，第 26 页及图 40。张总对江苏孔望山的佛像持保留态度，那些佛像被断为汉代，但存在疑问，参见张总论文第 81 页注 6 及所引文献。（转下页注）

问题引起了很多学者的兴趣,出现了很多有价值的研究。

顺长江而下到今天的鄂城(即六朝时的武昌),这里一度是吴国的首都(公元222~229年),也是长江中游地区重要的军事据点。据说早在曹魏黄初元年(公元220年),这里就建立了一座佛寺,内塑两尊佛像,这是吴晋时期所建六座寺庙中最早的一座①。有证据显示,当时也有外国僧人在此传佛和译经②。这些寺庙早已不存,但当时的一些佛教遗存得以保存下来。在鄂城发现的一座永安五年(公元262年)的墓葬里,出土了一件弧边杏形的鎏金铜牌,上面有一尊镂雕的佛像(图13.14)③。铜牌长3.05厘米、宽3.1厘米、厚0.1厘米,佛像立于鼓形座上,身侧饰有两朵莲花,并有肉髻、项光和飘带。铜牌的用途不明④。在同一座墓里还出土了四件跪姿的侍者俑,前额有白毫相(图13.15)。在当时的日用器物上也发

(接上页注③)巫鸿认为这批佛像的年代是公元2世纪后期至3世纪,反映了道教艺术中的佛教因素,因此可以看成中国佛教早期情况的反映,参见 Wu Hung, "Buddhist Elements in Early Chinese Art (2nd and 3rd Centuries A. D.)," *Artibus Asiae* 47. 3 – 47. 4 (1986): 292 – 303; Rhie 对此持不同看法,参见 Marylin Martin Rhie, *Early Buddhist Art of China and Central Asia: Later Han, Three Kingdoms and Western Chin in China and Bactria to Shan-shan in Central Asia*, pp. 44 – 45。

① 熊寿昌、熊亚云:《论早期佛教造像南传东吴首先传入武昌》,《东南文化》1994年第1期,第119页。
② Erik Zürcher, *The Buddhist Conquest of China: The Spread and Adaptation of Buddhism in Early Medieval China*, 1, p. 47.
③ 湖北省文物管理委员会:《武昌莲溪寺东吴墓清理简报》,《考古》1959年第4期,第190页及图版7.8; Marylin Martin Rhie, *Early Buddhist Art of China and Central Asia: Later Han, Three Kingdoms and Western Chin in China and Bactria to Shan-shan in Central Asia*, pp. 127 – 130。
④ 程欣人:《武昌东吴墓中出土的佛像散记》,《江汉考古》1989年第1期,第3页,认为此物可能是抽屉把或饰品。

现了一些佛像材料,如一座东吴后期的墓葬里出土了一件陶瓷熏炉,炉缘上的像被认为是佛像(图 13.16)①;西晋瓷器上也能见到贴塑的佛像(图 13.17)。鄂城是铜镜的产地之一,有些铜镜上也有佛像。

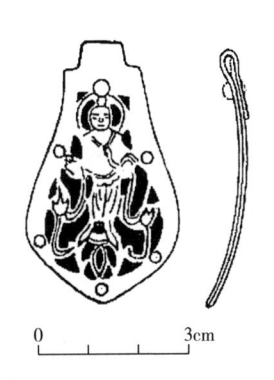

图 13.14 镂雕佛像铜牌

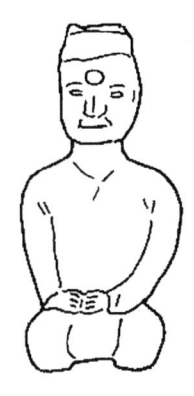

图 13.15 鄂城出土白毫相跪姿俑

图 13.16 佛像熏炉

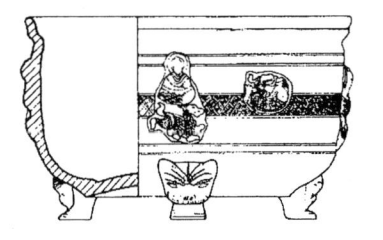

图 13.17 贴塑佛像瓷器

① 原报告认为此像为侏儒。参见鄂城县博物馆《鄂城东吴孙将军墓》,《考古》1978 年第 3 期,第 166 页。Marylin Martin Rhie, *Early Buddhist Art of China and Central Asia*: *Later Han*, *Three Kingdoms and Western Chin in China and Bactria to Shan-shan in Central Asia*, pp. 113 – 119, 该文讨论了当时陶瓷上的佛像情况。

3. 佛像镜

佛像在铜镜上的出现与西汉以来铜镜上常见的西王母、东王公形象密切相关。随着时间的推移，佛教造像渐自成体系，但在佛像产生的过渡时期借鉴了一些外来的图像元素[1]。这些铜镜可以分为三型：A. 三角缘神兽镜；B. 平缘神兽镜；C. 夔凤镜。在日本也出土过许多这样的铜镜，它们的时代和产地使得对铜镜问题的讨论更加复杂。巫鸿指出，日本的A型铜镜上，东王公、西王母的形象具有一些共同的特征，如头戴三山冠、肩生羽翼状波浪纹（火焰？）、禅定印式的手势、印度式的外衣、头有项光等，不过根据这些特征就认定为佛像还要存疑。但随着肉髻的出现，就可以较为明确地认定为佛像了。在奈良发现的一件此类铜镜上，由六个乳突将铜镜分为六段，其中三段装饰神兽纹，三段装饰西王母、东王公和佛像[2]。

发现在日本的B型铜镜也被认为产自中国，但图像并没有表现出类似的不确定性。这种铜镜有四个乳突，乳突周围盘绕着蛇形神兽，镜面分为四段，其中两段各有一尊带肉髻和项光的佛像，

---

[1] Wu Hung, "Buddhist Elements in Early Chinese Art (2nd and 3rd Centuries A. D.)," *Artibus Asiae* 47.3 – 47.4 (1986)：275 – 283，该文对此有详述，以下讨论多依据该文。关于这个时期镜的概述，见本书第七章镜的部分。另参见 Rhie 的综合讨论，Marylin Martin Rhie, *Early Buddhist Art of China and Central Asia: Later Han, Three Kingdoms and Western Chin in China and Bactria to Shan-shan in Central Asia*, pp. 119 – 126。

[2] 此镜的彩照见贺云翱《佛教初传南方之路文物图录》，北京，文物出版社，1983，图版17，黑白照片见大阪市立美术馆『六朝の美术』，東京，平凡社，1976，図版175。最近在日本中部大和地区的一座公元3世纪墓中发现了33件此类铜镜，参见 Walter Edwards, "Mirrors to Japanese History," *Archaeology* 51 (May-June, 1998)：20 – 21。

坐于莲花座上，其旁侧立一像；另两段则为一尊立佛，两旁各有一个坐像，三像都有肉髻和项光，这两段与前面的两段交替排列①。这种类型的镜子除了鄂城所见②略有不同，都是多种神像的混合，但其中只有一种可以认定为佛③。巫鸿将这种镜子断为东汉晚期至公元3世纪末期。

C型铜镜（夔凤镜）在外形上与前两种大不相同，用浅平浮雕方式制成，缺乏其他镜子的那种可塑性。镜子的纹饰以四叶状纽衬组成的内区为特征，每一个叶片上都有一尊佛像，有的是单尊像，有的则有一个胁侍像。叶状纽衬之间是成对的凤凰图案，即"夔凤镜"之"凤"；镜的外区靠近平缘处是附加的半圆形组成的装饰带，半圆内含有神祇和动物图案，即"夔凤镜"之"夔"（图7.32）。这类铜镜被认为是公元3世纪的东吴产品④。巫鸿总结说，佛像与东王公、西王母等其他神像混合，甚至共用了某些图像元素，这表明当时它们在祈求长生与幸福的含义上并无二致；那时对异域题材的采用很可能因为它

---

① 巫鸿对此有详述，Wu Hung, "Buddhist Elements in Early Chinese Art (2nd and 3rd Centuries A. D.)," *Artibus Asiae* 47.3 - 47.4 (1986): 278 and figs. 29 - 33。清晰照片见大阪市立美術館『六朝の美術』，图版176。另参见贺云翱《佛教初传南方之路文物图录》，图版26 - 30。

② 王仲殊：《关于日本的三角缘佛兽镜》，《考古》1982年第6期，第634页及图版12.2 - 12.3。

③ 巫鸿对鄂城铜镜进行了详述，并与日本出土铜镜进行了比较，参见 Wu Hung, "Buddhist Elements in Early Chinese Art (2nd and 3rd Centuries A. D.)," *Artibus Asiae* 47.3 - 47.4 (1986): 278 - 281 and figs. 34 and 35，照片采自王仲殊的文章，不过照片不够清晰，难以看出巫鸿所述的诸多细部特征。其他例子参见贺云翱《佛教初传南方之路文物图录》，图版21 - 25。

④ 关于这个问题，参见王仲殊《关于日本的三角缘佛兽镜》，《考古》1982年第6期，第635页；徐苹芳《三国两晋南北朝的铜镜》，《考古》1984年第6期，第559页；Wu Hung, "Buddhist Elements in Early Chinese Art (2nd and 3rd Centuries A. D.)," *Artibus Asiae* 47.3 - 47.4 (1986): 282 - 283。

们与其他神祇具有同等的神力，而不是出于对佛教的信仰①。

于是，在早期的南方地区，从吴、东晋到南朝时期，佛教主题作为一种装饰元素变得越来越重要。在魂瓶（也叫谷仓罐）和其他器皿上也出现了贴塑的佛像，尤其在盉，甚至唾壶上②。也有些塑像的双眼之间有白毫，这是佛的体征之一。根据杨泓的观点，西晋以后随着佛教信仰的深化，崇佛较以往更甚，莲花纹也开始作为装饰图案取代佛像③。

公元3世纪时南方地区以佛像作为装饰的做法到公元4世纪中期渐不流行，而到公元5世纪便消失了。与此明显不同的是，北方地区早在公元4世纪时，佛像就已经作为肖像出现，而不只是装饰元素。南北方的差异可能也反映了南北佛教的功能有所不同，不过这个问题尚需全面探讨④。

4. 关于佛像的文献记载

与西方不同的是，传统的中国雕塑很少具有庆祝或纪念的功能，我们从未发现帝王或战功卓著的将军的塑像就是一个明证。中国古代的雕塑（往往由无名工匠制作）都具有一定的

---

① Wu Hung, "Buddhist Elements in Early Chinese Art (2nd and 3rd Centuries A. D.)," *Artibus Asiae* 47.3 – 47.4 (1986)：267 – 273，尤参见第273页的摘要。另参见孙国璋《中国佛教的早期图像》，《中国历史博物馆馆刊》1986年第8期，第26页；丁明夷《中国早期佛教造像的特点》，《中原文物》1985年特刊，第149页。
② 对"魂瓶"的简要讨论，参见本书第七章的陶瓷部分。
③ 杨泓：《吴、东晋、南朝的文化及其对海东的影响》，《考古》1984年第6期，第566页及所引文献。关于佛教艺术母题对传统工艺影响的讨论，参见范淑英《汉魏晋南北朝时期佛教对工艺美术的影响》，《陕西历史博物馆馆刊》1995年第2期，第339~346页。
④ 贺中香、喻少英：《鄂城六朝文物的佛像装饰与南方佛教》，《文物》1997年第6期，第60~67页。

宗教性，如以墓俑形式出现的雕塑，旨在陪伴死者进入另外的世界，就像帝王陵墓的"神道"雕塑一样；或者更重要的是，以佛教信仰（也有道教信仰）的礼拜对象形式出现。佛像在宗教仪轨上的作用非常重要，它的发展与佛教在中国的传播紧密相关①。

关于中国早期佛像的文献记载并不明晰，如汉桓帝（公元147~167年在位）时期以金银造佛像的记载就并不可靠，因为它的出处年代相对较晚②。另一点不确定的是，这些佛像是否从西方输入。晋朝僧人昙摩罗在洛阳建造的法云寺里有许多宗教遗物与法器，其中包括明确地注明来自西方的"像"③。不过，也有人根据东汉初平四年（公元193年）笮融造像的记载，认为中国在当时已经开始铸造佛像了④。另一则关于中国早期金属佛像的记载是在西晋泰始二年（公元266年），朝臣荀勖铸造了12身佛和菩萨像立于洛阳的寺院里。不过，亚历山大·苏波（Alexander Soper）非常怀疑此事的真实性⑤。

---

① 关于佛教偶像的内涵，参见 John Kieschnick, *The Impact of Buddhism on Chinese Material Culture*, pp. 52-82。
② 《历代三宝记》卷4。
③ 《洛阳伽蓝记》卷4，"法云寺"；Yi-t'ung Wang, trans., *A Record of Buddhist Monasteries in Lo-yang*, p. 179。王伊同分别将"像"译为"picture"或"portraits"，但此处的"像"可能指雕像。昙摩罗又称竺法护，在《高僧传》中有传，参见《高僧传》卷1，关于他的出身有些说法不一，参见 Leon Hurvitz. trans., *Wei Shou*, 47-48, n.4。
④ 《三国志》卷49："以铜为人，黄金涂身。"丁明夷和张总似将此条作为中国佛像铸造的最早记载，参见丁明夷《中国早期佛教造像的特点》，《中原文物》1985年特刊，第149页；张总《中国早期佛教造像》，《美术研究》1988年第4期，第80页，张将笮融造像的年代定为初平四年（公元193年）。
⑤ 《佛祖统纪》卷36。Alexander Coburn Soper, *Literary Evidence for Early Buddhist Art in China*, pp. 7-8。

苏波广泛收集了关于六朝佛教艺术的文献资料，发现很大一部分都与佛像的神异现象有关，如佛像发光、佛徒显现、厄运降至时佛像流汗和流泪等。据说有些佛像最早是按照阿育王的要求制作的，后来在海上或地下被人发现。还有一些佛像是由僧人按富有的长老要求，或通过一些个人的捐赠而制作的。至少有一例这样的记载，如僧人法匮"聚以造栴檀像，像成自设大会"[1]。僧人一般都是这类造像活动的主要发起者。作为上层精英人士的戴逵（卒于太元二十年，公元395年）及其子戴颙据说精于制作佛像，不过一般制作佛像的工匠都没有留下姓名。文献中提到，一些著名的佛像往往受到狂热的追捧，而当发生变故时，佛像会在城市之间迁徙。例如，公元4世纪早期在广州附近的海上发现了一尊像，当地刺史将其打捞上来，安置到了武昌的一座寺里，后来名僧慧远通过诵经，又将其移往庐山。隋代时这尊像显圣，拯救了一位遭土匪威胁的虔诚僧人的性命，据说这尊像到唐朝早期还在[2]。又如，鸠摩罗什将一尊为乌孙王造的檀木佛像从龟兹先后带到凉州、长安和建康，几番辗转之后，于隋代立于扬州的寺庙里[3]。从这些著名造像以及其他同时代佛像的来源来看，每一尊佛像都有一个著名的出处和典故，包括一些相关的神异事件，而这也是它们受到高度尊崇的原因。尽管有些这样的造像存在了数百年，甚至到唐代还能见到，但文献所载的那些早期佛像无一保存

---

[1] Alexander Coburn Soper, *Literary Evidence for Early Buddhist Art in China*, p. 61, 引《高僧传》卷10。

[2] Alexander Coburn Soper, *Literary Evidence for Early Buddhist Art in China*, pp. 30–32, 引《高僧传》卷6。

[3] Alexander Coburn Soper, *Literary Evidence for Early Buddhist Art in China*, pp. 78–79, 引《广宏明集》卷16。

至今。

文献中也提到，有些高达 16 尺（约 3.9 米）的鎏金铜佛像在一些地方曾经冠绝一时，尤其在南方地区。当时要获得铸造大型铜像所需的大量铜料并不容易，铜主要是铸造钱币的材料，钱币供应不足会引起一些经济问题①。有一次为了获取造像所需的金属，甚至毁了一座可能与蛮人有关的庙②。当所需青铜不够时，有时也会削减造像的尺寸③。铸造大型的造像往往是非常一项复杂的工程。刘宋明帝（公元 465~472 年在位）曾计划铸造一尊高 14 尺（3.39 米）的像，但没有成功。梁天监八年（公元 509 年），又获许造一尊 18 尺（4.1 米）的无量寿佛，预计 4 万斤青铜就足够了，但当全部铜液都注入后，造像尚未及胸。百姓纷纷捐铜，但铜量仍然不够，最后由朝廷另拨铜 3000 斤。但当官府还在筹划送铜之时，所拨之铜已被某种神力送到像前，送铜的车辆瞬间消失。新增铜量充足，铜像得以顺利完工。

关于青铜佛像的铸造工艺没有什么资料可供参考，但应该是先用黏土制成等大的模型，再在其上涂上一层蜡，蜡层的厚度就是将要取而代之的青铜的厚度；还要做出一个蜡条或浇道系统，以便排出空气，使得金属能够均匀地分布；再在蜡面敷上黏土形成外模；加热后蜡会熔化排出，于是在内外模之间形成一个空腔，再将铜液注入。在这个过程中，一次浇注并不需

---

① 关于南方铸币，参见 Kawakatsu（川勝義雄），"La décadence de l'artistocratie chinoise sous les Dynasties du Sud," *Acta Asiatica* 21（1971）：34。
② Alexander Coburn Soper, *Literary Evidence for Early Buddhist Art in China*, p. 41, 引《高僧传》卷 13。
③ Alexander Coburn Soper, *Literary Evidence for Early Buddhist Art in China*, p. 54, 引《高僧传》卷 13。

要添加铜。最后是砸碎外模、除掉内核。在上述那次铸像中，当外模被打开时，佛像的袈裟边缘还能看见两枚没有熔化的铜钱。与其他佛像一样，这尊造像也显示了神迹，甚至内模也发出神光。在这尊佛像行将移往光宅寺（梁武帝以前的府邸，后来捐为寺）时，负责此次造像的名僧僧祐见像边夜有光焰，并听见礼拜之声，但进去一看，一无所见。还有人听见数百人协力抬着佛像过桥的声音，但也是一无所见。这尊佛像的背光和趺坐是后铸了再加上去的①。

文献里还提到北魏高宗（公元452~465年在位）曾造五尊释迦牟尼像，每尊高16尺（4.4米），共耗费赤金1.25万公斤，这些赤金似乎有些少；北魏献文帝也赐造了一尊高43尺（11.83米）的巨像，耗费5万公斤铜和300公斤黄金。苏波猜测献文帝造像所用的工匠可能是来自南方的囚犯②。

这些巨像之所以无一保存至今，无疑是因为铜与钱等价。根据记载，即使在当时，也有将铜像熔化的事件发生。比如，曾有盗贼偷走铜像，熔以铸钱③。又如，当梁朝的建立者萧衍军费耗尽时，兄弟将襄阳的一尊大佛熔化了铸钱。正如苏波说，这样的事件在当时可能相当常见④。

---

① Alexander Coburn Soper, *Literary Evidence for Early Buddhist Art in China*, pp. 66–67, 引《高僧传》卷13。
② Alexander Coburn Soper, *Literary Evidence for Early Buddhist Art in China*, pp. 96, 98–99, 引《魏书》卷114。
③ Alexander Coburn Soper, *Literary Evidence for Early Buddhist Art in China*, p. 53, 引《法苑珠林》卷14及第58页, 引《法苑珠林》卷79。
④ Alexander Coburn Soper, *Literary Evidence for Early Buddhist Art in China*, p. 69, 引《南史》卷52。

出于对佛教的虔敬，当时明显存在对铜和其他材料的大量需求。刘宋孝武帝（公元454~464年在位）曾为瓦官寺造金像32身，这也使得该寺成为都城480寺中最著名的一座①。始建于东晋太元八年（公元383年）的江陵河东寺在隋代曾有名僧3500人，另有俗人数千，香火之盛即使在当时也是非常突出的：

> 大殿一十三间，惟两行柱通梁长五十五尺，栾栌重叠，国中京冠。即弥天释道安，使弟子翼法师之所造也。自晋至唐曾无亏损……殿前塔，宋谯王义季所造。塔内素像忉利天工所造。佛殿中多金铜像，宝帐飞仙、真珠华佩，并是四天王天人所作。②

尽管寺院装饰华丽、造像宏伟，是佛徒们的崇敬之所，但梁简文帝（公元560~565年在位）还是表达了对寺院不易接近的担忧，当时佛像只在佛诞日才会展示，随后佛像即被封存、寺门被关闭。他主张用严实的琉璃窗和细密的纱网阻挡扬尘和飞鸟即可，并不认为开放寺院会使佛像受损。从此以后，寺院开始向公众开放③。另一方面，为了约束这些宗教行为的过分奢华和浪费，政府也会发布一些禁令，如刘宋元嘉十二年（公元435年）和昇明二年（公元478年）就两次要求须经许可才能

---

① Alexander Coburn Soper, *Literary Evidence for Early Buddhist Art in China*, pp. 50–51, n. 65.
② Alexander Coburn Soper, *Literary Evidence for Early Buddhist Art in China*, p. 45, 此段文献引自《法苑珠林》卷39。
③ Alexander Coburn Soper, *Literary Evidence for Early Buddhist Art in China*, pp. 78–79, 引《广宏明集》卷16。

建寺和造像①。

文献中还提到了一些石、木、漆制作的大型佛像，六朝末年还出现了巨大的织物造像。武成二年（公元560年），北周孝明帝用布做成一尊21尺高的毗卢遮那像，周武帝（公元560~563年在位）用织锦做成一尊16尺高的释迦牟尼像，四周有像220个。同样还是周武帝，在建德三年（公元574年）宣称佛在心中敬，无知百姓不必耗费太甚，并下令销毁了所有的佛像②。随着承光元年（公元577年）北齐的灭亡，这次灭佛也扩展到了北朝的东部地区，僧尼被迫还俗，佛像被毁。到开皇九年（公元589年）攻克南朝之时，隋朝解除了灭佛的禁令，因此南方地区逃过了那次劫难。尽管如此，这一时期的佛教艺术遗存大多数还是在北方，而不是南方。

5. 现存铜佛像

将目光从文献转到现存实物，我们会发现很多疑为批量制作的发愿小铜像，大多数鎏金，高度在8厘米~30厘米之间，主要供信众个人礼佛，祈愿为家人带来神佑与好运。定做这些佛像的

---

① 萧摹之于元嘉十二年（公元435年）以此理由奏请限造铜像，参见《宋书》卷97；Erik Zürcher, *The Buddhist Conquest of China: The Spread and Adaptation of Buddhism in Early Medieval China.* 1, pp. 261-262, 415, n. 37; Alexander Coburn Soper, *Literary Evidence for Early Buddhist Art in China.* 46。关于昇明二年（478年）之禁令，参见 Alexander Coburn Soper, *Literary Evidence for Early Buddhist Art in China*, p. 56, 引《南齐书》卷1。

② Alexander Coburn Soper. *Literary Evidence for Early Buddhist Art in China*, p. 116；道宣撰《集古今佛道论衡》卷乙，『大正新脩大藏経』52册，No. 2104。建德三年（公元574年）灭佛事件中没收的寺产，有无可能增强北周的军事力量，并最终征服北齐、结束从公元534年开始的北方僵持局面呢？如前所述，在北周武帝的墓里竟然发现了一件佛像！

人会获得许多功德,可以为故去的父母、亲属祈福,也可为家人甚至所有众生寻求解脱①。佛像的制作日期以及供养人的姓名往往刻在基座的前面,这也许意味着佛像主要是用于公共展示的,而不是在家里使用的。不过,这个问题还有待进一步研究②。

与很多其他形式的佛像一样,这种小件铜佛像几乎都发现在北方地区,主要在河北和山东,其次是山西和陕西。也发现过几件传为南朝刘宋的佛像,但它们是特例,而且其中几件的真伪还值得怀疑③。当然,这些佛像很多都是在南方铸造的,如南齐明帝(公元494~498年在位)曾铸金铜像一千件④。如前所述,南方在这方面的青铜消费可能会加剧因金属短缺而致的经济困境。虽然这种状况可能是南方铜像稀少的原因,但

---

① 关于造像的目的,参见 Yoshiko Kamitsuka, "Lao-tzu in Six Dynasties Taoist Sculpture," in *Lao-tzu and the Tao-te-ching*, edited by Livia Kohn and Michael La Fargue. Albany: State University of New York Press, 1998, pp. 77 – 81。她提出了一个很有意思的看法:铭文中常见的"七世父母"本来在印度指七个前世的父母,而传入中国后则指七代直系父系祖先。关于从礼拜佛像获得好处的问题,参见 John Kieschnick, *The Impact of Buddhism on Chinese Material Culture*, pp. 157 – 219。

② 前引《法苑珠林》卷79条特别提到,有窃贼从寺庙偷走满满四箧青铜小佛像。

③ 张钟权、郝建军:《榆林发现一件南朝刘宋鎏金铜佛像》,《文博》1990年第1期,第93、96页;常青:《记榆林发现的刘宋金铜佛像》,《文物》1995年第1期,第92~95、89页,报道了一件有"元嘉十二年"(公元435年)纪年铭文的青铜佛像,它可能是所知最早的南朝佛像。不过金申对这件佛像提出诸多质疑(《榆林发现的刘宋金铜佛像质疑》,《文物》1995年第12期,第64~65页),认为它与其他几件佛像一样都是赝品,如弥勒三佛像(参见林树中主编《中国美术全集·雕塑编3·魏晋南北朝雕塑》,北京,人民美术出版社,1988,第105页图版87),这些所谓的刘宋佛像都出自宁夏。

④ Alexander Coburn Soper, *Literary Evidence for Early Buddhist Art in China*, p. 62,引法琳《辨正论》卷3。

它无法解释为何北方其他地区也没出现这些佛像。在这里我们应该看到材质选用上的地区差异，北朝东部地区偏好于用青铜而不是石头或其他材质制作这样的发愿像。

在早期阶段，佛陀和其他佛像要么为坐姿（几乎都是佛陀像，但也包括弥勒），要么为立姿。目前所知最早的纪年佛像是后赵建武四年（公元338年）的佛像（图13.18）[①]。在河北保定也收集了一件类似的早期坐佛像，是一件高13.4厘米的鎏金铜佛，可能是公元4世纪制作的。佛以结跏趺坐的姿势坐于狮座上，大肉髻、圆肩、头略前倾、面露微笑、手作禅定印。袈裟为圆领，在前面形成U形的对称圆弧。衣褶从肩部延至肘部，断面呈阶梯状，在腕部外撇。袈裟完全覆盖双腿。基座为方形，双狮坐于两端。佛像后面有低矮的圆形背光，背光顶部有一尊化佛，坐于莲花座上，两侧有飞天。莲花座、化佛和飞天是分别铸造后焊接到背光上的，然后用两根杆子与佛像相连。有迹象表明，整尊佛像最先是安在一个平台上的，很可能原本还做出了双腿[②]。当初造像时，该佛像可能与1975年甘肃泾川出土的佛像相似，有台座、项光和背光，也有华盖（图13.19）[③]。

[①] 此像为旧金山亚洲艺术博物馆Avery Brundage藏品，详见Bradley Smith and Wan-go Weng, *China: A History in Art.* New York: Harper and Row, 1972, p. 93。据称在元嘉十四年（公元437年）曾发现一件类似的后赵建武六年（公元340年）佛像，参见Alexander Coburn Soper, *Literary Evidence for Early Buddhist Art in China*, p. 85, 引道宣《集神州三宝感通录》卷中，『大正新脩大藏経』52册，No.2106。

[②] 裴淑兰、冀艳坤：《河北省征集的部分十六国北朝佛教铜造像》，《文物》1998年第7期，第67页。

[③] 林树中主编《中国美术全集·雕塑编3·魏晋南北朝雕塑》，第122页，图版101。

图 13.18　旧金山亚洲艺术博物馆 Avery Brundage 藏
　　　　　鎏金铜佛像（公元 338 年，摹本）

图 13.19　甘肃泾川县铜佛像

甘肃坐佛在很多方面反映了小铜佛的早期形态，如背光矮粗、狮形基座，整像置于方形台子上，下面还有一个模仿榻（如第八章所述）的基座，这时的榻较为厚重，有的榻足外撇。榻足上有的刻有菩萨或供养人像，足或横梁上往往还刻有发愿文。

在河北和内蒙古发现了一些北魏时期的坐佛，袈裟的领子较为宽松，右手从其上缘伸出，即采取了"引号变形"的穿着方式。有两件佛像的右手作施无畏印，袈裟搭在左肩上，然后下垂至左臂，再用左手握住一角。袈裟里面的上衣在身前呈一定的角度倾斜，露出右肩和右胸①。这些佛像开始注重对台座、榻以及"束腰"的装饰（"束腰"即台子与榻之间的部分），轮廓略似沙漏形，这种造型一直是六朝佛像的一个特征（图13.20）。

图 13.20　内蒙古出土鎏金铜佛像（公元 484 年）

佛像的另一种基本姿势是立姿，一般用于佛陀像或观音像，后者通常右手持一支长枝的莲花蕾，否则以头上是否有冠而不是肉髻来判断是否为观音。立像的背光并非一直垂到最底

---

① 齐心、呼玉衡：《大代鎏金铜造像》，《文物》1980 年第 3 期，第 92~93 页。该文描述佛像的右手作说法印，但我认为是施无畏印。"大代"指北魏，但其所指准确年代已不可考。1956 年在内蒙古曾发现一件与此极其相似的佛像，有"太和八年"（公元 484 年）纪年；林树中主编《中国美术全集·雕塑编 3·魏晋南北朝雕塑》，第 111 页图版 92。这两件佛像几乎完全一样，不过河北的那件头部略倾斜，所持的杖及从左肩垂下的袈裟也与内蒙古的那件略有不同。

部，而一般只到膝下，常立于覆莲座上，莲座再置于榻上，佛像的外观与前述坐佛一样呈沙漏形（图13.21）。久而久之，背光的形状变得更加修长，呈树叶形（也称为舟形），顶部变尖（图13.22）。项光上常有莲花纹，或各种题材的同心圆装饰。背光上开始出现火焰状纹饰，这是一种更为繁缛的装饰，火焰突出于背光边缘。榻足也变得更为修长，不再外撇，足的内缘和断面上有的有卷云纹，与当时居室内的榻非常相似。背光的背面偶尔也会有佛像，如一尊太和十三年（公元489年）的佛像背光背面有一身高浮雕的思维菩萨像①。

图13.21　山东博兴出土铜佛像（太和八年，公元484年）

---

① 郑绍宗：《北魏太和十三年铜造观音像》，《文物》1966年第2期，第62页。此像的前、后部照片发表于林树中主编《中国美术全集·雕塑编3·魏晋南北朝雕塑》，第112～113页版93。关于思维菩萨，参见Junghee Lee, "The Origins and Development of the Pensive Bodhisattva Images of Asia," *Artibus Asiae* 53.3–53.4 (1993): 311–357; Denise Patry Leidy, "The Ssu-wei Figure in Sixth-Century A. D. Chinese Buddhist Sculpture," *Archives of Asian Art* 43 (1990): 21–37。

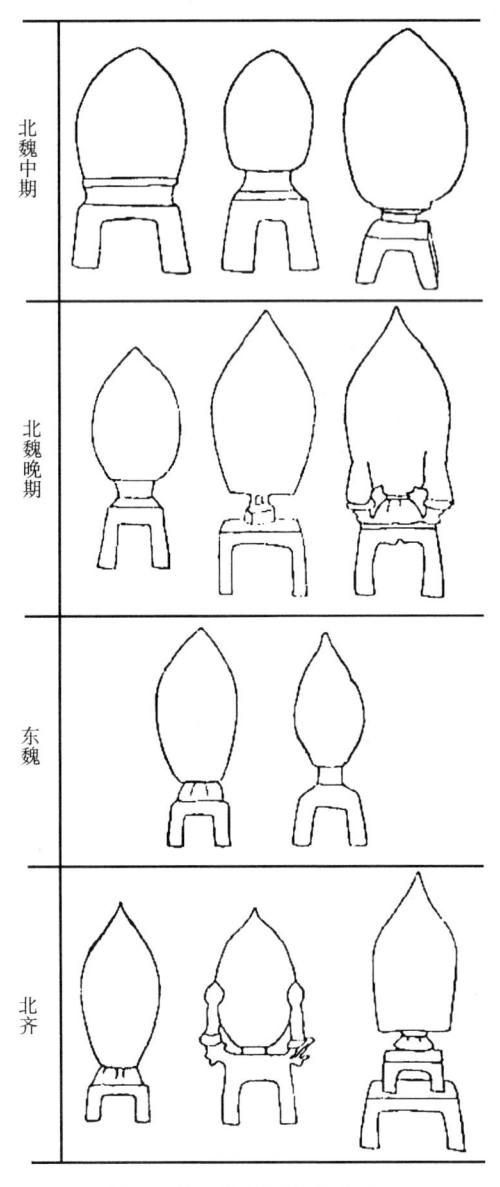

图 13.22　背光形态的变化

历史背景最有意思的一件佛像发现于陕西宝鸡，纪年为宣政元年（公元578年），属北周末年。它是杨坚建隋前三年所作，当时杨坚任大司马和南兖州（今安徽）总管之职，这件佛像为何发现在宝鸡就成了一个问题。佛像刻铭为："宣政元年□月九日，大司马弟子杨坚及大小属眷等，为皇祚隆胜、愿民居善地、永就脱离苦渊、□□生佛国，敬造佛法像一堪，永供记。"① 这件佛像高19.5厘米，造型与其他佛像都不同，是一尊带有两个胁侍的立像，背部没有背光，但有一个矮粗的舟形项光，两个胁侍形如翅膀，外观呈三联状。基座呈梯形。在佛像的后面，顶部刻有一座带有菩提树的佛塔，塔的一侧有两位女子像，另一侧有两位男子像；中间刻有一座寺院；最下栏是一座小型楼阁，楼阁内有一坐佛，众弟子站立于阁外。

铜像在镀金之前要经过铸、挫、磨、凿、刻等工序，要使用复合沙模，还要焊接构件、镌刻细部、添加饰物。这种小型铜像的制作工艺是逐渐复杂化的，比如在有些佛像的背光两侧凿孔，用来安置飞天，使飞天看似在空中飞翔。东魏时期开始使用双层的基座②。这些佛像应该是按照多种规格批量生产

---

① 高次若：《北周大司马杨坚造铜佛像》，《考古与文物》1983年第6期，第102~103页。《周书》卷6载，灭北齐后，杨坚于建德六年（公元577年）十二月被任为南兖州总管，至大象元年（公元579年）之前，此地更名为亳州（见于《周书》卷7），因此《隋书》卷1称他为亳州总管，亳州在今安徽亳州市。
② 郑州市博物馆：《郑州出土一批北朝铜造像》，《中原文物》1985年第1期，第14~18页。在纽约大都会博物馆（Metropolitan Museum）藏有一件有"正光五年"（公元524年）铭的造像，装饰繁缛甚至怪诞，参见林树中主编《中国美术全集·雕塑编3·魏晋南北朝雕塑》，第120页图版99。

的，以适应不同信众的需求。由于佛像并不葬在墓中，而且材质本身具有价值，可以熔化用作他途，所以现存佛像应该只是原有的一小部分。现存的佛像来自个人收藏、零星发现以及一些窖藏之中，这些窖藏可能与建德四年（公元575年）的北周灭佛或隋末动乱有关[①]。最大的一次发现是在山东博兴的一处窖藏中，出土了一百多件造像，内有96件佛像，其中44件有铭文、39件有纪年，其中还有一件有开皇十一年（公元591年）纪年的老子像。通过这次发现，我们可以就佛像的风格和信仰的变化问题进行一些讨论，可以分为三个阶段[②]。

第一阶段（公元487～497年）的佛像既有坐姿的观音像、释迦像，也有立姿的弥勒像。佛像有较小的球形肉髻，通肩袈裟，衣褶闭合，这种样式在兴和四年（公元542年）以后不见。观音像头戴三山冠，上身袒露，身戴璎珞和披肩，手持长枝莲花蕾，衣褶呈对称状扇形外撇，这种衣褶此后变为竖线状。

第二阶段（公元497～550年），坐像少见，立像增多，有的是单像，有的带有两个胁侍菩萨像。佛的肉髻变得肥大，袈裟外张，下缘外张成对称的波浪纹。观音像作施无畏印，而且

[①] 在山西省武乡县的一件陶罐中发现了七件铜造像，纪年于大统十年（公元544年）至天统三年（公元567年）之间，推测应为灭佛时埋入的，参见李勇、刘军《山西省武乡县党城村出土七件北朝铜造像》，《文物》1984年第5期，第57～59页。山东博兴和山西寿阳的发现都被认为是隋末动乱的结果，参见山东省博兴县文物管理所《山东博兴龙华寺遗址调查简报》，《考古》1986年第9期，第813～821页；晋华、吴建国：《山西寿阳出土一批东魏至唐代铜造像》，《文物》1991年第2期，第1～3页。寿阳佛像中最晚的纪年是大业三年（公元607年）。

[②] 李少南：《山东博兴出土百余件北魏到隋代铜造像》，《文物》1984年第5期，第21～31页，以下讨论主要采自第30～31页。另参见丁明夷《谈山东博兴出土的铜佛造像》，《文物》1984年第5期，第32～43页。

两个胁侍菩萨像开始出现与愿印。观音面相变得瘦削，冠帽两侧有流苏，呈锯齿形。这个阶段的袈裟从胸前穿过，然后在身侧两臂上卷；长裙变为宽边锯齿式。到六朝末期，锯齿式渐不流行。

第三阶段（公元550~603年），单独的立佛成为最常见的形式，但一佛两个胁侍菩萨的组合也同样常见。肉髻变得更加肥大，以前通常缺失的白毫也变大了。这个时期的佛像身穿通肩袈裟，内衣可见。袈裟的下缘收缩，衣褶减少；到六朝末期，衣褶几乎消失。

至于菩萨像的数量，在这几个阶段里呈增长之势，有单独的立姿菩萨、立姿观音，以及带有两个胁侍菩萨的观音。从永安三年（公元530年）开始，后一种菩萨像更为常见。冠帽除了三山冠，还有花形冠、三珠冠。肉髻两侧垂有流苏。这些造像身着袈裟和大量的珠宝装饰，衣裙起褶。菩萨的手印有施无畏印、与愿印，或手持莲蕾、摩尼宝珠或小净瓶。

在这三个阶段里，背光也经历了明显的变化，从相当粗矮变为长宽相当，从钝头变为窄长的尖头。

有些鎏金的供养铜器相当复杂，在西安南部发现了一件非常精致的佛坛，上有"开皇四年"（公元584年）的纪年。由莲花座上的阿弥陀佛，以及两个胁侍菩萨（观音和大势至）和两个金刚力士组成，众像之间有一座博山炉。众像所在的榻上有一低矮的栏杆，前后开口，榻下有双狮，蹲坐于前足旁边。这组造像只有41厘米高，但细部刻画和制作工艺都非常精致[①]。

[①] 保全：《西安文管处所藏北朝白石造像和隋鎏金铜像》，《文物》1979年第3期，第84~85页；Jian Li, ed., *The Glory of the Silk Road: Art from Ancient China*, p. 152; Gilles Béguin and Marie Laureillard, eds., *Chine, La Gloire des Empereurs*. Paris: Paris Musées, 2000, pp. 278–281.

这些小型造像尽管尺寸不大，但被赋予了巨大的法力，因此不可等闲视之。据说有一件铜像由于没有如约镀金而发怒，结果致死了主人的独子，然后自己镀金①。又有盗贼从寺院里偷窃小件造像，结果死得很惨②。这些造像也会因造福于人而受到褒扬，因此无疑是顶礼膜拜的对象。此类关于佛像的典故表明，人们相信这些佛像是具有个性的强有力的独立体，而不是卓越神性的被动的替代品③。

这些造像在几个世纪里经历的诸多风格变化，同样体现在当时的石雕作品之中。

6. 石造像

这个时期的石质佛教造像艺术主要以造像碑、单体造像或石窟寺（石刻或泥塑）造像的形式出现。与青铜造像一样，石质佛教造像主要出现在北方，大部分发现于山东、河北、河南、陕西、山西、甘肃、宁夏，以及南至四川的地区。江苏和安徽的少数几例也发现于其偏北地区，石像上常带有北方朝代的纪年文字。四川是一个例外，有一些带有南朝朝代名称。

7. 佛教造像碑

很难概括什么是碑，因为样式实在太多。总的来说，造像碑是一种矩形的石头，每面都刻有小龛，龛内有浅浮雕造像，

---

① 《洛阳伽蓝记》卷4《城西》。
② Alexander Coburn Soper, *Literary Evidence for Early Buddhist Art in China*, p. 58.
③ John Kieschnick, *The Impact of Buddhism on Chinese Material Culture*, pp. 69 – 80.

龛上部的龛楣上常有繁缛的装饰，造像碑的尺寸相对较小①。这种碑一般高1米~3米，上有礼拜神像、浮雕的佛传故事、西方极乐世界场景、供养人的姓名和形象，以及包括了供养人宗教见解的发愿文字，这些发愿文被认为是"热忱宗教信仰的明确表述"②。

将佛教图像和符号刻在石碑上始于公元5世纪。根据碑上的发愿文，这些石碑叫"造像碑"，此处指有图像或雕刻的石碑。出资人有贵族和富人，但大多数是被称为"邑"或"邑社"的北方乡镇宗教团体，由年长者领导，并有僧人作为精神导师；石碑成为村社的标志③。

虽然出资建造这样的石碑可以获得功德，但造碑的实际目的是为献祭、巡行等宗教仪式建立道场。这种道场可以替代那些乡村社会无力建造的昂贵的寺庙。而这种石碑，尤其是刻有流行经文内容者，也可以被众多往来于村落之间的行脚僧用为布道的辅助。为了这种目的，几百年间可能制作了数以千计的石碑④。

迄今已有两百多座佛教造像碑见诸报道，其中一百多座都

---

① 这是张同标所作的定义，见《淮安东魏石刻造像考》，《东南文化》1994年第4期，第129页。他引用了王子云《中国雕塑艺术史》，北京，人民美术出版社，1988。
② Dorothy Wong, "The Beginnings of the Buddhist Stele Tradition in China." Unpublished Dissertation, Harvard University, 1995, p.1。以下讨论多采自她的作品。
③ 关于"邑"的讨论，参见 Jacques Gernet, *Buddhism in Chinese Society: An Economic History from the Fifth to the Tenth Centuries.* New York: Columbia University Press, 1995, pp. 260 – 263, 等等; Liu Shufen, "Art, Ritual, and Society: Buddhist Practice in Rural China during the Northern Dynasties," *Asia Major*, ser. 3, 8 (1995): 34 – 37。
④ Liu Shufen, "Art, Ritual, and Society: Buddhist Practice in Rural China during the Northern Dynasties," *Asia Major*, ser. 3, 8 (1995): 24 – 26.

在陕西耀县（今铜川市耀州区），大部分都是1949年以前由一位叫雷天乙的收藏家所藏，现藏于药王山碑林。多数石碑的出处已不可考，但很可能来自长安以北的耀县、三原地区。少数石碑表现出某些道教的特征，也许反映了当时的佛、道融合现象①。另一个特征是，供养人名单中有一些非汉族的人名，可能是羌族人。供养人名单是研究当时社会的极好资料②。这些造像碑中，最早的纪年是北魏始光元年（公元424年），最晚的是唐总章二年（公元669年）。

佛教造像碑有着明显的地域性特征。例如，陕西石碑趋于保守，具有乡土气息，制作一般较为粗糙，长安石碑一般制作复杂而精细，由石灰岩或泛红色的致密砂岩制成；而在北朝东部的河北、山东，以及江苏北部，都发现了大理石制作的造像碑③。在近年来发表的20座有纪年的公元6世纪造像碑中，大多数造像碑的主尊都是释迦牟尼，也有弥勒，还有一尊阿弥陀佛和一尊观音菩萨。这些造像在碑上的布局各不相同，有的是一个大龛，有的是一上一下两个龛，有的是一个大龛周围环绕多个小龛。铭文刻在正面的正下部、两侧和背面，有的四面都有铭文。供养人列出姓名，或将姓名刻在所属人像的旁边。可见，这些造像碑的样式是相当多样的（图13.23、图13.24）。

---

① 关于这个问题，参见本章末的讨论。
② 洛阳附近偃师县出土的一通碑上有"正光四年"（公元523年）的纪年，铭文中含有鲜卑人名，这表明孝文帝改用汉姓的法令执行得并不彻底，哪怕是在京畿洛阳地区。参见李献奇《北魏正光四年翟兴祖等人造像碑》，《中原文物》1985年第2期，第23页。
③ 这些大理石中，有一例据说与河北曲阳的类似，参见王锡民、陈锦惠《江苏淮安出土东魏石刻铭文造像碑》，《东南文化》1994年第4期，第128页。

图 13.23　河南郑州造像碑（公元 564 年）

王静芬（Dorothy Wong）提出了一个很有意思的观点：佛教对这种造像碑形式的采用是比较缓慢的，但它标志着佛教与中国传统文化的融合。这种石板在中国文化中是一种象征性的形式，最初意味着一个团体。在东汉时期，经过加工的平坦石头以正统儒家传统的纪念碑形式出现，有的不做装饰，有的饰有龙纹，上刻一些重要的敕令与事件，用于纪念德行高尚的官员，或用作丧葬纪念碑。熹平四年（公元 175 年），官方版本的儒家经典被刊刻于石。由于与精英学者和官僚阶层相关，这种石碑又具有新的重要性和社会地位。佛教思想与传统文化的成功融合，以及官僚阶层对佛教的接受，是石碑得以在佛教里流行的关键因素。随着佛教在中国获得认同，并在国家统一上发挥重要作用，佛教造像碑便开始大量出现，在某种意义上，它已经接受了正统的儒家传统。直到公元 7 世纪的唐代，石碑才恢复到它最初的用途,只有刻铭,而无图像①。

8. 佛教雕像

单体石佛像源自有着大型背光的高浮雕造像,所以存在从石碑向单体像的转变。实心的背光后部偶尔有线刻的佛传故事或其他的佛教内容。这种形式的造像在公元 5 世纪初北凉统治下的西北地区开始出现,到公元 5 世纪末的北魏统治下,对这种造像的礼拜扩展到了整个北方。凉州工匠被强行迁徙到北魏都城和其他地区,可能是这种造像工艺传播的原因②。石碑既可以立在寺外,也可以立在寺内,而圆雕像很可能只是为寺庙而造的。正因为如此,这些佛像往往发现在古代的寺庙遗址里,一般的遗址报告都会追溯几个世纪以来的寺庙历

图 13.24 安徽亳县造像碑（公元 567 年）

---

① Dorothy Wong, "The Beginnings of the Buddhist Stele Tradition in China." Unpublished Dissertation, Harvard University, 1995, pp. 178-179。在西安碑林博物馆有例外的情况,有的将名画等刻到石碑上。
② 宿白:《青州龙兴寺窖藏所出佛像的几个问题》,《文物》1999 年第 10 期,第 44 页。

史①。在很多情况下,这些造像似乎是被有意掩埋的,其中的一些损毁可能在被掩埋之前就已经有了。此外,许多报告都认为窖藏佛像的原因是北魏太武帝灭佛(太平真君年间)、北周武帝灭佛(公元6世纪70年代),或唐会昌五年(公元845年)的灭佛,佛像上的纪年为埋藏发生的时间提供了年代上限;也有人认为,朝代更替时期的动乱也是导致寺庙被毁、法器被埋的原因。

与青铜造像一样,这些窖藏佛像的一个重要价值(特别是当有足够的纪年物时)就是,让我们有可能对佛教信仰以及佛像的风格发展历程做一些讨论。例如,1954年在曲阳发掘的古修德寺遗址出土了2200件物品,其中429件纪年在北魏正光元年(公元520年)至唐天宝九年(公元750年)之间②。纪年佛像一般都是小型作品,高20厘米~30厘米,制作不及大型佛像精良,因此这些纪年佛像还是无法让我们对大型佛像的特质了解更多;不过,还是有助于我们探讨某些方面的发展变化。在表现风格上,佛和其他造像都是从修长向矮胖发展,袈裟从厚重向贴体薄衣发展,衣褶也逐渐简化,面相从悲悯庄严向亲切慈祥发展。北魏注重袈裟的衣褶与形体的统一,而北齐造像强调形体的丰壮,简化了服饰。这种向自然人体美发展的趋势到唐代达到了顶峰。

从修德寺的造像来看,释迦牟尼和弥勒是北魏时期的主

---

① 赵永洪对佛寺考古工作的现状做了一个有益的综述,参见赵永洪《近百年汉唐佛寺考古的回顾与展望》,载《中华文化百年》,台北,"国家历史博物馆",1995,第628~681页。
② 杨伯达:《曲阳修德寺出土纪年造象的艺术风格与特征》,《故宫博物院院刊》第2期,1960,第43~52页。

尊，但逐渐被阿弥陀佛所取代，同时菩萨的数量逐渐增加。在这组造像中，阿弥陀佛最早出现于北齐，到隋代时，数量超过了弥勒。北魏时期的菩萨占了所有造像的35%，东魏时期占75%，北齐时期占82%，到隋代则占了93%。这座寺庙对菩萨的重视或许表明信徒主要是平民，这一点与龙门、云冈、响堂山有所不同。阿弥陀佛渐趋重要的现象则与当时净土信仰的逐渐流行相关[1]。

1996年在山东青州古龙兴寺遗址发现的窖藏是一次引起轰动的佛教艺术品的重大发现[2]。窖藏坑长8.7米，宽6.8米，深3.45米，位于寺庙中轴线上主殿的后面，发现了从北魏至宋代的400多件残损的造像和石碑。在这个年代范围内的窖藏是无法用史载的灭佛事件来解释的。该窖藏可能曾长期用于储藏受损或替换的造像，不过这个问题只有当遗址的地层关系弄清之后才能有个明确答案。95%的造像是石灰岩制成的，也出土了大理石、花岗石、陶、铁、泥和木质的造像，不过只有石质造像保存完好。有意思的是，一些彩绘造像也得以保存下来，这是了解古代造像原貌的难得一见的发现。特别值得一提

---

[1] 杨伯达：《曲阳修德寺出土纪年造象的艺术风格与特征》，《故宫博物院院刊》第2期，1960，第50页。

[2] 山东省青州市博物馆：《青州龙兴寺佛教造像窖藏清理简报》，《文物》1998年第2期，第4~15页；另参见 Xia Mingcai, "The Discovery of a Large Cache of Buddhist Images at the Site of Longxing Si," *Orientations* 29 (June, 1998): 41-49; Wang Ruixia, and Shou Linlin, "Typological Analysis of Northern Qi Buddhist Statues Unearthed from the Site of Longxing Monastery," *Arts of Asia* 31.1 (January-February, 2001): 41-49; Sun Xinsheng. "Time and Cause for the Destruction of the Buddhist Statues from the Site of Longxing Monastery," *Arts of Asia* 31.1 (January-February, 2001): 50-53，该文认为龙兴寺窖藏是宋徽宗（公元1101~1125年在位）时期灭佛的结果。

的是一件北齐佛像，在朱红色底色上，以红、蓝、绿、赭、黄、黑等色描绘了多种场景，其中一幅绘有身着中亚服装，长着络腮胡子的男子①。这种场景的含义还有待解读。

山东其他重要造像还有在诸城②、临沂③、济南④，以及博兴的大型寺庙遗址⑤、无棣窖藏⑥的发现。在无棣窖藏发现的七件大理石造像中有四件纪年像，它们排列整齐，明显是有意埋藏的，埋藏的时间可能是在北周攻克北齐之时。

更加不寻常的一批造像是现存于青岛博物馆的四件，最先发现于淄川的龙泉寺或幸福寺，后来迁往青岛。这批造像包括两件佛像，分别高5.28米和5.85米，以及两件僧人像，均高3米。造像由石灰岩制成，各重20吨左右⑦。从博物馆的后墙看过去，这些巨像着实相当令人震撼。

---

① 宿白主编《山东青州龙兴寺出土佛教石刻造像精品》，北京，中国历史博物馆，1999，第114~115页；另参见《文物》1998年第2期封三及 Orientations，(June 1998)：46, figs. 8a-8b。
② 诸城市博物馆：《山东诸城发现北朝造像》，《考古》1990年第8期，第717~726页，其中第725~726页列出了诸城近两百件造像中的66件；杜在忠、韩岗：《山东诸城佛教石造像》，《考古学报》1994年第2期，第231~262页。
③ 冯沂：《山东临沂发现北魏太和元年石造像》，《文物》1986年第10期，第96页。
④ 房道国：《济南市出土北朝石造像》，《考古》1994年第6期，第568、571页；这是一尊四面造像，每面各有一龛、一坐佛，可能是塔或经幢的一部分。
⑤ 山东省博兴县文物管理所：《山东博兴龙华寺遗址调查简报》，《考古》1986年第9期，第813~821页。造像（包括石和青铜像）中没有唐代的，因此该寺可能毁于隋末的动乱。
⑥ 惠民地区文物管理组：《山东无棣出土北齐造像》，《文物》1983年第7期，第45~47页。
⑦ 时桂山：《青岛的四尊北魏造像》，《文物》1963年第1期，第65~66页。

河北蔚县发现了一尊带有背光的坐佛，有太平真君五年（公元444年）的纪年（图13.25）[①]。这尊佛像高60.5厘米，由灰褐色砂岩制成。佛的袈裟很明显是格里斯沃德所说的袒露式，尾端搭过左肩，双手施禅定印。背光上有两圈化佛，两尊胁侍菩萨分立左右。基座中央刻有一件香炉，两侧有男女供养人形象，穿着典型的北魏供养人服饰，表现出鲜卑文化的影响。有些供养人原本在旁边的花边上刻有名字，但字迹已经漫漶不清。象首和象鼻形成了基座的两条前足。造像背面的刻铭损毁严重，内容可能是祈愿供养人的父母与皇帝共享造此像的功德，这是一种标准的发愿文格式。与小型青铜造像的情况一样，这些造像的供养人常为个人，或者充其量是一个家庭；这种造像又与造像碑的情况不同，不属于邑社工程。

这种造像窖藏在东魏北齐的西部地区也有发现。在太原附近的两处遗址里出土了30件左右造像，其中一件坐佛有兴和二年（公元540年）的纪年。袒露式的袈裟呈曲形变形，袈裟下缘似瀑布垂下覆盖基座，衣褶呈螺旋状。基座上有两只相对的狮子，中间为一博山炉[②]。此地往东不远的昔阳也发现了13件东魏、北齐时期的造像，其中9件用深色砂岩制成，4件用大理石制成。这批造像与前述造像相比，制作较为粗糙。背光似乎未作装饰，衣褶也只是随意地处理——这些特征显然反映了一种更加乡土化的艺术[③]。

[①] 蔚县博物馆：《河北蔚县北魏太平真君五年朱业微石造像》，《考古》1989年第9期，第807~810页。
[②] 郭勇：《山西太原西郊发现石刻造像简报》，《文物》1955年第3期，第79~80页。
[③] 翟盛荣、杨纯渊：《山西昔阳出土一批北朝石造像》，《文物》1991年第12期，第38~41页。

图 13.25　河北蔚县石佛像（公元 444 年）

在山西南部垣曲县的一座古寺院基址中，发现了一件有大统十四年（公元 548 年）纪年的西魏基座，该寺始建于西魏时期，民国早期改成一所小学①。基座只有 42 厘米高，正面凿有一龛，龛内有释迦、多宝二佛，后者施说法印，正在说法；二佛均坐于莲花座上，各有背光，还有两位胁侍菩萨、三位比丘在旁听法。基座两侧的小龛内分别置一尊单佛和胁侍菩萨。主龛的两侧均有刻铭题记，标明供养人是西魏、北周的高级军官杨标，曾在东南前线驻防②。

右侧题记如下：

> 维大魏大统十四年岁次戊辰七月庚寅朔，廿一日庚戌

---

① 王睿、吕辑书：《山西垣曲县宋村发现西魏造像基座》，《文物》1994 年第 7 期，第 84~86 页。

② 杨标在《周书》卷 34 有传。刻铭中的职位与爵位基本与传记所记相符。

（公元548年8月10日），使持节、骠骑大将军、仪同三司、大都督、建州、邵郡、河阳、河内、汲郡、黎阳诸军事、散骑常侍、华阴县开国侯、恒农杨标，仰惟慈重欲报□极①，遂采石名山上，为考仪同□、妣郡君，敬造释迦牟尼像一区，高八尺，真应既崇，容仪圆备，若夫起像，相迎须发，自堕固以同贯矣。

左侧题记如下：

所志既果，爰发洪愿，愿圣主祚昌万叶，大丞相肃清无外，考仪同妣郡君神生净土，漏尽解脱，先师七世存亡，眷属共事，智识广及一切，值佛闻法，同超彼岸。乃作颂曰：顾复之重欲报实深，采石名山，妙匠是勘，应形八尺，仪比真金，相好圆满，非浮非沉。既同起像，相迎须鬓，君王道广，黔黎祇慎，□□考妣，神生净信，爰及眷类，同归大□。

比起大多数这类题记，这篇题记更为详尽，不过也仅仅反映了一种造像的虔敬之心。杨标曾经据守在西魏、北周函谷关外的边境，但由于轻敌和疏于防范，战死于保定四年（公元564年），也就是发愿造此像之后16年。

洛阳附近的古代艺术馆（即古关林庙）收藏了大量发现于这个地区的造像。临近的龙门石窟是宗教和艺术活动的中心，但在洛阳作为都城的时期，洛阳城内寺院众多，其中有单体石像、造像碑、石经幢以及石塔。古代艺术馆收藏的造像中，有一尊发现于偃师的交脚弥勒像，高35厘米，有两个胁

---

① 无法辨识或缺失的字以"□"代替。

侍菩萨，以及半神半人像和供养人像，有舟形背光，风格与龙门古阳洞造像风格非常相似①。

郑州发现了八件雕像，都是公元 6 世纪前半叶的作品。其中七件是佛坛式雕像，上面的佛像或坐或立，在由舟形背光、龛或方框组成的背屏上贴有胁侍菩萨。背光上饰各种火焰纹或化佛。虽然这些雕像在风格上有相似之处，但也有明显的差异，没有两件完全相同。另一件是一尊菩萨的躯干，有"永熙二年"（公元 533 年）的纪年②。

长安作为另一个佛教中心，也发现了大量北魏时期的佛教雕像，后来都被陕西省博物馆收藏③。有一件纪年于北魏永平二年（公元 509 年）的坐佛，坐在阶梯式的基座上，后有一个大型的雕刻华丽的背光，旁有两个很小的胁侍菩萨。背面是精心雕刻的平面浅浮雕佛像和弟子像。另一件类似的雕像有皇兴五年（公元 471 年）的纪年，奥黛莉·史拜罗（Audrey Spiro）对此做过详细的描述；背面浮雕燃灯佛的本生故事④。另

---

① 洛阳古代艺术馆：《洛阳魏唐造像碑摭说》，《文物》1984 年第 5 期，第 46 页。另参见侯鸿钧、李德方《洛阳新发现的石刻造像》，《中原文物》1982 年第 3 期，第 61~62 页。

② 郑州市博物馆：《郑州市发现两批北朝石刻造像》，《中原文物》1981 年第 2 期，第 16~19 页。在郑州黄河北岸也发现了与此类似的东魏、北齐佛坛式造像；张新斌、冯广滨：《河南新乡县所见两尊造像》，《文博》1988 年第 6 期，第 26~29 页，其中一件的背面刻有长篇铭文，是由东魏实际统治者高欢的宗亲捐造的。

③ 李域铮、冈翎君：《陕西省博物馆藏的一批造像》，《文博》1988 年第 4 期，第 73~74 页。

④ Audrey Spiro, "Hybrid Vigor: Memory, Mimesis, and the Matching of Meanings (Geyi, 格义) in Fifth-Century Buddhist Art," in Scott Pearce et al., eds, *Dialogues with the Ancients*. Cambridge: Harvard University Press, 2001, pp. 125–148.

一件北魏时期的雕像是一通造像碑，四面均刻有大小佛像，数量近百，还刻有三个上下排列的佛龛，这通造像碑高1.73米，重900公斤左右。在位于隋都长安城南门外的正觉寺遗址里，出土了11件雕像作品，但在质量上有很大的差异。这些雕像作品同样能看出在隋末战乱中受损，然后被掩埋的迹象。其中一尊带有两位胁侍、一位比丘和一位弟子的佛像由砂岩制成，制作非常粗糙。但在另一方面，一件具有秣菟罗风格的螺发佛头，一件观音头，一个躯干以及一个供养人像均为大理石制成，制作要精细得多。很明显，造像的材质和工艺会随着供养的规模而变化，并且能够进行适时的调整。也就是说，风格并不仅仅只是年代变化的结果。

成都地区的发现尤其令人印象深刻，已经发现了数百件雕像作品，最早发现于1882年，最晚发现于1995年。雕像出自一座寺庙遗址以及成都和附近的其他遗址，这座寺庙历经南朝到明代的几个世纪，寺名也各不相同。这批雕像中有些带有南齐和南梁的纪年，可以为探讨南朝的造像传统提供佐证，所以显得尤为重要①。

成都的发现包括造像碑、单体造像，以及带有舟形背光的高浮雕造像。最后一种雕像中，最早的纪年是南齐永明八年（公元490年），是一尊带有两个胁侍菩萨的坐佛，后有大型背光，背光已局部损毁，上面刻有化佛和飞天。佛像有一个明

---

① 袁曙光：《成都万佛寺出土的梁代石刻造像》，《四川文物》1991年第3期，第27～32页；刘志远、刘廷壁：《成都万佛寺石刻艺术》，北京，中国古典艺术出版社，1958；李裕群：《试论成都地区出土的南朝佛教石造像》，《文物》2000年第2期，第64～76页；成都市文物考古工作队、成都市文物考古研究所：《成都市西安路南朝石刻造像清理简报》，《文物》1998年第11期，第4～20页。

显由莲瓣组成的项光，身穿系带的内衣，外穿所谓"褒衣博带"式的宽松袈裟。袈裟衣褶层层覆盖于佛座之上，整个佛像呈现出当时典型的"秀骨清像"风格。1955年在西安路遗址发现的造像均为红色砂岩制成，上有红白色或紫色的彩绘，局部鎏金。主要造像是单体造像，其余为浅浮雕背景的高浮雕[①]。

还有一尊无纪年的单体造像非常引人注目。佛像立于覆莲座上，莲座下有一座香炉、一行戴鲜卑头饰的伎乐和狮子，背面有一尊被弟子和供养人环绕的小型坐佛。制作精致的项光上有一圈由莲瓣、联珠、小坐佛、飞天组成的纹饰以及一圈花卉图案。整像高82厘米。这座布局严谨、刻画细腻的造像是成都发现的众多造像的代表，表明这一地区的工艺达到了很高水平。

西魏恭帝元年（公元554年），四川被纳入西魏—北周的版图，但此后的纪年造像（公元562~565年和公元567年）在风格上仍与此前相同。总的来说，成都造像的基础基本上源自南朝都城建康溯江而上的艺术传统[②]。不过这一观点仍然只是一种推测，还有待更多来自南朝的造像证据。

9. 佛教石窟

在佛教入华之路上留下了石窟寺的发展足迹，经新疆，越

---

① 成都市文物考古工作队、成都市文物考古研究所：《成都市西安路南朝石刻造像清理简报》，《文物》1998年第11期，第5页。
② 李裕群：《试论成都地区出土的南朝佛教石造像》，《文物》2000年第2期，第67~74页。

河西走廊，再进入中国内地各处。这样的石窟寺遗址和摩崖石刻有数百处，其中很多直到近年才开始得到研究①。石窟寺常坐落于人迹罕至的偏远地区。除了雕像，石窟寺里还包含有佛教意义上的壁画或浮雕图像。克林凯特（Hans-Joachim Klimkeit）曾解释说，代表"佛土"的石窟寺意味着要远离俗世，个别供养人之外的大多数信众在进入这个宇宙和精神上的圣地时，都在沿着菩萨之路前行，它是一条通往解脱之路②。石窟之所以选址于偏远之地，可能也与一些习禅僧人（如敦煌的乐僔和云冈的昙曜）有关，他们在石窟的开凿上起了举足轻重的作用③。因此，石窟寺从一个侧面反映了崇佛的现象，这可能也是不惜巨资建造石窟的原因。

主要石窟寺的发展足迹从库车附近的克孜尔石窟④开始，到甘肃凉州附近的各石窟寺⑤、麦积山⑥，再到北魏早期都城

---

① 一些重要石窟寺遗迹的分布地图参见宿白《中国石窟寺研究》，北京，文物出版社，1996，第12～13页；此外，长广敏雄也列举了部分遗迹，参见长广敏雄《中国的石窟寺》，载敦煌文物研究所编《敦煌莫高窟》卷1，第6页。关于山西、河南以及河西走廊诸多洞窟的系列研究论文，收入 Wu Hung, ed., *Between Han and Tang: Religious Art and Archaeology of a Transformative Period*. Beijing: Wenwu chubanshe, 2000。

② Hans-Joachim Klimkeit, "The Donor at Turfan," *Silkroad Art and Archaeology*, 1 (1990): 177–196.

③ 刘慧达：《北魏石窟与禅》，《考古学报》1978年第3期，第337～352页。

④ 新疆维吾尔自治区文物管理委员会等编《克孜尔石窟》2卷，北京，文物出版社，1989，第10～23页宿白序；宿白：《新疆拜城克孜尔石窟部分洞窟的类型与年代》，宿白《中国石窟寺研究》，第21～38页。

⑤ Angela F. Howard, "In Support of a New Chronology for the Kizil Mural Paintings," *Archives of Asian Art* 44 (1991): 68–83.

⑥ 张学荣：《麦积山石窟的创建年代》，《文物》1983年第6期，第14～17页；董玉祥：《麦积山石窟的分期》，《文物》1983年第6期，第18～30页；傅熹年：《麦积山石窟中所反映出的北朝建筑》，《文物资料丛刊》第4辑，第156～183页。常青对塔里木及其东北地区的（转下页注）

平城（今大同）附近的云冈①。云冈石窟由 53 个洞窟组成，开凿于大同以西不远的武州河北岸、武州山南面的石灰岩层上。最早的洞窟第 16~20 窟，是在昙曜的建议下，于北魏和平初年开凿的。昙曜时任沙门统，即佛教首领②。云冈石窟第一期的特征是佛像都很大，分别高 13.5 米、15.6 米、15.5 米、16.8 米和 13.7 米。据说这些大像是为北魏太祖以下五帝所造。

其他石窟还散见于北方多处，如山西太原附近的天龙山石窟③、响堂山石窟④和龙门石窟⑤。大多数的研究将注意力集中在这些主要石窟寺上，不过数百件小型的石窟遗址也得到了研究⑥。

(接上页注⑥)洞窟遗迹有一个综述，参见常青《汉魏两晋南北朝时期长安佛教与丝绸之路上的石窟遗迹》，《文博》1992 年第 2 期，第 42、58~65 页。

① 关于云冈最全面的介绍参见水野清一、長廣敏雄『雲崗石窟』16 册，京都，東方文化学院京都研究所，1952-1956。另参见宿白《"大金西京武州山重修大石窟寺碑"的发现与研究》，《北京大学学报》（哲学社会科学版）1982 年第 2 期，第 29~49 页；Alexander Coburn Soper, "Imperial Cave-chapels of the Northern Dynasties: Donors, Beneficiaries, Dates," *Artibus Asiae* 28.4 (1966): 241-245; and James O. Caswell, *Written and Unwritten: A New History of the Buddhist Caves at Yungang*. Vancouver: University of British Columbia Press, 1988。

② Leon Hurvitz, trans., *Wei Shou*, p.72.

③ 李裕群：《天龙山石窟考古调查报告》，《文物》1991 年第 1 期，第 32~55 页。

④ 水野清一、長廣敏雄：『河北磁縣・河南武安 響堂山石窟：河北河南省境における北齊時代の石窟寺院』，京都，東方文化学院京都研究所，1937；Alexander Coburn Soper, "Imperial Cave-chapels of the Northern Dynasties: Donors, Beneficiaries, Dates," *Artibus Asiae* 28.4 (1966): 258-268。

⑤ 水野清一、長廣敏雄：『龍門石窟の研究』，京都，同朋舍，1941；Alexander Coburn Soper, "Imperial Cave-chapels of the Northern Dynasties: Donors, Beneficiaries, Dates," *Artibus Asiae* 28.4 (1966): 246-255。

⑥ 李亚太：《甘肃甘谷大像山石窟》，《文物》1991 年第 1 期，第 56~60 页；靳之林：《陕北发现一批北朝石窟和摩崖造像》，《文物》1989 年第 4 期，第 60~66、83 页；李清泉：《济南地区石窟、摩崖造像调查与初步研究》，《艺术史研究》2000 年第 2 期，第 329~344 页。

六朝时期的南方地区极少开凿石窟，现存的两处分别位于南京的栖霞山（古摄山）① 和浙江新昌的石城山，都开凿于公元 5 世纪末②。宿白认为，南北方石窟寺数量上的悬殊是由于两个地区佛教活动的本质不同所致。北方注重德业和禅观，故开凿窟龛，而南方重谈论，不重苦修，故兴建宏伟巨构的佛寺③。

10. 小型石塔

在关于佛教图像的讨论中，还有另一种形式的佛教雕像，即小型石塔，主要发现于河西走廊和塔里木盆地东部地区，显然这种雕像并未在东部地区流行（图 13.26）④。通常与道教有关的六角形出现在这

图 13.26　北凉小型石塔（公元 428～429 年）

---

① 邵磊：《南京栖霞山千佛崖释迦多宝并坐像析》，《南方文物》2000 年第 3 期，第 50～62 页。
② Audrey Spiro, "Cave Temple Fever and Its Southern Manifestations," *Unpublished Paper Delivered at the Meeting of the Association for Asian Studies*, Washington, D. C., 1998.
③ 宿白：《南朝龛像遗迹初探》，《考古学报》1989 年第 4 期，第 389 页。
④ 殷光明：《北凉石塔研究》，新竹，财团法人觉风佛教艺术文化基金会，1999；殷光明：《敦煌市博物馆藏三件北凉石塔》，《文物》1991 年第 11 期，第 64、76～83 页；Eugene Y. Wong, "What Do Trigrams Have to Do With Buddhas? The Northern Liang Stupas as a Hybrid Spatial Model," *Res* 35 (1999): 70–91.

些石塔上，表明佛道两个信仰体系有着相互的渗透，也说明佛徒们在崇佛的同时，也充分吸收了中国旧有的文化传统。

二 道教图像

有关道教和道教仪式的实物证据难得一见，首先，因为有些道教徒认为很难用实实在在的图像去反映本质上无形的各种神仙，其次，道教本身也很难有一个比较准确的定义①。中国的民间信仰往往被笼统地称为道教，尽管其信仰活动也许与有组织的道教大不相同。正如巫鸿所说，道教的含义和内容因时代而变化，不同时代所谓的道教图像也不相同。在对早期道教艺术的研究中②，巫鸿着眼于公元2~3世纪初在中国西南地区至关重要的五斗米道，他很有说服力地将主要发现于四川的各种图像判读为这个教派的遗存③，包括崖墓中的某些雕刻，如摇钱树、某类铜镜，以及各种场景的图像和神像。

墓葬和石棺上浅浮雕的场景包括成对的龙、虎图案④，以

---

① Yoshiko Kamitsuka, "Lao-tzu in Six Dynasties Taoist Sculpture," p. 63。神冢淑子（Kamitsuka）称，最泛指的道教像应该包括所有的神像，甚至包括中国宗教里崇拜的各种星辰、山岳形象。
② Wu Hung, "Mapping Early Taoist Art: The Visual Culture of Wudoumi Dao," in Stephen Little and Shawa Eichman, eds., *Taoism and the Arts of China*, pp. 77 – 93.
③ 关于五斗米道，参见 Terry F. Kleeman, *The Great Perfection: Religion and Ethnicity in a Chinese Millenial Kingdom*. Honolulu: University of Hawai'i Press, 1998。
④ 一般来说，如"阴""阳"观念也大致与道教有关，龙与虎相配则被看成宇宙力量的象征。在 Stephen Little 组织的道教展览中，在一件北魏石棺的侧板上有一幅很有意思的图像：动物以卷云纹的形式出现，并有神仙相伴，参见 Stephen Little and Shawn Eichman, eds., *Taoism and the Arts of China*. Chicago: The Art Institute of Chicago in Association with（转下页注）

及巫鸿所认为的死者图像,死者将要在鹿的引导下进入西王母所在的仙界①。巫鸿赞同那种将摇钱树称为"神树"更为恰当的说法;他详细描述了发现于成都的一件这样的摇钱树座,上面的图像描绘的是求仙之路②。巫鸿讨论的五斗米道艺术中,还包括一种"三段式神仙镜"图像③。铜镜的中段描绘的是西王母与东王公,这一点没有什么疑问;下段的连理树是一种神树,也令人信服;但对上段图像含义的解释,学者们的观点有所不同。上段描绘的是一个立于龟背上的华盖,旁立多人做向华盖礼拜状。巫鸿认为这幅图像反映了非偶像式的神化老子形象,礼拜的对象是华盖下的空座④。

虽然老子早在公元2世纪时就已经通过皇帝的旨意被神化了,但肖像直到公元5世纪才产生,公元6世纪才大量出现⑤。

(接上页注④) the University of California Press, 2000, p. 10。

① Wu Hung, "Mapping Early Taoist Art: The Visual Culture of Wudoumi Dao," in Little and Eichman, eds., *Taoism and the Arts of China*, p. 83, figs. 7 - 9.
② Wu Hung, "Mapping Early Taoist Art: The Visual Culture of Wudoumi Dao," in Little and Eichman, eds., *Taoism and the Arts of China*, p. 85, fig. 15.
③ Wu Hung, "Mapping Early Taoist Art: The Visual Culture of Wudoumi Dao," in Little and Eichman, eds., *Taoism and the Arts of China*, p. 86, figs. 16a - 16b.
④ Wu Hung, "Mapping Early Taoist Art: The Visual Culture of Wudoumi Dao," in Little and Eichman, eds., *Taoism and the Arts of China*, p. 87; Yoshiko Kamitsuka, "Lao-tzu in Six Dynasties Taoist Sculpture," p. 65.
⑤ Stephen Little and Shawn Eichman, eds., *Taoism and the Arts of China*, p. 165; Yoshiko Kamitsuka, *Lao-tzu in Six Dynasties Taoist Sculpture*, p. 66, 神冢淑子估计只有约50种已知的道教老子形象,而佛像有2500多种。在其论文第68~69页列出了一个道像的单子,在她所列49种道像中,有7种仅见于文献,5件见于拓片。

老子像是依据佛像来塑造的,并且无疑还因两种宗教的竞争而得以兴盛。有一件老子像为坐像,头戴道士冠,手持一种扇形物(有人认为它是用鹿尾制成的掸子或拂尘,即"麈尾",据说清谈之士手持麈尾来助兴,这种习俗在公元4世纪的南京地区尤为流行)。与佛像不同的是,这种老子像有胡髭,有的还有一小撮络腮胡。这尊老子像的两侧各有一像,分别是尹喜和张道陵,尹喜是函谷关令,在老子出关时,得授《道德经》;张道陵是五斗米道的创立者①。一通纪年为孝昌三年(公元527年)的北魏石碑上,老子与道教神祇里非常重要的玉帝并坐,这种布局就像佛教里的释迦、多宝对坐②。

另一通纪年为皇建二年(公元561年)的石碑上,老子头戴道冠,身着道袍,一手捋须,一手按膝。两位侍者站立两侧,下面是两只狮子。石碑的侧面和背面有肖像和造像铭,以及向七世祖先祈福的祈愿之词,这是对佛教发愿文的模仿③。这通石碑现藏于中国国家博物馆(前北京历史博物馆),但其最初来源不明。

在陕西耀县收藏的大量石碑中有一些佛道混合碑,对碑上图像的解释也各不相同④。阿部贤次(Stanley Abe)认为,这

---

① Stephen Little and Shawn Eichman, eds., *Taoism and the Arts of China*, pp. 167–168.
② Stephen Little and Shawn Eichman, eds., *Taoism and the Arts of China*, p. 171, 图版 33。这件造像很早就曾见诸报道,参见石夫《介绍两件北朝道教石造像》,《文物》1961 年第 12 期,第 54~55 页。
③ 石夫:《介绍两件北朝道教石造像》,《文物》1961 年第 12 期,第 55 页。
④ 神冢淑子称,在耀县藏有 6 件这样的佛道混合碑,参见 Yoshiko Kamitsuka, "Lao-tzu in Six Dynasties Taoist Sculpture," p. 67。

种混合式的雕像可能是两种宗教的信众共处一地时的创造，他们可能居住于主要城市之外的一些地区，而且造像的功德主也主要是平民，他们可能对这两种信仰分辨得不是很清楚①。神冢淑子同样认为，建造这种混合碑的供养人，以及自称为佛弟子而不是道教徒的供养人，可能将道教视为当时占统治地位的佛教信仰的变种，他们并不在乎教义的不同，只求两种宗教的神祇都能实现他们的祈求②。另一方面，柏夷（Stephen Bokenkamp）主要针对北魏太和二十年（公元496年）造像碑所见道教灵宝经的影响，认为这些混合碑反映了道教对佛教的看法，道教认为佛教这种外来宗教是对他们的"道"的曲解。他提出，这些造像碑是在道教新教义迅速发展时期制作的，这些新的道教教义允许道教徒将佛教神祇当成"道"的化身来礼拜③。道教对佛教的敌视到六朝末年才开始出现④。

1995年在成都的一处窖藏中出土了九件石雕，其中有一件道教造像⑤。这件道教造像没有纪年，但其他几件的纪年范围从公元5世纪末到公元6世纪中期。与前述道教造像不同的

---

① Stanley K. Abe, "Heterological Visions: Northern Wei Daoist Sculptures from Shaanxi Province," *Cahiers d'Extreme-Asie* 9 (1996–1997): 69–83.
② Yoshiko Kamitsuka, "Lao-tzu in Six Dynasties Taoist Sculpture," pp. 66–67.
③ Stephen R. Bokenkamp, "The Yao Boduo Stele as Evidence for 'Dao-Buddhism' of the Early Lingbao Scriptures," *Cahiers d'Extrme-Asia* 9 (1996–1997): 55–67。神冢淑子也较详细地讨论了这块碑的铭文，Yoshiko Kamitsuka, "Lao-tzu in Six Dynasties Taoist Sculpture," pp. 72–77。
④ Kristofer Schipper, "Purity and Strangers: Shifting Boundaries in Medieval Taoism," *T'oung Pao* 80 (1994): 61–81.
⑤ 成都市文物考古工作队、成都市文物考古研究所：《成都市西安路南朝石刻造像清理简报》，《文物》1998年第11期，第11~13页，图21及图版4.2。

是，这是一件圆雕像，也没有胡须，看起来更像佛像，并且是用双手而不是用单手持扇或麈尾。此外，它与其他八件佛教造像共存，这似乎也表明当时的两种宗教仪式之间可能有相互渗透的现象。那么，在当时的大型佛教道场里，是否也会有道教的一席之地呢？

结　语

在六朝三百年的岁月里，经历了政治分裂、地区战乱、"佛教征服"、人口的大规模迁徙、外族入主中原等一系列社会变化，我们应该如何总结这一时期的物质文化发展呢？六朝可以说是一个动乱的年代，本书第一章所引的"五胡乱华"一词就是对这个时期很好的概括。然而，假如换一个角度，我们会发现人们的日常生活仍然具有基本的延续性，这一点已被文献和考古材料所证实。随着时间的推移，社会当然会出现一些变化和发展，但绝不是对过去的断然割裂。

六朝时期，非汉游牧民族在北方的统治对中国社会产生了深远的影响，这种影响在他们被同化或他们的政权消失之后依然存在，其中最明显的莫过于服饰风格的变化，发生了从早期的宽袍大袖向以袴褶为特征的服饰风格的转变。那种又紧又窄的袖子本来是适应游牧生活方式的，后来在中原地区也渐受欢迎。上衣无论长短都有翻领，穿着时会根据天气的变化而敞开或扣上，裤子则塞进靴子里，成为一套典型的游牧装，也可以用带子在膝下绑扎。其他北方特色的装束，如各种各样的发型、头饰和腰带，同样出现于当时的艺术图像中。这些装束是北方朝野人士的标准穿着，甚至也传到了南方[①]。

[①]《旧唐书》卷45、《梦溪笔谈》卷1、刘锡涛：《北朝时期中原地区的生活胡风现象》，《北朝研究》第1辑，北京燕山出版社，1999，（转下页注）

在北方人统治的时期，中国人的饮食习惯也深受游牧民族风俗的影响，他们带来了与传统中国饮食迥异的食谱。两种饮食的差异在杨元慎对南朝人的讥讽中有着生动的体现，他大力吹嘘北方的肉、奶类食物，而极力贬损南方的鱼、海藻类食物。南北食物的比较在崔寔（约公元110～约170年）的《四民月令》中也有表述，这是一部关于田庄经营方面的著作，内容散见于公元6世纪的《齐民要术》中。前一部书着重于谷物与蔬菜，极少提到肉类，主要反映的是素食①；而后一部书则详细地介绍了如何制作奶制品，如奶酪和酸奶，也提出了饲养动物的各种方法②。

北方人对中原生活方式的影响，在其他方面还有马背乘骑方式、梯形棺木、镇墓兽的样式等。镇墓兽最先出现于北魏墓中，到唐代则成为蔚为壮观的墓葬塑像。颜之推曾谈及北方妇人在家庭里的活跃地位，说她们专持门户，并代子求官，为夫诉屈，认为这种风俗可能是源自北方鲜卑统治者的遗风③。唐代段成式在《酉阳杂俎》中提到他所在年代的婚礼，有搭帐篷、新娘骑鞍等源自北方朝廷的习

(接上页注①)第363～366页。大业六年（公元610年）诏"从驾涉远者，文武官等皆戎衣"，所谓"戎衣"，是一种北方游牧民风格的服装，参见《旧唐书》卷45《舆服志》。

① 严可均（公元1762～1843年）：《全上古三代秦汉三国六朝文·全后汉文》卷47；Patricia Ebrey, "Estate and Family Management in the Later Han as Seen in the Monthly Instructions for the Four Classes of People," *Journal of the Economic and Social History of the Orient* 17.2（1974）：195 – 196. Cho-yun Hsu, *Han Agriculture: The Formation of Early Chinese Agriculture Economy*, 206 B.C – A.D 220. Seattle: University of Washington Press, 1980, 此书没有奶制品条目。

② 详见第十二章。

③ 《颜氏家训·治家》。

俗，这也是非汉民族的传统①。尽管这些做法可能会发生一些约定俗成的变化，但很难完全消失②。对胡乐、胡食、胡服的喜爱也延续到了唐代，有人认为这些胡风正是"安史之乱"的前兆③。

六朝是一个战争频仍、社会混乱的年代。政治上分裂之后，自然需要寻求一个持久而稳定的政权，频繁的战争也导致了军事技术的进步。从文献和仅有的考古材料来看，似乎当时皮甲已经取代了金属的铠甲；由于马镫的发明，马和骑者都被完全包裹于铠甲之中，出现了甲骑具装式的骑兵。由重骑兵和轻骑兵组成的军队开始取代从农民征召的战斗力较差的庞大步兵；随着战场向南方水乡的转移，水战也有增加。管理军队的军事组织结构也有了发展，因而唐代初年得以发起几次成功的出国远征，这些远征正是盛唐的一个重要体现④。

六朝时期的外来影响并不只是来自北方草原地区，外来货物和最新产品也经由丝绸之路大量涌入，商人们聚集于全国各地的市场，很多人从此定居下来，在中国开始了他们的新生活。这个时期的新移民绝大部分似乎都是粟特人，他们来自今乌兹别克斯坦地区。"胡"以前泛指非汉民族，但从此开始特指这些伊朗系的居民。他们的穿着与北方游牧民族服装非常接近，是一种有腰带的紧袖衣服，裤子也塞进靴子里，这也是典

---

① 《酉阳杂俎·礼异》；刘锡涛：《北朝时期中原地区的生活胡风现象》，《北朝研究》第1辑，第374页。
② 刘锡涛：《北朝时期中原地区生活胡风现象》，《北朝研究》第1辑，第370～375页，引用了一些有关婚礼和葬礼习俗的特例，说服力不强。
③ 《旧唐书》卷45。
④ David A. Graff, *Medieval Chinese Warfare*, 是对这个问题的出色研究。

型的中亚装束。这些"胡人"在这个时期的艺术形象中很容易辨识，都是深目、高鼻、卷发、短须①。

很多入华的粟特人都是袄教徒，政府机构里设有管理袄教事务的官职，负责管理袄教社区，文献中也提到过袄寺。袄教在中国的消亡在很大程度上可能与公元9世纪中期对外来宗教的禁毁有关。袄教徒在处理死者遗体时，任由食腐动物吃尽其肉（因为他们认为肉体是不洁的），然后将残骨收集起来，再以不污染土地和水源的方式储藏。这种习俗似乎并不限于粟特人，有文献记载，唐代的太原近郊有人死之后并不装殓，任由肉体被千余只狗食尽，仅剩骨头。新任太原尹很快革除了这种对中国人来说非常恐怖的习俗②。

从广义上来说，佛教传入中国也与胡人密切相关，最早的传法僧人中就有来自波斯、贵霜、印度以及粟特本地的僧人。尽管佛教入华的陆上路线到底是经由丝绸之路，或经丝绸之路绕道青海，还是经由缅滇的南传之路，至今仍有争议，但佛教的地位一旦在中国确立，就渗透到了六朝社会的各个方面。寺庙与僧侣随处可见，青铜佛像铸造之盛可能引起了钱币的短缺，并因此影响到了经济的发展。这个时期的大量艺术作品都与宗教有关，在某种程度上，当时的地方社会组织也承担着发展宗教的职责。一些僧人如慧远等得以跻身于最高的知识分子

---

① 六朝隋唐时期的胡人已引起学者们的广泛关注，如 Etienne de la Vaissière, *Histoire des Marchands Sogdien*. Paris: Institut des Hautes Etudes Chinoises, College de France, 2002, pp. 122 – 153; and Bruce Doar and Susan Dewar, eds., "Zoroastrianism in China," *China Archaeology and Art Digest* 4.1 (December 2000)。

② 《旧唐书》卷112; Bruce Doar and Susan Dewar, eds., "Zoroastrianism in China," *China Archaeology and Art Digest* 4.1 (December 2000): 147。

阶层，当时的文学作品也打上了深深的佛教印记①。

六朝也是道教思想特别活跃的时期，最重要的道教经典就是这个时期写成的②。但这并不等于说儒家思想不再重要。教育、国家礼仪，以及礼仪社会的各项社会准则都是基于儒家经典的，尽管我们也看到这个时期并没有产生重要的儒家注疏。相反，忠于儒家传统与佛教或道教的宗教准则并不冲突③。此外，这也是一个在思想与宗教领域充满了质询、争议与探索的时代，正因为如此，它也被贴上了"黑暗时代"的标签。

六朝时期的南方和北方在很多方面都存在差异，颜之推是生活在南朝的第八代北方移民，西魏恭帝元年（公元554年），西魏陷梁后被俘虏到了北方。他在《颜氏家训》里谈到了多方面的南北方差异，从嫡出子女的社会地位到家中的妇人角色，从待客礼节到亲属称谓和亲疏远近，从奔丧举止到吊唁表达，内容无所不包。不过，他提到的这些行为模式到底具有多少普遍性，我们并不清楚。有人怀疑，颜之推所依据的主要是南方和北方的上层社会生活方式。

南北方的差异也包括语言方面，颜之推将南北方语言上的差异与地形相联系，归纳南方口音的特点是清晰快速，而北方口音沉浊而厚重。他认为南方语言多鄙俗，北方语言多古语。

---

① Erik Zürcher, *the Buddhist Conquest of China: The Spread and Adaptation of Buddhism in Early Medieval* China Leiden: E. J. Brill, 1972, 1, p.32. 罗世平:《汉地早期佛像与胡人流寓地》，《艺术史研究》1999年第1期，第94~99页，这是对早期在华胡人及与佛教关系的全面研究。

② Kristofer Schipper, "Purity and Strangers: Shifting Boundaries in Medieval Taoism," *T'oung Pao.* 80 (1994): 40-46.

③ Albert E. Dien, "Yen Chih-t'ui (531-591+): A Buddho-Confucian," In Arthur F. Wright and Denis Twitchett, eds., *Confucian Personalities.* Stanford: Stanford University Press, 1962, pp. 63-64.

这些特征也影响到了南北的官方用语。马瑞志解释说，南京的官方用语以传统发音为基础，也带有洛阳发音的遗留，但随着时间的推移，又受到南方吴语的影响。这就意味着南朝的官方语言与百姓语言大不相同。而如颜之推所说，北方语言无论朝野都是一样的，表明北方语言具有高度的一致性。不过，颜之推也说北方语言受到夷虏的影响，即鲜卑的土耳其—蒙古语口音或其他语言的影响[①]。

通过近年发现的一幅北齐墓葬壁画，我们可以看到当时北方高级官吏的生活方式处于一种华夷糅杂的状态[②]；同时也使我们看到，当时一方面要维护本民族的传统，另一方面人们却在追求一种糅杂的生活方式。壁画中，墓主人徐显秀（从名字看显然是一位中原人士）与妻坐于榻上，后有屏风，上有帷帐，周围围绕着伎乐、侍者和奴仆等随从，其中一些人手持华盖、扇子和旌旗。在榻上墓主夫妇之间有一堆食物，周围还有一些圈足碗，内盛各种点心。两位仆人手持盘子立于榻前，盘子里的碗和杯都是外黑内红的漆器。

这幅壁画绘的是死者夫妇家居宴享的场景，同时又在侧壁上绘有准备将墓主夫妇带往某处的鞍马和牛车，从场景本身来看，这是一幅传统的中原式构图，但是随从人员都穿着非中原式的紧袖衣服和靴子，有的头上裹着包头巾式的头巾，有的则修过眉，头戴一种后有尾布的小黑帽，这是非常典型的鲜卑

---

① 《颜氏家训·音辞》；Richard B. Mather, "A Note on the Dialects of Luoyang and Nanking during the Six Dynasties," in Tse-tsung Chow, ed., *Wen-lin: Studies in the Chinese Humanities.* Madison: University of Wisconsin Press, 1968, pp. 247–256。
② 常一民：《彩绘的排场》，《文物天地》2003 年第 1 期，第 1 页。

装束。大多数男子都留有短胡须，也说明他们遵循了非汉族的习俗；女子也穿靴子，上穿前面开口的长外套，下穿裙子，上面饰有波斯风格的双兽联珠纹，在马背的鞍布上也饰有波斯风格的边饰。一位伎乐吹着口琴，其他人则在弹奏三角形的竖琴和曲颈琵琶，这是从西方传入中国的乐器。这幅壁画场景所表现的混合型文化，应当是在拓跋氏统治下的中国北方发展起来的，尤其流行于统治阶层之间。这样的场景与最早出现于龙门古阳洞的北魏帝后仪仗行列大相径庭。显然，公元5世纪90年代对鲜卑旧俗的革除（如古阳洞图像所见）并未取得成功。

在鲜卑上层人士墓中也发现了模仿中原房屋的石椁，巫鸿认为这些房形椁表明有些鲜卑人曾试图采取中原式的埋葬方式，从而将自己从局外人（outsider）变为局内人（insider）[1]。这种房形椁的原型可能是四川汉代流行的房形石棺，推测这种埋葬方式是经过道教徒带入中原的，四川的道教徒东迁之后，在北魏时的地位变得更加尊崇。然而，在汉代与北魏之间的这种石椁还没有发现。或许在这个问题上，更重要的是在遥远的北方草原地区巴泽雷克（Pazyryk）出现的公元前5~前4世纪的圆木椁[2]，以及在公元初的诺颜乌拉（Noin-Ula）匈奴墓里出现的木椁[3]。在辽宁发现的慕容鲜卑上层人士墓葬中，在墓

---

[1] Wu Hung, "A Case of Cultural Interaction: House-shaped Sarcophagi of the Northern Dynasties," *Orientations* 34.5 (2002): 41.

[2] Sergei Rudenko, *Frozen Tombs of Siberia: The Pazyryk Burials of Iron-Age Horsemen*. Translated by M. W. Thompson. Berkeley: University of California Press, 1970.

[3] Sueji Umehara, "Studies of Noin-Ula Finds in North Mongolia," *The Toyo Bunko Publications Series* A, No. 27. Tokyo: The Toyo Bunko, 1960.

坑里石砌的墓室也可以看成是一种石椁①。这就意味着大同地区的石椁可能也反映了一种按照中原模式实践的鲜卑丧葬观念。同样,用没有乘骑者的马和牛车将死者的灵魂带入另一个世界的中原式表现方式,与前述以狗陪伴死者的灵魂进入另一个世界的鲜卑式方法得到了融合。上述这些例子反映的是两种文化的融合,而不是文化的同化。一种文化对另一种文化的借鉴和利用与信仰体系是一致的,它并不是对原本价值观的取代。

并不是说中国的传统服饰与生活方式在这个时期的北方完全消失了,尽管出现了很多新的外来文化因素,但中原传统文化依然得以保留,这点从《北齐校书图》的宋代摹本上得以体现,这幅卷轴画描绘的是一群校书的学者,很可能是为了庆祝北齐朝廷于天保七年(公元556年)发起的校勘群书工程②。在画面的中央,七位男子均留长须,头裹巾子,身着传统的中国式长袍,坐于一个巨大的榻上。其中一位手提毛笔正在书写,另一位一手提笔,一手秉书阅读,胳膊伸直。第三位男子正在童子的帮助下穿鞋,作欲离去状,以躲避从打翻的漆碗里流出的液体;而他的一位同僚正抓住腰带作挽留状。这里描绘的可能是夏天的场景,因为这些人穿得都很少,包括一件宽松的裙子和一种穿在胸前、用吊带固定的围裙,还有一件透明的宽边披肩搭在双肩上。榻上除了打翻的碗,还摆放着其他

---

① 尤其值得注意的是冯素弗墓,他是中原人,属北燕统治阶层,但其随葬品却体现出鲜卑式的文化认同感;黎瑶渤:《辽宁北票县西官营子北燕冯素弗墓》,《文物》1973年第3期,第2~28页。此处的重点不是"墓葬代表死者新的家园"这样的老生常谈,而是想强调这种房形椁墓葬的墓室情况。

② 《北齐书》卷45。

很多物品，包括一件放在男子腿上的筝、一些盛满食物的碗、饮酒的玻璃杯、多足砚台以及一只瓶子，瓶子里似乎装满了箭，可能是前面提到的投壶游戏用具。榻的周围立着一些女侍，其中一位怀抱一只矮凳，可能是放在榻上用于倚靠的。在她的后面有几位胡人马夫，站在两匹鞍马的旁边。在卷轴另一端的一位学者有着与榻上男子同样的长须和发饰，但身着新式的草原风格的大衣和靴子，坐在一张折叠椅上校书，旁边的几位侍者有着同样的装束①。因此从这幅画中，我们看到两种生活方式的并存，尽管如前所述，在不同人群中存在关系紧张的现象，甚至有着公开的敌意。

有很多图像描绘了各个社会层面的北方生活图景。墓葬壁画当然反映的是死者的生活，显然只有富人才能建造这样的墓葬，因此这样的壁画内容无疑是关乎上层社会生活方式的。但在西北地区的很多画像砖上，描绘的则是在田间地头劳作的百姓生活场景。这个时期对南方生活状态的描绘却要少得多。也许作于南方的司马金龙墓漆屏风与现存顾恺之画作的晚期摹本一样，描绘的都是宫廷生活场景。不过，邓县画像砖以及"竹林七贤"图像也为我们了解宫廷以外的生活提供了一些资料。南、北方上层社会的生活方式可能有很多相似性，但由于气候、地形的差异，南北方普通百姓的生活方式应该相差较大。

在南方地区也有着文化上的融合，不过它是南迁的北方人

---

① 张安治主编《中国美术全集·绘画编1·原始社会至南北朝绘画》，第170~171页，图版104。此画现藏波士顿美术博物馆，金维诺曾做过研究，参见金维诺《访问波士顿：欧美访问散记之二》，《美术研究》1982年第1期，第81~82页。

与本地人之间的文化融合。南方世居群体要想仕途顺利，就得接受由北方移民精英设定的标准，他们所承受的压力与北方中原人士妥协于鲜卑统治者而承受的压力是一样的。六朝社会和政治领域的对立也影响到了当时的物质文化，不过这种对立的方式尚需进行一些专门的研究，才有可能得出一些恰当的结论。

即使在汉代，南北方的差异无疑也是存在的，但到南北朝分裂的末期，两地的差异已经大相径庭。隋唐的统一将曾经强势的地区性亚文化送到了尽头，不再出现因拥护某一种状态而发生争议的现象（如《洛阳伽蓝记》所载杨元慎就食物问题所发的议论），南北的差异可能已经不再那么明显了。六朝研究的一个重要收获是，它为我们展示了丰富多彩的地域文化差异，而这正是中国文明的一个重要特征。

参考文献

一 中文与日文期刊、集刊

《北京大学学报》(哲学社会科学版)
《美术研究》
《东南文化》
《敦煌研究》
《故宫博物院院刊》
《硅酸盐学报》
《黑龙江文物丛刊》
《河南文博通讯》
《华夏考古》
《湖南考古辑刊》
《印度学佛教学研究》
《江汉考古》
《江西历史文物》
《鉴赏家》
《考古》
《考古通讯》
《考古学报》
《考古学集刊》
《考古与文物》
《古代文化》
《考古学杂志》
《历史地理》
《美术研究》
《南方文物》

《南京大学学报》(哲学·人文科学·社会科学)
《齐鲁学刊》
《青海社会科学》
《西域文化研究》
《陕西历史博物馆馆刊》
《四川文物》
《东方学报》(京都)
《东洋史研究》
《文博》
《文史》
《文物》
《文物参考资料》
《文物春秋》
《文物集刊》
《文物天地》
《文物资料丛刊》
《艺术史研究》
《艺术学》
《中国古陶瓷研究》
《中国考古学会第一次年会论文集》(北京，文物出版社，1980)
《中国考古学会第二次年会论文集》(北京，文物出版社，1982)
《中国考古学会第三次年会论文集》(北京，文物出版社，1984)
《中国考古学会第四次年会论文集》(北京，文物出版社，1985)
《中国考古学会第五次年会论文集》(北京，文物出版社，1988)
《中国历史博物馆馆刊》
《"中央"研究院历史语言研究所集刊》
《中原文物》

二　历史文献

(唐) 李百药:《北齐书》，北京，中华书局，1972。
(唐) 李延寿:《北史》，北京，中华书局，1974。

（明）李时珍：《本草纲目》，合肥，张氏味古斋刻本，1885。

（明）虞世南：《北堂书钞》，台北，文海出版社，1962，重印。

（唐）法琳：《辩正论》，『大正新脩大藏経』52 册，No. 2110。

（唐）姚思廉：《陈书》，北京，中华书局，1973。

（唐）徐坚：《初学记》，北京，中华书局，1962。

（清）顾祖禹：《读史方舆纪要》，台北，新兴书局，1956。

《尔雅》，十三经注疏本。

（唐）道世：《法苑珠林》，『大正新脩大藏経』53 册，No. 2122。

（南宋）志磐：《佛祖统纪》，『大正新脩大藏経』49 册，No. 2035。

（梁）慧皎：《高僧传》，『大正新脩大藏経』50 册，No. 2059。

（唐）道宣：《广弘明集》，『大正新脩大藏経』52 册，No. 2103。

（明）张溥：《汉魏六朝百三家集》，台北，新兴书局，1963。

（南朝宋）范晔：《后汉书》，北京，中华书局，1965。

（唐）道宣：《集古今佛道论衡》，『大正新脩大藏経』52 册，No. 2104。

（唐）道宣：《集神州三宝感通录》，『大正新脩大藏経』52 册，No. 2106。

（梁）萧绎：《金楼子》，台北，台湾商务印书馆（影印文渊阁本），1975。

（唐）房玄龄等：《晋书》，北京，中华书局，1974。

（后晋）刘昫：《旧唐书》，北京，中华书局，1975。

（唐）李翱：《来南录》，台北，新兴书局（唐代丛书），1971。

（唐）姚思廉：《梁书》，北京，中华书局，1973。

（隋）费长房：《历代三宝记》，『大正新脩大藏経』49 册，No. 2034。

（梁）萧统：《六臣注文选》，上海，商务印书馆（四部丛刊本），1929。

（北魏）杨衒之：《洛阳伽蓝记校注》，范祥雍校注，上海，上海古籍出版社，修订本，1978。

（宋）沈括：《梦溪笔谈》，上海，商务印书馆（四部丛刊本），1937。

（梁）萧子显：《南齐书》，北京，中华书局，1972。

（唐）李延寿：《南史》，北京，中华书局，1975。

（清）严可均：《全上古三代秦汉三国六朝文》之《全晋文》，北京，中华书局（影印广州广雅书局本），1958。

（晋）陈寿：《三国志》，北京，中华书局，1962。

（汉）刘熙：《释名》，上海，商务印书馆（四部丛刊本），1929。

《十三经注疏》，台北，艺文印书馆（重印阮元本），1955。

（南朝宋）刘义庆：《世说新语》，上海，商务印书馆（四部丛刊本），1929。

（北魏）郦道元：《水经注》，上海，商务印书馆（四部丛刊本），1929。

（梁）沈约：《宋书》，北京，中华书局，1974。

（唐）魏徵、令狐德棻：《隋书》，北京，中华书局，1973。

（宋）李昉等：《太平广记》，北京，中华书局，1963。

（宋）李昉等：《太平御览》，台北，台湾商务印书馆（重印四部丛刊本），1968。

（日）高楠顺次郎、渡辺海旭都監『大正新脩大藏経』，东京，1924～1932年出版，1962年重印。

（明）宋应星：《天工开物》，上海，国学整理社，1936。

（唐）杜佑：《通典》，上海，商务印书馆（万有文库），1935。

（北齐）魏收：《魏书》，北京，中华书局，1974。

（晋）葛洪：《西京杂记》，上海，商务印书馆（四部丛刊本），1929。

（春秋）晏婴：《晏子春秋》，上海，商务印书馆（四部丛刊本），1929。

（唐）欧阳询：《艺文类聚》，上海，中华书局，1965。

（唐）段成式：《酉阳杂俎》，上海，商务印书馆（四部丛刊本），1929。

（唐）令狐德棻：《周书》，北京，中华书局，1971。

（宋）司马光等：《资治通鉴》，北京，古籍出版社，1956。

（旧题）（春秋）左丘明：《左传》，十三经注疏本。

三　研究论著

1. 中文、日文部分

安家瑶：《北周李贤墓出土的玻璃碗——萨珊玻璃器的发现与研究》，《考古》1986年第2期。

____：《中国的早期玻璃器皿》,《考古学报》1984年第4期。

　　安徽省博物馆清理小组：《安徽合肥东郊古砖墓清理简报》,《考古》1957年第1期。

　　安徽省文物工作队：《安徽南陵县麻桥东吴墓》,《考古》1984年第11期。

　　和县文物组：《安徽和县西晋纪年墓》,《考古》1984年第9期。

　　安徽省文物考古研究所、马鞍山市文化局：《安徽马鞍山东吴朱然墓发掘简报》,《文物》1986年第3期。

　　参见浅见直一郎「中国南北朝時代の葬送文書——北斉武平四年『王江妃随葬衣物疏』を中心に」,『古代文化』42.4（1990）。

　　保全：《西安文管处所藏北朝白石造像和隋鎏金铜像》,《文物》1979年第3期。

　　包头市文物管理处：《包头固阳县发现北魏墓群》,《考古》1987年第1期。

　　北京钢铁学院金属材料系中心化验室：《河南渑池窖藏铁器检验报告》,《文物》1976年第8期。

　　北京市文物工作队：《北京市顺义县大营村西晋墓葬发掘简报》,《文物》1983年第10期。

　　____：《北京西郊发现两西晋墓》,《考古》1964年第4期。

　　____：《北京西郊西晋王浚妻华芳墓清理简报》,《文物》1965年第12期。

　　曹发展：《北周武帝陵志、后志、后玺考》,《中国文物报》1996年8月11日,第3版。

　　曹汛：《北魏刘贤墓志》,《考古》1984年第7期。

　　常青：《汉魏两晋南北朝时期长安佛教与丝绸之路上的石窟遗迹》,《文博》1992年第2期。

　　____：《记榆林发现的刘宋金铜佛像》,《文物》1995年第1期。

　　常叙政、李少南：《山东省博兴县出土一批北朝造像》,《文物》1983年第7期。

　　常一民：《彩绘的排场》,《文物天地》2003年第1期。

　　长沙市文物工作队：《长沙出土南朝徐副买地券》,《湖南考古辑刊》1984年第1辑。

　　____：《长沙发现隋代钱币》,《考古》1983年第1期。

____：《长沙发现一座晋代木椁墓》，《考古学集刊》第 3 辑，北京，中国社会科学出版社，1983。

朝阳地区博物馆、朝阳县文化馆：《辽宁朝阳发现北燕北魏墓》，《考古》1985 年第 10 期。

陈长安：《简述帝王陵墓的殉葬、俑坑与石刻》，《中原文物》1985 年第 4 期。

陈大为：《辽宁北票房身村晋墓发掘简报》，《考古》1960 年第 1 期。

李宇峰：《辽宁朝阳后燕崔遹墓的发现》，《考古》1982 年第 3 期。

陈定荣：《论堆塑瓶》，《中国古陶瓷研究》1987 年第 1 期。

陈海涛：《胡旋舞、胡腾舞与柘枝舞——对安伽墓与虞弘墓中舞蹈归属的浅析》，《考古与文物》2003 年第 3 期。

陈丽琼：《试谈四川古代瓷器的发展及工艺》，四川省史学会《四川省史学会史学论文集》，成都，四川人民出版社，1982。

陈显双、朱世鸿：《四川开县红华村崖墓清理简报》，《考古与文物》1989 年第 1 期。

陈增弼：《汉、魏、晋独坐式小榻初论》，《文物》1979 年第 9 期。

____：《论汉代无桌》，《考古与文物》1982 年第 5 期。

陈志学：《隋唐时代的围棋》，《四川文物》1988 年第 5 期。

程欣人：《武昌东吴墓中出土的佛像散记》，《江汉考古》1989 年第 1 期。

程朱海：《试探我国古代玻璃的发展》，《硅酸盐学报》1981 年第 1 期。

成都市文物考古工作队、成都市文物考古研究所：《成都市西安路南朝石刻造像清理简报》，《文物》1998 年第 11 期。

川勝義雄：「劉宋政權の成立と寒門武人——貴族制との関連において」，東京，『東方學報』36（1964）。

磁县文化馆：《河北磁县北齐高润墓》，《考古》1979 年第 3 期。

____：《河北磁县东陈村北齐尧峻墓》，《文物》1984 年第 4 期。

____：《河北磁县东陈村东魏墓》，《考古》1977 年第 6 期。

____：《河北磁县东魏茹茹公主墓发掘简报》，《文物》1984 年第 4 期。

崔陈：《江安县黄龙乡魏晋石室墓》，《四川文物》1989 年第 1 期。

崔璿：《石子湾北魏古城的方位、文化遗存及其它》，《文物》1980年第8期。

代尊德：《太原北魏辛祥墓》，《考古学集刊》第1辑，北京，中国社会科学出版社，1981。

道生：《朝鲜平安南道顺川郡龙凤里辽东城冢调查报告》，《考古》1960年第1期。

大同市博物馆：《大同东郊北魏元淑墓》，《文物》1989年第8期。

———：《山西大同南郊出土北魏鎏金铜器》，《考古》1983年第11期。

大同市博物馆、山西省文物工作委员会：《大同方山北魏永固陵》，《文物》1978年第7期。

《大同南郊北魏遗址》，《文物》1972年第1期。

邓宏里、蔡全法：《沁阳县西向发现北朝墓及画像石棺床》，《中原文物》1983年第1期。

丁福保：《说文解字诂林》，上海，医学书局，1930。

丁明夷：《谈山东博兴出土的铜佛造像》，《文物》1984年第5期。

———：《中国早期佛教造像的特点》，《中原文物》1985年特刊。

董广强：《麦积山石窟崖阁建筑初探敦煌研究》，《敦煌研究》1998年第3期。

董理：《"隋琉璃、玛瑙围棋子"考辨》，《考古与文物》2001年第5期。

董玉祥：《麦积山石窟的分期》，《文物》1983年第6期。

杜迺松：《三国两晋南北朝至隋唐时期的青铜器综论》，《故宫博物院院刊》1988年第4期。

杜在忠、韩岗：《山东诸城佛教石造像》，《考古学报》1994年第2期。

（清）端方：《陶斋藏石记》，严耕望辑《石刻史料丛书》，台北，艺文印书馆，1966。

段鹏琦：《汉魏洛阳城的几个问题》，《中国考古学研究——夏鼐先生考古五十年纪念论文集》，北京，文物出版社，1986。

敦煌文物研究所编《敦煌莫高窟》，《中国石窟》卷5，北京，文物出版社，1981。

敦煌文物研究所考古组：《敦煌晋墓》，《考古》1974年第3期。

_____：《敦煌莫高窟北朝壁画中的建筑》,《考古》1976年第2期。

敦煌研究所：《敦煌》,南京,江苏美术出版社,兰州,甘肃人民出版社,1990。

鄂城县博物馆：《鄂城东吴孙将军墓》,《考古》1978年第3期。

_____：《湖北鄂城发现古井》,《考古》1978年第5期。

_____：《湖北鄂城四座吴墓发掘报告》,《考古》1982年第3期。

范淑英：《汉魏晋南北朝时期佛教对工艺美术的影响》,《陕西历史博物馆馆刊》1995年第2期。

范文澜：《中国通史简编》,北京,人民出版社,1969。

房道国：《济南市出土北朝石造像》,《考古》1994年第6期。

方闻：《传顾恺之"女史箴图"与中国古代艺术史》,《文物》2003年第2期。

冯承泽、杨鸿勋：《洛阳汉魏故城圆形建筑遗址初探》,《考古》1990年第3期。

冯普仁：《南朝墓葬的类型与分期》,《考古》1985年第3期。

冯先铭：《河北磁县贾壁村隋青瓷窑址初探》,《考古》1959年第10期。

冯沂：《山东临沂发现北魏太和元年石造像》,《文物》1986年第10期。

傅江：《从容出入望若神仙——试论六朝士族的服饰文化》,《东南文化》1966年第1期。

傅举有：《论秦汉时期的博具、博戏兼及博局纹镜》,《考古学报》1986年第1期。

傅乐成：《荆州与六朝政局》,《汉唐史论集》,台北,联经出版事业公司,1977。

傅熹年：《麦积山石窟中所反映出的北朝建筑》,《文物资料丛刊》第4辑,北京,文物出版社,1981。

福建省博物馆：《福建闽侯南屿南朝墓》,《考古》1980年第1期。

_____：《福州屏山南朝墓》,《考古》1985年第1期。

政和县文化馆：《福建政和松源新口南朝墓》,《文物》1986年第5期。

甘肃省博物馆：《从嘉峪关魏晋墓壁画看河西地区实行的法治措施》,《文物》1976年第2期。

____：《酒泉、嘉峪关晋墓的发掘》，《文物》1979年第6期。

____：《武威雷台汉墓》，《考古学报》1974年第2期。

嘉峪关市文物保管所：《嘉峪关魏晋墓室壁画的题材和艺术价值》，《文物》1974年第9期。

甘肃省敦煌县博物馆：《敦煌佛爷庙湾五凉时期墓葬发掘简报》，《文物》1983年第10期。

甘肃省文物考古研究所编《酒泉十六国墓壁画》，北京，文物出版社，1989。

赣州市博物馆：《江西赣县南齐墓》，《考古》1984年第4期。

高次若：《北周大司马杨坚造铜佛像》，《考古与文物》1983年第6期。

高军、蒋明明：《对越窑青瓷魂瓶的思考》，《南方文物》1994年第4期。

贡昌：《谈婺州窑》，文物编辑委员会编《中国古代窑址调查发掘报告集》，北京，文物出版社，1984。

____：《浙江武义县管湖三国婺州窑》，《考古》1983年第6期。

官大中：《龙门石窟中的北魏建筑》，中国古都学会编《中国古都研究》，杭州，浙江人民出版社，1985。

____：《试论洛阳关林陈列的几件北魏陵墓石刻艺术》，《文物》1982年第3期。

顾承峰：《镇墓俑兽形制演变析》，《文物天地》1988年第3期。

管维良：《汉魏六朝铜镜中神兽图像及有关铭文考释》，《江汉考古》1983年第3期。

管玉春：《试论南京六朝陵墓石刻艺术》，《文物》1981年第8期。

广东省博物馆：《广东梅县古墓葬和古窑址调查发掘简报》，《考古》1987年第3期。

____：《广东始兴晋唐墓发掘报告》，《考古学集刊》第2辑，1982。

汕头地区文化局、揭阳县博物馆：《广东揭阳东晋、南朝、唐墓发掘简报》，《考古》1984年第10期。

广东省文物工作队：《广东梅县大墓及晋、唐墓清理简报》，《考古通讯》1956年第5期。

广东省文物管理委员会：《广东韶关六朝隋唐墓葬清理简报》，《考古》1965年第5期。

广西梧州市博物馆:《广西苍梧倒水南朝墓》,《文物》1981 年第 12 期。

——:《梧州市晋墓南朝墓发掘简报》,《文物资料丛刊》第 8 辑,北京,文物出版社,1983。

广西壮族自治区文物工作队:《广西贺县两座东吴墓》,《考古与文物》1984 年第 4 期。

——:《广西融安安宁南朝墓发掘简报》,《考古》1984 年第 7 期。

——:《广西永福县寿城南朝墓》,《考古》1983 年第 7 期。

——:《广西壮族自治区融安县南朝墓》,《考古》1983 年第 9 期。

广州市文物管理委员会:《广州沙河镇狮子岗晋墓》,《考古》1961 年第 5 期。

——:《广州市西北郊晋墓清理简报》,《考古通讯》1955 年第 5 期。

广州市文物管理委员会考古组:《广州沙河顶西晋墓》,《考古》1985 年第 9 期。

贵州省博物馆:《贵州清镇平坝汉至宋墓发掘简报》,《考古》1961 年第 4 期。

贵州省博物馆:《贵州平坝县尹关六朝墓》,《考古》1959 年第 1 期。

贵州省博物馆考古组:《贵州平坝马场东晋南朝墓发掘简报》,《考古》1973 年第 6 期。

郭建邦:《北魏宁懋石室和墓志》,《河南文博通讯》1980 年第 2 期。

郭黎安:《魏晋北朝邺都兴废的地理原因》,刘心长、马忠理主编《邺城暨北朝史研究》,石家庄,河北人民出版社,1991。

郭勇:《山西太原西郊发现石刻造像简报》,《文物》1955 年第 3 期。

郭素新:《内蒙古呼和浩特北魏墓》,《文物》1977 年第 5 期。

郭演仪、王寿英、陈尧成:《中国历代南北方青瓷的研究》,《硅酸盐学报》1980 年第 3 期。

郭义孚:《邺南城朱明门复原研究》,《考古》1996 年第 1 期。

国家文物局古文献研究室等编《吐鲁番出土文书》(10 册),北京,文物出版社,1981~1991。

固原县文物工作站：《宁夏固原北魏墓清理简报》，《文物》1984年第6期。

韩国磐：《魏晋南北朝史纲》，北京，人民出版社，1983。

韩孔乐、罗丰：《固原北魏墓漆棺的发现》，《美术研究》1984年第2期。

韩顺发：《北齐黄釉扁壶乐舞图像的初步分析》，《文物》1980年第7期。

韩伟：《北周安伽墓围屏石榻之相关问题浅见》，《文物》2001年第1期。

汉中市博物馆：《汉中市崔家营西魏墓清理记》，《考古与文物》1981年第2期。

郝红星、张倩、李扬：《中原唐墓中的明器神煞制度》，《华夏考古》2000年第4期。

原田淑人『增補漢六朝の服飾』，『東洋文庫論叢』（49），東京，東洋文庫，1967。

長谷川道隆：「北朝時代の武士陶俑」，『古代文化』41.4（1989）。

林巳奈夫：『漢代の文物』，京都大学人文科学研究所，1976。

贺云翱等编《佛教初传南方之路文物图录》，北京，文物出版社，1993。

何志国：《四川绵阳何家山1号东汉崖墓清理简报》，《文物》1991年第3期。

____：《四川早期佛教造像滇缅道传入论》，《东南文化》1994年第1期。

贺中香、喻少英：《鄂城六朝文物的佛像装饰与南方佛教》，《文物》1997年第6期。

河北临漳县文物保管所：《河北邺南城附近出土北朝石造像》，《文物》1980年第9期。

河北省博物馆文物管理处：《河北曲阳发现北魏墓》，《考古》1972年第5期。

河北省沧州地区文化馆：《河北省吴桥四座北朝墓葬》，《文物》1984年第9期。

河北省文管处：《河北景县北魏高氏墓发掘简报》，《文物》1979年第3期。

河南省博物馆:《河南安阳北齐范粹墓发掘简报》,《文物》1972年第1期。

河南省文化局文物工作队:《一九五五年洛阳涧西区北朝及隋唐墓发掘报告》,《考古学报》1959年第2期。

——:《邓县彩色画像砖墓》,北京,文物出版社,1958。

——:《河北定县出土北魏石函》,《考古》1966年第5期。

——:《洛阳北魏长陵遗址调查》,《考古》1966年第3期。

河南省文化局文物工作队第二队:《洛阳晋墓的发掘》,《考古学报》1957年第1期。

洪晴玉:《关于冬寿墓的发现和研究》,《考古》1959年第1期。

洪涛:《五凉史略》,北京,中国社会科学出版社,1992。

洪廷彦:《"南方经济大发展,北方民族大融合"质疑》,《中国历史博物馆馆刊》1979年第1期。

侯鸿钧、李德方:《洛阳新发现的石刻造像》,《中原文物》1982年第3期。

胡文彦:《魏晋南北朝时期佛教对家具的影响》,《故宫博物院院刊》1992年第2期

华东文物工作队:《南京幕府山六朝墓清理简报》,《文物》1956年第6期。

华东文物工作队清理小组:《江苏宜兴周墓墩古墓清理简报》,《文物参考资料》1953年第8期。

黄承宗:《西昌东汉魏晋时期砖室墓葬调查》,《考古与文物》1983年第1期。

黄汉杰:《福建闽侯关口桥头山发现古墓》,《考古》1965年第8期。

黄明兰:《洛阳北魏景陵位置的确定和静陵位置的推测》,《文物》1978年第7期。

——:《洛阳北魏世俗石刻线画集》,北京,人民出版社,1987。

——:《西晋裴祇和北魏元暐两墓拾零》,《文物》1982年第1期。

黄明兰、苏健:《洛阳古墓博物馆》,北京,朝华出版社,1987。

黄淑梅:《六朝太湖流域的发展》,《台湾师范大学历史研究所专刊》(4),1979。

黄天水:《福建省龙贩山发现一座南朝砖室墓》,《文物参考资料》

1957年第10期。

黄文弼:《吐鲁番考古记》,北京,科学出版社,1956。

黄展岳:《中国西安、洛阳汉唐陵墓的调查与发掘》,《考古》1981年第6期。

湖北省博物馆:《鄂城两座晋墓的发掘》,《江汉考古》1984年第3期。

____:《湖北汉阳蔡甸一号墓清理》,《考古》1966年第4期。

____:《武昌石牌岭南朝墓清理简报》,《江汉考古》1989年第1期。

____:《宜昌市一中三国吴墓清理简报》,《江汉考古》1983年第2期。

湖北省文物管理委员会:《武昌莲溪寺东吴墓清理简报》,《考古》1959年第4期。

惠民地区文物管理组:《山东无棣出土北齐造像》,《文物》1983年第7期。

湖南省博物馆:《长沙两晋南朝隋墓发掘报告》,《考古学报》1959年第3期。

____:《长沙南郊的两晋南朝隋代墓葬》,《考古》1965年第5期。

____:《湖南资兴晋南朝墓》,《考古学报》1984年第3期。

湖南省文物管理委员会:《长沙烂泥冲齐代砖室墓清理简报》,《文物参考资料》1957年第12期。

____:《湖南常德西郊古墓葬群清理小结》,《文物参考资料》1955年第5期。

纪仲庆:《扬州古城址变迁初探》,《文物》1979年第9期。

贾士蘅:《中国上古时代的坐姿与坐具》,宋文薰等主编《历史考古与文化——庆祝高晓梅教授八十大寿纪年论文集》,台北,正中书局,1991。

简又文:《广东书画鉴藏记》,《广东文献》第2卷第4期,1972。

清华大学建筑材料研究院、中国社会科学院考古研究所:《中国早期玻璃器检验报告》,《考古学报》1984年第4期。

江达煌:《邺城六代建都述略——附论曹操都邺原因》,《文物春秋》1992年增刊。

江若是:《从"荀岳""左棻"两墓志中得到的晋陵线索和其他》,

《文物》1961年第10期。

蒋赞初:《长江中游六朝墓葬的分期和断代》,《中国考古学会第三次年会论文集》(1981),北京,文物出版社,1984。

——:《鄂城六朝考古散记》,《江汉考古》1983年第1期。

——:《关于长江下游六朝墓葬的分期和断代问题》,《中国考古学会第二次年会论文集》(1980),北京,文物出版社,1982。

——:《南京东晋帝陵考》,《东南文化》1992年第3~4期。

李晓晖、贺中香:《六朝武昌城初探》,《中国考古学会第五次年会论文集》(1985),北京,文物出版社,1988。

熊海堂:《湖北鄂城六朝考古的主要收获》,《中国考古学会第四次年会论文集》(1983),北京,文物出版社,1985。

江苏省文物管理委员会:《江宁县黄家营第五号六朝墓清理简报》,《文物》1956年第1期。

江西省博物馆:《江西南昌东汉、东吴墓》,《考古》1978年第3期。

——:《江西南昌晋墓》,《考古》1974年第6期。

江西省博物馆考古队:《江西南昌市郊南朝墓发掘简报》,《考古》1962年第4期。

江西省历史博物馆:《江西南昌市东吴高荣墓的发掘》,《考古》1980年第3期。

江西省文物工作队:《江西靖安虎山西晋、南朝墓》,《考古》1987年第6期。

江西省文物工作队、新干县文物陈列室:《江西新干县西晋墓》,《考古》1983年第12期。

江西省文物管理委员会:《江西的汉墓与六朝墓葬》,《考古通讯》1957年第1期。

——:《江西南昌徐家坊六朝墓清理简报》,《考古》1965年第9期。

——:《江西清江隋墓发掘简报》,《考古》1960年第1期。

——:《江西清江洋湖晋墓和南朝墓》,《考古》1965年第4期。

江西省文物考古研究所、南昌市博物馆:《南昌火车站东晋墓葬群发掘简报》,《文物》2001年第2期。

嘉峪关市文物管理所:《嘉峪关新城十二、十三号画像砖墓发掘简报》,《文物》1982 年第 8 期。

嘉峪关市文物清理小组:《嘉峪关汉画像砖墓》,《文物》1972 年第 12 期。

吉林省博物馆文物工作队:《吉林集安的两座高句丽墓》,《考古》1977 年第 2 期。

金发根:《永嘉乱后北方的豪族》,台北,"中国学术著作奖助委员会",1964。

晋华、吴建国:《山西寿阳出土一批东魏至唐代铜造像》,《文物》1991 年第 2 期。

金申:《榆林发现的刘宋金铜佛像质疑》,《文物》1995 年第 12 期。

金维诺:《访问波士顿——欧美访问散记之二》,《美术研究》1982 年第 1 期。

靳之林:《陕北发现一批北朝石窟和摩崖造像》,《文物》1989 年第 4 期。

济南市博物馆:《济南市马家庄北齐墓》,《文物》1985 年第 10 期。

荆州专区博物馆:《公安县发现一座晋墓》,《文物》1966 年第 3 期。

金华地区文管会:《浙江金华古方六朝墓》,《考古》1984 年第 9 期。

酒泉市博物馆编著《酒泉文物精萃》,北京,中国青年出版社,1998。

『黄河文明展』,東京,中日新聞社,1986。

駒井和愛:『中國考古學論叢』,東京,慶友社,1974。

小南一郎:「神亭壺と東呉の文化」,京都,『東方學報』65(1995)。

孔祥星、刘一曼:《中国古代铜镜》,北京,文物出版社,1984。

孔祥勇、骆子昕:《北魏洛阳的城市水利》,《中原文物》1988 年第 4 期。

熊谷宣夫:「橘師將來吐魯番出土紀年文書」,『美術研究』213(1960)。

劳榦:《汉隋之间的车驾制度跋》,《"中央"研究院历史语言研究所集刊》第 63 本第 2 分,1993。

_____:《六博及博局的演变》,《"中央"研究院历史语言研究所集刊》第 35 本，1964。

乐山市文化局：《四川乐山麻浩一号崖墓》，《考古》1990 年第 2 期。

李辉柄：《略谈我国青瓷的出现及其发展》，《文物》1981 年第 10 期。

李鉴昭：《试说六朝墓中出土凭几的正名与用途》，《考古通讯》1956 年第 5 期。

李鉴昭、屠思华：《南京石门坎乡六朝墓清理记》，《考古》1958 年第 9 期。

李俊清：《北魏金陵地理位置的初步考察》，《文物集刊》1990 年第 1 期。

李科友、刘晓祥：《江西九江县发现六朝寻阳城址》，《考古》1987 年第 7 期。

李庆发：《辽阳上王家村晋代壁画墓清理简报》，《文物》1959 年第 7 期。

李清泉：《济南地区石窟、摩崖造像调查与初步研究》，《艺术史研究》2000 年第 2 期。

李少南：《山东博兴出土百余件北魏至隋代铜造像》，《文物》1984 年第 5 期。

李蔚然：《东晋帝陵有无石刻考》，《东南文化》1987 年第 3 期。

——：《论南京地区六朝墓的葬地选择和排葬方法》，《考古》1983 年第 4 期。

——：《南京富贵山发现晋恭帝玄宫石碣》，《考古》1961 年第 5 期。

——：《南京六朝墓葬》，《文物》1959 年第 4 期。

李文生：《龙门石窟的音乐史资料》，《中原文物》1982 年第 3 期。

李献奇：《北魏正光四年翟兴祖等人造像碑》，《中原文物》1985 年第 2 期。

黎瑶渤：《辽宁北票县西官营子北燕冯素弗墓》，《文物》1973 年第 3 期。

李亚太：《甘肃甘谷大像山石窟》，《文物》1991 年第 1 期。

李勇、刘军：《山西省武乡县党城村出土七件北朝铜造像》，《文物》1984 年第 5 期。

李裕群:《试论成都地区出土的南朝佛教石造像》,《文物》2000 年第 2 期。

────:《天龙山石窟调查报告》,《文物》1991 年第 1 期。

李域铮、冈翎君:《陕西省博物馆藏的一批造像》,《文博》1988 年第 4 期。

李兆成:《漫谈魏晋时的围棋》,《四川文物》2001 年第 3 期。

李知宴:《三国、两晋、南北朝制瓷业的成就》,《文物》1979 年第 2 期。

────:《西安地区隋唐墓葬出土陶瓷的初步研究》,《考古与文物》1981 年第 1 期。

李众:《中国封建社会前期钢铁冶炼技术发展的探讨》,《考古学报》1975 年第 2 期。

黎忠义:《汉—唐镶嵌金细工工艺探析》,《东南文化》1985 年第 1 期。

李宗道、赵国壁:《洛阳 16 工区曹魏墓清理》,《考古》1958 年第 7 期。

梁友仁:《广西贵县发现的陶"虎子"》,《考古通讯》1957 年第 6 期。

辽宁省博物馆:《辽宁本溪晋墓》,《考古》1984 年第 8 期。

辽宁省博物馆文物队、朝阳地区博物馆文物队、朝阳县文物馆:《朝阳袁台子东晋壁画墓》,《文物》1984 年第 6 期。

辽宁省文物考古研究所、朝阳市博物馆:《朝阳王子坟山墓群 1987、1990 年度考古发掘的主要收获》,《文物》1997 年第 11 期。

────:《朝阳十二台乡砖厂 88M1 发掘简报》,《文物》1997 年第 11 期。

辽阳市文物管理所:《辽阳发现三座壁画墓》,《考古》1980 年第 1 期。

林树中主编《中国美术全集·雕塑编 3·魏晋南北朝雕塑》,北京,人民美术出版社,1988。

刘敦桢:《中国古代建筑史》,北京,中国建筑工业出版社,1984。

刘凤君:《东汉南朝陵墓前石兽造型初探》,《考古与文物》1986 年第 3 期。

────:《东汉魏晋陵墓神道石刻的造型艺术》,《美术研究》1987 年第 3 期。

_____：《南北朝石刻墓志形制探源》，《中原文物》1988 年第 2 期。

刘慧达：《北魏石窟与禅》，《考古学报》1978 年第 3 期。

刘建国：《东晋青瓷的分期与特色》，《文物》1989 年第 1 期。

刘建国、高岚：《试论六朝钱帛货币的历史地位》，《江汉考古》1989 年第 2 期。

刘淑芬：《六朝的城市与社会》，台北，学生书局，1992。

_____：《六朝时代的建康》，台湾大学 1982 年博士学位论文。

_____：《三至六世纪浙东地区经济的发展》，《"中央"研究院历史语言研究所集刊》第 58 本第 3 分，1987。

刘涛：《魏晋南朝的禁碑与立碑》，《故宫博物院院刊》2001 年第 3 期。

刘炜：《三国时期陵寝制度的衰落及其根源》，《四川文物》1986 年第 1 期。

刘锡涛：《北朝时期中原地区的生活胡风现象》第 1 辑，北京，北京燕山出版社，1999。

刘心长、马忠理主编《邺城暨北朝史研究》，石家庄，河北人民出版社，1991。

刘兴：《江苏句容县发现东吴铸钱遗物》，《文物》1983 年第 1 期。

刘彦军：《简论五朝十六国和北朝时期的北方墓葬》，《中原文物》1986 年第 3 期。

刘玉新：《山东省东阿县曹植墓的发掘》，《华夏考古》1999 年第 1 期。

刘增贵：《汉隋之间的车驾制度》，《"中央"研究院历史语言研究所集刊》第 63 本第 2 分，1993。

刘志远：《成都天回山崖墓清理记》，《考古学报》1985 年第 1 期。

刘志远、刘廷璧：《成都万佛寺石刻艺术》，北京，中国古典艺术出版社，1958。

柳涵：《邓县画像砖墓的时代和研究》，《考古》1959 年第 5 期。

_____：《漫谈中国古代的莲荷图案》，《文物》1958 年第 9 期。

龙门文物保管所编《龙门石窟》，北京，文物出版社，1980。

罗二虎：《四川崖墓的初步研究》，《考古学报》1988 年第 2 期。

_____：《四川崖墓开凿技术探索》，《四川文物》1987 年第 2 期。

罗丰:《北周李贤墓出土的中亚风格鎏金银瓶——以巴克特里亚金属制品为中心》,《考古学报》2000年第3期。

罗世平:《汉地早期佛像与胡人流寓地》,《艺术史研究》(1),广州,中山大学出版社,1999。

骆子昕:《汉魏洛阳城址考辨》,《中原文物》1988年第2期。

罗宗真:《江苏六朝城市的考古探索》,《中国考古学会第五次年会论文集》(1985),北京,文物出版社,1988。

——:《江苏宜兴晋墓发掘报告》,《考古学报》1957年第4期。

——:《六朝陵墓及其石刻》,《南京博物院集刊》,1979。

——:《六朝陵墓埋葬制度综述》,《中国考古学会第一次年会论文集》(1979),北京,文物出版社,1980。

——:《南京西善桥油坊村南朝大墓的发掘》,《考古》1963年第6期。

洛阳博物馆:《河南洛阳北魏元乂墓调查》,《文物》1974年第12期。

——:《洛阳北魏画象石棺》,《考古》1980年第3期。

——:《洛阳北魏元邵墓》,《考古》1973年第4期。

洛阳古代艺术馆:《洛阳魏唐造像碑摭说》,《文物》1984年第5期。

洛阳文物工作队编《洛阳出土文物集粹》,北京,朝华出版社,1990。

洛阳市文物工作队:《洛阳曹魏正始八年墓发掘报告》,《考古》1989年第4期。

——:《洛阳涧水东岸发现一座北周墓葬》,《中原文物》1984年第3期。

洛阳市第二文物工作队:《北魏孝文帝长陵的调查和钻探——"洛阳邙山陵墓群考古调查与勘探"项目工作报告》,《文物》2005年第7期。

马长寿:《乌桓与鲜卑》,上海,上海人民出版社,1962。

马承源、岳峰编《新疆维吾尔自治区丝路考古珍品》,上海,上海译文出版社,1998。

马德:《敦煌壁画中的多轮车与椅轿》,《敦煌研究》2001年第2期。

马国翰：《玉函山房辑佚书》，台北，文海出版社，1967，重印。

马雍：《北魏封和突墓及其出土的波斯银盘》，《文物》1983 年第 8 期。

马玉基：《大同市小站村花圪塔台北魏墓清理简报》，《文物》1983 年第 8 期。

〔日〕町田章：《南齐帝陵考》，劳继译，《东南文化》1986 年第 2 期。

麦英豪、黎金：《广州西郊晋墓清理报导》，《文物》1955 年第 3 期。

B. I. マルシーヤーク、穴沢咊光（Marshak, Boris, and Anazawa Wakō）：「北周李賢夫妻墓とその銀製水瓶について」，『古代文化』41.4（1989）。

孟凡人：《北魏洛阳外郭城形制初探》，《中国历史博物馆馆刊》(4)，1982。

孟县人民文化馆：《河南省孟县出土北魏司马悦墓志》，《考古》1983 年第 3 期。

米士诚、苏健：《洛阳藏镜述论》，《考古与文物》1987 年第 4 期。

渑池县文化馆、河南省博物馆：《渑池县发现的古代窖藏铁器》，《文物》1976 年第 8 期。

绵阳博物馆：《四川绵阳西山六朝崖墓》，《考古》1990 年第 11 期。

缪启愉校释《齐民要术校释》，北京，农业出版社，1982。

宫川尚志：『六朝史研究：政治－社会篇』，東京，日本学術振興会，1956。

宫崎市定：「六朝時代華北の都市」，『東洋史研究』20.2（1961）。

水野清一、長廣敏雄：『龍門石窟の研究』，京都，同朋舎，1941。

——：『河北磁縣・河南武安　響堂山石窟：河北河南省境にるお北斉時代の石窟寺院』，京都，東方文化学院京都研究所，1937。

——：『雲崗石窟』16 冊，京都，京都大学人文科学研究所，1952～1956。

諸橋轍次：『大漢和辭典』13 卷，東京，大修館書店，1955～1960。

長廣敏雄：『六朝時代美術の研究』，東京，美術出版社，1969。

——：《中国的石窟寺》，敦煌文物研究所编《敦煌莫高窟》1，北京，文物出版社，1981。

南波：《南京西岗西晋墓》，《文物》1976 年第 3 期。

南京博物院：《江苏丹阳胡桥南朝大墓及砖刻壁画》，《文物》1974 年第 2 期。

____：《江苏丹阳县胡桥、建山两座南朝墓葬》，《文物》1980 年第 2 期。

____：《江苏溧阳果园东晋墓》，《考古》1973 年第 4 期。

____：《江苏吴县何山东晋墓》，《考古》1987 年第 3 期。

____：《江苏宜兴晋墓的第二次发掘》，《考古》1977 年第 2 期。

____：《梁朝桂阳王萧象墓》，《文物》1990 年第 8 期。

____：《南京邓府山古残墓二次至四次清理简介》，《文物参考资料》1955 年第 11 期。

____：《南京富贵山东晋发掘报告》，《考古》1966 年第 4 期。

____：《南京市卫岗西晋墓清理简报》，《文物》1983 年第 10 期。

____：《南京童家山南朝墓清理简报》，《考古》1985 年第 1 期。

____：《南京尧化门南朝梁墓发掘简报》，《文物》1981 年第 12 期。

____：《扬州古城 1978 年调查发掘简报》，《文物》1979 年第 9 期。

南京博物院、南京市文物保管委员会：《南京栖霞山甘家巷六朝墓群》，《考古》1976 年第 5 期。

南京博物院、南京市文物保管委员会、江苏省文物管理委员会、江苏省博物馆合编《江苏省出土文物选集》，北京，文物出版社，1963。

南京大学历史系考古组：《南京大学北园东晋墓》，《文物》1973 年第 4 期。

____：《江苏南京仙鹤观东晋墓》，《文物》2001 年第 3 期。

南京市博物馆：《南京北郊东晋墓发掘简报》，《考古》1983 年第 4 期。

____：《南京北郊郭家山东晋墓葬发掘简报》，《文物》1981 年第 12 期。

____：《南京郊区两座南朝墓》，《考古》1983 年第 4 期。

____：《南京郊县四座吴墓发掘简报》，《文物资料丛刊》第 8 辑，北京，文物出版社，1983。

____：《南京迈皋桥小营村发现东晋墓》，《考古》1991 年第 6 期。

____：《南京幕府山东晋墓》，《文物》1990 年第 8 期。

____：《南京前新塘南朝墓葬发掘简报》，《文物》1989 年第 4 期。

————:《南京象山 5 号、6 号、7 号墓清理简报》,《文物》1972 年第 11 期。

————:《南京油坊桥发现一座南朝画像砖墓》,《考古》1990 年第 10 期。

南京市博物馆、江宁县文管会:《江苏江宁县下坊村东晋墓的清理》,《考古》1998 年第 8 期。

南京市文物保管委员会:《南京板桥镇石闸湖晋墓清理简报》,《文物》1965 年第 6 期。

————:《南京郊区两座南朝墓清理简报》,《文物》1980 年第 2 期。

————:《南京象山东晋王丹虎墓和二、四号墓发掘简报》,《文物》1965 年第 10 期。

内蒙古文物工作队:《内蒙古呼和浩特美岱村北魏墓》,《考古》1962 年第 2 期。

————:《内蒙古文物资料选辑》,呼和浩特,内蒙古人民出版社,1969。

内蒙古文物工作队、包头市文物管理所:《内蒙古白灵淖城圐圙北魏古城遗址调查与试掘》,《考古》1984 年第 2 期。

内蒙古文物工作队、内蒙古博物馆:《呼和浩特市附近出土的外国金银币》,《考古》1975 年第 3 期。

内蒙古自治区文物工作队:《和林格尔汉墓壁画》,北京,文物出版社,1978。

————:《和林格尔县土城子试掘记要》,《文物》1961 年第 9 期。

宁夏固原博物馆编《固原北魏墓漆棺画》,银川,宁夏人民出版社,1988。

————:《彭阳新集北魏墓》,《文物》1988 年第 9 期。

宁夏回族自治区博物馆、宁夏固原博物馆:《宁夏固原北周李贤夫妇墓发掘简报》,《文物》1985 年第 11 期。

宁夏回族自治区固原博物馆、中日原州联合考古队编《原州古墓集成》,北京,文物出版社,1999。

钮仲勋:《魏晋南北朝矿业的分布与发展》,《历史地理》1982 年第 2 期。

小笠原宣秀:「西域出土の厭勝祈願文について」,『印度學佛教學研究』5.2(1957)。

____：「吐魯番出土の宗教生活文書」,『西域文化研究』3（1960）。

　　大櫛敦弘：「中國古代における鐵製農具の生產と流通」,『東洋史研究』49.4（1991）。

　　大阪市立美術館：『六朝の美術』,東京,平凡社,1976。

　　裴淑兰、冀艳坤：《河北省征集的部分十六国北朝佛教铜造像》,《文物》1998 年第 7 期。

　　平江、许智范：《江西吉安县南朝齐墓》,《文物》1980 年第 2 期。

　　璞石：《辽宁朝阳袁台子北燕墓》,《文物》1994 年第 11 期。

　　齐东方：《三国两晋南北朝时期衻的葬墓》,《考古》1991 年第 10 期。

　　祁海宁、华国荣、张金喜：《江苏南京市富贵山六朝墓地发掘简报》,《考古》1998 年第 8 期。

　　齐心、呼玉衡：《大代鎏金铜造像》,《文物》1980 年第 3 期。

　　祁英涛：《中国古代建筑的脊饰》,《文物》1978 年第 3 期。

　　____：《中国早期木结构建筑的时代特征》,《文物》1983 年第 4 期。

　　钱国祥：《汉魏洛阳城出土瓦当的分期与研究》,《考古》1996 年第 10 期。

　　谦逊：《浙江绍兴富盛战国窑址》,《考古》1979 年第 3 期。

　　秦光杰：《江西南昌市郊吴永安六年墓》,《考古》1965 年第 5 期。

　　秦佩珩：《邺城考》,《河南文博通讯》1979 年第 1 期。

　　清华大学建筑材料研究院、中国社会科学院考古研究所：《中国早期玻璃器检验报告》,《考古学报》1984 年第 4 期。

　　清江县博物馆：《清江县山前南朝墓》,《江西历史文物》1981 年第 1 期。

　　邱百明：《从安阳隋墓中出土的围棋盘谈围棋》,《中原文物》1981 年第 3 期。

　　全洪：《试论东汉魏晋南北朝时期的铁镜》,《考古》1994 年第 12 期。

　　全国基本建设工程中出土文物展览会工作委员会：《全国基本建设工程中出土文物展览图录》,北京,中国古典艺术出版社,1955。

　　衢县文化馆：《浙江衢县街路村西晋墓》,《考古》1974 年第 6 期。

　　衢州市文物管理委员会：《浙江衢州市发现原始青瓷》,《考古》1984 年第 2 期。

　　任日新：《山东诸城汉墓画像石》,《文物》1981 年第 10 期。

阮国林：《谈南京六朝墓葬中的帷帐座》，《文物》1991年第2期。

阮荣春：《早期佛教造像的南传系统》，《东南文化》1990年第1期、1990年第3期。

佐籐牙彦：『漢六朝の木偶』，京都，平凡社，1968。

關野貞はか：『樂浪郡時代の遺蹟』，京都，朝鮮総督府，1927。

沙忠平：《魏晋薄葬论》，《文博》2001年第3期。

陕西省博物馆、文管会：《唐李寿墓发掘简报》，《文物》1974年第9期。

陕西省考古研究所：《北周宇文俭墓清理发掘简报》，《考古与文物》2001年第3期。

────：《长安县北朝墓葬清理简报》，《考古与文物》1990年第5期。

────：《西安发现的北周安伽墓》，《文物》2001年第1期。

陕西省考古研究所、咸阳市考古研究所：《北周武帝孝陵发掘简报》，《考古与文物》1997年第2期。

陕西省文管会：《统万城城址勘测记》，《考古》1981年第3期。

陕西省文物管理委员会：《陕西省三原县双盛村隋李和墓清理简报》，《文物》1966年第1期。

────：《西安南郊草厂坡村北朝墓的发掘》，《考古》1959年第6期。

────：《西安任家口M229号北魏墓清理简报》，《文物参考资料》1955年第12期。

山东省博物馆文物组：《山东高唐东魏房悦墓清理纪要》，《文物资料丛刊》第2辑，北京，文物出版社，1978。

山东省博兴县文物管理所：《山东博兴龙华寺遗址调查简报》，《考古》1986年第9期。

山东省青州市博物馆：《青州龙兴寺佛教造像窖藏清理简报》，《文物》1998年第2期。

山东省文物考古研究所：《济南市东八里洼北朝壁画墓》，《文物》1989年第4期。

────：《临淄北朝崔氏墓》，《考古学报》1984年第2期。

商春芳：《洛阳北魏墓女俑服饰浅论》，《华夏考古》2000年第3期。

尚振明：《孟县出土北魏司马悦墓志》，《河南文博通讯》1980年第3期。

_____：《孟县出土北魏司马悦墓志》，《文物》1981 年第 12 期。

山西省博物馆：《太原圹坡北齐张肃墓文物图录》，北京，中国古典艺术出版社，1958。

山西省大同市博物馆：《山西大同石家寨北魏司马金龙墓》，《文物》1972 年第 3 期。

山西省考古研究所、大同市博物馆：《大同南郊北魏墓群发掘简报》，《文物》1992 年第 8 期。

山西省考古研究所、大同市考古研究所：《大同市北魏宋绍祖墓发掘简报》，《文物》2001 年第 7 期。

山西省考古研究所、太原市文物管理委员会：《太原市北齐娄叡墓发掘简报》，《文物》1983 年第 10 期。

山西省考古研究所、太原市考古研究所、太原市晋源区文物旅游局：《太原隋代虞弘墓清理简报》，《文物》2001 年第 1 期。

山西省文物工作委员会、山西云冈石窟文物保管所编《云冈石窟》，北京，文物出版社，1977。

邵磊：《南京栖霞山千佛崖释迦多宝并坐像析》，《南方文物》2000 年第 3 期。

邵文良编《中国古代体育文物图集》，北京，人民体育出版社，1986。

沈仲常：《成都扬子山的晋代砖墓》，《文物参考资料》1955 年第 7 期。

_____：《成都扬子山发现六朝砖墓》，《考古通讯》1956 年第 6 期。

_____：《四川昭化宝轮镇南北朝时期的崖墓》，《考古学报》1959 年第 2 期。

嵊县文管会：《浙江嵊县六朝墓》，《考古》1988 年第 9 期。

沈阳市文物工作组：《沈阳伯官屯汉魏墓葬》，《考古》1964 年第 11 期。

石夫：《介绍两件北朝道教石造像》，《文物》1961 年第 12 期。

石光明、沈仲常、张彦煌：《四川彰明县常山村崖墓清理简报》，《考古通讯》1955 年第 5 期。

_____：《四川彰明佛儿崖墓葬清理简报》，《考古通讯》1955 年第 6 期。

时桂山：《青岛的四尊北魏造像》，《文物》1963 年第 1 期。

石声汉:《齐民要术选读本》,北京,农业出版社,1961,1981 年重印。

史树青:《晋周芳命妻潘氏衣物券考释》,《考古》1956 年第 2 期。

石家庄地区革委会文化局文物发掘组:《河北赞皇东魏李希宗墓》,《考古》1977 年第 6 期。

石景山区文物管理所:《北京市石景山区八角村魏晋墓》,《文物》2001 年第 4 期。

四川省博物馆:《四川牧马山灌溉渠古墓清理简报》,《考古》1959 年第 8 期。

四川省文物管理委员会:《四川新繁清白乡古砖墓清理简报》,《文物参考资料》1955 年第 12 期。

——:《四川忠县涂井蜀汉崖墓》,《文物》1985 年第 7 期。

四川省文物管理委员会、崇庆县文化馆:《四川崇庆县五道渠蜀汉墓》,《文物》1984 年第 8 期。

曾布川寛:「南朝帝陵の石獸と磚畫」,『東方學報』63(1991)。

宋百川、刘凤君:《山东地区北朝晚期和隋唐时期瓷窑遗址的分布与分期》,《考古》1986 年第 12 期。

宋馨:《北魏司马金龙墓葬重新评估》,《中国文化研究所学报》2002 年第 11 期。

宿白:《北魏洛阳城和北邙陵墓》,《文物》1978 年第 7 期。

——:《"大金西京武州山重修大石窟寺碑"的发现与研究》,《北京大学学报》(哲学社会科学版)1982 年第 2 期。

——:《东北内蒙古地区的鲜卑遗迹——鲜卑遗迹辑录之一》,《文物》1977 年第 5 期。

——:《南朝龛像遗迹初探》,《考古学报》1989 年第 4 期。

——:《青州龙兴寺窖藏所出佛像的几个问题》,《文物》1999 年第 10 期。

——:《盛乐、平城一带的拓跋鲜卑——北魏遗迹辑录之二》,《文物》1977 年第 11 期。

——:《隋唐城址类型初探(提纲)》,北京大学考古系编《纪念北京大学考古专业三十周年论文集(1952—1982)》,北京,文物出版社,1990。

——:《新疆拜城克孜尔石窟部分洞窟的类型与年代》,宿白《中国石窟寺研究》。

——:《云冈石窟分期试论》,《考古学报》1978年第1期。

——:《中国美术全集·绘画编12·墓室壁画》,北京,文物出版社,1989。

——:《中国石窟寺研究》,北京,文物出版社,1996。

——:《山东青州龙兴寺出土佛教石刻造像精品》,北京,中国历史博物馆,1999。

苏健:《洛阳隋唐宫城遗址中出土的银铤和银饼》,《文物》1981年第4期。

遂溪县博物馆:《广东遂溪县发现南朝窖藏金银器》,《考古》1986年第3期。

孙国璋:《中国佛教的早期图像》,《中国历史博物馆馆刊》1986年第8期。

孙机:《从胸式系驾法到鞍套式系驾法——我国古代车制略说》,《考古》1980年第5期。

——:《关于中国早期高层佛塔造型的渊源问题》,《中国历史博物馆馆刊》1984年第6期。

——:《固原北魏漆棺画研究》,《文物》1989年第9期。

——:《铬》,《文物天地》1991年第4期。

——:《三子钗与九子铃》,《文物天地》1987年第6期。

——:《我国古代的革带》,文物出版社编辑部编《文物与考古论集》,北京,文物出版社,1986。

——:《先秦、汉、晋腰带用金银带扣》,《文物》1994年第1期。

——:《中国古舆服论丛》,北京,文物出版社,1993。

——:《中国圣火:中国古文物与东西文化交流中的若干问题》,沈阳,辽宁教育出版社,1996。

孙培良:《略谈大同市南郊出土的几件银器和铜器》,《文物》1977年第9期。

孙太初:《云南姚安阳派水库晋墓清理简报》,《考古通讯》1956年第3期。

台建群:《敦煌壁画中的阮》,敦煌研究院编《敦煌学国际研讨会文集·石窟艺术卷》,兰州,甘肃民族出版社,2000。

唐昌朴:《江西南昌东吴墓清理简记》,《考古》1983年第10期。

唐长孺主编《吐鲁番出土文书》，4 卷本，北京，文物出版社，1992～1996。

———：《魏晋南北朝史论拾遗》，北京，中华书局，1983。

唐长寿：《乐山麻浩、柿子湾佛像年代新探》，《东南文化》1989 年第 2 期。

———：《我国最早的琵琶图像》，《四川文物》1985 年第 4 期。

汤池：《东魏茹茹公主墓壁画试探》，《文物》1984 年第 4 期。

唐金裕：《西安西郊隋李静训墓发掘简报》，《考古》1959 年第 9 期。

汤用彤：《汉魏两晋南北朝佛教史》，长沙，商务印书馆，1938。

唐云俊：《东南地区的早期佛教建筑》，《东南文化》1994 年第 1 期。

谷烽信：「西晋以前中国の造瓦技法について」，『考古學雜志』69.3（1984）。

陶正刚：《山西祁县白圭北齐韩裔墓》，《文物》1975 年第 4 期。

藤县文化局、藤县文物管理所：《广西藤县跑马坪发现南朝墓》，《考古》1991 年第 6 期。

田立坤：《朝阳前燕奉车都尉墓》，《文物》1994 年第 11 期。

———：《三燕文化墓葬的类型与分期》，巫鸿编《汉唐之间文化艺术的互动与交融》，北京，文物出版社，2001。

田立坤、张克举：《前燕的甲骑具装》，《文物》1997 年第 11 期。

童恩正：《试谈古代四川与东南亚文明的关系》，《文物》1983 年第 9 期。

『敦煌・西夏王国展』，東京，日本経済新聞社，1988。

汪庆正：《南朝石刻文字概述》，《文物》1985 年第 3 期。

王博：《新疆扎滚鲁克箜篌》，《文物》2003 年第 2 期。

王车、陈徐：《洛阳北魏元乂墓的星象图》，《文物》1974 年第 12 期。

王国维：《胡服考》，《观堂集林》，北京，中华书局，1959。

王恺：《南朝陵墓前石刻渊源初探》，《东南文化》1987 年第 3 期。

王克林：《北齐库狄迴洛墓》，《考古学报》1979 年第 3 期。

王冠倬：《从文物资料看中国古代造船技术的发展》，《中国历史博物馆馆刊》1983 年第 5 期。

王泷:《固原漆棺彩画》,《美术研究》1984年第2期。

王仁湘:《带扣略论》,《考古》1986年第1期。

____:《古代带钩用途考实》,《文物》1982年第10期。

王睿、吕辑书:《山西垣曲县宋村发现西魏造像基座》,《文物》1994年第7期。

王世襄:《中国古代漆工杂述》,《文物》1979年第3期。

王锡民、陈锦惠:《江苏淮安出土东魏石刻铭文造像碑》,《东南文化》1994年第4期。

王银田:《北魏平城明堂遗址研究》,《中国史研究》2000年第1期。

____:《北魏平城明堂遗址再研究》,殷宪编《北朝研究》(2),北京,燕山出版社,2000。

王银田、曹臣民:《北魏石雕三品》,《文物》2004年第6期。

王银田、曹臣明、韩生存:《山西大同市北魏平城明堂遗址1995年的发掘》,《考古》2001年第3期。

王银田、刘俊喜:《大同智家堡北魏墓石椁壁画》,《文物》2001年第7期。

王增新:《辽宁辽阳县南雪梅村壁画墓及石墓》,《考古》1960年第1期。

____:《辽阳市棒台子二号壁画墓》,《考古》1960年第1期。

王志高、周裕兴、华国荣:《南京仙鹤观东晋墓出土文物的初步认识》,《文物》2001年第3期。

王志敏、朱江、李蔚然:《南京六朝陶俑》,北京,中国古典艺术出版社,1958。

王仲殊:《论日本出土的吴镜》,《考古》1989年第2期。

____:《关于日本的三角缘佛兽镜》,《考古》1982年第6期。

____:《吴县山阴和武昌》,《考古》1985年第11期。

____:《中国古代都城概说》,《考古》1982年第5期。

王子云:《中国雕塑艺术史》,北京,人民美术出版社,1988。

____:《中国古代石刻画选集》,北京,中国古典艺术出版社,1957。

魏存成:《高句丽四耳展沿壶的演变及有关的几个问题》,《文物》1985年第5期。

魏鸣：《魏晋薄葬考论》，《南京大学学报》（哲学·人文科学·社会科学）1986 年第 4 期。

魏正瑾、易家胜：《南京出土六朝青瓷分期探讨》，《考古》1983 年第 4 期。

蔚县博物馆：《河北蔚县北魏太平真君五年朱业微石造像》，《考古》1989 年第 9 期。

吴承洛：《中国度量衡史》，上海，商务印书馆，1957。

武玉环：《拓跋、契丹、女真等民族共同体的形成与发展》，《黑龙江文物丛刊》1984 年第 1 期。

吴焯：《北周李贤墓出土鎏金银壶考》，《文物》1987 年第 5 期。

————：《四川早期佛教遗物及其年代与传播途径的考察》，《文物》1992 年第 11 期。

吴作人等：《笔谈太原北齐娄叡墓》，《文物》1983 年第 10 期。

武汉大学历史系考古专业、鄂州市博物馆：《鄂州市泽林南朝墓》，《江汉考古》1991 年第 3 期。

武汉市革委会文化局文物工作组：《武昌吴家湾发掘一座古墓》，《文物》1975 年第 6 期。

武威地区博物馆：《甘肃武威南滩魏晋墓》，《文物》1987 年第 9 期。

无锡市博物馆：《无锡赤墩里东晋墓》，《考古》1985 年第 11 期。

吴县文物管理委员会：《江苏吴县狮子山四号西晋墓》，《考古》1983 年第 8 期。

梧州市博物馆：《广西梧州市晋代砖室墓》，《考古》1981 年第 3 期。

————：《广西壮族自治区梧州市富民坊南朝墓》，《考古》1983 年第 9 期。

夏名采：《青州傅家北齐线刻画像补遗》，《文物》2001 年第 5 期。

————：《益都北齐石室墓线刻画像》，《文物》1985 年第 10 期。

夏鼐：《跋江苏宜兴晋墓发掘报告》，《考古学报》1957 年第 4 期。

————：《北魏封和突墓出土萨珊银盘考》，《文物》1983 年第 8 期。

————：《敦煌考古漫记》，《考古通讯》1955 年第 1、2、3 期。

————：《晋周处墓出土的金属带饰的重新鉴定》，《考古》1972 年第 4 期。

____：《我国古代蚕、桑、丝、绸的历史》，《考古》1972 年第 2 期。

　　____：《新疆新发现的古代丝织品——绮锦和刺绣》，《考古》1963 年第 1 期。

　　襄樊市文物管理处：《襄阳贾家冲画像砖墓》，《江汉考古》1986 年第 1 期。

　　咸阳市文管会、咸阳博物馆：《咸阳市胡家沟西魏侯义墓清理简报》，《文物》1987 年第 12 期。

　　谢成水：《谢成水敦煌壁画线描集》，兰州，甘肃人民美术出版社，1998。

　　谢明良：《鸡头壶的变迁——兼谈两广地区两座西晋纪年墓的时代问题》，《艺术学》1992 年第 7 期。

　　谢世平：《安阳出土南北朝古钱窖藏》，《中原文物》1986 年第 3 期。

　　谢元璐、张颔：《晋阳古城勘查记》，《文物》1962 年第 4～5 期。

　　谢志成：《四川汉代画像砖上的佛塔图像》，《四川文化》1987 年第 4 期。

　　新疆博物馆考古队：《吐鲁番哈喇和卓古墓群发掘简报》，《文物》1978 年第 6 期。

　　新疆维吾尔自治区博物馆：《吐鲁番县阿斯塔那—哈拉和卓古墓群清理简报（1963—1965）》，《文物》1973 年第 10 期。

　　____：《吐鲁番县阿斯塔那—哈拉和卓古墓群清理简报》，《文物》1972 年第 1 期。

　　____：《新疆吐鲁番阿斯塔那北区墓葬发掘简报》，《文物》1960 年第 6 期。

　　新疆维吾尔自治区博物馆、西北大学历史系考古专业：《1973 年吐鲁番阿斯塔那古墓群发掘简报》，《文物》1975 年第 7 期。

　　新疆维吾尔自治区社会科学院考古研究所：《新疆古代民族文物》，北京，文物出版社，1985。

　　新疆维吾尔自治区文物管理委员会等编《克孜尔石窟》，2 卷，北京，文物出版社，1989。

　　《新中国出土文物》，北京，外文出版社，1972。

　　熊存瑞：《隋李静训墓出土金项链、金手镯的产地问题》，《文物》1987 年第 10 期。

熊寿昌、熊亚云：《论早期佛教造像南传东吴首先传入武昌》，《东南文化》1994年第1期。

徐光冀：《河北磁县湾漳北朝大型壁画墓的发掘与研究》，《文物》1996年第9期。

——：《邺城遗址的勘探发掘及其意义》，刘心长、马忠理主编《邺城暨北朝史研究》，石家庄，河北人民出版社，1991。

徐苹芳：《三国两晋南北朝的铜镜》，《考古》1984年第6期。

——：《中国秦汉魏晋南北朝时代的陵园和茔域》，《考古》1981年第6期。

许新国：《青海平安县出土东汉画像砖图像考》，《青海社会科学》1991年第1期。

徐信印：《安康长岭出土的南朝演奏歌舞俑》，《文博》1986年第5期。

徐州博物馆：《徐州内华发现南北朝陶俑》，《文物》1999年第3期。

杨伯达：《曲阳修德寺出土纪年造象的艺术风格与特征》，《故宫博物院院刊》第2期，1960。

杨富斗：《山西曲沃县秦村发现的北魏墓》，《考古》1959年第1期。

杨豪：《广东韶关市郊的晋墓》，《考古学集刊》第1辑，中国社会科学出版社，1981。

——：《广东韶关市郊的南朝墓》，《考古学集刊》第3辑，中国社会科学出版社，1983。

杨泓：《法门寺塔基发掘与中国古代舍利瘗埋制度》，《文物》1988年第10期。

——：《三国考古的新发现》，《文物》1986年第3期。

——：《试论南北朝前期佛像服饰的主要变化》，《考古》1963年第6期。

——：《谈中国汉唐之间葬俗的演变》，《文物》1999年第10期。

——：《吴、东晋、南朝的文化及其对海东的影响》，《考古》1984年第6期。

——：《中国古兵器论丛》，北京，文物出版社，1985。

杨焕成：《河南古建筑概述》，《中原文物》1989年第3期。

杨宽：《中国古代冶铁技术发展史》，上海，上海人民出版社，1982。

杨哲文：《中国历代帝王陵寝》，台北，明文书局，1987。

扬之水：《古器丛考两则》，《华夏考古》1999年第2期。

扬州博物馆：《江苏邗江发现两座南朝画像砖墓》，《考古》1984年第3期。

偃师商城博物馆：《河南偃师南蔡庄北魏墓》，《考古》1991年第9期。

姚迁、古兵编著《六朝艺术》，北京，文物出版社，1981。

叶喆民：《中国古陶瓷科学浅说》，北京，轻工业出版社，1982。

易水：《汉魏六朝的军乐——"鼓吹"和"横吹"》，《文物》1981年第7期。

____：《漫话胡床》，《文物》1982年第10期。

____：《漫话屏风》，《文物》1979年第11期。

____：《帐和帐构——家具谈往之二》，《文物》1980年第4期。

宜昌地区博物馆、宜都县文化馆：《湖北宜都发掘三座汉晋墓》，《考古》1988年第8期。

宜昌地区博物馆、枝江县博物馆：《湖北枝江县拽车庙东晋永和元年墓》，《考古》1990年第12期。

宜昌市文物处：《宜昌市六朝墓清理简报》，《江汉考古》1984年第1期。

宜都地区博物馆、宜都县文化馆：《湖北宜都发掘三座汉晋墓》，《考古》1988年第8期。

殷光明：《北凉石塔研究》，新竹，财团法人觉风佛教艺术文化基金会，1999。

____：《敦煌市博物馆藏三件北凉石塔》，《文物》1991年第11期。

益阳地区文物工作队、益阳县文化馆：《湖南省益阳县晋南朝墓发掘简况》，《文物资料丛刊》第8辑，北京，文物出版社，1983。

于俊玉：《朝阳三合成出土的前燕文物》，《文物》1997年第11期。

俞伟超：《跋朝鲜平安南道顺川郡龙凤里辽东城冢调查报告》，《考古》1960年第1期。

____：《东汉佛教图像考》，《文物》1980年第5期。

____：《汉代诸侯王与列侯墓葬的形制分析——兼论"周制"、"汉制"与"晋制"的三阶段性》,《中国考古学会第一次年会论文集》(1979),北京,文物出版社,1980。

_____:《邺城调查记》,《考古》1963 年第 1 期。

_____:《中国古代都城规划的发展阶段性——为中国考古学会第五次年会而作》,《文物》1985 年第 2 期。

南京市博物馆、阮国林:《南京梁桂阳王萧融夫妇合葬墓》,《文物》1981 年第 12 期。

袁曙光:《成都万佛寺出土的梁代石刻造像》,《四川文物》1991 年第 3 期。

负安志:《中国北周珍贵文物:北周墓葬发掘报告》,西安,陕西人民出版社,1992。

云南省文物工作队:《云南省昭通后海子东晋壁画墓清理简报》,《文物》1963 年第 12 期。

伊斯拉菲尔·玉苏甫、安尼瓦尔·哈斯木:《古老的乐器——箜篌》,《西域研究》2001 年第 2 期。

曾昭燏、蒋宝庚:《沂南古画像石墓发掘报告》,上海,文化部文物管理局,1956。

翟盛荣、杨纯渊:《山西昔阳出土一批北朝石造像》,《文物》1991 年第 12 期。

张爱冰:《南朝葬制考》,《东南文化》1989 年第 2 期。

张安治主编《中国美术全集·绘画编 1·原始社会至南北朝绘画》,北京,人民美术出版社,1986。

张季:《河北景县封氏墓群调查记》,《考古》1957 年第 3 期。

张丽:《大同近年发现的几件北魏石础》,《文物》1998 年第 4 期。

张朋川:《酒泉丁家闸古墓壁画艺术》,《文物》1979 年第 6 期。

张同标:《淮安东魏石刻造像考》,《东南文化》1994 年第 4 期。

张小平:《大余县出土西晋龙首凤尾青铜镌斗》,《文物》1984 年第 11 期。

张小舟:《北方地区魏晋十六国墓葬的分区与分期》,《考古学报》1987 年第 1 期。

张新斌、冯广滨:《河南新乡县所见两尊造像》,《文博》1988 年第 6 期。

张学荣:《麦积山石窟的创建年代》,《文物》1983 年第 6 期。

章巽:《我国古代的海上交通》,北京,商务印书馆,1986。

张彦煌、龚廷万:《四川昭化宝轮院屋基坡崖墓清理记》,《考古》1958年第7期。

张郁:《内蒙古大青山后东汉北魏古城遗址调查记》,《考古通讯》1958年第3期。

张驭寰:《中国古代建筑技术史》,北京,科学出版社,1986。

张志新:《江苏吴县狮子山西晋墓清理简报》,《文物资料丛刊》第3辑,北京,文物出版社,1980。

张钟权、郝建军:《榆林发现一件南朝刘宋鎏金铜佛像》,《文博》1990年第1期。

张总:《中国早期佛教造像》,《美术研究》1988年第4期。

赵超:《墓志溯源》,《文史》第21辑,北京,中华书局,1983。

____:《式、穹隆顶墓室与覆斗形墓志——兼谈古代墓葬中"象天地"的思想》,《文物》1999年第5期。

赵殿增、袁曙光:《四川忠县三国铜佛像及研究》,《东南文化》1991年第5期。

赵万里:《汉魏南北朝墓志集释》,北京,科学出版社,1953。

赵新来:《河南渑池宜阳两县发现大批古钱》,《考古》1965年第4期。

赵以武:《五凉文化述论》,兰州,甘肃人民出版社,1989。

赵永洪:《近百年汉唐佛寺考古的回顾与展望》,《中华文化百年》,台北,"国立历史博物馆",1995。

浙江省文物管理委员会:《杭州金门槛西晋墓》,《考古》1961年第4期。

____:《黄岩秀岭水库古墓发掘报告》,《考古学报》1958年第1期。

郑绍宗:《北魏太和十三年铜造观音像》,《文物》1966年第2期。

郑岩:《南昌东晋漆盘的启示——论南北朝墓葬艺术中高士图像的含义》,《考古》2002年第2期。

____:《青州北齐画像石与入华粟特人美术——虞弘墓等考古新发现的启示》,巫鸿编《汉唐之间文化艺术的互动与交融》,北京,文物出版社,2001。

郑艳娥:《博赛刍议》,《南方文物》1999年第2期。

郑州市博物馆：《郑州出土一批北朝铜造像》，《中原文物》1985 年第 1 期。

——：《郑州市发现两批北朝石刻造像》，《中原文物》1981 年第 2 期。

镇江博物馆：《镇江东吴西晋墓》，《考古》1984 年第 6 期。

——：《镇江市东晋晋陵罗城的调查和试掘》，《考古》1986 年第 5 期。

镇江市博物馆：《江苏丹徒东晋窖藏铜钱》，《考古》1978 年第 2 期。

志工：《略谈北魏的屏风漆画》，《文物》1972 年第 8 期。

智雁：《隋代瓷器的发展》，《文物》1977 年第 2 期。

钟晓青：《北魏洛阳永宁寺塔复原探讨》，《文物》1998 年第 5 期。

中国硅酸盐学会编《中国陶瓷史》，北京，文物出版社，1982。

中国科学院考古研究所编辑《考古学基础：中国科学院考古研究所工作人员业务学习教材》，北京，科学出版社，1958。

中国科学院考古研究所安阳发掘队：《安阳隋张盛墓发掘记》，《考古》1959 年第 10 期。

中国科学院考古研究所洛阳工作队：《汉魏洛阳城初步勘查》，《考古》1973 年第 4 期。

——：《汉魏洛城一号房址和出土的瓦文》，《考古》1973 年第 4 期。

中国社会科学院考古研究所、河北省文物研究所邺城考古工作队：《河北磁县湾漳北朝墓》，《考古》1990 年第 7 期。

——：《河北临漳邺北城遗址勘探发掘简报》，《考古》1990 年第 7 期。

——：《河北临漳县邺南城朱明门遗址的发掘》，《考古》1996 年第 1 期。

中国社会科学院考古研究所：《北魏洛阳永宁寺：1979～1994 年考古发掘报告》，北京，中国大百科全书出版社，1996。

中国社会科学院考古研究所安阳工作队：《安阳隋墓发掘报告》，《考古学报》1981 年第 3 期。

——：《安阳孝民屯晋墓发掘报告》，《考古》1983 年第 6 期。

中国社会科学院考古研究所汉魏故城工作队：《洛阳汉魏故城北垣

一号马面的发掘》,《考古》1986 年第 8 期。

中国社会科学院考古研究所河南第二工作队:《河南偃师杏园村的两座魏晋墓考古》1985 年第 8 期。

中国社会科学院考古研究所考古科技实验研究中心:《邺南城出土的北朝铁甲胄》,《考古》1996 年第 1 期。

中国社会科学院考古研究所洛阳工作队:《北魏永宁寺塔基发掘简报》,《考古》1981 年第 3 期。

中国社会科学院考古研究所洛阳汉魏城队:《北魏洛阳永宁寺西门遗址发掘纪要》,《考古》1995 年第 8 期。

————:《汉魏洛阳故城城垣试掘》,《考古学报》1998 年第 3 期。

————:《洛阳汉魏故城北魏外廓城内丛葬墓发掘》,《考古》1992 年第 1 期。

中国社会科学院考古研究所洛阳汉魏城队、洛阳古墓博物馆:《北魏宣武帝景陵发掘报告》,《考古》1994 年第 9 期。

中国社会科学院考古研究所洛阳汉魏古城工作队:《汉魏洛阳城北魏建春门遗址的发掘》,《考古》1988 年第 9 期。

————:《西晋帝陵勘察记》,《考古》1984 年第 12 期。

中国社会科学院考古研究所西安唐城工作队:《隋仁寿宫唐九成宫 37 号殿址的发掘》,《考古》1995 年第 12 期。

中国文物精华编辑委员会编《中国文物精华》,北京,文物出版社,1997。

中华人民共和国出土文物展览工作委员会编《中华人民共和国出土文物展览展品选集》,北京,文物出版社,1973。

『中国内蒙古北方騎馬民族文物展』,東京,日本経済新聞社,1983。

『中国陶俑の美』,東京,朝日新聞社,1984。

『中華人民共和国南京博物院展』,名古屋市博物館,中日新聞社,大阪市立美術館,1984。

『中華人民共和国シルクロード文物展』,東京,読売新聞社,1979。

周法高:《颜氏家训汇注》,《"中央"研究院历史语言研究所专刊》41 号,台北,1960。

周金玲:《尉犁营盘墓的考古新收获》,《鉴赏家》1998 年第 8 期。

周锡保:《中国古代服饰史》,上海,中国戏剧出版社,1984。

周一良:《读"邺中记"》,刘心长、马忠理主编《邺城暨北朝史研究》,石家庄,河北人民出版社,1991。

朱伯谦:《试论我国古代的龙窑》,《文物》1984 年第 3 期。

朱大渭:《魏晋南北朝时期的套城》,《齐鲁学刊》1987 年第 4 期。

朱小南:《三国蜀汉民居的时代特征——忠县涂井蜀汉崖墓出土陶房模型试析》,《四川文物》1990 年第 3 期。

诸城市博物馆:《山东诸城发现北朝造像》,《考古》1990 年第 8 期。

诸城县博物馆:《山东诸城县西晋墓清理简报》,《考古》1985 年第 12 期。

淄博市博物馆、临淄区文管所:《临淄北朝崔氏墓地第二次清理简报》,《考古》1985 年第 3 期。

淄博市博物馆、淄川区文化局:《淄博和庄北朝墓葬出土青釉莲花瓷尊》,《文物》1984 年第 12 期。

2. 西文部分

(以英文字母顺序排列)

5000 Years of Korean Art. San Francisco: Asian Art Museum, 1979.

Abe, Stanley K. "Heterological Visions: Northern Wei Daoist Sculptures from Shaanxi Province." *Cahiers d'Extrme-Asie* 9 (1996 – 1997): 69 – 83.

Bailey, Donald M. *Greek and Roman Pottery Lamps.* London: The Trustees of the British Museum, 1963.

Beck, H. C., and C. G. Seligman. "Barium in Ancient Glass." *Nature* 133 (1934): 982.

Béguin, Gilles, and Marie Laureillard, eds. *Chine, la gloire des empereurs.* Paris: Paris Musées, 2000.

Bielenstein, Hans. "The Chinese Colonization of Fukien until the End of the T'ang." In *Studia Serica Bernhard Karlgren Dedicata*, edited by Søren Egerod and Else Glahn, 98 – 122. Copenhagen: Ejnar Munksgaard, 1959.

Bivar, A. D. H. "Trade between China and the Near East in Sasanian and Early Muslim Periods." In *Pottery and Metalwork*, edited by William

Watson, q. v. , 1 – 8.

Bokenkamp, Stephen R. "The Yao Boduo Stele as Evidence for 'Dao-Buddhism' of the Early Lingbao Scriptures. " *Cahiers d'Extrême-Asie* 9 (1996 – 1997): 55 – 67.

Boyd, Andrew. *Chinese Architecture and Town Planning 1500B. C. – A. D. 1911*. Chicago: University of Chicago Press, 1962.

Bray, Francesca. *Science and Civilisation in China*. Volume 6: *Biology and Biological Technology*, Part II. *Agriculture*. Cambridge: Cambridge University Press, 1984.

Brill, Robert. "Some Thoughts on the Origin of the Chinese Word 'Boli. '" *Silk Road Art and Archaeology* 2 (1991/1992): 129 – 136.

Brill, Robert, and John H. Martin, eds. , *Scientific Research in Early Chinese Glass*: *Proceedings of the Archaeometry of Glass Sessions of the 1984 International Symposium on Glass, Beijing, September 7, 1984 with Supplementary Papers*. Corning, N. Y. : The Corning Museum of Glass, 1991.

Brill, Robert, Stephen S. C. Tong, and Zhang Fukang. "The Chemical Composition of a Faience Bead from China. " *Journal of Glass Studies* 31 (1989): 11 – 15.

Brill, Robert, Robert D. Vocke, Wang Shixiong, and Zhang Fukang. "A Note on Lead-Isotope Analyses of Faience Beads from China. " *Journal of Glass Studies* 33 (1991): 116 – 118.

Brill, Robert, K. Yamasaki, I. L. Barnes, K. J. R. Rosman, and Migdalia Diaz. "Lead Isotopes in Some Japanese and Chinese Glasses. " *Ars Orientalis* 11 (1979): 87 – 109.

Bronson, Bennet. "The Transition to Iron in Ancient China. " In *The Archeometallurgy of the Asian Old World*, edited by Vincent C. Pigott, 177 – 198. Philadelphia: University Museum, University of Pennsylvania, 1999.

Bulling, A. Gutkind, and Isabella Drew. "The Dating of Chinese Bronze Mirrors. " *Archives of Asian Art* 25 (1971 – 1972): 36 – 57.

Bunker, Emma C. "The Metallurgy of Personal Adornment. " In *Adornment for Eternity*: *Status and Rank in Chinese Adornment*, edited by Julia M. White and Emma C. Bunker, 31 – 54. Denver: Denver Art Museum and Woods Publishing Co. , 1994.

Bush, Susan. "Continuity and Change: Ku K'ai-chih and the Monsters of Liang." Paper read at the conference "A Dialogue with the Ancients: New Dimensions of Thought and Action in Early Medieval China." Bellingham, Washington, 1996.

―――. "Some Parallels between Chinese and Korean Ornamental Motifs of the Late Fifth and Early Sixth Centuries A. D. " *Archives of Asian Art* 37 (1984): 60 – 78.

Cahill, Suzanne. "The Word Made Bronze: Inscriptions on Medieval Chinese Bronze Mirrors. " *Archives of Asian Art* 39 (1986): 62 – 70.

Caroselli, Susan L. , ed. *The Quest for Eternity: Chinese Ceramic Sculptures from the People's Republic of China.* Los Angeles: Los Angeles County Museum of Art, 1987.

Carpino, Alexandra, and Jean M. James. "Commentary on the Li Xian Silver Ewer. " *Bulletin of the Asia Institute* 3 (1989): 71 – 75.

Caswell, James O. *Written and Unwritten: A New History of the Buddhist Caves at Yungang.* Vancouver: University of British Columbia Press, 1988.

Chang, Chun-shu, and Joan Smythe. *South China in the Twelfth Century.* Hong Kong: The Chinese University Press, 1977.

Chang, K. C. , ed. *Food in Chinese Culture: Anthropological and Historical Perspectives.* New Haven: Yale University Press, 1977.

Chen, Kenneth. *Buddhism in China: A Historical Survey.* (Princeton: Princeton University Press, 1969).

―――. "Inscribed Stelae during the Wei, Chin, and Nan-ch'ao. " In *Studia Asiatica: Essays in Asian Studies in Felicitation of the Seventy-fifth Anniversary of Professor Ch'en Shou-yi*, edited by Laurence G. Thompson, 75 – 84. San Francisco: China Materials Center, Inc. , 1975.

Chen, Shih-hsiang, trans . *Biography of Ku K'ai-chih.* Chinese Dynastic Histories Translations, no. 2. Berkeley: University of California Press, 1961.

Chen, Xiandan. " On the Designation ' Money Tree. ' " *Orientations* 28. 9 (1997): 67 – 71.

Chiao, J. S. "Modernization of Traditional Chinese Fermented Foods and Beverages. " In Hesseltine and Wang, eds. , *Indigenous Fermented Food,*

37 – 53.

China Archaeology and Art Digest. Edited by Bruce G. Doar and Susan Dewar. Hong Kong: Art Text (HK) Pty. Ltd. , 1996 – 2002.

Chinese Archaic Bronzes, Sculpture and Works of Art. New York: J. J. Lally and Co. , 1992.

Cohen, Alvin P. , comp. Selected Works of Peter A. Boodberg. Berkeley: University of California Press, 1979.

―――. trans. Tales of Vengeful Souls. Taipei: Institut Ricci, 1982.

Cowan, Jill S. "Dongdasi of Xian: A Mosque in the Guise of a Buddhist Temple. " Oriental Art 19. 2 (1983): 134 – 147.

Dalton, O. M. The Treasury of the Oxus. London: Trustees of the British Museum, 1964.

de Groot, J. J. M. The Religious System of China. 6 vols. Leiden: E. J. Brill, 1892 – 1911.

de la Vaissière, Étienne. Histoire des marchands Sogdien. Paris: Institut des Hautes Études Chinoises, Collège de France, 2002.

DeWoskin, Kenneth J. A Song for One or Two: Music and the Concept of Art in Early China. Ann Arbor: Center for Chinese Studies, The University of Michigan, 1982.

Dien, Albert E. "Armor in China before the Tang Dynasty. " Journal of East Asian Archaeology 2. 3 – 4 (2000): 23 – 59.

―――. "Chinese Beliefs in the Afterworld. " In Caroselli, ed. , Quest for Eternity, 1 – 15.

―――. "Developments in Funerary Practices in the Six Dynasties Period: The Duisuguan or 'Figured Jar' 堆塑罐 as a Case in Point. " In Between Han and Tang: Cultural and Artistic Interaction in a Transformative Period, edited by Wu Hung, 509 – 542, 2001.

―――. "Instructions for the Grave: The Case of Yan Zhitui. " Cahiers d'Extêrme-Asie 8 (1995): 41 – 58.

―――. "Liaoning in the Six Dynasties Period: Aspects of Its Cultural Heritage. " In Proceedings of the UNESCO International Workshop on the Cultural Heritage of the Northern Kingdoms in Northeast China. Forthcoming.

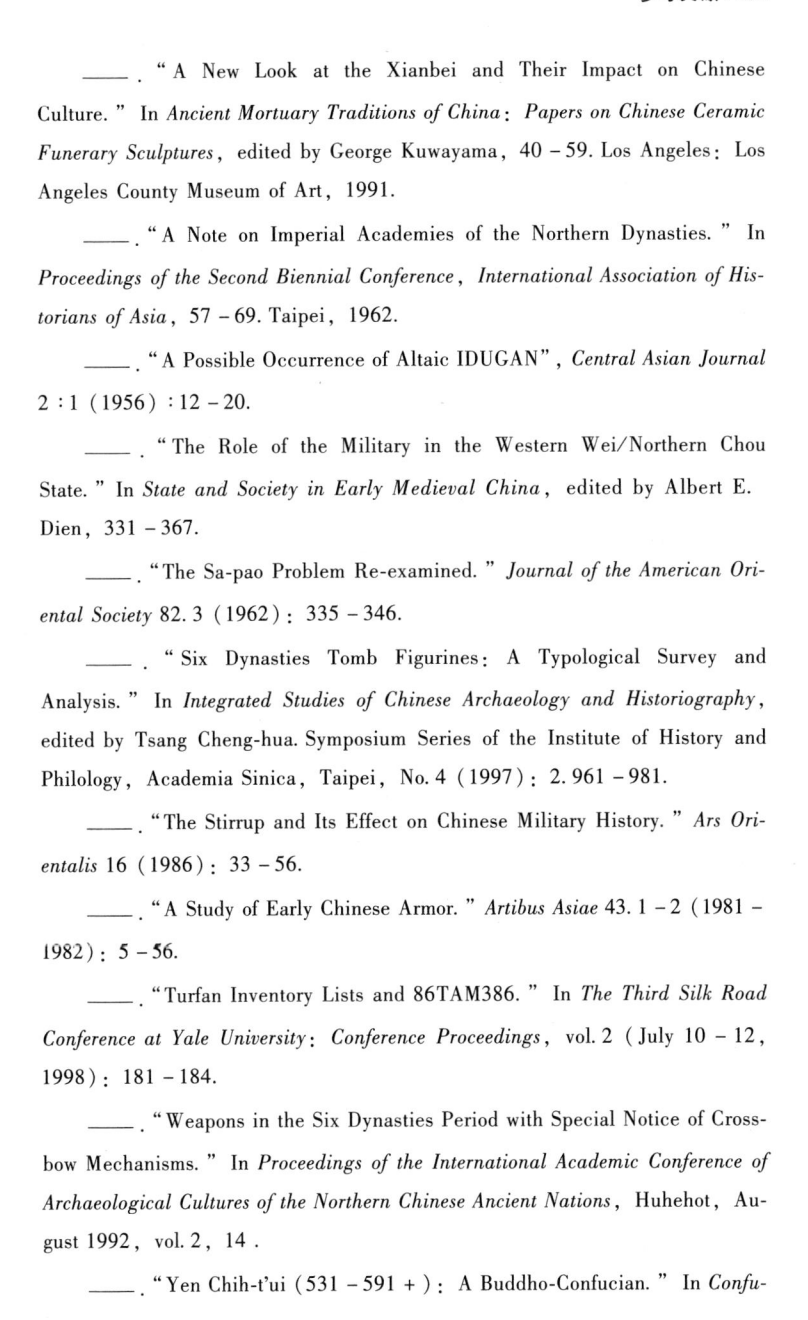

———. "A New Look at the Xianbei and Their Impact on Chinese Culture." In *Ancient Mortuary Traditions of China: Papers on Chinese Ceramic Funerary Sculptures*, edited by George Kuwayama, 40 – 59. Los Angeles: Los Angeles County Museum of Art, 1991.

———. "A Note on Imperial Academies of the Northern Dynasties." In *Proceedings of the Second Biennial Conference, International Association of Historians of Asia*, 57 – 69. Taipei, 1962.

———. "A Possible Occurrence of Altaic IDUGAN", *Central Asian Journal* 2:1 (1956): 12 – 20.

———. "The Role of the Military in the Western Wei/Northern Chou State." In *State and Society in Early Medieval China*, edited by Albert E. Dien, 331 – 367.

———. "The Sa-pao Problem Re-examined." *Journal of the American Oriental Society* 82.3 (1962): 335 – 346.

———. "Six Dynasties Tomb Figurines: A Typological Survey and Analysis." In *Integrated Studies of Chinese Archaeology and Historiography*, edited by Tsang Cheng-hua. Symposium Series of the Institute of History and Philology, Academia Sinica, Taipei, No. 4 (1997): 2.961 – 981.

———. "The Stirrup and Its Effect on Chinese Military History." *Ars Orientalis* 16 (1986): 33 – 56.

———. "A Study of Early Chinese Armor." *Artibus Asiae* 43.1 – 2 (1981 – 1982): 5 – 56.

———. "Turfan Inventory Lists and 86TAM386." In *The Third Silk Road Conference at Yale University: Conference Proceedings*, vol. 2 (July 10 – 12, 1998): 181 – 184.

———. "Weapons in the Six Dynasties Period with Special Notice of Crossbow Mechanisms." In *Proceedings of the International Academic Conference of Archaeological Cultures of the Northern Chinese Ancient Nations*, Huhehot, August 1992, vol. 2, 14.

———. "Yen Chih-t'ui (531 – 591 +): A Buddho-Confucian." In *Confu-*

cian *Personalities*, edited by Arthur F. Wright and Denis Twitchett, 43 – 64. Stanford: Stanford University Press, 1962.

Dien, Albert E. , ed. *State and Society in Early Medieval China*. Hong Kong and Stanford: Hong Kong University Press and Stanford University Press, 1990.

Dien, Albert E. , Jeffrey Riegel, and Nancy Price, eds. *Chinese Archaeological Abstracts*, vol. 2 – 4, Monumenta Archaeological, vol. 9 – 11. Los Angeles: Institute of Archaeology, University of California at Los Angeles, 1985.

Dien, Albert E. , trans. *Pei Ch'i shu 45: Biography of Yen Chih-t'ui*. Frankfurt: Peter Lang, 1976.

Doar, Bruce, and Susan Dewar, eds. "Zoroastrianism in China." *China Archaeology and Art Digest* 4. 1 (December 2000): 7 – 216.

Dohrenward, Doris. "Glass in China: A Review Based on the Collection in the Royal Ontario Museum. " *Oriental Art* New Series 26. 4 (1980 – 1981): 426 – 445.

Dubs, H. H. *A Roman City in Ancient China*. London: The China Society, 1957.

Dummelow, John. *The Wax Chandlers of London: A Short History of the Worshipful Company of Wax Chandlers*, London. London: Phillimore and Co. , 1973.

Eberhard, Wolfram. *Conquerers and Rulers: Social Forces in Medieval China*. Leiden: E. J. Brill, 1965.

———. *A History of China*. Rev. 4th ed. Berkeley: University of California Press, 1977.

Ebrey, Patricia. "Estate and Family Management in the Later Han as Seen in the Monthly Instructions for the Four Classes of People. " *Journal of the Economic and Social History of the Orient* 17. 2 (1974): 173 – 205.

Edwards, E. D. "The Cave Reliefs at Ma Hao. " *Artibus Asiae* 17 (1954): 5 – 28, 103 – 129.

Edwards, Walter. "Mirrors to Japanese History. " *Archaeology* 51 (May – June, 1998): 20 – 21.

Eichorn, W. "Description of the Rebellion of Sun En and Earlier Taoist

Rebellions." *Mitteilungen des Instituts für Orientforschung der deutschen Akademie der Wissenschaften zu Berlin* 2 (1954): 325 – 352.

Epstein, H. *Domestic Animals of China*. Farnham Royal, Buck, England: Commonwealth Agricultural Bureaux, 1969.

Fong, Mary. "Tomb Guardian Figurines: Their Evolution and Iconography." In *Ancient Mortuary Traditions of China: Papers on Chinese Ceramic Funerary Sculptures*, edited by George Kuwayama, 84 – 105. Los Angeles: Los Angeles County Museum of Art, 1991.

Fontein, Jan, and Wu Tung. *Han and T'ang Murals Discovered in Tombs in the People's Republic of China and Copied by Contemporary Chinese Painters*. Boston and San Francisco: Museum of Fine Arts and Chinese Culture Foundation, 1976.

———. *Unearthing China's Past*. Boston: Museum of Fine Arts, 1973.

Franke, Otto. *Geschichte das chinesischen Reiches*. 4 vols. Berlin: Walter de Gruyter and Co., 1930 – 1948.

Fridley, David, trans. Su Bai. "Xianbei Remains in Manchuria and Inner Mongolia: Records of Xianbei Remains, Part One." *Chinese Studies in Archaeology* 1. 2 (Fall 1979): 3 – 43.

Fried, Morton H. "Clans and Lineages: How to Tell Them Apart and Why – With Special Reference to Chinese Society." *Bulletin of the Institute of Ethnology*, *Academia Sinica* 29 (1970): 11 – 36.

Fu Xinian, "The Three Kingdoms, Western and Eastern Jin, and Northern and Southern Dynasties." In *Chinese Architecture*, edited by Nancy S. Steinhardt, 61 – 89. New Hevan: Yale University Press, and Beijing: New World Press, 2002.

Fung Ping Shan Museum, University of Hong Kong. *Exhibition of Ceramic Finds from Ancient Kilns in China*. Hong Kong, 1981.

Gernet, Jacque. *Buddhism in Chinese Society: An Economic History from the Fifth to the Tenth Centuries*. New York: Columbia University Press, 1995.

Gervais-Molnár, Veronika. *The Hungarian Szür: An Archaic Mantle of Eurasian Origin*. Toronto: Royal Ontario Museum, 1973.

Goldin, Paul R. "On the Meaning of the Name Xiwangmu, Spirit-Mother of the West." *Journal of the American Oriental Society* 122. 1 (2002):

83 – 85.

Goodrich, Chauncey S. "Riding Astride and the Saddle in Ancient China." *Harvard Journal of Asiatic Studies* 44. 2 (1984): 279 – 306.

Graff, David A. *Medieval Chinese Warfare, 300 – 900.* London: Routledge, 2002.

Griswold, A. B. "Prolegomena to the Study of the Buddha's Dress in Chinese Sculpture." *Artibus Asiae* 26. 2 (1963): 85 – 131.

Guangdong Provincial Museum and Art Gallery, Chinese University of Hong Kong. *Archaeological Finds from the Jin to the Tang Periods in Guangdong.* Hong Kong, 1986.

Guo, Yanyi 郭演儀. "Raw Materials for Making Porcelain and the Characteristics of Porcelain Ware in North and South China in Ancient Times." *Archaeometry* 29. 1 (1987): 3 – 19.

Han, Zhongmin, and Hubert Delahaye, *A Journey through Ancient China.* New York: Gallery Books, 1985.

Handler, Sarah. "Cabinets and Shelves Containing All Things in China," *Journal of the Classical Chinese Furniture Society* 4. 1 (1993): 4 – 29.

――. "The Chinese Screen: Movable Walls to Divide, Embrace, and Beautify." *Journal of the Chinese Classical Furniture Society* 3. 3 (1933): 4 – 31.

――. "Life on a Platform." *Journal of the Classical Chinese Furniture Society* 3: 4 (1993): 4 – 20.

――. "The Ubiquitous Stool." *Journal of the Chinese Classical Furniture Society* 4. 3 (1994): 4 – 7.

Harada, Yoshito. "Ancient Glass in the History of Cultural Exchange between East and West." *Acta Asiatica* 3 (1962): 57 – 69.

Harper, Donald. "The Han Cosmic Board (*shih* 式)." *Early China* 4 (1978 – 1979): 1 – 10.

Harper, Prudence D. "An Iranian Silver Vessel from the Tomb of Feng Hetu." *Bulletin of the Asia Institute* 4 (1990): 51 – 59.

Hayashi, Ryoichi. *The Silk Road and the Shoso-in.* Translated by Robert Rickets. Heibonsha Survey of Japanese Art, vol. 6. New York: Weatherhill and

Heibonsha, 1975.

Henderson, Mathew. "Early Chinese Glassware." *The Oriental Ceramic Society Translations*, no. 12, 1 - 39. Foreword dated 1987.

Hesselltine, C. W. , and Hwa L. Wang, eds. *Indigenous Fermented Food of Non-Western Origin.* Mycologia Memoir no. 11. Berlin and Stuttgart: J. Cramer, 1986.

Ho, Ping-ti. "Lo-yang, A. D. 495 - 534: A Study of Physical and Socio-Economic Planning of a Metropolitan Area. " *Harvard Journal of Asiatic Studies* 26 (1966): 52 - 101.

Ho, Wai-kam. "*Hun-p'ing*: The Urn of the Soul. " *Bulletin of the Cleveland Museum of Art* 48: 2 (1961): 26 - 34.

Howard, Angela F. "In Support of a New Chronology for the Kizil Mural Paintings. " *Archives of Asian Art* 44 (1991): 68 - 83.

Hsu, Cho-yun. *Han Agriculture: The Formation of Early Chinese Agrarian Economy, 206 B. C - A. D 220.* Seattle: University of Washington Press, 1980.

Huang, H. T. (Hsing-tsung) . *Science and Civilisation in China. Volume 6: Biology and Biological Technology, Part V: Fermentation and Food Science.* Cambridge: Cambridge University Press, 2000.

Hucker, Charles. *China's Imperial Past: An Introduction to China's History and Culture.* Stanford: Stanford University Press, 1979.

Huntington, Susan L. " Early Buddhist Art and the Theory of Aniconism. " *Art Journal* (Winter 1990): 401 - 407.

Hurvitz, Leon, trans. *Wei Shou: Treatise on Buddhism and Taoism: An English Translation of the Original Chinese Text of Wei-shu cxiv and the Japanese Annotation of Tsukamoto Zenryū.* In *Yun-kang (Unkō Sekkutsu): The Buddhist Cave-Temples of the Fifth Century A. D. in North China*, edited by Mizuno Seiichi and Nagahiro Toshio. Detailed Report of the Archaeological Survey Carried Out by the Mission of the Tōhō Bunka Kenkyūsho, 1938 - 1945. Supplement and Index. Kyoto: Kyoto University, Jimbun Kagaku Kenkyūsho, 1952 - 1956.

Jenner, W. F. J. "Northern Wei Loyang: An Unnecessary Capital?" *Papers on Far Eastern History* 23 (1981): 147 - 163.

Jenner, W. F. J. , trans. *Memories of Loyang: Yang Hsüan-chih and the Lost Capital* (493 – 534) . Oxford: Clarendon Press, 1981.

Juliano, Annette. *Art of the Six Dynasties: Centuries of Change and Innovation.* New York: China Institute in America, 1985.

———. *Teng-hsien:An Important Six Dynasties Tomb.* Ascona: Artibus Asiae, 1980.

Juliano, Annette L. , and Judith Lerner. "Cultural Crossroads: Central Asian and Chinese Entertainers on the Miho Funerary Couch. " *Orienttions* 28 (October 1997): 72 – 78.

———. *Monks and Merchants:Silk Road Treasures from Northwest China, Gansu and Ningxia,* 4th – 7th Century. New York: Harry Abrams, Inc. , with The Asia Society, 2001.

Justesen, Joan. "A Chinese Bronze Mirror. " *Folk* 16 – 17 (1974 – 1975): 435 – 452.

Kamitsuka, Yoshiko. "Lao-tzu in Six Dynasties Taoist Sculpture. " In *Lao-tzu and the Tao-te-ching,* edited by Livia Kohn and Michael la Fargue, 63 – 85. Albany: State University of New York Press, 1998.

Karetzky, P. E. , and A. Soper. "A Northern Wei Painted Coffin. " *Artibus Asiae* 51. 1 – 2 (1991): 5 – 20.

Kawakatsu Yoshio 川勝義雄 . "La décadence de l'aristocratie chinoise sous les Dynasties du sud. " *Acta Asiatica* 21 (1971): 13 – 38.

Kierman, Frank A. , Jr. *Chinese Ways in Warfare.* Cambridge: Harvard University Press, 1974.

Kieschnick, John. *The Impact of Buddhism on Chinese Material Culture.* Princeton: Princeton University Press, 2003.

Kieser, Annette. "Northern Influence in Tombs in Southern China after 317 CE?: A Reevaluation. " In *Between Han and Tang: Cultural and Artistic Interaction in a Transformative Period,* edited by Wu Hung, 231 – 268. Bejing: Wenwu chubanshe, 2001.

Kiss, Attila. "A Byzantine Jewel from the 6th – 7th Century in China. " *Acta Orientalia Academiae Scientiarum Hungaricae* 38 (1984): 37 – 40.

Kleeman, Terry F. *The Great Perfection: Religion and Ethnicity in a Chi-*

nese Millenial Kingdom . Honolulu: University of Hawai'i Press, 1998.

Klimkeit, Hans-Joachim. "The Donor at Turfan. " *Silkroad Art and Archaeology* 1 (1990): 177 – 196.

———. *Gnosis on the Silk Road: Gnostic Texts from Central Asia*. New York: Harper-Collins, 1993.

Knapp, Keith. "Clay Roosters Cannot Lord Over Mornings: The Meanings of Austere Burials in Medieval 'Death Testaments. '" Unpublished ms.

Knechtges, David R. "Chinese Food Science and Culinary History: A New Study. " *Journal of the American Oriental Society* 122 (2002): 767 – 772.

———. "Gradually Entering the Realm of Delight: Food and Drink in Early Medieval China. " *Journal of the American Oriental Society* 117 (1997): 229 – 239.

———. "A Literary Feast: Food in Early Chinese Literature. " *Journal of the American Oriental Society* 106 (1986): 49 – 63.

Knechtges, David R. , trans. *Wen Xuan, or, Selections of Refined Literature*. 3vols. Princeton: Princeton University Press, 1982 – 1996.

Krykov, M. V. "The Silk Road: The Glass Road. " In *Traces of the Central Asian Culture in the North: Finnish-Soviet Joint Scientific Symposium Held in Hanasaari, Espoo, 14 – 21 January, 1985*, edited by Ildikó Lehtinen, 119 – 125. Helsinki: Suomalais-Ugrilainen Seura, 1986.

Kuwayama, George. "The Sculptural Development of Ceramic Funereal Figures in China. " In Caroselli, ed. , *Quest for Eternity*, 63 – 93.

Lai, Whalen. "Society and the Sacred in the Secular City: Temple Legends in the *Lo-yang Ch'ieh-lan-chi*. " In Dien, ed. , *State and Society in Early Medieval China*, 229 – 268.

Lancaster, Lewis R. "An Early Mahayana Sermon about the Body of the Buddha and the Making of Images. " *Artibus Asiae* 36. 4 (1974): 287 – 291.

Lawergren, Bo. "Buddha as a Musician: An Illustration of a *Jātaka* Story. " *Artibus Asiae* 54. 3 – 4 (1994): 226 – 240.

———. "How *Qin*-Zithers Changed between 500 BCE to 500 CE. " Paper read at the Michaelstein Conference, June 2002.

———. "The Metamorphosis of the Qin, 500 BCE-CE500." *Orientations* 34.5 (2003): 31-38.

———. "The Spread of Harps between the Near and Far East during the First Millenium A.D.: Evidence of Buddhist Musical Cultures on the Silk Road." *Silk Road Art and Archaeology* 4 (1995-1996): 233-275.

———. "Strings." In *Music in the Age of Confucius*, edited by Jenny F. So, 65-83. Washington, DC: Smithsonian Institution, 2000.

———. "To Tune a String: Dichotomies and Diffusions between the Near East and Far East." In *Ultra Terminum Vagari. Studi in onore di Carl Nylander*, edited by B. Magnussen, S. Renzetti, P. Vian, and S. J. Voiçu, 1-37. Rome: Edizioni Quasar, 1997.

Lee, Junghee. "The Origins and Development of the Pensive Bodhisattva Images of Asia." *Artibus Asiae* 53.3-4 (1993): 311-357.

Legge, James. *The Ch'un Ts'ew with the Tso Chuen*. Hong Kong. Preface dated 1872.

———. *The Confucian Analects*. Oxford, 1893.

———. *Liki, The Sacred Books of the East*, vol. 28. Oxford, 1885.

———. *A Record of Buddhistic Kingdoms, Being an Account of the Chinese Monk Fà-hien of His Travels in India and Ceylon (A.D. 399-414) in Search of the Buddhist Books of Discipline*. Oxford: Clarendon Press, 1886.

———. *The Shoo King*. Hong Kong. Preface dated 1865.

———. *The Works of Mencius*. Hong Kong. Preface dated 1861.

Leidy, Denise Patry. "The Ssu-wei Figure in Sixth-Century A.D. Chinese Buddhist Sculpture." *Archives of Asian Art* 43 (1990): 21-37.

Levine, Carl Oscar. *Notes on Farm Animals and Animal Industries in China*. Canton Christian College Bulletin no. 23. Canton, 1919.

Li Donghua. "Tishan hanghai-Hai wai maoyi di fazhan" 梯山航海—海外貿易的發展 [Scaling mountains and sailing the seas: The development of foreign trade]. In *Minsheng di kaituo* 民生的開拓 [The expansion of the people's livelihood], edited by Liu Shiji 劉石吉, 464-472. Taipei: Lianjing chuban shiye gongsi, 1982.

Li, Jian, ed. *The Glory of the Silk Road: Art from Ancient China.* Dayton, Ohio: The Dayton Art Institute, 2003.

Liang Ssu-ch'eng. *A Pictorial History of Chinese Architecture: A Study of the Development of Its Structural System and the Evolution of Its Types.* Edited by Wilma Fairbank. Cambridge: MIT Press, 1984.

Liang-Lee, Yeajen, and François Louis. *An Index of Gold and Silver Artifacts Unearthed in the People's Republic of China.* Zürich: Museum Rietberg Zürich, 1996.

Lienart, Ursula and Pavel Mestek. "Zur Architektur der Sui-Zeit (589 – 618 n. Chr.)." *Asiatische Studien* 41. 1 (1987): 7 – 39.

Lim, Lucy. "The Northern Wei Tomb of Ssu-ma Chin-lung and Early Chinese Figure Painting." PhD diss. New York University, 1990.

Littauer, Mary Aiken. "Early Stirrups." *Antiquity* 55 (1981): 99 – 105.

Little, Stephen, and Shawn Eichman, eds. *Taoism and the Arts of China.* Chicago: The Art Institute of Chicago, in association with the University of California Press, 2000.

Liu Junxi and Li Li. "The Recent Discovery of a Group of Northern Wei Tombs in Datong." *Orientations* 34. 5 (2002): 42 – 47.

Liu Shufen 劉淑芬. "Art, Ritual, and Society: Buddhist Practice in Rural China during the Northern Dynasties." *Asia Major*, ser. 3, 8 (1995): 19 – 47.

Loewe, Michael. *Ways to Paradise: The Chinese Quest for Immortality.* London: George Allen & Unwin, 1979.

Lovell, Hin-cheung. "Some Northern Chinese Ceramic Wares of the Sixth and Seventh Centuries." *Artibus Orientalis* 21 (1975): 328 – 343.

Luo Feng. "Lacquer Painting on a Northern Wei Coffin." *Orientations* 21. 7 (July 1990): 18 – 29.

Marshak, Boris. "Le programme iconographique des peintures de la 'Salle des ambassadeurs' à Afrasiab (Samarkand)." *Arts Asiatiques* 49 (1994): 1 – 20.

Maspéro, Henri. "Le mot *ming.*" *Journal Asiatique* 223 (1933): 249 – 296.

———. *Les documents chinois de la troisime expédition de Sir Aurel Stein en Asie centrale.* London: Trustees of the British Museum, 1953.

Mather, Richard B. *Biography of Lü Kuang.* Chinese Dynastic Histories Translations, no. 7. Berkeley: University of California Press, 1959.

———, "A Note on the Dialects of Luoyang and Nanking during the Six Dynasties." In *Wen-lin: Studies in the Chinese Humanities,* edited by Tse-tsung Chow, 247 – 256. Madison: University of Wisconsin Press, 1976.

———, trans. *Shih-shuo Hsin-yü: A New Account of Tales of the World.* Minneapolis: University of Minnesota Press, 1976.

Medley, Margaret. *The Chinese Potter: A Practical History of Chinese Ceramics.* Cornell: Cornell University Press, 1982; 2nd printing, 1986.

———. "T'ang Gold and Silver." In William Watson, ed., *Pottery and Metalwork in T'ang China,* 16 – 22.

Melikian-Chirvani, A. S. "Iranian Silver and Its Influence in T'ang China." In William Watson, ed., *Pottery and Metalwork in T'ang China,* 9 – 15.

Mino, Yutaka, and Katherine R. Tsiang. *Ice and Green Clouds: Traditions of Chinese Celadon.* Indianapolis: Indianapolis Museum of Art, 1986.

Monier-Williams, Randall. *The Tallow Chandlers of London.* London: Kaye and Ward, Ltd., 1970.

Montell, G. "The T'ou Hu: The Ancient Chinese Pitch-Pot Game." *Ethnos* 5 (1940): 70 – 83.

Müller, Shing. *Yezhongji: Eine Quelle zur materiellen Kultur in der Stadt Ye im 4. Jahrhundert.* Münchener Ostasiatische Studien, vol. 65. Stuttgart: Franz Steiner Verlag, 1993.

Needham, Joseph. *The Development of Iron and Steel Technology in China: Second Biennial Dickinson Memorial Lecture to the Newcomen Society 1956.* London: W. Heffer and Sons, 1964.

Needham, Joseph, and Ray Huang. "The Nature of Chinese Society: A Technical Interpretation." *Journal of Oriental Studies* 12 (1974): 1 – 16.

Needham, Joseph, and Wang Ling. *Science and Civilisation in China, vol. 4: Physics and Physical Technology. Part II. Mechanical Engineering.*

Cambridge: Cambridge University Press, 1965.

Needham, Joseph, with Wang Ling and Lu Guei-djen. *Science and Civilisation in China*, vol. 4: *Physics and Physical Technology*, Part III. *Civil Engineering and Nautics*. Cambridge: Cambridge University Press, 1971.

Needham, Joseph, with Wang Ling and Kenneth G. Robinson. *Science and Civilisation in China*, vol. 4: *Physics and Physical Technology*, Part I. *Physics*. Cambridge: Cambridge University Press, 1962.

O'Dea, O. T. *A Short History of Lighting*. London: Her Majesty's Stationery Office, 1958.

O'Hara, Albert. *The Position of Woman in Early China according to the Lieh Nu Chuan*, "*The Biographies of Eminent Chinese Women.*" Washington, DC. : Catholic University of America Press, 1945.

Orbeli, I. A. , and K. V. Trever. *Sasanidskii Metal: Khudozhestvennye Predmety iz zolota, serebra I bronzy* [*Sassanian metal: Artistic articles of gold, silver, and bronze*]. Moscow: Academia, 1935.

Owens, Elizabeth M. "Case Study in Xianbei Funerary Painting: Examination of the *Guyuan Sarcophagus* in Light of the Chinese Funerary Painting Tradition." MA thesis, University of Pennsylvania, 1993.

Paludan, Ann. *The Chinese Spirit Road: The Classical Tradition of Stone Tomb Statuary*. New Haven: Yale University Press, 1991.

Pelliot, Paul. "Deux Itinéraires de Chine en Inde." *Bulletin de l'École Française d'Extrêmme-Orient* 4 (1904): 131 – 413.

Pickens, Laurence. "The Origin of the Short Lute." *Galpin Society Journal* 8 (1955): 32 – 42.

Pirazzoli-t'Serstevens, Michèle. "De l'efficacité Plastique à la productivitè: Les grès porcelaineux du Jiangnan aux IIIe-IVe siècles de notreère." *T'oung Pao* 84 (1998): 21 – 61.

———. "From the Ear-Cup to the Round Cup: Changes in Chinese Drinking Vessels (2nd to 6th century A. D.)." *Oriental Art* 48. 3 (2002): 17 – 27.

———. *Living Architecture: Chinese*. New York: Grosset and Dunlap, 1971.

Plumer, James M. *Design and Technique in Ancient Chinese Bronze Mir-*

rors. Ann Arbor: The Institute of Fine Arts, University of Michigan, [1941].

Poo, Mu-chou. "Ideas Concerning Death and Burial in Pre-Han and Han China." *Asia Major*, 3rd ser., 3.2 (1990): 25 – 62.

Qian Hao, Chen Heyi, and Ru Suichu. *Out of China's Earth: Archaeological Discoveries in the People's Republic of China.* New York: Harry N. Abrams, and Beijing: China Pictorial, 1981.

Quattrocchi, Umberto. *CRC World Dictionary of Plant Names: Common Names, Scientific Names, Eponyms, Synonyms, and Etymology.* Boca Raton, Fla: CRC Press, 1999.

Rawson, Jessica. "Central Asian Silver and Its Influence on Chinese Ceramics." *Bulletin of the Asia Institute*, New Series 5 (1991): 139 – 152.

――――. "Tombs or Hoards: The Survival of Chinese Silver of the T'ang and Song Periods, Seventh to Thirteenth Centuries, A. D." In Vickers, ed., *Pots and Pans*, 139 – 152.

Rhie, Marylin Martin. *Early Buddhist Art of China and Central Asia: Later Han, Three Kingdoms and Western Chin in China and Bactria to Shan-shan in Central Asia*, vol. 1. Leiden: E. J. Brill, 1999.

Ritchie, Patrick D. "Spectographic Studies of Ancient Glass: Chinese Glass from Pre-Han to T'ang Times." *Technical Studies in the Field of the Fine Arts* 5 (1937): 209 – 220.

Robins, F. W. *The Story of the Lamp (and the Candle)*. London: Oxford University Press, 1939.

Rogers, Michael. *The Chronicle of Fu Chien: A Case of Exemplar History.* Chinese Dynastic Histories Translations, no. 10. Berkeley: University of California Press, 1968.

Rowland, Benjamin, Jr. "A Note on the Invention of the Buddha Image." *Harvard Journal of Asiatic Studies* 11 (1948): 181 – 186.

Rudenko, Sergei. *Frozen Tombs of Siberia: The Pazyryk Burials of Iron-Age Horsemen.* Translated by M. W. Thompson. Berkeley: University of California Press, 1970.

Rudolph, Richard C. "The Antiquity of *t'ou hu*." *Antiquity* 24.94 (June 1950): 175 – 178.

Sato, Masahiko. *Chinese Ceramics: A Short History.* New York and Tokyo: Weatherhill/Heibonsha, 1978.

Scaglia, Gustina. "Central Asians on a Northern Ch'i Gate Shrine. " *Artibus Asiae* 21 (1958): 9 - 28.

Schafer, Edward. "The Camel in China down to the Mongol Dynasty. " *Sinologica* 2. 3 (1950): 165 - 194, 263 - 290.

————. *Golden Peaches of Samarkand:A Study of T'ang Exotics*. Berkeley: University of California Press, 1963.

————. "T'ang. " In *Food in Chinese Culture: Anthropological and Historical Perspectives*, edited by K. C. Chang, 85 - 140. New Haven: Yale University Press, 1977.

————. *The Vermilion Bird:T'ang Images of the South*. Berkeley: University of California Press, 1967.

————. "The *Yeh chung chi*. " *T'oung Pao* 76 (1990): 147 - 207.

Schafer, Edward, and Benjamin Wallacker. "Local Tribute Products of the T'ang Dynasty. " *Journal of Oriental Studies* 4 (1957 - 1958): 213 - 248.

Schipper, Kristofer. "Purity and Strangers: Shifting Boundaries in Medieval Taoism. " *T'oung Pao* 80 (1994): 61 - 81.

————. "Taoism: The Story of the Way. " In Little and Eichman, eds. , *Taoism and the Arts of China*, 33 - 55.

Schreiber, Gerhard. "The History of the Former Yen Dynasty: Part II. " *Monumenta Serica* 15 (1956): 1 - 141.

Seidel, Anna. "Traces of Han Religion in Funeral Texts Found in Tombs. " In *Dōkyō to shūkyō bunka* 道教と宗教文化, edited by Akitsuki Kan'ei 秋月觀映, 21 - 57. Tokyo: Hirakawa shuppansha, 1987.

Seligman, C. G. , and H. C. Beck. "Far Eastern Glass: Some Western Origins. " *Bulletin of the Museum of Far Eastern Antiquities* 10 (1938): 1 - 64.

Seligman, C. G. , P. D. Ritchie, and H. C. Beck. "Early Chinese Glass from Pre-Han to T'ang Times. " *Nature* 138 (1936): 721.

Sheng, Angela. "The Disappearance of Silk Weaves with Weft Effects in Early China. " *Chinese Science* 12 (1995): 41 - 76.

Shih, Hsiao-yan. " I-nan and Related Tombs. " *Artibus Asiae* 22

(1959): 277 – 312.

Shih Sheng-han. *A Preliminary Survey of the Book Ch'i Min Yao Shu: An Agricultural Encyclopedia of the 6th Century.* Beijing: Science Press, 1982.

Sickman, Laurence, and Alexander Soper. *The Pelican History of Art: The Art and Architecture of China.* Baltimore: Penguin Books, 1971.

Skinner, G. W. "Chinese Peasants and the Closed Community: An Open and Shut Case." *Comparative Studies in Society and History* 13 (1971): 270 – 281.

———. *The City in Late Imperial China.* Stanford: Stanford University Press, 1977.

Smith, Bradley, and Wan-go Weng. *China: A History in Art.* New York: Harper and Row, 1972.

Somers, Robert, "Time, Space and Structure in the Consolidation of the T'ang Dynasty (A. D. 617 – 700)." In Dien, ed., *State and Society in Early Medieval China*, 369 – 399.

Soothill, William E., and Lewis Hodous. *A Dictionary of Chinese Buddhist Terms.* London: Kegan Paul, Trench, Trubner and Co., Ltd., 1937.

Soper, Alexander Coburn. *The Evolution of Buddhist Architecture in Japan.* Princeton: Princeton University Press, 1942.

———. "Imperial Cave-Chapels of the Northern Dynasties: Donors, Beneficiaries, Dates." *Artibus Asiae* 28.4 (1966): 241 – 270.

———. *Literary Evidence for Early Buddhist Art in China.* Ascona: Artibus Asiae Publishers, 1959.

———. "Northern Liang and the Northern Wei in Kansu." *Artibus Asiae* 21 (1958): 131 – 164.

———. "The Purpose and Date of the Hsiao-T'ang-Shan Offering Shrines: A Modest Proposal." *Artibus Asiae* 36 (1974): 249 – 266.

———. "South Chinese Influence on the Buddhist Art of the Six Dynasties Period." *Bulletin of the Museum of Far Eastern Antiquities* 32 (1960): 47 – 111.

———. *Textual Evidence for the Secular Arts of China in the Period from Liu*

Sung through Sui (A. D. 420 – 618), Excluding Treatises on Painting. Artibus Asiae, Supplementum XXIV, Ascona, 1967.

———. "Whose Body?" Asiatische Studien 44. 2 (1990): 205 – 216.

Spiro, Audrey. "Cave Temple Fever and Its Southern Manifestations." Paper delivered at the meeting of the Association for Asian Studies, Washington, D. C., 1998.

———. Contemplating the Ancients: Aesthetic and Social Issues in Early Chinese Portraiture. Berkeley: University of California Press, 1990.

———. "Hybrid Vigor: Memory, Mimesis, and the Matching of Meanings (Geyi 格义) in Fifth-Century Buddhist Art." In Dialogues with the Ancients, edited by Scott Pearce et al., 125 – 148. Cambridge: Harvard University Press, 2001.

Stein, Marc Aurel. Innermost Asia: Detailed Report of Explorations in Central Asia, Kansu and Eastern Iran, Carried Out and Discribed under the Orders of H. M. Indian Government by Sir Aurel Stein. 4 Vols. Oxford: The Clarendon Press, 1928.

Stein, Rolf A. "Religious Taoism and Popular Religion from the Second to the Seventh Centuries." In Facets of Taoism: Essays in Chinese Religion, edited by Holmes Welch and Anna Seidel, 53 – 81. New Haven: Yale University Press, 1979.

Steinhardt, Nancy Shatzman. Chinese Imperial City Planning. Honolulu: University of Hawai'i Press, 1989.

———. "Representations of Chinese Walled Cities in the Pictorial and Graphic Arts." In City Walls: The Urban Enceinte in Global Perspective, edited by James D. Tracy, 432 – 439. Cambridge: Cambridge University Press, 2000.

———. "The Synagogue at Kaifeng: Sino-Judaic Architecture of the Diaspora." In The Jews of China. Volume One: Historical and Comparative Perspectives, edited by Jonathan Goldstein, 3 – 21. Armonk, N. Y.: M. E. Sharpe, 1999.

———. "Why Were Chang'an and Beijing So Different?" Journal of the So-

ciety of Architectural Historians 45 (1986): 339-357.

Steinhardt, Nancy Shatzman, et al. *Chinese Traditional Architecture*. New York: China Institute in America, 1984.

Sun, E-tu Zen, and Shiou-chuan Sun, trans. *T'ien-kung k'ai-wu: Chinese Technology in the Seventeenth Century*. University Park, Pa.: Pennsylvania State University Press, 1966.

Sun Xinsheng. "Time and Cause for the Destruction of the Buddhist Statues from the Site of Longxing Monastery." *Arts of Asia* 31.1 (January-February 2001): 50-53.

Tanabe, Katsume. "The Kushan Representation of ANEMOS/OADO and Its Relevance to the Central Asian and Far Eastern Wind Gods." *Silk Road Art and Archaeology* 1 (1990): 51-80.

Tchang, Mathias. *Tombeau des Liang: Famille Siao, 1ère partie, Siao Choen-tche*. Variétés Sinologiques 33. Shanghai: Imprimerie de la Mission Catholique, 1912.

Teng Ssu-yü, trans. *Family Instructions for the Yen Clan: Yen-shih chia-hsün by Yen Chih-t'ui*. Leiden: E. J. Brill, 1969.

Thompson, Nancy. "The Evolution of the T'ang Lion and Grapevine Mirror." *Artibus Asiae* 29 (1967): 25-66.

Thorpe, Robert L. "The Qin and Han Imperial Tombs and the Development of Mortuary Architecture." In Caroseli, ed., *Quest for Eternity*, 17-37.

Thwing, Leroy. *Flickering Flames: A History of Domestic Lighting through the Ages*. Rutland, Vt.: Charles E. Tuttle Co., 1958.

Till, Barry, and Paula Swart. *In Search of Old Nanking*. Hong Kong: Joint Publishing Co., 1982.

Till, Barry, and Paula Swart, trans. "Two Tombs of the Southern Dynasties at Huqiao and Jianshan in Danyang County, Jiangsu Province." *Chinese Studies in Archaeology* (Winter 1979-1980): 74-124.

Tomita, Kojiro. "A Chinese Sacrificial Stone House of the Sixth Century A. D." *Bulletin of the Museum of Fine Arts, Boston*, 40 (1942): 98-110.

Tsukumoto Zenryū. *A History of Early Chinese Buddhism: From Its Introduction to the Death of Hui Yüan*. Translated by Leon Hurvitz. Tokyo: Kodansha International, Ltd. , 1985.

Umehara, Sueji. "Ancient Mirrors and Their Relationship to Early Japanese Culture. " *Acta Asiatica* 4 (1963): 70 - 79.

_____. *Studies of Noin-Ula Finds in North Mongolia*. The Toyo Bunko Publications Series A, no. 27. Tokyo: Toyo Bunko, 1960.

Van Beek, Gus W. "Arches and Vaults in the Ancient Near East. " *Scientific American* (July 1987): 96 - 103.

van Gulik, Robert. *Hsi K'ang and His Poetical Essay on the Lute*. Tokyo: Sophia University, 1941.

_____. *The Lore of the Chinese Lute: An Essay in Ch'in Ideology*. Tokyo: Sophia University, 1940.

Vickers, Michael, ed. *Pots and Pans: A Colloquium on Precious Metals and Ceramics in the Muslim, Chinese and Graeco-Roman Worlds*. Oxford: Oxford University Press, 1985.

Wagner, Donald B. *Iron and Steel in Ancient China*. Leiden: E. J. Brill, 1993.

Wang, Eugene Y. "What Do Trigrams Have to Do With Buddhas? The Northern Liang Stupas as a Hybrid Spatial Model. " *Res* 35 (1999): 70 - 91.

Wang, H. L. , and S. F. Fang. "History of Chinese Fermented Food. " In Hesselltine and Wang, eds. , *Indigenous Fermented Food*, 23 - 35.

Wang Kai and Xu Yixian. "Northern Dynasties Pottery Figurines from Xuzhou. " *Orientations* 20. 9 (1989): 84 - 89.

Wang Ruixia and Shou Linlin. "Typological Analysis of Northern Qi Buddhist Statues Unearthed from the Site of Longxing Monastery " *Arts of Asia* 31. 1 (January - February 2001): 41 - 49.

Wang, Yi-t'ung, trans. *A Record of Buddhist Monasteries in Loyang*. Princeton: Princeton University Press, 1984.

Wang Zhongshu. *Han Civilization*. New Haven: Yale University Press, 1982.

Watson, Ernest. *The Principal Articles of Chinese Commerce (Import and Export)* . Shanghai: Statistical Department of the Inspector General of Customs, 1930.

Watson, William. *The Genius of China*. London: The Royal Academy of

Arts, 1973.

―――. "Precious Metal: Its Influence on Tang Earthenware." In Vickers, ed., *Pots and Pans*, 161 – 174.

Watson, William, ed. *Pottery and Metalwork in T'ang China: Their Chronology and External Relations*. London: University of London, 1970.

Watt, J. C. Y. *A Han Tomb in Lei Cheng Uk*. Hong Kong: Hong Kong Museum of History, 1970.

Weber, Charles D. "The Spirit Road in Chinese Funerary Practice." *Oriental Art* 24 (1978): 168 – 178.

Wenley, A. E. "The Grand Empress Dowager Wen Ming and the Northern Wei Necropolis at Fang Shan." Freer Gallery of Art Occasional Papers, 1.1, Washington, DC, 1948.

Wiens, Herold J. *China's March toward the Tropics*. Hamden, Conn: The Shoe String Press, 1954.

Willetts, William. *Chinese Art*. 2 vols. London: Penguin Books, 1958.

Wong, Dorothy. *Chinese Steles: Pre – Buddhist and Buddhist Use of a Symbolic Form*. Honolulu: University of Hawai'i, 2004.

Wood, Nigel. *Chinese Glazes: Their Origins, Chemistry and Recreation*. London: A. and C. Black, and Philadelphia: University of Pennsylvania Press, 1999.

Wright, Arthur F. "On the Uses of Generalization in the Study of Chinese History." In *Generalizations in the Writing of History*, edited by Louis Gottschalk, 36 – 58. Chicago: The University of Chicago Press, 1963.

Wu Hung. "Buddhist Elements in Early Chinese Art (2nd and 3rd Centuries A. D.)." *Artibus Asiae* 47.3 – 4 (1986): 263 – 352.

―――. "A Case of Cultural Interaction: House-Shaped Sarcophagi of the Northern Dynasties." *Orientations* 34.5 (2002): 34 – 41.

―――. "Mapping Early Taoist Art: The Visual Culture of Wudoumi Dao." In Little and Eichman, eds., *Taoism and the Arts of China*, 77 – 93.

―――. *Monumentality in Early Chinese Art and Architecture*. Stanford: Stanford University Press, 1995.

Wu Hung, ed. *Between Han and Tang: Religious Art and Archaeology of a Transformative Period*. Beijing: Cultural Relics Publishing House, 2000.

Wu Zhuo 吴焯. "Notes on the Silver Ewer from the Tomb of Li Xian." *Bulletin of the Asia Institute*, New Series 3 (1989): 61 – 70.

Xia, Mingcai 夏名采. "The Discovery of a Large Cache of Buddhist Images at the Site of Longxing Si." *Orientations* 29 (June 1998): 41 – 49.

Xiong, Victor Cunrui. "The Land-Tenure System of Tang China: A Study of the Equal-Field System and the Turfan Documents." *T'oung Pao* 85 (1999): 327 – 390.

——. *Sui-Tang Chang'an: A Case Study in the Urban History of Medieval China*. Michigan Monographs in Chinese Studies, vol. 68. Ann Arbor: Center for Chinese Studies, University of Michigan Press, 2000.

Xiong, Victor Cunrui, and Ellen Johnston Laing. "Foreign Jewelry in Ancient China." *Bulletin of the Asia Institute*, New Series 5 (1991): 163 – 173.

Yang, Lien-sheng. "An Additional Note on the Ancient Game *Liu-po*." *Harvard Journal of Asiatic Studies* 15 (1952): 124 – 138.

——. "A Note on the So-Called TLV Mirrors and the Game *Liu-po* 六博." *Harvard Journal of Asiatic Studies* 9 (1947): 202 – 206.

Zeng, Lanying. "Divining from the Game *Liubo*: An Explanation of a Han Wooden Slip Excavated at Yinwen." *China Archaeology and Art Digest* 4 : 4 (2002): 55 – 62.

Zürcher, Erik. *The Buddhist Conquest of China: The Spread and Adaptation of Buddhism in Early Medieval China*. 2 vols. Leiden: E. J. Brill, 1972.

附　录

一　图表来源

图 2.1　《考古》1981 年第 3 期，第 226 页图 2。
图 2.2　《考古》1960 年第 1 期，第 60 页图 1。
图 2.3　《考古》1963 年第 1 期，第 15 页图 1。
图 2.4　《考古》1996 年第 1 期，第 13 页图 3。
图 2.5　《文物》1962 年第 4、5 期，第 56 页图 1。
图 2.6　《考古》1973 年第 4 期，第 199 页图 1。
图 2.7　《考古》1976 年第 2 期，第 110 页图 1。
图 2.8　《考古》1976 年第 2 期，第 110 页图 2。
图 2.9　《考古》1988 年第 9 期，第 815 页图 2。
图 2.10　《中国考古学会第五次年会论文集》，第 98 页图 1。
图 2.11　《文物》1979 年第 9 期，第 44 页图 1。
图 2.12　《考古》1986 年第 5 期，第 411 页图 2。
图 2.13　刘淑芬:《六朝时代的建康》，第 27 页。
图 2.14　刘淑芬:《六朝时代的建康》，第 40 页。
图 2.15　刘淑芬:《六朝时代的建康》，第 44 页。
图 2.16　刘淑芬:《六朝时代的建康》，第 49 页。
图 3.1　Liang Ssu-ch'eng, *A Pictorial History of Chinese Architecture*, ed., Wilma Fairbank, p. 11, fig. 3.
图 3.2　《考古》1978 年第 3 期，第 165 页图 3、图 4。
图 3.3　《文物》1988 年第 9 期，第 27 页图 3。
图 3.4　《考古》1959 年第 10 期，第 543 页图 3.1。
图 3.5　Steinhardt, *Chinese Traditional Architecture*, pl. 1.2.
图 3.6　Steinhardt, *Chinese Traditional Architecture*, pl. 1.1.
图 3.7　《文物》1985 年第 7 期，第 75 页图 60。

图 3.8 《文物资料丛刊》4（1981），第 181 页图 29。
图 3.9 《文物资料丛刊》4（1981），第 182 页图 33.4。
图 3.10 《文物资料丛刊》4（1981），第 164 页图 9。
图 3.11 《文物资料丛刊》4（1981），第 179 页图 22。
图 3.12 《文物资料丛刊》4（1981），第 179 页图 23。
图 3.13 《文物资料丛刊》4（1981），第 162 页图 8。
图 3.14 刘敦桢：《中国古代建筑史》，第 98 页图 65 – 1。
图 3.15 宫大中：《龙门石窟中的北魏建筑》，第 208 页图 3。
图 3.16 《文物资料丛刊》4（1981），第 164 页图 10。
图 3.17 《文物资料丛刊》4（1981），第 165 页图 11。
图 3.18 《文物资料丛刊》4（1981），第 165 页图 12。
图 3.19 《考古》1976 年第 2 期，第 119 页图 18。
图 3.20 宫大中：《龙门石窟中的北魏建筑》，第 209 页图 4。
图 3.21 《考古》1976 年第 2 期，第 112 页图 4。
图 3.22 《考古》1976 年第 2 期，第 110 页图 3。
图 3.23 《考古》1976 年第 2 期，第 112 页图 5。
图 3.24 《文物资料丛刊》4（1981），第 181 页图 30。
图 3.25 《文物资料丛刊》4（1981），第 167 页图 13。
图 3.26 《考古》1976 年第 2 期，第 116 页图 8.1。
图 3.27 《考古》1976 年第 2 期，第 116 页图 8.2。
图 3.28 《考古》1976 年第 2 期，第 116 页图 10。
图 3.29 《考古》1976 年第 2 期，第 114 页图 7.1。
图 3.30 《考古》1976 年第 2 期，第 114 页图 7.4。
图 3.31 《文物》1998 年第 5 期，第 61 页图 7 – 8。
图 3.32 刘敦桢《中国古代建筑史》，第 92 页图 60.1 – 2。
图 4.1 《考古学报》1957 年第 1 期，第 173 页图 4。
图 4.2 《考古》1972 年第 11 期，第 24 页图 1。
图 4.3 《考古通讯》1958 年第 7 期，第 51 页图 1。
图 4.4 《文物》1982 年第 1 期，第 71 页图 3。
图 4.5 《考古》1985 年第 8 期，第 721 页图 1。
图 4.6 《考古》1985 年第 12 期，第 1114 页图 1。
图 4.7 《考古》1985 年第 12 期，第 1115 页图 3。
图 4.8 《文物》1965 年第 12 期，第 22 页图 3。

图 4.9 《文物》1983 年第 10 期，第 62 页图 4。
图 4.10 《考古与文物》1990 年第 5 期，第 59 页图 3。
图 4.11 《考古与文物》1990 年第 5 期，第 58 页图 2。
图 4.12 《考古》1983 年第 6 期，第 502 页图 2。
图 4.13 《考古》1962 年第 2 期，第 86 页图 1。
图 4.14 《文物》1972 年第 3 期，第 21 页图 2。
图 4.15 《文物》1982 年第 1 期，第 72 页图 5。
图 4.16 《文物》1981 年第 12 期，第 44 页图 2 – 3。
图 4.17 负安志：《中国北周珍贵文物》，第 11 页图 13。
图 4.18 《考古学报》1984 年第 2 期，第 221 页图 2。
图 4.19 《文物》1984 年第 4 期，第 2 页图 2。
图 4.20 《文物》1983 年第 10 期，第 2 页图 3。
图 4.21 《文物》1983 年第 10 期，第 20 页图 63。
图 4.22 《考古》1960 年第 1 期，第 19 页图 6。
图 4.23 《考古》1960 年第 1 期，第 22 页图 3.6。
图 4.24 《考古》1959 年第 1 期，第 29 页图 2。
图 4.25 《文物》1984 年第 6 期，第 39 页图 3 – 4。
图 4.26 《文物》1984 年第 6 期，第 44 页图 46。
图 4.27 《考古》1984 年第 7 期，第 615 页图 1。
图 4.28 《考古》1985 年第 10 期，第 926 页图 19。
图 4.29 《文物》1972 年第 12 期，第 25 页图 2。
图 4.30 《文物》1972 年第 12 期，第 26～27 页图 4 – 5。
图 4.31 《文物》1979 年第 6 期，第 2 页图 2。
图 4.32 《考古》1974 年第 3 期，第 191 页图 2。
图 4.33 《考古》1974 年第 3 期，第 193 页图 7。
图 4.34 《文物》1972 年第 1 期，第 11 页图 8。
图 4.35 《文物》1972 年第 1 期，第 11 页图 9。
图 4.36 《文物》1973 年第 10 期，第 9 页图 8。
图 4.37 《文物》1965 年第 6 期，第 38 页图 3。
图 4.38 《文物资料丛刊》8（1983），第 2 页图 2。
图 4.39 《文物资料丛刊》8（1983），第 2 页图 1。
图 4.40 《文物》1965 年第 10 期，第 34 页图 6。
图 4.41 《文物》1972 年第 11 期，第 29 页图 8。

附　录 / 681

图 4.42　《考古》1985 年第 1 期，第 24 页图 1。

图 4.43　《考古》1984 年第 6 期，第 529 页图 3；《考古》1962 年第 8 期，第 412 页图 1；《文物资料丛刊》8（1983），第 10 页图 9；《考古》1984 年第 6 期，第 529 页图 2。

图 4.44　《考古》1977 年第 2 期，第 115 页图 1 - 2，第 116 页图 3，第 117 页图 5，第 118 页图 6；《考古学报》1957 年第 4 期，第 85 页图 2，第 86 页图 3。

图 4.45　《文物资料丛刊》8（1983），第 21 页图 10。

图 4.46　《东南文化》1987 年第 3 期，第 60 页图 1 - 2。

图 4.47　《考古》1988 年第 9 期，第 808 页图 12。

图 4.48　《中国考古学会第四次年会论文集》，第 288 页图 1。

图 4.49　《文物参考资料》1955 年第 5 期，第 56 页图 6。

图 4.50　《考古学报》1959 年第 3 期，第 78 页图 2。

图 4.51　《考古学报》1959 年第 3 期，第 79 页图 3。

图 4.52　《文物资料丛刊》8（1983），第 45 页图 1。

图 4.53　《湖南考古辑刊》第 3 辑，第 130 页图 4。

图 4.54　《考古学报》1984 年第 3 期，第 350 页图 18。

图 4.55　《考古学报》1984 年第 3 期，第 351 页图 20。

图 4.56　《考古》1965 年第 5 期，第 258 页图 1。

图 4.57　《考古》1965 年第 9 期，第 459 页图 1。

图 4.58　《考古》1983 年第 12 期，第 1123 页图 1。

图 4.59　《考古》1987 年第 6 期，第 538 页图 1。

图 4.60　《考古》1965 年第 4 期，第 172 页图 5。

图 4.61　《考古》1965 年第 4 期，第 172 页图 4。

图 4.62　《考古》1974 年第 6 期，第 373 页图 1。

图 4.63　《江西历史文物》1981 年第 1 期，第 38 页。

图 4.64　《考古》1960 年第 1 期，第 28 页图 2。

图 4.65　《考古》1962 年第 4 期，第 194 页图 3。

图 4.66　《考古》1984 年第 4 期，第 346 页图 2。

图 4.67　《考古》1980 年第 1 期，第 59 页图 1。

图 4.68　《考古》1986 年第 5 期，第 47 页图 3。

图 4.69　《文物》1986 年第 5 期，第 49 页图 5。

图 4.70　《考古通讯》1955 年第 5 期，第 47 页图 2。

图4.71　《考古》1985年第9期，第799页图1。
图4.72　《考古》1984年第10期，第898页图5。
图4.73　《考古通讯》1957年第3期，第207页图1。
图4.74　《考古》1965年第5期，第231页图2。
图4.75　《考古》1965年第5期，第233页图6。
图4.76　《考古通讯》1956年第5期，第28页图1。
图4.77　《考古学集刊》第2辑，第122页图15。
图4.78　《考古学集刊》第2辑，第122页图16。
图4.79　《考古学集刊》第3辑，第184页图1。
图4.80　《考古》1961年第5期，第245页图1。
图4.81　《考古》1984年第10期，第900页图8。
图4.82　《考古》1981年第3期，第215页图1。
图4.83　《考古》1983年第9期，第859页图1。
图4.84　《考古》1983年第9期，第791页图2。
图4.85　《考古》1984年第7期，第628页图2。
图4.86　《考古》1961年第3期，第209页图3。
图4.87　《考古》1973年第6期，第346页图2。
图4.88　《考古》1973年第6期，第346页图3。
图4.89　《考古通讯》1956年第3期，第25页图1。
图4.90　《文物》1963年第12期，第2页图1。
图4.91－92　《文物》1963年第12期，图版1.1.2.1。
图4.93　《文物》1963年第12期，图版3.1。
图4.94　《文物》1963年第12期，图版4.2。
图4.95　《文物》1985年第7期，第50页图3。
图4.96　《文物》1985年第7期，第57页图17。
图4.97　《文物》1985年第7期，第58页图19。
图4.98　《文物》1985年第7期，第56页图16。
图4.99　《考古学报》1959年第2期，第114页图6。
图4.100　《考古学报》1959年第2期，第110页图1。
图4.101　《考古学报》1958年第7期，第26页图5。
图4.102　《文物》1984年第8期，第46页图2。
图4.103　《文物参考资料》1955年第7期，第98页图5。
图4.104　《文物参考资料》1955年第12期，第75页图1－2。

图5.1 《华夏考古》1999年第1期,第8页图2。
图5.2 《考古》1984年第12期,第1101页图4。
图5.3 《考古》1984年第12期,第1099页图3。
图5.4 《考古》1984年第12期,第1103页图5。
图5.5 《中国考古学会第一次年会论文集》,第360页地图。
图5.6 《文物》1973年第4期,第37页图1。
图5.7 《考古》1983年第4期,第316页图2。
图5.8 《考古》1966年第4期,第198页图3。
图5.9 《文物》1980年第2期,第2页图2。
图5.10 《文物》1974年第2期,第45页图2。
图5.11 《文物》1981年第12期,第15页图3。
图5.12 《文物》1981年第12期,第16页图5。
图5.13 《文物》1990年第8期,第33页图1。
图5.14 《考古》1963年第6期,第294页图7。
图5.15 《文物》1978年第7期,第30页图3。
图5.16 《文物》1978年第7期,第29页图2。
图5.17 《考古》1994年第9期,第803页图3。
图5.18 《考古》1994年第9期,第805页图5。
图5.18 《考古》1990年第7期,第602页图1。
图5.20 Till and Swart, *In Search of Old Nanking*, 50.
图5.21 《文物》1978年第7期,第41页图8。
图6.1 《考古》1980年第3期,第220页图2。
图6.2 《文物》1986年第3期,第4页图6。
图6.3 《文物》1977年第5期,第49页图9。
图6.4 《文物》1973年第3期,第4页图4。
图6.5 《文物》1982年第8期,第12页图6。
图6.6 宁夏固原博物馆《固原北魏木棺画》图7。
图6.7 《考古》1980年第3期,第229页图1。
图6.8 黄明兰:《洛阳北魏世俗石刻线画集》,第4页图版6。
图6.9 《文物》1983年第10期,第4页图5-6。
图6.10 《文物》1991年第2期,第83页图2。
图6.11 《中国出土文物》,第146页上图。
图6.12 《文物》1984年第6期,第39页图34。

图 6.13　《考古》1985 年第 8 期，第 731 页图 17.1。
图 6.14　《文物》1984 年第 9 期，第 36 页图 61。
图 6.15　*Cultural Relics Unearthed in China*, 142.
图 6.16　《考古》1972 年第 5 期，图版 11。
图 6.17　《考古》1973 年第 4 期，图版 12.1 - 2。
图 6.18　《文物》1984 年第 4 期，第 5 页图 5。
图 6.19　《考古》1977 年第 6 期，第 397 页图 8。
图 6.20　《考古》1979 年第 3 期，第 240 页图 6.2 - 3。
图 6.21　《文物》1983 年第 10 期，第 8 页图 16。
图 6.22　《考古与文物》1981 年第 2 期，图版 13.2。
图 6.23　《考古》1978 年第 2 期，第 144 页图 2.7。
图 6.24　《文物》1979 年第 2 期，第 51 页图 2。
图 6.25　《文物》1985 年第 7 期，第 69 页图 40。
图 6.26　《文物》1985 年第 7 期，第 70 页图 44。
图 6.27　《文物》1985 年第 7 期，第 71 页图 49。
图 6.28　《考古》1985 年第 8 期，第 731 页图 17.3 - 5。
图 6.29　《考古》1988 年第 2 期，第 184 页图 2.2。
图 6.30　《考古学报》1959 年第 3 期，图版 6.1。
图 6.31　《考古学报》1959 年第 3 期，图版 7.1。
图 6.32　《考古学报》1959 年第 3 期，图版 11.1。
图 6.33　*Cultural Relics Unearthed in China*. pl. 119.
图 6.34　王志敏、朱江、李蔚然：《南京六朝陶俑》封面。
图 6.35　王志敏、朱江、李蔚然：《南京六朝陶俑》封面。
图 6.36　『中国内蒙古北方骑马民族文物展』，58 页，图版 57.2。
图 6.37　Caroselli, Susan L., ed., *The Quest for Eternity: Chinese Ceramic Sculptures from the People's Republic of China*. 51.
图 6.38　《考古》1977 年第 6 期，第 393 页图 3.2 - 7，第 394 页图 4.1，第 396 页图 6.6；《考古》1979 年第 3 期，第 239 页图 5.6。
图 6.39　《考古》1977 年第 6 期，第 394 页图 4.3。
图 6.40　《文物》1988 年第 9 期，第 33 页图 12.4。
图 6.41　《文物》1985 年第 11 期，第 5～6 页图 7.8。
图 6.42　《文物》1984 年第 4 期，第 3 页图 4.8。
图 7.1　中国硅酸盐学会编《中国陶瓷史》，第 153 页。

图 7.2　作者自绘。
图 7.3　《文物》1979 年第 2 期，第 51 页图 1。
图 7.4　《文物》1983 年第 10 期，第 64 页图 8。
图 7.5　《文物》1979 年第 2 期，第 53 页图 3。
图 7.6　《文物》1979 年第 2 期，第 53 页图 5。
图 7.7　《考古》1973 年第 6 期，第 348 页图 8.1。
图 7.8　《考古》1984 年第 6 期，第 531 页图 5.6。
图 7.9　《考古》1973 年第 6 期，第 349 页图 10.1、图 10.2。
图 7.10　《文物》1984 年第 11 期，第 68 页。
图 7.11　《文物》1985 年第 7 期，第 79 页图 67.1。
图 7.12　《文物》1985 年第 7 期，第 79 页图 67.9。
图 7.13　《考古学报》1959 年第 2 期，第 118 页图 10。
图 7.14　《考古》1984 年第 11 期，第 977 页图 4.4。
图 7.15　《文物》1984 年第 8 期，第 47 页图 8。
图 7.16　《文物天地》1987 年第 6 期，第 27 页图 1-3。
图 7.17　《文物天地》1987 年第 6 期，第 27 页图 4。
图 7.18　《考古》1984 年第 8 期，第 719 页图 8.7。
图 7.19　《考古学报》1957 年第 1 期，第 181 页图 12.6。
图 7.20　《考古学报》1959 年第 2 期，第 121 页图 14。
图 7.21　《考古》1973 年第 6 期，第 349 页图 10.6、图 10.7。
图 7.22　《考古》1984 年第 8 期，第 719 页图 7.1。
图 7.23　《考古》1984 年第 6 期，第 537 页图 10。
图 7.24　《文物》1983 年第 10 期，第 67 页图 28。
图 7.25　《考古学报》1956 年第 3 期，第 48 页图 15.3。
图 7.26　《文物参考资料》1955 年第 11 期，第 43 页图 7 右。
图 7.27　《考古》1985 年第 12 期，第 1118 页图 11 右。
图 7.28　《考古》1984 年第 6 期，第 536 页图 9。
图 7.29　《考古》1985 年第 11 期，图版 6.2。
图 7.30　《考古》1982 年第 3 期，第 264 页图 9。
图 7.31　《考古》1984 年第 9 期，第 831 页图 7-8。
图 7.32　《考古》1984 年第 6 期，第 559 页图 6。
图 7.33　《考古》1984 年第 9 期，第 822 页图 9。
图 7.34　《考古》1974 年第 6 期，第 378 页图 10。

图 7.35　《文物》1983 年第 10 期，第 14 页图 45。

图 7.36　《江汉考古》1989 年第 1 期，第 29 页图 5.8 - 11。

图 7.37　《江汉考古》1984 年第 3 期，第 48 页图 7。

图 7.38　《考古学报》1984 年第 3 期，第 346 页图 15.3。

图 7.39　《文物》1985 年第 7 期，第 83 页图 78.3。

图 7.40　《考古》1982 年第 3 期，第 260 页图 4.2。

图 7.41　《文物》1985 年第 11 期，第 12 页图 27.1 - 6。

图 7.42　《考古学报》1957 年第 1 期，第 180 页图 11.5 - 6。

图 7.43　《考古》1983 年第 11 期，图版 4.1。

图 7.44　《考古》1984 年第 8 期，第 719 页图 6。

图 7.45　《文物》1984 年第 6 期，第 35 页图 29.4 - 5。

图 7.46　《文物》1984 年第 6 期，第 35 页图 30.1。

图 7.47　《考古》1966 年第 4 期，第 195 页图 5.5。

图 7.48　玉组佩（作者自绘）。

图 7.49　《江汉考古》1983 年第 2 期，第 50 页图 6。

图 7.50　《文物参考资料》1955 年第 11 期，第 26 页图 2。

图 7.51　《文物》1983 年第 10 期，第 14 页图 44.1。

图 7.52　《考古》1988 年第 8 期，第 723 页图 10.9。

图 7.53　《文物》1985 年第 11 期，第 11 页图 23。

图 7.54　《文物》1985 年第 11 期，第 11 页图 24。

图 7.55　Prudence Harper. "An Iranian Silver Vessel from the Tomb of Feng Hetu", *Bulletin of the Art Institute* (1990): 52, fig. 2.

图 7.56　*Cultural Relics Unearthed in China*, pl. 149.

图 7.57　*Cultural Relics Unearthed in China*, pl. 150.

图 7.58　*Cultural Relics Unearthed in China*, pl. 151.

图 7.59　*Cultural Relics Unearthed in China*, pl. 152A.

图 7.60　*Cultural Relics Unearthed in China*, pl. 152B.

图 7.61　《考古》1977 年第 6 期，图版 5.4。

图 7.62　《考古》1986 年第 3 期，第 245 页图 7。

图 7.63　《文物》1985 年第 11 期，第 12 页图 25。

图 7.64　《文物》1987 年第 10 期，第 77 页图 1。

图 7.65　《文物》1987 年第 10 期，第 79 页图 4。

图 7.66　《文物》1985 年第 10 期，第 50 页图 2。

图 7.67　坐像：（1）固原漆棺；（2）《文物》1989 年第 9 期，第 41 页图 3。

图 7.68　《考古学报》1984 年第 4 期，图版 3.3。

图 7.69　《文物》1973 年第 3 期，第 6 页图 9。

图 7.70　《文物》1973 年第 3 期，第 7 页图 10。

图 7.71　《考古通讯》1957 年第 3 期，图版 10.4。

图 7.72　《考古》1986 年第 2 期，第 173 页 1.2。

图 7.73　《考古》1986 年第 2 期，第 173 页图 2。

图 7.74　《考古》1986 年第 2 期，第 173 页图 1.1。

图 7.75　《美术研究》1984 年第 2 期，第 8 页。

图 7.76　《美术研究》1984 年第 2 期，第 9 页。

图 8.1　《考古》1959 年第 1 期，第 30 页图 6。

图 8.2　《文物》1985 年第 10 期，第 45 页图 8。

图 8.3　《文物》1989 年第 4 期，第 69 页图 3。

图 8.4　《考古》1960 年第 1 期，第 22 页 3.6。

图 8.5　《考古》1977 年第 6 期，第 396 页图 6.2。

图 8.6　《考古》1959 年第 1 期，第 31 页图 9。

图 8.7　《江汉考古》1986 年第 1 期，第 30 页 20.6。

图 8.8　《文物》1984 年第 4 期，第 18 页图 13。

图 8.9　《考古》1989 年第 5 期，第 441 页图 4.14。

图 8.10　《考古》1991 年第 3 期，第 212 页图 7.6。

图 8.11　宁夏回族自治区固原博物馆、中日原州联合考古队编《原州古墓集成》，图版 21。

图 9.1　《文物》1974 年第 9 期，图版 1。

图 9.2　《考古》1985 年第 8 期，第 731 页 17.5。

图 9.3　《文物》1974 年第 9 期，第 70 页图 4。

图 9.4　《文物资料丛刊》2（1978），第 107 页图 6。

图 9.5　《考古》1985 年第 1 期，图版 4.6。

图 9.6　王子云：《中国古代石刻画选集》第 11 幅。

图 9.7　《文物》1977 年第 1 期，第 68 页图 7。

图 9.8　姚迁、古兵：《六朝艺术》，图版 179。

图 9.9　姚迁、古兵：《六朝艺术》，图版 167。

图 9.10　姚迁、古兵：《六朝艺术》，图版 173。

图 9.11　《考古》1959 年第 10 期，第 545 页图 5。

图 9.12　《考古学报》1979 年第 3 期，第 391 页图 13。

图 9.13　山西省文物工作委员会、山西云冈石窟文物保管所编《云冈石窟》，图版 63。

图 9.14　《考古》1977 年第 6 期，第 393 页图 3.2。

图 9.15　姚迁、古兵：《六朝艺术》，图版 207。

图 9.16　《考古》1977 年第 6 期，第 394 页图 4.2。

图 9.17　《考古学报》1959 年第 3 期，图 5。

图 9.18　《考古》1977 年第 6 期，第 395 页图 5.3。

图 9.19　《文物》1984 年第 4 期，第 18 页图 11。

图 9.20　《华夏考古》2000 年第 3 期，第 73 页图 1.1、图 1.7。

图 9.21　《华夏考古》2000 年第 3 期，第 73 页图 1.4、图 1.5。

图 9.22　《考古学报》1984 年第 2 期，第 228 页 10.6。

图 9.23　《考古》1985 年第 10 期，第 918 页图 6.4。

图 9.24　《文物》1976 年第 3 期，第 60 页图 16.2。

图 9.25　《考古》1986 年第 1 期，第 72 页图 8 左。

图 9.26　《中国北周珍贵文物》，第 69 页图 149。

图 9.27　《考古》1979 年第 3 期，第 239 页图 5。

图 10.1　《文物》1973 年第 3 期，第 28 页图 54 – 55。

图 10.2　《文物》1997 年第 11 期，第 22 页图 6 – 7。

图 10.3　杨泓：《中国古兵器论丛》，第 276 页图 177.1。

图 10.4　杨泓：《中国古兵器论丛》，第 22 页图 16。

图 10.5　《文物》1966 年第 1 期，第 30 页图 1。

图 10.6　《考古学报》1976 年第 2 期，第 61 页图 20.6。

图 10.7　Dien. "A Study of Early Chinese Armor," fig 29, *Artibus Asiae.*

图 10.8　《考古》1996 年第 1 期，第 33 页 13。

图 10.9　《考古》1996 年第 1 期，第 29 页图 8。

图 10.10　《考古学报》1981 年第 3 期，第 8 页图 8。

图 10.11　《考古》1977 年第 6 期，第 393 页图 3.4。

图 10.12　《考古学报》1976 年第 2 期，第 64 页图 23.6。

图 10.13　《考古学报》1979 年第 3 期，第 388 页图 11。

图 10.14　《考古》1983 年第 10 期，第 906 页图 5。

图 11.1　曾昭燏、蒋宝庚：《沂南古画像石墓发掘报告》，图版 48。

图 11.2　姚迁、古兵:《六朝艺术》,图版 165。
图 11.3　《文物》1974 年第 9 期,第 86 页图 32。
图 11.4　王子云:《中国古代石刻画选集》,图版 15。
图 11.5　甘肃省文物考古研究所编《酒泉十六国墓壁画》,第 14 页图 19。
图 11.6　Juliano, Annette. "Teng-hsien: An Important Six Dynasties Tomb". fig. 51. *Artibus Asiae*.
图 11.7　Juliano, Annette. "Teng-hsien: An Important Six Dynasties Tomb". fig. 69. *Artibus Asiae*.
图 11.8　Juliano, Annette. "Teng-hsien: An Important Six Dynasties Tomb". fig. 73. *Artibus Asiae*.
图 11.9　《考古》1959 年第 1 期,第 32 页图 11。
图 11.10　Juliano, Annette. "Teng-hsien: An Important Six Dynasties Tomb". fig. 43. *Artibus Asiae*.
图 11.11　Juliano, Annette. "Teng-hsien: An Important Six Dynasties Tomb". fig. 44. *Artibus Asiae*.
图 12.1　林巳奈夫:『漢代の文物』,118 頁,図 6-32。
图 12.2　林巳奈夫:『漢代の文物』,118 頁,図 6-33。
图 12.3　《文物》1983 年第 10 期,第 10 页图 25。
图 12.4　《文物资料丛刊》3 (1980),第 135 页图 10.1。
图 12.5　曾昭燏、蒋宝庚:《沂南古画像石墓发掘报告》,图版 80;图 71。
图 12.6　谢成水:《谢成水敦煌壁画线描集》,第 67 页。
图 12.7　《文物》1988 年第 9 期,第 38 页图 1。
图 12.8　黄明兰:《洛阳北魏世俗石刻线画集》,第 79 页图 87。
图 12.9　Juliano, Annette. "Teng-hsien: An Important Six Dynasties Tomb". fig. 41. *Artibus Asiae*.
图 12.10　《文物》1983 年第 10 期,第 10 页图 2。
图 12.11　長廣敏雄:『六朝時代の美術研究』,図版 9。
图 12.12　张安治主编《中国美术全集·绘画编 1·原始社会至南北朝绘画》,第 138 页图版 96。
图 12.13　《考古》1959 年第 10 期,第 543 页图 3.14。
图 12.14　《文物》1975 年第 11 期,第 81 页图 5。

图 13.1　A. B. Griswold. "Prolegomena to the Study of the Buddha's Dress in Chinese Sculpture." fig. 2b. *Artibus Asiae*.

图 13.2　A. B. Griswold. "Prolegomena to the Study of the Buddha's Dress in Chinese Sculpture." fig. 3. *Artibus Asiae*.

图 13.3　A. B. Griswold. "Prolegomena to the Study of the Buddha's Dress in Chinese Sculpture." fig. 2d. *Artibus Asiae*.

图 13.4　A. B. Griswold. "Prolegomena to the Study of the Buddha's Dress in Chinese Sculpture." fig. 4c. *Artibus Asiae*.

图 13.5　A. B. Griswold. "Prolegomena to the Study of the Buddha's Dress in Chinese Sculpture." fig. 4c. *Artibus Asiae*.

图 13.6　《文物》1991 年第 3 期，第 6 页图 19。

图 13.7　《考古》1963 年第 6 期，第 332 页图 4.1。

图 13.8　《东南文化》1991 年第 5 期，第 56 页图 1。

图 13.9　《考古》1982 年第 6 期，第 632 页图 11。

图 13.10　《文物》1985 年第 7 期，第 71 页图 50。

图 13.11　《文物》1985 年第 7 期，第 68 页图 34。

图 13.12　《文物》1985 年第 7 期，第 66 页图 27。

图 13.13　曾昭燏、蒋宝庚：《沂南古画像石墓发掘报告》，图版 67，图 56。

图 13.14　《江汉考古》1989 年第 1 期，第 1 页。

图 13.15　《考古》1959 年第 4 期，图版 7.3。

图 13.16　《东南文化》1994 年第 1 期，第 121 页图 3。

图 13.17　《东南文化》1994 年第 1 期，第 121 页图 4。

图 13.18　据旧金山亚洲艺术博物馆藏鎏金铜佛像（有"建武四年"纪年）品绘制。

图 13.19　林树中主编《中国美术全集·雕塑编 3·魏晋南北朝雕塑》，第 122 页图版 101。

图 13.20　林树中主编《中国美术全集·雕塑编 3·魏晋南北朝雕塑》，第 111 页图版 92。

图 13.21　*China Archaeology and Art Digest* 3.1: 42, fig 6.1.

图 13.22　*China Archaeology and Art Digest* 3.1: 43, fig 7.

图 13.23　《中原文物》1994 年第 1 期，第 110 页图 2。

图 13.24　《文物》1980 年第 9 期，第 63 页图 8。

图 13.25 《考古》1989 年第 9 期，第 807 页图 1。
图 13.26 殷光明：《北凉石塔研究》，第 95 页图 112。
表 7.1 《文物》1979 年第 2 期，第 51 页。
表 7.2 《文物》1979 年第 2 期，第 52 页。
表 7.3 《文物》1979 年第 2 期，第 60 页。

二 人名对照表

(译者按：仅限于正文中出现的人名，按汉字读音字母顺序排列)

阿部贤次	Abe, Stanley K.
爱德华兹	Edwards, E. D.
奥黛莉·史拜罗	Audrey, Spiro
白馥兰	Bray, Francesca
柏夷	Bokenkamp, Stephen R.
毕汉思	Bielenstein, Hans
丁爱博	Dien, Albert E.
杜朴	Thorpe, Robert L.
富田幸次郎	Tomita, Kojiro
高罗佩	van Gulik, Robert
格拉夫	Graff, David A.
格里斯沃德	Griswold, A. B.
宫崎市定	Miyazaki, Ichisada
哈珀	Harper, Prudence
何惠鉴	Ho, Wai-kam
华立克	Wallacker, Benjamin
鸠摩罗什	Kumārajīva
柯嘉豪	Kieschnick, John
克林凯特	Klimkeit, Hans-Joachim
李约瑟	Needham, Joseph
罗森	Rawson, Jessica
罗文格林	Lawergren, Bo
马尔萨克	Marshak, B.

马瑞志	Mather, Richard B.
南恺时	Knapp, Keith
浅见直一郎	Asami, Naoichirō
芮沃寿	Somers, Robert
神冢淑子	Kamitsuka, Yoshiko
斯坦因	Stein, Aurel
苏波	Soper, Alexander
汤因比	Toynbee, Arnold
陶步思	Doar, Bruce Gordon
王静芬	Wong, Dorothy
王伊同	Wong, Yi-T'ung
巫鸿	Wu, Hung
谢弗	Schafer, Edward
熊存瑞	Xiong, Victor Cunrui
原田淑人	Harada, Yoshito
詹纳尔	Jenner, W. F. J.

译者后记

《六朝文明》（*Six Dynasties Civilization*）是美国斯坦福大学丁爱博（Albert E. Dien）教授关于魏晋南北朝历史考古学的代表作，是张光直教授主编的"早期中国文明系列"丛书之一，2007年由耶鲁大学出版社出版。

丁爱博先生早年就读于华盛顿大学、芝加哥大学和加州大学伯克利分校，先后任教于夏威夷大学、哥伦比亚大学和斯坦福大学，教学和研究方向包括中国历史与语言、内亚历史与文化，尤以中国魏晋南北朝时期为主要研究领域，撰有多篇关于中古政治与社会、军事、文物考古方面的论文，是一位非常有影响的西方汉学家。

在六朝三百多年的岁月里，发生了政治分裂、地区战乱、人口迁徙、民族融合、外来宗教与文化的渗透等一系列重大社会变迁，如何撰写这个特殊时期的物质文化史，无论对历史学家还是考古学家来说都非易事。在以文献为主要研究材料的传统史学里，对制度史和重大历史事件的重视长期主导着历史学的研究方向，而对涉及更广泛社会层面的考古实物缺乏应有的关注，或缺乏系统的考察；随着考古实物材料的增加，越来越多的考古学家尝试以实物与文献相结合的方式复原六朝的物质文化，但在大多数情况下，考古所获的实物资料仍然只是作为历史文献资料的辅助，考古学家常常不自觉地将考古材料作为重大历史学题材（如礼仪制度、历史事件和历史人物）的实物证据，因此十分重视与精英阶层相关的都城、墓葬及文字材料，而忽视了更丰富和生动的体现普通人生活状态的实物材料。考古发现的实物包罗万象，与传世文献相比，不但内容更丰富，也能更真实地反映古代社会的原貌，因此，在复原古代社会与文化方面，历史考古学理应发挥更重要的作用，体现更强的活力。丁爱博教授的《六朝文明》依据实物材料尽可能全面地考察了六朝的社会与文化，为我们提供了一个历史时期考古学研究的极好范例。

丁爱博先生的学术背景涉及六朝历史学、考古学和艺术史，他对六朝既有政治与社会方面的宏观关注，也有对六朝物质文化各方面的微观考察，更有对六朝日常生活状态的生动描绘，因此这是一部视野开阔，又不乏深度的六朝历史考古学专著。《六朝文明》的内容和叙述方式与谢弗（Edward Schafer）的唐研究著作相仿，其所达到的成就也可以与谢弗的名著《撒马尔罕的金桃：唐代的舶来品研究》（*Golden Peaches of Samarkand: A Study of Tang Exotics*）媲美，称得上是六朝研究方面的经典之作。

我早在2007年游学洛杉矶时，就初识丁爱博教授的这部大作，读后倍觉受教。一次，佛罗里达大学的来国龙博士建议，何不译为中文以飨更多中国学者？但我自觉能力有限，担心出现过多的纰漏；后来又得北京大学孙华教授的鼓励，于是，2007年年底前往旧金山湾区的Palo Alto小镇，在美丽的斯坦福大学校园里拜望了丁爱博先生。先生的热情与谦逊使我受到鼓舞，于是决定一试。

此后的四年多里，翻译这部著作成了我的主要工作。虽然各种琐事缠身，但对翻译工作未敢丝毫马虎，一点点地"啃"

完了600多页的原著。好在丁爱博教授一直与我一起工作，我每译完一章就发给他审读和校订，如此持续了两年多时间。2009年夏天完成大部分译稿后，我又专程前往斯坦福大学，与他当面讨论翻译的各个细节，从专业术语到文字表达、从中文文献到西方学者的中文姓名，皆再三斟酌和核查。所以，这部译稿非我一人之功，是与丁先生合作的成果。

翻译本书的最大难度是对原始材料的把握，包括考古实物和历史文献，共涉及400多篇考古简报或报告、近50种古代文献，尤其是大量的考古专业术语、人名和地名。我虽然以前也对这个时期的考古资料做过一些整理，但对某些建筑、宗教、工艺等方面的内容仍然陌生，所以要做到准确转述还是非常困难的。为了尽量不失原意，我对大部分考古报告都做了核查，对引文中的古代文献卷目进行了查对，将历史文献类的直接引文还原为通行版本的中文，对一些把握不准的论述方面内容与作者进行了多次的沟通。原著虽然是一部学术著作，但语言生动而典雅，这也是翻译中的一个难题，我尽管反复斟酌，但仍然只能传其意而不能达其雅。当然，这些与原著的差距以及译文中的其他错讹，责任全在于我。

本书的出版是在社会科学文献出版社魏小薇女士的精心统筹下完成的，责任编辑在工作中表现出的专业素养和敬业精神也让我十分钦佩。另外，北京师范大学的黄晓赢、张米、徐银、王雷、张涵朔等同仁皆对本书的翻译做出了不同程度的贡献，在此一并致谢！

李梅田　于北京京师园寓所
2012年3月

图书在版编目（CIP）数据

六朝文明：中译修订版／（美）丁爱博（Albert E. Dien）著；李梅田译． -- 北京：社会科学文献出版社，2021.7
　书名原文：Six Dynasties Civilization
　ISBN 978 - 7 - 5201 - 7894 - 5

　Ⅰ.①六⋯　Ⅱ.①丁⋯ ②李⋯　Ⅲ.①中国历史 - 研究 - 六朝时代　Ⅳ.①K237.07

　中国版本图书馆CIP数据核字（2021）第035508号

六朝文明（中译修订版）

著　　者／〔美〕丁爱博（Albert E. Dien）
译　　者／李梅田

出 版 人／王利民
组稿编辑／宋月华
责任编辑／胡百涛　沈　艺　袁卫华

出　　版／社会科学文献出版社・人文分社（010）59367215
　　　　　　甲骨文工作室（010）59366527
　　　　　地址：北京市北三环中路甲29号院华龙大厦　邮编：100029
　　　　　网址：www.ssap.com.cn
发　　行／市场营销中心（010）59367081　59367083
印　　装／天津千鹤文化传播有限公司

规　　格／开本：889mm×1194mm　1/32
　　　　　印张：23.25　插页：0.5　字数：533千字
版　　次／2021年7月第1版　2021年7月第1次印刷
书　　号／ISBN 978 - 7 - 5201 - 7894 - 5
著作权合同登记号／图字01 - 2013 - 1779号
定　　价／128.00元

本书如有印装质量问题，请与读者服务中心（010 - 59367028）联系

版权所有 翻印必究